디버블링

일빈곤 시대의 정치경제학

생태경제학 시리즈 3

디버블링

신빈곤 시대의 정치경제학

2011년 2월 21일 초판 1쇄
2011년 4월 11일 초판 3쇄

지은이 | 우석훈

편   집 | 오정원
관   리 | 이영하
영   업 | 우현권

종   이 | 세종페이퍼
인   쇄 | 미르인쇄
제   본 | 은정제책

펴낸이 | 장의덕
펴낸곳 | 도서출판 개마고원
등   록 | 1989년 9월 4일 제2-877호
주   소 | 서울시 마포구 공덕1동 105-225 2층
전   화 | (02) 326-1012
팩   스 | (02) 326-0232
이메일 | webmaster@kaema.co.kr

ISBN 978-89-5769-118-2 04300
ISBN 978-89-5769-105-2 (세트)
ⓒ 우석훈, 2011, Printed in Seoul, Korea.

• 이 도서의 국립중앙도서관 출판시도서목록(CIP)은
  e-CIP 홈페이지(http://www.nl.go.kr/ecip)와 국가자료공동목록시스템(http://www.nl.go.kr/
  kolisnet)에서 이용하실 수 있습니다. (CIP 제어번호: CIP2011000491)

생태경제학 시리즈 3

디버블링

성빈곤 시대의 정치경제학

우석훈

개마고원

오랫동안 지도해주시고 보살핌을 주신 수경 스님과 도법 스님,
두 분의 평온과 명랑을 기원합니다.

■서문

살면서 특별히 운이 있다고 생각해본 적은 별로 없다. 뽑기와 같이 확률로 영향을 받는 게임에서 이겨본 적이 거의 없고, 운이나 재수 같은 것도 거의 없는 편이다. 유난히 승부에 강하다고 하는 사람들을 종종 보는데, 나는 승부처럼 생긴 것에서는 한 번도 이겨본 적이 없는 것 같다. 당구는? 30···. 포커도 칠 줄 모르고, 돈을 걸고는 고스톱을 쳐본 것이 고등학교 시절로 올라간다. 시험운도 별로 없는 편인 것 같다. 어쨌든 운과 확률은 나와는 다른 세계의 것이라고 생각하면서 살아가는 편이지만, 선생 복마저 없었던 것 같지는 않다. 대체적으로 나에게 가장 중요한 시절에, 나에게 무엇인가를 가르쳐줄 수 있는 스승들을 잘 만난 편인 것 같다. 그리고 독서도 운이 있는 편인 것 같다. 난독이라는 생각으로 손에 잡히는 대로 책을 읽었지만, 특히 고전을 아주 어렸을 때 읽었던 특별한 행운이 있었던 것 같다. 책이 재미있어서 읽는다고 하는 사람들도 가끔 보는데, 내가 본 책들은 재미없기로 소문난 책들인데다 크기는 대개 전화번호부 비슷하다. 운이 좋으면 현대 불어나 현대 영어로 되어 있지만, 몇 세기만 위로 올라가더라도 동사변화나 격변화가 지금과는 좀 상이하고, 라틴어가 많이 포함되어 있어서 읽기가 힘들다. 재미있어서 읽은 건 아니고, 살아야 하기 때문에 참고 읽었다고 하는 게 솔직한 얘기일 것이다. 좌파로 세상을 살아가기로 마음을 먹은 이후, 독서 외에는 날

지켜줄 것이 없었다. 길을 잃을 뻔한 위태로운 순간들마다 책과 스승들이 있었던 것 같다. 그래서 전체적으로 운이 아예 없었다고는 말할 수가 없을 것 같다.

나한테 영향을 많이 미친 학자들이 적지 않은데, 그중에는 20세기에 등장한 학자들도 여러 명 있다. 몇 년 전 내가 중요하게 생각하는 20세기에 등장한 주요 학자들을 재미삼아 꼽아본 적이 있었는데, 나에게 전체적인 방향과 깊은 영감을 준 20세기 학자들이 대부분 여성 경제학자들과 일부의 여성 과학자라는 것을 알고는 놀랐던 적이 있다. 물론 내가 공부할 때에 특별히 여성에 대해서 더 많은 관심을 가지고 있거나, 젠더 경제학 같은 논문을 많이 읽은 것은 아니다. 젠더 경제학이라는 게 세상에 있다는 것을 알게 된 것도 박사학위 논문을 제출하고 나서 지루한 시간을 보내기 위해 논문집들을 뒤져보던 시기의 일이었기 때문이다.

나는 경제학 공부를 시작하자마자 고용이라는 변수에 대해서 매우 인상 깊은 감명을 받았었는데, 일반적인 경제학자들이 케인스의 거시경제학을 수용하면서 고용이라는 변수로 들어가는 것과 달리, 나는 조앤 로빈슨(J. Robinson)의 '골든 에이지'라는 일종의 황금률 모델을 통해서 고용의 세계로 들어왔다. 실제로는 케인스와 조앤 로빈슨이 같은 건물에서 연구하던 시절이 있었으니, 누가 먼저인가, 누가 누구에게 영향을 주었는가에 대해서 학설사 내에서는 가끔 논란이 되기는 한다. 어쨌든 두 사람의 공통의 선조는 경제학자 시절의 맬서스, 즉 인구론의 청년 맬서스가 아니라 백화점과 같이 부자들이 돈을 쓰게 하는 것이 경제성장에는 매우 중요하다고 주장하던 후기 맬서스라고 할 수 있다. 어쨌든 조앤 로빈슨과 케인스 사이에는 경제적 대상을 다루는 데 미세한 차이가 있다. 케인스의 이론이 꽃피던 시절, 세상은 제2차 세계대전이라는 거대한 전쟁으로 치달렸다. 그러나 조앤 로빈슨은 전쟁에 반대했고, 전쟁이 나지 않는 방식으로 국민경제의 문제를 풀기 위해서 내부 고용을 내부적 방식으로 해결하고자 했던 것 같다.

좌파 경제학 내에서 전쟁에 가장 강렬히 반대했고, 또한 미국 철도의 건설 사례 등을 통해 건설산업이 문제를 일으킬 수 있다고 분석해낸 건 제1차 세계대전이 끝나고 난 후 자국 군인들에게 맞아 죽었던 로자 룩셈부르크였다. 케인스와 함께 로자는 소비의 역할을 강조하고 유통을 강조했던 일종의 유통주의자 정도로 간주되지만, 로자는 자본주의의 신비한 매력에 그다지 매혹당하지는 않았던 것 같다. 시장과 자원 그리고 자연의 물질적 한계에 대해서 주목했었고, 그런 관점에서 보자면 필시 로자가 살아 있었다면 러시아 등 동구권 국가에서 진행된 자연대개조 사업과 같은 반생태적 경제운용에 대해 반대했었을 것이다. 독일의 전쟁에 대해 사회민주당이 찬성할 때, 그는 동료들과 함께 '스파르타쿠스단'이라는, 침략전쟁에 반대하는 정치그룹을 만들게 된다. 인류의 정신세계에는 고귀함을 남겼지만, 유태인 출신의 로자는 정치적으로는 소수파여서 집권을 하거나 스스로 정책을 운용해볼 기회를 갖지는 못했다. 그러나 로자의 생각이 현실사회주의 쪽으로 기울었다면, 아마도 스탈린주의 시대의 토목사업들이 다른 방향으로 전개되지 않았을까? 가끔 그런 상상을 해본다.

방법론, 모델, 그리고 삶의 스타일까지 나에게 가장 많은 영향을 준 것은 로마클럽 보고서의 연구 리더였던 도넬라 메도우(Donella Meadows)라고 할 수 있다. 당시 MIT에서 시스템 다이내믹스와 환경모델링의 젊은 연구자였던 메도우에게는 인류의 미래를 진단할 기회가 로마클럽의 연구기금과 함께 찾아왔고, 당시로서는 손대기 어려운 그 모델을 풀어볼 수 있는 슈퍼컴퓨터가 MIT에는 있었다. 그녀의 주변에는, 비록 나중에 이혼은 하게 되지만 데니스 메도우와 같은, 평생을 함께할 연구 동료들이 있었다. 그렇게 그들은 '월드(WORLD)'라는 시스템 다이내믹스 모델을 만들었고, 그 연구 결과가 바로 『성장의 한계(Limits to Growth)』라는 그 기념비적인 저서이다. 우리에게는 '로마클럽 보고서'라는 이름으로 알려졌다. 귀농하여 조그맣게 유기농 농장을 일구면서 그녀는 연구를 계속했는데, 월드 셋째 버전으로 진행하던 연구는 그 끝을 보지 못하고 최종 결론만 남겨놓은 채 종료되고 말았다. 전 남편이었던 데니스 메도우가 이 월드3의 분석 결과를 유고집으로 출간했는데, 나에게는 시리즈 셋째권인 『촌놈들의 제국주의』가 월드3의 장기 전망 위에 세워진 책이었다. 월드 모델을 동아시아 버전으로, 조금 작게 만드는 대신에 한중일의 디테일을 집어넣은 모델로 변형하고자 하는 꿈을 가지고 있었지만, 혼자 작업하는 것인지라 지역 모델링까지 만드는 것은 힘에 버거워서 새로운 모델링을 추가하지는 못했다. 언젠가는 나도 홀가분하게 되었을 때 시스템 다이나믹스와 거시경제 모델을 연동시키는 생태경제 모델링을 만들어보고 싶다는 생각을 가지고 있기는 하다. 15년째 마음속에만 품고 있는 나의 로망이다. 그 로망이 도넬라 메도우에게서 나온 셈이다.

그리고 생물학 내에서는 여전히 마이너의 위치에 있지만, 전세계 생물학 교과서에 자신의 연구 결과가 들어가게 된 사람, 린 마굴리스(Lynn Margulis). 세포 내의 미토콘드리아에 관한 얘기는 린 마굴리스가 '가이아' 이론으로 코너에 몰린 제임스 러브록(J. Lovelock)을 방어하면서 나왔던 연구 중의 하나이다. 내부공생(endosymbiosis) 이론이라고 할 수 있는 그의 기본 테마는, 분자생물학에서 진화는 유전자 단위에서 벌어지는 경쟁만이 아니라 서로 이질적인 두 종의 협력적 합성에 의해서도 진행된다는 것이다. 물론 이는 미토콘드리아가 보다 상위의 포식자에게 잡아먹히고 난 결과이고, 그런 방식의 합성이 성공적으로 이루어졌다고 하더라도 경쟁 자체가 사라지는 것은 아니다. 그렇지만 경쟁에서의 승리가 진화의 결정적 동인이라고 하는 것과는 다른 방식의 협동을 보여주는 린 마굴리스의 연구는, 확실히 이단적이며 당분간은 그다지 환영받지 못할 연구 방향이기는 하다. 『코스모스』의 저자이자 린 마굴리스보다는 국제적 지명도가 훨씬 높은 칼 세이건과의 사이에서 태어난 도리언 세이건은 여전히 어머니인 린 마굴리스와 공저자로 활동하는 중이다. 세이건과 마굴리스 사이에서 태어났으니, 당연히 박사학위도 받았을 것이고, 좋은 대학에서 연구도 할 것 같지만, 그들은 자신들의 아들을 그렇게 키우지는 않았다. 과연 학위가 무슨 소용이 있을까? 공부와 직접 연관된 것은 아니지만, 마굴리스의 삶은 그 자체로도 우리에게 시사해주는 바가 있는 것 같다.

이렇게 몇 년 전 내 생각을 지탱하는 학자들에 대해 생각해봤을 때, 대체로 위와 같은 4명의 여성학자들이 내가 가고자 하는 방향을 안내하고 있었다. 4명 모두 여성이라는 공통점 외에는 학문 분야도 다르고, 자신이 속해 있는 이념적 방향도 달라서, 같은 기준 위에서 뭔가를 분석한다는 것은 우스꽝스럽고 또 균질적이지 않은 분석 결과를 줄 것이다. 만약 가설을 세워본다면, 마르크스든 케인스든 전쟁으로 뭔가를 해결하는 방식을 전혀 배제하지는 않은 남성들이라고 할 수 있을 것 같다. 물론 남성학자들 중에서도 전쟁에 대한 공포 위에 자신들의 학문이나 예술을 세워놓은 사람들은 많다. 대표적으로는 유언을 대신한 마지막 저서로『문명의 질병』을 우리에게 남겨놓은 지그문트 프로이트가 그랬고, 생태소설의 길이자 평화소설의 원형을『반지의 제왕』으로 보여준 톨킨이 또한 그렇다고 할 수 있다. 그러나 경제학자 중에서, 전쟁을 통해서 혹은 대규모 토목사업을 통해서 뭔가 해결할 수는 없다고 생각한 사람 혹은 그래서는 안 된다고 생각한 사람은 드물다. 우리 안을 들여다보고, 지나치게 큰 테제가 아닌 삶의 일상성에서 너무 멀어지지 않고 자신의 학문을 세운 사람들은 그렇게 많지 않은 것이다.

한국에서 내가 만났던 경제학자 중에서 '토건이 아닌 대안'에 대해 비록 이론의 출발점이나 정책의 결론은 다르더라도 대체적으로 동의했던 사람이 있었을까? 환경경제학과 같이 기본적으로 흐름이 같을 수밖에 없던 분야의 사람을 제외한다면 두 명 정도를 본 것 같다. 생태경제학의 주요 학파인 런던학파의 결론에 대해 가장 큰 관심을 보였던 사람은 연세대학교의 조하연 교수였고, 내가 전혀 생각해보지 못했던 방식으로 또 다른 가설을 제시했던 사람은 서울대학교의 이지순 교수였다. 이지순 교수는, "만약에 박정희가 그때 압축성장과 같은 방식이 아니라, 생태적인 방식으로 한국 경제를 이끌었다면 우리는 고도 성장을 못했을까?" 아마 좌파 비슷한 흐름이라도 가지고 있는 사람이 이런 얘기를 했더라면 큰 스캔들이 되었을 텐데, 그는 우리가 시행했던 자연에 대한 폭력적인 방식의 산업화에 대해 '다른 방식'이라는 가설을 가지고 있었다. 두 사람 모두 시카고 출신이라는 공통점을 가지고 있기는 하다. 20세기 내내, 우리는 다른 가설을 가지고 있으면 그 결론도 당연히 다를 것이라는 식의 '학문의 당파성'에 붙들려 있었던 것 같다. 그래서 한쪽에서는 케인스와 케인스 아닌 것, 또 다른 한쪽에서는 하이에크와 하이에크 아닌 것, 그렇게 학파를 나누고 있었다. 그리고 동시에 『자본론』과 『자본론』 아닌 것, 그렇게 그 출발점부터 이론들을 나누고, 그것들은 서로 현실에서는 전혀 만날 수 없는 것처럼 여겼었다.

그러나 요즘은 생각이 조금 바뀌었다. 잘 분석된 사회과학 혹은 경제학적 진단은, 그 출발이 각기 달랐지만 대체적으로 유사한 결론을 만들어낼 수 없는가? 물론 '마지막 순간'이라고 부르는 혁명이 발생할 것인가 발생하지 않을 것인가, 자본주의는 붕괴할 것인가 아니면 붕괴하지 않을 것인가와 같은 최종적이며 철학적인 해석이 같을 수는 없다. 그러나 분석 수준을 낮추어서, 노무현 시대의 '한국식 뉴딜'은 한국 경제에 긍정적이었는가? 여기에 대해서는 학파가 다르거나 이론이 다르더라도 유사한 결론이 나올 수 있을 것 같았다. 마찬가지 방식으로, 지금 이명박 정부에서 운용하는 토건식 국민경제는 최소한 10년간 별다른 위기 없이 장기적 번영이 가능한 것인가? 이렇게 좁혀진 질문에서는 만약 그것이 잘 분석된 것이라면, 거의 유사한 결론이 나오지 않을까, 이런 생각들을 좀 해보게 되었다. 당연한 것이, 분석가나 이론가가 그냥 그 자체로 순수이론을 현실 경제로 바로 가지고 올 수는 없고, 여러 가지 많은 수정을 가하게 되고, 데이터에 대한 해석에도 연구자의 주관이 생각보다는 많이 들어가게 된다. 이른바 '캘리브레이션(calibration)'이라는 작업을 하게 되는데, 이 과정을 통해서 절대로 한 자리에 같이 설 수 없을 것 같고, 한 테이블에 같이 앉을 수 없는 것 같은 논의들이 사실은 유사한 결론으로 가게 되는 것이고, 학제간 혹은 학파간 소통이 가능해지는 것이 아닐까? 만약 이러한 연구자의 주관적 해석과 방법론적 수정이 아예 불가능하다면, 세상에는 한 개의 학파 그리고 한 개의 경제이론만 있어야 할 것이다. 그러나 현실은 그렇지 않다.

아마 특수하고도 교조적인 경제학 이론이 아니라면, 지금의 한국 경제는 현재의 방식이라면 위기이고, 그 위기가 특별한 전환점이 없다면 10년 이상 갈 확률이 높다고 할 것이다. 케인스주의자든, 시카고의 시장을 중심으로 하는 학파이든, 아니면 마르크스주의자이든. 진단에 따른 대책에는 조금씩 차이가 있더라도 대체로 현상황에 대한 진단 자체가 크게 다르지는 않을 것이다. 만약 경제학이 심리학이라면, 청와대에서 원할 만한 얘기들을 하면 그만일 것이다. 그러나 집권자들에게 불행히도 대다수 경제학자들은 경제학이 심리 영역에 속한 학문이 아니라 과학에 속한 학문이라고 기꺼이 대답할 것이다. 이것은 좌파이거나 우파이거나 하는 그런 문제가 아니라 경제 현상 내부에 고유한 법칙이라는 것이—비록 경성(硬性) 과학이라고 부르는 자연과학의 법칙의 지위에는 가지 못한다고 하더라도 말이다—경제학을 하나의 학으로 만들어주는 기반이었고, 그 전통은 1776년 애덤 스미스의 『국부론』이 등장한 순간으로 올라간다. 대통령이 원하는 말을 그냥 해주는 것이 경제학이었다면, 사회과학으로서의 경제학이 이렇게 오랫동안 독자성을 가진 학문으로 버티지는 못했을 것이다. 경제학이 '경세제민'으로 불리던 시절 혹은 정치경제학이라는 이름으로 처음 학문으로 등장하던 시절 이후로, 많은 경제학자들은 정책의 조언자가 되는 것으로 자신의 학술적 입장을 정하기는 했지만, 그렇다고 해서 위정자가 듣고 싶어하는 말을 그냥 그대로 하지는 않는 것을 일종의 전통으로 유지했다. 그래서 경제학은 언제나 정치경제학이라고 사람들이 종종 표현하는 것이다.

현재 한국에서 '탈토건'이라는 용어는 각각 다른 분야에서 출발한 많은 사람들이 언젠가 한 번은 만나게 되는 이론적 사거리 같은 것이다. 나처럼 생태학에서 출발했거나 환경경제학에서 출발한 사람들은 조금 먼저 이 사거리에 도착했던 것 같다. 복지에서 출발한 사람들이 요즘은 복지예산과 토건 예산의 충돌 속에서 이 사거리에 도착했고, 여성문제에서 출발한 연구자들도 이미 도착해 있다. 전통적인 케인스주의자들도 오래지 않아 이 사거리에 도착할 것이라고 많은 사람들이 예상했었는데, 아마 정운찬 총리가 여러 가지로 길을 잃고 헤매는 바람에 늦어지는 것 같다. 그렇다면 시카고학파라고 불리기도 하는 시카고 출신들은? 이지순 교수의 경우처럼 그들 중 일부는 이미 사거리에 도착해 있고, 전경련이나 정부 연구원에 있는 사람들은 정신적으로는 이미 도착해 있지만 아직은 자신의 목소리를 낼 수 없는 경우가 종종 있는 것 같다. 나는 한국에서 경제학을 전공했거나 아니면 경제문제에 관심을 가졌던 사람들 상당수는 2010년에서 2011년 사이 '탈토건'이라는 이론의 사거리에서 한 번쯤은 서로 만나게 될 것이라고 생각한다. 원래 이론이라는 것이 그러하다. 전혀 만날 것 같지 않지만, 유사한 결론과 유사한 개념으로 역사의 소용돌이 앞에서 다른 학파와 다른 접근들이 그렇게 때때로 만나게 된다. 물론 사교육이나 대학 개혁의 기본 방향 같은 것들에서 만날 확률이 그렇게 높아 보이지는 않지만, 정상적인 경제학자라면 탈토건의 사거리에서는 한 번쯤 만나게 된다. 한국에는 김광수경제연구소 그룹처럼 학파바깥에서 경제현상을 분석하는 집단들도 있는데, 그 중에 일부는 벌써 탈토건 사거리에서 서로 만나고 있다. 내 생각에는, 그게 업자와 경제학자 사이의 차이일 것 같다. 부동산업자들은 자신의 산업 이익에 복무하지만, 많은 경제학자들은 업자와는 달리 학문에 복무한다. 때로 지나치게 어려운 레토릭으로 일반 국민들의 길을 잃게도 하지만, 정치에 복무하거나 업계에 복무하는 업자와는 다른 자신만의 길을 가지고 있고, 그래서 사람들은 그들을 경제학자라고 부르는 것 같다. 그러나 탈토건이라는 사거리에서 우연히 마주쳤다고 해서, 이 사람들의 진단과 방향이 모두 같을 필요는 없고, 그럴 수도 없을 것이다. 그게 학문이다. 만났다 헤어지고, 그게 학자의 삶이다. 이론은 늘 그렇게 변하고, 진단은 유동적이고, 정책은 상대적이다.

자, 그렇다면 이제 이렇게 탈토건의 사거리에서 우리가 헤어지면 언제 다시 만나게 될까? 내 짐작이 맞다면, 한국에서 양심과 존엄성을 가지고 있는 경제학자라면 '빈곤'이라는 또 다른 사거리에서 우리는 다시 마주칠 것 같다. 우리 모두는 한때는 빈곤에서 출발한, 세계 최빈국 중의 하나였던 나라에서 자신의 삶을 시작한 사람들이다. 아직은 적은 봄을 만난 데 불과한 젊은이라면, 최소한 그들의 부모는 어린 시절 많은 봄을 가난과 함께 최빈국의 나라에서 보냈을 것이다. 그리고 그와는 조금 다른 양상의 빈곤을 이제 우리가 다시 만나게 된다. 이론적으로 일본은 조금 먼저 이 빈곤이론을 만났다. 우리보다 1인당 GDP가 여전히 두 배가량 되는 나라이지만, 그들 안에서도 예전에 경험해보지 못한 색다른 빈곤을 만났고, 우리는 그것을 '신빈곤'이라고 부른다. 이론적으로는 일본보다 약간 늦었지만, 현실의 전개과정은 한국이 훨씬 빠른 듯하다.

물론 그 누구도 한국인들이 '빈곤의 덫'에 빠지거나 좌절하게 되기를 바라지는 않는다. 그러나 한국에서는 어떤 경제학자나 혹은 어떤 정치인도, 이 흐름을 멈추게 하거나 최소한 완화시키기 위한 조치를 취할 수 있는 권위나 권능을 가지고 있지 못한 것 같다. 생각해보면, 세계적으로도 위기가 이번이 처음이 아니고, 또 한국이 부딪힌 위기도 이번이 처음은 아니다. 아마 인류가 멸망의 위기에 가장 가까이 갔던 것은 1962년 쿠바 미사일 위기 때였고, 실제로 그때 우리는 핵전쟁 바로 코앞까지 갔던 것 아닌가? 언제 다시 신냉전의 시대가 올지도 모르지만, 어쨌든 미·소가 일촉즉발의 위기까지 갔던 냉전시대는 끝이 났다. 위기는 매번 불안하고 위태롭고, 그 해결책이 오히려 더 큰 새로운 위기를 만들어내는 레모니 스니켓의 '불행 시리즈'의 구조에 더 가깝다. 당장 우리만 보더라도 IMF 경제위기를 극복한다고 도입한 여러 가지 장치나 제도들이 단기 위기를 오히려 장기 위기 그리고 구조적 위기로 바꾸어버린 불행의 역사가 있지 않은가?

아마 당분간은 한국 특유의 토건으로 인한 문제를 다시 토건으로 풀기 위한 조치들이 간헐적이지만 지속적으로 취해질 것이고, 이는 마치 '자기강화형 시스템'처럼 더 많은 빈곤현상을 일으킬 것이다. 그 과정을 막아줄 수 있는 권능을 가진 사회 원로나 제3의 중재자 같은 것은 한국에 없다. 그건 당연하지 않은가? 선진국이 되어간다는 것은, 국민들이 스스로 많은 것을 지역 차원이든 자치 차원이든 코뮌을 형성하면서 자체적으로 결정한다는 말이다. 그렇다고 우리는 토건을 정지시킬 그런 국민적 주체도 가지고 있지 않다. 21세기로 넘어오면서 우리는 '절차적 민주주의'라는 개념 하나를 가지고 왔고, '누가 누구를 위해서' 같은 주체에 대한 질문은 우리가 혐오했던 한국의 과거라는 20세기를 쓰레기통 삼아 던져버리고 온 것 아닌가? 정작 해체시켜야 할 것은 지나친 국가주의로 인한 중앙형 시스템 같은 압축성장의 토건형 경제구조였는데, 우리가 21세기를 환상적으로 바라보면서 해체시켜버린 것은 주체로서의 국민, 사회의 주체 그 자체가 아니던가? 지식인이면서 동시에 주체로서의 대학생을 우리는 더 이상 사회적 주체로 인식하지 않고, 그들을 '20대 소비자'라는 식으로 소비자로서의 격만 부여한 것 같다. 고전적인 의미에서 사회적 주체가 21세기에도 여전히 유효한 것인가, 아니면 그들이 스스로 역사 속에서 걸어나와 우리 앞에 등장할 것인가? 국민경제 내에서는 안과 바깥이 별도로 존재하지 않는다는 딜레마에 부딪히게 된다. 우리 모두 소비자이고 생산자이면서 동시에 아무것도 아닌 사람이기도 하다. 주체로서의 격을 잃어버린 역사 바깥으로 튕겨져 나온 듯한 흐름 속의 미아들, 그것을 정치권에서는 여당이나 야당이나, 모두 해체되어 권위와 권능을 잃어버린 이탈적 존재로서 '서민'이라고 부르는 것 같다. 서민경제는 토건경제를 작동시키는 또 다른 비밀코드이며, 주체로서의 국민을 서민이라고 부르는 그런 국민경제의 역사는 전세계적으로 21세기의 대한민국밖에는 없다. 서민은 주체가 아니고, 그들은 이 흐름을 전도시키거나 수정할 힘을 가지고 있지 않다. 실제로는, 그렇게 하라고 한나라당에서 국민들을 자꾸 '서민들'이라고 부르는 것 아닌가? 국민은 무서워도, 서민은 무섭지 않다. 그게 존재론적인 서민경제의 실체 아닌가?

상황이 이러니, 대다수 국민들은 한 명 한 명씩 '신빈곤'의 광야로 끌려나와 그야말로 '회중'을 형성할 것이다. 교회에서는 이들을 출애굽의 전설에 따라 '나온 자'라고 불렀고, 마르크스는 Lump, 즉 덩어리를 형성한 자들이라는 의미에서 '룸펜'이라고 불렀다. 그 룸펜프롤레타리아트의 시대가 21세기의 첫 10년을 지나고 다시 한국에 돌아오고 있고, 일부는 이를 '위태로운'이라는 형용사인 precarious와 접목시켜 '프레카리아트(precarriat)'라고 부르기도 한다. 20~30대를 중심으로 상황을 본다면 '프리터(freeter)' 현상이 될 것이고, 세대의 특징을 해소한 채 노동형태의 눈으로만 본다면 '워킹 푸어'로 나타나게 될 것이다. 노동빈곤계층, 아무리 일해도 가난을 벗어날 수 없는 지금의 구조에 이제 진행되기 시작한 '디버블링(debubbling)'과 함께 하우스 푸어가 등장했다. 각자 처해진 상황과 양상에 따라서 다른 변주와 다른 양상을 가지겠지만, '국민일반 가난시대'라고 할 수 있는 '신빈곤의 시대'에서 한국의 민중들은 서로 만나게 될 것이다. 서민이든 중산층이든 노동계층이든 대체로 경제적 안정성이라는 관점에서는 크게 다르지 않게 되는 대중 평등의 시대에, 우리가 20세기에 던져놓고 온 민중들이 다시 돌아오는 셈이다. 물론 주체로서의 민중이 과연 21세기라는 강을 넘어서 우리 앞에 돌아오게 될지는, 그건 역사가 남겨놓은 숙제이고 미스터리일 것이다.

그러니 경제학자들이 다음에 만나게 될 이론적 사거리는 빈곤이 아닐 수 없다. 대중들이 빈곤의 광야에서 길을 잃고 있는데, 학자들만 혼자서 잘 먹고 잘 살 수 있는 그런 나라는 없다. 결국 탈토건에서 한 번 만났던 이 이론적 흐름이 결국은 신빈곤에서 다시 한번 만나게 되지 않을까? 그게 내가 생각하는 정상적인 사회와 학자 사이의 관계이고, 현실과 이론 사이의 관계이다. 그것은 정치경제학일 수도 있고, 생태경제학일 수도 있고, 지역학일 수도 있고, 정통 수리경제학일 수도 있는데 아직 한국에는 학자적 양심을 버리지 않은 좋은 학자들이 많이 있다고 본다. 그러나 앞으로 당분간 한국에서 경제학이든 아니면 사회과학이든, 빈곤현상을 빼고 한국 경제에 대해 논하는 것은 불가능한 순간이 올 것이다.

이 책의 부제에서 나는 '정치경제학'이라는, 21세기라는 시간에서 토건경제와 공사주의(工事主義)에 익숙한 많은 사람들이 껄끄러워할 게 분명한 제목을 집어들었다. 경제학의 연구대상은 재화와 서비스의 재생산, 경제적 주체의 재생산 그리고 마지막으로 경제제도의 재생산 과정이라고 할 수 있다. 19세기의 정치경제학이 상품의 재생산에 관심을 가지고 있었다면, 나는 생명의 재생산 즉 사람과 사람 아닌 것들이 어떻게 국민경제라는 틀 내에서 재생산되며 경제로부터 영향을 받고, 다시 경제계에 영향을 주는지에 관심을 가지고 있다. 즉, 나는 '생식'에 대해서 관심을 가지고 있는 경제학도인 셈이다. 토건과 빈곤 그리고 생식의 문제는 국민경제 내에서 그리고 국토생태 내에서 아주 긴밀하고도 은밀한 변증법을 형성한다. 생태와 빈곤이 한국 자본주의라는 매우 특수한 국민경제 내에서 빚어내는 현상황은, 여전히 경제학은 곧 정치경제학이라는 고전적 테마로 향하게 만드는 것 같다.

나 혼자서 '경제 대장정'이라고 부르는 12권의 시리즈는 4권의 책으로 구성되는 세 개의 작은 시리즈로 구성되어 있다. 이 책은 그 중의 제7권에 해당하며, 생태경제학 시리즈로는 셋째권에 해당한다. 전체적으로도 하일라이트에 해당하고, 개인적으로도 내가 지금까지 했던 공부들을 2010년의 한국 경제라는 특수 상황에 맞춘 채 상황을 이해하기 위해서 노력했던 책이기도 하다. 아직은 대장정을 끝내기 위해서 갈 길이 좀더 남았는데, 지금까지 이 길을 도와준 많은 분들에게 이 기회를 빌어서 잠시 감사를 드리고 싶다.

이 책을 계기로 나에게 작은 소망이 있다면, 『정치경제학 원리(Principles of Political Economy)』에서 보여진 존 스튜어트 밀이라는 아주 매력 넘치는 학자의 경제적 영감에 대해서 한국의 독자들이 한번쯤 만날 수 있었으면 하는 것이다. 전쟁 없는 사회, 소녀들이 노동과정에서 착취당하지 않는 경제, 그리고 여성들이 참정권을 가지고 투표할 수 있는 정치, 그렇게 존 스튜어트 밀이 가졌던 로망은 19세기의 양심일지도 모른다. 생산과 전쟁의 시대였던 20세기 내내 밀의 정치경제학은 망각되었지만, 신빈곤의 시대로 가면서 우리는 다시 한번 이 오래된 사상가의 낭만적이면서 매력적인 사유를 만나볼 필요가 있을 것 같다.

2011년 2월
우석훈

차 례

■ 서문 6

■ 프롤로그 | 토건 경제, 생태계 그리고 재생산 21

'한국 자본주의'의 재생산력   22
5만원권과 난설헌 허초희   25
다산 정약용과 실학, 그리고 생태학   32
백사 이항복과 '개도맹 정신'   38
차별의 재생산과 생식의 차별   46
생태계, 재생산되지 않는 것: 복원성의 문제   55
경제를 죽여야 경제가 산다   61

1장 ✱ 생식의 위기, 가족의 위기

1. 생태학, 섹스의 학문   72
2. 맬서스와 제임스 밀 그리고 존 스튜어트 밀   81
3. 결혼과 동거   91
4. 모노가미와 폴리가미: 한국 신자유주의와 위기의 모노가미   98
5. 가족의 확장, 게이 가족 그리고 연대 가족   113
6. 생식의 위기인가, 섹스의 위기인가?   127

2장 ✱ 토무현, 토명박, 토근혜, 그리고 토건의 완성

1. 회복력과 천이   150
2. 시장이 문제인가, 토건이 문제인가?: 탈토건 1세대의 등장   166
3. 토무현의 토건주의, 토명박의 공사주의   193
4. 공사주의, 파국으로의 질주   214

3장 ✽ 2012년 대선과 탈토건의 정치경제학

1. 4퍼센트의 승리와 11퍼센트의 승리, 미국과 일본의 변화 사이   230
2. 박근혜가 탈토건의 희망이 될 수 있을까?   241
3. 국토 생태의 정치경제학   252
4. 탈토건의 끼어들기와 새 판짜기: 마이너들의 정치 전략   270
5. 골프 동맹군   279
6. 2012년, 탈토건 대연정   297

4장 ✽ 디버블링과 국민경제의 생태적 대전환

1. 두 경제학자 이야기   328
2. 생태적 전환의 기본 모델   338
3. 일주일에 이틀 일하는 정규직, 재택근무 그리고 완전 연봉제   347
4. 사교육 폐지, 주 4일제 수업   368
5. 등록금 100만원 시대   402
6. '집' 대신 '방'을 꿈꾸는 세대를 위한 주거권 논의   427
7. 디폴트와 모라토리엄 그리고 공간의 위기   455
8. 교통 문제와 무료 버스 운행   469
9. 탈토건의 정부체계 개편   481
10. 생태적 세제개편   493
11. 주상복합의 비극 그리고 공간의 재구성   507
12. 생태적 삶과 국민들의 경제생활, '마케팅 사회'의 해체   516

■ **에필로그** | 푸어맨스 무디 블루스   531

■ **별첨 1** 생태경제학의 짧은 역사   541
■ **별첨 2** 독습자를 위한 짧은 참고문헌록   566

프롤로그

토건 경제, 생태계 그리고 재생산

'한국 자본주의'의 재생산력

21세기가 시작한 지도 훌쩍 10년이 지나버렸고, 우리는 지금 새로운 10년의 도래를 맞고 있는 중이다. 조금 멀리 보자면 한국 경제는 1950년의 한국전쟁 이후 새롭게 출발한 경제인데, 설사 다양한 평가가 있다 해도 어쨌든 비슷한 시기에 독립한 여러 나라 중에서 한국 경제가 보여준 성과는 놀라운 것이었다. 물론 그 부작용에 대해서는 몇 가지 세트처럼 따라붙는 평가가 있지만, 그렇다고 해서 그 성과마저도 부정할 수 있는 것은 아니다. 적어도 지금까지의 모습에 대해서는 그렇다. 이것을 자랑스럽게 생각하든 그렇지 않든, 최소한의 사실은 '한국 경제가 보여준 놀라울 정도의 성과'다. 규모로 세계 10위권의 위치에 도달하게 된 이 경제 시스템의 작동은 대체적으로 성공적이었다고 할 수 있다. 우리는 여기에 '한국 자본주의'라는 이름을 기꺼이 붙일 수 있을 것이다. 매우 특별한 이 자본주의 장치는 요즘 많은 한국의 엘리트들이 선망해 마지않는 그런 미국 자본주의와는 많이 다르고, 그 안에 매우 독특한 별도의 시스템들이 혼재되어 있는 유럽의 여러 국가들이 운용하고 있는 자본주의 장치와도 분명히 다르다. 뿐만 아니라 한국에 여러 가지

자본주의적 경제 장치들을 건네준 일본 자본주의와도 많이 다르다. 무엇보다 다른 점은, 우리가 OECD 국가라고 부르는 그 어느 나라에서도 한국과 같은 사교육 시장을 가지고 있고, 대표적인 사교육 전문기관들이 주식을 발행해 주식시장에 상장하는 지금과 같은 경우는 일찍이 없었다는 것이다. 물론 수요와 공급으로 이 현상을 쉽게 설명하고, 인류 보편적인 현상으로 간단하게 둔갑시키는 도깨비 방망이 같은 설명을 할 수는 있다.

그러나 아무리 그럴듯하게 설명을 하더라도 이 현실이 사실상 한국에만 존재하고, 한국 자본주의의 부정적 결과라는 사실을 바꾸지는 않는다. 해마다 3만 명씩 조기 유학을 떠나는 한국 교육의 특수한 상황도 한국에서만 벌어지는 일이다. 중남미의 부유층 자제들이 대학 단계에서 미국으로 집중적으로 유학 가는 현상을 본 적이 있지만, 지금의 한국처럼 마치 사회 재생산의 일부인 것처럼 작동하지는 않는다.

누가 어떻게 얘기하든, 한국은 '정의로운 사회'는 아니다. 물론 인류가 문자로 역사를 기록하기 시작한 이래 정말로 정의로운 사회가 존재한 적이 있었는가 하고 질문하면, 그래도 많은 사람들이 '절대빈곤'의 수준은 넘어섰다고 생각하는 지금, 한국이 수많은 저개발국가나 중남미의 일부 국가에 비해서 더 정의롭지 않은 사회라고 말하기는 어렵다. 지구 전체를 둘러보면 한국보다 훨씬 더 정의롭지 않은 사회를 찾아보는 게 어렵지 않을 것이다. 그러나 OECD 국가, 즉 흔히 우리가 말하는 선진국으로 시야를 좀 좁혀보자. 한국만큼 '정의'라는 가치를 자주 언급하지 않는 나라는 거의 보이지 않는다. 존 롤스가 생각했던 '정의론'을, 아직 태어나지 않은 영혼끼리의 계약이라는 눈으로 본다면 한국은 분명히 정의롭지 않은 사회다. 영혼이 어떻게 생각을 하든, 그 부모들의 선택은 비교적 명확하다.

"나는 자식에게 이 나라를 물려주고 싶지 않다. 그리고 나는 나의 자식에게 한국에서 살라고 말하고 싶지 않다."

그 결과가 1에 수렴하고 있는 우리의 출산율이다. 아마 특별한 반전이 없다면 우리는 곧 1 이하의 출산율을 보게 될 것이다. 게다가 이 수치는, 농촌을 시작으로 점차 중소도시로 확산되어가고 있는 최근 다문화 가족의 등장에도 불구하고 발생한 수치다. 몇 가지 사회적 수치들 중에서 가장 간단하게 출산율 하나만 보더라도, 한국 자본주의는 21세기 초반 재생산(reproduction)에 심각한 위기를 맞은 상태다.

물론 나는 이 현상을 지나치게 '한민족 순혈주의'라는 눈으로 보고 싶지는 않다. 원인과 결과를 뒤집어서 해석하고 싶지 않다. 이것은 우리가 만든 한국 자본주의의 결과이지, 그것을 놓고 '국가 경쟁력의 원천' 혹은 '인구 균형의 회복'과 같이 "아이를 낳게 만들어야" 혹은 "아이도 낳으려 하지 않는 젊은 사람들의 문제"와 같은 방식으로 이해하고 싶지는 않다. 우리 모두가 알고 있는 것은 지금의 상황이 '균형'은 아니라는 점이다. 각종 사회보험을 비롯해서 우리의 많은 시스템은 대개 인구 균형 위에 세워져 있고, 또한 기계적인 균형이 아니라 팽창하는 경우에만 안정적으로 움직일 수 있도록 디자인되어 있다. 연금의 문제만 그런 것이 아니라, 지방과 시골의 학교들 역시 그러한 전제 위에서 작동한다. 1945년 일본으로부터 독립한 이후에 비로소 우리는 우리의 힘으로 공적 장치 중의 하나인 학교를 세울 수 있었다. 그러나 이제 우리는 학교를 없애고 있다. 대체로 해마다 200개 이상의 학교가 한국에서 문을 닫고 있다. 국민소득이 늘어나면서 예전에 있던 각종 '사회적 장치'들을 더욱 늘리는 것이 아니라 그 근간부터 무너뜨리는 중이다. (우석훈, 「작전명 5262, 676, 5266」, 『한겨레』, 2006년 8월 17일자 참고)

마르크스가 『자본론』을 통해 분석하려고 했던 것은 자본의 재생산 과정 그리고 확대재생산에서 생겨나는 위기였다고 할 수 있다. 한국 자본주의는 외형적 확대재생산에는 성공을 한 것 같지만 경제적 주체의 재생산, 즉 생식(reproduction)에서부터 문제가 생겨나는 중이다. 이것은 원인인가, 결과인가? 학생들이 사라져서 학교 문을 닫는 과정을 지켜보면서, 나는 한국 자본주의의 근본적인 위기를 처음 느꼈다.

5만원권과 난설헌 허초희

새만금, 경인운하, 경부운하, 그리고 4대강에 이르는 일련의 국책사업 같은 것들이 있다. 그리고 뉴타운, 기업도시, 명품도시, J프로젝트, 지리산과 한라산의 케이블카 추진, '골프장 310개 건설'에 이르는 일련의 사건들이 있다. 이러한 것들을 우리는 보통 '토건 사업'이라고 부른다. GDP 산업 분류에서 토목과 건설이 각기 다른 산업으로 분류되어 있기 때문에 자동차나 조선처럼 하나의 산업 명칭이 아닌 토건이라는 이름을 가지게 된 것이다. 이 용어는 일본에서 왔고, 일본이 이 토건국가라는 이름을 털어내고 실제로 경제가 '탈토건' 쪽으로 방향을 잡는 데 10년 이상의 길고 고통스러운 과정이 있었다는 것도 잘 알려진 일이다. 이 시절을 일본은 '잃어버린 10년'이라고 부르기도 한다. 히로히토를 이어 아키히토(明仁)는 1989년 일본의 125대 천황에 등극하였고, 그는 연호를 헤이세이(平成)라고 불렀는데, 그의 재위 기간에 벌어진 큰 경제공황이라서 '헤이세이 공황'이라고 부르기도 한다. 지금 우리가 걸어가는 경제의 길도 80년대 후반에서 90년대 초반 일본이 겪었던 위기로 가는 길과 상당히 유사하다. 일본은 토건 경제와 신자유주의 경제를 순차적으로 겪었는데, 우리는 이것을 동시에 겪는다는 사소한 차이점이 있기는 하다.(여기에 대해서는 본문에서 상세하게 살펴보기로 하자.)

우리가 겪고 있는, 그리고 점점 더 심화되어가는 토건형 경제의 주체 혹은 주도세력은 한국에서는 어지간해서 공식적으로 분석되거나 공개적으로 언급되는 일이 거의 없다. 일본은 토건국가 현상을 언론과 학계에서 대대적으로 다루며, 그 주체를 '토건족'이라고 불렀다. 그들은 주로 지방의 국회의원과 건설사, 그리고 이들과 결탁한 중앙관료였다. 그러나 우리의 경우는 그 주체에 대해 얘기하기가 어렵다. 명예훼손을 비롯한 법적인 시비를 피하면서 "바로 너 때문이야!"라고 말할 수 있는 사람은 어쩌면 대한민국 내에서는 역설적으로 이명박 대통령밖에 없는지도 모른다. 외국에서는 정부기관, 공인, 공적인 사안에 대해서는 언론의 자유와 표현의 자유가 개인의 사생활에 대한 보호보다 앞서지만, 한국에서 표현의 자유는 적어도 정부와 정부의 '개들'에게는 '개떡'과 같은 것이기 때문에 그렇다. 지난 몇 년 동안 한국의 지배층이 경제 사회의 모델로서 잠정적으로 설정한 미국 헌법의 수정 제1조를 기억할 필요가 있을 것이다.

> 수정헌법 제1조(종교, 언론 및 출판의 자유와 집회 및 청원의 권리)
>
> 연방 의회는 국교를 정하거나 또는 자유로운 신앙 행위를 금지하는 법률을 제정할 수 없으며, 언론·출판의 자유를 제한하거나 국민들이 평화적으로 집회할 권리와 불만의 구제를 정부에 청원할 권리를 제한하는 법률을 제정할 수 없다.
>
> Congress shall make no law respecting an establishment of religion, or prohibiting the free exercise thereof; or abridging the freedom of speech, or of the press; or the right of the people peaceably to assemble, and to petition the Government for a redress of grievances.

미국의 수정헌법 1조가 보장하는 이 표현의 자유는 포르노 잡지의 발행자인 래리 플린트(Larry Flynt)에게도 공평하게 적용되었고, 미국의 연방대법원은 그에게 무죄를 선고한다.

1988년 래리 플린트는 연방대법원 항소심에서 다음과 같이 말했다. "만약 수정헌법 1조가, 나같이 더러운 놈을 보호한다면, 당신 모두를 보호할 것이다. 내가 최악이니까."

또한 이에 앞서 1978년 법정에서는 다음과 같이 말했다. "조지 오웰이 말하길, 자유란 사람들이 듣기 싫어하는 것을 말할 수 있는 권리라고 했다."

표현의 자유와 언론의 자유가 쓰레기통에 처박힌 한국에서 유일하게 법적 논란 없이 야유를 보낼 수 있는 단 한 사람은 사실상 이명박 대통령밖에 없을 것이다. 왜냐하면 대통령 임기 동안에 그분에 대한 피소권이 제한되어 동시에 다른 권리도 제한된다고 보는 것이 타당하기 때문이다.

　자, 한국을 누가 지배하고, 또 어떻게 이 지배가 가능하게 되었는지를 알고 싶다면, 당장 한국조폐공사에서 발행하는 5만원권을 펴보시라. 여기에 우리가 알고 싶은 거의 대부분의 정보가 들어 있다. 도대체 누가 한국의 주인인가? 도대체 어떻게 해서 우리나라에는 5만원권이라는 이 동그라미 4개가 붙은 무시무시한 숫자의 돈이 발행된 것인가? 그리고 왜 이 자리에 난설헌 허초희의 얼굴이 들어가기를 그렇게 많은 사람이 바랐음에도 불구하고 끝끝내 그녀는 안 된다고 결국 밀려나게 된 것인가? 이 물음에 답을 하는 것은, 누가 이명박을 대통령으로 만들었고, 그를 통해서 대운하 혹은 4대강 사업을 추진하게 하는 것인가에 대한 대답과 맞닿아 있다. 난설헌을 통해서 여성들은 마초 자본주의의 상징으로 여겨진 '현모양처'가 아닌 새로운 시대의 여성 주체, 예술가이며 생산자이자 동시에 반항적 정신을 가진 상징을 가지고 싶어 했다. 여성단체만이 아니다. 나도 한국을 대표하는 여성으로 난설헌이 그 자리에 있기를 바랐다. 그러나 결국 TK로 대변되는 경상도식 마초주의가 승리했다.

　고액권으로 5만원짜리 지폐가 등장하는 시대적 배경이 있다. 이 사건은 한국은행 내부의 개혁파들의 논의에서 시작된다. 1997년 시작된 IMF 경제위기를 극복하는 과정이 우리에게는 '한국인의 우수성'을 세계에 알린 계기로 알려져 있지만, 이것은 '개 뻥'이다. 한국의 현 지배층이 형성되는 계기는 바로 IMF 경제위기 이후의 김대중 통치 시절에 있었다. 1993년 김영삼 정부의 금융실명제 도입으로 주춤했던 한국 지배층이 실질적으로 경제적 지배력을 공고하게 갖게 된 것이 바로 이 IMF 경제위기의 실질적 결과라고 할 수 있다. IMF 경제위기 때 헐값으로 부동산을 매입하게 된 한국 지배층은, 김대중 대통령의 '국민의 정부' 시기에 "이대로!"를 외치며 경제권력을 틀어쥐게 된다. 이 시기를 좌파와 우파의 관점으로 보는 것은 경제적으로는 별

의미가 없고, 그 대신 '토건 경제'가 '한국식 국민경제'의 기본 모델로 형성된 시기로 보는 게 타당할 것이다. '강남의 TK'라는 집단이 일종의 자기실현 명제처럼 '강남불패 신화'를 만든 것도 바로 이 시기다.

이 시기의 토건화에 대해서는 좌파든 우파든 별로 지적한 적이 없다. 이런 것이 한국 경제에서 문제를 일으킬 것이라고 생각한 사람은 거의 없었다. 그나마 강남 TK의 전국적 땅 투기와 농지 투기에 제동을 걸어야 한다고 생각한 거의 유일한 대표집단이 바로 한국 경제의 최전선에 서 있는 한국은행이었다. 요즘은 경제 엘리트들이 미국 유학을 마치고, 정부연구소에서 잠깐 근무하다가 대학 교수가 되는 것이 최고급 코스라고 생각하는 것 같다. 그러나 오랫동안 한국에서 경제 엘리트임을 증명하는 길은, 행정고시를 봐서 재경직 공무원이 되는 것보다 한국은행에 들어가고, 그중에서도 조사국에서 근무하는 것이었다. 오랫동안 그 자리를 명예로운 자리라고 경제학자들은 생각했다. 만약 나에게 10명으로 한국 경제를 살릴 수 있는 특수팀을 구성해보라고 한다면, 그중의 절반은 한국은행에서 뽑을 것이다. 부패하지 않고 무능하지 않으면서도 자부심을 가지고 있는 진짜 한국 경제의 전문가들은 여전히 한국은행의 실무자들 가운데 가장 많은 것 같다. 2002년 4월, 그러니까 김대중 정권 마지막 해에 한국은행 조사국 출신의 어느 경제학자가 한국은행 총재로 임명되면서, 한국을 살려보려고 했던 마지막 시도가 시작된다.

만약 한국에서 '정의로운 경제학자'를 단 한 명만 꼽아보려면, 나는 주저 없이 박승을 꼽을 것이다. 그를 제외한 대부분의 경제학자는 부도덕하거나 비겁하거나 혹은 쉽게 매수되는 스타일일 것이다.(보고도 못 본 척을 많이 했던 나는 아무래도 비겁한 쪽에 해당할 것 같다.) 박승은 박정희의 유신 경제가 한창 진행중인 1976년 한국은행 조사국의 차장으로 근무했고, 이후 12년 동안 중앙대학교의 경제학과 교수로 학생들을 가르쳤다. 그를 다시 공직으로 끌어낸 것이 '100만 호 건설'을 기본 정책으로 내걸었던 노태우 대통령이었으며, 한국의 지배자들이 최고의 성공작으로 꼽는 분당과 일산이 그가 건교부 장관 시절에 입안한 '작품'이다. 이후 다시 학교로 돌아갔는데, 집권하자마자 건설산업의 구조조정으로 건설업계에서 악명이 높았던 김영삼 대통령이 그를 대한주택공사 이사장으로 임명해 다시 건설업계로 돌아오게 된다. 토건 경제의 초기 형태 그리고 그 작동 메커니즘에 대해서 박승은 나름의 시각을 이런 과정을 통해서 갖추게 된다. 그러나 그가 정말로 한국의 토건세력과 지하자금에 대한 싸움을 시작한 것은 2002년 4월 한국은행의 총재가 된 이후의 일이다.

한국은행 출신을 총재로 맞게 된 한국은행은 이후 ① 한국은행 독립 ② 화폐개혁 ③ 남북한 단일화폐 출범이라는 세 가지 중점 추진 과제를 설정하게 된다. 화폐개혁은 어감을 부드럽게 하기 위해서 '리디노미네이션(rede-nomination)'이라는 이름으로 불리게 되고, OECD 국가 중에서 가장 화폐 단위가 높은 우리의 현실과 관련해 일종의 '금융 선진화 방안'으로 포장되었다. 물론 그 본질은 IMF 경제위기를 극복하는 과정에서 금융실명제를 교묘하게 피해나간 투기자본과 지하경제에 대한 견제였다. 이 기간 동안, 한국은행은 정치권의 그 어떤 집단보다도 힘겹고 어려운 토건 자본과의 싸움을 한국 경제의 최전선에서 벌이게 된다.

이러한 박승 총재와 한국은행의 구상이 세상에 처음 모습을 보인 것은 6월이고, 그 일정이 제시된 것은 김대중 정부의 마지막 국정감사가 있던 9월의 일이다.

리디노미네이션과 고액권 발행에 대한 1차 시안이 연말쯤 나온다. 선진국으로 가기 위해서는 리디노미네이션이 필요하다. 다만 그 시기와 방법을 어떻게 할지가 문제다. 결정은 한은이 아닌 정부가 내리는 것이지만, 사회적 비용을 최소화하려면 동시에 하는 것이 가장 좋은 방법이다.(박승, 「10만원권 발행… 한은 뚝심이 청와대 마음 바꿨다」, 『매일경제』, 2006년 12월 24일자)

2002년 12월 대선을 얼마 앞두고 나온 이러한 한국은행의 화폐개혁에 대한 입장은, 강남으로 상징되는 TK세력과 토건파들에게 충격적인 일이었다. 어쨌든 한국은행은 대선이 한참 진행되는 동안에 화폐개혁 방안을 마련하고, 다음 해 1월 대통령인수위원회에 이 내용을 보고한다. 당시 인수위는 이 내용을 채택하지 않았다. 1년 뒤 박승 총재는 다시 화폐개혁 문제를 꺼내들었지만, 노무현 대통령은 한 오찬간담회에서 이를 전면 부정한다. 이후 한국은행은 이헌재 부총리 하에서 화폐개혁이 힘들다고 판단을 했는지, 도안 변경만을 추진하게 된다. 그리고 한국은행이 마지막으로 화폐개혁에 대한 희망을 가졌던 것은 2005년 3월 한덕수 부총리가 취임했을 때의 일인 것 같다. 그러나 4월 국회 경제분야 대정부질의에서 한덕수 부총리는 "화폐 액면 단위 변경과 고액권 발행은 하지 않기로 정부 방침을 정했다"는 답변을 한다. 박승 총재의 화폐개혁 시도는 일부 정치인의 지원 사격에도 불구하고 사실상 한국은행의 패배로 막을 내리게 된다. 2006년 3월 31일 박승 총재가 퇴임하면서 화폐개혁을 통해 토건 경제의 해체를 시도했던 하나의 흐름이 사라지게 된것이다.

우리의 지배층은 화폐개혁을 막아냈을 뿐만 아니라 한술 더 떠서 음성적인 밀실 거래를 더욱 쉽게 하기 위한 고액권 발행의 역전수를 띄웠다. 박승 총재의 후임인 이성태 총재는 2006년 6월 기자회견을 열고 고액권의 필요성을 공식 천명하게 되고, 그해 10월 20일 여야 합의로 법안은 발의된다. 이렇게 해서 IMF 경제위기 이후 완전히 틀을 잡게 된 강남의 TK는 화폐개혁을 피해나가는 것은 물론 고액권까지 보너스로 얻게 된다. 보통 사회적 갈등이 생기면 소수 지배층은 하나를 얻는 대신 그보다는 좀 작은 규모의 다른 하나를 양보하게 되는데, 토건 경제를 화폐 정책으로 제어하고자 했던 이 시도에서는 양보 없이 자신들이 원하던 것을 모두 다 얻어갔다.

그 후의 5만원권 도안에 관한 논쟁은 진짜 얘기는 다 빠진 껍데기만의 논의였다. 90년대 이후 최소한의 세력화를 이룬 여성단체의 꿈이었던 난설헌 허초희마저도 도안에서 밀어내는 데 성공했으니. 이 싸움에서 토건쟁이들은 명분과 실익은 물론 상징 싸움에서도 이겼다. 참으로 대단한 사람들이다. 그들은 결코 지는 법이 없어 보이며, 사소한 상징의 세계에서 마초주의적 세계관까지 살뜰하게 다 챙기시는 타고난 승부사인 셈이다.

2005년 12월 국회에서 여야 의원들이 고액권 발행을 위해서 한은법 개정안 논의를 시작할 때, 사실상 한국 경제의 내부 개혁을 통해 스스로 길을 찾아갈 수 있는 가능성에 대해 청와대는 이미 포기하고 있던 것으로 보인다. 한은의 화폐개혁 흐름이 완전히 꺾인 후, 바로 그 다음 달인 2006년 1월 18일, 노무현 대통령은 외부의 힘을 빌려서 내부 개혁을 하겠다는 한미 FTA 추진 선언을 하게 된다.

그리고 그 뒤에는 우리 모두가 안타까워하는 비극적인 노무현의 죽음이 놓여 있다. 다시는 물어볼 기회가 없어졌지만, 나중에 정치적으로 좀 조용한 순간이 오면 나는 다시 한은이 추진하던 화폐개혁을 지지하지 못했던 대통령의 진짜 이유를 물어보고 싶다. 요즘도 가끔 생각해보는 것이지만, 만약 노무현 대통령이 대통령인수위에 보고된 한국은행의 화폐개혁안을 받아들였다면 역사가 어떻게 흘러갔을까? 우리가 사용하는 돈에서 동그라미를 떼어내는 일, 그 내면에는 IMF 경제위기 이후 급격히 세력을 확보한 토건세력과의 보이지 않는 전쟁이 숨어 있었다.

여담이지만, 리먼 브라더스의 파산으로 세계 금융위기가 터진 2009년 말, 다시 화폐개혁을 요구하는 목소리가 일부에서 흘러나왔었다. 그러나 이명박 대통령과 한나라당은 그런 요구를 받아들이지는 않았다. 화폐개혁을 통해서 심각한 불편을 느낄 국민은 아마 1퍼센트도 안 될 테지만, 그들이 국토의 50퍼센트 이상을 소유하고 있을 것이며, 국가 권력의 거의 대부분을 사실상 장악하고 있다. 차명 계좌를 금지하는 금융실명제 그리고 지하자금처럼 흘러다니는 무기명채권 등 검은 돈을 차단하기 위한 화폐개혁, 이런 것들이 순차적으로 진행되었다면 21세기 이후 한국 경제는 물론 한국 사회의 흐름도 좀 달라졌을 것이다.

지금의 5만원권에는 많은 여성단체들이 그 자리에 들어가기를 바랐던 난설헌의 얼굴이 없고, 그 대신 '대치동 맘'의 원형이 그 자리에 있다. 이렇게 화폐개혁을 저지하고, 대치동 맘의 상징을 그 자리에 앉힌 강남의 TK들, 보통 사람들은 아닌 것 같다. 5만원권을 가만히 보고 있으면, 그 어떤 경제 교과서나 한국경제론 책보다도 더 많은 것을 알 수 있다. 지워져버린 얼굴, 난설헌은 내게는 중요한 경제 선생님 한 명인 셈이다. '매니징 맘' '대치동 맘' 등 극렬 교육 엄마와 토건을 지탱하는 숨은 힘들은 강남의 같은 뒷골목에서 만난다.

다산 정약용과 실학, 그리고 생태학

한국에서 학자가 되기를 원했던 사람 중에서 다산 정약용을 한 번쯤 가슴에 품어보지 않은 사람은 아마 없을 것이다. 물론 나도 그랬다. 아주 오랫동안 나의 도보 여행의 첫 목적지는 강릉이었다. 그다음 목적지는 강진이었는데, 아주 조금씩 채워져 결국 10년이 넘게 걸린 길이 되었다. 왠지 정약용에게 가는 길은 그냥 자동차나 기차로 쉽게 가면 안 될 것 같았다. 한국에서 정약용을 좋아하는 사람은 학자나 행정가가 특히 많을 것이다. 언젠가 다산초당에 들렀을 때, 방명록에 마포에서 산다고 자신을 밝힌 어떤 분이 직업란에 '고위 공직자'라고 써놓은 것을 보고 오랫동안 웃었던 기억이 난다. 그래도 그걸 그냥 비웃지 못하는 것은 그가 정약용에게 바치고 싶었던 진심이 느껴져서다.

아마 행정학을 공부하거나 공무원인 사람들은 정약용의 책 중에서 『목민심서(牧民心書)』를 최고의 책으로 꼽을 것이다. 좌파 계열의 경제학자들은 그의 토지개혁에 관한 밑그림이 그려진 『전론(田論)』을 최고의 책으로 꼽을 것이다. 지금의 한국처럼 토지관리가 문란해 농지 투기가 공공연한 일이 되어버린 나라에서 여전히 『전론』은 필요한 책일 수도 있을 것이다. 어쨌든 '토지공개념'이나 보유세 같은 것들은 딱히 좌파 정책인 것도 아니고, 대부분의 선진국이 공통적으로 시행하는 제도이니 말이다. 미국의 경우 보유세가 대략 1퍼센트 정도 수준인데, 0.5퍼센트의 종부세도 도저히 받아들이지 못하겠다는 한국의 부자들은 지독한 노랭이들이기는 하다.

개인적으로 나는 『경세유표(經世遺表)』를 좋아하는 편인데, 내가 생각하는 한국 경제의 변화와 『경세유표』에 나온 흐름들이 어느 정도는 일치하는 것 같다. 토지개혁, 농업육성과 함께 기술정책과 상공업 전통 같은 내용들은 내가 '국민경제의 생태적 전환'이라고 부르는 일련의 프레임과 아주 다르지 않았다. 특히 『경세유표』에서 내가 좋아하는 내용은 첩의 자식인 서얼, 중인, 그리고 상인들을 과거제 개혁을 통해서 관료로 흡수하기 위한 내용이었다. 점점 더 폐쇄적 지배집단의 세습제로 전환되고 있는 한국의 교육과 사회제도에 대해서 연구를 더하게 된 것은, 솔직히 정약용의 영향이 좀 있었다고 할 수 있다.

물론 그렇다고 해서 내가 엄청난 정약용 연구자인 것은 아니다. 경제사상과 경제사에 많은 관심을 가지고 있는 한국의 경제학자가 평균적으로 가질 수 있는 대학자 정약용에 대한 관심 이상으로 정약용에 대해서 깊이 연구하지는 못했다. 『음식국부론』을 출간한 이후, 고전들의 이름으로 시리즈를 만들어보면 재밌을 것 같아서 그다음에 했던 작업이 '자동차 경세유표'라는, 결국은 쓰레기통으로 들어간 책 원고가 있기는 하다. 자동차와 도로 그리고 육아 사이의 생태계 분석에 관한 책이었는데, 결국 『경세유표』라는 책의 무게감을 내가 제대로 감당하지 못했던 것 같다. 정약용을 공식적으로 다루려고 했던 첫 시도는 그렇게 실패로 돌아갔다.

정약용에 대한 정치적 해석은 대부분 정조와 연결되어 있다. 정조의 손자인 효명세자는 정조의 재림이라고 할 정도로 많은 사람들의 지지를 받았었는데 아쉽게도 그의 통치는 4년 만에 석연찮은 죽음으로 끝이 났고, 이때 그의 나이가 21살이었다. 효명세자의 비가 바로 신정왕후인 조대비였고, 고종이 바로 효명세자의 양자가 되면서 조선조의 마지막 왕이 된다. 결국 정조의 손자인 효명세자와 그의 양아들인 고종, 이렇게 조선조 마지막 순간의 권력 관계가 형성되는 셈이다. 이런 점으로 미루어보면 정조가 조선 사람들의 마음속에 오랫동안 살았던 것 같다. 정약용은 정조와 연결된 개혁정치의 상징 중의 상징이다.

경제사 내에서 영·정조 시대에 대한 논의는 '한국 자본주의 맹아론'이라는 논쟁과 연결되어 있다. 과연 영·정조 시대에 한국에서도 독자적인 자본주의가 등장하고 있었는가는 한국 역사의 독자성과 연결되고, 이는 일제에 의해서 단절된 역사의 영향에 대한 평가 문제와 직결된다. 이 오래된 논쟁은 일제 시대의 백남운을 비롯한 마르크스주의 경제학자들의 연구로까지 올라가지만, 어쨌든 70~80년대 한국 경제사에서 가장 큰 논쟁이었다고 할 수 있다. 이 논쟁에서 영·정조 시대에 한국에 독자적인 자본주의의 맹아가 없었다고 주장한 사람들의 일부는 나중에 뉴라이트 계열이 되었고, 그 반대편에 섰던 사람들은 한국 경제사가 몰락하게 되면서 사라졌다. 논쟁이 끝난 것이 아니라, 논쟁할 사람들이 단절되어서 사라져버린 논쟁이 되었다.

어쨌든 이런 흐름 속에서 정약용은 자본주의의 등장과 함께 시민사회를 형성하는 데 기여한 로크나 루소 같은 사상가 혹은 애덤 스미스 같은 경제학자와 유사한 흐름 내에 있었던 학자로 이해할 수는 있을 것 같다. 지금 와서 돌이켜 생각해보면, 조선 후기에 자본주의가 독자적으로 등장했느냐 그렇지 않느냐가 그렇게까지 중요한 문제였을까, 그런 생각이 들기는 한다. 그게 진실이든 아니든, 어쩌면 우리 모두는 한때는 지독할 정도의 민족주의자였던 것인지도 모른다. 일제 치하에서 조선에도 자신의 고대사가 존재한다는 것을 『조선사회경제사』라는 책으로 주장한 백남운은 결국 감옥에 갔다. 요즘식으로 말하면, 일제에 그는 불온한 사상을 주장하는 사상범이었던 셈이다. 그런 흐름 속에서 민족주의적 연구를 하는 것은, 나라를 잃은 식민지 백성들에게는 논리적으로 당연한 선택일지도 모른다. 나는 스스로를 인종주의자나 극렬한 민족주의자는 아니라고 여기지만, 정약용에 대해서 내가 교육받은 방식 혹은 내가 생각했던 방식을 곰곰이 따져보면, 어쩌면 나에게도 강렬한 민족주의자의 시절이 있었던 것 같다.

자, 민족의 우수성이니 독자성 같은 복잡한 생각은 잠깐 접고, 개혁의 실패와 조선의 몰락 같은 무거운 생각들도 잠시 미루고, 아주 편안한 마음으로 학자 정약용에 대해서 생각해보자. 정약용과 정약전 같은 당시의 실학자들을 생각해보면 독자 여러분들은 누가 연상이 되시는가? 혹시 스웨덴의 생물학자 린네(Carl von Linne)가 연상되는 분이 있을는지 모르겠다. 물론 린네는 종(種)의 분류 체계를 만든 사람이고, 백과사전적인 지식을 생물학에 적용한 사람이다. 일반적으로 생태학사를 거론할 때 가장 먼저 나오는 사람이기도 하다. 다윈은 린네보다 조금 뒤에 등장하게 되는데, 나중에 생태학으로 부르게 되는 학문의 원형이 린네와 함께한다고 할 수 있다. 지금에 와서 곰곰이 살펴보면, 조선의 실학은 이 시절 생물학의 흐름과 놀라울 정도로 유사하고 시기도 크게 차이가 나지 않는다. 정약용의 형인 정약전의 『자산어보』는 당시의 세계적인 흐름과 전혀 다르지 않게 우리의 학문도 일종의 생명 분류학 체계를 향해 가고 있었다는 사실을 잘 보여준다.

생태학에서 자주 인용되는 책은 아니지만, 푸코의 『말과 사물(Les mots et les choses)』을 보면 생물학, 언어학 그리고 경제학이 시대에 따라 어떻게 변해갔는지, 그리고 린네에서 다윈으로 넘어가는 과정에서 어떠한 인식 틀의 전환이 있었는지를 이해하는 데 좀 도움이 되실 것이다. 나중에 린네의 분류 체계 중심의 생물학은 제국주의로 향하게 되는 대항해 시대와 만나면서 군함을 탄 생물학자의 시대로 나아가고, 이러한 일련의 과정을 통해서 생태학이 일종의 제국주의 학문으로 자리를 잡게 된다. 영화 〈마으터 앤 커맨더〉에는 나폴레옹 시절 군함에 탄 과학자가 갈라파고스 제도에서 여왕의 영광을 위해 새로운 생명체를 채집하던 시대의 삽화가 잘 그려져 있다. 반면 제국주의 길로 넘어가지 않은 한국의 경우는 독자적으로 실학의 흐름을 생물학이나 생태학으로 연결시킬 기회를 갖지 못하게 되었다고 할 수 있다. 결국 오랫동안 제국의 군대가 생태학에 대한 연구비용을 지불한 셈인데, 아주 잘 발달된 생태학 체계를 가지고 있는 일본의 경우도 여기서 예외가 아니다. 지금도 한국의 보호종과 특수종에 대한 생물학 자료는 한국보다 일본이 더 많이 가지고 있다고 하지 않는가?

어떤 식으로든 정약용과 실학자들의 연구가 행정학만이 아니라 경제학 그리고 생태학과 정신적으로 혹은 학문적으로 연결되었다면, 한국의 현대 경제사의 흐름이 어쩌면 지금과는 조금 다르게 되었을지도 모르겠다. 토지 제도가 문란해지면서 천석꾼과 만석꾼이 등장하고, 이들이 경제적 지지 기반을 형성하던 시절의 정약용의 시대 인식이, 지방토호와 중앙의 투기꾼이 결탁하여 토건 정권을 만든 이 시대의 인식과 그렇게 많이 다르지는 않다. 토지와 투기 그리고 권력의 기본 속성은, 영·정조 시대에서 구한말로 전환되는 그 시점이나 지금이나 본질적으로 다를 이유가 없다. 그러나 지금 우리에게는 정약용의 토지개혁에 대한 '전론(田論)'도, 그 당시의 실학자들이 가지고 있던 자연에 대한 관심도 계승된 것이 없다. 다만 이명박 정부의 '실용'이라는 단어만이 이상한 방식으로 곡해되어 역사의 미아처럼 홀로 떠돌고 있다.

정약용이 태어나고 묻힌 남양주의 두물머리라는 곳은 지금은 양수리라고 불리는 곳이다. 서울의 상수원 보호구역으로 이 지역에 대한 수질관리가 강화되면서 농약과 제초제 대신에 유기농업이 최초로 이루어진 곳이기도 하다. 이곳에 서울시민이 내는 물이용부담금의 일부를 지원하고, 유기농 매장인 생협 매장들에 대한 지원도 서울시에서 했다. 그리고 4대강 사업으로 맨 처음 무너지는 비극의 장소가 되기도 했다.

4대강 공사의 첫 출발지가 정약용의 묘 앞이라는 사실은 참으로 역사의 아이러니가 아닐 수 없다. 한국에서 대부분의 학자와 공무원들이 가장 존경한다는 정약용의 권능을 등에 업고도, 정부의 토건으로 흐르는 힘은 어찌할 수가 없을 정도로 반(反) 생태적 흐름의 클라이맥스를 달리고 있는 셈이다. 정약용을 존경한다는 이가 고위 공무원에서 초급 공무원까지 그렇게 많은데도, 그 사람들이 모여 있는 정부가 다산의 묘 하나도 지키지 못한다니. 문화재, 생태계, 그런 것들 중에서 정약용보다 더 많이 인용되고 더 많은 존경을 받는 존재가 지금 한국에 있을까? 정약용 묘도 지키지 못하고, 최초의 유기 농업 단지도 지키지 못하는 나라에서, 우리가 지킬 수 있는 것은 아무것도 없어 보인다.

핀란드의 작곡가인 시벨리우스가 살아 있을 때, 그가 머물고 있는 집 상공으로는 작곡에 방해가 될지도 모른다고 비행기 운항을 금지시켰던 얘기를 아주 감명 깊게 들은 적이 있다. 우리나라는 박경리 선생이 한창 『토지』를 집필 중일 때, 그가 살던 집이 택지개발 지구로 편입되어 강제 수용을 당한 바 있다. 그게 나중에 토지문화관을 건립하게 된 계기였는데, 당대를 대표하는 소설가의 집도 수용당하는 판에 도대체 한국에서 어떤 예술가와 문화인이 토건 세력으로부터 자신의 몸을 지킬 수 있을까? 아마 100년쯤 지나서 경제성 평가를 한다면, 지금의 토지문화관보다는 박경리 선생이 『토지』를 집필했던 그 자택이 오히려 문화적 가치가 더 높게 나올 가능성이 높아 보인다.

한때 독일의 수도였던 본에는 국제공항도 없고, 엄청난 규모의 건물도 별로 없다. 버스로 두 시간쯤 걸리는 프랑크푸르트 공항을 이용하고, 통일을 기원하며 독일 재건을 하던 시절의 소박함이 그대로 남아 있다. UN 기후변화협약 사무국도 본에 있다. 본 시민들이 가장 사랑하는 문화적 자산은 '베토벤 하우스'라는 이름의 3층짜리 베토벤 생가다. 전쟁 중에 폭격으로 무너져서 복원한 곳인데, 베토벤이 바로 이곳에서 태어났다는 사실은 그래도 변하지 않는다. '장소성'이라고 부를 수 있는 역사의 기억…. 한때 우리는 가난해서 그런 문화적 시설물의 가치를 제대로 살리지 못했고, 어떻게 보존해야 할지도 잘 몰랐었다. 그러나 그때는 가난해서 그렇다고 치고, 지금은 왜 정약용 생가와 묘도 제대로 처리하지 못하는 것인가? 정약용의 학문이 가지고 있는 상징적 가치가 베토벤 생가의 경제적 가치보다 못하다고 생각하지는 않는다. 언젠가 한국에 지금보다 더 나은 경제적 상황이 오면, 한국의 정신문화와 학술 전통을 대표하는 곳이 될 것이다. 정약용도 자신의 묘를 지키지 못하는 지금, '베토벤 하우스'를 자랑스럽게 생각하는 독일 본 시민과 서울 코앞에 있는 두물머리에서 도대체 무슨 일이 벌어지는지 아무 관심도 없는 서울 시민을 생각해보면서, 나는 생태적 관점보다는 문화적 감수성이 더 많이 떠오른다.

백사 이항복과 '개도맹 정신'

한국 사람 중에 오성과 한음의 얘기를 모르는 사람이 있을까? 여러 번에 걸친 일본의 침략에 대한 경고에도 불구하고 무방비로 임진왜란을 겪는 과정은 아무리 생각해도 약간 어처구니가 없다. 어쨌든 이 전쟁의 와중에 이항복과 이덕형 같은 유머 가득한 사람들이 있었다는 것은 놀라운 일이다. 게다가 조선조의 사람들이 이항복이라는, 감당할 수 없을 정도의 재기 넘치는 선비를 사랑했고, 또 그것을 자랑스러워했다는 사실이 내게도 자랑스럽다. '해학'은 조선에 썩 어울리는 단어이기도 하다.

나의 20대는 심각하게 인상 쓰면서 술자리에서 어려운 얘기 '찍찍' 해대는 또래 대학 운동권 출신의 평균적 모습에서 한 치도 벗어나 있지 않았던 것 같다. 어쨌든 그때는 우리 모두 진지하고 심각한 표정 짓는 것을 우수에 차 있다거나 센티하다고 표현하기도 했고, 마치 시대의 고뇌를 양 어깨에 지고 살아가는 듯한 것을 멋있다고 생각한 것 같다. 80년대는 센티멘털 블루스로 표현할 수 있는 '집단 우울증'의 시대이기도 했다. '전또깡'의 시대에 대학을 다니면서 마냥 행복해지기도 쉽지 않은 일일 것이다. 어쨌든 나의 20

대를 돌아보면 그야말로 왜 태어났고, 왜 이러고 살고 있는지 설명할 길이 전혀 없는 상태였다. "시대가 그랬다"라는 아주 편한 설명을 취할 수도 있지만, 하여간 우리 모두는 '파이터'라고 스스로를 생각하는 지독하게 용감한 순간과 거의 대부분 우울한 시간, 그 양극단을 위험하게 교차하면서 시대가 만들어낸 소용돌이로 빨려 들어가고 있던 것인지도 모른다.

노무현의 시대가 시작되면서 나의 불안감은 극대화되었다. 2002년 대선에서 나는 노무현에게 투표했고, 11월 어느 날 밤 민주당 당사 앞에서 했던 1인 시위에 참여해서 하룻밤을 샌 적이 있을 정도로 노무현의 시대가 오기를 갈망하기도 했었다. 그렇게 시작한 정권이 출발하자마자 새만금에 대한 약속을 뒤집는 것을 계기로, 한창 클라이맥스로 오르려고 하는 토건 경제를 정리할 수 있던 역사적 기회를 버리고 '2만 불 경제'라는 토건 속으로 돌진할 때, 괴로웠다고 하는 게 솔직한 표현일 것이다.

이런 심란한 상황 속에서 더욱 질식할 듯한 분위기를 만든 것은, 당시 한국의 생태주의자들이 가지고 있는 숨 막힐 듯한 경건주의와 신비주의였다. 대학시절 내가 주변에 있던 주체사상파들에게 진저리가 나도록 당한 건 '품성론' 때문이었다. 그들은 논쟁 중에 곧잘 인신공격을 하기 일쑤였는데, 처음에는 도대체 이 친구들이 왜 이러나 싶었다. 나중에 주체사상에 관한 책을 정식으로 읽고 나서야 주석론과 품성론이 주체사상의 핵심적인 내용에 해당한다는 것을 알게 되었다. 그때 그 기억이 너무나 지긋지긋한 것이라서 나는 품성에 관한 얘기나 생각은 가능하면 하지 않으려는 편이고, '착한 사람 신드롬'에 대해서도 가급적이면 언급을 하지 않으려는 편이다.

생태주의라는 흐름 내에는 몇 가지 다른 흐름들이 공존하고 있는데, 프랑스의 기자인 벤아미아 장-뤽 등이 저술한 『만 가지 빛깔의 녹색(Des verts de toutes les couleurs)』이라는 1992년 책은 이러한 상황을 잘 보여준다. 생태주의에는 극우부터 극좌까지, 모든 정치적 스펙트럼이 공존하고 있다. 아나키즘의 영향을 받은 극좌에서부터 극우파 혹은 퇴역군인들의 '동네 앞 산' 지키기까지, 그야말로 만 가지 흐름이 생태주의라는 이름 속에 같이 녹아 있는 셈이다. 나는 그중에서 아나키즘까지 가지는 않는, 정부의 역할도 중요하게 생각하고, 자본과 기술의 힘만으로 모든 문제가 해결되기도 어렵다고 하는 중도좌파 정도의 입장을 선택한 셈이다. 그러나 지역 공동체라고 할 수 있는 '코뮌'을 중요한 사회적 단위로 생각한다는 점에서 무정부주의의 영향을 전혀 받지 않았다고 하기는 어렵다. 생시몽은 존 스튜어트 밀과 오랜 논쟁관계였는데, 오히려 이 속에서 생시몽의 영향을 받게 되었고, 화폐론을 공부하면서 푸르동을 재밌게 읽었던 적이 있다. 마르크스는 생시몽과 푸르동을 모두 '낭만적 공산주의자'라고 비판했고, 자신들의 흐름을 '과학적 공산주의'라고 부르곤 했다. 생활협동조합을 강조하고, 사회적 기업과 같은 사회적 경제 영역의 필요성을 주장하는 나는, 그러므로 푸르동과 생시몽의 영향을 많이 받은 '명랑 공산주의' 혹은 '명랑 커뮤널리즘(communalism)' 정도라고 생각하기도 한다.*

미국의 시에라 클럽(Sierra Club)은 보수적이면서도 중산층 이상의 시민들이 많이 참여하고 있는, 환경단체 중에서는 부유한 단체에 속한다고 할 수 있다. 오래된 단체이지만 지금도 여전히 중요한 역할을 하고 있고, 무엇보다도 지금의 많은 환경단체들이 시에라 클럽에서 갈라져 나왔거나 이들과 갈등하며 자신들의 노선을 정립하게 되었다는 점을 지적할 수 있을 것이다. 인식론이나 방법론에서는 주로 x, y축이라는 2차원 공간에 서로 다른 접근이나 흐름을 분류하는 일을 종종 하는데, 생태주의 내의 흐름에서는 여기에 z축을 더해서 3차원 공간에 그린다고 해도 제대로 설명하기 어려울 정도로

---

* 동구가 붕괴한 후 프랑스 좌파에게도 위기의 순간이 왔다. 특히 공산당은 치명적 타격을 받을 위험에 있었는데, 당시 간호부 출신인 필립 위가 당수로 등장하면서 이 위기의 순간을 가까스로 넘어갔었다. 그때 그가 주장했던 것이 전통적 '코뮤니즘(communism)'이 아니라 코뮌의 사회적·경제적 역할을 강조하는 '커뮤널리즘(communalism)'이었다. 프랑스에서 사회당과 공산당의 중간지점 정도가 나의 정치적 입장이었는데, 당시의 커뮤널리즘은 나에게 깊은 영향을 남겼다.

복잡하다. 어쨌든 기존의 표준 경제학이 가지고 있는 '성장주의'와 생태가 기계적인 대척점을 이루게 된다. 생태주의 내부에서도 '과학'으로서의 생태 주의와 보통은 심층생태학으로 번역되는 Deep Ecology 사이에서도 일정한 긴장 관계가 존재한다. 과학으로서의 생태학을 연구하는 것은 대상 자체의 복잡성으로 인해서 접근이 쉽지는 않다. 복잡계라는 성격을 가지고 있는 생태 시스템에 대한 연구로 생태학을 이해할 수 있을 것이다. 현실 세계에서는 생물학의 하위 분류 중의 하나로 이해하는 경향이 있다. 반면, 심층생태 주의의 연장선에서 생태를 다루는 것은 많은 경우 종교적 영역이나 인간의 본질에 대한 성찰 혹은 인간과 자연 사이의 철학적 인식과 관련이 있는 경우가 많다. 심층생태주의의 입장이 너무 강해지면, 이제 생태주의는 밀교와 잘 구분이 되지 않는 상황까지 가기도 한다.

내가 경험해본 외국의 생태운동들은 좀 과격하기는 하지만 한국처럼 근 엄하지는 않다. 독일 녹색당 내부의 '현실파(Realos)'와 '근본파(Fundis)'의 갈등은 상당히 유명한 일이다. 실제로 녹색당이 의회에 참여하기로 했을 때 현실파의 지도자인 요슈카 피셔(Joschka Fischer)가 전당대회에서 반대파들에게 귀를 물어뜯긴 적이 있다는 얘기가 전설처럼 이야기된다. 생태주의자들끼리의 논쟁은 평화롭고 부드러울 것이라고? 더 이상 잃을 것이 없는 '마이너의 마이너'들끼리의 정치적 논쟁은 절대로 포기할 수 없는 마지막 자존심에 관한 것이기 때문에 더욱 예민하고 격렬해지는 경향이 있다. 마치 녹색을 지지하거나 생태를 얘기하는 사람은 대화도 소곤소곤하고 늘 부드러울 것 같지만, 실제로 그렇지는 않다. 물론 주먹을 쓰거나 멱살을 잡는 일은 요즘은 잘 일어나지 않지만, 그 대신 말씀들이 아주 화려하시다. 한나라당과 같이 돈과 권력이 바로바로 거래될 수 있는 구조에서는 서로 거래할 것이 있으므로, 대통령 선거처럼 양보할 수 없는 최종 지점을 제외하면 마지막 선까지 넘는 일은 잘 없는 것 같다. 2008년 2월, 민주노동당과 진보신당이 분당을 결정하는 순간의 비상대책회의는 생태적인 입장과는 별로 상관이 없지만 적어도 전당대회만큼은 녹색당 분위기로 치를 수 있다는 것을 보여준 셈이다. 별거 없어도 같이 나눌 힘이나 돈이 없는 집단의 갈등은 극단적일 가능성이 높다. 이런 분위기는 일본이라고 크게 다르지는 않은 것 같다.

일본에도 녹색당 계열의 몇 가지 정당 혹은 준정당들이 있다. 레인보우 앤 그린은 녹색당 계열이고, '네또'라고 부르는 가나가와 네트워크는 무정부주의의 영향을 강하게 받은 지역자치 계열이라고 할 수 있다. 실제로 지자체에서는 거의 집권당 수준으로 많은 기초의원들을 배출하고 있다. 이 사람들을 서울에 초청해서 같이 회의를 한 적이 있었다.

나는 일본어를 못하지만 녹색당과 네또 활동가 사이에서 불었던 싸늘한 냉기는, 정말로 추웠다. 그들 내부에서 어떤 노선과 방향의 문제가 있는지 자세히 알지는 못했지만, 서울까지 와서 멀리 떨어진 자리에 앉은 이들 사이는, 십자군 전쟁이 끝나고 자신의 힘을 과시하기 위해 살라딘 국왕이 유럽의 기사들에게 대접했다는 눈으로 만든 샤베트만큼이나 추웠다. 사막에서 얼음을 구해온 살라딘의 힘을 본 유럽 기사들은 얼마나 무서웠을까? 십자군 전쟁은 유럽에 패배를 안겼지만, 그 대신 경제적 번영을 가져다준 것 같다.

2001년 호주 캔버라에 각국의 녹색당 대표들이 모여 세계 녹색당 강령 초고를 만들게 되는데, 이 강령은 다음과 같은 문장으로 끝이 난다.

> 우리는 지속적으로 우정과 낙관주의 그리고 명랑으로 서로를 개인적으로 정치적으로 지지할 것이며, 이 과정에서 스스로 즐겁게 하기를 잊지 않을 것이다!
> we will continue to support each other personally and politically with friendship, optimism and good humour, and not forget to enjoy ourselves in the process!

뉴질랜드 녹색당의 강령에서도 '동정, 유머와 즐거움(compassion, a sense of humour and mutual enjoyment)'과 같은 단어들이 나온다. 일반 독자들이 보면 그냥 듣기 좋으라고 포함시킨 것이라고 생각하겠지만, 기존 정당들의 강령에 '유머' 같은 단어들은 등장하지 않는다. 전형적인 녹색당 현상이라고 할 수 있을 것이다. 이런 구절들은 녹색당 경력이 있는 사람에게는 참으로 짠한 구절이다. 내부에서 얼마나 지겹도록 싸웠으면 우리 싸우더라도 동정심과 웃음만은 잃지 말자며 이렇게 강령의 마지막에 '명랑'을 은유하는 단어들을 집어넣었을까! 이렇게 해서 유머 혹은 명랑은 녹색당과 생태주의 강령의 한 부분을 구성하는 요소가 되었다.

이러한 정신에 의하면, 지독할 정도로 근엄한 한국 생태운동의 흐름은 녹색당 강령 위반인 셈이다. 도대체 단 한 번이라도 근엄하고 심각하지 않은 생태운동을 한국에서 본 적이 있는가? 이 지독할 정도로 인상 쓰는 한국의 생태적 흐름은 에코의 『장미의 이름』에 등장하는, 결국 살인으로 끝을 맺고 마는 호르헤* 수도사의 엄숙주의를 다시 보는 듯하다.

생명평화라는 이름을 걸고 있는 한국식 생태주의 흐름이나 그 분파들은 때때로 밀교를 연상케 한다. 살인으로 끝난 슬픈 종교공동체에 관한 이문열의 『사람의 아들』이 현실에서 구현되고 있다는 느낌을 종종 받기도 한다. 한때 아주 유명했던 어떤 공동체가 깨지면서 핵심에 있던 분에게 "상처만이 남았다"는 얘기를 들은 적이 있다.

내가 생태운동과 환경운동에서 지난 15년 동안 들었던 수많은 개념과 단어 중에서 정말로 명랑하다고 생각했던 유일한 단어는 '개도맹'이었다. 80년대의 지하조직 중 하나인 사노맹을 연상시키는 이 단어는 개구리·도롱뇽·맹꽁이를 줄인 단어다. 한때는 법적 보호종인 이런 동물들이 등장하면

---

* 호르헤가 보르헤스에서 온 것이 아니냐는 질문에 대해서 에코는 다음과 같이 대답한다. "모든 사람들이 내게, 왜 내 소설에 나오는 호르헤라는 이름으로 소설가 보르헤스를 연상케 하느냐, 왜 보르헤스를 그렇게 사악한 인물로 그리느냐란 질문을 했다. 그러나 나는, 이 질문에 대답할 수 없다. 나는 장서관을 지키는 장님이 하나 필요했는데(그것은 좋은 아이디어라고 생각되었다), 장서관과 장님 사서의 합은 오직 보르헤스일 수밖에 없으므로 그에게 진 빚을 [그의 이름을 언급함으로써] 갚아야 했기 때문이다." (움베르트 에코, 『장미의 이름 창작노트』 중에서)

생태계를 지킬 수 있었는데, 노무현 중반기를 지나면서 이런 말도 호랑이 담배 피던 시절의 이야기가 되어버렸다. 도롱뇽이 등장했지만, 천성산은 결국 지켜지지 않았다. 5분 정도 우회하는 대안 노선에 대한 논의가 논의 초기부터 실종되면서, 공사비도 훨씬 더 많이 들고 사회적 갈등도 심화되었다. '5분과 도롱뇽'이라는 철학적 논의는 한국에서 진행되지 않았고, 그 대신 '요승'이라는 이상한 논쟁에 우리는 빠져들게 되었다. 한동안 활동가들 사이에서 녹색으로 개구리·도롱뇽·맹꽁이가 그려진 티셔츠를 입는 것이 유행했었고, 나도 이런 티셔츠를 종종 입고 다녔었다. 지율스님의 도롱뇽은 목숨을 건 3차에 걸친 단식 사건으로 아주 유명해지기는 했지만, 또한 여러 사람을 안타깝게 하기도 했다. 나그네의 두꺼운 외투를 벗기는 것이 차가운 삭풍이 아니라 따뜻한 봄바람이라고 했던가? 생태에 대해서 진지하게 생각해보지 않은 사람들의 마음을 열게 하는 것은 엄숙한 계몽주의나 저주에 가까운 협박이 아니라 오히려 웃음과 명랑이라는 생각을 그 시절에 아주 많이 했던 것 같다.

환경재단의 최열 대표에 대해서는 말이 많지만, 그가 현장에서 싸움을 지휘하고 있을 때 정말 잘한 것이 한 가지는 있다. 그때에는 환경운동에서 삭발과 단식이 없었다. 운동을 위해서는 배불리 먹어야 하고, 일반인들이 보기에 흉한 삭발은 절대로 하지 않는다는 것이 그의 신조였다. 그 대신 신기한 퍼포먼스가 아주 많았고, 또한 예술적 조형물과 그림들이 많이 나왔다. 새만금 때 활동가들이 삭발을 하고 단식을 하면서, 명랑하지는 않더라도 유쾌하려고 노력하던 시기가 결국 문을 닫게 된 것 같다. 새만금 방조제에 올라간 활동가들이 물대포를 맞고 일부는 바다에 빠졌다. 나는 그때 한국에서 명랑은 죽었다는 생각을 했다. 그러나 우리가 언제까지나 인상 쓰며 세상을 살 수는 없고, 비애와 통곡으로는 한나라당 세상을 바꾸기도 어렵다고 생각한다. 언젠가 한국의 생태적 흐름이 엄숙함을 벗어나 유쾌함을 되찾고 명랑으로 나아가야 한다고 나는 굳게 믿는다. 그때야 비로소 탈토건이 시대정신이 될 수 있을 것이다. 나는 명랑한 생태주의의 기본을 '개도맹 정신'이라고 종종 부른다.

서울에는 아직 도롱뇽이 살고 있는 곳이 남아 있다. 인조반정 때 광해군을 잡으려고 군사들이 집결했던 곳이기도 하고, 김신조 일당이 박정희 잡겠다고 청와대로 넘어갔던 길목이기도 한데, 군사보호지역으로 오랫동안 묶여 여전히 도롱뇽이 살고 있다. 물론 내부순환도로 관통로인 홍지문터널을 뚫는 과정에서 산의 지하수 수맥을 건드려 수량이 급격하게 줄었고 요즘은 명맥만 겨우 유지하는 중이다. 그나마 은평 뉴타운으로 급증한 교통량을 해소하기 위해 새로 터널을 뚫겠다는 계획을 세우는 중이라, 10년 후에도 도롱뇽이 버티고 있을지는 알 수 없다. 게다가 이 깊숙한 산속까지 미관을 위해 정비한다고 계곡 상류에 시멘트로 제방을 쌓으면서 도롱뇽 숫자가 더욱 줄었다. 이명박 대통령이 '청와대 뒷산'이라고 불렀던 북악산의 뒤편이 서울의 마지막 도롱뇽 서식지인 것이다. 이 도롱뇽 서식지를 사람들은 백사실 계곡이라고 부르는데, 백사 이항복이 더위를 피해서 여름에 독서할 때 사용했던 작은 별장터가 이곳에 있기 때문이다. 서울 한복판에서 이 정도의 모습이라도 유지할 수 있었던 것은 오랫동안 사람들이 백사 이항복을 아주 좋아했고, 그가 있었던 별장터만이라도 건드리고 싶지 않았기 때문이 아닐까? 청와대와 등을 맞대고 있는 백악산(북악산의 다른 이름) 건너편에 백사실 계곡의 이항복 별장터가 서울의 마지막 도롱뇽을 지키고 있는 상황을 생각하면 한국에서도 웃음의 힘이 위대하다는 생각을 지울 수가 없다.

한국 최고의 학자로 칭송받는 정약용의 학문과 위엄으로도 자기 무덤조차 제대로 지키지 못하고 4대강 사업이 진행되는 것을 물끄러미 쳐다봐야 하는 상황과 비교해보면, 무너진 별장터만으로도 서울의 마지막 도롱뇽을 지키고 있는 이항복이 가지고 있던 명랑의 힘이 새삼 대단해 보이지 않는가? 우리는 조선을 실패한 왕조로 평하는 데 익숙하지만, 도대체 무슨 힘으로 600년이나 단일 왕조로 무너지지 않고 버틸 수 있었는지, 그 성공 요소에 대한 평가에는 상당히 인색한 것 같다. 명랑과 해학, 그런 게 근엄해 보이는 조선조를 뒷받침하고 있던 또 다른 문화의 힘이 아니었을까? 탈춤과 판소리가 누리던 표현의 자유와 예술적 풍성함이 과연 지금 우리에게도 남아 있을까, 그런 질문을 종종 해보게 된다.

차별의 재생산과 생식의 차별

'reproduction'이라는 영어 단어가 있다. 이 단어를 어떻게 번역하는지를 보면, 'worker'라는 단어가 그렇듯 단어를 사용하는 사람의 생각에 대해서 많은 정보를 담고 있음을 알 수 있다. worker를 노동자라고 읽는 사람은 좌파 계열의 생각을 가지고 있거나 아니면 비주류의 사고를 가지고 있을 가능성이 높다. 보편적으로 노동에 관한 경제학을 노동경제학(labor economics)이라고 부르고 있으므로, 반드시 좌파가 아니라도 경제학자들은 '노동'이라는 단어를 두려워하거나 꺼려하지는 않는다. 그러나 일부 학자들은 worker를 반드시 '근로자'로 번역을 하는데, 시중에서 많이 팔리는 극우파 계열 학자들의 책에서 이러한 모습들이 종종 보인다. 노동자와 근로자 사이에는 의미상 별 차이가 없지만, 맥락 속에서는 태평양만큼의 차이가 있다고 할 수 있다. 사소한 번역상의 개인적 선호인 것 같지만, 어쨌든 학술서를 비롯해 텍스트 혹은 작은 상징들에서도 이데올로기의 전쟁이 살벌하다. reproduction이라는 단어는 이렇게 민감한 문제의 한가운데 들어가 있는 단어다. 자, 독자 여러분, 여러분들은 자신의 전공이나 일반적인 상식에 비추어 reproduction이라는 단어를 들으면 어떠한 말이 생각나시는가?

생물학 공부를 한 이공계 출신이 아니거나 『자본론』 혹은 여기에서 파생된 책들을 읽은 적이 없다면, 이 단어가 '생식'이라는 단어로 보이는 게 일반적일 것이다. 통상적으로 '성기'라고 부르고, 좀 점잖게는 '생식기' 혹은 '생식기관'이라고 부르는 바로 그것의 이름이 'reproduction organ'이다.

남성의 경우, 상징적이며 미학적으로 이 단어를 표현하기 위해서는 '팔루스 (phallus)'라는 단어를 쓰고, 100층 이상의 고층 빌딩을 짓지 않으면 왠지 자신이 태어난 존재 이유를 찾지 못하겠다는 심리적 경향을 '남근주의에 의한 메갈로 매니아 성향'이라고 부른다. 말은 복잡하지만, reproduction은 일반적으로 섹스에 관한 이야기다. 때로는 유성생식이 아닌 종에 대해서는 무성생식이라고 부르기도 한다. 생식에 의하여 생겨난 개체종의 머릿수, 즉 인구수에 관한 학문이, 수리 생태학에서 미분방정식으로 움직이는 첫번째 식이다. 그리고 여기에 로트카-볼테라의 오래된 '피식자-포식자 방정식' 같은 것들이 추가되기 시작한다. 개체들의 이동 혹은 전염병이 존재하는 경우의 상황들이 계속해서 추가되면서, 미분방정식은 한없이 복잡해지고, 비선형 관계만이 아니라 케이어스 현상 같은 것들도 등장하게 된다. reproduction 이라는 단어를 보자마자 'mating'이라는 교배·교미와 같은 단어가 떠오르고, 교미기(mating season), 교미 대상(mating partner), 유성생식(sexual reproduction), 무성생식(asexual reproduction) 등 일련의 섹스 메커니즘에 관한 단어들을 연상하는 것은 아주 당연하면서도 체계적인 생물학 혹은 생태학적 추론의 사유다.

반면에 'reproduction'이라는 단어를 보자마자 인상부터 쓰는 교수라면, 별로 좋아하지 않는 좌파 제자가 있었거나 아니면 『자본론』에 대해서 심하게 거부감을 가지고 있는 사람일 가능성이 높다. 혹시 독자 여러분 중 경제학과 대학원이나 박사 과정에 입학하기 위해서 필기시험을 보아야 하는 경우가 있다면, 그리하여 답안지에서 reproduction이라는 단어를 사용해야 할 일이 꼭 있다면 'dynamics'라는 단어로 바꾸어서 표현하는 것이 나을는지 모른다.

reproduction이라는 단어를 보자마자 '단순 재생산' '확대 재생산' '재생산 정식'과 같이 '재생산'과 연관된 단어가 떠오르는 독자는, 한국 사회에서 살아가는 데 여러모로 좀 차별과 애로점을 느끼실 것이다. '재생산'으로 이해된 reproduction이라는 개념은 '시스템의 재생산'이라는 시각에서 시스템 공학 혹은 시스템 다이내믹스에서 여전히 유용한 개념이기는 하지만, 한국에서 이 개념을 사용하기 위해서는 뱃심이 좀 있어야 한다. 보통의 경우에는 아무 문제가 없는 객관적 현상을 '묘사'하는 단어지만, 자신의 직장 상사나 지도교수 중에 조갑제급의 인사가 있다면 어느 날 문득 인사상의 뜻하지 않은 불이익을 받거나 학위논문 통과가 석연치 않은 이유로 계속 연기될 가능성이 있기 때문이다. 이러한 약간의 부작용을 제외한다면 재생산 혹은 생식이라는 의미의 reproduction이라는 개념은 직관적이면서도 동시에 구조의 움직임을 보여주는 장점을 가지고 있다. 자, 이 재생산 혹은 생식, 번식 등의 의미를 가지고 있는 reproduction 개념을 사용해서 '경제 시스템'이 어떻게 재생산되는지 잠시 생각해보자.

한국 경제가 하나의 독자적인 경제 시스템이라면, 당연히 이 안에서 재화와 서비스 즉 상품이 재생산되어야 할 것이다. 물론 세계화된 지금의 경제 운용에서, 국내에서 필요한 모든 상품이 국내에서 생산될 필요까지는 없겠지만, 어쨌든 '국민경제의 구매력' 자체가 재생산되어야 함은 명백하다. 좌파 경제학이든, 우파 경제학이든, 이 현상을 '확대 재생산'이라고 부르든, '자본 축적'(capital accumulation)이라고 부르든, 혹은 경제성장(economic growth)이라고 부르든, 그 본질적인 내용은 동일하다. 다만 그 성장의 주된 요소가 노동으로부터 나오는 것인지, 자본의 효율성과 혁신 능력에서 나오는지에 따라서 입장이 갈릴 뿐이다.

상품의 재생산이 경제적 재생산의 첫번째 요소라면, 두번째 중요한 재생산의 대상은 '제도'라고 할 수 있을 것이다. 제도학파에는 소스타인 베블런 (T. Veblen)에서 갤브레이스까지 내려오는 구제도학파와, 코즈와 윌리엄슨 등 신제도학파, 혹은 오스트리아학파와 프랑스의 협약주의자(conventionist) 까지 폭넓게 포함하는 신제도학파로 구분되기도 한다. 기업체 내부에서 기술혁신은 물론 여러 가지 의사결정을 설명하기 위한 진화경제학의 '루틴'에 이르기까지, 제도가 비시장 영역은 물론이고 시장 영역에서 갖는 기능에 대해서 밝히는 것이 현대 경제학의 주요 관심사항이었다는 점을 부정하기는 어려울 것이다. 최근에는 '거버넌스'라는 다소 생소한 개념으로 이런 제도적 현상을 분석하는 시도가 있다. 칼 폴라니의 동생인 마이클 폴라니(Michael Polanyi) 이후로 강조되고 있는 암묵지(tacit knowledge)와 같은 인지심리학적 접근 역시 이러한 흐름 속에서 이해할 수 있을 것이다. 약속, 제도, 협약, 관습 혹은 윤리와 같은, 경제적 요소로는 기계적으로 환원해서 해석하기 어려운 또 다른 차원들의 문제가 국민경제의 재생산 과정에 중요하게 개입하고, 이것들 역시 재생산의 대상이라고 할 수 있다. 제도 없이 돌아가는 경제라는 것은 원시부터 지금까지 존재한 적이 없지 않은가?

너무 당연한 것이라서 잘 다루지 않았던 재생산의 세번째 대상으로서 '경제 주체'에 대해 생각해볼 필요가 있다. 당연하다. 인간들의 경제라는 것은 '심시티 게임'과는 다른 것이라서 어떤 의미로든 경제 주체가 재생산되어야 다음 단계의 경제 행위가 가능할 것이다. 이러한 경제 주체의 재생산 문제로 흔히 다루는 것은 교육·훈련의 문제 등 교육경제학의 대상이기도 하고, 노동경제학에서 다루는 신규 노동자의 문제일 수도 있다. 조금 더 시선을 연장하면 복지·후생 등과 연결되는 후생경제학의 대상이기도 하고, 육아와 보육 혹은 돌봄이나 성차별의 문제를 집중적으로 다루는 데 가장 마지막의 경제학 분과라고 할 수 있는 젠더경제학에서도 주체의 재생산에 관한 주제들을 다루고 있다고 할 수 있다. 전통적으로는 이러한 질문에 가장 가깝게 간 분과가 인구경제학이다. 어쩌면 이 세번째 재생산의 영역에서는 경제 주체의 '생식'이라는 번역어가 reproduction의 영역에 더욱 맞는 것 같다. 그렇다. 21세기가 시작하고 10년이 지난 지금, 한국 경제가 부딪힌 몇 개의 위기 중에 생식의 위기로서 바로 경제 재생산의 세번째 요소의 위기를 추가하지 않을 수 없다. 출산율 1이 무너져 그 이하로 내려가는 것이 초읽기에 몰린 지금, 이유야 어쨌든 한국 경제가 주체 재생산 혹은 생식의 위기를 맞고 있다는 점은 명확하다. 인간의 생식과 섹스에도 위기가 오는가? 그런 셈이다. 어쨌든 우리 앞에는 위기가 왔고, 이것은 인간의 일이기 때문에 복잡미묘한 현상에 우리가 부딪힌 셈이다. 자, 이 위기가 어디에서 온 것인가?

경제를 일종의 시스템이라고 생각해보자. 이 시스템은 작동하는 과정에서 무엇인가를 끊임없이 재생산하는데, 그 과정에서 긍정적인 요소만이 아니라 부정적인 요소도 재생산하게 된다. 물질에서 부정적 요소가 발생하는 것을 오염물질이라고 부른다. 지금 한국에서 재생산에 성공한 가장 큰 존재는 수년째 무서운 속도로 증가하고 있는 도로와 시멘트에 속한 것들이라고 할 수 있다. 국민경제를 일종의 생태계로 생각해보자. 이 안에서 시멘트에 속한 것과 사람에 속한 것이 중앙 정부의 예산이라는 동일한 자원을 놓고 경쟁하는 셈이다. 이를 생태학에서는 동일한 자기영역인 니치(niche)를 놓고 발생하는 라이벌 관계라고 부르는데, 기이하게도 한국에서는 토건에 속한 것과 토건에 속하지 않은 것 사이에 치명적인 경쟁 관계가 작동하는 중이다. 시멘트에 속한 것으로부터 생태에 속한 것은 도저히 스스로를 지킬 수 없는데, 이게 정도가 좀 과해져서 사람에 속한 것도 스스로를 지키기가 어렵게 된 상황이다. 빈곤층 아동들이 사용하게 될, 지역소득이 떨어지는 동네의 도서관과 그 지역의 도로건설이 경쟁하면, 당연히 한국에서는 고속도로가 도서관한테 이긴다. 과거에는 이 문제를 '차별'이라고 불렀고, 최근 UN이나 선진국에서는 '빈곤'의 문제라고 부르고, 일본에서는 '격차'의 문제라고 부른다. 일본의 '토건족'은 동경에 있는 중의원과 참의원인 국회의원만을 지칭하는 용어는 아니고 보다 전국적인 현상을 지칭하는 용어다. 그러나 한국에서 대체적으로 이러한 토건 현상은 '강남'의 경제 엘리트를 중심으로 작동하는 경향이 있고, 전국을 떠돌아다니는 정부 연간 예산을 뛰어넘는 투기자본의 실체이다. 실제로 정치권력마저 가지고 있는 이 '토건에 속한 것'의 정체는 '강남 TK'라고 부를 수 있을 것이다. 만약 유전자라는 표현을 쓴다면, 경제권력을 의미하는 강남이라는 유전자와 정치권력을 의미하는 TK가 결합된 그런 특수 유전자라고 할 수도 있을 것이다.

한국의 부동산을 지배하는 것은 테헤란로의 기획부동산회사들이고, 사교육 모델을 끌고 가는 것은 대치동의 사교육쟁이들, 주상복합 위주의 주택 양식을 끌고가는 것은 도곡동의 타워 팰리스에서 시작되는 '요새주택(fortress housing)' 벨트, 그리고 사치재(luxury good)로 명품 문화를 선도하는 곳은 청담동에서 도산공원으로 이어지는 명품숍들이다. 이렇게 강남의 최상부를 틀어쥐고 있는 강남 TK는 현재 이명박 대통령을 축으로 정치권력까지 장악했고, 청와대의 주요 보직은 물론 국무위원의 각료급 요직까지 틀어쥔 상태다. 이들이 지지하는 것은 '토건에 속한 것'이며, 이들이 재생산하는 것은 '차별'이다. 재생산의 영역에서 차별에 해당하는 가장 대표적인 것을 지금 딱 하나만 꼽아보자면, 나는 일반적인 인문계 고등학교에서 '뒤에서 5등'들의 삶을 꼽고 싶다. 한국에서 '강남 TK'의 영역에 속하지 않은 거의 대부분의 것들이 차별의 대상이지만, 그 모든 것들을 어깨에 짊어지고 사는 사람은 바로 '뒤에서 5등들'이라고 볼 수 있지 않을까? 앞에서 5등이 아니라…

자, 이 시점에서 우리는 조선의 유명한 신분차별이었던 '적서차별'에 대해서 잠시 생각해보면 좋을 것 같다. 같은 유교 국가이며 신분제 사회였던 중국이나 일본에 없던 서얼에 대한 차별은 조선의 고유한 것이었고, 이것은 과거제를 통해서 재생산되고 있었다. 『경국대전』 예전(禮典)의 제과(諸科) 조를 잠시 살펴보자.

> 국가재정을 횡령한 관리의 아들, 재가하거나 행실이 방정하지 못한 부녀의 아들과 손자 및 서자의 자손은 문과 · 생원 · 진사시에 응시하지 못한다.

조선의 과거제에는 문과와 무과 그리고 잡과가 있었는데, 천인이 아닌 양인은 누구나 과거에 응시할 수는 있었다. 그러나 고급 관료로 진출하기 위한 문과의 예비시험에 해당하는 생원 · 진사시에는 같은 양반 중에서도 서얼에 대한 차별을 두고 있었다. 조선은 일반적으로 귀족이 세금을 납부하던 유럽의 봉건제와는 달리 양반들에게는 세금을 면제해주고 있었는데, 이들이 바로 건국 공신들이기 때문이다. 그리고 이런 시스템에서는 세금을 면제받는 양반이 지나치게 증가하면 시스템 자체의 재생산이 위태로워지기 때문에 특권층의 숫자가 통제 불가능하게 늘어나는 것을 예방하기 위한 조치라고 서얼 차별을 이해할 수 있다. 면세 대상자가 너무 늘어나면 정부는 제대로 작동할 수 없게 된다. 임진왜란과 병자호란 이후 공명첩을 발행하면서 조정은 대대로 납부하게 될 세금을 미리 당겨서 받게 된다. 한 번 선납하면 영원히 세금을 면제받을 수 있으므로, 많은 사람들이 공명첩을 사게 될 경제적 이유가 생겨난다. 그러나 이렇게 세금을 선대(先貸)하는 범위가 너무 넓으면 결국 이 시스템은 경제적으로 붕괴할 수밖에 없다. 그나마 공명첩의 경우는 좀 낫다고 할 수 있다. 정부에 공식적으로 세금을 '선대'하고 후손의 조세를 면제받는 공명첩과 달리, 시스템의 붕괴에 임박하면서 사람들은 양반들에게 직접 뒷돈을 주고 족보를 사들이는 편법을 선호하게 되었다. 이는 국가로 귀속되어야 할 선대된 만큼의 조세를 양반들이 불법적으로 착복한 사건이라고 할 수 있다. 철종 때에는 이러한 사회 시스템의 전환에 의해 대구 지역의 경우에는 양반의 숫자가 70퍼센트까지 올라갔다고 하니, 국가재정을 운용하는 것이 사실상 불가능한 상황이 되었다고 할 수 있다.

이 상황에서 혼란스러운 철종 임금 때 엉겁결에 정권을 잡게 된 사람이 대원군이다. 조선을 붕당정치가 망쳤다고 얘기를 하지만, 실제로 붕당이 서로를 견제하던 시기의 조선은 망할 정도는 아니었다. 붕당의 시기도 끝나고 외척들에 의한 세도정치로 전환되면서 조선이 망해버린 것으로 볼 수 있다. 논리적으로만 보자면, 세도정치로 망해버린 조선을 어쩌면 안동 김씨 등 세도가들이 버텨주고 있었다고 말하는 것도 아주 불가능한 것은 아니다. 조선이 경제적으로 언제 망했는가? 경제사라는 연구 영역이 한국에서는 사실상 맥이 끊겼기 때문에, 이 질문은 영원히 학문적 답변이 없을 것 같다. 어쨌든 이 혼돈의 시기에 대원군이라는 풍운의 사나이가 등장하게 된다. 그는 천주교 박해로 손에 너무 많은 피를 묻히게 되었다. 어떤 정치인이나 국왕이든 자신의 재임 기간에 너무 많은 피가 흐르게 하는 것은 불행한 일인데, 그의 경우가 그러했다. 1990년대 이후 '세계화'의 흐름 속에서 대원군은 쇄국정책 때문에 실패한 통치자로 아주 간단하게 매도되는 경향이 있는데, 그의 개혁정책이 그렇게 단순한 것만은 아니다.

대원군은 조선 역사에서 적서차별과 중인차별과 같은 차별의 시대를 닫고, 세도정치를 종식시키려고 했던 사람이다. 그리고 무엇보다 조선 역사에서 양반에게 처음으로 세금을 부여한 사람이기도 하다. 고종 8년, 과세균등의 원칙을 제시하여 군포를 호포로 개칭하고, 가구당 2냥씩을 부담하는 균일세로 전환했다. 요즘의 재정학 시각으로 본다면 인두세 형식의 이 조세는 빈부의 차이 없이 모든 국민에게 동일하게 부가되는 형태라, 역진성이 아주 강하다는 문제점을 가지고 있기는 하다. 그러나 양반들에게 처음으로 조세가 부담되다 보니, 양반들의 반발이 만만치 않았다. 아니, 2냥도 못 내겠다는 말이야? 망해가던 조선의 양반이라는 분들이?

그의 개혁정치는 여기에서 끝나지 않고, 세도정치와 사회적 차별의 근원지였던 사원을 정리하기에 이른다. 전국적으로 47개소의 서원만을 남기고 600여 개를 정리한 대원군의 개혁정치는 아마 자발적으로 진행된 자체 개혁 중 한국에서는 가장 대규모의 개혁이며, 지배세력에 대한 근본적인 개혁이었다고 할 수 있을 것이다. 석파정이라고 불리는 대원군의 별장이, 어린 고종을 직접 데리고 가서 결국 안동 김씨에게 빼앗은 것이라는 일화가 그와 세도가 사이의 알력을 보여주는 유명한 에피소드다. 왕이 잠을 잔 집은 왕에게 바치도록 되어 있었다고 한다. TK가 서울을 중심으로 권력과 금권을 잡고 있던 이 시기, 대원군은 중앙 권력을 쥔 이 TK와 사회적 차별이라는 제도를 놓고 한판 승부를 벌였던 조선의 마지막 정치인이었던 셈이다. 복잡하던 조선 말의 마지막 시기, 그의 개혁은 '즐거운 성공'으로 끝나지는 못했다. 결국 조선의 국정은 친일파들의 손으로 넘어가게 되고 500년의 역사를 끝으로 사라지게 된다.

그리고 다시 2007년 12월, 이제 강남의 TK들이 다시 정권을 가지게 되고, 한국은 본격적으로 다시 신분제 사회로 들어서기 위한 준비를 갖추게 된다. 지금 한국 경제의 본질은 차별을 재생산하는 것이고, 이 재생산의 속도는 점점 더 빨라지고 있는 셈이다. 이러한 국민경제가 최소한의 효율성을 확보할 수 있을 것인가? 21세기에 국민경제는 즐거움과 여유 그리고 아름다움을 추구해야 할 것 같은데, 우리가 만들어내는 국민경제는 끊임없이 차별을 만들어내고, 그 속에서 새로운 신분제를 만들어내고 있는 중 아닌가? 토건 국가의 1차적 부작용은 차별이고, 2차적 부작용은 시스템 효율의 상실이라고 할 수 있다. 강남 TK를 축으로 하는 이 땅의 지배층이 모두 '토건질'로 인플레이션에 의한 지대 차익만을 노리고 있는데, 이런 국민경제가 제대로 작동할 가능성이 있을 것인가? 길게 보면, TK 세력이 외세와 손을 잡고 나라에 망조 들게 한 것이 이번이 처음은 아닌 셈이다.

통일신라 이후 서라벌의 귀족들과 조선의 양반, 지금의 강남 TK 사이에 차이점이 있다면, 예전의 그들은 어쨌든 통일국가를 세운 공이라도 있어서 최소한의 명분을 가지고 있었다지만, 지금의 강남 TK는 도대체 무슨 명분을 가지고 있는가? 그들은 그냥 지대 인플레이션을 통해서 경제학 원론에서 '부의 효과(wealth effect)'라고 부르는, 종속이론의 표현으로는 '부등가 교환'이라는 것을 통해서 부자가 된 사람에 불과하지 않은가? 그리고 그들이 다시 거대한 지대 추구를 위하여 국가 정치를 장악하고 거대한 토목공사를 벌이는 것, 그것이 우리가 딛고 있는 한국 경제의 정확한 현 구도가 아닌가?

이들이 만들어내는 국민경제의 첫째 문제는 차별이지만, 궁극적으로는 경제적 주체의 생식과 출산마저도 어렵게 한다는 점일 것이다. 현대 사회는 인도 카스트 같은 계급을 인정했던 과거 경제와 달리, 자신의 2세가 차별받으리란 걸 알고도 출산하는 것에 도덕적 책임을 느끼게 되는 사회다.

생태계, 재생산되지 않는 것: 복원성의 문제

인간의 경제활동이 움직이는 곳을 '경제계(economic system)'라고 정의한다면, 자연이 스스로를 재생산하고 유지하는 영역은 '생태계(eco-system)'라고 정의할 수 있을 것이다. 전통적인 경제학에서는 이 생태계를 여러 가지요소로 나누고, 그것을 '잃어버린 시장(missing market)'이라고 이해했다.예를 들면, 물과 같이 생태계를 구성하는 요소 중의 하나를 시장으로 떼어내고, 특수한 상품으로서 물의 수요와 공급을 따지는 것과 같은 접근이다. 애덤 스미스도 언급한 '물과 다이아몬드의 패러독스' 같은 것이 대표적이다.물은 인간에게 다이아몬드와도 비교할 수 없이 필수적인 요소이지만, 시장이 존재하지 않으므로 오랫동안 자연으로부터 무상으로 공급되었다. 이러한시각에서 환경에 대한 시장의 실패가 발생하는 이유는 적절한 시장이 존재하지 않고, 그러므로 적절하게 시장이 생겨나고 또 이에 따라 자연의 희소성에 적합한 가격이 발생하는 것이 문제에 대한 적절한 해법이라는 게 오랫동안 경제학에서 자연을 바라보는 시각이었다.

시장이 없으면 시장을 만들어 주라! 그리고 그렇게 형성된 가격이 자연의희소성을 반영해 충분히 높다면, 우리는 자연의 소중함을 시장 메커니즘에성공적으로, 그리고 아름답게 반영한 것이다!

이러한 시각이 옳다면 우리의 물 관리는 기술적으로나 경제적으로 완전히 성공한 것이다. 우리가 병에 담아 마시는 물이 이렇게 상품처럼 된 것은20년 안팎의 역사를 가지고 있는데, 그야말로 없는 시장이 새로 생긴 경우라고 할 수 있다. 생수는 상수도 공급에 의한 도시지역의 수돗물과 농촌 지역의 지하수로 구성된 그런 시장에서 새롭게 생겨난 시장이고, 이러한 시장이 생겨난 사회적 배경은 수돗물 혹은 수도관 노화에 따른 불신과 지하수 오염에 따른 불안감을 반영한 것이라고 할 수 있다. 경제용어로 말하자면, 이세 가지 종류의 물은 서로 대체제 관계에 있다고 할 수 있다. 그리고 이러한 생수의 가격은 지금 충분히 높은데, 같은 부피의 석유 가격보다도 물 가격이 높은 것은 여러 가지로 시사점이 높다. 고갈될 경우 인류의 생존 가능성에 대해서 그렇게 여러 사람들이 염려해대는 원유 가격보다도 물 값이 비싸다니, 어딘가 이 시스템에 단단히 문제가 있는 것 아닌가? 고유가에 대한 석유 수입국들의 불만에 대해 산유국들이 원유는 물 값이나 콜라 값보다도 싸다고 볼멘소리를 하는 것도 전혀 무리는 아니다. 중동지역의 산유국들은 석유를 팔아서 물과 콜라를 사먹어야 하는 처지이니 말이다.

현재의 상황을 종합해보면, 적어도 물에 대해서는 이미 적절한 시장이 존재하고, 소비자들은 또한 가격을 통해서 그들의 월등히 높은 '지불 의사'를 잘 보여주고 있다. 게다가 국내 정수기 시장의 규모도 이미 1조5000억 원에 육박하며, 당분간 이 시장의 성장은 계속될 전망이다.(한국정수기공업협동조합 자료) 자, 시장은 존재하고, 이미 충분하게 가격이 형성되어 있으니 이제 모든 것은 전지전능한 시장이 움직이는 대로 내버려두면 될 것이고, 이로써 한국의 물 문제는 이제 다 해결된 셈이다. 우리가 편의점과 자판기에서 생수를 사먹는 한, 물 시장에서 '시장의 실패'는 이미 극복된 것 아닌가?

그러나 우리 모두, 물 문제의 해결이 한국에서는 여전히 쉽지 않은 과제라는 것을 알고 있다. 수돗물이 공급되는 도시 지역을 벗어나면 지하수에 의존해야 하는 상황이다. 그리고 제주도는 지역 전체가 이런 지하수를 사용하고 있다. 그러나 지하수 관리는, 말만 괜찮다고 하지, 지하 대수층을 비롯해서 근본적으로 관리 바깥에 있다. 그렇다면 한국에서 식수원의 원수(原水)가 되는 지표수는? 정부가 나서서 지표수를 오염하려고 하는 게 현 상황이다.

수질 자체를 개선하려는 노력 대신에 개별적으로 생수 판매업자에게 지불된 돈은 제주도는 물론이고 많은 경우 물을 채취하는 곳에서 새로운 생태적 문제를 일으키고 있으며, 또한 페트병이라는 재활용하기 어려운 새로운 자원을 더욱 소모하게 만들고 있다. 게다가 대기업과 정부는 물 관리의 어려움을 내세워 지역의 수돗물 사업을 민영화하려고 하고 있으니, 이대로라면 가난한 사람들이 그나마 물이라도 저렴하게 공급받고 있는 지금의 '물 공공성'이 지켜질 수 있을지도 불투명하다. 그뿐인가? UN은 한국을 물 부족 국가로 분류한 적이 한 번도 없지만, 각종 댐을 비롯한 물 관련 토목공사를 할 때마다 이 오래된 어느 사설연구소의 연구는 금과옥조처럼 '물 부족 국가'임을 읊어대고 있다. 해결된 것이 있는가? 물은 우리가 사용하는 여러 자원 중에서 국내에서 해결할 수 있는 드문 자원 중 하나지만, 여전히 우리에게 물은 대기업의 새로운 장사의 영역일 뿐이다. 에너지와 마찬가지로 물은 대기업들이 정부로부터 넘겨받고 싶은 대표적인 산업이다. 깨끗한 물과 값싼 물, 그 속에서 물도 복지의 영역으로 전환되고 있는 중이다. 그리고 이 오래된 문제는 급기야 수질 보호와 수자원 확보라는 명분으로 대운하를 거쳐 4대강으로 넘어온 셈이다.

그렇다면 지금 우리가 당면한 생태적 문제 중에서 해결되고 있지 않은 것은 물의 문제뿐인가? 미세먼지로 대표되는 서울 등 대도시의 대기오염 문제는 한국이 안고 있는 고질적인 문제이고, 지금처럼 하면 향후 10년 내에도 해결이 쉽지는 않을 것이다. 물론 서울이 한국에서 미세먼지 오염이 가장 높은 도시는 아니다. 그럼에도 불구하고 획기적인 개선책은 가지고 있지 못한 상태다. 그렇다면 농지 보존이나 자연생태계의 보존 혹은 녹지 확충과 같은 문제는? 서울 외곽순환도로의 사패산 터널이 중요한 사건이었던 것은 이곳이 바로 국립공원이었기 때문이다. 그 이후로 이제는 국립공원도 지키기 어려운 상황이니, 다른 곳은 말할 필요도 없을 것이다.

전체적으로 본다면, 한국의 생태계는 지금 위기의 클라이맥스로 달려가는 중이다. 이러한 생태계의 위기가 다만 '자연의 위기'로만 끝나는 것인지, 아니면 이 새로운 변화가 결국에는 '주체의 위기' 그리고 궁극적으로는 국민경제의 위기로 등장하게 될 것인지가 우리에게 지금 제기된 마지막 질문인 셈이다. 쉽게 표현하면, 지난 10년 동안 한 번도 제대로 조정이나 조절

과정을 거치지 못한 한국의 건설자본이 정치권력으로서 강남TK를 등에 업고 마지막 촛불을 태우듯이 토건의 클라이맥스로 향하고 있는 셈인데, 이 '토건 러쉬'가 과연 언제까지 유지될 수 있는 전략인지, 그리고 그 후유증이 일본의 '잃어버린 10년' 정도에서 끝날 것인지, 아니면 우리의 경우에는 더 답답한 결과가 기다리고 있는 것은 아닌지, 차분하게 생각해볼 순간이 온 셈이다.

이명박 정부가 내세우는 '녹색 성장'의 계획 초기에 주간지 『시사인』의 부탁을 받아 예산 구조를 분석해본 적이 있다. 4대강을 비롯한 토건 사업이 녹색 성장의 예산 계획 중 거의 대부분이고, 온실가스 감축과 관련된 예산의 상당 부분이 원자력 발전과 관련되어 있었다. 어떤 생태주의자들은 이 녹색 성장의 '성장'이라는 단어 때문에 문제가 있다고 지적하지만, 나는 이름만 놓고 너무 민감하게 반응하지는 않겠다. 전체적으로 토건의 비중이 너무 높고, 노무현 정부 때 이미 하기로 한 원자력 비중 확대가 그대로 이어지는 셈이니 새삼스러운 것은 없어 보였다. 내용만을 놓고 본다면, 2007년 대선에서 전면에 나오지는 않았지만 민주당 정동영 후보 진영에서 '아쿠아 프로젝트'라고 이름 붙인 주요 하천의 대규모 정비사업과 그렇게 내용이 달라 보이지는 않았다. 대선에서 패배한 정동영 후보와 민주당에게는 미안한 얘기지만, 정동영 후보가 설령 하늘의 도움으로 당시의 이명박 후보를 가까스로 이기고 집권을 했더라도 지금 '4대강 사업'으로 대변되는 한나라당의 개발사업과 많이 다른 방식으로 갔을까? 별로 그럴 것 같지는 않다. 민주당이 당론으로 완성시킨 새만금을 한번 생각해보자. 그리고 노무현 시절 '한국형 뉴딜'이라는 이름으로 골프장을 대량으로 짓기 위해 입안한 정책들과, 골프장으로 전남의 해안선을 덮어버리겠다는 J-프로젝트를 생각해보자. 토건에서 원자력 위주의 전원 사용 계획까지, 토건 경제라는 눈으로 보면 이전 정부와 급격한 정책상의 기조 차이가 있다고 보기는 어렵다. 억지로 차이점을 드러내자면, 지난번 대선에서 사실상 흐름의 향방을 결정하게 된 종합부동산세의 존치 여부 정도랄까?

차이가 있다면 '녹색 성장'을 표방하며 이명박 정부처럼 본격적으로 토건을 할 것인지, 아니면 현대건설이 새만금 매립지 입구에 내건 입간판 구호처럼 소박하게 '친환경' 정도 내걸고 할 것인지, 그 정도의 차이밖에 없는 것이 아닌가? 따지고 보면 '녹색'을 표방하면서 반(反)생태적 활동을 포장한 것은, 국내에서나 해외에서나 이번이 처음은 아니다. 국제적으로 20세기 초반 질소비료 같은 화학비료와 DDT 같은 살충제·제초제를 대규모로 도입해 화학농으로 전환하는 흐름을 '녹색 혁명'이라고 부르기도 했었다. 이때의 녹색은 농업을 의미하지만, 우리가 요즘 상상하는 친환경이나 생태와는 아주 다른 '생산력'의 의미였다. 아프리카에 뿌려진 DDT가 북극의 곰을 비롯한 지구 생명체에 영향을 미치는 과정에 대한 분석으로 생태계의 연결성을 처음 우리에게 환기시켜준 레이첼 카슨(Rachel Carson)의 『침묵의 봄』이 출간된 것은 1962년의 일이다. 그로부터 10년 뒤 한국에서는 화학농에 대한 찬미와 함께 전통적인 농촌공동체의 해체와 단절을 동시에 추진한 새마을운동이 전개되고, 이때의 상징 역시 녹색이었다. 사람의 살색에 녹색 조명을 비추면 부패한 색깔이 나오는데, 이처럼 녹색 괴물 헐크를 비롯해서 녹색이 요즘 우리가 생각하는 것과 같은 생태적 이미지를 늘 가지고 있었던 것이 아니다.

이러한 일련의 시각에서 이명박 정부가 추진하는 '녹색 성장'을 살펴보면, 이는 경제계의 영역 바깥에 있는 자연을 전면적으로 경제계 내부의 수탈 요소로 전환시키는 것이라고 할 수 있다. 이제는 생태계도 한국 자본주의의 특수 양상인 토지 투기에 적극적으로 봉사하고 복무해야 하는 대상이 되었다. 경제적 의미에서의 재생산 대상이 아니라 보존 대상인 것을 국민경제의 재생산 양식 내에 폭력적으로 삽입시키려 하는 일련의 프로그램이 4대강 사업의 본모습이라고 할 수 있다. 그렇다면 이 정도 규모의 그리고 이 정도의 전격적인 사업들이 자본주의의 고유한 속성이라고 할 수 있을까? 흔히들 루스벨트의 테네시강 유역개발을 빅딜의 실체라고 부르며 한국의 4대강 개발역시 1929년 대공황을 극복하는 과정에서 케인스의 조언에 따라 미국이 했던 일을 다시 모방하는 것이라고 생각하는 듯하지만, 이는 천만의 말씀이다. '가난한 자들과의 빅딜'이라는 원래 이름을 가지고 있던 루스벨트의 뉴딜은 미국 농민에 대한 보조금 지원 프로그램과 실업수당과 의료보험 등 사회봉사제도를 주요 내용으로 하고 있으며, 테네시강 개발과 같은 토건사업은 오히려 부수적인 사업에 불과했다. 역사적으로 살펴본다면, 이명박 정부의 토건 사업은 스탈린이 올가강 인근에서 했던 '자연대개조 사업'과 북한이 서해안 지역에서 간척을 통해 농지를 확보하려한 '자연대개조 사업'과 비견될 만하다. 90년대 초·중반, 브라질도 '지구의 허파'라고 불리는 아마존 대개발 사업을 몇 차례 검토하고 입안하기도 했지만, 실제로 이렇게 전면적인 개발 프로젝트가 진행되지는 않았다. 오히려 이를 계기로 브라질 내에서는 녹색당이 일정한 세력을 가지게 되었고, 룰라와 연정하여 집권당이 된 적이 있다.

그렇다면 생태계는 과연 재생산의 영역에 놓이고, 인간이 편리한 대로 개조하고 조작해 '복원' 혹은 '살리기' 등의 이름을 붙이면서 대규모로 다시 만들 수 있는 대상인 것인가? 물론 그것이 작은 규모에서 이루어진다면, 지구라는 규모 혹은 국토 생태라는 규모에서는 크게 영향을 받지 않을 수도 있다. 그러나 복원성(resilience)라는 의미에서, 이렇게 훼손된 4대강이 다시 또 다른 제2의 균형으로 갈 수 있을 것인가? 복원성이라는 관점에서 보와 제방으로 갇힌 수로가 또 다른 형태의 생태계로 안정적으로 작동하게 될 것이라는 보장은 없다. 그럼에도 복원성의 관점에서 4대강 사업과 녹색 성장의 각종 계획이 검토된 적은 없다. 원래 주어진 생태계에 인간이 적응해서 그 범위 내에서 경제계를 이루어가는 것이 장기적으로 지속 가능하지만, 우리는 토건을 위해서 자연에게 한국 경제에 적응하도록 명령하고 있다. 즉, 인간이 생태계에 충격을 가했을 때 생태계가 어떤 식으로든 또 다른 적응을 할 수 있는지 여부를 복원성(resilience)으로 이해할 수 있을 것이다. 경제계는 생태계 내부에 들어가 있어야 하는데, 지금 한국의 정치인들은 더 큰 덩치의 생태계를 경제계 내부로 쑤셔 넣는 중이다. 그에 따른 부작용이 생태계에서 만 생겨날까? 그렇게 사는 인간들의 경제적 삶에는 아무런 변화가 없을까? 그럴 리가 없지 않은가!

경제를 죽여야 경제가 산다

부처를 만나면 부처를 죽여라.	逢佛殺佛
조사를 만나면 조사를 죽여라.	逢祖殺祖
나한을 만나면 나한을 죽여라.	逢羅漢殺羅漢
부모를 만나면 부모를 죽여라.	逢父母殺父母
친족을 만나면 친족을 죽여라.	逢親眷殺親眷
그러면 해탈을 얻을 것이다.	始得解說

(『임제어록』 중에서)

임제 선사는 당나라 때의 사람이었는데, 제5조 홍인이 6조인 혜능에게 장 삼과 지팡이를 건네주면서 비로소 시작되었다는 중국 선불교의 역사에서 임 제 이후의 흐름을 임제종이라고 부른다. 한국 조계종은 이러한 임제종으로 부터 시작된 것이고, 그래서 한국 불교에서 임제는 매우 각별한 존재다. 그 가 얘기한 "부처를 만나면 부처를 죽여라"는 말은 오랫동안 다양한 방식으 로 활용되면서 많은 사람들에게 깨달음을 준 것이 사실이다. 깨달음은 순간 이라는 돈오돈수의 정신에 선다면 어쩌면 부처라는 상 자체도 허상일 수 있 고, 우리가 옳다고 생각하는 많은 교훈이나 이미지 역시 허상일 수도 있다. 하늘 아래 절대적으로 옳은 것이 있을 수 있을까? 흔들리지 않을 것 같은 과 학의 명제들이 흔들리는 것을 우리는 여러 번 보아왔다. 뉴턴의 우주관은 아인슈타인의 상대성 이론에 의해서 극복되었지만, 그렇다고 몇십 년 동안 아인슈타인의 우주관이 절대적으로 버틸 수 있었던 것도 아니다. 내가 대학시절 처음 천문학 공부를 할 때, '스테디 스테이트(steady state)'에 관한 우주 기원설은 틀렸고, 빅뱅이론이 맞는 것이라고 배웠다. 그러나 이러한 빅뱅 이론마저도 스테디 스테이트 우주론의 성과들을 상당히 흡수하면서 형성된 것이 사실이다. 1~2세기 내에 어쩔 수 없이, 아이작 아시모프가 상상한 것처럼, 결국 지구를 버리고 다른 곳에서 새로운 은하제국을 만들고 있을지도 모르고, 양자 두뇌를 가진 로봇이 수만 년 동안 살아남으면서 사실은 사람들 몰래 인류를 지켜주게 되는, 그러한 미래를 만날지도 모른다. 한 가지 확실한 것은 우리가 과학적 법칙이라고 부르는 것들 역시 상대적인 개념이며, 헤겔이 "미네르바의 부엉이는 황혼에 난다"고 할 때 그 황혼이 지금은 아니라는 사실이다. 지금이 바로 그 지혜가 도래하는 황혼이라면 우리는 이미 많은 사실들을 알고 있어야 할 텐데, 사실 그렇게 많이 알고 있는 것 같지도 않고, 여전히 우리는 위기의 시대를 살고 있으니 말이다.

　내가 대학에 다니던 시절은 냉전이 한창이던 시절이었고, 그 당시 우리는 지구가 핵무기에 의해 멸망하는 것에 대한 두려움을 가지고 있었다. 언젠가 미국과 소련이 예기치 않은 핵전쟁을 벌여서 어느 날 자고 일어났더니 지구가 없어졌을 수도 있다는 그런 공포감을 느꼈었다. 그런 냉전시대에 대학을 보내던 나는 환경이나 생태와 같은 문제에 대해서는 거의 관심이 없었다. 공해가 큰 문제이고, 지구온난화라는 현상이 중요하고, 그게 이산화탄소와 관련이 있다는 정도가 이 분야에 대해 내가 알던 지식의 거의 전부였다. 대학교 2학년 이후 내 주변에서는 북한이 이상적인 사회주의 국가라고 생각하는 친구들이 부쩍 늘었지만, 나는 그렇게 생각해본 적은 없었다. 통일이 중요한 문제라고 생각은 했었지만, 그러나 내 생각은 주체사상의 '품성론'과는 아주 달랐고, '수령론'을 받아들일 수는 없었다. 그때나 지금이나 나는 "사람이 착해져야 한다"라는 품성론식 접근을 진지하게 생각해본 적이 없을뿐더러, 우리가 '지상의 유토피아'를 만들기 위해서 모두 이타주의자가 되어야 한다고 생각해본 적도 없다.

많은 생명체가 협력을 중요한 전략으로 생각하고, 여러 가지 직접적 혹은 암묵적 네트워크를 형성하면서 살다 가지만, 그것이 선함 위에 서 있을 필요는 없다고 생각한다. 내 주변의 다른 친구들과 달리 북한을 이상향으로 생각해본 적이 없을뿐더러, 매우 딱딱한 스탈린주의식 교조주의 역시 싫어했다. 소비에트 연방의 줄임말인 소련을 인류의 이상향으로 생각해본 적이 없고, 레닌을 개인적으로 중요한 저자라고 생각했지만, 당이 중심이 되어서 '당 무오류의 원칙'에 의해 사회가 정상적으로 움직일 수 있을 것이라고 생각해본 적도 없다. 그래서인지 동구가 붕괴할 때, 내 주변의 많은 친구들이 느꼈던 그런 종류의 짙은 좌절을 느끼지는 않았다. 북한은 물론이고 스탈린주의에서도 이상향을 찾지 못했지만, 그렇다고 내가 하이에크(F. Hayek)의 많은 제자들이 생각한 것처럼, 자본주의가 역사의 마지막 단계이고 시장경제가 결국 인류가 도착하게 될 마지막 모습이라고 생각한 적도 없었다. 자본주의 경제는 인간적으로 너무 잔인한 경제 시스템인데, 그런 잔인한 상태가 우리의 마지막 모습일 것이라는 점은 도무지 믿기지 않았다. 사람들은 본성적으로 잔혹한 존재일지도 모르지만, 처음 노예제 국가의 형태로 무지막지한 국가라는 장치를 만들어낸 이후로 생각보다 많은 문제를 해결했던 것 같다. 그러나 나는 여전히 인간이라는 존재에 대해 공포를 가지고 있다. 생태학을 공부하다 보면 어쩔 수 없이 인간이라는 존재의 보잘것없음과 그 어리석음에 대해서, 사람의 한계에 대해서 생각하게 된다. 생물학을 공부하는 사람 중에서는 여전히 진화의 흐름 속에 인간의 우수성을 강조하는 목적론적 진화주의를 강력하게 지지하는 신화적 인간들이 종종 있기도 하지만, 생태학에서 보는 인간은 좀 복잡하기는 하더라도 그렇다고 그렇게 다른 종에 비해 유별나게 특수한 존재도 아니다. 자신의 활동으로 발생시킨 폐기물 때문에 자신만이 아니라 지구상에 있는 다른 종족들을 대부분 멸종시킬 뻔한 위기를 만들어낸 것은 인간이 처음은 아니다. 약간 오래된 책이지만, 어쨌든 매혹적인 문장으로 우리를 즐거운 독서가로 만들어주는 린 마굴리스 여사의 목소리를 직접 들어보자.

> 산소의 대재난은 약 20억 년 전에 일어났던 전세계적인 오염의 위기였다. 그 이전까지는 지구의 대기 중에 산소는 거의 존재하지 않았었다. 원시 지구의 생물권은 오늘날의 것과는 크게 달라서 마치 공상과학 영화에서 보는 외계의 특성과 비슷하였다. 그런데 자주색과 초록색의 광합성 미생물들은 수소의 공급원을 찾다가 결국 최상의 공급원, 즉 물을 발견하였다. 미생물들이 물을 사용함으로 해서 예기치 않았던 부산물이 나타났는데 그것이 바로 산소였다. 오늘날 우리에게 그토록 귀중한 산소는 원래의 미생물로부터 대기 중으로 내보내진 유독가스였다.(린 마굴리스, 도리언 세이건, 『마이크로 코스모스』, 범양사, 1987)

20억 년 전에 광합성을 하던 미생물들은 산소를 급격히 배출하게 되었고 대기 중의 산소는 0.0001퍼센트에서 21퍼센트로 급증했는데, 인간이 아무리 지구상에 강력한 오염을 만들거나 핵폭탄을 터뜨린다고 하더라도 이때 산소의 등장으로 혐기성 대기의 균형이 깨져 발생한 몰살의 규모가 되지는 않을 것 같다. 이 대재난 속에서 요즘은 생물학 교과서에도 실려 있는 미토콘드리아와 세포의 공생이 시작되며, 그 후로 5억 년이 흐른 15억 년 전쯤에 지구는 어느 정도의 안정을 찾기 시작한다.

이런 과거의 생태계 전개를 생각해보면 인류의 등장과 멸망은 지구라는 눈으로 보면 사실 신기하기는 하지만 아무것도 아닌 것이고, 먼 훗날 인류가 지구에 살았던 흔적은 지표에 아주 작은 부분으로만 남아 있게 될지도 모른다. 나는 인간을 우주 제일의 존재라고 그렇게 찬양할 생각은 결코 없다. 또한 언젠가 우리가 멸망하는 날이 올지 모르지만, 그 마지막 순간의 경제가 자본주의 경제일 것 같지는 않다. 아마 그때에도 '거래'와 '교환'이라는 것은 남아 있겠지만, 지금 우리가 믿는 것과 같은 시장에 의한 '일반균형'은 아주 옛날의 모습같이 느껴지는 그런 경제가 되어 있을지도 모른다. 우리는 이자를 당연하게 생각하지만, 15세기까지도 이자는 가톨릭에 의해서 죄악시되고 있었으며, 고리대금업같이 이자를 받기 위해 돈을 빌려주는 행위는 예수를 인정하지 않는 유대인들이나 하는 '야비한 짓'이었다. 우리 모두 셰익스피어의 『베니스의 상인』에 나오는 샤일록의 비정한 모습에 분노했던 적이 있지 않은가? 현재의 한국 경제는, 수많은 샤일록들이 유태인이라는 사회적 껍데기도 벗어던진 채, 고리대금업보다 더 악질적인 일들을 집단적으로 하는 시기인데, 오히려 우리는 분노마저 잊어버린 것 같다.

나는 내 또래의 많은 친구들이 가지고 있는 것과 같은 강력한 민족주의를 가지고 있지 않다. 또한 '대한민국'이라는 강력한 국가주의에 대해서도 별로 감동받는 바가 없다. 인류에게 위기가 오거나 멸망한다고 하더라도, 그것이 내가 살아 있는 동안에 오지 않게 하기 위해서 내가 할 수 있는 일을 하려는 편이다.(그러나 지구 차원에서 내가 할 수 있는 일이 그렇게 많지 않기 때문에 가급적 소박하게 살고 명랑을 잊지 않으려고 하는 편이다.) 내가 한국 경제에 대해서 가지고 있는 생각도 이와 유사하다.

한국 경제에도 앞으로도 수없는 위기가 오고 또 올 것이지만, 최소한 내가 살아 있는 한, 한국 경제가 그래도 사람이든, 생명이든, 좀 같이 살아볼 만한 곳으로 유지될 수 있도록 내가 가진 미약한 힘이라도 보탤 수 있다면 기쁠 것 같다. 이 미션은, 그러나 좀 힘에 겨운 일이다. 생태학에서 지금의 한국 경제와 가장 유사한 비유를 찾자면, 아마도 『총, 균, 쇠』로 퓰리처상을 수상한 제레드 다이아몬드의 『문명의 붕괴』에 나오는 바로 그 '붕괴(collapse)' 모델이 아닐까 싶다. 경제적 위기가 생태적 위기를 만들고, 이것이 사회의 위기를 만들고, 그것이 다시 정치의 위기를 만들고, 그렇게 악화된 정치적 위기가 다시 경제의 위기를 만드는 것, 이러한 일련의 붕괴의 과정에 이미 국민경제로서의 한국 경제가 봉착한 것이 아닌가 싶다. 이런 방식의 붕괴를 시스템 다이내믹스에서는 '이스터 섬 모델'이라고 부른다. 종교적 권위를 위해서 석상을 세우고 그 석상 구축 과정에서 생태계는 더욱 어려워지고, 다시 그 위기를 극복하기 위한 종교적 장치의 강화가 결국 '붕괴'로 귀결되는 이스터 섬. 바로 그 같은 경우가 어쩌면 지금 우리 눈앞에서 거짓말처럼 진행되고 있는 현상인지도 모른다. 강남 대형교회 중 하나로 분류되는 사랑의교회가 수천억 원 규모의 성전 건축을 하겠다고 할 때, 나는 이스터 섬 모델을 처음 머리에 떠올렸다. 그러나 현실적인 계산을 좀 해보니, 그냥 사랑의교회가 디폴트 위기로 빠지는 정도의 결과가 예상되었다. 교회 하나 흥하고 망하는 걸로 국민경제가 휘청대지는 않는다. 그러나 문제는 그런 사랑의교회가 한국에는 아주 많고, 또 강하다는 것이다.

자, 우리는 지금의 이 흐름을 어떻게 해야 근본적으로 멈추게 하고, 전혀 다른 흐름을 만들어낼 수 있는지 잘 모른다. 대안 즉 옵션이 존재한다는 것과 우리가 그 대안을 합의해서 선택할 수 있다는 것은 전혀 다른 문제이기 때문이다. 그러나 우리는 어렴풋하게 혹은 약간은 또렷하게, 지금 이 사태의 기원이 어디 있는지 알고 있다. 대체로 2003년에서 2004년 사이, 우리는 모든 것에 대한 판단의 기준을 '국익'이라는 데 맞추기 시작했고, 그 후로 국익, 즉 국가의 경제적 이득이 모든 것을 초월한 가치로 등장한 순간을 기억하고 있다. 지금은 그 말에 아무도 책임지지 않지만, 어쨌든 이라크 파병과 함께 이라크 재건에서 생겨날 엄청난 이익을 주장하며 파병을 했었다. '국익'의 또 다른 장면, 천성산 사건은 도저히 어떻게 할 수 없는 마지막 순간에 사회적 문제로 터지면서 사람들에게 사건의 말초적 모습만 소개되었지만, 사실 사건의 초기에는 4~5분 정도 우회로를 거치는 좀더 합리적인 노선으로, 사회적이든 생태적이든 혹은 경제적이든 훨씬 더 작은 부작용으로 문제를 해결할 수 있는 길이 있었다. 그러나 사업은, 토론에 의한 합리적 결론보다는 "어떤 노선이 공사를 더 많이 해서 건설업자에게 더 많은 몫이 돌아가게 하느냐"라는 단 하나의 원칙만이 작동하는 것처럼 유도되어 돌아갔다. 그 결과, 실제로 갈등에 의한 사회적 낭비와 사람들 마음의 상처가 작지 않게 되었다. 이때에도 사회적 기준으로 작용한 것은 국익이었다. 그리고 다시 황우석 사건 때, 굉장히 복잡하면서도 미묘하게 결합된 요소들이 마치 새로운 시대―그러나 결코 달갑지 않은 시대―를 여는 듯이 거대한 아말감을 형성하고 있었다. 시스템의 움직임이 반드시 내부 구성 요소, 즉 경제 주체들의 움직임과 일치할 필요는 없다.(케네스 애로에게 노벨경제학상을 수여한 '불가능성의 정리'는 이러한 맥락에서 이해될 수 있다.) 그러나 한국에서는 전체와 개인이 '경제'라는 같은 방향으로 움직인 것 같다. 개인도 경제적 이익을 향해 움직였고, 공적인 의사결정도 국익이라는 방향으로 움직인 것 같다. 일본 애니메이션 〈에반게리온〉 용어를 사용한다면, 싱크로율 95퍼센트가 넘었다고나 할까? 그야말로 개인과 전체가 같은 모티브를 공유하고 있으므로 여차하면 '폭주'가 나타나기 딱 좋은 위태로운 조건을 우리 스스로 형성하고 있었던 셈이다.

이승만은 좋든 싫든 건국의 대통령이고, 그를 『조선일보』가 얘기하는 것처럼 '국부'라고 부르는 것이 옳은지는 잘 모르겠지만, 어쨌든 그는 한국에 많은 영향을 남긴 게 사실이다. 그는 우리에게 "뭉치면 살고 흩어지면 죽는다"라고 단결을 주문했었다. 아마 한국을 지배하는 두 가지 집단무의식이 있다면, 하나는 '반공'이고 또 하나는 "뭉치면 살고 흩어지면 죽는다"라는 말일 것이다. 최소한 OECD 국가 내에서 국론 분열 혹은 국론 통일과 같은 이상한 개념을 사회적으로 사용하는 나라는 한국밖에 없는 것 같다. 민주주의란 당연히 생각이 다른 사람들끼리 의견을 조율해서 같이 지내기 위해 필요한 것인데, 우리는 다른 의견이 있다는 것을 생각보다 참기 어려워한 것 같고, 이것이 이승만 통치의 흔적인 듯하다. 유신경제에서 전두환 시절에 이르기까지, 단결만 하면 우리는 승리할 수 있을 것이라는 믿음을 가지고 있었던 것 같다.

우리의 이 그로테스크한 '국론 통일'은 지난 5년 동안 최소한 경제라는 움직임 속에서 기가 막히도록 멋지게 이루어졌다. 안타까운 것은, 우리가 '전쟁'이라는 메타포를 경제 현상에 종종 사용하지만, 경제는 전쟁과 아주 다른 것이라서 전쟁을 하듯이 경제를 운용해 성공할 수 있는 선진국 경제는 세상에 존재하지 않는다는 사실이다. 그러나 이제 다시 우리에게 경제는 '총력전'이 되었다. 마치 박정희의 '유신 경제'에 대해 세계은행을 비롯한 해외 기관들이 '동원 경제'라고 이해하는 것처럼, 우리는 경제든 삶이든 전쟁과 같은 것이고 또 그래야 한다고 생각하는 듯하다. 이러한 신 경제이데올로기의 맨 앞에 "밥벌이란 지긋지긋한 것"이라고 외치는 소설가 김훈이 서 있는 것 아닌가? 당대의 문인으로서 그는, 초등학생 심지어 유치원생에게도 경제 교육을 해야 한다는 그 경제 근본주의의 클라이맥스에 우뚝 서 있는 셈이다. 심지어 여기에 냉전시대의 '총체적 전쟁'의 개념마저 도입함으로써 이제 우리에게 경제는 심리전을 포함한 총력전이 되었다. 개인들이 잠시라도 이 시스템에서 걸음을 멈추고 '삶의 본질'에 대해 질문이라도 할까 봐, 경제는 심리라는 사실을 끊임없이 되새김해주고 있는 것 아닌가? 물론 경제에 심리적 요소가 전혀 없는 것은 아니지만, 내가 20년이 넘게 경제학을 공부하면서도 지난 5년 한국의 주류처럼 끊임없이 "경제는 심리"라는 주술을 반복하는 것을 본 적이 없다.

　　에이스는 침대가 아니라 과학입니다.

　　그렇다. 어쩌면 이 땅에서 과학은 에이스라는 상표의 침대에만 있는 것인지도 모른다. 과학도 기술도, 심지어는 예술마저도 경제의 영역에 포획된 지금, 그리고 그 경제는 '심리'라는 주술에 의해서 예수나 부처의 자리 혹은 초월적 존재의 위상을 획득한 요즈음, 드디어 우리는 '재림한 경제의 신'을 만난 것인지도 모른다.

그가 있으라 하니 사물이 생겼고, 그가 열리라 하니 4대강 물길이 열리고, 그가 보기 싫다 하니 '손석희의 100분토론'이 막을 내렸다.

물론 이 꿈은 악몽이기는 하지만, 문제는 이 악몽이 언제 끝날지 모른다는 것, 게다가 과연 끝나기는 할 것인가? 도대체 우리는 왜 이토록 경제에 집착하는 것인가? 과연 경제에 대한 이러한 집착이 조금이라도 국민경제의 번영과 상관이 있는 것일까? 그럴 리가 없다. 투기를 투자와 혼동하는 경제 관념을 가진 나라에서 정상적인 국민경제의 작동이 가능할 리도 없고, 이미 포드주의를 과거의 것으로 넘겨버린 21세기 경제에서 새로운 요소가 등장할 리도 없다.

임제 선사의 얘기대로, 실제 우리는 경제를 죽여야 경제가 살아나는 그런 시기를 만난 것인지도 모른다. 그러나 무턱대고 경제를 죽이라고 말한다고 그렇게 할 사람은 한 사람도 없을 것이다. 답답하기는 대부분의 사람들이 마찬가지이겠지만, 그래도 우리는 꿈을 꾸어야 한다. 꿈을 꿔보지도 못한 세상이 우리에게 올 리는 없지 않은가? 현실이 답답하더라도 우리는 상상을 멈추면 안 된다. 상상하지도 못한 것이 이루어진다면 그건 필시 악몽이었을 테니 말이다.

이 상상의 성찬에 독자 여러분들을 초대하고 싶다. 차린 것은 별로 없을지 몰라도, 여러분들이 나름대로 입맛에 맞는 음식을 찾으실 수 있기를 바라고, 이 책을 덮었을 때 지금보다는 더 많은 상상을 가지실 수 있기를 바란다. 우리는 지금 빈곤의 시대로 가고 있고, 모든 것들은 앞으로 더욱 나빠지기만 할 것이다. 상상하지 못한다면, 우리에게 경제의 미래는 없다.

1장

생식의 위기, 가족의 위기

01 | 생태학, 섹스의 학문

나에게 가장 괴로운 순간이 있다면 생태학에 대해서 '일반인에게 설명해야 하는 순간이다. 물론 가장 간편하게 그리스어로 집을 의미하는 eco와 학을 의미하는 logos라는 단어가 결합되어 ecology, 즉 생태학이 되었다고 무책임하게 대답할 수는 있다. eco에 관리를 의미하는 nomos가 결합된 것이 economics, 즉 경제학이다. 그러므로 생태학과 경제학은 집에 대한 학문과 집에 대한 관리로서, 우리가 살아가는 이 환경을 공통의 관심사로 가지고 있다고 생태경제학을 설명할 수는 있다. 그러나 이러한 식의 설명은 뭔가 얘기하기는 했지만 사실은 아무 얘기도 아니다. 이는 이명박의 '이'는 성이고, '명박'은 이름이라고 말하는 것만큼이나 새로운 정보를 주지 않는다. 경제학이 집을 관리하는 법이라고 말한다고 해서 뭔가 새로운 정보를 얻었다고 느껴지시는가? 마치 '종 다양성'이 기계적으로 늘어난다고 해서 뭔가 기계적으로 좋아질 것처럼 말하는 것만큼이나 아무런 얘기도 아니다. 종 다양성과 시스템의 안정성 사이에는 최소한 6가지의 특수 패턴이 있기 때문이다.

제초제로 잘 가꾸어진 우리의 논에는 농사짓는 농부를 포함해서 쌀과 함

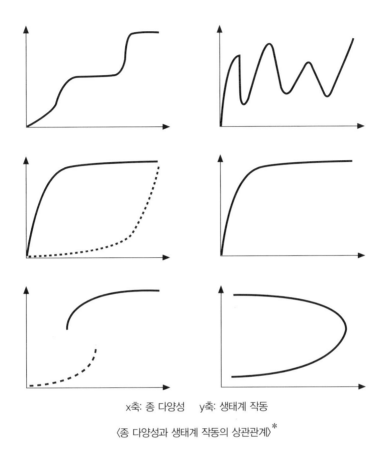

x축: 종 다양성   y축: 생태계 작동

〈종 다양성과 생태계 작동의 상관관계〉*

께 10종 미만의 곤충들이 살충제가 뿌려지는 사이에 잠시 살고 있을 것이다. 종 다양성은 그렇게 높지 않고, 이러한 방식의 농법을 '모노컬처'라고 부른다. 생태적으로 우수하다고 하기는 어렵고, 이런 모노컬처 방식을 대규모로 늘리다보면, 생태적인 문제만이 아니라 노동자들의 인권과 같은 사회적 문제와 함께 지구적으로는 복잡한 경제 문제가 생겨나게 된다. 게다가 물을 고여놓고 농사를 짓는 논에서는 이산화탄소보다 온난화지수가 20배 이

* Shahid Naeem. "Species Redundancy and Ecosystem Reliability", *Conservatiom Biology*, Vol. 12, No. 1 (Feb, 1998), 39-45

상 높은 메탄이 발생하게 된다. 그렇다고 해서 논을 없애버리고 아파트를 새로 지으면 어떠한 일이 벌어질까?

자, 이제 한때 논이었던 이 공간에는 개와 고양이와 같은 애완동물, 심지어는 각종 열대어와 햄스터와 같은 '초대받은 존재'와 쥐, 바퀴벌레나 침대 진드기를 비롯한 수많은 '초대받지 않은 존재'들이 아파트 생태계의 구성요소로 당당하게 등장하게 된다. 그렇다면 비록 제초제와 농약을 사용했지만, 농사를 짓던 논 생태계와 아주 많은 종, 즉 종 다양성이 풍부한 아파트 생태계 중 어느 쪽이 생태적으로 우수할까? 종 다양성이 떨어지더라도 논 생태계는 광합성을 비롯한 자연적 생산활동을 하는 곳이기 때문에 생태적 기여도 면에서 아파트보다 훨씬 우수하다. 독자 여러분은 지금의 이 비유가 아주 우습다고 생각할지도 모르지만, 이러한 일은 실제로 지금 '비닐 벨트'라고 이명박 정부가 불렀던 바로 그 그린벨트에서 벌어졌고, 앞으로 더 많이 벌어질 일이다. 몇 년 지난 논쟁이기는 하지만 골프장을 놓고서도 비슷하게 우스운 논쟁이 벌어졌었다. 외부에 많이 알려지지는 않았지만 골프장이 '우수한 잔디 생태계'라는 일부의 주장 때문에 아주 우스운 논쟁이 벌어졌던 것이다. 부분적으로 아주 틀린 말은 아니지만, 산 생태계를 점유한 골프장을 독자적인 생태계로 이해하는 것은 독특한 견해이기는 하다. 어쨌든 생태학이라는 창문으로 세상을 들여다보기 시작하면, 인간과 경제 혹은 돈과 같은 변수만으로 보는 것보다는 새로운 풍성함이 생겨난다. 인간에게 좋은 것과 자연에게 좋은 것이 기계적으로 동일하지는 않다.

생태학은 90년대 이후 비약적인 발전을 했는데, 그 기본은 '인구 모델 (population theory)'이라고 부른다. 그러나 이 population을 '사람의 입'을 뜻하는 인구라고 번역하는 순간 대부분의 많은 사람은 "아, 내가 잘 아는 것" 혹은 아주 오래된 이론, 아니면 너무 뻔한 이론이라고 생각하면서 더 이상 볼 필요가 없다는 표정을 짓는다. 인구이론은 맬서스 이론의 영향을 많이 받은 오래된 이론이기는 하지만, 80년대 중·후반 이후로 수학을 사용한 모델인 수리생물학과 수리생태학의 기본 모델이 되었다.

내가 대중적으로 생태학을 설명하는 데 이러한 어려움을 겪은 것은, 최근의 생태학이 경제학의 성장론에서 사용되는 미분방정식을 유사하게 사용하는 수리생태학 위주로 구성되어 있기 때문이다. 주로 이 분야에서 입문서로 사용되는 거니(W. S. C. Gurney)와 니스벳(R. M. Nisbet)의 '생태 다이내믹스(Ecological Dynamics)'에 나오는 몇 가지 모델을 중심으로 설명을 시작한다면, 아마 10분이 지나지 않아서 독자들 모두를 재우게 되는 참상이 벌어질지도 모른다.

'래빗 모델'이라고도 종종 불리는, 토끼와 여우의 2종으로 구성된 가장 쉬운 모델을 표현하는 식은 다음과 같이 생겼다.

$$\frac{dx}{dt} = G(x) = rx(1 - \frac{X}{K})$$

생긴 것은 간단하지만, 이 식은 미분식으로 되어 있는데다 시간(t)에 대한 미분학이라서, 역수를 취하는 방식으로 해법을 찾게 된다. 워낙 쉬운 식이라서 이걸 미분방정식이라고 부르면 이공계생들은 마구 화를 낼 것이다.

이 식에는 두 개의 균형이 있다. 결국 토끼가 멸종하거나 아니면 X=K, 즉 K라는 미리 결정된 수치에서 토끼의 개체수가 안정화를 이루어 더 이상 늘어나지 않는 경우다. 이때 K를 수용능력(carrying-capacity)이라고 부른다. 서울의 수용능력이 얼마인지, 한국의 수용능력이 얼마인지, 혹은 지구의 수용능력은? 이 K는 우리 모두가 알고 싶어 하는 미지의 변수이며, 또한 꿈의 변수이기도 하다. 이 극도로 간단하고 절제되어 있는 미분방정식이 바로 S 자 곡선이라고 불리기도 하는 바로 그 '로지스틱(logistic) 모델'이다.

위의 식에서 실제로 여우는 직접 등장하지 않고 수용능력 K라는 변수 속에 숨어 있다. 과연 한반도에는 몇 명이나 살 수 있을까, 혹은 서울에는 몇 명의 인구가 사는 것이 적절한가라는 질문이 바로 이 수용능력 K에 대한 질문이기도 하다. 물론 진짜로 서울의 적정인구를 이런 로지스틱 함수로 추정하려고 했다가는 생태학자들에게 돌멩이를 맞을 각오를 해야 할 것이다.(그러나 실제로 서울 등 주요 도시에서 '계획 인구'라는 정책 변수를 설정하는 과정은 이보다도 터무니없는 주먹구구인 경우가 많다. 서울은 '주간 유동 인구', 지역에서는 '대중국 거점 도시' 등 각종 말도 안 되는 핑계를 대며 계획 인구를 높게 잡고, 이를 근거로 각종 건물과 도로의 미래 수요를 의도적으로 높게 유지한다.)

정말로 피식자와 포식자의 행위를 동시에 볼 수 있게 한 모델은 1920년대에 발표된 로트카-볼테라 모델(Lotka-Volterra)이라고 부르는데, 피식자와 포식자라는 단 두 개의 종이 방정식에 포함되었음에도 불구하고 이 모델에서는 기계적인 수렴은 나타나지 않고, 심지어는 케이어스 현상까지 등장하게 된다. 1960년대부터 오래된 로트카-볼테라 방정식이 다시 각광을 받으면서, '코요테-토끼' '이리-사슴' 등 수렵과 관련된 모델들이 등장하게 된다. 가끔 서울에 튀어나오면서 관심을 받게 된, 포식자가 사라진 멧돼지의 이상 증식 현상도 이런 방정식으로 설명할 수 있다.

어쨌든 최근의 수리생태학은 이렇게 간단한 인구모델 위에 보다 복합적인 현상들, 예를 들면 물고기들의 자기 알 먹기와 같은 동족 살해, 마이그레이션과 같은 주기적 혹은 비주기적인 이주 현상, 최근의 조류독감, 돼지독감, 그리고 그다음 차례의 바이러스 등 '판데믹(Pandemic) 현상'을 포함한 모델 등으로 확장되어갔다. 맬서스부터 어느덧 조류독감과 신종인플루엔자 등 판데믹 연구의 권위자가 된 로버트 메이(R. May)에 이르기까지, 수리생태학의 기본은 '머리 수 세기'로부터 출발한다. 각 개체의 숫자를 알거나 최소한 이해하고, 그것을 시기에 따른 변화의 흐름으로 살펴보는 것이 현대 생태학인 셈이다. 한마디로 생태학은 각 종의 reproduction, 즉 생식을 '생태계(eco-system)'라는 시스템 내에서 연구하는 학문이라고 할 수 있을 것이다. 이 reproduction을 어떻게 이해할 것인가에 따라 생태학은 생식에 관한 학문, 증식에 관한 학문으로 이해되기도 하고, 재생산에 관한 학문으로 이해되기도 한다.

증식이라는 단어에는 아주 약간이지만, 근대 경제학의 기본 시각 중의 하나인 '성장주의'가 개입되어 있다고 할 수 있다. 모든 개체는 생식 과정을 통해서 늘어나려는 성향이 있지만, 경쟁중인 개체 혹은 자신보다 상위에 위치한 포식자 그리고 생태계 내의 자원 혹은 생산자 관계를 통해서 적절한—혹은 부적절한—개체 수 조정을 받게 된다. 그러므로 모든 생식의 결과가 개체 수 증가로 이어진다고 보기는 어렵다. 생태계의 천이 과정에서 극상(極相)으로 번역하는 climax에서 더 이상 특정 개체수가 증가하지도 않고 감소하지도 않는 상황이 발생하기도 한다. 생태계의 자체적 조절 메커니즘에는 종족 수가 줄어야 하는 경우도 있고 늘어야 하는 경우도 있는데, 시시각각으로 이러한 것들에 제대로 대처하는 생태계가 '건강한 생태계'이며, 복원성(resilience)이라는 표현을 사용한다면, 복원성을 잃지 않은 생태계가 '지속 가능한 생태계'라고 할 수 있을 것이다.

만약 reproduction을 '생식'이라는 단어로 이해한다면, 우리에게 생태학이라는 학문은 순식간에 '섹스의 학문'으로 다시 나타나게 될 것이다. 생물학에는 무성생식과 유성생식이라는 용어가 있는데 섹스가 유성생식, 그것도 동물의 '메이팅(mating)'으로만 좁게 이해가 된다면, 섹스의 학문이라는 용어의 범위가 상대적으로 협소하게—그러나 최소한 지금보다는 광범위하게—이해가 될 것이다. 무성생식의 경우를 '섹스'에 포함시킬 것인가, 그렇지 않을 것인가 혹은 '섭식' 즉 다른 종을 잡아먹었다가 소화되지 않은 세포핵이나 유전체가 공존을 하게 되었다는 '공생(symbiosis)'에 대한 린 마굴리스의 가설을 받아들일 것인가, 그렇지 않을 것인가에 따라서 매우 복잡한 기술적이고도 과학적인 가설 체계에 대한 논란이 있을 수 있다. 어쨌든 원형생물에게 잡아먹혔지만 끝까지 소화되지 않고 남은 세포질, 그것이 바로 모계로 유전되는 미토콘드리아이고, 우리 모두는 한편으로는 미토콘드리아의 자손들이 아니던가? 미토콘드리아는 난자를 통해 후손에게 전달되기 때문에 섭식으로 희생자가 되었지만, 결국은 보다 복잡한 거대계―포유류를 포함해서―에서 산소를 사용하는 능력을 갖추게 된 이 복잡한 생명 시스템의 근원이며, 에너지의 원천인 셈이다. 그리고 모계 유전된다. 즉, 남자인 나의 미토콘드리아는 나의 자식에게는 전달되지 않고, 오로지 나의 아내의 미토콘드리아만이 난자를 통해서 다음 세대에게 전달된다. 아들만 낳은 여성들이 자신의 미토콘드리아를 다음 세대에게 전달할 방법은 없다.(드물지만, 침엽수의 경우 미토콘드리아는 부계 유전한다.)

성 어거스틴은 4세기와 5세기에 걸쳐서 활동한 사람인데, 『참회록』이라는 책으로도 아주 유명하지만, '인간의 3가지 욕망'에 대한 첫번째 공식적 발언자로도 매우 유명하다. 그는 인간의 욕망에는 재력·권력·성욕이 있다고 했는데, 그중에서 권력에 대한 욕망만이 자기 스스로를 돌아보게 하므로 인간을 구원할 수 있다고 말했다. 자본주의 이전 중세 사회의 경제와 사회를 이해하는 데 이 짧은 언급이 상당히 많은 경우, 첫 길잡이가 되어준다. 어쨌든 중세는 우리가 셰익스피어의 『베니스의 상인』에서 익히 보았듯이, 돈을 빌려주고 받는 이자도 금지시키는 종교의 시대가 아니었던가! 비슷한 얘기로 삼성의 창업자인 이병철 회장이 돈·권력·사랑, 이 세 가지가 남자의 3대 욕구인데, 그중 두 가지만 가지면 별 문제가 없지만, 3가지 모두를 가지려고 하면 문제가 생긴다고 말한 적이 있는 것으로 알고 있다. '권력욕'을 포함시키는, 남자들의 세상에 대한 묘사와는 달리, 최근에는 권력욕을 생명에 대한 분석에서 제거하는 경향이 강한데, 권력욕이라고 표현되는 것들은 인간 혹은 인간과 유사한 군집생활을 하는 유인원에게서만 주로 관찰되는 것이기 때문에 보다 많은 생명에 대한 이해를 시도할 때에는 주로 식욕과 성욕이라는 두 가지 축을 가지고 설명하는 경향이 있다.

'식욕', 여러분들에게 식욕이 얼마나 중요한 것인지는 모르겠지만, 어쨌든 음식물을 섭취하는 것과 관련된 복합적인 메커니즘이 생각보다는 많은 것을 설명해준다. 이 식욕이 바로 세포 속의 미토콘드리아에 어떻게 탄소를 전달할 것인가에 대한, 소위 미토콘드리아에 속한 세계의 것이다.

우리가 먹는 음식물은 대개 C, H, O 즉 탄소를 포함한 유기화합물로 구성되어 있고, 여기에서 탄소를 추출하는 과정이 바로 소화 과정이다. 산소는 호흡을 통해서 공급되며, 이러한 전달 과정을 매개하는 원소가 바로 철분이다. 산화철의 형태로 공급된 산소와 소화된 탄소가 배달되는 곳이 바로 세포 내에 있는 미토콘드리아이고, 여기에서 ATP라는 에너지원이 만들어지며, 이 과정에서 폐기물로 발생하는 이산화탄소는 호흡으로 배출된다. 지구온난화의 주범이라고 요즘 우리가 '죄인' 취급하는 이산화탄소는, 사실 지구를 지금과 같은 모습으로 만드는 데 결정적 기여를 한 바로 그 최고 공신인 온실가스인데, 문제는 이 이산화탄소가 어느 순간부터인가 지구생태계의 허용 범위를 넘어섰다는 데에 있을 것이다.

어쨌든 한동안 도킨스의 『이기적 유전자』가 초대형 베스트셀러로 등장한 이후, 대형 포유류는 물론이고 미생물의 세계에서도 더 많은 유전자를 퍼뜨리기 위한 '전략적 선택' 중심으로 동물의 행위 심지어 인간의 행위를 설명하기 위한 시도들이 유행했다. 그래서 마침 등장한 '신자유주의 시대'와 함께 '경쟁'은 만물의 모든 섭리를 설명해주는 단 하나의 진리의 지위를 누렸고, 우리는 모두 자신의 유전자를 널리 퍼뜨리기 위한 '섹스의 화신'처럼 간주되기도 했다. 그리고 노무현 정부 때 시행된 '성매매 금지'는 인간의 자연스러운 선택을 핍박하는, 매우 부자연스럽고 반(反)시장적 조치라는 비난을 받기도 했다. 그러나 과연 우리는 섹스에 대해서 혹은 성에 대해서 충분히 알고 있는가? 혹은 사회적으로 충분히 논의되고 있는가?

어쩌면 우리는 식물과 동물의 생태에 대해서 여전히 충분한 지식을 가지고 있지 않은 것처럼, 사회학적이고 경제학적인 의미에서 우리 자신의 섹스에 대해서도 잘 모르고 있는 것인지도 모른다. 우리의 섹스는 지난 10년 동안 증가했나, 감소했나? 이 간단한 질문에도 경제의 경우처럼 거시적 수치를 가지고 직접 대답할 수 있는 방법은 없다.

02 | 맬서스와 제임스 밀
그리고 존 스튜어트 밀

맬서스라는 사람을 모르는 한국인은 아마 없을 것이다. 경제학은 몰라도 어떻든 맬서스의 이름은 들어봤을 것이고, 또한 생물학이나 생태학의 기본에 대해서 조금이라도 공부한 사람들은 역시 맬서스의 이름에 대해서 알고 있을 것이다. 그리고 아마 대부분의 책에서 맬서스의 접근은 신기하기는 했지만, 그는 '기술 진보'라는 것을 몰랐기 때문에 논리적 오류를 범했다고 배웠을 것이다. 그의 주장이 옳았든 틀렸든 학자로서의 맬서스는 여전히 기억되고 있고, 인구의 인위적 조정과 같이 윤리적으로 쉽게 언급하기 어려운 얘기가 등장할 때마다 맬서스의 이름은 언제나 거론된다. 그는 산술급수와 기하급수 사이에서 생겨나는 시기적 격차의 문제를 체계적으로 분석한 첫번째 학자다.

우리는 맬서스를 인류 통제에 대한 잔인한 발상을 한 인구 연구자 정도로만 이해하지만, 후기 맬서스(1766~1834)는 『정치경제학 원리(Principles of Political Economy)』(1820)와 『정치경제학 정의(Definition in Political Economy)』(1827) 등 경제학자로서 더 유명하다. 그는 말년에 부자들이 적절하게 소비를 할 수 있게 만드는 것이 매우 중요하다는 주장을 했으며, 그러한 그의 주장이 최초의 백화점인 봉마르셰(Bon Marché)가 1852년 탄생하는 데 상당한 영향을 끼친 것으로 알려져 있다. 전체적으로는 케인스식 경제학과 상당한 유사점을 가지고 있고, 케인스의 선구자라는 것이 경제사상사에서 경제학자로서의 맬서스에 대해서 내리는 일반적 평가다.

그리고 아마 한국에서는 경제학과 일부를 제외하면 거의 거론되거나 논의되는 일이 없는 제임스 밀(1773~1836)이 경제학자로서의 맬서스와 평생에 걸쳐 논쟁 관계에 있었던 사람이다. 제임스 밀은 그의 아들인 존 스튜어트 밀(J. S. Mill, 1806~1873)이 맬서스를 훨씬 뛰어넘는 천재적 학자가 되어주기를 바랐지만, 아버지를 너무 증오했던 그의 아들은 맬서스나 그의 아버지와는 전혀 다른 방식의 경제학을 만들고자 했다. 세상은 인구학자로서의 맬서스만을 기억하지, 경제학자로서의 맬서스나 제임스 밀은 전혀 기억하지 못하고, 존 스튜어트 밀 역시 논리학자나 정치학자로 더 거론되지 그의 경제학에 대해서 생각해보려는 사람은 이제 거의 없는 듯하다.

이제 7권이 된 이 시리즈에서 어쨌든 맬서스와 존 스튜어트 밀은 여전히 내 이론의 핵심적인 부분을 형성하고 있다는 것을 이 시점에서 독자 여러분들에게 알려드릴 필요가 있을 것 같다. 기회를 빌려 두 사람의 생각에 대해서 조금 정리해보려고 한다.

맬서스에게서 내가 영향을 받게 된 것이, 물론 생태학이 내가 출발한 기본 학문 중의 큰 축을 형성하고 있는 것이므로 당연하다고 할 수도 있겠지만, 맬서스 시절의 단순한 인구경제학의 가설들을 내가 기계적으로 차용하고 있는 것은 아니다. 1970년대 초중반, 로마클럽 보고서의 연구자이자 대표 집필자인 도넬라 메도우(D. Meadows)를 비롯한 일련의 학자들이 등장하게 되는데, 세상은 이들을 '신맬서스주의자'라고 부르게 되었다. 물론 이 뜻은 '바보' 혹은 '시대착오적 몽상가'라는 은유를 담고 있는 것이다. 나는 사람들이 공개적으로 '바보'라고 놀린 사람들 위에 나의 이름과 양심을 세움으로써 학자로서의 첫 출발을 했고, 네오맬서스주의의 후계자들, 즉 '다나(Dana)'라는 애칭으로 불렸던 도넬라 메도우의 뜻을 이어가려는 생태경제학의 계보로 분류되게 된다. 아마 나는 한국의 경제학자 중에서는 최초이자 마지막으로 '제로 성장론'을 지지했던 사람일 것이다. 물론 그때나 지금이나 나는 제로 성장의 정신을 지지하며 유지하고 있지만, 그렇다고 기계적으로 경제성장률을 0에 맞추어야 한다고 생각되지는 않는다. 그것은 기술적으로는 가능하지도 않을뿐더러, 나는 그런 식의 통제 경제나 계획 경제를 지지하지는 않는 편이다.(내가 생각하는 경제의 이상적인 유토피아 관점에 대해서는 나중에 별도로 논의하게 될 기회가 있을 것이다.)

70년대의 제로 성장론은 Z.E.G(Zero Economic Grow)와 Z.P.G(Zero Population Growth)라는 두 가지가 쌍을 이루고 있었는데, 크게 보면 인구 성장을 먼저 멈추고 그 뒤에 경제성장을 멈출 수 있다는 그런 정도의 논리적 구성이라고 보면 될 것이다. 당시에는 세계적으로 '산아제한'이라는 정책이 당연한 것으로 여겨졌고, 1995년도에 산아제한 정책이 공식적으로 폐지될 때까지 한국 역시 그 어느 나라보다 출산율 낮추기에 적극적으로 나섰던 국가였다. 70년대의 많은 환경주의자들은 지구가 감당하기에 세계 인구가 너무 폭발적으로 증가하고 있다는 우려 때문에 인구 조절이나 통제가 어느 정도는 필요하다고 생각했다고 할 수 있다. 인구에 대한 담론이 "적정하다"라는 결론에 이르는 일은 별로 없고, 대개의 경우 "너무 많다" 혹은 "너무 적다"는 얘기로 나타나게 된다.

인구 문제에 대해서 좌우를 나누는 것이 조금 무리일지 모르겠지만, 어쨌든 대체적으로 우파 진영에서 "인구는 곧 경쟁력"이라고 하는 경향이 있고, 생태주의 진영에서 '적정 인구'를 주장하는 경우가 많다. 좌파에서는, 최소한 한국에서는 인구수에 대한 담론은 그렇게 도드라지거나 체계적으로 제시된 적이 거의 없다. 어쨌든 '인구수'를 조절 변수로 볼 것인가 아니면 목표 변수로 볼 것인가, 즉 인구수의 변화에 따라 나머지 정책을 맞출 것인가 아니면 인구수의 변화에 대한 목표를 설정하고 나머지 정책 변수들을 조정할 것인가는 매우 민감한 철학적 질문이기도 하다. 그리고 정치적 함의 역시 민감하다.

아버지 제임스 밀과 평생 논쟁 관계에 있던 맬서스와 존 스튜어트 밀이 이론적으로 특별히 그렇게 부딪히거나 만나는 일은 별로 없다. 오히려 존 스튜어트 밀은 프랑스 사회주의 운동의 태두이자 마르크스에게 '공상적 사회주의자'로 혹독하게 비판을 받았던 생시몽(1760~1825)에 대한 비판에 훨씬 더 적극적이었다. 내가 존 스튜어트 밀에게 받은 영향은 경제학에서의 '법칙'의 위상, 노동관계에 대한 분석, 여성 노동과 소유권의 문제 등 적지 않지만, 존 스튜어트 밀의 짧은 몇 페이지 글에서 인류의 궁극적 미래에 대한 나의 생각이 처음 발상의 가능성을 본 것이다. 그의 생각은 애덤 스미스의 칙칙하고 우울한 미래와도 다르고, 마르크스와 레닌이 상상한 관료주의적 사유와도 좀 다르다. 굳이 마르크스 전통 내의 학자에 비유하자면, 대중의 자발적 참여를 통한 민주주의를 상상한 로자 룩셈부르크의 미래관과 더 비슷하다고 할까?

존 스튜어트 밀의 『정치경제학 원리』의 4권 6장 2절은 4페이지 정도의 그렇게 길지 않은 분량인데, 고전학파의 막내인 그가 인류의 미래 경제에 대해서 예상한 내용이 담겨 있다. 경제학 이론서에 나오는 그의 통찰은 어떤 문학보다도 매혹적이며 어떤 철학보다도 매력적이다. 마르크스는 생시몽과 프루동 등에 대해서 '낭만적 사회주의자'라고 비판한 적이 있는데, 이 '낭만'이라는 표현을 사용한다면, 경제학계의 슈베르트 혹은 경제학계의 쇼팽과 같은 낭만적 선율의 존재를 찾아본다면 아마도 존 스튜어트 밀일 것이다. 경제학 최고의 낭만적 텍스트라고 한다면 바로 이 4권 6장 2절이라고 할 것이다. 그의 목소리는 두 개의 문단에서 낭만의 클라이맥스로 향한다.

자본과 인구의 정체 상태의 조건이 인류 발전의 정체를 의미하지 않는다는 것은 거의 말할 필요가 없을 것이다. 이 상태에서도 정신적 문화, 그리고 도덕적이며 사회적인 발전을 하게 될 충분한 여지가 있을 것이다. 인간이 부를 획득하기 위한 탐욕을 멈추게 되면 인간이 살아가는 방식이 개선될 여지가 훨씬 높아질 것이다.(『정치경제학 원리』 4권 6장 2절)

이 얘기는 약간의 설명이 필요한데, '고전학파'와 나중에 '신고전학파'라고 부르게 되는 두 개의 학파에서 경제의 마지막 모습은 '정체 상태'라고 부르는, 실질성장률이 0에 도달하는 상태에 놓이게 된다. 성장에 대해서 경제학자들이 뭐라고 얘기하든, 『국부론』의 애덤 스미스에서 존 스튜어트 밀에 이르기까지, 그리고 경제학 원론을 처음으로 정리한 폴 새뮤얼슨에서 균형성장론의 솔로우에 이르기까지, 즉 내생성장론이 등장하는 80년대 후반까지는 자본주의의 경제성장이 영원하다는 것을 보여주지 못했다. 균형성장론의 표준모델인 솔로우의 모델에서 장기적으로 경제성장률은 인구성장률과 일치하게 된다. 물론 이러한 결론에 도달하게 되는 그 이유와 메커니즘은 학파에 따라서 조금은 다르다. 고전학파에서는 경제의 구성 요소 중 토지라는 제약 조건 때문에 무한 성장을 할 수 없고, 신고전학파의 성장 모델에서는 '한계 생산 체감의 법칙' 즉 규모에 따라 한계 생산성이 점점 줄어들게 되는 가정이 들어 있기 때문에 그렇다. 그림으로 표현하면 다음과 같다.

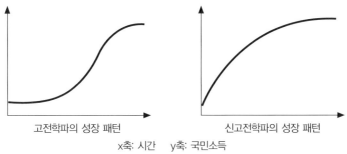

고전학파의 성장 패턴   신고전학파의 성장 패턴

x축: 시간   y축: 국민소득

〈고전학파의 성장 패턴과 신고전학파의 성장 패턴〉

각각 성장의 패턴은 다르지만, 시장이 혹은 경제가 완벽하게 균형상태에 있다고 하더라도 궁극적으로는 성장률이 0인 상태에 도달하게 된다. 경제학 원론 교과서는 언젠가 0퍼센트의 성장률에 우리가 도달하게 될 것이라고 가르치고 있다. 로머(P. Romer)와 루카스의 등장 이후에, 기술과 지식 등 전통적 생산함수에서 외생변수로 다루어진 변수들이 내생변수로 처리되면서 이 결론을 바꿀 수 있게 되었다. 『국부론』이 등장한 것이 1776년이니, 거의 200여 년 동안 경제학 표준 교과서는 이렇게 구성되어 있었던 셈이다. 많은 경제학자들은 틈틈이 '경제학 교과서'를 거론하지만 너무 자주 교과서의 표준적 내용들을 망각하고 마는 것 같다.

경제학 교과서치고는 기술적인 분석보다는 이데올로기적 색채가 너무 강해서 나는 별로 권하는 편은 아니지만, 어쨌든 고등학교 문과 수학 과정에서 미적분이 빠진 이후로 수학 표현을 대폭 줄인 『맨큐의 경제학』이 사실상 표준 교과서가 되었다.(나는 여전히 지금과 같이 미시경제학과 거시경제학 체계를 통합시킨 폴 새뮤얼슨의 책을 더 권하는 편이다.) 미국 공화당의 핵심 세력인 네오콘에 충실하다는 맨큐도 별다른 특수 요소의 개입이 없다면, 경제성장률의 기본에 대한 설명에서는 애덤 스미스 혹은 존 스튜어트 밀과 크게 다른 목소리를 내지는 않는다.

> 수확체감의법칙이 적용되기 때문에 저축률이 증가해도 일시적으로만 높은 성장률이 유지된다. 저축률이 높아짐에 따라 자본이 축적되지만 축적되는 자본에서 비롯되는 이득은 시간이 흐를수록 점점 작아지기 때문에 성장률이 둔화되는 것이다. 장기적으로 저축률이 높으면 생산성과 소득이 높아지지만 이 변수들의 성장률은 높아지지 않는다. 그러나 이러한 장기에 도달하는 데는 오랜 시간이 소요된다.(『맨큐의 경제학』 5판, 671~672쪽)

신고전학파의 성장론을 만들어낸 공로로 1987년 노벨경제학상을 수상한 솔로우(R. Solow)의 최종 결론은, 경제성장이 경제학의 최종 목표라고 주장한 많은 경제학자들에게 차라리 재앙과 같은 것이었다.

$$g = n$$

(g: 경제성장률, n: 인구증가율)

이 식은 장기적으로 균형에 해당하는 경제성장률은 인구증가율과 같다는 것을 보여주고 있다. 즉 어느 수준에서 경제성장률은 인구증가율, 즉 새로 태어나는 아이가 기존의 성인과 똑같은 수준의 부를 누릴 수 있을 만큼만 필요하게 된다는 것이다. 인구의 증가를 제외한다면 결국은 장기적 균형상태에서 성장률이 0에 수렴하게 된다는 것을 의미한다.

가끔은 솔로우의 균형성장식의 조건을 뒤집어서 오른쪽 항의 인구증가율이 경제성장의 원천이라고 주장하는 해괴한 경우가 가끔 있기도 한데, 이 식의 의미는 그런 것은 아니고 추가적으로 경제성장을 할 수 있는 자본과 노동 사이의 내부적 비율의 조정을 통해서 더 이상 추가적인 경제성장을 할 수 없는 순간이 온다는 것이다. 즉, 사실상 실질 경제성장률이 0이라는 것이 장기적 균형 성장의 결론인 셈이다.

이 곤란한 상황에서 벗어나기 위해서는 흔히 신자유주의의 최초 주창자로 알려져 있는 하이에크처럼 '시장 그 자체'에 우리가 잘 모르는 신비한 힘이 있다고 주장하는, 소위 '시장 과정(market process)'이라는 '미지의 무엇'을 삽입하거나, 슘페터(J. Schumpeter)처럼 '자본가의 혁신정신' 즉 '창조적 파괴'와 같은 개념을 넣거나, 아니면 1995년에 노벨상을 수상한 루카스 혹은 폴 로머와 같이 '수확체감의 법칙'을 이겨낼 '수확체증의 요소'를 어떤 식으로든 삽입하는 수밖에 없다. 이러한 내생성장론(endogenous growth theory)이 등장하기 시작한 80년대 중후반 이후에야 비로소 경제학이 공식적으로 0으로 수렴하지 않는 장기 성장률에 대해서 논의할 수 있는 이론적 근거가 생긴 셈이다.(이 부분에 대해서는 마지막 장에서 자세하게 살펴볼 기회가 있을 것이다.)

역설적으로 자본주의 시스템의 성장 한계를 극복할 수 있다고 주장한 것은 레닌과 같은 혁명주의자들이다. 사회주의로 전환하게 되면, 이론적으로는 이윤율 저하의 문제를 극복할 수 있다. 이윤율 저하의 법칙은 시장의 무정부성을 극복하는 사회주의 경제에서만 가능하다는 것이 이른바 '사회주의의 생산력 주의'에 대한 이론적 기초라고 할 수 있을 것이다.

위에 인용된 존 스튜어트 밀의 문장이 매혹적인 것은 이렇게 더 이상 경제성장이 불가능한 순간이 왔을 때, 이것이 인간 발전의 마지막 순간이 아니라고 한 점에 있다. 그는 모두가 '슬픈 상태'라고 이해했던 경제성장이 더이상 불가능한 그 순간에, 인간은 역사와 윤리 혹은 문화와 같은 인문적 행위를 하면서 계속해서 발전을 하게 될 것이라고 생각한 셈이다. 인간이 살아가는 것은, 돈 버는 게 전부가 아니고 규모를 늘리는 게 다가 아니라는 얘기를 그는 하고 있는 셈이다.

사실 따지고 보면 물리적·생태적 한계에 의해서 더 이상 경제성장을 할수 없는 순간은 인간이 도달할 수 있는 최대의 풍요로움에 이미 도달했다는얘기 아닌가? 내가 생각하는 문화경제학을 비롯해서, 생태적 국민경제를 위해서 발전시켜야 하는 비물질적 경제 부문에 대한 첫 발상은 바로 밀의 이『정치경제학 원리』 4권 6장에서 시작된 것이다. 물론 해석의 방식이 조금 다르지만 물질적 의미의 성장이 아니라 '사용가치'라는 측면에서 무한한 성장의 가능성을 상상한 사람으로, 대개 애덤 스미스의 제자 정도로만 치부하는장 바티스트 세이(J.-B. Say)라는 사람이 있기는 했었다. 사장 출신이었던 세이의 표현법과 5살 때 라틴어를 배웠던 밀의 표현법 사이에는 상당한 격차가 있기는 하지만, 문화로 표현하든 아니면 사용가치로 표현하든, 물리적인경제적 한계를 극복하고 계속해서 발전을 추진하기 위한 별도의 요소가 필요하다는 면에서는 동일하다. 세이나 밀이나 유명한 경제학자들이기는 하지만, 이들의 경제에 대한 독특한 장기적 견해에 대해서 별로 주목받지 못했다는 점도 같다. 밀은 다음과 같이 말했다.

> 무한한 부와 인구를 증가시키기 위해서는 결국 지구는 유쾌함의 상당히 많은 부분을 잃게 될 것인데, 이 과정에서 인구는 증가하기는 하겠지만 그렇다고 이들의 삶이 더 낫거나 행복해지는 것은 아닐 것 같다. 나는 어쩔 수 없이 정체 상태에 도달하기 오래전에 우리 스스로 정체 상태를 만드는 것이 우리의 번영에 도움이 될 것이라고 진심으로 생각한다.

그것이 정체 상태로 표현되든 혹은 또 다른 이름으로 표현되든, 어쨌든 존 스튜어트 밀은 우리가 지구를 완전히 소진시켜 더 이상 경제성장을 계속할 수 없는 그 순간이 오기 '훨씬 전에' 또 다른 형태의 경제 시스템으로 인간들이 스스로 경제 운영 방식을 전환할 수 있을 것이라고 말하고 있는 셈이다.

와, 세상에 이렇게 로맨틱한 경제학이 다 있다니!

이 상태를 '조화 상태'라고 이름을 붙이고, 몇 가지 작업을 추가하면서 나는 이 테제로 박사학위를 받게 되었다. 밀이 미처 끝내지 못한 이 뒷부분을 마저 쓰는 것이 나의 20대의 학자로서의 꿈이었고, 나는 몇 명의 경제학자들에게서 생태학과 연결될 수 있는 고리들을 찾아냈다. 그래서 나에게 생태학 공부는 더욱 즐거웠다. 그러나 이후 나는 먹고사느라고 정신이 없었고, 오래된 텍스트를 뒤지면서 학설사 내에서 사상적 근거나 상상의 요소를 더 찾아보려는 나의 20대 꿈은 내 삶 속에서 구현되지 못했다.

물론 존 스튜어트 밀에게는 이 조화 상태라고 불릴 만한 4권 6장의 2절 외에도 현대적으로 재해석될 만한 요소들이 더 많이 남아 있기는 하다. 그렇지만 아무래도 경제학설사나 경제사 같은, 한때는 경제학 내에서 화려함을 자랑하던, 역사적 접근을 하던 분과들이 더 이상 후학들에 의해서 계승되지 못하는 요즘 같은 시기에, 맬서스나 존 스튜어트 밀 같은 위대한 몽상가를 재조명하는 그런 학자가 다시 등장할 전망이 그렇게 밝아 보이지는 않는다. 어쨌든 가능하면 나는 이 책에서 맬서스의 생각과 함께 존 스튜어트 밀이 가졌던 미래에 대한 낭만적 상상과 희망을 잃지 않으려고 노력하겠다.

03 | 결혼과 동거

모든 것을 수익과 비용으로 설명할 수 있다는 경제 환원주의를 가장 끝까지 몰고 간 경제학자는 1992년에 노벨경제학상을 수상한 게리 베커(G. Becker)라고 할 수 있을 것이다. 나도, 특히 한국에서는 많은 부분을 돈이라는 변수를 통해서 설명할 수 있을 것이라고 생각하는 편이지만, 개리 베커는 나와는 비교도 할 수 없이 경제 환원주의가 강한 사람이다. 거시경제학의 창시자나 정보 접근 혹은 정보 처리 능력 때문에 '제한된 합리성(bounded rationality)'을 가지게 된다고 생각했던 허버트 사이먼(H. Simon) 혹은 '레몬 시장'에 대한 고찰로 패턴에 의한 경제행위 등을 이론화시켜 정보경제학의 창시자가 된 아켈로프(G. Akerloff) 같은 사람과 비교하면 게리 베커는 지독할 정도의 환원주의자이며, 동시에 경제 근본주의자다.(사이먼과 아켈로프, 모두 해당 분야에서 노벨경제학상을 수상한 사람들이다.) 그래서 때때로 게리 베커는, 사회현상 일반을 너무 경제학으로 설명하려 했다고 '경제학 제국주의'라고 내부적 비판을 받기도 한다. 어쨌든 게리 베커의 이론은 많은 경우 명확하다는—혹은 지나치게 명확하다는—단점을 가지고 있지만, 간결하고 단순하다는 장점이 있는 것도 사실이다. 어쨌든 이론가들은 많은 경우, 아무 것도 설명할 수 없는 것보다 그것이 비록 틀린 것이라도 상황을 설명할 수 있게 되기를 훨씬 선호하는 경향이 있다.

　베커의 방식으로 설명하면 결혼이라는 제도는 일종의 '계약'이며, 그것도 매일매일 갱신되는 일종의 1일 계약(day contract) 같은 것이다. 예를 들면, 사르트르와 시몬 드 보부아르 사이의 계약결혼은 매년 갱신되는 방식이었는데, 어쨌든 두 사람은 그 계약을 깬 적이 없다. 그렇지만 보통의 결혼에서 우리는 공식적인 계약을 하지는 않는다. 우리는 결혼을 하면서 신이나 기타 등등 뭔가 초월적인 것의 이름을 놓고 평생 같이 살겠다는 약속을 하고, 이를 '결혼 서약'이라 부르곤 한다. 형식적으로는 '평생에 대한 계약'의 모습을 띠기는 하지만, 이혼에 대한 무게가 훨씬 가벼워진 지금 결혼이 평생에 대한 계약이라고 생각하는 사람은 아마 없을 것이다. 신과 약속했다고 하더라도 이혼이 신과의 약속을 파기한 것이라고 생각하지는 않는다. 현실적으로는 결혼에 대한 신과의 약속 혹은 부모와의 약속은 별 의미가 없고, 다만 이혼할 때의 특수한 상황에 대한 계약서 같은 것들만이 법적으로 유효할 뿐이다. 어떤 배반에 대한 무시무시한 저주의 용어로 서약을 했다 하더라도 그것은 '임시적' 계약일 뿐이고, 결코 평생에 대한 계약이 되지는 않는다. 무한 책임 회사라는 것이 '유한 책임' 회사로 전환되었고, 또 많은 경우 출자금만큼만 책임을 지는 주식회사 체제에서, 정말 지옥까지 갈 정도로 해지되지 않는 계약은 종종 '사채업자'라고도 불리는 그런 대부업체의 부채에 관한 계약밖에 없을지도 모른다. 법적으로는 아무런 효력이 없지만, 어쨌든 이런 계약은 '신체 포기 각서'를 요구할 정도로 집요하니 말이다. 계약의 눈으로 본다면, 결혼 관계는 특별히 해지하기 어려운 종류의 계약은 아니다. 다만 그 해지의 내용이 어느 한쪽에서는 "너무 값싸다"거나 혹은 다른 한편에서는 "너무 가혹하다"고 느껴지는 불균등성만이 존재할 뿐이니 말이다. 물론 베커의 세계관 속에서는 심리적 고통이나 정신적 위안과 같은 것들도 모두 비용 혹은 이득으로 계산된다. 이러한 특수한 형태의 매일 갱신되는 계약이, 베커식 시각에 따르면, 바로 결혼이다. 왜 매일이냐고? 우리가 이혼을 결정하는 데에는 일주일, 한 달, 이렇게 긴 시간이 필요한 것이 아니기 때문이다. 자, 이혼하는 과정을 계약이라는 눈으로 한번 생각해보자.

아침에 일어난다. 그리고 자신의 남편과 계속 살아갈 때의 비용과 그와 같이 살아갈 때의 이득을 계산해본다. 이혼을 하기 위해서 치러야 하는 변호사 비용과 같은 거래비용 혹은 주위의 따가운 시선과 같은 것들은 모두 비용 항목으로 계산된다. 이혼을 하면서 더 이상 시어머니의 잘난 척과 잔소리를 듣지 않아도 되는 것 혹은 과도한 가사노동으로부터의 해방 등 일련의 항목들은 모두 수익으로 계산된다. 자녀의 양육과 관련된 복잡한 계산들도 각각 비용과 수익이라는 항목으로 분류되어 처리된다. 이 모든 계산이 아침에 일어나 침대에서 내려오는 순간까지 순식간에 이루어진다. 우리는 이러한 계산을 매우 빠른 시간에 해낼 수 있을 것이다. 결혼 기간 내내, 우리는 잠정적으로 매일 이 계산을 했을 것이 분명하기 때문이다.

$$\Sigma C \leqq \Sigma B$$

결혼생활을 유지하는 이익이 아직은 손해보다 크다고 생각하는 경우, 비로소 부부의 아침이 시작되는 것이고, 별도의 계약이 없더라도 결혼의 계약은 그날 하루에 한해 자동 갱신되는 셈이다. 저작권에 따른 출판사의 출판권 계약도 이런 방식으로 별도의 계약이 없더라도 자동 갱신되는 것과 같다. 결혼생활을 유지하는 것에 따른 편익이 결혼생활을 끝내는 것에 따른 각종 비용, 즉 이혼에 대한 거래비용 같은 각종 비용보다는 아직은 크거나 같은 상황이다. 그러나 어느 날 아침에 일어나서 새로 계산을 해보았다.

$$\Sigma C > \Sigma B$$

물론 꼭 아침에 일어나면서 이 계산을 할 필요는 없고, 차를 마시다가 혹은 친구와 수다를 떨다가 이 계산을 했다면, 사실상 그 순간 결혼이라는 '일일 계약'은 해지된 셈이다. 어느 한쪽이, 이 계약이 장기적으로는 혹은 남은 인생의 기간 동안에 보탬이 되지 않는다고 계산서를 뽑은 순간에 사실상 해지된 셈이다. 남은 것은 '거래비용'을 최소화하기 위한 행정적 절차의 이행뿐인데, 아주 합리적이며 정당한 계약 관계의 해소에 의해서 결혼 관계는 기억만을 남기고 사라지는 것이다.

물론 많은 사람들은 그런 식으로 결혼생활을 유지한다면 이혼하지 않을 부부가 누가 있겠느냐고 하겠지만, 이런 식의 계산이 논리적으로 문제가 있는 것은 아니다. 남의 시선을 두려워하는 것이나 결혼에 대해서 특별한 집착을 가지고 있는 것들은, 비용함수에 대한 약간 특수한 '파라미터(parameter, 매개변수)'를 가지고 있는 것으로 이해될 수 있다. 특별히 남의 시선을 인식해서 그것이 불편하다고 생각하는 사람의 경우는, 시선이라는 비용 파라미터가 높다고 처리하면 간단하다.

사실 많은 경우 이혼을 결심하는 데에 오랜 시간이 걸릴 것이라고 생각하지만, 그것은 의사결정을 위한 데이터 수집에 시간이 걸릴 뿐 계산 자체에 그렇게 오랜 시간이 걸린다고 보기는 어렵다. 이런 계약이라는 시각으로 결혼을 설명하는 것은 상당한 '리얼리티'를 가지고 있을뿐더러, 상대방에 대한 배려를 위한 '제도'로서 그렇게 나쁘지 않다고 생각하는 편이다. 결혼이 매일 갱신되는 계약이라고 생각한다면, 결혼을 유지하고자 하는 파트너 쪽에서는 더 많은 배려를 해서 상대방이 결혼생활에서 발생한다고 느끼는 편익이 더 높아지도록 노력해야 할 것이다.

게리 베커식의 '일일 계약'이라는 형태의 결혼에 대한 이해는 결혼 상태 유지에 대한 흥미로운 시각 하나를 제공하기는 하지만, 아마 독자 여러분들 중 일부는 이미 불만을 느끼기 시작했을 만한, 그런 몇 가지 쟁점들을 가지고 있다. 그렇게 데이터 수집과 파라미터 보정 같은 것들을 잘하고 또 복합적인 '결혼의 비용 편익 분석'을 잘할 수 있는 사람들이 도대체 이혼할 결혼을 왜 하느냐는 점이다. 최소한 결혼이라는 행위가 발생하기 위해서는 '결혼'이라는 삶의 방식에 대한 선택 그리고 누구와 결혼할 것인가, 즉 배우자의 선택이라는 두 가지 일생일대의 선택을 해야 한다.

물론 21세기에도 정략결혼이라는 것은 여전히 존재한다. 그러나 많은 경우 결혼이라는 아주 비합리성을 많이 가지고 있는 행위는, 그 당사자들이 아무리 주도면밀하게 계산한다고 하더라도 차라리 '열정' 혹은 '계산 불능' 상태로 설정할 수 있는 사랑과 같은 것들로 설명하는 것이 오히려 더 그럴듯하지 않은가? 많은 경우, 정략결혼이라고 할 수 있는 재벌 2세의 결혼은 양쪽이 원하는 편익이 충분히 높은 경우라고 하지만, 파국을 우리는 종종 목격하지 않는가? 일반적으로도 '가족의 재생산'이라고 할 수 있는 그러한 결혼과 배우자에 대한 설명은, 결혼에 대한 합리적 선택이라는 가설에 대해서 의심하게 만든다. 분명히 높은 이혼율을 보면 결혼 전 혹은 결혼 후에 어느 한쪽의 판단이 비합리적이라고 설정하는 것이 보다 일관적이지 않은가? 결혼을 진화적으로 안정적이게 만든 것은 일종의 제도이며 문화, 즉 구조의 문제이지 개인의 선택사항은 오랫동안 아니었던 것 같다.

엥겔스의 『가족, 사적 소유, 국가의 기원』 이후 많은 인류학자들이 결혼에 대한 유물론적 해석을 시도하기도 했다. 게리 베커의 극단적인 경제 환원주의에 대해서 좌파들은 비난을 하지만, 생산력과 상속 관계에서 가족 자체를 설명하려고 했던 것은 사적 유물론을 선택한 유물론자들의 경우도 사실 마찬가지였던 것 아닌가? "사랑하니까 결혼한다", 이 간단한 명제 쪽의 손을 들어주는 경제학자나 사회학자는 별로 없는 것 같다. 최근의 배우자에 대한 선택은 '이기적 유전자'의 가설에 맞추어서 더 많은 유전자라는, 역시 매우 강력한 환원주의로 설명하려는 경향이 강하다. 배우자의 선택, 즉 '메이팅(mating)'에 대해서 동물행동학자들이 유인원에 대한 연구를 포함해서 '성적 매력'에 대해서 많은 시간을 할애했지만, 그러한 이론들로도 종종 속기 쉬운 '유사 진화' 혹은 '의태'에 대해서 완벽한 설명을 주지는 못한다. 대부분 '성적 매력'과 관련된 것들은 문화라는 양상을 띠지만, 동시에 21세기에 우리가 만나는 마케팅 사회에서는 마케팅의 산물이기도 하다.

결혼을 하나의 제도라고 볼 때, 계약의 체결과 해지에 대한 거래비용 같은 것들도 중요한 하나의 변수로 설정할 수 있을 것이다. 우리나라에서는 '사실혼'이라는 용어를 보다 선호하는 것 같지만, 어쨌든 '동거'라고 표현하는 것이 국제적인 기준에는 조금 더 합당한 용어일 것이다. 법적인 측면에서 결혼과 동거는 계약의 해지 비용에만 차이가 있지, 주거비 지원에서부터 육아와 보육 등 정부가 제공하는 가족 복지 차원에까지 차별이 없는 것이 유럽의 일반적인 경향이다. 물론 우리나라에서는 워낙 이런 가족에 대한 복지 자체가 미비하기 때문에 동거에 대한 사회적 인센티브를 따져보는 것이 그렇게 유의미한 일은 아닐 것 같다.

메이팅과 관련된 질문은 별도로 치고, 결혼을 할 것인가, 결혼을 하지 않을 것인가 사이에 동거라는 또 다른 형태의 가족제도가 존재한다는 것을 어쨌든 잊어서는 안 될 것 같다. 2007년 프랑스 대선에서는 사회당 후보로 결선 투표에 나선 사람이 루아얄 여사였다. 그녀는 동거를 결혼으로 가는 중간 단계가 아니라 일종의 가족 양식으로 선택한 첫 세대의 영웅이었다. 동거 중인 사람이 한국에서 대선 후보로 등장하는 것을 상상하기가 쉽지는 않을 것이다. 어쨌든 저출산으로 오랫동안 시달리던 프랑스가 결혼 및 육아와 관련되어 이름도 세기 어려운 수많은 복지정책과 인센티브를 국민들에게 제시했는데, 그중의 하나로 동거에 대해서 지원책을 다양하게 마련했던 것이 이러한 현상과 무관하지 않다. 흔히 한국과 유럽 사회를 비교할 때 간단하게 문화적 차이로 쉽게 이해하고 넘어가는 경향이 있는데, 존재하는 모든 것에는 이유가 있다. 그러므로 동거에도 기원이 있을 것이다. 이 모든 것을 전부 경제적인 동기와 사회적 장치로만 설명하는 것이 과연 옳을까?

사회 구성원들이 전반적으로 경제적 위기를 맞게 되면, 보다 비용을 줄일 수 있는 제도를 선택하게 된다. 결혼보다 비용이 적은 것은 동거다. 결혼할 때에도 비용이 적고, 해지할 때에도 당연히 비용이 적다. 그러나 물론 한 사회가 동거를 받아들이고 수용할 때에는 문화적 전환이 동시에 일어나게 된다. 대체적으로 한국의 20대는 지난 10년 동안 끊임없이 상대적인 경제 여건이 이전 세대에 비해서 불리하게 되었는데, 이들은 경제적으로 결혼보다 저비용 구조인 동거를 선택하기보다는 아예 결혼을 하지 않는 방식을 집단적으로 선택한 것 같다. 한국에서는 동거가 늘기보다는 독신을 선택하는 비율 쪽의 증가가 훨씬 빠른 것 같기 때문이다. 평균적으로 얘기한다면, 한국의 20대는 20대에는 결혼을 하지 않는다. 그렇다면 동거는? 동거가 늘어난다는 증거도 거의 보이지 않는다.

04 모노가미와 폴리가미
: 한국 신자유주의와 위기의 모노가미

모든 제도에는 시작이 있고, 그 기원이 있을 것이다. '시간'이라는 변수를 별로 중요하게 생각하지 않는 표준 경제학에서는 제도의 변화 혹은 진화 그리고 기원에 대해서 잘 다루지 않는 경향이 있다. 그러나 제도주의의 새로운 도약 그리고 게임이론이 본격적으로 우리에게 등장한 1980년대 후반부터 그 이전 시대보다는 확실히 제도의 기원과 변화에 대해서 더 많은 관심을 가지게 되었다. 우측통행과 좌측통행의 기원과 같은 문제는 남녀 간에 의사를 조율하는 데이트 게임과 같이 이론적으로는 아주 쉽게 풀 수 있는 문제이기는 하지만, 그 기원을 정확히 설명하기가 쉽지 않다. 지구상에서 차량이 좌측통행하는 나라는 영국과 일본 그리고 호주이며, 이로 인해서 섬이라는 지형적, 생태적 조건이 무엇인가 영향을 미치지 않았을까 하는 의문을 가져본 사람이 적지는 않은 것 같다. 그러나 섬이라는 특수 조건과 운전석을 우리와 달리 오른쪽에 놓는 문제 사이에 논리적 연관관계를 찾기는 쉽지 않다. 논리적으로 간단하게 풀 수 있는 문제가 아니고, 그렇게 결정하는 각 사회의 구체적인 맥락을 살펴보기 전에는 여기에 대해서 답하기가 어렵다. 기원에 관한 문제 그리고 변화에 관한 문제는 최근 '진화경제학'이 유행을 하면서 더욱더 이론의 핵심으로 들어오는 중이다. 경제학에서는 일반적으로 소비자와 생산자 혹은 기업이라는 경제 주체를 설정하고 문제를 풀지만, 거시경제학에서는 경제 주체의 기본 단위로 가정(household)이라는 개념을 사용한다. 물론 우리가 흔히 가족으로 이해하는 바로 그 개념과 크게 다르지는 않다. 가족! 2010년, 우리는 가족에 대해서 충분히 알고 있는가? 우리가 알고 있는 것은 보통 3.5명~3.7명 정도로 조사되는 한국 가정의 평균 구성인원 정도다.

그렇다면 가족의 기원에 대해서 우리는 과연 충분하게 알고 있을까? 『가족, 사적 소유, 국가의 기원』에서 엥겔스가 사적 유물론의 시각으로 가족에 대해 설명하려 했던 시도가 있었고, 한 아버지와 많은 어머니로 구성된 소위 하렘(harem)이라고 불리는 원시가족의 모델로—아들들이 아버지를 살해하고 그 살을 나누어 먹은 후, 지금과 같은 사회가 생겨나게 되었다는—프로이트의 『토템과 타부』에서 제시된 부친 살해와 같은 흉악한 가설도 있었다. 사냥꾼인 남성과 채집자인 여성들 속에서 등장했던 모계제 사회에 대한 모델들이 1970년대 한동안 유행한 적이 있었고, 원시 사회에서 고대 국가가 등장하면서 가부장 사회로 전환하게 되었다는 가설들이 집중적으로 제기되던 시절도 있었다. 최근에는 유인원에 관한 연구가 유행을 타면서, 이미 전 세계적으로 너무나 유명해진 보노보를 비롯해서 수컷의 숫자, 섹스의 횟수, 공동육아의 형태 등에 관한 다양한 모델이 연구되고 있다.

사람들이 생각하는 것과 달리, 인류학이 연구대상으로 삼았던 원시 사회는 물론이고 21세기 사회에서는 경쟁이 많은 경우에 제한된다. 아마 가족이 여러 경제적 제도와 장치 중에서 경쟁이 제한되는 대표적인 영역일 것이다. 형제들 사이에 경쟁이 존재할 수 있지만, 그것은 사회에서 보는 경제적 관계에서의 경쟁에 비하면 상당히 제약되어 있다. 게다가 자녀가 한 명씩으로 줄어드는 것이 보편화되면서 경쟁 자체가 존재하기 어려운 경우도 많다. 물론 부부 사이에도 알력은 있고, 부모와 자식 사이에도 갈등은 존재하며, 또한 형제들 사이에서도 '한정된 자원의 분배'를 둘러싼 경쟁으로 설명을 시도할 수는 있다. 그러나 아무래도 가족 내에서의 경쟁이나 알력은 우리가 일반적으로 시장을 이해할 때의 그것과 다를 것이다. 사랑이든 미움이든 갈등이든, 일반적인 합리성의 영역과는 그 크기나 증폭 정도도 가족이라는 매우 특별한 제도 내에서는 전혀 다르게 작동할 것이다. 어쩌면 인류가 만든 제도 가운데 가장 최고의 제도는 바로 이 가족이라는 제도가 아닐까?

가족도 일종의 경제적 제도라는 관점에서 살펴보면, 딱 두 가지 관점만 남는다. 하나는 메이팅이라고 부르기도 하는 두 커플이 만나는 것에 관한 얘기이고, 또 다른 하나는 재산의 소유와 이전에 관한 것이다. 어떠한 상대를 만날 것인가, 누구를 선택할 것인가, 그리고 어떠한 '매력'을 가지고 계약을 할 것인가에 대한 설명은 아마 시대마다 계속 새롭게 등장할 것이고, 아마 다윈이 얘기한 '자연선택'이라는 것이 존재하는 한 계속해서 그 작동방식이 바뀌게 될 것이다. 재산의 소유와 이전에 관한 문제에서도 몇 가지 제도적 변천이 있다.

가장 큰 것은 모계 상속, 즉 농경이 본격화되기 이전의 원시 사회에서는 어머니와 삼촌 등 어머니를 공유하는 남매들의 재산이 다음 대로 이전된 것으로 알려져 있다. 가부장제가 정착된 이후에는 대체적으로 장자 상속의 형태로 부의 이전이 이루어져 왔고, 이 제도는 상당히 오랫동안 지속되었다. 한국은 과거라는 제도에 의해서 양반 사회가 지속되었기 때문에 매우 강력한 장자 상속은 아니었다고 할 수 있다. 과거 시험을 통과하여 고위직에 올라가면 비록 장남이 아니더라도 가문의 영광을 승계할 수 있었다. 그러나 백작이나 공작과 같은 직위와 함께 경제적 권한인 봉토가 장자에게만 상속되는 서양의 경우는 장자 주도권이 우리보다 훨씬 더 강력했다. 또한 조선도 후기에 들어서서는 여성들의 재산상속권이 제한되었다. 서양의 경우는 프랑스혁명이 이루어지기 이전까지, 차남들과 여성들의 경제적 지위가 그렇게 확연하게 다르다고 하기가 쉽지 않을 것이다. 차남들의 재산권은 공식적인 신분제가 완화되면서 해소가 되었다. 여성들이 재산권을 부여받아 상속권을 행사하기 시작한 것은 20세기의 일이다. 지금 우리가 이해하는 바와 같이 관습적이거나 문화적인 것이 아니라 법률상으로 재산권과 참정권을 남녀가 보편적인 시민의 권리로 가지게 된 것은 100년도 채 되지 않는 일이다. 스위스의 경우는 여성 참정권이 부여된 것은 1971년의 일이다. 쿠웨이트는 2006년에나 참정권이 부여되었다.

가족제도와 관련해서 언제나 가장 민감한 주제는 역시 모노가미(mono-gamy)라고 불리는 일부일처제나 폴리가미(polygamy)라고 불리는 일부다처제에 대한 논의일 것이다. 그냥 간단하게 경제적 부나 정치적 권력과의 관계로만 본다면 오히려 일부다처제가 자연스럽다고 할 수 있다. 조선 시대에는 상류층에게 조세를 면제해주는 약간은 특수한 경제 시스템을 운영하고 있었기 때문에 서출로 불리는 첩의 자식들의 사회적 진출에 대해서 상당한 제약을 가하고 있었다. 중혼제를 법적으로 금지하게 된 것은 근대의 출현과 함께 시민의 권리를 부여하는 과정에서 '1인 1표'라는 제도를 정착시키며 자연스럽게 하나의 제도적 틀이 되면서부터라고 할 수 있다. 시민 모두에게 동일한 정치적 권한을 부여하는 지금 우리가 보고 있는 것과 같은 '1인 1표' 방식이 아니라, 기업에서 주식의 보유량에 따라 주요한 의사결정권을 주는 것과 같은 '1원 1표' 방식의 사회적 의사결정 방식을 채택했다면 아마 사회의 모습은 지금 우리들이 보는 것과 많이 달라졌을 것이다. 부자들은 아마도 1원 1표가 옳다고 지금도 생각할지도 모르지만, 만약 그랬다면 지금 우리가 보고 있는 이런 역동적인 모습의 자본주의 자체가 등장하지 못했을 가능성이 높다. TV 광고 몇 번으로 수천만원짜리 자동차를 충동적으로 구매하는 이 역동적이며 신기한 소비자들이 없었다면, 아마 아주 많은 자동차 산업이 철수해버린 디트로이트 즉 영화 〈로보캅〉에 나오는 가상의 도시 '델타시티'와 같은 모습을 가지고 있을지도 모른다.

어쨌든 때때로 자신을 능력자라고 여기는 사람에게는 부당해 보이기만 할 이 모노가미는 언제나 불안한 균형일 수밖에 없다. 그래서 많은 사람들에게 가족제도의 마지막 종착역처럼 보이지는 않았을 것 같다. 실제로 사회주의가 현실적으로 존재할 수 있다는 것을 사람들이 진지하게 생각한 19세기 후반에는, 많은 호사가들이 사회주의의 등장과 함께 가족제도가 어떻게 될 것인지를 논의했던 게 사실인 것 같다. 자본주의는 모노가미이지만, 사회주의는 폴리가미가 될 것이라는 생각들이 있었다. 물론 현실의 사회주의에서는 인간의 평등성이 강조되면서 문자가 등장한 이후로 여성들의 경제적·정치적 지위가 최고로 높아지는 일이 벌어졌다고 할 수 있다.

생물학적으로 본다면, 인간과 유인원의 가장 큰 차이가 발정기의 존재 유무일 것이다. 유인원들은 새끼를 양육하는 기간 동안 발정기가 정지하지만, 인간의 경우는 그렇지 않다. 유아살해라고 부르는, 다른 수컷이 암컷의 새끼를 살해하는 행위를 가지고 이 차이를 간단한 모델로 풀어볼 수 있다. 새끼를 키우고 있는데 무리의 두목이 바뀌는 경우가 벌어질 수 있다. 새끼를 키우는 수유 기간 중에는 생식 활동이 중지되므로, 유인원의 새 두목은 제일 먼저 암컷의 새끼를 물어 죽인다. 잔혹한 일이기는 하지만, 새로운 두목으로서는 다른 선택이 없다. 새끼의 양육 기간인 2~3년이나 기다렸다가 자신도 언제 밀려날지 모르는 불안한 상황에서 새끼를 죽여야 암컷의 새로운 생식기가 시작되기 때문에, 유아 살해는 수컷의 자연스러운 전략적 선택이라고도 할 수 있다. 인간은 경우는 발정기가 없는 쪽으로 진화한 매우 특수한 경우다. 발정기가 없으면, 두목이 바뀌더라도 새로운 두목이 유아를 살해하는 위험을 줄일 수 있고, 자식의 생명을 지키는 데에 유리한 측면이 있다. 남성의 측면에서 보더라도 자신의 배우자가 발정기가 없는 편이 유리할 수 있다. 자신의 2세를 보존하는 것을 1차 목적 변수로 설명한다면, 확실히 그렇다. 자신이 사냥을 나갈 동안에 배우자가 바람을 피우는 위험과 아예 자신의 아이를 살해하는 위험 혹은 다른 남성에게 자신이 스스로 살해되는 위험과 비교하면, 배우자가 바람을 피우는 쪽으로 진화론적 선택을 한 것이라고 생물학 모델은 설명한다.

자, 정리해보자. 인간은 대형 포유류 특히 유인원 중에서는 거의 사례가 없을 정도로 번식기가 따로 존재하지 않는 방식으로 진화를 했다. 종으로서 인간이라는 존재의 생식의 특징 중 가장 큰 것이 바로 이것이며, 이는 유아 살해와 배우자의 바람 허용하기 중에서 진화적으로 선택한 것이라고 할 수 있다. 종교나 문화와 같은 방식으로 바람피우기를 금지한 것은 인류의 역사를 놓고 보면 아주 최근에 생겨난 일이라고 할 수 있다. 이러한 생물학적 특징에 소유권이라는 아주 복잡한 제도가 결합되게 된다. 그리고 이 소유권은 가족이라는 제도를 발생시키고, 모계제이든 부계제이든, 새로운 형태의 사회 내부의 하위 집단을 형성하게 된다. 현재로서 이 가족을 형성하는 가장 중요한 매개체는 결혼이라는 제도이지만, 이 매우 특수한 제도 역시 매우 '불안한 균형'일 뿐이다. 모노가미라는 제도는 언제든지 흔들릴 수 있고, 그 것을 법률로써 안정적 제도로 만들어주는 방식은 절대적 명령이 아니다. 일일 계약에 불과한 결혼은, 언제든지 해지할 수 있는 불안한 관계일 뿐이다. 자, 결혼이라는 제도는 계속해서 유지될 것인가? 모노가미라는 형태의 가족 제도는 앞으로도 유지될 것인가?

한동안 많은 사람들이 역사 발전의 법칙에 의해서 자본주의는 사회주의로, 그리고 다시 사회주의 내적 발전에 의해서 공산주의로 이전될 것이라고 생각했다. 인류의 출발에 원시 공산사회가 있었고, 인류의 미래에 다시 공산주의 사회가 도래하게 될 것이라는 메시아적 재림 구조는 매혹적이었고 많은 사람들에게 새로운 상상을 하게 만든 게 사실이다. 만약 실제 공산주의 경제로 전환된다면 모노가미의 미래는 어떻게 될 것인가? 혼외정사와는 별도로 '중혼'이 제도적으로 가능할 것인가 그리고 현실적으로 가능한 것인가를 살펴보면 여기에 대해서 답을 찾을 수 있을 것이다. 물론 우리가 목격했던 현실의 사회주의에서는 당연히 혼외정사도 존재하고 또한 이혼 역시 존재했다. 당 간부에게는 불법이지만 사실상의 중혼도 존재했고, '애인 두기' 정도로 이해할 수 있는 중국 공산당 간부의 축첩은 당 차원에서 문제를 삼을 정도로 사회적 논란거리가 되기도 했다. 그렇다면 많은 사람들이 여전히 이상적인 경제체제로 생각하는 공산주의 사회에서는 모노가미가 붕괴되고 다시 폴리가미로 복귀하게 될 것인가? 지켜야 할 개인의 재산이 없으므로 난혼의 형태로 귀결되거나, 아니면 하렘이 복귀하여 당 권력자들에게만 허용되는 폴리가미 형태가 될 것인가? 이론상의 공산주의라면 하렘이 되기는 어려울 것인데, 무엇보다도 지금보다는 여성의 권리와 권한이 훨씬 강화된 상태일 것이므로 만약 껍데기만 공산주의이고 내부적으로는 지독하게 부패한 군인들의 국법 국가 혹은 공산당 간부 중심의 관료제 국가가 아니라면 남성 중심의 폴리가미, 즉 일부다처제가 성립하기는 어려울 것이다. 그러나 전체주의가 내부에서 견제하는 장치를 잃어버리면 상상하기도 어려운 폭압적인 사회로 전환될 가능성은 언제나 있다.

개인들의 시민적 권리가 비교적 평등하게 형성되어 있는 상태에서 더 많은 경제적 부 혹은 정치적 권력을 중심으로 형성되는 하렘 모델의 복귀는 이론적으로 가능하지 않다. 그렇다면 개인 소유권의 종말과 함께 난혼 형태가 될 것인가? 헉슬리의 『멋진 신세계』에 나온 것처럼 지배계급인 알파 계급과 베타 계급은 난혼의 형태를 가지고 있기는 하다. 이때 동반되는 가설은 임신과 출산이라는 자연적 과정이 종료되고, 모든 아이는 시험관에서 인공적으로 탄생하게 된다는 것이다. 사실 남성과 여성이 출산에 대해서 동일한 생물학적 에너지를 사용하는 것은 아니고, 배란에서 출산까지, 인간의 경우는 여성이 훨씬 더 많은 비용을 지불하게 된다. 그런데 공산주의 사회에서는 여성들의 발언권과 선택권이 지금보다 높아져 있을 것이 정의상 당연하므로, 그들이 집단적으로 자신들에게 불리한 난혼을 사회적 시스템으로 선택할 가능성은 거의 없다. 그야말로 누구 좋으라고! 아무리 육아와 관련된 많은 비용을 사회가 공동으로 부담한다고 하더라도 여성에게는 임신과 출산에 대한 생리학적 비용이 존재하게 된다. 공산주의 사회가 도래하면 '자유로운 성'이 이루어지고, 난혼으로 간다는 것은 여성의 생리학적 속성을 고려하지 않은 남성들만의 상상적 산물이다. 모노가미라는 가족 형태는 최소한 자본주의-사회주의-공산주의를 거쳐가는 역사의 발전 단계를 타당한 것으로 설정하더라도 '진화적으로 안정적인 제도'라고 할 수 있을 것이다. 물론 그렇다고 해서 언제든지 배우자를 배신하는 바람피우기까지 막을 수 있다는 말은 아니다. 공산주의 그 이상이 온다고 하더라도 모노가미는 무너지지 않을 것인데, 시민으로서의 여성 그리고 경제적 주체로서의 여성이라는 또 다른 흐름이 존재하기 때문이다.

그렇다면 여성 편의 폴리가미, 즉 일처다부제는? 남성들이 이 조건을 받아들이기 위해서는 매우 강력한 경제적·정치적 불평등이 존재할 때에만 성립이 가능할 것인데, 이 역시 공산주의라는 가설의 정의 자체와 동시에 성립하기에는 어려운 제도다. 오히려 일처다부제는 사회주의나 공산주의보다는 자본주의에서 더 성립할 개연성이 높은 제도가 아닌가? 중혼의 법적인 인정과 상관없이 엄청난 부를 소유하는 여성이 도덕적 비난을 감수하겠다고 하면, 얼마든지 현실적으로 일처다부제를 구현할 수 있을 것이다. 사회적 비난이 엄청나겠지만, 불가능한 일은 아니다. 어쨌든 자본주의에서는 많은 것들이 이미 상품화되어 있고 무엇보다 노동력마저도 상품화되어 있는 상태에서 법적인 규제와 사회적 비난을 피해가면서 사람을 사들이는 게 아예 불가능한 것은 아니지 않은가? 결혼하지 않은 어느 여성이 100억 원을 지불하는 계약을 제시한다고 생각해보자. 자신과 평생 남자친구로 지내면서 다른 남자 파트너에게 시기하거나 질투하지 않겠다는 조항과 다른 남자친구와의 사이에서 태어난 자식에 대해 상냥하게 대해주겠다는 계약서가 있다면, 수십만 명 이상은 이 계약서에 서명할 것이다. 아마 이 계약서를 작성하고 손해보상 조항을 집어넣고 공증을 맡은 변호사가 첫번째 계약자가 될 가능성이 높다. 한국만이 아니라 전 세계적으로 100억 원이라는 돈은 영혼도 팔게 만들 수 있는 돈의 규모다.(무기중개상이 제대로 성사된 계약에서 한 번에 받을 수 있는 돈의 규모가 이 정도인 것으로 알고 있다.)

모노가미라는 가족 형태가 그 자체로 보편적이거나 고정불변의 완벽한 균형이라고 하기는 어려울 것이다. 모노가미는 경제적 조건과 시민 사이의 위계 관계, 특히 여성의 사회적 위치와 같은 사회경제적인 조건들이 만나서 형성된 '불안한 균형'일 뿐이다. 이 제도가 여러 가지 유형의 폴리가미 혹은 난혼에 비해서 도덕적으로 우월하다거나 경제적으로 우수하다고 생각하지는 않는다. 모노가미는 바람피우기와 '현실적 중혼' 사이에서 위태롭게 지탱되는 제도에 불과한 특수한 계약이라고 할 수 있다. 그러나 최소한 이 제도가 다른 방식의 결혼제도나 가족제도에 비해서 상대적으로 안정적이기는 할 것이다.

1990년대 '워싱턴 컨센서스'라고 불리는 신자유주의의 전면화와 함께 굉장히 많은 국가에서는 양극화 혹은 격차사회 현상이 벌어지는 중이다. 국가별로 양상과 정도에는 차이가 있지만, 새로 등장하는 20대는 비정규직과 노령화로 인한 노후보장 자체가 흔들리는 중이고, 그들의 경제적 지위는 60~70년대에 자신들의 20대를 맞았던 베이비붐 세대에 비해서 훨씬 열악해지고 있는 중이다. 세계 경제가 특별한 전환점을 찾지 못하고 지금과 같은 양상으로 당분간 지속된다면 과연 모노가미에는 어떠한 변화가 올 것인가? 일단은 미국형과 스웨덴형이라는 두 가지 유형으로 나누어서 생각해볼 수 있을 것이다. 이는 최첨단의 신자유주의와 강력한 사민주의, 즉 사회민주주의라는 두 가지 대척점을 각각 대표한다.

미국은 현재 패권을 가지고 있는 나라이기는 한데, 그 힘에 비해서 내부적 문제 역시 많이 가지고 있는 특수한 경제라고 할 수 있다. OECD 국가 중에서는 경제적 불평등도가 가장 높은 나라이고, 승자독식 체계가 점점 더 강화되고 있으며, 교육·의료 등 정부가 개인들에게 복지라는 이름으로 해주는 게 선진국치고는 별로 없는 나라다. 미국은 여전히 '기회의 나라'이며, 동시에 치과 가는 것이 가장 겁나는 나라 중의 하나다. 지금 한국의 중산층 수준의 연소득으로 미국에서는 자녀의 치열 교정 같은 것은 꿈도 꾸기 어려울 것 같다. 동시에 미국 중산층은 패션과 승용차에 가장 많은 돈을 지불하고 있으면서, 1인당 가장 많은 에너지를 사용하는 등 생태적인 측면에서도 지속하기 어려운 소비 패턴을 가지고 있다. 이러한 미국의 경우, 경제적 구조로만 본다면 폴리가미가 부자들과 중산층 사이에서 유행하기 딱 좋은 경우다. 경제적 자유는 무한대, 그러나 가난한 사람은 더욱 가난해지는… 이 조건이 폴리가미 등장의 경제적 조건이라고 할 수 있다.

그렇지만 바람피우기와 높은 이혼율이 모노가미 자체를 해체하는 요인은 아니다. 종교적인 이유에 의한 매우 특수한 난혼을 제외하면 미국에서 모노가미가 흔들린다는 흔적은 보이지 않는다. 자본주의 국가에서 '가족'의 이데올로기화가 가장 강력한 나라는 미국이다. 그렇다고 미국의 가족이 아직 귀족사회의 흔적이 남아 있는 유럽의 가족만큼 튼튼한 사회적 장치로 작동하는 것 같아 보이지는 않지만, 가족이 이데올로기가 되는 현상은 미국이 최고조에 도달한 것 같다. 많은 사람들은 이러한 현상이 냉전 속에서 미국이 취했던 군사전략과 연관되어 있다고 지적한다. 위협(Threat)에 대해서 '지켜야 할 대상'이 일종의 사회적 프레임으로 필요했고, 그 과정에서 할리우드의 영화들은 물론 아동용 애니메이션과 홈드라마의 절대 지존인 디즈니도 가족이라는 강력한 신화 위에 서 있다. 사람들이 디즈니야말로 냉전 시대 국방 이데올로기의 최첨단 장치라고 한 것도 이러한 이유에서다. 가족을 강조하는 것은 한편으로는 '위협', 즉 예전의 동구 사회주의 국가들 그리고 요즘의 '비대칭적 전략' 하에서 테러리스트와 싸워야 할 사회적 이유를 찾는 것과 같이 희생을 요구하는 이데올로기 장치로 기능한다. 미국의 반전주의자들의 원형 중의 하나인 히피족이 '프리섹스'를 요구하는 것은 미국의 특수한 군사 장치로서 가족 이데올로기의 해체를 요구하는 것과 같은 것이다. 가족과 반(反)가족의 요구가 미국식 자본주의의 군산복합체 내에서 충돌하는 셈이다.

경제적으로 불평등한 미국에서 변형된 중혼이 성립되기 딱 좋은 물질적 여건이 형성되지만, 또 다른 한편으로는 공적 영역에서 매우 강력하게 가족의 이데올로기가 작동하는 곳이 미국이다. 혼외정사에 대해서 당사자들이 해결할 일이라며 비교적 관대하고, 불리함을 참고 결혼생활을 유지하는 것보다는 이혼을 권유하고 동거를 권장하는 유럽의 시각으로는 기혼자에 대한 사회적이고 집단적인 순결 요구는 분명 기이하기는 하다. "이에는 이, 눈에는 눈"이라는 함무라비 법전의 정신대로 "바람에는 맞바람"이라는 전략을 대통령부터 구사하는 유럽과 비교하면, 미국의 정치인과 스포츠 스타 등 공인에 대한 순결의 요구는 호들갑스럽기는 하다. 그러나 '가족'이라는 가치 위에 세계 최대의 군사국가답게 '국방'을 얹어놓은 미국 시스템에서 '가족의 해체'를 의미하는 혼외정사는, 우리 식으로 표현하면 '반공'이라는 국시를 위협하는 사회적 범죄에 가깝다. 여담이지만, 한 국가가 국방산업 쪽으로 전환되거나 국방이 강화될 때 '어머니'로 대변되는 가족의 이데올로기가 강화되는 경향이 있다. 군가에 어머니 등 식구들에 대한 가사가 많이 등장하거나 영화 〈실미도〉의 경우처럼 사진으로만 등장하는 어머니가 가지고 있는 절대적 신성성은 국방과 무관하지 않다. 우리도 국가가 어머니를 호명하고, 아들은 그 어머니를 위해서 스스로를 희생하는 그런 '신성한' 군인 정권 시대의 경험이 있지 않은가! 사실 제정신을 가진 어떤 어머니가 자기 아들에게 나가서 국가를 위해서 희생하라고 하거나 아니면 아들에게 자신을 위해서 대신 죽어달라고 부탁하겠는가? 그런 엄마는 제정신이 아니거나 귀족의 의무인 '노블레스 오블리주'를 지켜야 하는 경우밖에 없을 것이다. 어느 어머니든 자기 아들을 희생시키고 싶지 않을 것이지만, 국방력 강화를 외치는 국가들은 툭하면 어머니를 핑계로 아들에게 목숨을 요구하고는 한다.

미국이 점점 더 강화되는 경제적 격차에도 불구하고 '가족'이라는 매우 특별한 이데올로기 장치를 내세워 모노가미를 굳건히 지켜간다면, 스웨덴은 대단할 정도의 남녀 상호간의 인내심 위에 모노가미를 세워놓고 있다고 할 수 있다. 혼전정사와 혼외정사 등으로 태어난 국민이 50퍼센트에 육박한다고 추정되는 스웨덴의 경우는 미국과는 정반대로 경제 불평등의 지수가 가장 낮은 모습을 보이며, '요람에서 무덤까지'라는 슬로건 아래 정부가 많은 것을 국민들에게 해주고 있다. 현재로서는 인간이 만들어낸 경제 시스템 중에서는 가장 이상적인 모습에 가깝다. 스웨덴, 노르웨이, 최근에는 스위스까지를 포함한 이런 사민주의 모델을 북구 모델이라고 부르는데, 1년에 절반이 겨울이고 겨울에는 지독하게 춥다는 것, 비린내가 나는 절임생선을 빵에 끼워서 주식처럼 먹는 것을 참을 수가 있다면 이런 북구 국가들은 다시없는 대안일 것이다. 게다가 미국 국민들은 해외여행 중에 졸지에 납치되거나 테러의 대상이 되는 위험이 있지만 스웨덴 국민들은 그런 위험도 거의 없이 전 세계 거의 대부분을 자신감 있게 돌아다닌다. 국민소득 6만 불이 넘는다는 것이 도대체 어느 정도인지, 상상하기가 쉽지 않을 것이다. 그러나 한국 사람, 특히 많은 한국 남자는 스위스를 포함한 유럽 북구 국가들은 재미없어서 살라고 해도 못 살 것이다.

대부분의 가게가 오후 5시면 문을 닫기 시작하고 7시면 어지간한 술집과 구멍가게까지 거의 완벽하게 문을 닫는다. 늦게까지 식사를 파는 식당도 거의 찾아보기 어렵다. 반면, 24시간 문을 여는 편의점도 많고, 보통의 저녁 식사 약속을 7시에 잡는 것이 한국 남성들의 삶의 모습이다. 비즈니스와 관계된 사람이 아니더라도 거의 매일 업무와 관련된 저녁 식사를 하는 서울의 시간 외 근무패턴과 비교하면 황당하지만, 스위스에서 스웨덴에 이르는, 이 겨울이 춥고 긴 나라에서 대부분의 사람들은 저녁은 가족과 같이 먹고, 점심도 집에 와서 먹는 이가 많다. 가족이 없다면 이 긴긴 시간이 따분하겠지만, 반대로 이런 이유로 스웨덴에서는 모노가미와 가족이라는 공간이 더욱 강화된다. 늦게 출근하고 일찍 퇴근하고, 휴가도 많은 이런 나라들이 도대체 입에 밥이나 들어가겠냐고? 걱정 마시라. 세계에서 가장 잘사는 나라들이고, 스웨덴, 노르웨이, 스위스 이런 나라들이 세계에서 가장 먼저 1인당 국민소득 6만 달러를 넘어선 나라들이다. 이런 나라들이 경제적 분야에서만 권위를 가지고 있는 것도 아니다.

스웨덴 한림원에서 수상자를 선정하는 노벨상은 세계에서 가장 권위 있는 상이고, 고생태학과 같이 정말 먹고사는 데에는 도움되지 않을 것 같은 학문 분야를 탐구하다 보면 가장 권위 있는 연구기관 중에서 스웨덴의 '로얄'이라는, 즉 왕립연구소 같은 곳을 종종 만나게 된다. 아마 앞으로도 10년 이상 잘 사는 지역으로 남아 있을 가능성이 큰데, 미국은 무기에, 우리는 삽질에 우리의 많은 자원을 사용하는 동안 이런 나라들은 국민들의 삶과 행복에 투자했다. 중립국을 표방한 스위스는 군사훈련 기간이 260일로 최소한도로 군대가 운용된다. 군대 폐지에 대한 국민투표의 상정이 벌써 3번째 준비되고 있다. 스웨덴의 우파들은 모병제를 최근 채택했는데, 이걸 다시 1년 미만의 의무병으로 전환시키는 것이 스웨덴 좌파들의 국방 공약이다. 다시 군복무 기간을 늘리는 것이 정책의 쟁점이 되는 우리와는 군방에 대한 이해가 전혀 다르다. 문화적 창의성은 여전히 프랑스가 세계 최고인 것 같지만, 산업적 창의성은 북구 국가들이 여전히 선도하는 중이다. 혼외정사에 대해서 극단적으로 자유롭고 관대한 곳이 이런 나라들이다. 그러나 이런 곳에서도 일부일처라는 모노가미에 의한 가족의 사회적 역할과 기능이 줄어든다는 흔적은 잘 보이지 않는다. 스웨덴의 합계 출산율이 1.8명 정도 된다. 여기도 출산율이 많이 낮아지기는 했지만, 한국 같은 급격한 하락 현상은 나타나지 않는다.

자, 그렇다면 한국에서 모노가미는 어떠한 상황일까? 호적 등 가족 상황에 대한 통계를 잡기는 어렵지만, 우리에게 모노가미가 일종의 사회적 제도로서 자리 잡은 것은 불과 30년이 채 되지 않은 것 같다. 일제시대와 6·25전쟁을 거치면서도 축첩제는 사라지지 않았고, 사실상의 중혼이 사회적으로 존재했다. 한국 드라마의 특징 중 하나인 '출생의 비밀'은 이 시기의 역사적 흔적이라고 할 수 있다. 없는 얘기를 드라마가 괜히 만들어낸 것이 아니다. 1954년 여성에게만 적용되던 간통죄를 남녀 모두에게 적용하기 시작한다. 부인 측에서 결혼을 지킬 수 있는 제도 하나를 확보하게 된 셈인데, 과연 이 제도 하나만으로 한국에서 모노가미가 정착된 것인지, 아니면 자본주의의 도입 및 성립과정과 연계된 또 다른 요소가 있을 것인지, 아직까지 그 기원의 배경과 작동방식에 대해서는 연구가 충분하지 않은 것 같다. 어쨌든 보통의 경우는 중혼에 대한 금지로 모노가미 제도를 작동시키는데 한국의 경우는 간통죄를 통하여 혼외정사 자체를 금지시켰고, 그것도 아주 오랫동안 유지했다. 대부분의 유럽 국가가 68혁명 이후 몇 년 사이에 간통죄를 폐지했다. 물론 간통죄가 있다고 하더라도 이것은 '6개월 이내' 그리고 친고죄이므로, 실제 경제적으로 보상을 하기 어려운 중산층과 빈민층에서만 현실적 작동을 하는 경향이 강하고, 소위 재벌 총수들 중에서는 중혼 상태에 있지 않은 사람을 찾는 것이 오히려 어려울 정도였다. 이제 우리에게 위헌 판결과 함께 간통죄는 사라졌고, 이러한 제도적 변화 이후 한국의 모노가미는 어떻게 될 것인가?

우리가 이미 알고 있는 것은 신자유주의와 관련된 일련의 경제적 흐름이 당분간 정지하지 않을 것이고, 이에 따라 마름모형(◇) 사회에서 8자형 사회로 변화하면서 중산층 해체 현상과 '격차 사회화'에 점점 더 가속도가 붙을 것이라는 점이다. 사교육비는 당분간 급격하게 줄지 않을 것이고, 대학원 과정에서 시작된 해외 유학이 어느덧 초등학교 과정까지 내려왔는데, 여기에 대한 획기적인 전환도 당분간 없을 것이라는 것도 알고 있다. 그리고 이미 수년 전부터 시작된 토건 경제가 그 클라이맥스를 향해 열심히 달려나갈 것이며, 여기에 대부분의 여유 자금을 쏟아 넣은 국민경제나 개인 살림이나 부자 지출이나, 문화적 지출을 늘릴 여력이 수년간은 없을 것이다. 비정규직의 일반화와 함께 노동 상황은 계속해서 열악해질 것이고, 한국 노동의 기본 유형을 형성했던 월급제 역시 격주제 혹은 주급제로 변질되는 또 다른 재앙이

기다리고 있다. 즉 부자는 더욱 부자가 될 것이고, 중산층 이하의 국민을 기다리고 있는 것은 더욱 공고해지는 '격차 사회'다. 그렇다고 미국처럼 부자들이나 공인들이 일반 시민들의 도덕적 견제에 대해서 갑자기 신경을 쓰지는 않을 것이고, 스웨덴이나 스위스처럼 6시에 가족 모두가 집에 모여서 식사를 하는 그런 풍경이 갑자기 나타날 것 같지도 않다.

아마 가장 가난한 시나리오는 부자들에게는 사실상의 중혼이, 그리고 대부분의 가난한 사람들에게는 가족의 위기가 오게 될 것이다. 기이하게도 한국에서는 모노가미와 가족, 두 가지에 동시적으로 위기가 오는 것이 아닌가?

05 | 가족의 확장, 게이 가족 그리고 연대 가족

우리는 때때로 지나치게 많은 것들을 경쟁의 눈으로만 보려고 하는 경향이 있다. 그러나 그 경쟁이 홉스가 『리바이어던』에서 말했던 것과 같은 '만인의 만인에 의한 경쟁'이 아니라는 점은 명확하다. 가족 내에서 이 경쟁은 제한되며, 게리 베커처럼 극단적인 경제 환원주의 내에서도 왜 부모가 자녀에게 재산을 물려주려고 하는가와 같은 진짜 동기는 잘 설명되지 않는다. 도대체 부모는 왜 자녀에게 많은 것을 물려주려고 하는 것일까? 이것을 생물학적으로 설명하려고 했던 시도가 1세기 전에 있었는데, 이때의 결론은 불행히도 우생학이라고 부르는 인종주의적 결론으로 치달았다. 이는 결국 독일 민족의 우수성을 증명해보이고 싶었던 독일 제3제국 그리고 제2차 세계대전으로 연결되는 파시즘을 등장시켰다. '종의 보존'이라는 본능은 부모가 자식에게 무엇인가 물려주려는 행위의 근본 동기라고 설명되었고, 이 설명을 인류가 아닌 '인종' 단위로 묶으면 대체적으로 우리가 히틀러와 함께 보았던 바로 그 광기와 비슷한 것이 된다. 물리학이 우리에게 핵폭탄의 위기를 주었다면 이보다 앞서 우생학이 인종주의 파시즘이라는 위기를 준 바가 있다. 이때의 인종주의는 다윈의 '적자생존' 이데올로기와 결합되면서 매우 끔찍한 상상들을 만들어낸 경험을 우리는 이미 가지고 있다. 이타적인 행위는 자기 식구, 그리고 자기 민족 내에서만 가능한 것이며, 약한 인간 혹은 열등한 유전적 성격을 가진 인종은 결국 도태될 것이라는, 과학의 옷을 입은 정치적 도그마가 증오와 살육을 만들어낸 과정은 20세기의 가장 큰 비극 중의 하나다.

'통섭(Consilience)'이라는 단어는 하버드의 생물학 대가인 에드워드 윌슨이 1975년『사회생물학』을 통해서 제시한 개념인데, 당시는 프랑스의 역사학자인 페르낭 브로델 등 많은 사람들이 '학제적 접근'을 주장하던 시기이기도 했고, 20세기 이후 지독할 정도로 분화되던 많은 학문에 대한 통합의 시도가 더욱더 많이 요구되던 시기이기도 했다. 같은 주제에 대해서 여러 학문이 접근 방식과 방법론을 공유하는 것이 전혀 이상하지 않을 수 있지만, 에드워드 윌슨에 대해서는 다른 학문 쪽에서는 물론 그가 하버드 대학의 생물학과로 영입했던 르원틴마저도 격렬히 비판했을뿐더러 사실상 의절에 가깝도록 등을 돌리게 했다. 그 배경에는 어쩌면 생물학이 또 다른 환원주의로 인종주의와 민족주의에 영향을 끼쳤던 인류의 경험과 무관하지는 않을 것이다. 물리학은 존재에 대한 과학이지만 인간을 직접적으로 규정하지는 않는 반면, 생물학은 생명체로서 인간의 존재와 행위 그 자체에 대해서 너무나 직접적인 비유와 예시를 제공하기 때문에 어떤 면에서는 대단히 위험한 학문이기도 하다. 18세기 후반에 유행하기 시작한 골상학은 인간의 얼굴 근육과 뼈의 형태만을 보고도 그가 어떤 사람일지 혹은 어떤 종류의 범죄를 저지를 사람인지 알 수 있다고 했었다. 이 골상학의 계보를 우생학이 이어받았고, 이번에는 자연스럽게 '통섭'이라는 생물학 환원주의가 물려받았다고 상상하는 것이 그렇게 황당한 일만은 아니었을 것이다. 여러 학문의 '통합적 화해'라는 의미를 가지고 있는 통섭이라는 단어가 여전히 생물학 환원주의라는 의구심으로부터 자유롭지 못한 것은, 사람들이 히틀러 시절의 의구심으로부터 여전히 생물학을 열린 눈으로 보고 있지 못하기 때문일 것이다. 유전자 그리고 유전자의 보존에 관해 지나친 집착을 보이는 생물학자들의 시도들 역시 이러한 의심의 눈초리에서 아주 자유롭지는 않다. 범죄자의 유전자를 모아서 데이터베이스로 사용하겠다는 정부의 시도는 과연 이것이 유전자 감식을 위한 순수한 행정적 의도인지, 아니면 DNA 버전 우생학의 새로운 등장인지 의심을 받기에 충분한 행위이기도 하다. 이렇게 모아진 범죄자의 유전자 정보가 악질적인 경제학자나 이윤 이외에는 관심이 없는 경영학자 혹은 사회에 대한 매우 확실한 통제를 소망하는 정치집단의 손에 들어간다면 과연 어떻게 될 것인가? 여전히 우리는 이러한 종류의 의혹으로부터 자유롭지는 않다.

도킨스의 성공 이후로 인문학과 사회과학 쪽에서도 엄청난 성과를 올리고 있는 '이기적 유전자'에 대한 얘기는, 실제 연구자들이 원했든 원하지 않았든 80년대에 중·후반 이후 소위 신자유주의라고 우리가 부르는 매우 특별한 사회적 사고와 결합하여 경쟁의 이데올로기 강화에 일정 정도 기여한 것도 사실이다. 우리 모두는 생물학적 존재이며, 우리 모두가 경쟁을 위하여 최선을 다하고 또한 그러한 경쟁의 이면에는 자신의 유전자를 확산시키기 위한 힘이 작동한다는 이러한 유전자 연구가 우리 시대의 경제 근본주의에 기여한 것도 일정 정도는 사실이 아닌가? 유전자는 스스로 번식하고 더 많이 늘어나기 위하여 자신이 사용할 수 있는 모든 장치를 사용한다면, 우리가 만든 국가와 경제 심지어는 민족이라는 장치 혹은 인문학자들이 얘기하는 수많은 철학과 인문학적 지식 그리고 우리가 존중하는 문화와 예술마저도 따져보면 자신의 DNA를 다음 세대에게 "더 많이, 그리고 더 빨리" 전달하라는 유전자의 꼭두각시 노릇과 다름없지 않은가? 이 얘기를 조금만 더 밀고 나간다면, 이 세상에 숭고한 것은 아무것도 없으며 이 모든 것이 다만 자신의 유전자를 더 넓게 퍼뜨리고자 하는, 남녀 구분 없이 모든 존재의 어리석은 발버둥질 같은 것으로 세상이 이해되게 된다. 생명체라는 것은 기계적으로 유전자의 지시를 받는 꼭두각시이며 껍데기일 뿐이다! 이 이미지는 우리가 첨단과학이라는 이름으로 21세기에 넘어오면서 가지게 된 아주 최근의 것이다. 물론 DNA 검식을 비롯해서 게놈 지도에 이르기까지, 이러한 생명과학이 우리에게 환기시켜준 것은 "당신들은 유전자의 도구"이며 자신의 유전자를 남기지 못하고 사라지는 존재는 '루저'라는 사실이다. 21세기, 첨단과학의 시대라는 이 시기에, 인간이라는 존재는 참으로 외롭고도 비참한 존재로 재설정된 셈이다. 샤넬과 같이 자신의 후손을 남기지 못한 사람, 그의 정신과 예술은 참으로 가치 없는 것으로 여기게 되는 사회를 우리가 살고 있는 것인가? 아이를 낳고, 그 아이를 통해서 DNA가 계승되고, 그리고 그를 통해서만 존재의 의미가 시간 속에서 역사의 가치를 가지게 되는 그런 황당한 시기를, 이 호모 사피엔스라는 매우 독특한 인종이 이제 만나게 된 것일까? 사람의 삶과 인간의 역사는 이보다 훨씬 더 복잡한 것이 아닐까?

이 가설은 인간에게 적용되는 순간 그 복잡성 앞에서 무기력해지는 성향이 있을뿐더러 문화의 구조, 시간의 격차, 경로 효과 등 매 순간 유전자로 환원시키기 어려운 복합적 요소를 만나면 지독할 정도의 환원주의로 전락하게 되어버릴 수 있다. 당장 우리의 경우도 합계 출산율이 1 이하로 내려가 드디어 소수점 단위의 합계 출산율이라는, 근대 국가의 등장과 함께 일찍이 경험해보지 못한 특수한 상황을 만나게 된 것 아닌가? 우리가 겪는 빈곤은 상대적 빈곤이지, 사회가 새로운 신생아 자체를 먹여 살릴 수 없는 그런 절대빈곤의 순간은 아니다. 전쟁 기간 중에도 출산율이 늘어나는데, 도대체 왜 우리의 출산율은 줄어드는가? 이제 한국인들은 더 이상 '이기적 유전자'의 영향을 받지 않는 것인가?

한국에서 모노가미가 위기를 맞으면서 '가족'이라는 삶의 양식도 동시에 위기에 봉착하고 있다고 할 수 있다. 재생산이라는 방식으로 표현한다면, 분명히 한국은 가족이라는 삶 그리고 '경제적 주체'가 기존의 재생산 방식에서 위기를 맞고 있는 셈이다. 가족의 위기를 보여주는 가장 직접적인 자료는 1인 가구의 비율이라고 할 수 있는데, 1995년 12.7퍼센트에서 2008년 20.1 퍼센트로 증가했다.(『한국의 사회동향 2009』, 통계청) 그렇다면 가구 구성의 장기 전망치는? 2007년 통계청에서 '2005~2030 장래 가구 추계'라는 조사를 한 적이 있는데, 최근의 가구 비율의 변화를 대입해 2030년까지의 추정값을 제시한 적이 있다. 2007년 기준으로 20.1퍼센트인 1인 가구는 2030년 23.7 퍼센트로 늘어날 것으로 전망하고 있다. 반면에 현재 42.0퍼센트인 부부와 자녀가 같이 사는 '부부＋자녀'의 유형은 33.8퍼센트로 줄어들 것으로 전망하고 있다. 이 추정은 우리나라 인구가 2018년 정점을 이룬 이후에 감소할 것이라는 인구표에 따른 인구 추이를 반영하고 있지만, 가구 수의 변동에 관한 계수의 추정은 최근의 추이를 기반으로 하고 있다. 특정 정책의 개입이나 다음 세대의 행위 패턴에 대한 구조적 변화를 감안하지 않은 BAU(Business As Usual) 추정치라고 할 수 있다. 현재의 BAU 전망에 20대의 '방살이' 형태의 개별 가구 추세가 새롭게 등장한다면? 혹은 미국발 경제위기가 많은 사람들의 낙관적인 예측에도 불구하고 서브프라임 모기지에서 프라임 모기지로 혹은 오피스 모기지 부문으로 이어지고, 결국은 달러의 약세에 의해 세계 기축통화인 달러가 다른 방식으로 전환되면서 세계적인 경제 불황이 또다른 조정 국면을 만나게 될 때까지 장기 위기로 나타난다면?

신자유주의 일변도로 달리던 지난 10년간의 세계 경제 질서가 누적된 모순을 조절하고 과거의 호황 국면으로 기계적으로 돌아갈 수 있을 것이라고 보는 약간 낙관적인 관점이 있다. 여기에 '희소성의 시대(age of rarity)'라고 부르는 석유 등 천연자원의 희소화 그리고 어느 정도는 이와 연관된 국제 곡물 가격의 폭등 등 자연적 자원의 공급 능력과 가격 폭등에 대한 위험은 지금부터 점점 가중되면 가중되지 줄어들거나 해소될 가능성은 거의 존재하지 않는다. 이러한 외부적 위기 요소와 함께 일본형 장기 침체로 이해할 수 있는 부동산발 장기 위기가 여전히 우리 앞에 기다리고 있다. 우리는 일본에 비해서 내수경제의 비중이 훨씬 낮기 때문에 일단 이러한 위기들이 개별적 혹은 복합적으로 작용하면, 그 여파가 얼마나 될지 그리고 얼마나 길게 갈지 우리가 예측할 수 있는 상황에 있지 않다. 이 경우에는 두 가지 변화의 가능성이 있는데, 하나는 '부부+자녀'라는 가족의 기본 패턴으로 전환되지 못하고 1인 가구로 남게 되는 다음 세대가 더욱 늘어나는 경우다. 또 다른 가능성은, 다음 세대의 독립이 경제적으로 지체되어 통계상 1인 가구는 그다지 증가하지는 않지만 영원히 부모와 함께 동거하게 되는 경우가 될 것이다. 전자의 경우는 가족의 위기라고 할 수 있을 것이지만, 후자의 경우는 그렇게까지 말하기는 어렵다. 그러나 어떤 경우든 이는 '가족의 재생산'에는 위기가 온다. 이때의 '가족'은 최소한 한국 경제의 출발 이래로 부모와 자녀로 구성된 가족을 의미한다. 이미 평균 가족수 2.8명까지 내려온 현 상황에서 우리는 가족의 재생산에서 위기를 겪고 있는 셈이다. 당연히 이러한 가족을 대상으로 한, 우리가 공장에서 찍어내듯이 만들어낸 30평, 40평 아파트들의 미래 수요자는 더 이상 등장하지 않는다.

1인 가구의 증가는 적어도 지난 10년간 한국 사회에서 일종의 선진화 혹은 서구화 같은 것으로 받아들여졌고, 이것이 개인의 사적 공간의 증가와 함께 우리가 누릴 수 있는 자유의 증가로 받아들여진 것도 어느 정도 사실이다. 현재 우리의 '가구' 분류 체계에서는 1인 가구도 엄연히 별도로 전기세·수도세·가스세를 지불하는 개별적이며 독립적인 가구 단위다. 게다가 토건 세력과 아파트 공급론자들은 특히 IMF 경제위기 이후 '1가구 1주택' 규정을 피해나갈 수 있는 오피스텔의 공급에 열을 올리면서 1인 가구의 증가를 어느 정도는 즐기기도 하고 또 권장했던 것이 사실이다. 산업 공급의 측면에서 1인 가구의 증가는 주택 수요의 증가와 함께 자동차 판매의 증가 등 가정에서 필요한 거의 대부분의 것들이 비록 규모는 작지만 그만큼 증가하게 됨을 의미한다. 분명히 두 명의 남녀가 부부가 되어 하나의 살림 단위를 구성하는 것보다는 각각이 별도의 가구로 살아가는 경우가 무엇이든지 거의 2배의 물품이 필요할 것이다. 그런 점에서 생산자의 관점에서는 합계 출산율이 1에 육박할 정도로 떨어진 지금, 유아식 산업이나 출산 혹은 육아와 관련된 특정한 산업이 아니라면 1인 가구에 대해서 굳이 반대할 이유가 없고 오히려 마케팅 측면에서도 권장사항이라고 할 수 있을 것이다. 실제 우리의 역사가 이렇게 진행되어왔고, 이 과정에서 메이팅 시스템에는 문제가 발생했다. 특히 농촌과 도시 사이의 메이팅 불균형은, 이미 지역에 따라 20~30퍼센트 정도를 점하게 된 다문화 가정의 경우가 어느 정도 보여주는 셈이다.

현재의 상황대로 진행이 된다면, 2007년 통계청의 예측보다는 1인 가구의 수가 보다 가파르게 늘어날 것이고, 동시에 '부모＋자녀' 유형의 가구 수는 훨씬 빠른 속도로 감소할 가능성이 높다. 이 흐름에 반전을 줄 수 있는 반대 변수는 농촌과 지방 소도시를 중심으로 진행되는 다문화 가정의 형성이라고 할 수 있는데, 좀 야박한 얘기이지만 이 변수 역시 '구매력'의 함수로 설명하는 수밖에 없다. 지금의 국민경제의 전개 과정이 계속된다면 '농촌 포기 정책'에 의해서 농촌 구매력은 더욱더 떨어질 것이고, 또한 수도권화의 가속화에 의해서 지방 소도시 역시 현재 수준의 구매력을 유지하기도 쉽지 않을 것이다. 한국은 아마 상당히 오랜 기간 외국인 노동력을 계속해서 수혈하는 방식으로 노동 문제의 모순을 해소하면서 다문화 가정의 추세가 진행될 가능성이 높지만, 메이팅 시스템의 붕괴에 의한 사실상의 매매혼에 가까운 현재의 이 추세는 경제의 지역별·부문별 격차 현상의 심화에 의해서 지속적으로 진행되기가 어려울 것이다.

이렇게 본다면 결국 한국 가족의 유형은 그것이 경제적인 이유이든 혹은 비경제적인 이유이든 출산을 하고 새로운 가족을 형성하려는, 대체적으로 20~25퍼센트 정도일 것으로 예상되는 부모＋자녀의 가족 형태와 30퍼센트를 상회하게 될지도 모르는 1인 가구, 그렇게 두 가지의 유형으로 나누어질 가능성이 매우 높아 보인다. 아마 이렇게 향후 20년간 별다른 변화 없이 지금의 패턴대로 한국 경제가 전개되어 나간다면, 1인 가구 즉 혼자 사는 사람을 가족으로 간주한 이 개념이 과연 언제 '부모+자녀'로 구성된 가구 수를 추월하는지를 마치 우리가 요즘 언제 합계 출산율이 1이하로 떨어지는지 지켜보는 것처럼 호들갑스럽게 얘기할 날이 올 수도 있을 것이다.

그러나 역시 사람은 경제적 존재이며 동시에 제도의 존재이기도 하다. 학업, 취업 등 임시적으로 1인 가구를 형성하는 사람들을 제외한다면, 독거노인과 장기적으로 결혼을 하지 않는, 그야말로 독신으로 구성된 1인 가구는 우리에게는 아직 생소한 경험이고, 아직 문화적으로 정착되지 않은 패턴이다. 출산을 위한 가족이라고 얘기할 수 있는, 우리에게 익숙한 바로 그 형태가 아닌 또 다른 형태의 가족은 없을까?

출산과 관련되지 않은 가족의 형태로 제일 먼저 생각할 수 있는 것은 '게이 가족'일 것이다. 영화 〈버드케이지〉에서 우리가 보았던, 일종의 변형된 모노가미라고 할 수 있는 게이 부모와 입양된 자녀로 구성된 가정이 과연 한국 사회에서도 가족의 한 유형으로 등장하게 될 가능성이 있을까? 동성애의 존재는 인류 역사만큼이나 오래된 것이지만, 대체적으로 21세기 이후의 흐름은 게이 가족의 등장에 대해서 우호적인 방향으로 변해가고 있다. 지금은 그들을 '성적 소수자'라는 이름으로 부르지만, 사실 이것이 일반적인 소수자의 분류로 묶이는 것이 과연 타당한지에 대해서는 나도 잘 모르겠다. 게이에 대한 몇 가지 주된 논의들이 있지만, 어쨌든 경제학적인 입장에서 가장 가까운 것은 창의성의 대체 변수로 사용되는 '게이 지수'라 할 것이다. 리처드 플로리다의 『도시와 창조 계급』이라는 책은 '창조 계급'이라는, 대체적으로 많은 사람들이 재수 없게 생각하는 얘기를 직설적으로 표현하면서 격론에 휩싸였던 책이다. 오세훈 시장의 '창의 시정'이라는 표현 역시 이 책과 아주 무관하다고 하기는 어려운데, 크리에이티브(creative)하다는 것을 '창조'로 이해할 것인가 아니면 '창의'로 이해할 것인가와 함께, 과학·예술·문화와 관련된 사람들이 높은 창의력으로 인하여 별도의 계급으로 등장할 것인가와 관련해 찬반 양론이 팽배했었다. 어쨌든 이 책에는 게이들의 숫자가 많은 도시가 창조력이 높은 사람들이 주로 사는 도시라는 주장이 들어 있다. 물론 이는 게이가 이성애자에 비해서 창의성이 높다는 그런 생물학적인 존재론에 관한 얘기가 아니라, 도시의 개방도 혹은 도시의 자유허용도 등에 대한 간접 지표로 '게이 지수'를 사용할 수 있다는 것이다. 기본적인 얘기이지만, 창의적인 분야에 종사하는 사람들은 대량생산 대량소비 시대의 블루칼라보다는 문화적으로 요구하는 자유도가 매우 높은 편인데, 게이 그리고 게이 가족을 사회 구성원으로 잘 포용하고 수용하는 도시가 문화적으로 매우 까다로운 창조적 직종에 종사하는 사람들에게도 거주하기 편한 도시가 될 것이다.

대체적으로 한국도 온갖 격론을 거치겠지만, 결국은 게이 가족을 인정하는 방향으로 가게 될 것이다. 그것은 우리가 더 특별히 포용력이 높다거나 개방적이라서 그런 것이 아니라 문화적 창의성과 개성을 인정하고 그로부터 생겨나는 생산성 향상 외에는 그야말로 이 덩치의 국민경제가 더는 갈 곳이 없는 벽에 부딪히게 될 것이기 때문이다. 프랑스의 철학자 미셸 푸코에서 지금 맨 앞에 서 있는 디자이너인 마크 제이콥스까지, 적극적으로 자신이 게이임을 드러내고 있는 사람들이 보여준 창조력은 지금의 한국이 부족한 바로 그 요소가 아니겠는가? 게이 가족 등장은 한국에서는 당분간 요원해 보이기는 하지만, 어쨌든 이는 사회적 요소가 기계적으로 계산된 유전자의 번식보다 더 중요하게 작동하는 경우가 있다는 것을 보여주는 한 사례일 것이다.

게이 가족에 대해서 질문을 하나 해보자. 만약 우리나라도 프랑스 등 많은 유럽 국가처럼 출산이나 양육에서 보조금을 지급하게 된다면 과연 게이 가족에 입양된 자녀에게도 보조금을 지급하게 될까? 민감한 질문이기는 하지만, 자녀의 양육에 대해서 지급되는 보조금이라면 게이 가족에 입양된 자녀라고 해서 배제될 이유는 없을 것이다. 물론 반대하기 시작하면 역시 논란은 끝이 없다. 유럽의 극우파들은 외국인 자녀에게 지급되는 육아 보조금에 대해서 아주 불만이 많은데, 주된 논리는 외국인들이 자녀 앞으로 나오는 보조금을 더 타기 위해서 너무 많은 자녀를 출산한다는 것이다. 이 논리는 그대로 게이 가족에 입양된 자녀에게 지급된 보조금에도 적용될 수 있는데, 좀 비인간적인 얘기이기는 하지만 더 많은 보조금을 위해서 일부러 자녀들을 입양한다는 의심의 눈초리를 가질 수는 있을 것이다.(물론 사람들은 게이 가족에 대해서는 곧 한 명 혹은 두 명의 상한을 정하는 방식으로 제한을 가하게 될 것이다.)

게이 가족에 입양된 자녀에 대해서 양육 보조금을 지급할 것인가의 문제는 비록 그 숫자나 비율은 전체 인구에 비해서 무시할 만큼 작지만, 가족이라는 제도에서 한국 사회가 가질 수 있는 허용 한도의 한 극한값과 마찬가지로 작용할 것이다.

또 다른 형태의 주거를 생각한다면 혈연이 아닌 사람들끼리 일종의 가족을 형성하는, 이름을 붙이자면 '연대 가족(solidarity family)' 같은 것을 생각해볼 수 있다. 어쩌면 1인 가구의 대척점에서 우리는 어떠한 이유로든 혼자 살고 싶지 않아서 그것이 임시적이든 아니면 영구적이든, 가족과 유사한 형태를 가지며 같이 살아가는 사람들의 삶에 대해서 생각해야 할 순간이 온 것 같다. 공식적인 정부 전망치로는 2030년에 23.7퍼센트로 예상되는, 그리고 실제 세대간의 불균형에 의한 충격과 앞으로의 경제적 위기를 감안하면 국민의 30퍼센트 이상이 될 것으로 전망되는 1인 가구가 과연 앞으로도 계속해서 혼자 사는 지금과 같은 패턴을 유지하게 될 것인가?

혼자 사는 삶, 즉 '독거'에 세계적으로 관심이 쏠리게 된 계기는 2003년 폭염에 휩싸였던 유럽에서의 집단적 사망 사건이었다. 유럽 전체에서 1만 9000명이 사망했고, 그중 프랑스의 사망자는 1만4802명에 달했다. 물론 대부분이 혼자 사는 노인이었는데, 폭염의 희생자가 된 '독거노인' 사건으로 인해서 세계적으로 독거에 대한 질문이 시작되었다. 이때 프랑스의 우파 대통령인 자크 시라크가 사람들에게 호소한 단어가 바로 '연대(solidarity)'였다. 지금의 고령화 추세와 함께 높은 이혼율 혹은 처음부터 결혼을 하지 않는 독신들의 증가와 함께 독거라는 삶의 패턴이 '멋진 것' 혹은 '모던한 것'에서 사회가 해결해야 할 문제라는 방식으로 조망되기 시작한 것이 이즈음의 일이다. '연대'라고 하는 표현은 우리나라에서는 전형적인 좌파 용어로 간주되는 경향이 있지만, 꼭 그런 것은 아니다. 사회적 문제의 해법을 사회적 지지에 호소해야 할 때, 포괄적으로 이 개념을 사용한다. 실제로 이 사건 이후 프랑스의 노동부는 독거노인 및 청년 실업까지 같이 해결하도록 '노동과 연대부'로 확대 개편했고, 여기에서 노동 문제와 함께 가족 그리고 노인 문제 등을 종합적으로 다루고 있다.

토건의 시각으로 본다면 지금까지 1인 가족은 그야말로 권장사항이라고 할 수 있을 것이다. 같은 인구 비중 내에서도 '1인 가구'의 증가는 어쨌든 가구수의 증가를 의미하며, 더 많은 아파트를 공급해야 하는 정책적 목표를 만들어준다. 어쨌든 가구가 증가하게 될 것이므로 더 많은 아파트 수요에 대한 공급 확대의 정책적 판단 근거를 만들어내고, 이를 토대로 다시 도로 면적과 같은 공공인프라의 수요를 계산하고, 이런 방식으로 지난 10년 동안 토건의 확대에 1인 가구의 증가가 일정하게 기여한 것은 사실이다. 누구나 한국에서 1인 가구가 증가하고 있고, 또한 이러한 추세가 당분간 변하지 않을 것이라는 것을 알고 있으므로, 비록 인구수가 감소한다고 하더라도 가구수는 증가한다는 논리를 세울 수가 있게 된다. 물론 이렇게 공급 측의 분석을 한다면 당연하게 이런 1인 가구의 구매 능력이나 필요 면적에 대한 수요 분석이 같이 이루어져야 하겠지만, 수요와 공급이라는 경제학 교과서의 논의는 이 경우에 거의 적용되지 않았다. 게다가 국민소득이 증가하면 1인당 필요 주거면적도 동시에 증가하게 될 것이라는 주장과 결합되면서 국민들의 소득 혹은 경제적 부담능력과 상관없는 수요의 법적 근거가 생겨났고, 한국의 토건은 이런 메커니즘을 따라 작동했다.

토건의 눈과는 반대로 생태의 눈으로 본다면 가능한 한 1인 가구를 형성하는, 사실상 고립된 개인들이 어떤 식으로든 가족의 형태로 살아가는 것이 바람직한 것이 사실이다. 승용차보다는 버스나 기차를 강조하고, 혼자 살아가는 것보다는 공동체를 강조하는 것과 같은 이치다. 공동체 혹은 가정은 전기 등 에너지와 각종 자원의 관리에서 분명히 1인 가구보다는 유리해진다. 많은 생태와 관련된 담론에서 공동체의 개념들이 폭넓게 해석되는 것도 같은 이유다. 개인이 더 넓은 마당을 소유하는 것보다는 시가 넓은 공원을 조성하는 것이 유리하다. 개인이 아주 넓은 서재를 소유하는 것보다는 제대로 된 공공도서관이 더욱 많이 있는 것, 혹은 개개인이 자신만의 문화공간을 갖는 것보다는 제대로 된 지역 문화센터가 있는 것이 유리한 것도 같은 원리다.

기계적으로 독거노인 등 1인 가구의 형태가 일종의 사회적 가정이라고 할 수 있는 연대 가족의 경우보다 생태적으로 불리하다고 할 수 있다. 그러나 연대 가족의 중요성이 점점 더 부각될 것은 이러한 단순한 생태적 문제 때문만은 아니다. 생태적으로 가족 그리고 집단의 경우가 유리한 것처럼 가족은 많은 경우 경제적으로도 유리하다. 같이 사는 경우와 혼자 사는 경우, 그 생태적 비용의 차이와 함께 경제적 비용의 차이도 발생하게 된다. 어쩌면 인간이 가족이라는 제도를 형성하게 된 것에는, 생물학적으로 아이를 낳고 기르기 위한 것만이 아니라 삶의 단위로서도 최소한 경제적 효율성이 있기 때문이다. 우리가 인정하든 혹은 인정하지 않든 많은 나라의 경제 구조는 90년대 이후 격차가 커지는 형태로 전개될 것이고, 한국의 경우는 이러한 추세가 더욱 높아질 것으로 예상된다. 이것을 신자유주의의 폐해라고 부르든 혹은 끝까지 간 시장주의의 폐해라고 부르든 한국형 토건주의의 역습이라고 부르든, 내용은 비슷한 그런 현상이 지금 진행중이다. 우리의 용어대로 하면, '신빈곤 현상'이 보편화되고 급속히 늘어나고 있다. 지금까지의 한국 경제의 흐름에 근본적이거나 혹은 중대한 변화가 오지 않는다면 경제적 삶이 어려운 사람이 늘어날 것이고, 이는 1인 가구의 경우도 크게 다르지 않을 것이다. 우리는 많은 은퇴자들의 은퇴 이후의 삶에 대해서 체계적인 대책을 가지고 있지 않고, 청년 실업에 대해서도 단기적이든 장기적인 해법을 만들어낼 가능성이 거의 없어 보인다. 여성의 경우는 33세~34세를 경계로 평균 임금이 남성에 비하여 30퍼센트 이상 떨어지는 굴곡점이 존재한다. 혼자 살기를 선택한 여성들의 경제적 삶도 이 나이를 경계로 급격히 나빠지는 현상을 볼 수가 있다. 결혼을 하지 않고 계속해서 직장 생활을 하기로 마음을 먹었더라도 상급의 지위로 승진을 하는 것이 여의치 않다. 고위직 여성들의 사회진출도에서 한국은 요르단 수준이다. 회교 국가와 유사할 정도로 '마초주의'가 강한 사회인데, 같은 회교 국가인 말레이시아에 비해서도 한국의 여성들, 특히 30대 중반 이후의 여성의 삶은 경제의 눈으로 보면 아주 열악하다.

자, 이러한 조건은 우리가 이미 알고 있는 것이다. 이 상태에서 우리의 삶의 양식에는 어떠한 변화가 올 것인가? '연대'라는 표현은 어떻게 생각하면 대단히 고상한 표현이기는 하지만, 다른 한편으로는 도저히 해법을 찾을 수 없기 때문에 발생하는 사회적 해법이기도 한 것이 아닌가? '연대 가족'이라는 형태로 독거노인과 20대 혹은 20대끼리의 가족 아니면 이혼한 여성들끼리 서로의 자녀를 같이 양육하는 그러한 형태의 가족 유형이 우리에게도 삶의 한 패턴으로 등장하게 될 것인가? 그리고 그때 우리의 '정부'는 어떠한 자세를 취할 것인가?

영화 〈카모메 식당〉은 우리가 상상할 수 있는 것 중에 가장 낭만적이면서도 은은한 연대 가족의 탄생을 보여준다. 어떻게 사람들이 하나의 가족을 형성하면서 살게 될 것인가, 신자유주의의 클라이맥스를 거치면서 우리 삶의 패턴에도 중요하고도 철학적인 질문이 부여되는 셈이다. 인간의 삶은 DNA의 증식 혹은 '이기적 유전자'의 가설만으로 설명되지 않을 영역이 많은 것 같다. 어쨌든 지금 우리는 고대 국가의 형태를 이룬 지 최소한 수천 년 동안 계속되어왔던 가족 형태에 있어서도 다른 방식의 모델이 등장하는 큰 변화의 시기를 살고 있는지도 모른다. 물론 경제적 부의 수준으로 얘기한다면, 한국인은 그 역사 속에서 그 어떤 시기에도 누려보지 못한 절대적 부를 누리고 있고, 그야말로 절대빈곤은 존재하지 않는 시기를 살고 있는 것인지도 모른다. 그러나 인간을 하나의 생태계 구성요소로 본다면 지금은 번식과 가족이라는 군집 패턴에 중대한 변화가 발생하는 시기이기도 하다. 도대체 이 변화가 어디에서 온 것인가? 경제? 그렇다. 바로 경제다.

06 | 생식의 위기인가, 섹스의 위기인가?

　동물들의 생식에는 한 가지 중요한 선택이 있다. 얼마나 많은 새끼를 낳을 것인가, 즉 번식량을 선택하는 것이 모든 생명체가 내려야 하는 결정이다. 많이 낳는 데 에너지를 쓰고 양육에는 에너지를 줄일 것인가, 아니면 적게 낳는 대신 양육에 더 많은 에너지를 써서 생존율을 높일 것인가?

　새끼의 숫자에 대한 선택은 그 이후의 양육에 대한 에너지 투입률을 결정한다. 물고기들은 수만 개씩의 알을 낳지만, 성공적으로 다시 부화가 가능한 성체가 되는 확률은 매우 낮다. 물론 여기에 대해서는 카니발리즘이라는 부수적이지만 약간은 끔찍한 세부 전략이 숨어 있기도 하다. 일부의 어류들은 먹이가 떨어지면 자신의 알을 먹기도 한다. 반면에 포유류는 매우 적은 새끼를 낳고, 그 대신 양육 과정에 많은 공을 들이는 전략을 선택했다. 어느 쪽이 효율적인가의 문제라기보다는 이미 내려진 선택 이후에 어떻게 진화하고 어떻게 적응할 것인가의 문제라고 할 수 있을 것이다. 이미 포유류로 진화한 존재가 다시 과거로 되돌아가서 알을 낳는 것을 자신의 번식 방법으로 선택할 수는 없는 것 아닌가? 그리고 인간은 포유류의 일종으로 적은 수의 새끼를 낳고, 그 대신 양육에 많은 것을 투자하는 선택을 이미 포유류로 진화하는 순간에 한 셈이다. 물론 많은 물고기들이 알을 낳은 이후에도 부화하는 순간까지 알을 보살피기도 하지만 어미가 직접 젖을 먹여 키우는 포유류와는 다른 방식의 번식 메커니즘을 가지고 있다. 물고기의 세계에서는 잃어버린 자식을 찾아서 시드니까지 대양을 헤쳐 찾아오는 〈니모를 찾아서〉와 같은 드라마를 보기는 어려울 것이다.

물론 동물뿐 아니라 식물, 진균류, 심지어 박테리아마저 생식을 위해서 수많은 기관들을 발달시켰고, 자기 에너지의 상당 부분을 번식에 사용한다. 그러나 '육아'라는 개념을 가질 수 있는 것은 포유류라는 매우 복잡하게 진화한 생명체이며, 인간은 이러한 포유류 중에서도 가장 정성스러운 육아 과정을 가지는 종이다. 아마 별도의 종으로 분류할 수 있다면 OECD 국가에 사는 인간들은 특별히 많은 자원을 육아에 투입하는 종일 것이다. 스웨덴이나 핀란드처럼 사회적 육아 시스템을 발달시키거나 혹은 미국이나 한국처럼 개별적으로 육아에 투자하게 되어 있는 시스템이든, 어쨌든 현대인들은 어떤 방식으로든 자녀의 육아와 교육에 많은 에너지와 자원을 투자하는 호모 사피엔스의 변종이라고 할 수 있다. 아마 OECD 국가들이 교육에 투자하는 돈의 10퍼센트만 아프리카의 기근에 대한 지원금으로 사용할 수 있다고 하더라도 세계의 운명은 지금과는 전혀 다른 방식으로 전개되어나갈 것이다. 대체적으로 국가별로 교육과정의 이념과 전개과정을 살펴보면, 공교육비를 지출하는 비중이 높을수록 교육은 협동과 창의성을 강조하게 되는 경향이 있고, 개인이 부담하는 사적 교육비용이 높을수록 경쟁과 능력을 강조하게 되는 경향이 있는 것 같다. 이는 어느 정도는 당연한 일인데, 국가는 시민으로서의 덕목과 함께 개별적 창의성에 더 관심을 가지게 되므로 대체적으로는 '창의적 시민'으로서의 교육 프로그램을 마련하게 되는 경향이 있다. 반면에 부모의 개별적 투자를 재원으로 운용되는 교육에서는 개인들을 경쟁에서 지지 않는 전사, 즉 '육화된 자본' 혹은 '길들어진 노동자' 등 둘 중의 하나로 만들 필요가 있을 것이다. 이 경우에는 '정글'로 설정되어 있는 시장 사회에서 생존할 수 있는 '경쟁'의 논리가 더욱 강화될 수밖에 없다.

10년 전부터 한국의 교육 프로그램은 대체로 미국의 유형을 그냥 따라가는 흐름 위에 놓여 있는데, 미국과의 시간 격차에 의해 약간의 문제가 발생하는 경향이 있다. 많은 사람들이 미국의 기업인을 숙련시키는, 그야말로 최근 미국 정신의 창조자이자 최전선에 서 있는 기관으로서 MBA를 꼽는 데 주저하지 않는데, 역시 기업의 변화 속도가 빠르듯이 MBA 교육과정의 변화도 빠르다. 10년 전이라면 도저히 상상하기 어려웠을 협업, 협치(governance), 조율(coordination), 사회적 기업 혹은 기업의 사회적 책임과 같은 것들이 주요 내용으로 등장했고, 그 가운데 사회적 기업은 간만에 '대박' 조짐을 보이기도 한다. 이러한 교육 이념과 내용의 변화가 한국에 반영되려면 아마 최소한 10년은 필요하지 않을까 싶다. 한국 교육의 특수성은 아마도 OECD 국가 내에 가장 높은 경쟁 이데올로기를 담고 있다는 점이 아닐까 싶은데, 특히 아주 특수한 몇 개의 고등학교와 대학교 몇 개의 과를 제외하고는 그야말로 고대 전사의 양성소만큼이나 "강자만이 살아남는다" 그리고 "보이는 대로 모두 죽여라, 그것이 친구라도!"라는 전사 교육 프로그램과 같다. 이것이 군인들이 직접 운용하는 군사 교육기관이 아니라 민간이 스스로 만들어낸 검투사 이념이라는 점이 놀랍다. 하긴, 많은 경우 군인보다 민간인이 더 무섭고 군대보다 기업이 더 무서운 곳이라는 얘기를, 퇴역을 앞둔 장교들이나 퇴역 후 민간에서 활동하는 이들에게 듣는 것이 그렇게 드문 일은 아니다. 한국 교육에서 가장 그로테스크한 점은, 그것이 중등교육으로 분류된 고등학교의 사교육이든, 대학교육이든 아니면 심지어 사법연수원에서도 볼 수 있는 사교육이든 지독할 정도로 철저하게 암기 방식으로 진행된다는 사실이다. 만약에 삼성전자의 승진에도 사교육이 도움된다면 지체 없이 회사원을 위한 사교육마저도 생길 태세이지만, 어쨌든 내가 조사한 바에 의하면 가장 상급의 사교육은 현재로서는 사법연수원이다. 한국 법의 최상급의 심판자들을 육성하는 사법연수원의 평가자들은, 사교육을 걸러내지 못한다는 점에서 아직은 공기업을 대표하는 한전, 민간 기업을 대표하는 삼성, 그리고 민영화된 공기업을 대표하는 포스코에 비하면 한 수 아래라고 할 수 있다. 이런 곳까지도, 지금 고등학교와 대학교 그리고 사법연수원도 삼켜버린 사교육과 '엄마 열풍'에 먹혀 버렸다면, 우리나라는 망해도 벌써 천만 년 전에 망해버렸을 것이다.

문제는, 20대와 30대 즉 예비 부모에 해당하는 사람들이 예전의 70~80년대 시스템에 익숙한 눈으로 현실을 보는 현재 40~50대의 부모들과 달리, 지금 시스템의 문제와 허점을 너무 잘 알고 있다는 점에 있을 것이다. 사회적 해법을 못 찾는다고 해서 문제마저 모르는 것은 아니다. 지금의 20대와 30대들은 한국에서 보육과 교육에 굉장히 많은 돈이 들어간다는 사실을 알고 있고, 또한 그렇게 힘들게 교육을 시키더라도 그 교육의 대부분이 암기교육이고 정작 세상을 살아가는 데에는 그다지 도움이 되지 않는다는 것 역시 알고 있는 듯하다. 그렇다면 그걸 그렇게 잘 알고 있는 지금의 20대는 사교육부터 암기밖에 없는 대학 교육과 취업 스펙 열풍까지, 왜 이렇게 고분고분하게 잘 따라왔는가? 그야말로 다른 대안이 없기 때문일 것이고, 다른 방식으로 삶을 계획한다거나 한 번도 암기가 아닌 방식으로 세상을 보는 것에 대해서 훈련해볼 기회도 생각해볼 기회도 없었기 때문 아닌가? 이것이 정확하게 한국 정부와 부모들이 만들어준 표준 프로그램대로 이끌려 세상을 살아와 그들이 제시해준 '청년 인턴'까지 고분고분 따라온 예비 '부모'들의 삶의 정확한 현주소인 셈이다.

『88만원 세대』라는 이 시리즈의 1권을 쓰던 시기에 나도 한국의 미래, 특히 10대와 20대의 눈을 빌려서 그들이 30~40대가 되었을 때의 한국의 모습을 예측해보거나 최소한 방향성이라도 알고 싶어서 무던히 애를 태웠었다. 그러나 미리 고백하자면, 나도 청년 인턴이나 대졸자 초임 삭감과 같은 황당하면서도 무지막지한 일이 실제로 한국에서 벌어질 것이라고 상상하지는 못했다. 대졸자 초임 삭감은 경제위기에 맞춘 한시적 조치가 아니라 그들이 초급 간부, 즉 차장 정도의 지위에 올라갈 때까지의 임금 테이블 자체를 차등적으로 운용하게 만드는데, 이는 국민 내에서 그리고 같은 직장 내에서도 연령 혹은 입사년도에 따라 전혀 다른 차등이 존재하게 된다는 것을 기성세대가 뻔뻔하게 받아들인 사건이라고 할 수 있다. 스웨덴 심지어 이탈리아의 밀라노가 비정규직 등 고용 문제의 해결과 함께 생산성 향상을 위해서 받아들인 사회적 원칙은 '동일 노동 동일 임금의 원칙'이라는 것이었다. 이런 게 사회적으로 받아들여지면 비정규직 문제는 원천적으로 발생하지 않는다. 게다가 부수적으로 같은 직장에 오래 다니는 '숙련공' 형성에 도움을 준다. 약간의 월급 차이로 계속해서 노동자들이 직장을 옮기게 되면, 결국 지역기업이나 중소기업은 대기업 등 자금력이 큰 곳으로 인력을 빼앗길 수밖에 없다. 같은 노동을 하지만 나이에 따라서, 즉 입사년도에 의해서 임금을 차별받는 것은 '고용상 연령차별 금지 및 고령자 고용촉진에 관한 법률', 일명 연령차별금지법으로 불리는 법의 정신에 맞지 않는다. 이 법률은 처벌조항도 가지고 있다. 그러나 누가 개인적으로 자기를 고용한 회사를 고발하거나, 아니면 헌법의 행복추구권을 들어 헌법재판소에 소송을 제기하겠는가? 공기업과 대기업들은 이런 허점을 노려 20대의 임금을 집단적으로 삭감해버렸다.

연봉 2000만원 초과분에 대해서 절반 정도를 삭감당한 첫 입사자는 2010년부터 회사에 들어갈 것인데, 이들은 비록 정규직에 어렵게 입사를 했다고 하더라도 같은 일을 하면서 대체적으로 10년 전 임금을 받을 수밖에 없는 상황이다. 어떤 이들에게 한국은 소득 2만 달러 국가이지만, 20대에게 한국의 시간은 마치 10년 전에 정지해 있는 것과 마찬가지다. 이 사실은 심리적이고 상대적인 박탈감에서 끝나지 않고, 사회적 요소가 20대에게 물질적으로도 불리해진다는 것을 의미한다.

이 사실을 변하지 않을 하나의 객관적 추세로 받아들인다면 한국은 OECD 국가 중 연령에 의한 경제적 격차가 가장 두드러지게 등장하는 국가가 될 것이며, 연령에 의한 '이중 국가(dual state) 현상'을 가장 전면적으로 경험하게 되는 나라가 될 것이다. 복잡하게 생각하지 않더라도 좋은 국민경제는 나이가 어릴수록 그리고 다음 세대일수록 경제적 형편이 나아져서 '일반 후생'이 개선되는 상태라고 할 수 있다. 지금 우리 경제는 이와 반대의 방향으로 가고 있다는 것은 너무 명확하다. 분명히 지금의 20대는 전체적으로는 가난을 경험하지 않고, 폭넓게 문화의 혜택을 받은 세대였던 것은 맞다. 그러나 그들이 다시 재생산의 주체가 되고 있는 지금, 그런 어린 시절의 운명이 청장년기에까지 이어지지 않는 것 같다.

'재생산'이라는 시각으로 본다면, 한국 경제는 다음 세대의 재생산이라는 측면에서 지금 심각한 문제를 보이기 시작한 셈이다. 농경 시대의 오래된 경구인 "자식이 곧 재산"이던 시기와 비교한다면 이제는 인간의 재생산이 곧 비용인 시대를 맞은 셈인데, 거의 전적으로 개인에게 전가된 이러한 비용 지불이 지금의 20대에게는 사실상 불능인 시기가 이미 왔거나 아니면 매우 빠른 속도로 오고 있는 중이다. 2008년 글로벌 금융위기의 사회적 충격을 감안한 새로운 인구 전망에 대한 연구는 아직 나오지 않았다. 대체로 지금의 추세가 당분간 계속될 것이라는 보수적 시나리오가 아니라 현재 20대의 '지불 능력'이라는 요소를 조금 더 적극적으로 반영한 시나리오를 설정한다면, 2019년을 정점으로 우리의 총인구가 줄어들게 될 것이라는 현재의 공식적인 감소 시점이 몇 년 더 앞으로 당겨지게 될 것이다.

적은 수의 새끼를 낳는 대신에 부모의 돌봄을 통해 조기 사망률을 줄이는 방식으로 진화한 포유류는 출산에 따른 책임감은 물론 출산 후 비용 지출이 가장 높은 종이다. 고래도 포유류의 일종인데, 멸종 위기가 가까워질수록 초산 나이가 점점 짧아져 미성숙 고래가 태어나게 되고 오히려 고래의 멸종을 점점 더 앞당기는 종의 위기를 낳게 된다. 현상만으로 본다면 한국인 여아의 초경은 이미 상당히 빨라져 초등학교 2학년까지 내려왔다. 고래나 어류에서 주로 발생하는 조기 출산이라는 현상은, 그러나 현대인에게서는 조기 월경이라는 현상 정도로 추정해볼 수 있을 것이다. 그만큼 사람의 재생산과 생식은 생물학이나 생태학적인 영역의 문제가 아니라 사회적·경제적 제도의 영역에 속한 것이라고 할 수 있다. 그러나 어쨌든 현상적으로는 한국인의 여아는 그 어느 때보다도 어린 나이에 생식에 참여할 수 있는 육체적 준비를 마치게 되고, 그 나이는 이미 10세 초반으로 내려와 있다. 여성들의 첫 출산일이 평균적으로 30세 가까이 늦추어져 있고, 많은 20대가 포유류의 일원답게 결혼 혹은 출산, 생식에 대한 책임감에 대해서 고민하고 있는 시기다. 이미 출산에 대한 육체적 준비를 마친 13세 소녀가 증가하는 현재의 육체적 변화를 어떻게 보아야 할 것인가? 귀신고래나 밍크고래한테 이러한 변화가 발생했다면 당연히 종의 멸종에 따른 조기 출산 현상이 생겨난 것이라고 말하겠지만, 인간의 경우에는 그렇게 생태학에서 사용하는 기준을 기계적으로 적용하기 어렵다. 어쨌든 21세기, 한국의 여아는 인간이 호모 사피엔스라는 하나의 종으로 형성된 이후 가장 빠른 초경을 보여주는 중이다. 그리고 이 현상에 대해서 많은 엄마들이 당혹스러워하지만, 아직은 이 신호에 대해서 체계적으로 해석하려는 어떠한 사회적 시도도 보이지 않는다.

20대와 30대 여성들에게서 생식과 관련하여 가장 두드러지게 보이는 현상은 '결혼 활동'의 축소다. 결혼 활동 혹은 혼활(婚活)이라고 부르는 결혼하기 위한 준비는 2009년에 일본 후지 TV에서 방영된 드라마의 성공 이후 많이 쓰이는 용어가 되었는데, 20대의 '취업 활동'과 대비를 이루면서 하나의 사회현상을 지칭하는 용어가 되었다. 취업이 어려워지면서 '취집'이라는 용어도 등장했고, 결혼도 그냥 때가 되면 알아서 하는 것이 아니라 비용을 지불하면서 '활동'하는 것이 필요한 경제적 행위가 되었다. 전통적으로 결혼 적령기에 들어간 여성은 취업 활동이나 결혼 활동 중 하나를 선택해야 하는 셈이다. 이혼의 위험을 포함해 결혼의 상대 혹은 결혼 그 자체가 굉장히 중요한 의사결정의 하나가 되면서 상대적으로 결혼 활동의 중요성이 더욱 부각되는 시기가 오는데, 이러한 용어의 등장과 함께 우리가 문득 한국 사회에 대해서 깨닫게 된 것은 결혼 활동이 일반적이고 보편적인 현상이 아니라 특수한 계층의 특별한 활동이라는 사실이다.

'결혼의 신자유주의화'라는 흐름은 결혼정보회사의 등장 이후 이제 우리에게도 낯선 현상이 아니다. 연애와 결혼을 분리하는 것은 '김중배의 다이아몬드' 이후로 비교적 오래된 일이지만, 이제 이 두 가지의 격리는 어느덧 사회제도의 한 유형처럼 정착된 셈이다. 결혼에 대한 공식적인 통계와 분석은 매우 적은데, 우리가 이미 알고 있는 것은 대체적으로 결혼정보회사를 통한 결혼 활동이 비정규직이나 파견 직원에게는 해당되지 않고, 정규직 세계에서만 통용된다는 것이다. 물론 구청이나 시청에서 공익적인 형태로 운영되는 조직이 아니므로 이들에게 '사회적 정의'의 잣대를 기계적으로 들이대기는 쉽지 않다. 어쨌든 국민의 5퍼센트 미만으로 추정되는 대기업, 공무원, 공기업 등의 정규직 사원들에게 해당하는 일이다. 그런 직업이 필요 없는 최상위 계층의 자제분들은 여전히 맞선과 같은 가족 내의 필요에 의해서 결혼을 하는 비중이 높다고 할 수 있다. 그렇다면 결혼 적령기의 나머지는? 취업이 될 때까지 많은 대학생이나 20대들이 대부분의 사회활동을 연기하는 것처럼, 정규직을 찾을 때까지 결혼 활동 역시 연기된다. 물론 꼭 결혼정보회사를 통해야만 결혼을 할 수 있는 것은 아니지만, 여기에서의 기준이 대체적으로 사회적 기준을 결정하기 때문에 결혼정보회사의 기준과 '맞선 시장'에서의 기준이 크게 다르지는 않다. 지인의 주선으로 맞선 혹은 소개팅을 하는 경우에도 비정규직의 결혼 활동은 크게 제약된다.

같은 방송팀에서 하나의 프로그램이라는 상품을 만드는 여성들을 관찰하고 분석할 기회가 몇 번 있었다. 여성 아나운서, 여성 PD, 그리고 여성 작가로 구성된 한 방송팀을 살펴보자. 학력은 크게 다르지 않고, '학벌'이라는 표현을 쓴다면 학벌도 크게 다르지 않다. 창의성이라는 눈으로 본다면 방송

작가의 창의성이 가장 높을 수도 있을 것 같다. 어쨌든 방송 제작에서 첫번째 내용을 만들어내는 것은 작가다. 현실에서는 이들 사이에 정규직과 비정규직이라는 넘어갈 수 없는 커다란 강이 하나 놓여 있다. 취업정보회사에서 이들 각각의 정보를 데이터라 하고, 이렇게 계량화된 데이터에 자신들의 노하우에 해당하는 지수 작업을 거쳐 최적의 데이터로 결혼 예비군을 추천해주게 된다. 이렇게 함으로써 '그레이드'와 '매칭'을 관리하는 것은, 데이터가 너무 많기 때문이 아니라 인간이 인간에게 계량화된 점수를 부여하는 것이 너무 비인간적이고 또 께름칙하기 때문일지도 모른다. 어쨌든 같은 알고리즘을 사용하는 경우라도 많은 경우 사람이 직접 한 것이 아니라 컴퓨터가 객관적으로 한 것이라고 하면 의뢰자의 경우도 왠지 이것이 과학적인 것 같고 또 신뢰도도 높다고 생각하는 것 같다. 정규직에 1이라는 코드가 부여된다면 비정규직에게는 0이라는 코드가 부여된다. 직업의 측면에서 점수가 덜 부여되는 것이 아니라, 비정규직은 결혼정보회사에서는 '고객'으로 보지 않는다는 것을 의미한다. 아나운서, PD는 메이팅 시스템이 고객으로 인식하지만, 방송작가는 고객으로 분류되지 않는다. 우리가 TV만 틀면 매일같이 보는 그 방송 프로그램의 제작 시스템이라고 해서 한국의 특성으로부터 피해갈 수 있는 것은 아니다. 그 한가운데에서 한국의 20대 대부분이 부딪히고 있는 문제는 똑같이 발생한다. 2년 전에 어느 방송국의 '막내 작가'가 방송국 창문에서 뛰어내려 투신자살한 적이 있다. 이 불행한 자살을 발생시킨 사회적 관계는 당분간 우리가 풀 가능성이 없어 보인다. 만약 내 데이터를 가지고 결혼정보회사에 데이터를 입력해보면 어떻게 될까? 박사? 소득? 재산? 공식적으로는 대학의 비정규직 시간강사인 내 처지나 비정규직인 방송작가의 처지나 마찬가지다. 어차피 고객이 아니다.

이렇게 위축된 20대와 그 속에서도 더욱 위축된 20대의 결혼 활동이 앞으로 수년 내에 개선될 가능성이 있을까? 사실 위기를 완화시킬 요소는 거의 없고, 사태를 악화시킬 두 개 이상의 요소는 존재한다.

첫번째가 '파견 노동자의 전면화'다. 한국과 일본의 20대 고용시장은 거의 유사해 보이지만 약간의 차이점이 있다. 한국은 비정규직 문제에서 아직 방어선을 형성하고 있지만, 일본은 벌써 뚫렸고 파견직 일반화까지 진행된 상황이다. 물론 한국의 경우도 현대자동차를 비롯한 많은 작업장에서 법원이 이미 불법이라고 판결을 내린 파견 노동자를 고용하고 있지만, 엄연히 법적으로는 불법 행위다. 시정 조치에 대한 명령을 받고도 현실적인 이유로 회사 측에서 버티고 있는 셈이다. 일본은 세계 제1의 위치에 올라간 도요타자동차까지도 파견직을 전면적으로 고용하고 있었는데, 2008년 리먼브라더스의 파산 이후로 문제가 되었던 파견직 해고가 바로 일본 변화의 뇌관이 되었다. 세계적인 기업인 도요타자동차의 해고자들은 주로 회사 아파트에서 생활하고 있었는데, 이들은 해고 다음날로 '잡리스'이며 동시에 '홈리스'가 되었다. 동경 히비야 공원에서 텐트를 치고 2008년 연말부터 농성을 하던 '파견마을'의 주력 농성자들은 30대 파견 노동자들이었다. 간단한 오뎅국 등으로 신년을 기념하던 2009년 1월 1일, 이들의 농성은 NHK를 비롯해서 일본 전역에 방송이 되었다. 신년에 덕담 대신에 집에 들어가지 못하고 텐트에 있는 이들의 모습은 파견직 문제를 일본 사회 전체에 알리는 계기가 되었고, 급기야 자민당의 50년 집권을 무너뜨리고 민주당 정권을 만드는 데에 이 사건이 중요한 역할을 하게 되었다. 이때 파견마을의 사무국장을 했던 동경 법대 출신의 활동가 유아사 마코토(40세)가 민주당 정부의 개혁 추진 기관인 국가정책실의 자문관으로 참여하게 된 것은 의미심장한 일이다. 일본 다큐멘터리 〈조난 프리타〉는 캐논 공장의 파견 노동자 일상을 노동자 스스로 촬영한, 아주 예술성 높은 작품이다.(이 말은, 많은 한국 관람객이 영화를 보다가 졸았다는 의미이기도 하다.) 대학을 졸업하고 캐논 정도 되는 유명한 회사에 근무하는 사람의 일상적 삶이 이토록 비참하고 남루할 수 있다니!

한국은 아직 파견직까지는 전면화되지는 않았고, 회사가 파견회사를 통하지 않고 직접 비정규직을 고용하는 정도에서 방어선을 형성하고는 있다.

그러나 언제든지 국회의 날치기 통과 한 번으로 상황은 전복될 수 있는, 아주 취약한 상황이다. 비정규직만도 우리가 이에 대한 사회적 해법을 찾기가 이렇게 버거운데 여기에 파견직 일반화까지 겹친다면 과연 우리의 미래는 어떻게 될까? 그나마 회사에 직접 고용된 비정규직이라도 파견직에 비해서는 훨씬 낫다는, 그런 고통스러운 목소리가 여기저기에서 튀어나오게 될 것이다.

그러나 우리를 기다리는 고통스러운 변화는 이것이 다가 아니다. 세계 대부분의 국가는 월급제를 기본으로 임금을 지불하고 있는데, 이 관습적인 제도는 대부분의 사람들에게 한 달이라는 삶의 주기를 만들어 놓았다. 급여일이 되면 한 달간 사용하게 될 돈이 통장에 들어오고 이 돈은 다음 급여일까지 계속해서 줄어들게 된다. 큰 소비는 대부분 급여 날짜 직후에 지출하게 되고, 다음 급여일이 가까워질수록 궁핍한 삶을 사는 것이 우리에게는 아주 익숙한 패턴이다. 월급제를 시행하는 국가에서 많은 노동자들의 일상적인 가처분 소득의 저축액은 월급 수준에 수렴하게 된다. 물론 많은 월급쟁이들은 장기 저축 등의 형태로 직접 소비에 사용하지 않는 별도의 금융자산을 보유하게 되기도 하지만, 지난 10년 동안 한국도 저축률, 특히 개인저축률이 지속적으로 하락하게 되었고, 그 대신 가계채무율이 상당히 증가하게 되었다. 기계적으로 노동자들에 대해서만 분석을 한다면, 이미 실질저축률은 마이너스 수준으로 추정할 수 있다.

미국의 경우는 자유시장주의 국가라고는 하지만 국민들의 경제적 이익에 반하는 군산복합체를 오랫동안 유지하면서 국민에 대한 통제가 시스템 유지의 필수요소가 된 나라다. 미국이 60~70년대의 신좌파 흐름 이후에 국민을 통제하는 수단은 회사를 통한 의료보험료 지급과 주급제, 두 가지라고 볼 수 있을 것이다. 80년대에 공공의료보험을 정비한 우리나라로서는 상상도 하기 어려운 의료비는 다큐멘터리 〈식코〉 등 많은 사례에서 문제점으로 지적되었다. 클린턴 행정부의 실패의 이유, 오바마 행정부에 걸었던 사람들의 기대 그리고 2010년 CNN과 BBC에 생중계되었던 에드워드 케네디의 장례식이 모두 이 미국의 악명 높은 의료보험 개혁에 관련된 이야기들이다. 유럽의 국가보험과는 달리 보험비의 일부를 회사가 지원하는 기업주도형 공공복지 형식으로 미국의 의료보험제가 진화하였기 때문에 회사로부터 해고를 당하거나 퇴직을 하는 것은 곧 의료보험을 더 이상 유지하기가 어렵다는 것을 의미한다. 영화 〈인사이더〉에는 아주 큰 다국적기업의 부사장조차 해고되자마자 천식을 앓고 있는 어린 딸 때문에 겪게 되는 경제적 고통이 잘 묘사되어 있다. 기업 중심의 복지체계에서 기업과 격리되는 것은 단순히 실업자가 되어 임금이 준다는 것만이 아니라 공공의료체계로부터 격리되어 매우 고가의 민간 보험에 의존해야 한다는 것을 의미한다. 미국에서 '해고'라는 말은 그래서 유럽이나 심지어 우리나라보다도 몇 배나 무서운 말이 된다. 사소한 치과 치료조차도 얼마나 높은 비용인지, 그야말로 상상 초월이다. 회사나 조직으로부터 밀려나는 것은, 미국 사회에서는 의료비의 경제적 비중만큼이나 무서운 일이다. 회사에서 쫓겨나지 않으려면? 시민으로서의 권리를 일부 포기하고, 말 잘 듣고 얌전히 사는 수밖에 없다.

이러한 의료비와 함께 미국 국민에 대한 실질적 통제장치로 작동하는 또 다른 요소가 바로 주급제다. 물론 형식은 '연봉제'를 취하고 있지만, 이 연봉이 주 혹은 격주 단위로 지급된다. 이 월급제와 주급제의 사회심리적 효과에 대한 연구는 상대적으로 적은데, 월급제 사회에서 사는 사람들은 당연히 주급제에 별로 관심이 없고, 마찬가지로 주급제 사회에서 사는 연구원은 주급제가 당연한 것이라고 생각하게 된다. 『자본론』이 우리에게 그려 보여준 사회에서는 임금이 '노동력의 재생산 비용'이고, 이는 결국 노동자 자신이 살아나가기 위해 필요한 사회적 수준에서 결정된다. 『자본론』의 세상에서는 결국 저축이라는 것은 장기적으로 발생하기 어렵다. 그렇지만 60~80년대, 소위 '영광의 30년'을 지나면서 자본주의 경제에서는 노동자들의 저축 여력이 충분했고, 노동과 저축을 통해서 개별적으로 은퇴 이후를 준비할 수 있었으며, 또 어느 정도는 개별적인 '자율성'을 가질 수 있었다. 그러나 지금 개인들, 특히 노동자의 저축 여력은 전세계적으로 상당히 떨어진 상태이고, 10년도 넘게 미국의 시민들은 부채가 저축보다 많은 상태에서 경제적 삶을 유지해왔다. 그야말로 세계 최강국의 '빈털터리' 국민들인 셈이다. 이러한 상황에서 많은 소비자들의 평균 저축액은 월급제에서는 월급 수준, 즉 4주치 임금, 그리고 주급제에서는 1주일치 임금에 수렴하게 되는 경향이 생겼다. '경제적 안정성'이라는 표현을 쓴다면, 지금처럼 노동자들의 저축율이 0 혹은 마이너스에 수렴하시는 시기에, 월급제는 4주만큼의 안정성, 주급제는 1주만큼의 안정성을 허용한다고 말할 수 있다. 이 안정성을 경제적 자유라는 표현으로 대체한다면, 생활비 기준으로 1년치의 저축분을 가지고 있는 사람은 1년치의 자유를, 6개월치의 저축분을 가지고 있는 사람은 6개월치의 자유를 가지고 있는 셈이다. 만약에 20년 동안 갚아야 하는 빚을 가지고 있다면? 이는 20년 동안은 '일을 하지 않을 자유' 혹은 '월급을 받지 않을 자유'를 가지고 있지 않다는 것을 의미한다. '드롭아웃(drop-out)'이라고 불리는, 자신이 속한 직장이나 삶을 던지고 새로운 삶을 살 수 있는 것 역시 감당할 수 없는 수준의 부채를 가지고 있는 사람들만이 누릴 수 있는 자유 아닌가?

초기 축적분 4주치의 효과가 이렇게 오래 간단 말인가? '마케팅 사회'에서는 그렇다. 이미 우리는 80년대와 비교하면 상대적인 저축액과 가처분 소득이 매우 줄어들어 있는 경우이고, 최근 부쩍 현금보유액을 늘린 기업 저축까지를 감안한다면 노동자들의 순수 저축은 사실상 미국이나 한국이나 존재하지 않는 셈이다. 경제라는 것이 이토록 빡빡하게 제도라는 것의 틀을 벗어나지 못하는 것일까? 월급제든 주급제든, 어차피 같은 연봉을 지급하고 다만 지급 주기의 형식을 바꾼 것에 불과하지 않은가? 그러나 경제적 현실은 여러 가지 사회적 조건과 문화적 구조의 영향을 많이 받는 속성을 가지고 있어서 조삼모사가 현실적이고 유의미한 영향을 발생시키는 경우가 종종 있다.

한국은 월급제를 오래 사용했던 나라이고, 나나 여러분에게 임금이란 월급의 형태임을 당연하게 생각하고 있을 것이다. 우리에게 그것이 정부이든 민간 기업이든 혹은 시민단체든, 어쨌든 우리가 '직장'이라는 형태로 이해하는 곳에서 일한다는 것은 '월급쟁이'라는 단어로 대표되는 일련의 삶의 양식으로 들어간다는 것을 의미한다. 돌리 파튼의 영화로 유명해진 〈나인 투 파이브〉는 삶의 양식 중의 하나다. 그러나 생각해보면 '월 지급'이라는 이 특수한 제도 역시 일정한 힘의 균형하에서 이루어지는 사회적 관계의 표출이며, 어느 한쪽의 힘이 약해진다면 월급제도 유지되기 어렵다는 것은 당연한 일 아니겠는가? 간단하게 표현해서 조금 투박하기는 하지만 자본과 노동의 대립이라는 두 축만을 생각해볼 때, 현재 우리가 가지고 있는 월급제라는 제도도 불안정하기는 하지만 어쨌든 한국 경제의 도약기 이후로 흔들리지 않고 있었던 한국 임노동 관계의 핵심에 존재하는 제도라고 할 수 있을 것이다. 자본과 노동의 관계에서, '3대 노동자' 즉 할아버지, 아버지를 거쳐 손자가 노동자가 된 그런 본격적인 노동자가 등장하기에는 우리의 산업화 역사가 좀 짧다. 이 상황에서 자신의 2세를 '자랑스러운 노동자'로 키우겠다는 계급의식 자체가 한국에서는 아직 형성되어 있지 않다. 문화와 의식 등 여러 가지 여건이 결합되어, 한국은 노동과 자본이라는 단순한 두 가지 대립 축에서 자본 쪽에, 그것도 건설회사 주도의 토건 자본에 힘이 많이 실려 있는 것이 현실이다.

이론적으로는 '거래비용', 즉 지급비용의 불편함을 감수한다면 격주급제, 주급제가 아니라 일당제 혹은 시급제, 그 어떤 것도 가능하다. 실제로 일부 컨설팅 회사나 로펌 같은 곳에서는 분 단위가 아니라 초 단위까지 계산하는 경우도 있다.

지금의 20대의 위기는 '대졸 초임 삭감'이 끝이 아니다. 작용·반작용과 같은 힘의 균형에서 오랜만에 등장한 이 '만만한 20대'의 존재는, 역시 현실적으로 최초의 정규직 주급제의 수혜자(!)가 될 가능성이 높다. 이미 한국에서도 '알바'의 세계에서는 주급제가 미국에서만 존재하는 아주 먼 나라의 제도가 아니다. 지금 한국의 집권자나 지배층은 노동자와 월급쟁이들을 자신의 적으로 생각하고 있으며, 특히 민주노총이든 한국노총이든, 어쨌든 노동조합이 있는 곳은 타도의 대상으로 생각하는 성향이 강한 것 같다. 이들은 부동산으로 이득을 볼 사람들과 경상도라는 두 개의 변수만을 가지고, 결국 한국 경제가 상층부와 하층부, 즉 8자형 경제로 분리되는 상황에서 일부의 중산층과 노동자만 효율적으로 통제할 수 있으면 영구 집권이 가능하다고 생각하는 것 같다. 일본 자민당이 50년을 집권했던 전례가 일종의 레퍼런스가 되는 셈인데, 일본의 경우는 "일단 일본에서 태어나기만 하면 먹고살게는 해준다"는, 이른바 일본식 '인간의 얼굴을 한 자본주의'가 자민당 장기집권을 가능하게 한 암묵적인 사회적 합의였다. 그러나 효율만을 강조하면서 실제로는 시민적 권리를 경제적으로 통제하는 한나라당의 '20대 통제'는 자민당 수준에 훨씬 미치지 못하는 것 같다. '법치'라는 이름으로 진행되는 집회 통제와 인터넷 여론에 대한 통제는, 문화와 공적 담론에 대한 통제인 '방송 통제'라고 할 수 있는 방송 장악보다 오히려 덜 무섭다고 할 수 있다. 그러나 이보다 더 무서운 통제는 경제적 통제다. 대체적으로 한나라당의 경제 통제가 일부 공기업의 민영화에 의한 고가 사회서비스의 등장 그리고 공정거래법과 관련 규정의 완화를 통한 독과점 정도의 형태로 등장하게 되리라고 많은 사람이 예상했었다. 그러나 한국 집권 세력의 최종적인 경제적 통제가 주급제가 될 가능성이 있다는 사실은, 좀 충격적이고 놀랍기는 하다. 주급제가 공식적인 담론에서 잠깐 모습을 비추었던 것은 2009년도의 경제위기 시기에 진행되었던 '희망근로' 사업에 대한 논의 과정에서였는데, 당시에는 주급제라는 방식에 대한 비난 여론이 높아서 무산되었다.

정권 내부에서 은밀하게 논의되는 것으로 알고 있는 주급제는, 본질적으로는 한국 지배층의 2008년 여름 촛불집회에 대한 직접적이면서도 제도적인 답변인 셈인데, 실제로 주급제가 일반화되면 시민들이 대규모로 움직이는 정치 집회의 가능성이 줄어들게 될 가능성도 있다. 그 주 벌어 그 주 먹고 사는 사람들은 아주 곤경한 상황에 몰리기 전에는 경제적 가치를 뛰어넘는 사회적 가치나 문화적 가치에 대해서 적극적으로 주장하기가 쉽지 않을 것이다. 이런 것이 한국적 맥락에서 주급제가 가지고 있는 정치적 의미일 텐데, 저축률 하락에 의한 국민경제의 손해와 이에 따른 내수시장의 침체를 부담하고서라도 한국의 지배층은 어떤 수단을 써서라도 주급제를 도입하려고 할 것이다. 논리야 만들면 그만이다. 일단 "미국이 시행하는 제도"라는 점에서, 아주 간편하게 이 제도는 '선진화 방안'으로 쉽게 등장할 수 있다. 아마 2~3년 내에 우리는 다시 한 번 미국의 경제를 칭송하면서 주급으로 임금을 받는 미국 중산층의 아름다운 소비생활과 탁월한 패션감각 그리고 현금카드의 현명하고 지혜로운 활용 방안, 즉 미국식 소비 패턴의 아름다움과 덕목을 주급제와 관련해서 칭송하는 경제 전문가의 등장을 목격할 수 있을 것이다. 사실 한 달 이상의 생활비를 평균 저축액으로 유지하는 사람에게는 월급제와 주급제 사이에 거의 차이가 없다. 한국에서 활동중인 경제학자는 대부분 이 정도의 수준을 유지하고 있다. 그러나 지금 실질적으로 마이너스 저축인 상황에서 이 정도의 저축 수준을 유지하는 사람들이 한국에 얼마나 될까? 개개인의 모든 통장 잔고를 뒤져보기 전에는 알 수 없다. 대체적으로 우리나라의 경우 자산보유 형식으로는 부동산이 80퍼센트를 넘게 차지하기 때문에, 유동성 즉 현금성 예금의 보유는 다른 나라의 절반 수준이다.

파견직과 주급제 모두 앞으로 20대에게 집중적으로 부담을 주게 될 제도들인데, 비정규직에게만 위협적인 것이 아니다. 주급제의 경우는 정규직들에게도 해당될 수 있다. 대졸 초임 삭감이 중요한 것은 그 사건 자체만이 아니라, 이런 방식의 변화를 추진할 때 거의 아무런 사회적 저항이 없었다는 것을 집권자들이 알게 되었다는 데에 더 큰 의미가 있다.

노동조합의 경우는 '예비 노동자'보다는 현재의 조합원 보호가 우선일 수밖에 없다. 물론 논리적으로는 '예비 노동자'에 대한 보호도 필요하기는 한데, 20대의 새로운 예비 노동자들이 '예비 조합원'일 것이라는 믿음이 별로 없다. 2008년 기준으로 전교조의 경우는 전체 노조가입률이 21.5퍼센트이지만, 20대 교사의 노조가입률은 6.4퍼센트에 불과하다. 전체적인 노조조직률이 20대의 저조한 노조가입률로 낮아지고 있는 것이 현 실정이다. 이러한 상황에서 노조가 20대 예비 노동자의 경제적 이익을 대변하기 위해서 적극적으로 움직이지 않는다는 것은, 어떻게 보면 너무 당연한 일이다. 현재 정책의 운용에 별로 영향력이 없는 일부 시민단체를 제외하면 여전히 이 문제에 대해서 관심을 가지고 있는 곳은 한국에는 거의 없고, 20대가 스스로를 지키기 위해서 움직이지 않으리라는 것은 당분간 주어진 현실이다.

지금의 비정규직 구조에 이미 초봉을 삭감당한 예비 노동자들, 여기에 파견직과 주급제의 충격이 얹혀지면 어떻게 될까? 경제는 장기적으로 균형을 향해서 움직인다는 레옹 왈라스(Leon Walras)의 찬란한 기대는 당분간 한국의 20대에게는 해당하지 않는 것 같다. 드라마 〈선덕여왕〉에서 미실이 말했던가?

사랑한다면 아낌없이 모두 빼앗아버려라!

미실식 사랑이 진정한 사랑이라면, 한국은 20대를 끔찍이도 사랑한다고 말할 수 있는데…. '모두 빼앗는 것'은 맞는 듯한데, 사랑해서 그런 것 같지는 않다. '적당한' 균형은 이들에게는 존재하지 않고, 스스로를 지킬 수 없는 사람의 마지막 것까지 다 빼앗아가는 게 지금 진행되는 변화의 방향이다. 여기에 한도가 있을까? 없다. 점점 더 가파르게 그리고 점점 더 심하게 이 변화는 계속 진행될 것이다. 비정규직 내에서도 월급을 받는 곳과 주급을 받는 곳에 따라서 새로운 차별이 생겨날 가능성은 농후하다. '동일 노동 동일 임금의 원칙'은 일종의 제도이지만, 우리는 이런 유형의 경제제도를 한 번도 가져본 적이 없다. 이미 우리는 노동의 형식 그리고 기업의 크기에 따라 아주 차별적이며 많은 격차를 주는 방식으로 제도를 발전시켜왔고, 우리에게 차별은 마치 숨 쉬는 공기처럼 익숙한 것이 되었다. 정규직의 30~40대가 월급제를 지켜내는 동안에 20대는 정규직이든 비정규직이든 주급제로 임금을 받게 되는 최악의 시나리오가 전개될 가능성이 높다. 여기에 파견직이 법적으로 허용되면, 파견업체 중에서 코스닥에 상장하는 회사들이 등장하게 된다. 안 그래도 적은 비정규직의 임금 일부를 이들이 알선료로 떼어가게 되는데, 파견직들은 사회의 밑바닥을 헤매지만 정작 이들을 직접 채용하는 파견업체는 대기업의 반열에 오르게 된다. 이런 현실은 이미 일본에서 본 적이 있다. 유아사 마코토의 『빈곤에 맞서다』(2009)에는 이 과정이 소상하게 그려져 있다. 영화 〈조난 프리타〉에서 만나는 캐논의 파견직 청년 노동자 그리고 '파견 마을'에서 만났던 도요타의 30대 해고 노동자들이 바로 우리의 가까운 미래인 셈이다.

자, 이러한 현재의 변화를 '결혼 활동'과 연결시켜서 생각해보자. 어렵게 생각할 것 없다. 결혼 활동의 가장 공식적 업자인 결혼정보회사 중 이미 상당수가 '초혼' 시장에서 철수하고 주력 시장은 '재혼 시장'으로 이전된 상태다. 시장의 변화는 언제나 우리의 상상보다는 한발 앞설뿐더러 많은 경우 지독할 정도로 과학적이며 현실적이다. 많은 20대는 이미 공식적인 회사를 통한 결혼 활동의 고객이 되기 어렵고, 회사 또한 그들이 20대의 건전한 연애나 성생활 혹은 결혼에 지극한 관심을 가지고 있는 복지기관이 아니기 때문에 뭐라고 하기는 어렵다. 공식적인 결혼 활동의 경우는 이렇고, 그렇다면 돈을 지불하지 않는 연애와 같은 활동의 경우는 어떨까? 그야말로 우리가 국민들 개개인의 연애나 섹스에 관한 은밀한 통계를 가지고 있지 않으므로, 총량으로 접근하기는 쉽지 않다. 마치 우리가 국민 전체의 혹은 연령별·성별 섹스 총량 혹은 빈도수에 대한 시계열 유형에 대해서 알 수 없는 것처럼 말이다.

생태학 용어를 사용한다면, 한국 20대의 불행은 중산층의 재생산 실패가 진행되는 바로 그 현장이라고 할 수 있다. 그들의 부모는 가난하지 않았지만, 그들의 2세는 평균적으로 가난하게 될 것이다. 한국 중산층 1세대를 80년대 중·후반에 자신의 경제적 기반을 형성한 사람이라고 한다면, 그들이 3세를 보게 될 가능성은 아주 낮다. 왜냐하면 그들의 2세들은 생식의 위기라는 매우 특이한 구조적 장벽에 부딪혔기 때문이다. 스스로를 중산층이라고 믿던 한국인들의 2세가 다시 중산층에 진입하게 될 가능성은 매우 낮다. 그들의 2세들, 즉 지금 상당수의 2세들은 스스로의 '일상적 삶'을 재생산할 여력도 별로 없는데, 이러한 '자원' 접근에 대한 차단이 생식의 위기를 만드는 셈이다. 여기까지는 우리가 이미 알고 있는 일이다.

포유류는 다른 동물에 비해서 2세에 대한 책임감이 높은 종족인데, 사람의 경우도 대체적으로 그렇다고 할 수 있을 것이다. 어찌 보면 선진국이 될수록 '재생산의 비용' 자체가 높아진다고 할 수 있는데, 그래서 부자 국가일수록 출산율이 낮아지는 경향이 있다. 결혼을 하지 않고 출산을 하지 않기로 한 20대에 대해 때때로 무책임하다고 비난하는 경향이 있는데, 그들은 무책임한 것이 아니라 지독할 정도로 2세에 대한 책임감이 높아서 그런 현상이 벌어지게 된 것이라는 점을 이해해야 한다. 그들에게 정부를 믿지 않는다거나 정책의 가능성을 너무 낮게 본다거나 혹은 지나치게 개별적 해법에만 의존한다고 힐난할 수는 있겠지만, 그렇더라도 무책임하다고 하기는 어렵다.

생식의 경우가 이렇다면 섹스는? 우리가 GDP(Gross Domestic Product)를 한국은행에서 매년 계산하고, 지역별 GDP인 GRDP를 집계하듯이 GDS(Gross Domestic Sex)를 알 수 있다면 매우 쉽게 간단한 함수식과 파라미터에 대한 시계열 추정식을 만들어볼 수 있겠지만, 우리는 이 정도로 자세한 국민들 개개인의 은밀한 삶에 대한 통계를 가지고 있지 못하다. 국가가 이런 것들까지 모두 알겠다고 하면, 그 자체로 또 다른 문제를 만들어낼 위험도 있다. 인간에게 있어서 섹스는 번식 혹은 생식만으로는 설명되지 않는 매우 특수한 요소이기는 하다. 마치 우리가 우리의 생태계에 대해서 정확한 통계나 자료 혹은 누적된 연구를 가지고 있지 않은 것처럼 우리의 섹스에 대해서도 마찬가지다. 총량 정보로서 우리가 알 수 있는 것은 거의 없지만, 10년 전에 비해서 우리의 섹스가 감소하고 있는 중이라는 가설을 세워볼 수는 있다. 물론 정량적 입증은 어렵다. 10년 전 유행이었던 대학가의 모텔촌이 최근에 원룸으로 리모델링하는 것이 흐름이라는 것과 같은 파편적인 정보만이 존재할 뿐이다. 정성적 자료들도 일부 있다. 결혼은 물론이고 연애와 섹스를 거부하는 '초식남'과 같은 새로운 삶의 패턴이 등장했다는 것도 일종의 신호로 볼 수 있다. 그러나 이런 것들을 국민경제 전체의 섹스 패턴의 변화 지표로 쓰기는 어렵다. 자, 우리의 섹스는 현재 이 경제구조 내에서도 안녕할까? 생식의 위기에도 불구하고 사회적 섹스에는 문제가 없을까, 아니면 드러나지는 않지만 생식의 위기와 함께 섹스의 위기가 같이 찾아온 것일까?

한 가지 논리적으로 추론할 수 있는 것은 생식의 위기가 섹스의 위기로 연결되지 않기 위해서 매우 가시적이고 집단적인 '가난한 사랑'에 대한 이데올로기 혹은 문화 장치의 개입이 필요하다는 것이다. 현재 20대는 평균적으로 결혼의 위기를 말해도 이상하지 않을 정도로 충분히 가난해졌고, 이 상대적 가난과 가처분 소득의 감소는 하나의 경향성으로, 그리고 더욱더 가파르게 진행될 것이다. 초산 연령은 벌써 30대로 넘어갔고, 이것도 계속해서 늦어지는 중이다. 이 통계는, 출산하는 여성들에 대한 통계라서 전혀 출산을 하지 않는 사람들은 빠져 있다. 과연 이들 가운데서 '가난한 사랑'에 대한 찬가 혹은 '빈처'의 연탄곡이 다시 울려 퍼지게 될까? 그런 아름답고도 서정적인 음악보다는 경쟁에 대한 찬송가와 돈에 바치는 레퀴엠이 지난 10년 동안 우리 귀에 익숙했던 주제곡이자 떠오르는 21세기 주제가가 아니던가?

논리적으로 본다면 섹스의 위기는 생식의 위기로 연결되고, 이는 다시 가족의 위기로 연결된다. 물론 가족이 그렇게 중요한 것이냐고 문화적으로 질문하면, 그야말로 경우에 따라서 그렇다고 말할 수밖에 없을 것이다. 10여

년 전에 서울대학교 앞에 모텔촌 건설 붐이 한창이었던 적이 있다. 지금은 그렇게 생겨난 모텔들이 원룸으로 리모델링을 하는 것이 유행이다. 한때 신촌의 밤의 세계를 대변하던 장미여관이라는 곳이 있었다. 마광수의 『가자, 장미여관으로』(1997)의 공간적 배경이 된 바로 그곳이다. 물론 이 유명한 곳은 망했고, 다른 업종으로 바뀌었다. 주부들이 초등학교 바로 코앞까지 밀고 들어온 모텔들과 일산에서 한바탕 격전을 치른 적도 있다. 불과 10여 년 전, 모텔이나 러브호텔은 한국에서 가장 수익성이 높은 업종 중의 하나였던 것 같다. 그러나 최소한 성업하는 업종만을 중심으로 본다면, 지금은 모텔이 아니라 바로 원룸이다. 섹스는 줄고, 결혼은 없어지는 중이고, 더 이상 우리가 '집'이라고 불렀던 그런 형태의 거주 조건을 필요로 하는 사람들은 급격히 사라지는 중이다. 장기적이지만, 지금 한국 경제를 추동하는 가장 큰 힘은 바로 이 섹스의 위기에서 생식의 위기로 전환하는 경제적 주체의 재생산 위기인 셈이다. 생각해보면, 68혁명의 힘을 추동한 두 주체는 가부장제로부터 탈출하려는 아들들, 그리고 낙태의 자유를 얻고자 했던 여성들 아니었던가? 섹스는 때때로 사회적 변화를 직접적이든 간접적이든, 이끌어내는 힘을 가지고 있는 것 같다.

80년대 중·후반, 한국의 중산층이 처음 형성되던 시절, '스텔라 인생관'이라고 불리던 말이 있었다.

20대는 20평 아파트에 엑셀을.

30대는 30평 아파트에 프레스토를.

그리고 40대는 40평 아파트에 스텔라를.

당시에 20평 아파트에 엑셀을 몰았던 사람들이, 즉 20대들이 지금의 50대들이다. 이들은 사실상 한국 국부의 절반 이상을 가지고 있는, 한국 경제 발전의 성과를 가장 많이 받았던 사람들이다. 한국의 경제 엘리트들은, 단연

50대들이 주축을 이루고 있다. 금융재산 30억 원 이상을 소유한 사람들은 97퍼센트가 남성, 50퍼센트가 50대 그리고 80.7퍼센트가 서울 거주자다. 그리고 전체의 44퍼센트는 강남·서초 거주자다.(2008년 『매일경제』, 삼성경제연구소 조사) 지금의 40대는 저 모델 그대로 자신의 삶을 살았는데, 그 위로 넘어갈 수가 없다. 마지막으로 이 게임에 들어선 30대들도 마찬가지다. 지금의 3무 세대라고도 불리는 20대는 절대다수가 빈곤층이고, 더 이상 '20평 아파트'라는, 79년 이후 시작된 이 폭탄 돌리기를 받아줄 수가 없다. 김연아급의 절대 강자인 일부 20대를 제외하면, 한국의 빈곤한 대다수 20대에게 20평 아파트는 그것이 전세든, 월세든, 상상의 범위 안에 들어가 있는 것이 아니다. 평범한 20대 중 가장 성공하고 안정적인 사람들이 갈 수 있는 가장 럭셔리한 거주 조건이 바로 원룸이다. 지금 우리에게 오는 경제위기의 가장 큰 모티브는 바로 이들에게서 온다. 더 이상 40대가 30대에게 아파트를 넘기고, 다시 30대가 20대에게 아파트를 넘기는 그 시스템은 돌아가지 않는다.

지금까지 20대의 경제적 위기를 즐기면서 자신들의 안락함과 사회적 성과를 즐겼던 40대, 그리고 그 중간에 끼어서 자신의 미래를 불안하게 생각하던 30대, 시스템의 모순은 그렇게 매우 빠른 시간에 그 상층부까지 전이되게 될 것이다.

2장

토무현, 토명박, 토근혜,
그리고 토건의 완성

01 | 회복력과 천이

경제학이 일반적으로 상정하고 있는 수리적 공간의 세계는 보통은 유클리드 평면이라고 불린다. 일반적으로 기하학에서 우리가 배우는 평면은 대부분 유클리드 평면에 관한 것이고, 무한히 넓은 백지 한 장이 평평하게 펼쳐져 있다고 생각하면 된다. 이 상태에서 두 점을 잇는 가장 짧은 선이 직선이 되고, 다시 이 직선의 움직임을 통해서 삼각형과 같은 도형들이 정의된다. 만약 종이가 휘어져 있거나 구김이 있다고 생각하면 직선도 같이 종이의 굴곡에 의해서 휘어지게 된다. 영화 〈뷰티풀 마인드〉로 유명해진 내쉬 박사가 마지막까지 풀고 있던 '리만 평면'과 같은 비 유클리드 기하학은 평면 자체에 굽어진 부분이나 왜곡과 같은 것이 있는 경우를 말한다. 평면의 양 끝을 뒤집어서 연결시키면 자연스럽게 앞면과 뒷면이 연결되는 뫼비우스의 띠가 만들어진다. 고전적인 기하학으로는 이런 곳에서 생겨나는 문제는 풀지 못한다.

어쨌든 통상적인 경제학은 공간적으로나 시간적으로나 이런 유클리드 평면 위에 디자인되어 있는데, 균형의 개념은 이러한 평평한 공간에서 여러 가지 시행착오를 통해서 결국 최적의 지점을 찾아가게 된다는 것으로 좀 넓게 이해할 수 있을 것이다. 마치 공간에서 왼쪽으로 갔다가 오른쪽으로 오면 다시 원위치에 오는 것처럼 시간 역시 앞으로 가든 뒤로 가든 마찬가지 관계로 이해를 하고 있다. 요즘 우리가 쓰는 많은 컴퓨터 프로그램에는 언두(undo) 명령이 있다. 실수로 무엇인가 잘못된 작업을 했을 때 아주 치명적인 실수가 아니라면 바로 이 언두를 사용함으로써 다시 원래의 상태로 복귀하게 된다. 프로그램에 따라서는 몇 개의 시퀀스 이후에도 특정 행위만을 취소시킬 수 있는 기능을 가지고 있기도 하다.

우리는 살면서 가끔 이 언두 명령이 삶에도 있으면 좋겠다고 생각을 하게 되기도 한다. 사람은 잠시 후에 후회하고야 말 그런 일도 종종 하게 되는 법이다. "미안하다"고 말하면 간단하게 끝날 일을 그 별것도 아닌 말이 입에서 나오지 않아 결국 헤어지거나 등 돌리게 되는 일을 여러분들은 겪어보신 적이 없으신가? 아니, 때때로 지우개가 있어서 삶의 몇 부분 혹은 몇 가지 결정들을 지금에라도 다시 지울 수 있으면 좋겠다고 생각해보신 적은 없는가? 삶에 지우개가 있다면…. 나도 지우개로 '아주 약간' 기억하고 싶지 않은 이상했던 몇 번의 결정을 지울 수 있다면, 아마 지금보다 몇 배는 행복하고 몇 배는 명랑하게 될 것 같다. 하긴, 그런 지우개가 있다면 어떤 사람은 너무 많이 지워버려서 인생 자체를 지워버리는 불상사가 생길지도 모르겠다. 만약 지우개로 딱 한 번 지울 수 있다면 독자 여러분은 삶의 어떤 부분을 지우고 싶으신가? 그 딱 한 번의 언두 명령이 부모이거나 같이 사는 사람 혹은 한때는 절친했던 사람이라는 무서운 생각을 하지 않으시기를 빈다.

표준 경제학은 이러한 지우개가 아주 많은 유토피아와 같은 세상이다. 경제학의 맨 밑에 있는 행위인 교환이 그렇고 또한 자본이나 노동과 같은 변수들이 이러한 방식으로 사유된다. 시간을 다시 되돌리기 위해서는 시간에 따른 이자율만큼의 보상을 계산해주면 그만이다. 물론 최근의 많은 경제학자들은 이런 방식으로 시간을 다루는 것에 대해서 불만을 가지고 있고, 진화경제학이나 시스템공학과 같은 것은 시간을 전면에 내세운 이론들을 적극적으로 모델에 도입하려고 하지만, 이러한 변화는 여전히 부분적이다. 이렇게 시간의 특수성을 다룰 때 많이 사용하는 방식이 '비가역성(irreversibility)'을 삽입하는 것인데, 이는 일단 발생한 일을 다시 되돌릴 수 없다고 가정하는 것이다. 강태공이 돌아온 그의 아내에게 말했다는 '엎질러진 물(覆水不返盆)'의 고사와 같은 이야기다.

생태계는 대표적으로 이 '복수불반분'의 현상을 보여주는 특징을 가지고 있는데, 비가역성 심지어 비복원성 같은 현상이 벌어지게 된다. 우리나라에서는 전혀 힘을 쓰지 못하는 원칙이기는 하지만 어쨌든 생태계가 어떻게 될지 모르는 과학적 불확실성이 존재할 때에는 '예방성 원칙(precautionary principle)'이라는 것을 사용한다. UN 기후변화협약이 대표적으로 이 예방성 원칙 위에 서 있는 협약이다. 예방? 한국에서 예방과 같은 사려 깊은 행위는 행정 원칙으로 잘 작용하지 않는다.

물론 지구 생태계나 지역 생태계가 조금만 손대도 망가질 것 같은 그런 나약한 것은 아니다. 사람들이 어린아이에 대해서 상상하는 것처럼 자연이 보호를 받아야만 생태적 균형 상태를 유지하는 것은 아니다. 우리는 이런 자연의 힘에 대해서 잘 모르고 있고, 생태계는 늘 우리가 돌보아야 하는 약한 존재도 아닐뿐더러 스스로 끊임없이 변화하고 그 스스로 치유하는 능력을 가지고 있다. 여기에 따른 몇 가지 개념이 있는데, 자정 능력 그리고 이 자정 능력의 크기라고 정의할 수 있는 수용 능력(carrying-capacity)이라는 개념이 있다. 물론 생태계의 수용 능력을 미리 알 수 있다면 매우 재밌고 의미 있는 계산을 할 수 있겠지만, 이 수치를 만들어내는 생태계 자체가 매우 가변적이기 때문에 계산을 시도할 수는 있다 해도 그것만으로는 의미 있는 결론을 도출하기가 쉽지 않다. 대체적으로 생태학에서는 '문턱효과(thresh-hold)'라는 표현으로 비선형적 효과를 설명한다. 생태계는 이 문턱효과 이전까지의 오염이나 변화에 대해서는 꽤 오랫동안 참고 버텨주지만 그 선을 넘어서는 순간에는 급격한 변화 즉 붕괴(collapse)라는 현상이 오는 경우가 많다. 그 선 이전까지는 꽤 문제가 생기더라도 잘 버텨오던 생태계가 아주 약간의 추가적 충격에 의해서 급격하게 붕괴되는 현상들이 종종 생긴다. 이 문턱을 넘어서는 순간, 이전 단계로 다시 돌아가는 것이 쉽지 않다. 산사태가 발상하는 것과 같은 메커니즘이라고 할 수 있다.

이 붕괴라는 개념은 이스트 섬의 몰락에 대한 몇 가지 시나리오로 상당히 유명해졌고, 『총, 균, 쇠』로 생태 분야에서는 아마도 가장 성공한 저자인 제레드 다이아몬드의 『문명의 붕괴』(2005)라는 책을 통해서 우리에게도 이미 소개된 바가 있다. 붕괴? 그렇다. 생태계는 문턱이라고 부르는 역치 값을 넘어가게 되면, 균형 → 불균형 → 균형으로 이어지는 시장 경제의 시나리오와는 달리 그냥 붕괴되고 만다. 홀링(C. J. Holling)이라는, 사실상 생태학의 태두에 해당하는 사람이 『파나키(Panarchy)』라는 핵심 저서를 통해서 일반인들에게도 유행시킨 개념인 '회복력(resilience)'이 바로 이 비선형적인 붕괴의 메커니즘을 통한 분석에서 나온 것이다. 생태계가 다른 생태계로 이전하는 것을 천이(succession)라고 부르는데, 시장경제의 균형과는 조금 다른 개념이다. 생태계는 인간이 개입하지 않아도 그 스스로 변화하는 천이를 가지고 있다. 그런데 인간의 경제 규모가 지역 생태계나 지구 생태계가 버티기 너무 힘들 정도로 커졌을 때, 이때에도 생태계는 천이 과정을 거친다. 이 천이가 또 다른 균형일까? 인간의 개입에도 불구하고 아직 생태계가 스스로 복원할 수 있는 능력을 가지고 있는 상태를 '회복 가능한 생태(resilient)'라고 부른다. 예를 들면 서울의 청계천은 회복 가능한 생태인가? 물론 이것은 인공 조경 시설이기 때문에, 그 스스로는 어떠한 회복 능력도 가지고 있지 않다. 분수나 인공 폭포가 자연적인 회복 능력을 가지고 있는가 하고 질문하는 사람은 없다. 청계천은 자체적으로 회복 가능한 생태계가 아니다.

청계천은 한강의 물을 펌프로 역류시켜 동아일보사 앞의 수도꼭지를 통해서 흘러보내는, 일종의 거대한 어항이다. 근본적으로는 어항과 마찬가지

구조이고, 그래서 어항 생태계 논의와 같은 것이다. 차이점이 있다면 어항은 물고기를 사다가 넣어주어야 하지만, 청계천은 중랑천과 합수하여 한강으로 흘러가기 때문에 중랑천의 물고기가 알아서 청계천으로 내려오게 되었다는 점이다. 원래의 계획에는 한강의 물과 지하수 외에도 생활하수의 처리수도 사용하는 것이 포함되어 있었는데, 생활하수에는 환경 호르몬이 포함될 수 있다는 지적에 의해서 이것은 포함되지 않았다. 어항의 물 관리와 같은 방식 인데, 핵심 설비는 어항과 마찬가지로 물과 모터다. 이 모터는 영구 수명을 가지고 있는 것이 아니라서 2년에 한 번은 유지 보수를 위해 하루 정도 정지 시키고 관리해야 하는데, 그날 우리는 돈과 시멘트로만 구성된 청계천의 진 짜 모습을 보게 된다. 물론 재수 없게 그날 중랑천에서 청계천으로 온 물고 기들은 물이 없는 상태에서 하루 정도는 거뜬히 버틸 수 있는 특수한 종이 아니라면 죽게 된다. 내가 봤던 청계천의 초기 계획에는 정비 주기가 2년으 로 되어 있었는데, 어쨌든 이 참혹한 모습을 시민들에게 도저히 보여줄 수가 없었는지 아직까지 정비가 이루어지지 않은 것으로 알고 있다. 물론 기술적 해결책은 있다. 비 오는 날에는 어차피 원수 공급이 필요 없으므로 모터의 정비와 교체 정도는 비 오는 날 하면 된다. 그렇다면 정전에는? 많은 공장에 서 하는 것처럼 비상용 자가 발전기를 놓고 기름을 쓰면 되기는 한다. 그렇 다면 조선 시대에는 이 청계천을 어떻게 유지했는가? 물론 북악산으로부터 물이 흘러 내려왔다. 지금은 그 자리를 광화문 광장이 막고 있다. 상류부터 복원을 하기 전에는 청계천이라는 하천은 도저히 자연적으로는 존재할 수가 없는 하천이다. 세상에 어떤 생태계가 모터 유지 보수 혹은 정전 등의 이유 로 잠시 쉬었다 가야 하겠는가? 인간이 사라진 서울에서 며칠 만에 사라져 버릴 조경 시설물이 바로 청계 인공하천이다. 이런 점에서 생태교육을 이유 로 자식들을 청계천으로 데리고 가는 부모는, 간단히 말하면, 제정신이 아니 다. 물론 특1급 미세먼지와 휘발성유기화합물(VOCs) 오염지인 광화문 광장 의 스케이트장에 자기 자식을 데리고 가는 부모들도 있을 정도이니, 그보다는 나은 경우라고 할 수 있다. 참고로 VOCs는 발암성이고 운동 중에 호흡을 통한 피폭량이 늘어날 경우에는 아주 위험해질 수 있다. 광화문 광장의 스케이트장에 자녀를 데리고 가는 부모들은, 만약 환경과 생태 그리고 보건의 눈으로 본다면 아동 학대에 해당한다.

청계천의 경우에는 회복력 혹은 복원성을 따지는 것이 불가능할 정도이지만, 만약 그것도 일종의 생태계라고 본다면 어떻게 할 것인가? 역시 딜레마다. 오염 총량이 동일하다고 할 경우, 하천의 오염도는 속도와 수량의 함수다. 유속이 너무 빠르면 물고기들이 산란을 하기 어렵게 되어 산란지 기능을 하지 못하고 반대로 유속이 너무 느려지면 물이 오염되게 된다. 청계천의 경우에는 시설을 설계할 때 자연정화와 오염도에 대한 디자인상에서의 배려 즉 DFE(Design For Environment)가 전혀 이루어지지 않았기 때문에 추가적인 수질오염의 문제가 생겨날 것이라고 예상한 적이 있는데, 이 일은 실제로 벌어졌다. 녹조 현상이 발생하면서 자체 정화 능력이 떨어진 청계천은 서울시의 골칫덩어리가 되었다. 애니메이션 〈니모를 찾아서〉의 니모는 어항의 녹조 현상을 이용해서 탈출을 시도했는데, 자연 복원 능력을 갖지 못한 청계천은 유속을 높이거나 아니면 때때로 어항 청소를 하듯이 그렇게 주기적으로 청소해주는 수밖에 없다.

에너지의 교환은 있지만 물질의 교환이 없는 시스템을 '닫힌 계(closed system)'라고 한다. 상류에서 들어오는 유입수도 없고, 그렇다고 미생물 등 생명체에 의한 자체 정화 작용이 벌어지는 수변도 없이, 콘크리트로 단절된 청계 인공하천의 경우는 사실상 고립되어 있는 닫힌 계다. 한 가지 확실한 것은, 바이오스피어(Biosphere) 실험의 경우처럼 지구 생태계 자체를 인위적으로 재현하는 거대한 실험이 아니더라도─이 실험은 박테리아가 지구 생태계에서 차지하는 생태적 기능에 대한 이해 부족으로 인하여 실패로 끝났다─청계천과 같은 소규모의 인공하천에서 생태계가 하는 작용조차도 우리가 충분히 이해하고 있지 못하다는 사실이다. 어쨌든 청계천의 디자인과 엔지니어링에 참여했던 그 누구도 이렇게 작은 도시 미관용 인공하천에서 부영양화에 의한 오염 문제가 발생할 것이라고 생각하지는 않은 것 같다. 21세기, 한국의 공학 기술은 여전히 청계천이 '복원성'을 가지는 데에 충분히 도달하지 못한 셈이다. 물론 돈만 주면 무엇이라도 할 수 있다고 주장하겠지만, 청계천을 보면 돈만으로도 해결되지 않는 것이 여전히 많이 있다는 것을 알 수 있다. 시장 시절의 이명박 대통령이 청계천에는 원 없이 돈을 투여했으나, 지금의 인공하천 청계천의 오염은 한국이 가지고 있는 생태적 문제의 총체성을 보여준다고 할 수 있다. 아쉽지만 청계천은 생태의 상징이 아니라 '토건 시대'의 상징이고, 다시는 반복되어서는 안 되는, 복원성을 생각해보지 않았던 시기에 돌출한 괴물의 상징이라고 할 수 있다.

지금 우리가 '친환경' '녹색' 혹은 심지어 '생태'라고 부르는 많은 것들이 본질적으로는 생태계의 복원성과는 관계가 없는 경우가 거의 대부분이다. 많은 경우, 이러한 단어들을 '조경'이라는 단어로 치환해서 읽으면 대체로 본질과 통하거나 오히려 더 솔직하게 사태의 실체를 보여주게 된다. '인공'을 집어넣어도 마찬가지다. 청계 인공하천은 정확하게는 도시 미관을 위한 조경 시설물이라고 할 수 있다. 솔직히 21세기를 사는 한국인의 경우, 아마도 생태에 속하는 사람은 5퍼센트 미만이 될 것 같고, 95퍼센트 이상의 사람은 토건에 속해 있거나 조경에 속해 있을 것이다. 그러니 지금 한국에 살아 있는 모든 토건들의 '왕대장'이라고 할 수 있는 이명박이라는 매우 특별한 캐릭터가 대통령이 되는 것은, 너무너무 당연한 일이다.

천이의 마지막 단계는 극상(Climax)이라고 부르는데, 안정적인 생태계가 도달하는 마지막 단계가 바로 이 극상이다. 우리는 대개 이 극상에 도달한 생태계만을 지켜야 하고, 심리적으로나 문화적으로 이 극상만을 보호해야 한다는 생각을 하는 경향이 있는데, 이것도 좀 지나치게 인간 중심적인 발상이다. 극상에서는 많은 경우 안정성이 떨어지고, 또 종 다양성도 줄어든 경우가 많다. 이것은 소나무의 북방한계선 위쪽에 있는 소나무를 계속해서 지키고 또 심는 것이 옳은가 하는 질문과도 연결되어 있다. 자연적으로는 서울의 남산은 소나무가 살기가 어려운 지역이다. 조선 시대에 남산 근처에 모여 살던 가난한 선비들이 과거급제를 기원해서 문화적으로 선비를 상징했던 소나무를 심었던 것이 '남산 위의 저 소나무'의 기원으로 알려져 있다. 애국가에도 들어간 소나무가 남산에서는 중국에서 유입된 외래종인 고무나무와의 경쟁에서 밀리고 있다. 누군가 인위적으로 개입하지 않으면 계속 살기가 어렵다. 극상에 도달한 남산 생태계에서 소나무가 서 있을 자리는 자연적으로는 없는데, 아마 많은 한국 사람들은 그래도 남산에 소나무가 있기를 바랄 것이다. 자연적 균형이라면 소나무가 없는 상태인데, 아마도 사람들은 아직 천이에 도달하지 못한 불균형 상태라도 소나무가 있는 것을 바랄 것이다. 그런 게 문화의 힘이다.

평소에는 전혀 생태적인 것과는 상관도 없이 살아가던 사람들이 '외래종' 얘기만 나오면 갑자기 대단한 민족주의자이면서 동시에 생태주의자로 돌변하는 경우를 종종 보게 된다. '민주'와 '개혁'의 상징이지만, 오랫동안 '반생태'의 입장에 서 있는 대표적인 정치인이 유시민의 경우라고 할 수 있다. 그의 대선 예비 공약 중에 베스와 블루길을 잡아 토종 생태계를 보호하겠다는 것이 있었다. 물론 현실성은 없는 얘기이지만, 이를 통해서 우리는 그가 생태학에 대한 지식이 별로 없다는 사실 외에 그의 취미가 낚시라는 사실만을 알게 될 뿐이다. 우리가 끊임없이 변하는 것처럼 생태계도 끊임없이 변하고, 자연계의 '인간계' 특히 경제계에 대한 생태계의 적응 속도도 놀라울 정도로 빠르다. 번식 속도를 감안하면 낚시를 아무리 열심히 한다고 해도 외래종을 없앨 수는 없고, 오히려 낚시꾼들이 하천을 오염시키는 총량만 더 늘어날 가능성이 높다. 가끔은 이런 외래종 때문에 천적을 같이 수입하자고 하는 발상도 있는데, 역시 무서운 발상일 뿐이다. 외래종에 의한 생태계 교란의 경우, 결국은 스스로 균형을 찾기를 기다리는 것이 해법을 찾는다고 검증되지 않은 방법을 서둘러 도입하는 것보다는 나은 경우가 많다.

80년대까지 때때로 한국 도시에서 발견되던 흰 나방은 이미 도시 환경에서 사실상 멸종했고, 우리의 자녀들은 이제 나방은 검은 색이라고 알고 자랄 것이다. 너무 흔해서 동요에도 자주 등장했던 노랑나비는 세계적으로는 '구조 기능주의'에 관한 논쟁으로 아주 유명해진 존재인데, 사실상 한국 도시는 물론 농촌에서도 멸종한 상태다. 이런 것 역시 슬프기는 하지만 인간이 아니라 자연이 인간에게 적응하는 과정 중의 하나다. 인간이 농업을 시작한 이래, 자연 역시 인간에게 적응하기 위해서 여러 가지 시도를 했는데, 인간의 손을 빌려 인간의 미각을 유혹하게 된 벼가 대표적이다. 자연 상태의 벼는 사실상 멸종했지만, 벼 그 자체는 동아시아 식물들 사이의 경쟁에서 확실한 우점종의 지위를 가지고 있다. 개도 조상인 늑대의 형질에서 많이 변했고, 이는 고양이도 마찬가지다. 사람도 자연을 이용하지만, 자연도 사람을 이용하는 형태의 진화를 하게 된다. 벼와 마찬가지로 비단을 만들어주는 누에의 경우도 이제는 자연 상태에서는 그 스스로 살아갈 수 없게 되었다.

이러한 천이와 복원성에 관한 가장 유명한 사례는 플로리다의 산불 사례라고 할 수 있는데, 이 사건은 최근에 나온 주요한 생태학 저서에서 아주 빈번히 볼 수 있을 정도로 무척 유명한 사례다. 한국에서 산불에 대해서 질문하면 그 사람의 생태적 지식을 어느 정도는 알 수 있다. 만약 산불이 무섭고 너무 안타까운 사건이라고 대답한다면 보나마나 토건쟁이들의 얄팍한 속임수에 이미 넘어간 사람들이고, 등산객의 실수나 방화범의 소행이라고 생각한다면 숲 자체에 대한 이해가 너무 낮은 것이다. 산불은 나무들이 스스로 일으키는 것이고, 숲 자체가 자신의 천이를 계속 진행시키기 위해서 만들어 내는 것이라고 보는 게 보통 생태학의 시선이다. 그게 바로 우리가 북부 플로리다 지역에서 알게 된 것이다. 씨앗이 불에 잘 견디는 왕 솔나무와 불에 잘 못 견디는 참나무 사이의 경쟁은 주기적인 화재의 원인이 되는데, 이렇게 부분적인 화재는 숲의 사망으로 이어지지 않고 오히려 종 다양성과 복원성을 유지하는 데 도움이 된다. 오래된 숲은 그 자체로 인화 물질 덩어리라고 할 수 있는데, 참나무 종류가 증가하면서 숲은 화약고가 된다. 사람이 불을 내지 않아도 인화 물질을 가득 머금은 기름진 나뭇잎들은 바람에 의해서 스스로 마찰열을 내면서 결국 화염에 휩싸이게 되고, 특정 종에게만 유리해진 상황인 극상 상태를 해체시킨다.

한국의 경우가 그렇다. 여러 가지 엇갈리는 평가에도 불구하고 '생태'라는 단어와 비슷하기라도 했던 한국의 지도자로는 박정희, 전두환, 김영삼의 순서로 꼽아야 할 것 같다. 요즘 '녹색 성장'이라는 단어를 사용하면서 에너지와 온실가스 문제를 정권 차원에서 종종 거론하지만, 실제로 에너지의 수요 관리 개념을 한국에 도입한 사람은 전두환이고, 한국 경제가 토건이 아닐 수 있는 경제의 가능성을 보았던 때도 불행히도 전두환 시절이다. 김영삼은 환경영향평가제 등 지금 제도의 기본 틀을 마련한 사람이고 그 이후의 시기에는 대체적으로 모든 것이 나빠지기만 한 셈이다. 그렇다면 최악의 3인을 꼽으면 어떻게 될 것인가? 이명박 대통령의 경우에는 아직 임기가 끝나지 않아서 제대로 평가를 하기가 쉽지는 않겠지만, 아마 그가 대통령직 5년을 마치게 되었을 때, 역대 최악의 토건 대통령으로, 반 생태적 정치자로 역사에 기록될 가능성이 높다. 그는 아마도 한반도의 역사에서 '수탈'로 유명했던 조선총독부 시절의 일본인 총독들을 제치고 역대 최악의 반 생태적 대통령이 될 가능성이 농후하다. 그의 재임 중에 발생할 수 있는 최악의 사태에 대한 시나리오는 체르노빌 규모까지는 아니더라도 아직까지 우리나라에서 벌어지지 않은 원전 사고일 것이다. 지금의 '원자력 클라이맥스'의 분위기에서 수명이 끝난 원전들을 계속 무리해서 가동하고 있는 중인데, '안전 기준'에 대한 사회적·기술적 환기 없이 무리수가 계속되면 사고의 위험 확률도 같이 높아지게 마련이다. 노태우와 노무현이 아무래도 반 생태 지도자의 2위 자리를 놓고 경합을 하게 될 것인데, 토건이라는 눈에서는 노태우나 노무현이나 거의 차이를 보이기 어려울 정도로 종합적이며 입체적인 '토건 경제'의 신봉자들이었다. 만약 노태우의 경우에 반(反) 민주가 문제였다면, 노무현의 경우에는 반(反) 생태가 문제일 것이다. 사태의 심각성이나 '죄질'이라는 측면에서 노태우나 노무현이나 경중을 가리기 어렵지만, 결정적인 차이는 농업 부문에서 갈릴 것 같다. 노태우에게는 특별한 농업 정책이 없었는데, 노무현에게는 아주 적극적이고 악질적인 '농업 포기 정책'이 있었다. 아무래도 토건의 저울추는 노태우보다는 노무현에게 조금 더 무거운 비중이 가지 않을까 싶다. 그렇다면 미래의 지도자는? 예비 지지율이 10퍼센트 이상을 기록하거나 기록했던 적이 있는 사람으로 제한한다면, 불행히도 반 생태 쪽에서 순위를 매기는 것이 빠르지, 생태 쪽에서 순위를 매기는 것은 좀 아닐 듯싶다. 어쨌든 이재오와 박근혜 모두 만만치 않게 토건에 속한 사람들이고, 토건의 세례를 받지 않고 메이저 정치인이 된 사례는, 최소한 아직 한국에서는 없다. 그래서 여전히 생태적 지도자로 '민주'와 '생태'를 동시에 꼽을 때 김영삼이 맨 앞에 나오게 되는 셈이다.

좋든 싫든, 생태계의 눈으로 보면, 박정희가 무엇인가 만들고 나머지 사람들은 그것을 훼손한 것이 대체적인 역사라고 할 수 있다. 박정희는 그린벨트를 만들고, 김대중 때 이것을 포기하기 시작하고, 완전히 푼 것은 노무현이다. 박정희는 나무를 심었고, 그 나무들을 베고 골프장을 대규모로 짓는 것을 국가정책화한 것은 노무현이다. 김영삼에서 김대중까지 최소한 정부 고위직들에게 골프는 도덕적으로 지양해야 할 대상이었다. 이걸 풀고, 도덕적 문제도 해제시키며 국가 경제정책으로 골프장 건설을 들고 나온 것은 노무현이었다.

박정희의 조림 사업은 제2차 세계대전 이후 독일 사례와 함께 가장 대표적인 성공 사례로 꼽힌다. 물론 내부적으로 들어가면, 과연 조림 사업이 성공한 것인지, 아니면 가정용 연료로 석탄을 보급하면서 더 이상 땔감을 사용할 필요가 없어진 것인지, 논란이 남아 있기는 하다. 어떤 이유로든, 왜정시대와 6.25 전쟁을 거치면서 헐벗은 한국의 많은 산들이 박정희 이후에 다시

나무를 가지게 되었다. 그런데 이러한 조림 과정을 통해서 '종 다양성'이라는 문제가 생겼고, 특정 수종의 밀도에도 문제가 생겼다. 박정희 시절에 새마을운동과 함께 조성된 전국의 숲이 조성 후 50년가량 지나면서 참나무 등 인화성 목재와 나뭇잎의 증가로 생태계 내부에 문제가 생겨난 것이다.

도시의 화재는 무조건 꺼야 할 것이다. 그러나 국립공원이나 산에서 발생하는 산불에 대해서는 조금 더 생태학적인 논의가 필요하다. 우리가 보는 '멋진 숲'은 우리의 시각이고, 산불 자체도 일종의 자연적 천이에 해당하는 일부분인데, 인공림은 그것이 정말로 체계적으로 연구되고 관리된 경우를 제외하면 결국은 문제가 일어나게 된다. 결국 '자기 파괴'와 같은 한국 숲의 산불은, 불씨가 어디에서 발화되었는가의 문제가 아니라 그 역시도 자연적인 '생태 천이' 과정의 일부라는 점을 생각할 필요가 있다. 자, 자연의 지혜와 거대한 힘이 우리를 난감한 문제에 봉착하게 만들었다. 열심히 산에 가서 불을 끄는 것이 생태적인가 아니면, 그것도 생태계 조정의 일부로 보고 그냥 내버려두는 것이 나은가? 미국의 국립공원의 일부는 자연적 산불을 그냥 내버려두기로 결정했는데, 그것이 오히려 대규모 산불을 줄이게 될 것이라는 생태학자들의 조언이 있었기 때문이다. 자연은 연약한 것이고 우리는 그걸 지켜주는 보호자라는 이미지를 가지고 있는 사람이 종종 있는데, 정말로 보호가 필요한 것은 인간이 아니던가?

어쨌든 아무리 많은 헬기를 동원하고 등산객의 출입을 제한한다고 하더라도, 개입할지 말지는 인간의 자유겠지만, 이미 자체적으로 발화를 시작한 숲의 자기 파괴를 인간이 모두 막기는 어려울 것이다. 결국 숲들은 자신이 원하는 방식으로, 그들에게 편안한 모습이 되고서야 이러한 '불 내기'를 멈출 것이다. 거의 비슷한 수종으로 동시에 태어난 '박정희의 숲들'은, 전국에서 거의 동시에 극상에 도달했고, 동시다발적인 전국 산불은 동시에 태어난 형제들의 유사 행동과 비슷하다. 수년 전부터 갑자기 사람들이 등산을 더 많이 했거나 아니면 갑자기 산에서 담배를 더 많이 피우게 되었기 때문에 생겨난 일이라고 보기는 어렵다. 어차피 벌어질 일이고, 아무리 행정력을 동원해도 이 일을 막지 못한다.

총리실에 있던 시절, 산림청에서 소방헬기 추가 구입에 대한 예산 협조 요청이 온 적이 있었다. 산림청에서는 그게 '기후변화협약 대응'이라고 올린 것인데, 나 혼자 한국 산림의 산불 정체에 대한 기본 시각을 바꿀 수 있는 것이 아니라서 그냥 '기후변화 2차 종합대책'에 포함시킨 적이 있었다. 어쨌든 헬기 몇 대 더 산다고 지금의 산불을 막을 수 있는 것도 아니고, 천이의 관점에서 그러한 개입이 꼭 좋은 것도 아니다. 오히려 불 끈다고 뿌린 화학 물질들이 새로운 숲의 형성에서 또 다른 문제점을 일으킬 위험성이 있다! 산불 진압은 반드시 물로!

한국에서 6~7년 전부터 급격하게 늘어난 산불 예방과 관련된 광고와 정책을 움직이는 사람들이 바로 토건 세력과 지방 토호들이다. 물론 선의를 가진 소방 공무원도 약간은 여기에 포함되어 있지만, 지금 4대강을 추진하는 세력과 산불을 예방하자고 열 올리는 사람들은, 결국에는 같은 세력이다. 노무현 주변에 '토건 세력'이 위험하다고 말해주는 사람이 결국에는 한 명도 없을 것이라고 내가 처음으로 추정하기 시작한 것은 바로 이 산불 사건이다. 노무현 시절에 '생태'라는 말을 붙일 수 있는 청와대 직원은 딱 두 명이 있었는데, 한 명은 본 조직이 아니라 위원회로 구성된 외곽 조직에 있다가 결국 이명박 정부가 들어서면서 쫓겨나게 되었다.

산불 예방에 한국의 지배계급이자 사실상 주인이라고 할 수 있는 강남TK를 비롯해 토건 세력이 적극적으로 움직이게 된 것은 '임도(林道)'라는 장치를 통해서다. 결국은 골프장이든 산불 예방이든 다 똑같은 '도로의 메커니즘'이라고 할 수 있는데, 지난 5년 동안 한국의 거의 대부분의 도로는 수요와 공급의 원리와는 아무 상관없이 토건의 작동 방식대로 움직였고, 도로와 임도라는 두 가지 작동 방식은 노무현 시기에 어수룩한 청와대 관료들을 속이면서 아주 잘 작동했다. 대체적으로 청와대 직원들은 아주 소수의 유능하고 부패하지 않은 공무원과 다수의 무능하면서 부패한 공무원으로 구성되는 경우가 많다. 그리고 극소수의 무능하지만 부패하지 않은 사람들이 있었다. 이 구성 비율에 따라 대통령의 대중적 이미지와는 달리 실제 청와대의 정책적 능력이 결정되는 경우가 많다고 할 수 있을 것이다. 노무현의 청와대는, 적어도 내가 관찰한 바로는, 아주 소수의 부패하고 무능한 공무원과 아주 많은 부패하지는 않았지만 매우 무능한 공무원들로 구성되었던 것 같다. 토건 세력들에게 노무현의 청와대는 그야말로 그냥 '밥'이었던 것 같은데, 그 대표적인 사례가 산불 사례다.

임도는 원래 산림 벌목과 채취를 위해서 산에 놓는 도로를 말한다. 우리나라의 산림 정책은 원래 벌목이라는 목재 자원을 얻기 위한 목표로 세워진 것이 아니라 자연 생태계의 복원이라는, 정말 1960년대의 저개발국가의 정책으로 치면 유례가 없는 것이었다. 임도는 원래 정책 목표에는 없던 것이었다. 어차피 숲 조성이 벌목을 목표로 한 것이 아니었으니까 임도를 건설할 필요도, 정책적 수요도 없는 것이 한국의 상황이다. 노무현 초기에 발생한 몇 번의 산불에서 한국의 토건쟁이들이 드디어 임도를 지어야 하는 이유를 찾아내게 되었다. 그래서 산불 종합대책의 일환으로 소방용 임도 건설이라는 것이 포함되게 되었다. 소방용 임도라니! 토건쟁이의 발상은 기발하기는 기발하다. 이렇게 새로 임도를 건설해야 할 정책적 목표를 찾아낸 후, 노무현 중기 테헤란로의 기획 부동산 회사들이 산에 대한 투기로 한참 호황을 누리게 되었다. 실제 임도를 놓아봐야 산불 진화에 그렇게 도움이 되지도 않을 뿐더러 최근의 산불은 그렇게 임도를 놓는다고 해결될 성격의 것이 아니다. 게다가 임도는 중앙예산으로 복잡하게 관리되는 고속도로나 국도와 달리 정말 간편하게 지역에서 추진할 수 있기 때문에 강남 TK에게는, 그야말로 '대박 아이템'이다.

한국에서 작은 부자와 중산층은 아파트를 따라 움직이지만, 진짜 부자와 세력가는 도로를 따라 움직인다. 여전히 한국에서 가장 쉽게 돈을 버는 방법은 '맹지' 즉 도로에 접하지 않은 산이나 야산 같은 것을 구입하고 그곳에 도로가 지나가게 하는 것이다. 최소 다섯 배에서 보통은 10배, 그것도 2~3년 이내에 돈을 벌 수 있다. 4대강을 움직이는 큰 힘도 결국은 도로의 논리인데, 4대강에 자전거도로가 필요하다는 토건의 논리를 현실적으로 뒷받침하는 것은 이러한 '도로의 메커니즘'이다. 평창 동계올림픽과 관련하여 평창으로 내려간 투기꾼들은 하수들이다. 동계올림픽 유치도 불분명한데 무작정 땅만 산 것이니까, 그들은 10년간 기다려온 시간이 아까워 결국 대통령도 움직이게 하고 이건희도 움직이게 할 정도로 무리를 하게 되었고, 그에 따른 비용 지출만이 늘어나게 되었다. 투기치고는 '턴 오버' 기간도 길고, 실제 수익률도 기간의 장기화로 인해 불분명하게 되었다. 2차 탈락 때 '손절매'를 하고 빠졌어야 했는데, 손절매 시기를 놓치게 되었다. 그래서 결국 대한민국 경제의 최고 실력자인 이건희까지 움직이게 된 것이라고 할 수 있다. 물론 투기꾼들의 정치 로비력이 대단하기는 하지만 평창 투기의 겨우는 좀 무식한 무리수에 해당한다. 물론 이미 많은 경우 한국에서 스포츠는 쇼비니즘의 영역이고 또한 투기꾼의 영역이기는 하지만, 땅 투기꾼들이 여전히 제조업에 속해 있는 이건희를 감옥에서 꺼내오고 자기들 하수인으로 부리게 된다는 것은, 너무 드러나는 일이고 티가 나는 일이다. 투기는 은밀하게, 그리고 최대한 짧게 하는 것이 정석이다.

이러한 평창 투기꾼에 비하면 토호와 지방자치제 그리고 테헤란로의 기획 부동산 업체가 티 나지 않게 처리할 수 있는 임도의 경우가 정말로 창의적이고 기발한 발상인 것은 맞다. 하여간 산림 보호와 산불 예방을 명분으로 임도를 이용한 사례는, 원조 토건 국가인 일본에서도 유래를 찾아볼 수 없는, 기가 막힌 발상이다.

한국에서 숲의 천이는 여전히 진행 중이고, 우리가 '숲의 파괴' 혹은 '숲의 사망'이라고 호들갑스럽게 부르는 그런 산불조차도 숲이 완전히 죽는 것은 아니고 생태계의 자연스러운 천이 과정의 일부일 뿐이다. 선의를 가지고 있는 사람에게는 미안한 얘기이지만, 산불 보호 심지어는 오래된 문화재를 산불로부터 예방하자는 얘기까지도 한국에서는 토건에 연루되어 있다. 산불은 일시적으로 숲 생태계에 충격을 주지만, 숲 스스로 새롭게 만들어내는 숲은 조림으로 만든 숲보다 더욱 건강하고 복원력도 강하다. 숲은 산불로 죽는 것이 아니라, 스스로 자신의 운명을 그렇게 선택한 것이라고 보는 게 타당하다. 그러나 골프장이나 스키장 혹은 갯벌 매립이나 강의 제방 같은 것들은 영구적으로 생태계에 충격을 줄 수 있어 산불보다 훨씬 위험한 행위다. 임도와 4대강, 모두 토건에 속한 것이고, 산속의 사찰을 지켜서 문화재를 보호하자는 힘이나 서울 시청을 부수고, 서울 광장을 시멘트로 뒤덮고, 이제는 문화재로 이해될 수 있는 동대문 운동장을 부순 힘이나, 다 같이 토건에 속하는 힘이다.

02 | 시장이 문제인가, 토건이 문제인가?
: 탈토건 1세대의 등장

우리는 때때로 시장에 대해서 과도하게 기대를 가지고 있거나 혹은 과도하게 두려움을 갖고 있는 것 같다. 시장이라는 것은 인류 초기부터 있었던 제도는 아니지만, 어쨌든 고대국가의 형성기에 등장한 것 같고, 생각보다는 오랫동안 인간과 함께할 것 같다. 어쨌든 싫든 좋든, 우리는 시장의 시대를 살고 있고, 우리 모두—부모가 평생 먹고살 것을 이미 마련해준 일부의 '강남 자식들'과 지방 토호의 자식은 빼고!—는 상품으로 노동시장에 나가서 노동력을 파는 것 외에는 이 세상을 살아갈 방법이 없다. 이건 사실이다. 오랫동안 마르크스주의 경제학이나 비주류 경제학에서는 시장을 일종의 적으로 생각했고, 시장의 철폐가 궁극적인 반전이라고 생각했던 것이 사실이다. 그러나 시장은 문제가 많은 제도이기는 하지만 시장이 없어진다고 해서 지금보다 사정이 나아진다고 할 수 있을까? 교환 자체를 없애기 어렵다. 지금 우리가 문제라고 하는 것 전부—혹은 대부분—가 시장이 없어지면 개선될 것인가? 어쩌면 없어진 문제보다 더 많은 문제가 생겨날지도 모른다. 어쨌든 나는 지금 이 문제에 대해서 '궁극의 힘'이나 '궁극의 결론'을 찾고자 하는 것은 아니다. 다만 우리가 21세기 한국에서 보는 거의 대부분의 문제가 도대체 어디에서 온 것인가? 이 질문에 답하고 싶은 것이다.

이 기회를 빌려 나의 평소의 소신을 밝히자면, 아마도 인간이라는 종족은 빈곤의 문제를 영원히 해결하지는 못할 것이라고 생각한다. 역사 이래로 많은 정치가와 영웅이 가난과 싸워 이기겠다고 말했지만 실제로 가난 그 자체와 싸워 이긴 경우는 없는 것 같다. 가난은 이길 수 있는 대상이 아니라 그 폐해를 완화시키고, 가난해도 인간으로서의 최소한의 품위와 품격을 지킬 수 있는 사회적 장치를 만들어내서 그 폐해를 최소화시키는 대상이라고 생각한다.

이명박 대통령의 선거 지원 유세에서 '비정규직의 취업 고통'에 대해 얘기했던 어떤 청년이 있었다. 지금 한국에서 20대라면, 그리고 특히 그가 비정규직이거나 대학생이라면 최소한 그의 임기 동안에는 '죽었다고' 보는 것이 사태의 진실일 것이다. 가난은, 완화시킬 수는 있어도 이길 수는 없는 것 아닌가? 물론 북한의 경우와 같이 모두가 가난해질 수는 있다. 그러나 그렇다고 해서, 그 '가난의 공유'가 문제를 풀지는 않는 것 같다. 공유된 가난으로 인해서 최소한 생태의 문제가 풀린다고 보장하기도 어렵다. 북한의 생태계 특히 산림 생태계의 훼손은 남한에 비할 바가 아니고, 갯벌 매립, 운하 건설 등 보통 사회주의 국가에서 보이는 '자연대개조 사업'도 만만치 않다. 시장과 토건 메커니즘이 작동하는 것도 아닌데 중국의 산샤댐 건설은 놀랍다 못해 경이롭기까지 하다. 인도의 뉴델리에서 아프리카 모로코의 마라케시에 이르기까지, 가난한 국가의 수도에서 흔히 발생하는 수입 중고차에 의한 지독할 정도의 대기오염은 이제 뉴스거리도 되지 않는다. 가난이 생태 문제에 대한 해법일까? 검소와 절약이라면 그렇다고 대답하겠지만 '공유된 가난'이 문제의 해법이라고는 잘 생각되지 않는다.

돈의 경우에도 비슷한 생각을 가지고 있다. 물론 나도 지나친 경제 근본주의와 소위 화폐 페티시즘에 대해서는 문제라고 생각하지만, 그렇다고 돈이 없어져야 문제가 해결될 것이라고 생각하는 편은 아니다. 화폐는, 찬미에서 비난까지 수없는 미학적이고 도덕적인 표현들에도 불구하고, 기본적으로는 교환의 매개체에 불과하다. 우리가 사용하는 비상품화폐인 신용화폐, 즉 지폐는 '국가'라는 도장이 하나 박힌 종이 쪼가리에 불과하다. 자, 생각해보자. 사회주의나 공산주의가 도래하면 돈이 사라지게 될까? 사적 소유가 사라지면 교환도 완전히 사라지고 그렇다면 돈은 필요가 없겠지만, 우리가 보았던 현실의 사회주의에서 돈은 사라지지 않았다. 당연히 인플레이션이나 디플레이션 같은 현상도 사라지지 않고, 심지어 최근 북한에서는 말썽 많은 화폐개혁도 단행했다. 다만 프루동의 전통에 따라 중앙정부가 발행하는 단일화된 화폐 대신 노동시간을 표시하는 '노동권'이나 혹은 다른 종류의 유가증권으로 대체될 가능성이 아주 없지는 않겠지만, 기본적으로 화폐가 사라지지는 않을 것이다. 돈을 돈이라고 부르지 않는다고 해서 그것이 돈이 아닌 것은 아니다. 지역화폐가 지역 경제에 기여할 수 있을까? 아주 복잡한 장치를 달면 전혀 불가능한 발상은 아니지만, 장기적으로는 안정적으로 돌아갈 수 있는 제도는 아니다. 국가를 갈음할 수 있는 매우 신뢰성 높고도 안정적인 지역 기구가 필요한데, 만약 그런 것이 있다면 지역화폐라는 제도를 사용하지 않고도 더욱 빠르게 지역 경제를 발전시킬 수 있을 것이다. 돈 자체가 중요한 것이 아니라, 신용화폐가 교환의 매개로서 작동할 수 있게 만드는 정부 혹은 제도적 장치 자체가 화폐의 실체인 셈이다. 바닷가에 있는 조개껍데기는 아무것도 아니지만, 정부가 함부로 조개껍질을 가지고 가면 처벌하겠다고 하는 순간부터 그 조개껍데기가 화폐의 역할을 하게 된다. 소금도 마찬가지다. 사사로이 소금을 채취하면 국가가 처벌하겠다고 하는 순간, 소금이 화폐가 된다.

공동체에 대한 나의 생각도 이러한 흐름 위에 서 있다. 시장에 의한 판단이 사라지면 제도 즉 공동체나 기구가 많은 부분에 대해 직접 판단을 하고 결정을 하게 된다. 나는 경제도 무섭고 시장도 무섭지만, 사실은 사람이 더 무섭다. 시장과 조직은 때때로 대체재의 관계로 묘사되기도 하고 때로는 보완재의 관계로 묘사되기도 하는데, 확실한 것은 시장이 사라지면 더 많은 조직의 논리가 발생하게 되고, 자연스럽게 위계(hierarchy)가 더 많은 공간을 차지하게 된다는 것이다. 그리고 인간이 만들어내는 조직 속의 위계는, 아주 무섭다. 물론 나도 공동체의 중요성을 강조하고, 나 스스로 공산주의자라고 생각하기도 하는데, 이때의 공산주의는 코뮌주의 즉 communism이라기보다는 코뮌적주의 즉 communalism이라고 이해하고 있다. 지역 공동체, 학문 공동체 혹은 문화 공동체와 같이 더 많은 코뮌의 속성을 가진 것들이 등장하고 많아지는 것이 지금의 시장 근본주의로 향하는 한국의 문제를 상당히 완화시켜줄 것이라고 생각한다. 그러나 시장은 다 사라지고 조직의 메카니즘과 위계만 남은 세상은, 역시 지옥일 것이라고 생각한다. 견제받지 않은 권력은 부패하고 무서워지듯이, 시장 없이 조직의 논리만 남은 사회는 민족주의와 인종주의 혹은 집단적 가치만을 향해 흘러갈 위험이 있다. 국가 패권주의만 남은 군벌의 모습, 그것이 지금 우리가 북한에서 목격하는 모습이 아닌가? 내가 본 많은 공동체들은, 정말로 지옥과 같은 모습을 보이고 있었다. 그것이 종교적이든, 생태적이든, 또 다른 정치적인 공동체이든, 지옥이 되지 않기 위해서는 정말로 많은 장치가 필요할 것이다. 조직이 밀교로 전락하지 않기 위해서는 인간적인 유머와 낭만 그리고 즐거움으로 위계를 견제할 수 있어야 하는데, 이런 것들은 현실의 힘을 저지하기 위한 물리력을 갖기가 어렵다. 오웬의 공동체는 여러 가지 방식의 실험으로 인하여 그 실패에도 불구하고 상당히 성공한 것으로 볼 수 있으며, 세탁기 등 우리가 쓰는 많은 물건들이 오웬 공동체로부터 나온 것도 사실이다. 그러나 공동체의 정신 그리고 사회적 연대(solidarity)의 정신을 회복한다는 것과 정말로 작은 규모의 공동체에서 산다는 것은 다르다. 시장은 합리적이지 않은 측면이 분명히 있지만, 사람들의 집단적 의사결정에 대한 조직의 비합리성보다는 훨씬 합리적인 경우가 많다. 무엇보다도 시장에서 이런 것들이 서로 견제하며 제어하는 순간이 어느 한쪽의 힘만이 작동하는 단순한 상황보다는 더 많은 자유와 함께 더 많은 효율성을 가지게 되는 것 아닐까? 시장만이 존재하는 사회는 지옥이지만, 조직의 위계만이 남은 사회도 역시 지옥일 것이다. 생태계와 같이 인간의 사회에서도 여러 가지 제도들이 경쟁하면서 자신의 고유한 미덕으로 더 많은 사람들을 유혹해야 하는 상황, 그것이 우리가 배워야 할 것이 아닐까?

이런 것들이 내가 생태학을 공부하면서 우리의 경제에 대해서 가지게 된 대체적인 밑그림이다. 물론 누군가는 생태학을 공부하면서 나오는 또 다른 유형의 경제에 대한 상을 그려낼 수도 있겠지만, 어느 한 개체도 생태계에서 독점적 지위를 가지지 못하면서도 경쟁하는 동시에 생태계의 유지와 재생산에 일정한 기여를 하는 모습은 내게는 몇 가지 뚜렷한 양상으로 등장했다. 자본주의 초기와 지난 90년대 이후의 경제학자들은 '정글'을 찬양하며 자연에서 주로 '경쟁'의 논리만 도출했다. 그러나 린 마굴리스가 지적한 것처럼 생태계에 경쟁만이 있는 것은 아니다. 수많은 혈통 메커니즘이 그 속에 숨어 있고, 그렇게 천이를 만들고, 뮤턴트(돌연변이)가 등장하며 새로운 안정성을 만들어가는 그러한 공진화(co-evolution)의 관점으로 세상을 이해할 수 있을 것이다.

한국의 토건 경제의 클라이맥스에서 강남은 확실히 권력을 잡았고, 그들의 상당수를 차지하는 TK의 중앙토호화가 두드러진다. 물론 특정 지역의 사람들이 국토의 일부를 소유하면서 정치적 권력을 독점하며 토건 현상을 발생시킨 것은 한국이 처음은 아니다. 미국은 GDP에서 건설 산업이 차지하는 비중이 5퍼센트를 넘어선 적이 없고, 최근의 서브프라임모기지 등 부동산 시장의 교란이 생겼던 지난 수년간도 그렇다. 고전적인 토건 현상이 발생했던 것은 프랑스와 일본인데, 프랑스의 경우에는 파리 16구의 블로뉴 숲 인근의 몇 지역인, 나프(NAP)로 불리는 뇌이, 빠시, 오떼이유, 세 지역의 거주민이 프랑스 전체 국토의 2/3가량을 소유하고 있다는 지적을 종종 받아 왔다. 고종석의 『말들의 풍경』에는 표준 프랑스어와 다른 의미로 사용하는 나프어 사전에 대한 얘기들이 나온다. 특정 지역의 일부 계층들이 특수한 언어를 사용하는 것은, 한국에서도 등장한 적이 있었다. 전두환 시절, 억지로 표준말로 바꾼 경상도 사투리를 '궁중어'라고 불렀던 적이 있다. 여기에다 이후에 첨가된 특수한 의미들을 합쳐서 가끔 '강남어'라고 하기도 한다. 언어의 분화는 자연스러운 현상인데, 여기에서 경제사회적인 함의들을 찾아볼 수도 있을 것이다.

이러한 특정 지역의 거주자들이 지나치게 많은 토지를 소유하는 것은 대체적으로 중앙형 국가에서 주로 생겨나는 일인데, 일본에서는 동경이나 특정 지역의 거주민이 '토건 일본'을 주도한 것은 아니다. 동경 거주민이라고 해서 다른 지역에 대해 한국처럼 일방적인 지배력을 갖기는 어렵다. 오사카 등 동경을 견제하는 도시들은 일본 내에서도 여러 곳이 있다. 일본의 토건은 각 지방의 토호들 그리고 이들과 결탁한 중앙 관료 사이에서 벌어진 것으로 볼 수 있다. 10년간의 부동산 공황을 거치면서 결탁의 주범으로 지목된 일본의 대장성은 결국 사소하다고 느껴질 접대 사건을 계기로 해체되었다. 지방 토호는 있을지라도, 중앙형 토호는 용납하지 않는 것이 일본 시스템이라고 할 수 있다.

프랑스는 귀족들이 청산되지 않고 자신들의 재산을 유지하면서 현대로 넘어왔고, 이들이 주로 파리 16구 주변, 즉 '강 서쪽(rive gauche)'에 집중 거주하면서 나프가 중앙형 권력의 상징처럼 떠오르게 되었다. 그러나 이들이 프랑스의 토건 현상을 주도한 것은 아니다. 프랑스의 토건률이 8퍼센트를 상회할 정도로 높았던 시점은 70년대 초반이었는데, 당시는 우파 정부였고, 이 토건 현상을 주도한 것은 1차와 2차에 걸친 오일쇼크로 인해 한창 자금력에 물이 올랐던 '오일 머니'였다. 지금도 파리 남서부 지역 에펠탑 아래쪽의 센강 근처에서 당시에 지어진 고층 빌딩들을 볼 수 있는데, 지금 한강에서 한강 전망권을 얘기하며 지어지는 병풍 아파트들과 똑같은 방식으로 지어진 것이다. 그러나 잠시 동안 그랬고, 그 이후에 그런 식으로 파리에 대규모 고층 빌딩 단지가 형성되지는 않았다. 여전히 파리 대부분의 지역은 7층 이상으로 건물을 높이지 못하는 규제를 가지고 있으며, 이는 파리라는 매우 특수한 지역의 문화적 가치를 높이는 동시에 프랑스의 중앙형 시스템에서 파리로의 집중을 제어하는 역할을 하고 있다. 이렇게 주택 공급이 제한되어 있기 때문에 파리에서의 삶은 아주 비싸다. 따라서 여러 가지 유형의 주택 보조금을 통해 부자와 가난한 사람이 같이 살 수 있도록 하는 것이 파리 도시 디자인의 핵심인데, 미테랑 이후에 프랑스 권력을 잡게 되는 자크 시라크 당시 파리 시장이 권토중래하며 파리의 리노베이션 계획을 세우게 된다. 이것은 한국에서는 서울시장, 뉴타운 그리고 대통령으로 이어지는 바로 그 우파 집권의 원형이 되었다. 물론 실제 역사는 시라크가 구성했던 것처럼 그렇게 간단하게 진행되지는 않았다. 그의 집권기에 여러 사람들의 반발에 의해서 우파 정권 내에도 '연대' 혹은 '사회적 주거(logement social)'와 같은 단어들이 주요 국정 기조로 등장하게 된다. 시라크 후반기에 '생애최초고용법'으로 인한 대학생들의 집중적인 시위 그리고 외국인 거주 지역에서의 폭동이 연이어 벌어지게 된다. 이러한 분위기 속에서 그 이후에 정권을 승계한 사르코지 대통령의 공간 정책에서는 파리 재개발보다 '시 외곽 지역 계획(Plan Banlieu)'이라고 하는 것이 총리가 직접 의회용 보고서를 작성할 정도로 매우 중요하게 자리를 잡게 되었다. 시내의 도심 재개발은 아주 세밀하게 다루지 않으면 토건 현상을 발생시킬 위험이 많은데, 사르코지의 경우는, 오랫동안 슬럼에 가깝도록 방치되어 있던 시 외곽의 외국인 집중 거주 지역에 병원과 학교 그리고 버스와 같은 대중교통망 등 사회시설물을 확충하는 것을 주요 공간 정책의 방향으로 잡았다.

파리의 바스티유 감옥과 베르사유궁전을 중심축으로 시민혁명이 벌어졌던 프랑스는 수도를 중심으로 국가의 중요한 방향이 잡히는 전형적인 중앙형 시스템을 가지고 있다. 그러나 라인강 건너편의 도시국가를 형성하던 독일은 통일되는 과정에서 중앙형이 아니라 분산형 시스템에 가까운 사회체계를 만들었다고 할 수 있다. 물론 근대 독일도 통일 과정에서 제국이 형성되었고, 제3제국은 나치스의 히틀러 독재로 이어지기는 했다. 우리는 흔히 '라인강의 기적'이라고 말하면서 아데나워 총리가 마치 박정희 시절처럼 경제 재건 과정을 사령관실에 앉아 총지휘함으로써 국가 주도형 경제를 이끌어간 것 같은 느낌을 가지고 있지만, 실제로 독일이 그렇게 중앙형 장치로 전후 재건을 추진한 것은 아니다. 박정희의 경제개발계획의 원형은 프랑스의 드골이 도입한 경제계획이었는데, 그와 유사한 종합계획에 의해서 독일 경제가 움직이지는 않았다. 시장 메커니즘과 지역 자치라는 두 가지 요소와 '기술력'을 확보할 수 있게 도와주는 독일의 사회문화적 여건들이 특유의 선순환 같은 것을 만들어낸 것이라고 할 수 있다. 물론 패전 국가였던 독일 정부가 지나치게 집중된 권한을 가지거나 혹은 '강력한 군대'를 가지지 못하도록 여러 가지 유무형의 제약을 가했던 것도, 미국과 같은 군산복합체 혹은 일본과 같은 토건 경제로 국민경제의 주요 자원이 빠져나가지 않게 해준 이유일 것이다. 본에서 베를린으로 수도를 옮길 때까지, 본에는 제대로 된 국제공항도 하나 없었고, 두 시간가량 떨어진 프랑크푸르트 공항을 이용하는 신세였다. 통일 이후 베를린의 위상은 대단하지만, 본이 수도이던 시절, 아무래도 '제국의 심장'이라는 런던, 파리 혹은 뉴욕과 같은 곳에 붙여진 이미지와 본이 가졌던 그것은 상이했던 것 같다. 행정 도시의 위상은 호주 캔버라의 경우에도 마찬가지다. 한국은 수도 이전을 할 때, 본이나 캔버라를 모델로 하기보다는 거대 토건 도시를 원형으로 디자인했었다.

　프랑스는 이 재건 과정을 전형적인 중앙형 방식으로 추진하게 된다. 제2차 세계대전이 낳은 아주 독특한 캐릭터 중의 하나인 드골 장군과 프랑스의 경제 재건을 떼어놓고 생각하기는 아주 어렵다. '시그널 경제'라고 부르는 드골의 경제계획은 4년 주기로 작성이 되는데, 정부가 무엇인가 직접 지시를 하지는 않지만 균형 성장안 혹은 확대 성장안 등 재정정책에 대한 시나리오를 결정하고, 그 계획을 미리 국민들에게 알리게 된다. 그러면 산업체와 많은 경제 주체들이 이 시그널에 대해서 각각의 전략을 수립하고 대응을 하게 된다. 이렇게 작동하는 시스템은 국가가 통제하는 계획경제는 아니지만, 프랑스 국민경제는 마치 거대한 자기 조절 시스템처럼 국가의 시나리오에 따라 복잡한 변화를 가지게 된다. 이 방식은 상당히 효율적으로 움직인 것으로 알려져 있다. 시장과 계획을 조화시킨 중앙형 경제를 작동시키면서 통계와 관련된 기관들이 매우 강력해졌고, INSEE(Institut National de la Statistique et des Études Économiques)와 같은 기관들은 세계적인 통계기관이 되었다. 지금도 가장 값비싼 통계 패키지로 알려진 SAS 역시 이 시기에 개발된 통계 처리 프로그램 중 하나다. 통계 분야에서 일할 공무원들은 우리처럼 행정고시를 통해서 배치되는 것이 아니라 통계 학교의 교육 훈련을 통해서 선발된다. 이러한 시그널 경제는 선진국 내에 있었던 가장 강력한 사회주의적 요소라는 평가를 받았고, 이 시스템에서는 '국가독점자본주의'와 관련된 악평과 호평이 집중되었다. 한국은 프랑스의 이 시스템을 도입해서, 대외적으로는 EPB(Environmental Protection Board)라고 불렸던 경제기획원을 통해 대통령이 경제발전 과정을 직접 관장하는 방향으로 갔다. 프랑스의 중앙형보다도 더욱 강력한 중앙형 경제 장치를 가지는 건데, 한국은 OECD 국가에서는 가장 강력한 중앙형 시스템을 가지고 있었다고 할 수 있다.

경제 시스템을 분석할 때 시장의 역할에 대한 이해를 중심으로 선진국들을 나누어서 접근하는 것이 일반적이다. 영국의 대처주의와 미국의 레이건주의, 흔히 신자유주의라고 부르는 방식을 주도적으로 도입한 앵글로색슨 계열 즉 영국과 미국을 하나로 묶는다. 그리고 그렇지 않은 나머지 유럽 국가들 즉 프랑스와 독일 그리고 때때로 스웨덴까지 하나의 시스템으로 묶는다. 즉 영미권과 나머지 국가들이라는 방식인데, 간편하지만 동시에 맹점도 많다. 국가에 비해 시장이 주도력을 갖는 80년대 이후의 변화를 이해할 때에는 나름대로 유용한 방식이기는 한데, 단점은 유럽 국가들 사이의 여러 가지 사회문화적 상황의 차이를 못 보게 하는 것이다. 남부의 라틴 계열과 북구의 슬라브 계열을 하나의 기준으로 묶어서 분석하는 것은 때때로 과도한 단순화의 오류에 빠질 위험도 많다. 유럽 바깥에서 유럽을 볼 때, 프랑스와 독일은 흔히 옆에 있는 유럽 국가라서 "비슷하겠지"라고 같은 유형으로 취급하는 경향이 있는데, 시스템의 작동 방식으로 보면 그렇게 단순하지는 않다. 영국도 런던이 모든 것을 지배하는 그런 중앙형 시스템은 아니다. 스코틀랜드는 지금도 런던의 파운드화로부터 독립하고 싶다는 꿈을 가지고 있다. 런던 중심의 분석으로 영국을 들여다보려고 할 때 가끔 낭패를 보게 된다. 미국은 더 복잡하다. 중앙 정부의 작동 방식으로 미국을 이해하려고 했다가는 연방 정부들이 사실상의 독립 국가처럼 움직이는 미국의 복잡한 시스템을 정말 간단하게 하나의 '덩어리'로 보게 되는, 별로 재미없는 분석 오류에 빠지게 된다.

자, 이러한 시스템 작동 방식을 염두에 두고서 한국 경제가 안고 있는 토건의 기원에 대해서 잠시 생각해보자. 일본은 '난학'이라고 부르는 네덜란드 학문의 기본 위에서 개방을 시작했고, 일본의 현대화는 그들의 가장 강력한 동맹국인 독일과의 교류에 의해서 진행되었다. 일본이나 독일이나, 스위스의 '직접민주주의' 정도는 아니지만, 한때 제국이었고 군국주의가 지배했던 나라로서는 유래를 찾기 힘들 정도로 튼튼한 지방자치의 전통을 가지고 있는 나라들이다. 도쿄과 오사카는 여전히 서로 강력히 견제하고 있으며, 도쿄의 중앙 공무원들이 지시한다고 그냥 무릎 꿇고 있을 일본 지역은 없다. 북해도의 많은 국민은 아직도 일본을 점령군이라고 생각하고, 민간의 농담이지만 북해도 도청을 총독부라고 부른다. 도쿄에 대해서 고분고분하지 않은 것은 일본 무술의 기원임을 자처하고 있는 오키나와도 마찬가지다.

한국은 일본을 통해서 받아들인 독일 시스템으로 나라를 세웠다. 우리의 법체계가 특히 그렇고 행동 체계와 학문 분류 체계, 교육 체계 등 일상의 소소한 것들 역시 독일식인데, 정확히 얘기하면 일본을 통해서 딱 일본이 소화한 만큼―혹은 일본이 오해한 만큼―의 독일식 시스템이 우리의 근간이다. 하지만 그 영향은 생각보다 크다. 기업의 크고 작은 것들을 모두 문서로 만들고 고용자나 피고용자나, 가늠할 수 있는 거의 대부분의 경우를 미리 계약 조항으로 정리하는 것은 프랑스 기업과 조직 문화의 속성이다. 반면에 독일은 꼭 필요한 것만을 정관이나 계약서에 명기하고, 여기에서 해결할 수 없는 돌발 상황이나 새로운 상황이 등장할 때에는 주로 토론이나 대화로 문제를 푼다. 우리의 철학 교과서나 문학 교과서 심지어 음악 교과서마저 어느 정도는 독일어권에 편중되어 있는 경향이 있는데, 일본이 '탈아입구'의 출구로 독일을 선택한 영향으로 우리도 독일이라는 창을 통해 근대화를 한 셈이다. 미국화가 진행되기 시작한 90년대 초중반에 우리가 '일본식'이라고 했던 많은 것들의 기원이 사실은 독일식인 경우가 많았다.

이렇게 일본을 거쳐 들어온 독일식 시스템의 사회에 프랑스 시스템을 전격적으로 도입한 것은 박정희다. 세계은행의 차관을 끌고 들어오면서 미국 외에도 다른 나라들의 폭넓은 지지가 필요했던 박정희로서는 또 다른 외교 강국이자 경제적 모델인 프랑스의 도움이 절실히 필요했다. 선격적인 경제개발 5개년계획의 발상은, 이전 정부였던 이승만과 장면으로 이어지던 경제 수뇌부에서, 그리고 실질적인 경제 아키텍처와 운용 방식은 프랑스에서 가지고 온 것이다. 물론 이 시기에 경제계획이라는 방식으로 경제를 운용하는 또 다른 국가로는 이집트가 있었는데, 정치적인 이유를 포함해서 여러 가지 이유로 박정희의 경제팀은 이집트를 모델로 할 수는 없었다. 이후 프랑스의 여러 가지 시스템이 한국으로 들어오게 되는데, 파리의 지하철과 요금 징수 방식 등 한국에 아직 갖추어지지 않았던 사회의 기본 장치들이 그냥 들어왔다. 물론 프랑스의 좋은 것들 중에서 한국에 들어오지 않은 것들도 많다. 어쨌든 이 시기에 많은 공무원들은 정책적 파트너인 프랑스로 연수를 가거나 유학을 가면서 우리와 프랑스는 생각보다는 많은 뿌리를 공유하는 나라가 되었다. 그것이 60~70년대의 일이다. 1979년 전 중앙정보부 부장인 김형

욱은 프랑스 파리의 개선문 근처 어느 호텔에서 실종되었는데, 생각해보면 그것도 그리 우연한 사건은 아니다. 박정희 시절, 고위 공직자들에게 프랑스는 지금처럼 멀고 연고 없는 국가가 아니었을 것이다.

한국이 프랑스에서 가지고 온 전철의 역사는 최초의 TGV 구간이었던 파리-리옹의 고속철 역사와 연결된다. 그러나 우리가 프랑스에서 가지고 온 것 중 가장 중요한 것은 전력보급 시스템 특히 원자력 발전 체계라고 할 수 있다. 원전 중심의 전력 발전 체계는 그야말로 프랑스 고유의 것이라고 할 수 있는데, 중앙 정부가 책임지는 전력 공급 체계, 여기에 무기로서의 원전 활용 가능성 같은 것들이 결합되면 자연스럽게 전기 공급원 중 원자력의 비중이 높아지는 전력 포트폴리오가 구성된다. 프랑스의 원전 비중은 다른 어떤 나라와도 비교가 불가능할 정도로 높다. 프랑스가 핵폭탄 개발을 서두르게 된 계기가 된 사건은 1956년의 수에즈운하 위기 때였는데, UN 결정에 의해서 이집트로부터 철수하게 된 프랑스는 소련의 핵 위협을 상당히 의식하고 있었다고 알려져 있다. 어쨌든 냉전 시대 내내 프랑스 역시 중요한 핵 보유국이 되었고, 미국과 러시아가 핵 실험을 금지하기 위한 논의를 한창 하고 있던 데탕트 시기인 1995년 남태평양에서 실시한 핵 실험은 영화 〈고질라〉의 소재가 될 정도로 국제적 격론을 불러일으켰다.

중앙형 국가 시스템과 냉전 시대의 핵의 무기화가 결합되면서 프랑스는 세계 최대의 원전국가가 되었고, 다른 유럽 국가 혹은 최대의 핵 무장국가인 미국보다 더욱 높은 원자력 중심의 전기 발전 국가가 되었다. 이 모델을 바로 한국이 도입했기 때문에 한국 역시 프랑스만큼 높은 비중은 아니지만, 원전을 중요 축으로 하는 전원 구조가 형성되게 되었다. 물론 프랑스에서 경제 운용 방식과 기타 사회적 인프라의 운용과 구축에 대한 노하우를 가지고 온다고 해서 반드시 원전을 기본 축으로 하는 형태로 에너지 시스템을 구축할 필요는 없었을 것이다. 그러나 어쨌든 현실은 그렇게 움직였다. 박정희는 이러한 일련의 과정을 통해서 정말로 한국의 핵 무장에 대한 계획을 가지고 있던 것일까? 알 수 없다. 어쨌든 집권 후반기, 미국과 불편한 관계에 놓였던 박정희에게 프랑스는 선진 시스템의 중요한 교류 창구였다.

박정희 시대를 거치는 동안, 원래 일본을 통해서 한국에 들어온 독일형 시스템 위에 새롭게 프랑스 요소들이 얹히면서 한국 경제는 정부 주도의 계획경제 그리고 중앙형 시스템이라는, 지금도 잘 변하지 않는 하나의 원형을 형성하게 된다.(현대 건설 시절의 이명박 대통령이 회사원으로서 자신의 전성기를 보냈던 공간이 바로 이러한 70년대였는데, 토건 경제, 중앙형 경제 구조와 같은 것들은 어쩌면 그에게는 이 시절의 옷같이 익숙한 것일지도 모르겠다. 또한 현대건설은 오랫동안 원자력 발전소의 최대 시공사였고, 그는 원전 건설을 책임지던 지휘자였다.) 한국의 중앙집중형 시스템의 기원을 분석할 때, 조선 시대까지 거슬러 올라가거나 아니면 일본 총독부의 중앙형 수탈 구조를 통하는 방식도 있을 것이다. 그러나 지금의 많은 것들은 중앙형 국가인 프랑스의 것들을 박정희가 수입하는 과정에서 파생된 것 같다.

90년대 중후반, 대체적으로 OECD 가입을 즈음하여 일반적으로 '워싱턴 컨센서스'라고 흔히 부르는 신자유주의라는 흐름이 강화되기 시작한다.(노무현 이후의 변화에 대해서는 '경제 대장정' 시리즈 4권인 『괴물의 탄생』을 참고하시기 바란다.) 정확하게 미국 시스템이 기존의 일본형, 독일형, 그리고 프랑스형 제도 위에 추가되는 새로운 흐름은 신자유주의화와 연관되어 있다. 연방정부가 지방 정부를 직접 통제하지 않는 미국의 연방제에서부터 노동조합을 정상적인 기업 파트너의 일부로 인정하는 미국식 노사관계에 이르기까지, 어쨌든 많은 사람들은 '미국처럼'을 지난 10년간 외쳤지만 그들의 외침이 꼭 미국식인 것만도 아닌 것 같다. 자본의 대변인들이 외쳤던 미국화는, 확실히 '글로벌스탠더드'와는 거리가 먼 미국의 나쁜 점 혹은 미국식 신자유주의 실패점에 주로 집중되어 있었다. 어쨌든 미국은 우리의 미래를 바닥에서부터 붕괴시키는 사교육 따위는 없는 나라다.

사실 지난 20년 동안 한국에는 선진국의 좋은 제도라고 할 만한 것들은 스웨덴과 같은 북구 일부의 경제적 제도나 스위스의 직접민주주의와 관련된 몇 개의 제도를 제외하면 안 들어온 게 없다. 어떻게 보면, 한국은 성공한 제도의 백화점과도 비슷하다. 이미 국민투표제도 도입되어 있고, 최소한 시장이나 도지사 혹은 구청장과 같은 지자체 단체장에 대한 국민소환제도 시행되고 있다. 아직은 국민들에게 개방되어 있지 않고 대통령에게만 독점적으로 부여된 국민투표 부의권 정도가 한국에서 아직 미비한 제도라고 할 수 있지 않을까? 사실 우리는 어지간한 제도는 부분적으로 이미 다 도입되어 있는 혼합형 제도를 갖추고 있는 셈이고, 필요하면 법을 만들어서 언제든지 새로 도입할 수 있는 것이 우리의 형편 아닌가? 한번 기회가 있으시면 비교적 최근에 수정되거나 제정된 한국의 법들, 특히 행정 제도나 특정 정책과 관련된 법률을 보시기 바란다. 다른 나라의 해당 분야에서 성공적으로 시행하는 제도 중에 한국에 들어와 있지 않은 제도가 과연 얼마나 있을지? 어쩌면 한국이라는 국호를 전 세계에 알렸던 고려가 그랬던 것처럼 21세기의 대한민국은 기가 막힐 정도로 세계 여러 나라의 장점의 '아말감'과도 같다. 게다가 우리의 법체계는 혼합형이다. 한국 법의 기본 골격은 60~70년대 관료들이 주도적으로 경제를 이끌어 나가던 시기의 일본법들을 베껴온 게 많기 때문에 기본적으로는 일본식이다. 한나라당은 우리나라에 규제가 많다고 하지만, 그건 국가 개입이 강한 관료주의 전통 때문에 법에 세세하게 명기한 항목이 많아서 그렇게 보일 뿐이다. 이렇게 세밀하게 규정된 것은 상황과 여건이 바뀔 때마다 새롭게 수정을 해주어야 하는데, 누가 봐도 황당하게 오래된 제도들이 지금도 버젓이 남아 있는 것은 솔직히 입법부가 법의 유지·관리에 전혀 신경 쓰지 않아서 그런 것 아닌가? 게다가 지금의 많은 규제와 제도들은 전두환에서 김영삼 시대를 거치면서 형성된 것이 아닌가? 솔직히 김대중 때에는 IMF 경제위기에 대처하느라고 전격적으로 새로 도입한 제도가 별로 없고, 노무현 시대에는 우리 모두가 주지하다시피, 사실 한 게 별로 없다. 이 두 사람은 오히려 부작위의 작위, 즉 뭔가 해야 하던 급변하는 시대에 별거 하지 않았던 게 문제를 일으킨 것 아닌가? 노무현 정부는 규제와 제도라는 측면에서 5년 내내 선거 패배와 함께 결국 사라지게 될 '로드맵'만 작성하다가 끝난 셈이다.

어쨌든 이렇게 소소하게 규정된 '규제'라고 불리는 제도가 있고, 여기에 다시 주로 미국에서 사용하던 위원회가 90년대 이후 하나씩 따라붙게 된다. 예를 들면, 특정 대기오염 물질에 관한 지역별 기준 같은 것은 위원회의 결정 사항으로 위임하고 그때그때 상황에 맞게 조정을 하면 되는데, 우리 같은 경우 위원회에는 그런 법률적 권한이 주어지지 않는다. 그러다보니 위원회는 별로 권한이 없고, 제도는 제도대로 따로 움직이게 된다. 총리를 위원장으로 하는 정도의 아주 급이 높은 위원회를 제외하면 사실상 기업과 관료 그리고 전문가 사이의 사교의 장 아니면 정부 연구용역을 따기 위한 로비창구 정도로 전락해버린 지 벌써 수년째다. 이명박 정부가 출범하면서 이렇게 할 거면 차라리 위원회를 없애버리라고 위원회 개혁을 내걸었는데, 또 막상 자신의 입장에서 활용해보니 정책 운용과 정책 개선보다는 국가 장악과 국가기구의 사유화라는, 정의롭지는 않지만 어쨌든 쏠쏠한 재미가 있기에 어느덧 하나둘씩 다시 늘리는 중이다. 많은 국민들은 TV에서 폭력으로 얼룩진 국회의원들을 보면서 어느덧 한국의 정치인들 때문에 나라가 이렇게 되었다고 생각하는 것 같고, 그러다보니 초등학생들마저 아마 가장 혐오스러운 사람으로 국회의원을 꼽는 일들이 종종 벌어진다. 사실 개별적으로만 따지면 한국 정치인이 외국 정치인에 비해서 그렇게 심하게 자질이 떨어진다고 말하기도 어렵다. 어느 나라나 국회의원들이 좀 야비하거나 비열하기는 하다. 한국 국회의원이라고 일본이나 프랑스 국회의원과 비교하면 더 이상하다고 하기도 쉽지 않고, 무엇보다 정치라는 영역 자체가 어지간해서는 명예로운 모습을 유지하기가 쉽지 않은 것 같다.

황우석 박사 사건 때 벌어졌던 안타까운 얘기를 잠깐 다시 생각해보자.

황우석 박사는 노무현 정부에서도 국가의 연구개발 계획의 중요한 결정을 하는 위원회의 위원이었고, 실제로 분류 기준과 기술 성과에 대한 로드맵을 결정하는 몇 개의 위원회에 위원으로 참여했다. 자기가 국가 기본 계획을 짜고 자기 연구에 더 많은 우선순위를 배정하고, 그러고 나서 자기가 그 돈을 받아 연구하는 일이 실제로 벌어졌다. 물론 황우석 박사만 그렇게 한 것은 아니다. 이런 일은 노무현 시절에도 각종 정부 위원회 곳곳에서 벌어졌는데, 이런 일들은 국가를 결국 사적 장치로 전락시키게 된다. 상황이 이 정도가 되면 국가는 아무리 세밀하게 장치를 만들고 제도를 만들어도, 자기가 스스로 계획을 짜고 자기 쪽에 자원을 몰아주려는 사람을 견제하거나 제어할 수 없게 된다. 만약에 위원회가 동창들이나 친구들 혹은 동업자적인 관계에 있는 사람들에게 장악된 곳이고, 이곳이 국민과 방송이 눈을 뚱그렇게 뜨고 지켜보는 국회의사당 같은 곳이 아니라 어느 밀실에서 벌어지는 일이라면? 불행히도 과학기술 분야에서마저 이런 일은 종종 벌어지고, 황우석 박사와는 비교도 할 수 없이 치밀하고 조직적으로 위원회를 통해서 국가를 사유화하는 경우가 종종 생겨난다. 그 규모가 작지 않고 별로 성과가 날 것 같지 않은 연구에 위원회를 통해서 자금을 지원받는 것은, 그래도 애교 수준이다. 한국의 각종 위원회 중에서 가장 막장이고 무엇인가 대단히 잘못된 결정을 내릴 것이라는 주위의 시선을 거의 배신하는 적이 없는, 그야말로 제도의 취지와는 아무런 상관이 없는 위원회가 도시계획위원회다. 중앙정부에서 세밀하게 살피지 못해서 미처 놓치고 가는 토건에 관한 결정들을 각 지자체에 설치되어 있는 도시계획위원회가 내리는데 그 결정들은 대개 용적률을 높여서 더 높은 건물을 들어서게 하는 것, 혹은 더 많은 단지로 늘리는 것 그리고 생태계에 대해서 별로 신경 쓰지 않아도 되는 것, 이런 유형이다.

원래 '조닝(zoning)'이라는 제도는 난개발을 줄이고 전체적인 계획하에서 지역의 종합적 발전을 도모하기 위한 것이었고, 이러한 조닝을 위해서 지구단위 계획 등 종합적인 계획을 세우고 이를 관장하고 점검하는 것이 바로 각 지역의 도시계획위원회가 존재하게 된 이유다. 물론 각종 뉴타운 사건에서 용산 사태까지, 우리가 기억하는 화려한 사건들이 바로 이 도시계획위원회를 거쳐간 작품들이다.

이렇게 해서 각 지역의 도시계획위원회를 축으로 하는 토호연합체와 국토부를 축으로 하는 크고 작은 토건의 용사들인 건설사가, 현대건설 사장 출신인 정치인을 대통령으로 옹립한 것이 지금의 이명박 정부라고 할 수 있는 것 아닌가? 한나라당은 보수주의 정권이고, 대체적으로 토건에 속한 사람들이 지역 토호의 재생산 구조를 통해서 정치 세력으로서 위력을 갖는 법이지만, 보수주의라고 해서 반드시 토건이 되지는 않는다. 이런 토건적 방식으로 작동하는 도시계획위원회가 다른 나라에도 있을까? 그야말로 금시초문이다.

물론 아무리 잘 정비된 국민경제라 할지라도 불균형은 존재하고 범죄도 존재하고 부패도 존재한다. 국가별로 조금씩 다르지만 대개 GDP의 5~20퍼센트 정도를 지하경제로 추정하는데, 지하경제라고 해서 반드시 조직폭력배나 뇌물과 같은 것만을 의미하는 것은 아니고, 신고되지 않은 세원이나 양주와 같은 주류 혹은 유흥업소에서 사용하는 음료수의 무자료 거래에 대한 추정치 같은 것들을 포함한 것이 지하경제의 의미다. 우리나라에서도 몇 번 지하경제에 대한 추정 연구가 있었는데, 대체적으로 우리나라는 GDP의 20퍼센트를 약간 상회할 것이라는 게 일반적이다. 좀 높은 편이다.

한국의 지하경제 규모 추정치

(단위 : GDP 대비, %)

분석 연도	1986	1995	2003	2004~2005	2006
지하경제비용	20~30	14~19	21	27.6	22
연구자	한경련	LG경제연구원	윤여필	슈나이더	노기정·윤여필

(《디지털세정신문》, 2009년 10월 5일자 기사 참조)

2008년 기준으로 한국에서 GDP 중 건설 사업 비중은 7.5퍼센트인데, 이는 OECD 국가 중에서 가장 높은 수치다. 한국은행에서 집계하는 건설 투자비 기준으로는 건설 투자액은 주거 등 건축 분야에 92조3000억, 토목용으로는 52조7000억이 투자되었고, 총 155조를 토건에 투자한 셈이다. 토건과 관련된 지하경제를 감안한다면, 진짜로 움직이는 돈은 GDP의 20퍼센트에 달한다고 할 수 있을 것 같다. 정운찬 총리의 청문회로 유명해진 '다운 계약서'의 경우처럼 실제로 오고 간 비용이 제대로 신고하지 않았던 것이 많을 것이다. 또한 골프장 건립과 관련해서 시의원과 국회의원 그리고 공무원들까지 나누어 가지던 돈도 지하경제에 해당된다. 회사에서는 공식적으로는 존재를 부인하는, 심사위원에게 건네지는 건설 수주와 관련된 뇌물도 지하경제의 영역이다. 한국이 특별히 더 조직폭력배가 외국보다 많지 않다면, 무자료 거래의 상당 부분은 토건에서 기인하는 것이라고 말할 수 있을 것이다.

　최소한으로 추정해도 GDP에 20퍼센트에 해당하는 돈이 매년 토건과 관련된 비용으로 반은 합법, 반은 불법인 상태로— 문자 그대로!—지출이 되는데, 자본주의 역사에서 이런 정도로 비공식적 부문이 부풀어오른 적은 일찍이 없었다. 이 토건주의자들이 금과옥조처럼 얘기하는 미국 경제가 '뉴딜' 정책을 집행하던 시절에도 GDP의 5퍼센트 이상을 토건에 투입한 적은 없다. 지금 한국 경제가 보여주는 거대한 토건 현상은 과연 시장 때문일까? 이것은 시장 경제와는 별 상관은 없고, 자본주의와도 거의 상관이 없고, 한국이 걸어왔던 압축 성장과도 거의 상관이 없어 보인다. 그 불균형은 1997년의 IMF 경제위기로 인해 '균형'으로 돌아갈 것을 명령하고 있고, 만약에 한국 경제도 경제법칙이라는 것이 있다면 지금도 끊임없이 균형으로 돌아가려고 하고 있다는 것이 타당할 것이다. 그렇다면? 이미 커질 대로 커진 토건이 줄어드는 것을 억지로 막으려는 세력이 있을 것인데, 그 세력들이 바로 '토건주의자'라고 할 수 있을 것이다. 시장과도 상관없고, 자본주의와도 상관없는 이 독특한 시스템은 경제학과도 거의 상관없는 것 같다. 경제학은 무조건적인 경제성장을 지지하지도 않을뿐더러, 투기를 지지한 적은 한 번도 없다.

GDP에서 토건이 차지하는 비중을 토건률이라고 한다면, 최소한 지금 한국 경제는 토건률이 절반 이하로 내려가야 한다고 할 수 있는데, 공식적인 분야에서 토건률을 낮추는 것은 경제학의 영역이라기보다는 정치의 영역이라고 할 수 있다. 그리고 비공식적이며 불법적인 지하경제에 속하는 토건의 비중은 시민단체나 학자가 손댈 수 있는 영역이 아니라 그야말로 검사들의 영역이라고 할 수 있다.

공식적이든 비공식적이든, 현재의 청와대를 축으로 하는 중앙권력도 토건 세력의 손에 들어가 있다. 그리고 1995년부터 지방선거가 다시 실시된 이후로 특별한 몇 개의 군과 구청을 제외하면 토건파들에게 장악된 상태다. 최소한 10년 동안 중앙정치든 지방정치든, 토건이 아닌 정치는 한국에서는 존재한 적이 없었다고 할 수 있을 것이다. 그렇다면 '상아탑'이라는 이름으로 불리는, 한국 양심의 핵심이 되어야 할 대학은? 100주년 기념행사를 토건으로 시작한 이래 대부분의 대학 역시 토건 세력에게 장악된 것이 이미 10여 년 전의 일이고, 현실적으로 아직 토건 대학이 아닌 대학은 서울대학교 등 국립대학들이라고 할 수 있다. 물론 국립대 법인화를 중심으로 서울대 역시 매우 빠른 속도로 토건 대학으로 변하는 중이다.

신문사나 방송국 같은 언론기관은 이러한 토건으로부터 자유로울까? 방침상 특별히 더 가까운 기관이 있고, 광고비의 비중상 어쩔 수 없이 그렇게 하는 곳이 있다. 대체적으로 『조선일보』가 주요 신문 중에서는 가장 토건에 가깝다고 할 수 있고, 『중앙일보』는 제조업의 일반적인 이해를 반영하는 경향이 있기 때문에 가끔 토건이 아닌 목소리를 내는 경우가 있다고 할 수 있다. 정치적으로는 이와 반대의 위치에 서 있는 신문으로 『한겨레』와 『경향신문』을 거론하는 경우가 종종 있는데, 이 중 『한겨레』의 경우에는 토건의 역사가 전혀 없다고 하기는 좀 어렵다. 노무현 정권 초기에서 중기까지, 아마도 정권의 성공을 위해서 그랬다고 생각되는데, '한국형 뉴딜'과 골프장 건설 붐에 대해서 상당히 우호적인 논조가 데스크를 중심으로 형성된 적이 있다. 농담처럼 하는 말이기는 하지만, 어쨌든 이 시기에 『한겨레』 편집진에 대해서 시민단체 일각에서 통용되던 별명이 바로 '부국강병파'였다. 이때의 부국은 바로 토건을 의미하고, 강병은 파병을 의미했다.

　방송의 경우 '환경'이라는 키워드로 분류하면 가장 선진적인 방송은 SBS라고 할 수 있다. 실제로 자연과 환경에 관해서 가장 오랫동안 그리고 체계적으로 볼만한 방송을 만들던 곳이 SBS였다. 또한 동시에 한국 최고의 토건 스포츠인 골프 붐을 이끌었던 곳도 SBS였다. 골프를 제외하면 공중파 방송국 중에서는 SBS 정도가 한국에서는 토건에 비교적 영향을 덜 받는 곳이라는 점은 비극적이다. 정치 논리에 대해서 민감할 수밖에 없는 KBS나 MBC의 경우는 사실 토건과 쇼비니즘에 대해서 그렇게 자유롭지가 않다. 이러한 경향성은 꼭 이명박 정부의 소위 '방송 장악' 이후에 생겨난 흐름이 아니고 노무현 시절에도 그랬다. 토건에 대한 위험성을 경고하는 것은, 한국의 방송 내에서는 '광야에 외치는 사나이'에 가깝다. 한국의 언론에는 아주 소수의 경우를 제외하면 정말로 토건이 국민경제가 갈 곳이라고 생각하는 확신범과 건설 회사의 이미지 광고와 아파트 광고에 의존할 수밖에 없어서 그렇게 하는 비 확신범, 딱 이 두 종류의 사람들이 상층부의 데스크를 장악하고 있다고 할 수 있다. 물론 일반인이 보기에 그 결과물은 전혀 차이가 없다. 일부러 했든, 어쩔 수 없이 했든, 우리가 토건 방송을 보고, 토건 신문을 보게 된다는 사실은 변함이 없다. 토건에 대해서 반대 입장을 명확히 하는 곳은 《오마이뉴스》나 《프레시안》 같은 인터넷 매체들인데, 이곳은 역사도 짧고 '마이너 매체'에 해당하기 때문에 대형 건설사들이 별로 광고를 맡기지도 않았고, 그래서 결탁과 길들이기라는 한국 언론의 불행한 역사 자체가 존재하지 않는다. 사실 한국에서 유달리 가난한 곳이라는 조건은 역설적으로 토건으로부터 자유로울 조건과 일치한다. 토건을 견제하고 토건으로부터 자유로운 곳은 주류 세력에서는 사실상 없다고 보아도 좋을 것이다. 토건이라는 눈으로 본다면, 지나치게 상업적이고 수입 럭셔리 제품에 대한 과도한 소비를 조장한다고 종종 손가락질받는 《보그》지와 같은 패션지만도 못한 것이 지금의 한국 언론과 방송이다. 최소한 이들은 건설사한테 직접 광고비를 받는 것이 아니라서 이들을 지독할 정도로 자본주의적이고 마케팅 사회의 첨병이라고 비난할 수는 있지만 최소한 토건파라고 할 수는 없다. 이들은 패션의 '글로벌 트렌드'를 따라 '글로벌 스탠더드'를 어느 정도 지키지만, 한국의 토건 언론은 토건에 대한 언론인들의 국제적 상식과는 좀 거리가 멀다.

문화계? 문화예술부의 지원을 받는 주류 문화계도 대단한 토건쟁이들이다. 사실상 정명훈이 이끌고 있다시피 한 클래식 음악계도 상당한 토건쟁이들이며, 내부적으로 대단히 보수적인 의견이 주류를 형성하고 있다. 오페라 하우스와 같은 문화시설물들이 이들의 토건화를 이끈다. 토건을 수치스러운 것으로 생각하는 유럽의 오페라 가수들 정도의 상식을 갖춘 테너 가수와 소프라노 가수는 한국에서는 거의 찾아보기 쉽지 않고, 다만 음대생들 중에서만 일부를 볼 수 있을 뿐이다. 그들도 거친 입문기를 거쳐 주류 음악가가 되면 역시 토건쟁이가 될 것이다. 돈을 기준으로 생각해보면 정책 지원을 받는 분야일수록 확신범이든 비 확신범이든 토건에 대해서 친화적이거나 토건을 지지하고 있다. 역설적으로 영화계는 건설 회사의 지원금이나 정부 기금과는 상대적으로 독립되어 있고 대중을 상대로 하고 있기 때문에 토건을 노골적인 적 혹은 악당으로 설정하는 경우가 많다. 그야말로 주류의 조직 논리를 벗어나 그냥 시장 논리대로만 간다고 해도 지금처럼 강력한 토건의 감옥에서 조금이라도 벗어날 수 있을 것이다.

자, 그렇다면 우리의 마지막 희망이라고 할 수 있는 책을 만드는 한국의 출판계는 어떠한가? 진보적이든 보수적이든, 하여튼 한국의 출판계에서 그야말로 "방귀 좀 뀐다" 하는 출판계의 메이저들이 모여 있는 파주출판단지를 한번 보자. 헤이리 예술마을, 파주 영어마을과 이어지는 경기도 토건 벨트의 한가운데 출판단지가 들어서 있는데, 예술이든 출판이든, 산업단지처럼 조성하면 그만이라고 생각한 지난 10년 동안의 정권의 문화적 수준과, 자기들도 땅 투기하겠다고 따라 들어간 출판사들을 여기에서 목격할 수 있다. 전부 다 토건 시대의 주역들이다. 결국은 땅값이 올라갈 것이라고 건물 하나씩 번듯하게 세우고 유령 마을에 들어서 있는 이들이 한국의 출판을 이끌고 있는 핵심 세력들이다. 역사는 그들을 토건 시대의 앞잡이들 중 하나로 기억할 것 같고, 책을 통해서 탈 토건의 정신문화를 이끌었던, 시대의 아방가르드로 기억하지는 않을 것이다. 그야말로 파주출판단지는, 디버블링이라는 거품 붕괴 과정이 끝나고 난 후 역사 속으로 사라질 것이고, 언젠가 파주의 출판사들은 의식이 높아진 독자들의 손가락질과 외면을 이겨내지 못해서 결국 파주를 떠나게 될 것이다. 책이야말로 시대의 논의와 토론의 결과물이기 때문에, 번듯하기는 하지만 사실은 그냥 고립된 것인 땅 투기용 건물 몇 채가 그것을 만들어내는 것이 아니다. 마당 하나 제대로 없는 콘크리트뿐인 파주의 건물들은 지난 시기에 우리나라 출판인들의 진짜 꿈이 무엇이었는지 보여주는 슬픈 자화상이다. 만약 한국이 10년 내에 지금의 어려움을 극복해서 결국 망하지 않는다면 지금의 파주출판단지는 결국 파주 토건 기념관이 될 것이다. 지금 이 토건의 시대를 잊지 않기 위해서 결국 10년 뒤의 국민들이 마을 전체를 토건 시대를 잊지 말자는 기념관으로 만들게 될 것이기 때문이다.

지금과 같은 끔찍한 토건의 시대는 시장과는 아무런 상관이 없다. 시장은 수익률이 떨어진 기업에게 "꺼져!"라고 말하는 아주 무서운 존재이지, 대통령과 총리 그리고 국회까지 나서서 뒷돈 챙겨주는 이런 자상한 존재가 결코 아니다. 시장 메커니즘대로 간다면 1~2년 내 국민경제에서 토건 지출은 지금의 1/3 수준으로 줄어들 것이고, 핵폐기물 처리 비용으로 영국의 핵 발전사들이 증시에서 된서리를 맞은 것처럼 지금과 같은 '핵 마피아 현상'을 발생시키지도 않을 것이다. 시장은 끊임없이 토건 불균형에서 균형으로 조정하기 위한 여러 가지 작용을 하는 중인데, 이걸 한국의 정치, 학문, 언론 그리고 문화예술의 상층부를 차지한 사람들이 억지로 힘으로 막고 있는 것이 지금의 형국이라고 할 수 있다. 종교가 이 상황에서 도덕적 구원이 될 것인가? 탈 토건의 길을 걷기 시작한 불교와 가톨릭은 불행히도 지금 한국에서는 강남 대형 교회로 상징되는 기독교에 비해서는 사실상 별 힘이 없다. 지금 한국의 종교계를 돈의 힘으로 끌고 나가는 존재는, 바로 한나라당보다 더 '인사이더'인 토건 기독교의 토건 교회들 아닌가? 도대체 여기에 구원이 어디에서 올 것인가?

물론 악몽에는 끝이 있고, 모든 비극에는 대단원이 있듯이 이 혹독한 토건 클라이맥스에도 끝이 있을 것이다. 몇 가지 시나리오들이 있을 수 있지만, 어쨌든 현실적인 시나리오는 '재생산'의 위기라는 점에서 읽을 수 있을 것이다. 불행히도 한국의 토건은 너무 많이 나갔고, 그들은 별로 관심을 가지지 않겠지만 경제 주체의 재생산 그리고 국민경제 자체의 재생산에도 위협을 만들게 되었는데, 무엇보다도 토건 자체의 재생산에도 치명적인 구조적 위기를 만들어내었다는 점이다. 한국의 토건은, 인구는 계속해서 늘어날 것이고 소득도 계속해서 늘어나 1인당 주거 면적이 지속적으로 늘어나게 될 것이라는 가설 위에 서 있다. "한국의 국토는 좁고, 인구는 많다"는 토건 한국을 이끌어온 단 하나의 경구가 흔들리는 날이 올 것이라고 토건쟁이들은 한 번도 생각해보지 못한 것 같다. 그러나 인구는 늘어나지 않을 것이고 현재의 정책 기조에서는 최소한 앞으로도 10년간 눈에 띄는 변화가 생겨나지는 않을 것이라는 점을 우리는 이미 알고 있다. 현 정부의 임기가 남은 기간 동안은 계속해서 토건에 지출을 증가시키려고 하겠지만, 경제적으로 그렇게 할 수 없는 순간이 오게 될 것이다. 물론 IMF 경제위기 속에서 자신들이 계획했던 것을 해보지 못한 김대중 정권처럼, 다음 정부는 최악의 재정 불건정성을 껴안고 출발하게 될 것이다. 다음 세대를 위해서 복지에 대한 지출을 늘리기 위한 국채 발행 등 재정적 수단이 거의 남아 있지 않을 것 같다. 그러나 이러한 장기적 변화가 실제로 토건에 반영되는 속도보다는 '지불 능력의 위기'가 먼저 올 것인데, 이것은 정부 차원에서도 그렇고 개인 수준에서도 그러하다. 간단히 얘기하면 현재의 중산층 2세가 다시 중산층으로 재생산되는 데에 위기가 올 것이며, 이 현상을 20대의 '88만원세대 현상'이라고 불러도 큰 문제가 없을 것이다.

내가 설정한 가설이 규모의 수준에서는 오류가 있더라도 최소한 방향성이라는 측면에서 옳다면, 더 이상 한국에서는 건설 회사의 국내 부문 주력 사업 중의 하나인 아파트에 대한 대규모 수요자 집단이 최소한 20대 내에서는 등장하지 않을 것이다. 현재의 경제 운용방식에 근본적인 변화가 발생하지 않는다면 이들이 30대가 되거나 40대가 되어도 이 추세는 바뀌지 않을 것이다. 즉 다음 세대에게 '지불 능력'에서 문제가 생기는 것인데, 건설 회사는 어차피 소비자의 지불 능력에 따라서 움직이기 때문에 20대 문제에 별로 신경을 쓰지도 않을 것이다. 하지만 사실 지금 이들에게 치명적인 결과가 이들의 토건질 때문에 생겨나는 중인 것 아닌가? 간단한 질문이다. 누가 아파트를 사주고, 누가 아파트를 짓는 행위에 대해서 열광적으로 지지할 것인가? 부채로 집을 사고 집값을 올려서 부채를 청산하고 더 큰 집으로 '갈아타기'를 하는 한국 경제의 '인플레이션 다이내믹스'도 이제 그 종료 시점에 다가오는 셈이다. 주위를 돌아보라! 지금 한국의 정상적이고 평균적인 20대는 작은 원룸이나 오피스텔 전세값은커녕 월세 보증금 지불하기에도 벅차다. 그들에게 저축액을 따지거나 가처분소득에 대해서 얘기하는 것은 이미 무의미하다는 것을 우리가 이미 알고 있는 것 아닌가? 지방의 경우 20대의 저신용 비율 즉, 은행 거래는 할 수 있지만 은행에서 대출은 해주지 않는 비율이 이미 2/3가량 되는 지역들이 등장했다. 부산에서 제주도까지 걸쳐져 있는 토건형 아파트들, 도대체 누가 그 지역에서 이런 특수한 상품을 구매할수 있을 것인가? 그 지역에 사는 20대 신혼부부들은 정상적이고 평균적인 경우, 이런 것을 구매하지 못한다. 뉴타운형의 도시 재개발 사업을 벌이기 시작하는 전주와 광주의 경우도 예외가 아니다. 부모가 사주지 않는다면 중산층 2세가 다시 그들이 살았던 수준의 주택을 구매하는 것은 그들이 평생을 벌어도 불가능한데, 자기 자식에게 '멀쩡한 주택'을 결혼을 기념해서 사줄 수 있는 중산층 부모가 얼마나 되겠는가? 자식에게 선뜻 집을 사줄 수 있는 사람을, 아무리 느슨한 기준을 적용하더라도 국제적으로 중산층(middle class)이라고 부르지는 않는다. 그들은 이미 부유층이 아닌가?

한국에서 1억 원 이상의 연봉을 받는 직장인은 10만 명에 불과하다. 한국 토건의 전성시대, 길게 보면 60년대 이후로 50년간, 짧게 보면 IMF 경제위기 이후의 지난 10년간, 일부에서 실제로 직접적인 경제적 혜택을 받게 된 사람들이 등장했다. 좌파와 우파 혹은 진보와 보수와 같은 이념적 기준에 비해서 토건 현상은 연령에 따른 영향이 가장 드라마틱하게 나타나는 분야다. 지금의 윗세대가 토건으로 직접 혜택을 보았든 아니든 대체적으로 토건에 대해서 우호적이고, 자신의 상식은 물론 문화와 개인의 철학마저도 토건 쪽으로 향해 있는 경우가 많다. 반면에 지금의 20대는, 자신이 원하든 원하지 않든, 토건과는 거의 상관없는 삶을 살고 있고 또 앞으로도 그럴 가능성이 높다. 어떻게 보면 지금의 20대는 토건 경제의 피해를 대규모로 받게 되는 첫 세대이자 '토건질'과는 무관한 첫 세대가 될 가능성이 높다. 이들이 더 생태적일 것이라는 보장은 여전히 없지만 최소한 집단적이고 구조적인 토건질을 하지는 못할 것이고 상대적으로 토건으로부터는 자유로울 것이다. 더이상 아파트를 구매할 다음 세대가 등장하지 않는데, 무슨 수로 토건의 폭탄 돌리기를 계속할 수 있을 것인가? 나는 이들을 '탈토건 1세대'라는 이름으로 불러볼까 한다.

영원히 계속될 수 있는 투기라는 것은 존재하지 않는데, 토건은 그것에 대해서 아무리 아름다운 설명을 붙이더라도 일정 규모 이상에서는 국가가 조장하는 투기에 불과하다. 그리고 원하든 원하지 않든 이 끝없는 레이스에 참가할 수 없는 경제 주체들이 등장하고 있다. 1년 소득을 모두 모아도 아파트 한 평 값이 안 되는 비정규직의 세계, 그들은 앞 세대가 토건으로 경제를 끌고 가려고 했던 것과 비교한다면, 그들이 원하든 원치 않든, 탈 토건이 삶의 양식이 된 사람들이다. 그들에게는 토건은 정서적으로나 문화적으로, 아예 존재하지 않는다.

투기 현상은 화폐 현상과 한 가지 유사점을 가지고 있다. 우리가 쓰는 신용화폐는 정부가 영원할 것이라는 영속성 위에 서 있다. 만약 내일 정부가 망한다고 생각해보자. 그러면 오늘 아무도 화폐라는 종이 쪼가리를 받고 자신의 물건을 내어주지 않을 것이다. 오늘 화폐를 사용할 수 없다면, 어제도 화폐를 사용할 수 없었을 것이다. 그렇다면 그 전날도, 그리고 그 전날도⋯. 세상에 영원한 것은 없다고 하더라도 화폐는 그걸 발행한 정부가 영원히 망하지 않고 있다는 집단적 가정하에서만 작동하는 것이다. 영원하지는 않더라도 우리는 마치 한국은행이 영원히 존재할 것이라는 전제하에서 지금 화폐를 교환의 매개체로 사용한다. 전쟁이나 국가 부도와 같이 정부가 발권력을 제대로 행사하고 자국 화폐의 가치를 제대로 지켜내기 어렵다고 생각하는 순간, 화폐에 대한 투매와 금융시장에는 '패닉'이라고 부르는 현상이 발생한다.

투기도 이와 마찬가지다. 투기가 종료되는 시점, 즉 투기의 영속성의 신화가 무너지는 순간, 투기는 바로 그 순간에 무너지게 된다. 50대가 40대들에게 넘긴 아파트를, 40대는 다시 30대들에게 넘기려고 한다. 재개발을 통해서 더 큰 평수를 획득한 앞 세대는 자신들의 것을 다음 세대에게⋯. 그러나 30대들이 넘기려고 하는 그 아파트를 받아줄 20대가 없다. 물론 20대들에게 충분한 가처분소득을 지원하고 그들을 다시 토건의 전사로 만들어서 이 게임을 당분간 계속할 수는 있겠지만, 국민경제에서 방기된 20대에게 그런 일이 벌어지지는 않을 것 같다. 한국에서 디버블링(debubbling)을 격발시키는 존재가 바로 이 탈토건 1세대들이다. 그들이 더 이상 다음번 아파트를 받아줄 수 없다는, '투기의 영속성'의 종료를 사람들이 이해하는 순간,

투기는 끝이 난다. 신용화폐가 더 이상 교환의 매개체로 작동할 수 없는 순간과 투기가 종료하는 시점의 메커니즘은 같다.

토건으로 흥한 자, 토건으로 망하리라!

03 | 토무현의 토건주의, 토명박의 공사주의

　많은 경제학자들은 '균형'이라는 개념을 믿는 경향이 있다. 나도 균형이라는 관점이 머릿속에 자리 잡고 있는 고전적 사유를 가지고 있는 편이다. 우리가 요즘 가지고 있는 바로 그 균형이라는 개념은, '한계주의 혁명(marginalist revolution)'이라고 19세기 후반의 각기 별도로 등장했던 왈라스, 제본스, 멩거라는 세 명이 경제학들에 의해서 유행하게 된 것이다. 이 중 사회의 모든 것 혹은 존재하는 모든 재화의 수요와 공급이 동시에 균형을 이룰 수 있다는 '일반균형(general equilibrium)'은 레옹 왈라스(L. Walras)에게서 온 개념이다. 그는 한국에서 잘 해석되지 않는 경제학자이지만, 20세기 경제학의 거의 대부분은 왈라스의 일반균형모델을 뛰어넘으려고 하던 시도라고 하는 게 맞을 것이다. 사람들이 스스로 일반균형에 도달하고 이 상태가 역사적으로 무한할 수 있다는 것을 부정하는 진영이 마르크스주의 경제학 혹은 좌파 경제학 진영이라고 할 수 있을 것이다. 이런 일반균형이 이론적으로는 가능할지 몰라도 그것은 장기적으로만 가능하고 단기에는 불균형이 해소되지 않을 것이므로 정부의 개입이 필요하다고 주장한 이는 케인스다. 단기적 경제 대책을 강조한 그는 "장기에는 우리 모두 죽는다"는 유명한 말을 남겼다. 주류 경제학 내의 상이한 몇 개의 흐름, 즉 알프레드 마셜의 부분균형, 왈라스의 일반균형 그리고 케인스의 거시 분석을 하나의 틀로 묶으면서 '신고전학파 종합(neo-classical synthesis)' 즉 신고전학파라는 이름을 붙이고, 요즘 우리가 사용하는 통합 교과서인 경제학 원론 체계를 만든 사람이 폴 새뮤얼슨이다. 한때 세상에 존재하는 경제학자의 90퍼센트 이상이 신고전학파라고 할 정도로 모든 경제학자들은 어쨌든 새뮤얼슨의 교과서 체계를 통해서 경제학 개념을 익혔다. 이 교과서를 숙지하고 있어야 대학원 입학시험을, 박사 과정의 필수 과목들의 시험을 통과할 수 있기 때문에 신고전학파 경제학은 전 세계 모든 경제학자의 표준적인 언어가 되었고, 이걸 뛰어넘는 경제학 틀을 만들고 싶다는 것이 젊은 경제학자들의 꿈이기도 했다. 케인스가 아닌 또 다른 왈라스 모델에 대한 비판은 하이에크와 그의 제자들에 의해서 이루어졌는데, 시장에서 균형가격을 만드는 것 자체보다는 '시장 과정' 즉 혁신이나 효율성 개선 같은 것을 강조하는 반(反) 왈라스의 흐름이 나타나게 된다. 이들을 시카고학파라고 부르기도 하고 때때로 '신자유주의자' 라고 부르기도 하지만 밀턴 프리드먼과 그의 제자들은 '통화주의자(monetarist)' 라고 불리기를 훨씬 선호하는 것 같다. 케인스주의자와 프리드먼* 진영 사이에서 가장 처절한 전투가 벌어졌던 곳은 화폐의 수요함수 혹은 화폐방정식 분야였고, 이곳은 일반인들은 거의 관심을 가지지는 않지만, 그야말로 중원의 패권을 놓고 벌인 치열한 격론의 전장이 되었다.

---

* 『노 로고』로 세계적 명성을 얻게 된 나오미 클라인은, 대학원 정도의 이론 수업을 받고 저널리즘과 학계의 중간 지점에서 저자이자 칼럼니스트로 살아가는 방법에 대해서 고민하고 있는 사람에게 가장 권해주고 싶은 롤모델이다. 그녀가 할 수 있다면 한국의 연구자들도 이렇게 할 수 있을 것이라고 생각한다. 밀턴 프리드먼의 생애와 '활동'에 대한 내용을 담고 있는 『쇼크 독트린』은, 시카고학파에 대해서 이런 방식으로 접근할 수도 있구나 하는 점에서 나에게 충격적이었다. 미국과 중남미와 중동 그리고 그 속에서의 밀턴 프리드먼의 역할에 대한 아주 최근의 이야기를 소상히 알고 싶다면 이 책을 한 번쯤 읽어보는 것도 도움이 될 것이다.

정리해보자면, 20세기 동안 경제학자들은 레옹 왈라스를 여러 가지 방식으로 극복하려고 한 것은 사실인데, 그 과정에서 물리학에서 오게 된 '균형'이라는 개념에 많은 영향을 받게 되는 일이 벌어졌다. 균형을 중심으로 전개되는 고전 물리학에서 벗어나려는 경제학자의 시도는 소스타인 베블런과 알프레드 마셜 이후로 계속해서 등장했었다. 이러한 전통하에서는 '진화'라는 단어가 중요하게 다루어지고 물리학적인 균형 대신에 진화적인 의미에서의 '안정성(stability)'이 더욱 중요하게 취급되는 경향이 있다. '목적론(teleology)'이라는 기준으로 본다면 다윈 초기의 생물학의 영향을 받은 사회과학자들은 목적론적 진화론을 채택하며 우생학이나 사회진화론 같은 생각을 많이 했었는데, 지금은 생물학 이론에서도 목적론적인 '진화의 최종 목표'는 설정되지 않는다. 모든 주어진 것은 임시적인 것이고, 만약 그것이 아주 오랫동안 한 가지 모습을 보여주고 있다면 그것은 우리가 최종적인 종착역에 도착한 것이 아니라 그 상태가 '안정성'의 조건을 만족시키기 때문이라고 생각하는 것이 최근의 경향이라고 할 것이다. 반면에 고전 물리학의 사유를 담고 있는 '균형의 역사관'은 다분히 묵시록적이며 또한 재림의 신화만큼 몽환적이다. 경제학의 균형이 존재하는지 존재하지 않는지는 이제는 이론적으로는 증명의 영역이 아니라 믿음의 영역에 보다 가깝다는 것이 진실일 것 같다. 그리고 제1세계 바깥에 사는 사람들, 특히 식민지 백성으로 근대화를 맞이하게 된 우리 같은 사람들에게는 균형이라는 개념은 지독할 정도로 잔인한 용어이기도 하다. 균형에 대해서 얘기할 때, 그것은 왈라스의 일반균형이 아니라면 '세테리스 파리부스(ceteris paribus)'라는, 즉 "다른 모든 조건이 동일하다면"이라는 가설을 암묵적으로 포함시키는데 식민지 국가 혹은 식민지에서 막 독립한 국가에서 다른 조건이 선진국과 동일할 수 없다는 것은 너무 명확하지 않은가? 혹은 재개발 국가에서 '균형'이라는 잣대를 들이대는 것 자체가 지극히 불공평한 일이다. 경제학이라는 질서정연한 잣대를 들이대면 이미 수천 년 동안 아무 문제없이 살았던 지구 인구의 20퍼센트 이상이 저개발 상태라는 완벽한 불균형 속으로 끌려 들어왔다. 그러나 불과 200년 만에 지구의 생태적 안전성을 까먹은 사람들이 지난 4000년 이상 지속적이고 안정적으로 유지되어온 다른 문명에 대해서 '불균형'이라고 판단하는 것이 도덕적으로는 물론 과학적으로 타당한 것인지는 잘 모르겠다.

어떤 면에서 보면 균형이라는 개념은, 이미 경제 외적인 관계에서 정치사회의 기본 골격을 어느 정도 만들어낸 국가들이 자본주의를 강화시키면서 생겨난 특수한 현상들을 지칭하는 데 더욱 유용한 개념인지도 모른다. 어쨌든 '균형'이라는 용어는 경제학 내에서는 매우 명확하면서도—그러나 그것이 '현실적'인 것인지는 잘 모르겠다—정확한 의미를 가지고 있고, '불균형'이 궁극적으로 해결될 될 것이라는 집단적인 소망을 담고 있는 셈이다. 만약 불균형이 균형을 통해서 해소되지 않을 종류의 것이라면 '주어진 조건' '사회적 구조' 혹은 '전제 조건'과 같은 다른 의미를 가지고 있는 이름이 붙어야 할 것이다. 과연 한 사회의 발전이라는 것이 불균형에서 균형으로 가는 그렇게 단선적이고 밋밋한 흐름이라고 보는 시각이 세상의 총체적 진실을 이해하는 데에 얼마나 도움이 될지는 모르겠지만, 어쨌든 표준 경제학의 논리에 충실하게 훈련된 경제학자라면 대체적으로 이러한 시각을 가질 것이다.

노무현의 시대에는 '균형'이라는 단어와 '소통'이라는 단어 그리고 '갈등 비용'이라는 단어가 매우 각별한 의미를 가지고 유행했었다. 원래의 의미와는 별로 상관없는 용법으로 사용되었지만, 어쨌든 균형이라는 단어가 건국 이래 가장 공식적으로 그리고 열광적으로 사용되었던 시기가 바로 이때다. 반면에 이명박 시대에는 '균형'이 차지하던 자리를 '선진화'라는 단어가 자리를 잡고 있다. 이 용어는 박정희 시대에 이미 정치적인 의미로 한 번 사용된 적이 있기 때문에 적어도 한국인들은 '선진국 프레임'에 아주 익숙하다. 정치적으로는 균형보다는 '선진화'라고 얘기를 하는 것이 훨씬 더 선명하고 무엇보다 근대화의 익숙한 프레임에 잘 맞는다. 선진화라는 용어는, 일종의 무의식이라고 해도 좋을 '불균형 성장 전략'이라는 망령을 무덤에서 끌어내는 무당의 주술과 비슷한 것이다. 선진화는 그 자체로 "다소 무리가 있더라도" 혹은 날치기나 불법적 요소가 있더라도, 경찰의 과잉진압이 있더라도, 혹은 민주주의의 절차에 다소 훼손이 있더라도 불균형으로부터 발생하게 되는 아주 '약간의' 파열음은 무시하겠다는 선언과 같다. 모든 개념은 공간은 물론, 시간이라는 특수성 속에서 맥락을 갖기 마련이다. 물론 21세기 초반 대한민국이라는 공간과 시간으로 규정된 바로 이곳에서는 '노무현의 균형'이나 '이명박의 선진화' 나, 어차피 토건이라는 점에서 큰 차이는 없다.

만약 상식적인 많은 서구인에게 '불균형'이라는 단어가 뭔가 시정되거나 고쳐져야 할 것이라는 이미지를 준다면, 아마 절반 이상의 한국인에게는 이 단어가 "아, 우리가 정말 잘살게 되겠구나"라는 이미지를 줄 것이다. 우리는 박정희 이래로 '불균형 성장 전략'을 국민경제 기본 전략으로 체험한 나라이고, 불균형에 대해선 또 다른 발전을 위해서 잠시 쉬어가는 쉼터 혹은 사막 한가운데서 만나는 오아시스와 같은 이미지를 가지게 된다. 한국의 많은 우파들에게 불균형은 어쩔 수 없이 치르는 작은 대가와 같은 것이고, 우파 필승의 언어이기도 하다. 우리에게는 태생과 같은 불균형이 존재하고, 이 불균형의 시정은 처음부터 불가능한 것이라고 설정된다. 일반적인 저개발국가의 발전 전략인 수입 대체형 산업화보다는 처음부터 수출 주도형 산업화 전략을 채택했고, 그러다보니 내수 시장이 제대로 발달하지 않았고, 정주영이 말했던 "밖에서 벌어 안을 살찌운다"가 한국 경제의 최고의 덕목이 되었다. 황우석 사태에서 〈디워〉 사태 혹은 최근의 'UAE 원전' 사건처럼 한국에서 최고의 정치적 가치는 '달러 벌이'가 된 상태이고, 최초의 발전 전략이 해소되어야 할 시점을 지나서도 여전히 이데올로기의 지위에서 내려오지 않고 있다. 이것이 우리의 근원적인 불균형이라고 할 수 있다. "수출로 벌어들인 달러로 기름을 사오는 나라"는 가장 짧게 한국 경제를 요약하는 말이 되었는데, 이 시스템을 그대로 끌고 경제 운용을 하겠다는 선언이 바로 '선진화'라는 단어가 암묵적으로 가지고 있는 의미다. 원전의 발전 비중이 높아지면, 주요 발전원으로 수입하는 석탄이 역시 수입 원료인 우라늄으로 바뀔 뿐이다.

여기에 또 하나의 불균형을 추가할 수 있다. 일반적인 제조업과 달리 3차 산업으로 분류된 건설업으로 인한 토건 불균형이, 만약 '모순'이라는 오래된 고전적 단어를 사용한다면 '한국 경제의 2차 모순' 정도 될 것이다.('모순'은 『자본론』 용어인데, '2차 모순'과 같은 파생적 모순은 마오쩌둥의 용어이다.) 1차 산업, 2차 산업, 3차 산업으로 이어지는 산업 분류는 마치 3차 산업이 우리가 가야 할 궁극의 목표라는 인상을 주기 쉽다. 실제로는 미국을 제외한 거의 대부분의 국가가 2차 산업 즉 제조업이 국민경제의 절반 정도를 차지하면서 제조업이 국민경제를 이끌어나가는 주요 부문이 되었는데, 미국의 경우만 예외적으로 '서비스 산업'이라는, 연구 개발 혹은 교육이나 문화, 의료 등이 포함된 3차 산업이 국민경제의 절반을 넘는다. 이것은 미국이 '제국'이라서 '제국의 심장'에 해당하는 뉴욕 모델 그리고 다시 뉴욕의 상징인 맨해튼 모델이기에 가능하다고 보는 것이 가장 타당한 설명이 될 것이다. 1744년에 설립된 소더비는 원래는 영국 회사였는데, 1964년에 뉴욕에도 본사를 두면서 전 세계의 미술을 지배하는 회사가 되었다. 미술은 반항과 저항의 시대정신의 산물이라고? 미술은 그럴지도 모르지만 예술 시장에서의 미술은 상품일 뿐이고, 많은 경우 합법적인 조세 회피(tax avoidance)가 발생하는 특수 상품이다. 이 미술품의 최대 교역자는 언제나 제국의 심장에 자리 잡고 있다. 미국은 두 개의 심장을 가지고 있다고 할 수 있는데, 힘의 중심은 워싱턴이지만 돈의 중심은 뉴욕이다. 그리고 그 뉴욕이 어떻게 작동하는지는, 영국 출신 시나리오 작가인 이방인의 뉴욕 관찰기라고 할 수 있는 〈섹스 앤 더 시티〉가 가장 제대로 보여준다. 돈은 언제나 민감한 것이고 돈이 모이는 곳에서 가장 특징적으로 나타나는 단어가 '섹스'다. 파리가 그랬고, 런던이 그렇고 지금 뉴욕이 그렇다. 돈과 섹스, 그것은 늘 같은 방향으로 움직인다. 반면에 돈과 일치하지 않는 방향으로 움직이는 것이 있는데, 그것은 '말'의 세계라고 할 수 있을 것이다. 미국은 돈을 지배하기는 하지만 '말'을 지배하지는 못하기 때문에 새로운 말을 만드는 '말의 중심'을 뉴욕이나 워싱턴이 독점하는 것은 아니다. 하버드와 시카고 혹은 MIT가 전 세계의 말을 지배하지는 못하고, 여전히 런던, 파리, 동경 같은 곳이 말의 고향이자 탄생지라고 할 수 있을 것이다. 서울은 섹스나 섹스 패턴 같은 것을 지배한 적은 없고, 뉴욕이 여전히 파리가 이끌고 있는 섹스 패턴을 되찾아오려고 하는 중이지만, 파리가 돈에서는 뉴욕에게 밀릴지 몰라도 섹스 그리고 섹스에 대한 담론에서만은 전 세계를 이끌고 있다. 패션 산업과 럭셔리 시장은 긴 눈으로 보면 대체적으로 제국 혹은 섹스와 유사한 방향을 보여준다. 〈섹스 앤 더 시티〉가 한창 유행할 때, 전혀 다른 정치적 메시지를 가지고 있고 패션 전쟁의 한가운데에서 대척점에 서 있던 〈결혼하고도 싱글로 살아남는 법〉이라는 영화가 프랑스 박스오피스 1위를 차지하고 있었다. 섹스를 음악에 가장 적극적으로 활용했던 세르쥬 갱스부르의 딸인 샬롯 갱스부르(Charlotte Gainsbourg)를 전면에 내세우면서 이 영화는 '프렌치 쉬크'와 '파리지엔느 룩'을 띄우는 데 성공했다. 2009년 칸 영화제에서 샬롯은 영화 〈안티크라이스트〉로 여우주연상을 받게 된다. 남자들은 별로 관심이 없을지도 모르지만 패션 시장에서 최근 3년간 뉴욕, 파리 그리고 런던이 보여준 3파전은 정말로 삼국지를 연상하게 할 정도로 손 떨리는 것이었고, 이 경쟁 과정에서 밀라노는 어느덧 퇴로의 기미를 보이고 있다. 물론 이 세계에서 영원히 맨 앞에 있는 것이 '섹스 코드'이고 때때로 부가적인 장치들이 개입을 하는데, 지난 가을의 파리 패션위크를 분기점으로 차세대 문화 코드로 패션가를 흔들고 있는 것은 '생태 코드'였다. 돈과 문화는 이렇게 격리되는 두 개의 흐름일 것 같지만, 현실은 그렇지 않은 경향성을 보여준다.

한국과 미국은 OECD 국가 중에서는 드물게 3차 산업의 비중이 GDP의 50퍼센트를 넘은 국가이지만, 건설 산업이라는 제조업과는 다른 분류 코드를 가지고 있는 이 특수한 산업을 감안해본다면 한국 경제는 미국 경제와 사실은 전혀 다른 패턴을 가지고 있다는 것을 알 수 있다. 3차 산업이 우리의 미래라는 노무현 정권의 판단은 그 방향성에서도 별로 맞는 게 아니지만, 그 내용에서도 토건이라는 복병을 만나면서 결국 토건 프로그램으로 전락하고 말았다고 할 수 있다. 3차 산업에 해당하는 문화와 건설 사이에도 일종의 경쟁 관계가 존재하게 되는데, 이 흐름을 노무현의 조언자들은 너무 만만하게 본 것 같다. 노무현 시대에 한국에서는 이 토건의 불균형이 해소되기는커녕 오히려 강화되는 경향성을 보인다.

이명박 정부로 넘어오면서 청와대에서는 정책실장의 사회적 역할이 현저히 약화되었는데, 생각보다는 한국 경제에서 중요한 역할을 하는 자리다. 이헌재를 비롯해서 대대로 토건형 국민경제 운용을 선호하는 사람들이 재경부 장관으로 갔는데, 이명박 초대 기획재정부 장관인 강만수 장관을 비롯해서 토건형 장관이 그 자리에 앉지 않았던 적이 있는지 지난 20년간 별로 기억하기가 어렵다. 그중에 이헌재, 강만수 같은 사람은 특히 토건 성향이 강한 사람들이다. 물론 재정부 내에도 국장 정도의 직급까지는 토건형 인사가 아닌 사람들도 종종 볼 수 있지만, 그 위의 직급에서는 대부분 토건형 경제 관료들만 남게 된다. 일본의 대장성이 딱 10년 전에 지금 우리의 모습과 같았다. 한국 토건을 맨 앞에서 견인하는 '국책 사업'을 결정하는 곳이 건설교통부에서 국토해양부로 이름을 바꾼 바로 그 국토부일 것 같지만, 사실 대부분의 사업은 정치적으로 결정되고 이러한 결정을 행정적으로 뒷받침하는 곳이 바로 기획재정부다.

물론 청와대에도 경제 수석이라는 자리가 있지만 재경부 장관이나 경제 수석이나 대부분 같은 부류의 관료들이기 때문에 경제 관료들의 토건화를 견제할 수 있는 상황이 아니다. 아마 한국의 정통파 고급 관료들 중에서 토건형 관료가 아니었던 대표적인 사람을 꼽으라면 고건 정도를 꼽을 수 있을 것 같지만, 이렇게 적극적으로 토건을 반대하는 고급 관료는 더 이상 등장하지 않는다. '왕장관'이라는 별칭으로 불리는 특임장관 이재오는 대운하 전도사를 자처할 정도로 어느덧 토건 정치인으로 변모해 있고, 4대강의 자전거 도로가 그의 개인적 집착으로부터 시작된 시설물이다. 사실 최근에는 환경부마저 토건 관료나 토건쟁이들을 장관직으로 채우는 경향이 있기 때문에 경제 장관 회의 등 캐비닛 회의에서 반대 의견은 물론 소수 의견도 제시되기가 어려운 상황이다. 이러한 상황에서 청와대 정책실장이라는 위치는 사실상 한국의 행정 흐름에서 토건을 세우거나 최소한 방향의 전환이라도 만들어낼 수 있는 거의 유일한 사람이라고 할 수 있다. 노무현 시절의 토건에 대한 흐름에 대해선 재경부 장관보다는 청와대 정책실장과 그 주변을 살펴보는 것이 조금 빠를 것 같다.

노무현의 청와대에는 이정우, 박봉흠, 김병준, 변양균 그리고 마지막 정책실장인 성경륭까지, 3명의 학자와 2명의 관료가 이 자리를 거쳐갔다. 아마 어떤 정부보다 노무현 시절에는 청와대 정책실장이 국정에 많이 개입했고 또 좋든 싫든 사회적으로 유명해지거나 스타가 되었던 시절로 역사에 기록될 것이다. 물론 이 5명은 토건쟁이 혹은 토건의 수괴와는 거리가 먼 사람이다. 노무현 시절에 농지법 일부를 풀었는데, 자기가 풀고 농지 투기에 관한 의혹으로 경제 부총리의 자리에서 물러난 이헌재와는 정책의 철학에서 좀 결이 다른 사람들이다.

참여정부 정책실장 임기와 주요 사건

1. 이정우, 2003년 3월 ~ 2003년 12월
2. 박봉흠, 2004년 1월 ~ 2004년 5월
   - 탄핵 사태, 2004년 3월 12일
3. 김병준, 2004년 6월 ~ 2006년 5월
   - 황우석 사건, 2005년 12월
   - 종부세 도입, 2005년
4. 변양균, 2006년 7월 ~2007년 9월
   - 부동산 폭등, 2006년 11월
   - 신정아 사건, 2007년 7월
5. 성경륭, 2007년 9월 ~ 2008년 2월

노무현의 첫 정책실장으로 이정우가 발탁되었을 때 많은 사람들이 토건 경제의 흐름에 무엇인가 변화가 올 가능성에 대해서 기대를 걸었던 것이 사실이다. 어쨌든 그는 비교적 합리적이지만 강직한 사람이라서 경탁과는 거리가 멀다는 세간의 평을 듣고 있었고, 무엇보다도 그는 토지 이론에서 피해 갈 수 없는 헨리 조지(Henry George, 1839~1897)의 이론을 중요하게 생각해서 한국의 조지스트 중의 한 명으로 평가받고 있었다. 아마도 최소한 부동산 투기 문제에서는 일정한 역할을 해줄 것이라고 기대를 받고 있었다. 게다가 그 시기에는 아마 한국에서 처음으로 부동산 산업의 '연착륙'에 대해서 건설업계 자체가 요구를 하고 있던, 그야말로 부드러운 형태의 토건 불균형 조정이 어느 정도는 가능할 것이라고 많은 사람들이 기대하고 있었다. 당시 지나치게 건설업 비중이 높다는 지적이 나오면서 IMF 기간에 다른 산업이 구조조정의 여파를 겪게 된 것처럼 건설 산업의 구조조정에 대한 요구가 등장하고 있었다. 또 IMF 경제위기 극복을 위해서 건설사의 설립이 허가제에서 등록제로 바뀌면서 다른 산업에서도 종종 보던 건설사 '난립'이 문제를 일으키고 있다는 주장이 힘을 얻고 있던 시기였다. 대체적으로 건설업체 수는 그동안에 3배 정도가 늘었다.

> 부동산 시장도 이제 연착륙(softlanding)을 생각해야 할 때다. 다행히 고밀도 재건축 억제에 대한 정부의 정책이 점차 구체화하고 있어서 재건축 기대로 인한 가격 상승은 둔화되고 있다. 그러나 근본적으로는 주택 공급을 확대하고, 부동산 양도세나 보유세 강화를 통하여 부동산에 거품이 생기지 않도록 해야 한다.(김선덕 건설산업전략연구소 소장, 『매일경제』, 2002년 8월 19일자)

한국 경제의 역사에서 토건에 대한 조정의 요구 혹은 조정이 내부적으로든 혹은 외부적으로든 발생한 적은 몇 번이 있다. 두 차례에 걸친 석유파동 이후 일정한 조정이 있었으며, 노태우 시절의 토건 드라이브의 역풍으로 토지 공개념에 대한 대중적 지지가 높아지고 상속세·양도세에 대한 강화 요구가 실제 정책에 반영된 적이 있다. 그러나 그중에서 건설업체가 자체적으로 정부에게 시장적 의미의 구조조정 즉 '경착륙' 대신에 '연착륙'을 요구한 것은 이때가 유일할 것이다. 그리고 마침 이 시기는 박승 총재가 이끌던 한국은행이 비실명 거래로 뭉쳐 다니는 불법 투기성 자금을 해소하기 위해 '리디노미네이션'이라는 이름으로 화폐 개혁을 준비하던 시점이다. 토건 불균형을 완벽하게 해소하지는 못하더라도 어느 정도의 완화는 할 수 있었던 시기라고 할 수 있다. 마침 토지 공개념과 토지세 등의 철학적 기반을 제공한 헨리 조지를 지지하는 대표적 학자 중의 한 명인 이정우가 청와대 정책실장의 자리로 갔으니 그 기대감이 얼마나 컸겠는가?

일단 외형상으로 드러난 특징은 이정우 정책실장의 취임 기간이 매우 짧았다는 점이다. 청와대 정규 조직이 아닌 외곽 기관인 대통령 자문 정책기획위원회 위원장으로 이후 3년간을 지냈던 것을 고려하면, 집권 첫해 연말에 진행된 이정우 정책실장에 대한 인사 조치는 그를 청와대의 기획 업무에서 자문 업무로 재배치하기 위한 것으로 볼 수 있고, 이는 정부 내의 의사결정에서 이정우를 배제하는 조치로 이해할 수 있다. 보통은 '청와대 외곽 조직' 정도로 이해되는 자문위원회는 겉은 화려하지만 별 실권은 없다. 김영삼의 문민정부 이후 실제로 국정의 의사결정에서 실질적인 권한을 행사했던 자문위원회는, 김영삼 시절의 세계화 추진위원회 정도라고 할 수 있을 것이다. 이정우의 배제에는 몇 가지 설이 있지만 좁게는 재무부 출신의 경제 관료 넓게는 재경부의 고위 관료 중 '인사이더'를 일컫는 '모피아'들에게 밀렸다는 것이 일반적인 해석인데, 당시 국민경제 비서관이었던 정태인의 전언도 이와 유사하다.

어쨌든 이 기간 청와대 정책상에서 추진하던 흐름은 '균형 발전'과 클러스트 이론 두 가지로 요약해볼 수 있을 것이다. 1987년에 개정된 9차 개정헌법은 모두 5번의 '균형'이라는 개념을 사용하고 있는데, 모두 경제에 관한 규정인 9장에 집중되어 있다. 어떤 점에서는 9차 개정 헌법의 경제적 정신은 이 '균형'이라는 단어 속에 모두 녹아 있다고도 할 수 있다. 한국의 우파들이 현행 헌법에서 가장 불편해하는 소위 '경제 민주화 조항'이라고 불리는 119조 조항도 이 9장에 포함되어 있다. 한국에서 개헌 논의가 시작되면 힘의 논리에 의하여 사라지게 될 조항 1순위이기도 하지만, 홍준표가 한때 주장했던 '사회적 시장경제'와 반값 아파트가 모두 이 조항 위에 세워져 있을 정도로 중요한 조항이다.(119조 2항. 국가는 균형 있는 국민경제의 성장 및 안정과 적정한 소득의 분배를 유지하고, 시장의 지배와 경제력의 남용을 방지하며, 경제주체간의 조화를 통한 경제의 민주화를 위하여 경제에 관한 규제와 조항을 할 수 있다.)

막 출범한 노무현 정부의 실무진들이 빼어든 헌법 조항은 이 유명한 119조 2항의 균형 개념은 아니었다. 다음 항목인 120조 2항에는 국토 균형 개발이 규정되어 있고, 123조 2항은 지역 간의 균형 있는 발전이 규정되어 있는데, 이 두 가지를 합성하면 노무현 시절의 가장 특징적인 토건 경제의 프레임인 '균형 발전'이 등장하게 된다.

국토 균형 개발 + 지역 균형 발전 = 노무현의 토건주의
(120조 2항. 국토와 자원은 국가의 보호를 받으며, 국가는 그 균형 있는 개발과 이용을 위하여 필요한 계획을 수립한다.
123조 항. 국가는 지역간의 균형 있는 발전을 위하여 지역 경제를 육성할 의무를 진다.)

대선 후보 시절 행정수도 이전은 노무현의 당선에 결정적인 영향을 미친 요소였는데, 이것을 하나의 국가 정책으로 추진하는 과정에 결정적 영향을 미친 사람이 나중에 신정부 출범과 함께 만들어진 국가균형발전위원회의 초대 위원장을 지낸 성경륭이라고 할 수 있다. '국토 균형 발전' 개념은 지난

정권이 가졌던 경제 정책의 핵심 철학이라고 해도 과언이 아닌데, 국토 개발에 대한 조항과 지역 경제의 균형적 발전이 하나의 틀로 엮이면서, 그냥은 토건의 직접 조항이 아닌 헌법의 두 조항을 사실상 토건적 해석으로 전환시켰다. 태생적으로 이렇게 만들어진 '균형 발전'이라는 토건 조항은 이후에 2004년 6월 전국경제인연합회가 정부에 제출한 기업도시법 논의를 계기로 완벽하게 토건적 개발 방향으로 바뀌게 된다. 기업도시법은 노무현 정부 출범 후 처음으로 여야 협력이 원활하게 이루어진 법이었다. 이후 민주당이 발의하여 2005년에 추진된 소위 뉴타운 특별법으로 불리는 도시 재정비 촉진을 위한 특별법에 이르기까지, 민주당과 한나라당은 행정수도 이전 단 한 건을 제외하고는 대부분의 토건 사업에서 '균형 발전'이라는 개념 아래에서 거의 충돌 없는 밀월 관계를 누리게 된다.

만약을 전제로 상상을 한번 해보자. 이 시기의 노무현 정부에서 균형 개발이라는 개념 대신에 차라리 신고전학파 경제학의 성장론이라고 할 수 있는 솔로우(R. Solow)의 균형성장론을 국민경제 운용의 기본 전략으로 삼았다면 어떻게 되었을까? 솔로우의 성장 모델은 노동(L)과 자본(K) 사이의 상대 가격의 변화에 따른 노동/자본의 비율 조정이 균형 상태로 가는 핵심 메커니즘이기 때문에 최소한 노동과 자본의 충동을 완화시키기 위한 정책들이 보다 더 전면에 설 가능성이 있었을 것이다. 아니면 잠깐 정부 내에서 검토되었다가 한국 실정에는 맞지 않는다고 버려진 루카스나 로머의 '내생성장론(endogenous growth theory)'을 균형 발전 대신에 채택하였더라면 어떻게 되었을까? 루카스가 시카고대 교수였던 영향으로 사실상 시카고학파의 성장 이론이라고 해도 과언이 아닐 이 내생성장론을 기계적으로 한국에 적용했다고 하더라도 지식과 교육 혹은 제도 개선에서의 '성장 요소'를 찾기 위한 시도들은 토건과는 좀 거리가 멀다. 최소한 '고용 없는 성장'으로 귀결되게 된 노무현 시대의 국민경제와는 현실이 조금은 다른 방향으로 전개될 가능성이 있었을 것이다. 물론 이것은 지나간 역사에 대한 아쉬움이다.

기업도시법 이후로 노무현의 국민경제는 굉장히 빠른 속도로 토건 쪽으로 향하게 되고, 2004년, 정확히는 2004년 2월에 이헌재 경제부총리가 취임한 뒤 노무현의 경제는 '건설 산업 연착륙'을 얘기하던 불과 1~2년 전의 논의를 무색하게 만들면서 급격하게 토건 쪽으로 방향이 바뀐다. 2004년 이헌재의 '한국형 뉴딜' 그리고 2005년 1월 신년사에 노무현 대통령이 발표한 '2만 불 경제'를 거치면서 완벽하게 토건 경제로 그 현실은 물론 원칙과 기본까지도 탈바꿈하게 된다. 중앙 정부는 이전의 각종 교부금을 '균형개선 특별회계(균특)'로 통합하며 지역 지원을 토건 방식으로 전환한다. 당시 한나라당 단체장들이 장악한 서울시에서는 25개의 뉴타운 특구는 물론 강남북 균형발전 특구라는 정책으로 지금 우리가 보고 있는 '집값 올리기'형 토건으로 매진하게 된다. 광역자치제는 물론 아주 작은 마을까지 토건 외에는 다른 발전이 불가능한 것처럼 생각했고, 토건과 관광, 이 딱 두 가지가 한국의 대부분의 지자체를 토건 열풍으로 이끌어가게 된다. 이 중에 가장 기막힌 사연은 IMF 경제위기 때 농업과 관련된 기관들을 통폐합시켜서 만든 농업기반공사가 '농업'을 떼어버리고 '한국농촌공사'로 이름을 바꾸게 된 사건이다. 농업과 농촌은 다른 개념인가? 물론 농업을 하는 지역이 농촌인데, '농업'이라고 할 때는 농업 행위를 중심으로 정부의 지원금이 나오게 되지만, '농촌'이라고 할 때에는 주로 각종 명목의 건물 신축과 도로 건설에 지원금이 나가게 된다. 어차피 농림부의 예산이니까 그게 그거 아니냐고? 농담하시나? 농업은 엄연히 1차 산업이고 건설업은 3차 산업이므로, 1차 산업으로 가던 지원금이나 보조금이 3차 산업으로 전환되는 변화가 생겨나게 된다. 성경에 "가이사의 것은 가이사에게!"라는 말이 있다. 그야말로 "농업의 것은 농업에게!" 이렇게 해서 기존의 토건 기구인 주택개발공사와 토지개발공사에 한국농촌공사까지 가세하여 한때 토공-주공-농공의, 개발공사의 3각 편대가 형성되게 된다.

　노무현 시대의 토건주의는 완벽하게 모든 선한 것 혹은 모든 좋은 의도를

'토건에 속한 것'으로 바꾸어버리는, 연금술사들이 그렇게 찾고 싶어 하던 만능의 돌과 같은 것이라고 할 수 있다. 청와대 첫 정책실장이던 이정우는 스웨덴 모델 혹은 네덜란드 모델과 같이 영미식 자본주의가 아닌 또 다른 모델에 대한 모색을 초기에는 시도했었다. 그러나 이러한 논의가 우리에게 현실적인 정책적 결과로 남겨놓은 것은 거의 없는 것 같고, 토건 속에서 헤매던 노무현 정부는 남의 칼을 빌려서 살인한다는 '차도살인지계'로 한미 FTA를 선택하게 되었다. 과연 이정우가 첫해 12월에 정책실장 자리에서 밀려나지 않았다면 노무현 정부는 전혀 다른 방향으로 흘러가게 됐을까? 그렇지 않았을 것 같다. 이 시기에 이정우의 정책실에서 추진한 또 다른 공간에 관한 정책으로는 '클러스터'라는 것이 있다. 밀라노의 섬유산업처럼 유사한 산업들이 특정 지역에 모여 일정한 '클러스트'를 형성하면 공간적인 효율성이 발생해서 지역적으로 분산되어 있는 경우보다 더 높은 일종의 공간 효율성이 발달할 수 있다는 것이 이 이론이다. 청계천으로 설 장소를 잃게 된 세운상가의 경우가 만약 규모가 조금 더 컸다면 이러한 클러스터로 설명할 수 있는 경우다. 물론 세운상가는, 동양 최대의 유령단지가 될 가든파이브라는, 건물만 있고 내용을 채울 수 없는 기형적 프로젝트를 낳게 되었다. 결론적으로 한국은 이 시기에 원래 있던 클러스터를 없애는 일을 도심 재개발 등 다양한 토건 사업 형태로 진행했고, 지역 경제에서 존재하지도 않는 클러스터를 건물들과 함께 만들어내려던 '지역 클러스터'는 한국형 뉴딜과 결합되면서 결국 그냥 토건 사업인 지역개발 특구의 형태가 되어버렸다. 이런 특구 중 가장 환상적인 것은 전남의 해안선에 건설하는 골프 특구의 경우였고, 이것이 결국 J-프로젝트라는 이름의 거대한 골프장 사업이 되었다. 짧은 기간이지만 한국의 조지스트인 이정우가 청와대에 남겨놓은 거의 대부분의 것들이 결국 토건 사업의 한 유형이 되거나 신자유주의의 촉발제가 되어버렸다는 것은, 우리 모두에게 불행한 일이다. 좌파 경제학자 내에서 이정우의 평소 별명은 '신사'였다. 정치적으로는 온건하고, 경제 정책의 눈으로는 '마일드'하다고 불리는 그는 토건과의 싸움에서 그렇게 효율적이지는 않았던 것 같다.

이정우가 연말 개편에서 퇴진한 이후 그 자리를 승계한 박봉흠은 관료 출신인데, 노무현 탄핵 사건이 터지면서 사실상 한 일이 거의 없다. 2004년 4월 15일 총선에서 열린우리당은 압승을 거두었고 5월 14일 헌법재판소의 탄핵 기각 결정과 함께 대통령은 즉각적으로 업무에 복귀하게 된다. 이 총선에서는 민주노동당이 처음으로 원내에 진출하기도 했다. 이때 탄핵 열풍과 함께 처음으로 원내에 진출하기도 한 초선 의원들을 '탄돌이'라는 별명으로 불리기도 했지만, 사실상 대부분이 '토건족'으로 기능을 했고, 이 사람들의 손으로 기업도시법, 뉴타운 특별법, 농지 투기를 일부 개정하는 농지법 개정안 등이 통과된다. 한나라당 국회의원들의 토건질은 익숙하지만 '민주'라는 이름으로 오랜 야인 생활을 정리하고 국회의원이 된 이 사람들의 토건질은 놀라운 것이었다. 이 사건을 일부에서는 '토건의 백드래프트'라고 부른다. 업무에 복귀한 노무현의 개혁이 민주적인 방향으로 흘러가게 될 것이라는 일부의 희망이 있었지만, 현실적으로는 토건을 강화하는 방향으로 갔고, 결국은 신자유주의의 전면화로 정권이 흘러가게 됐다. '토건의 백드래프트'가 시작되면서 정책실장의 자리에 간 사람이 김병준이다.

이정우가 경제학자라면 김병준은 행정학자였고, 이정우를 사민주의적 경향이 강한 조지스트라고 요약한다면, 김병준은 '분권'이라는 개념을 한국에 도입한 중도 우파 정도의 행정학자라고 요약할 수 있을 것이다. 이론적으로는, 생태와 토건이라는 대척점이 한 가지 있다면 중앙과 분권이라는 또 한 가지 대척점이 있다. 김병준은 이 분권화를 대표하는 학자였다. 학계의 지분으로 본다면 이정우보다는 김병준이 주류 행정학계 내에서는 훨씬 배분이 높은 편이다. 행정수도 이전과 함께 분권이 그야말로 통치 이데올로기가 된 시점이 바로 이 시기라고 할 수 있는데, 이때의 지방 분권화가 '풀뿌리 (grass-roots)' 민주주의 형태로 갈 것인가, 아니면 그냥 토건으로 갈 것인가

하는 분기점에서 김병준이 청와대 정책실장의 자리에 앉게 된 것이다.

만약 김병준이 조금만 골프를 덜 즐기는 사람이었고 조금만 더 가난한 사람들과 자신의 삶을 나누는 그런 소박한 사람이었다면 한국의 미래는 어땠을까? 이 시기의 한국의 분권 논의는 일본의 90년대 리조트 법과 상당히 유사한 상황을 연출하게 되고 대단한 골프 붐을 만들게 된다. 그렇게 지방마다 골프장을 만드는 것을 기본 내용으로 하는 이헌재의 '한국형 뉴딜'이라는 것이 이러한 배경에서 생겨나게 된다. 골프를 찬미하는 대통령에, 대표적인 골프광인 이해찬 총리, 그리고 파워 골퍼인 김병준까지, 이렇게 참여정부는 최고의 관료 수장들을 골프 라인업으로 완성시킨다. 이 시기부터는 보수 언론에서 뭐라고 평가하든지 좌파, 민주주의, 참여, 이런 것과는 거의 상관없이 '골프'를 상징으로 하는 토건 정부로 돌변하게 된다. 이 상황에서 분권화는 지방에 새로운 도시를 만들어내는 토건으로 완전히 성격이 변하게 되고, 관광형 혹은 레저형 기업도시, 정부 부처를 나누는 것을 핵심으로 하는 혁신 도시 여기에 골프 특구까지, 그야말로 90년대 일본의 복사판과 마찬가지의 형국을 만들어내게 된다. 차이점이 있다면 일본은 장기 독재 중인 보수주의 정권인 민자당이 주도를 하고 야당에서 '토건 일본' 혹은 '시멘트 일본' 등의 개념을 만들면서 균형을 맞추려고 노력했는데, 한국은 전통적인 야당에 해당하던 열린우리당과 소위 민주화 세력이 주도적으로 토건질을 했다는 점이다. 그래서 정치적인 견제 없이 진행된 한국 경제의 토건화는 오히려 일본보다도 더욱 빠르고 공고했다.

토건 여당과 원조 토건 정당인 야당으로 구성된 노무현 중기의 토건 열풍은, 마치 이것이 토건의 클라이맥스라는 것처럼 맹렬했다. 최소한 토건 현상에서만큼은 노무현 중기의 한국은 그야말로 여야, 완벽하게 국론 통일이 된 시기였다. 이 시기에『한겨레』에는 골프 특집기사가 실리기 시작하고, 창간 특집 광고에 황우석 광고가 실리게 된다. 바로『한겨레』가 부국강병파이던 시절이다. 한국에서는 지방자치와 분권 혹은 풀뿌리 민주주의 같은, 외형만 그럴듯한 서양의 장치들이 모두 토건에 복무하는 도구로 전환되었다. 한국의 토건을 현장에서 진두지휘하던 김병준이 '토건 사령관'의 위치에서 하차하게 된 것은, 황우석과 얽힌 '황금박쥐' 사건이 발생할 때의 일이다. 이때의 '금'이 바로 김병준이었다. 미국의 앨 고어, 독일의 요슈카 피셔 혹은 프랑스의 도미니크 부아네처럼 생태와 환경을 대표하는 정치인이 등장하는 바로 그 시기에, 한국에는 아직도 생태를 대표하는 정치인 혹은 국회의원이 단 한 번도 등장하지 않았다. 결정적으로 '리버럴'이라고 부르는 민주당 계열이 골프의 맛을 보고 토건질의 투사로 돌변하던 시기가 바로 이때다. 김병준이 정책실장으로 있던 3년간, 과연 한국에서 '민주화 투사'가 토건질을 하면 얼마나 완벽하게 할 수 있는지, 근대 경제사에 유래가 없을 정도로 노무현의 한국은 완벽하게 토건 한국으로 변신해 있었다. 지금 우리가 보는 것이 박정희의 '개발 독재'와 상관이 있을까? 아무 상관도 없고 많은 부분이 노무현 시절에 형성된 것이다. 새만금, 용산, 뉴타운 등 대부분의 것이 이 시기에 진행된 것이고, 이명박 정부에서 추가적으로 결정된 것은 신격호에게 준 초고층 롯데 빌딩 정도라고 할 수 있다. 지금 '4대강 사업'을 토건 사업이라고 비판하는 민주당은 김병준의 청와대 정책실과 조금이라도 다를까? 더하면 더했지, 다를 바가 하나도 없다.

어쨌든 2004년부터 각종 보상금으로 흘러나온 부동산 돈들은 2005년, 2006년 동안 지속적으로 다시 투기로 들어가면서 2006년 11월의 강남발 부동산 폭등을 만들어낸다. 당시 논쟁은 종부세를 유지할 것인가 유지하지 않을 것인가에 맞추어져 있었지만, 종부세는 정치적인 휘발성이 강하지만 한국의 토건 현상에 대해서는 전혀 근본적은 대책일 수 없다는 게 당시의 내 생각이었다. 미국은 1퍼센트의 보유세를 부가하고 있지만 그렇다고 해서 오피스모기지, 프라임모기지 그리고 서브프라임모기지까지 이어지는 전국적인 부동산 투기 현상을 완화시키지는 못했다. 개인적으로는 종부세는 "하거나 말거나", 생각만큼 그렇게 큰 효과가 있을 것이라고 생각하지는 않는다.

종부세는 조세 형평성 혹은 '경제 정의'의 차원에서 접근할 문제이지, 토건 현상에 대한 특단의 대책이 되기는 어렵다. 실제로 2006년 11월의 부동산 폭발을 잠재운 것은 DTI(Debt To Income)와 LTV(Loan to Value ratio) 등의 대출 규제였다. 주거용 건물은 한국에서 인플레이션과 관련된 투기 목적이 대부분이기 때문에 대출 규제가 직접적인 효과를 주게 된다. 물론 정부가 나서서 직접 만들어내는 비주거용 토건 사업은 이런 방식으로는 제어할 수가 없지만, 민간 수요에 대해서는 가장 직접적인 '브레이커' 역할을 한다.

학자로서 김병준이 우리에게 남겨준 교훈은, 적지 않다. 무엇보다 주류 행정학계에 남긴 질문이 적지 않을 것이다. 토건 현상이 사회의 많은 것들을 왜곡하지 않았던 서양의 이론을 기계적으로 한국에 도입할 때 몇 가지 문제점이 생겨나게 될 것이라는 점은 당연한 얘기인데, 김병준의 경우는 사소하다고 하기에는 그 부작용의 여파와 규모가, 좀 컸다. 물론 개인적으로 김병준을 비판하고 싶은 마음은 추호도 없다. 분권, 지방 경제 그리고 풀뿌리 민주주의 조합이 어떻게 토건으로 귀결되게 하지 않을지, 즉 "토건 아닌 지역경제에 대한 대안은 없는가?"라는 질문은 한국의 경제학계에 던져진 질문이며 동시에 행정학계에도, 어쩌면 우리 모두에게 중요한 질문이 된 것이다. 추가적인 행정적 견제 장치로 보완되지 않는다면 분권은 그대로 토건이 된다. 풀뿌리 민주주의를 강화한다고 해서 그게 토지 보상을 노리는 일부 토호들의 돈놀이 장치로 전락하지 않는다는 보장이 없고, 오히려 토호들과 외지인의 경제적·정치적 권한만 강화시켜줄 위험이 있다는 사실을 목격하게 되었다. 도시의 뉴타운에서 시골 농촌의 골프장까지, 한국 경제가 지금 토건으로 빨려 들어가고 있듯이, 한국 행정도 지금 행정으로 빨려 들어가는 중이다. 골프 치지 않는 경제학자를 한국에서 보기가 쉽지 않듯이 골프 치지 않는 행정학자를 만나기도 쉽지 않다. 그야말로, 이제 강호의 도는 땅에 떨어졌는가?

노무현 시대, 토건의 클라이맥스로 향하던 2006년 가을, 청와대 정책실장의 자리에 변양균이 가게 된다. 부산고등학교 출신인 변양균은 임기 말 부산 출신들로 관리형 친정 체제를 강화하면서 발탁된 인물이다. 아마 신정아 사건이 없었다면 변양균이 역사 속에서 기록될 가능성은 거의 없었을 정도로 평범한 경제 관료이고, 기획예산처 차관과 장관을 지낸, 이제는 재경부와 통합되면서 사라져버린 부처의 지난 장관일 뿐이다. 아마 특별한 전기가 없다면 역사는 그를 신정아 사건과 관련해서 매우 짧게 기록할 것이 분명하고, 사람들은 대통령과의 지역적 연고 때문에 청와대 정책실장이 된 사람 정도로 이해할 것이다. 『한겨레』가 '부국강병파' 흐름으로 가고, 민주주의는 토건과 동일어가 되고, 제국주의적 발상의 자원 외교가 소위 민주파의 전담 메뉴가 된 시점, 그러나 이러한 정책적 흐름에 의문을 가진 사람은 정권에 참여했던 화려한 민주화의 경력을 가진 정치인도 아니고 총장이나 교수의 직함을 가지고 있던 소위 '진보 학자'도 아니고, 그저 평범하게 예산 업무를 주업무로 하는 어느 공무원이었다. 그게 바로 변양균이었다. 역사적으로 따져보자면 한국에서 마지막으로 토건 인물이 아닌 장관급 인사는 변양균 정도일 것 같다. 변양균은 이정우나 김병준과 같이 자기 이론 틀을 가지고 있는 학자도 아니고 그렇다고 엄청난 신념을 가지고 있는 재경부의 고위 관료들과도 다르다. 한국의 고위 관료 특히 재경부 출신들은 대개는 메이저 로펌의 고문직을 수행하면서 전부는 아니지만 대부분은 대기업의 충실한 이데올로그로 거듭나게 된다. 변양균은 그런 주류 경제 관료의 길에서 약간 벗어나 있을 뿐이었는데, 어쨌든 그 정도로도 토건과는 상관없는 상식을 가질 수 있게 된다는 것을 우리에게 알게 해주었다. 그는 청와대 정책실장의 권한 내에서 토건 사업에 대한 다른 의견을 가지고 있었는데, 신정아 사건이 불거지면서 결국 도중하차하게 된다. 언젠가 변양균이 청와대에 있던 시절에 어떤 생각을 가지고 있었고 어떤 업무를 추진하고 있었는지 더 조사해서 독자 여러분들에게 알려주고 싶은 생각이 있다.(책 집필 과정에서 변양균에 대한 인터뷰를 시도했었는데, 아직 사람들을 만나기에는 이르다는 답변을 건네받았다. 이 시리즈 중에서 변양균이 당시에 하고 싶어 하던 정책들을 소개할 다른 기회가 있을 것이다.)

　노무현의 시대를 조망하는 몇 가지 방법이 있는데, 민주/반민주 구도 혹은 친북/반친북 아니면 보수/진보의 눈으로 보는 것도 한 방법이기는 하다. 그러나 토건/반토건 혹은 토건/생태의 눈으로 보는 것도 또한 일관된 하나의 흐름을 제공한다. 그의 불행한 자살로 인해서 이 노무현 발 토건 드라마는 완벽한 비극으로 마감을 하게 되었지만, 눈을 떠도 끝나지 않는 악몽처럼 '한국 경제의 토건화'는 여전히 진행 중이다. 해수부 장관 시절의 노무현을 기억하고, 그가 그 시절에 새만금에 관해서 가졌던 생각을 기억하는 나로서는, 참여정부의 토건화는 참으로 안타까운 일이었다. 살면서 '좌파 후보'가 아닌 사람에게 대선 투표를 딱 한 번 했던 것이 노무현이었고, 그의 후보 시절 민주당 당사 앞에서 밤새 진행되었던 1인 시위에도 참가한 적이 있었다. 그에게 많은 것을 기대했지만 탈토건은 그가 짊어지기에는 너무 큰 짐이었던 것 같다. 참여정부의 실패로 우리가 배운 것은 토건질로는 한나라당을 절대 이길 수 없다는 사실이다.

04 | 공사주의, 파국으로의 질주

때때로 노무현과 이명박을 비교하는 경향이 있는데, 토건 혹은 생태의 눈으로 보면 아주 약간의 차이 정도밖에 없다고 할 수 있다. 외형적으로는 이명박이 훨씬 투박하기 때문에 훨씬 더 토건적으로 보이지만 지금까지 GDP와 건설 산업 혹은 건설 투자 같은 것으로 도출한 토건률에서는 노무현과 이명박 사이에 큰 차이는 나지 않는다. 물론 "앞으로 더할 것 아니냐?"고 질문할 수는 있지만, 그렇게 말한다고 하더라도 아직은 3년이 더 남았기 때문에 자료와 수치로 미리 정확하게 말할 수 있는 상황은 아니다. 노골적이라는 것과 "더 심하다"는 말은 양적으로 증명되지는 않는다. 종합적으로 피장파장이라고 말할 수밖에 없는 것은, 노무현은 아주 노골적으로 농지를 개발지로 바꾸는 것에 적극적이었지만, 이명박의 경우는 아직 바빠서 그런지 농업에 대해서는 손을 놓고 있는 중이다. 한번은 현 농림부 장관에게 대통령이 넥타이를 매고 있다고 고함을 친 적이 있다. 농업 부문에 기업화를 적극적으로 도입하라는 메시지였을 것으로 이해하지만, 그런대로 장태평 장관은 농업을 토건으로 끌고 가는 데에서 잘 버티는 중이다. 촛불 집회로 정운천 농림부 장관이 물러난 후 급하게 후임을 찾으면서 그 자리에 간 사람이다.(원고 집필 과정에 결국 장태평 장관은 물러나고 그 후임으로 친박계인 유정복 장관이 임명되었다. 그가 장관이 되어서 첫 TV 뉴스 시간에 나와서 했던 얘기는 쌀 공급을 줄이기 위해서 농지를 축소하겠다는 말이었다.)

예산이라는 관점에서 한국에서 토건 예산과 경쟁하는 예산은 대체로 복지 예산이다. 토건 예산과 복지 예산 혹은 국방 예산과 복지 예산은 언제나 라이벌 관계의 예산이고, 냉전 시절 어떻게 국방비를 줄여서 더 많은 복지에 쓸 것인가가 늘 고민이었다. 도로 건설비와 복지 예산 역시 도넬라 메도우(D. Meadows)를 비롯한 생태주의자들에게는 아주 고전적이고 전형적인 논쟁의 프레임이다. 토건에 들어갈 돈 대신에 비정규직 문제를 해결하자고 하거나 혹은 또 다른 복지 후생에 예산을 투입하자는 얘기는 노무현 때에도 있었고 지금도 있다. 그러나 토건과 관련되어 노무현과 이명박 사이에 큰 규모의 차이는 아니지만 질적으로 전혀 다른 차이가 하나 존재한다. 그것은 토건과 국방비 사이에 예산 경쟁 관계가 새롭게 생겨난 것이다. 노무현은 국방비를 빼서 토건으로 집어넣지는 못했다.

노무현은 군부와 갈등 관계에 있었는데, 이를 대개 돈으로 무마했었다. 한국의 군부는 흑표 전차로 상징되는 무기 현대화를 추진하고 싶어 했는데, 이러한 무기 체계의 고도화는 인력 감축과 상관관계에 있다. 군인을 줄이기 위해서 무기 고도화를 실시하는 것이 일반적인 경향인데, 한국의 군부는 장교 숫자의 감축으로 이어질 군대 축소는 별로 하고 싶어 하지 않았다. 군복무 기간 단축과 무기 현대화를 동시에 결정하는 것이 현실적인 최적안이라고 할 수 있는데, 군부와 갈등하고 싶지 않던 노무현은 군대 규모의 유지와 무기 현대화를 동시에 승인해주었다. 한마디로, 노무현의 시대는 토건만이 아니라 군부에게도 전성시대였던 셈이다. 국방개혁 2020은 군의 사영화 등 몇 가지 근본적인 문제점을 가지고 있는데, 어쨌든 예산의 눈으로만 본다면 노무현 시절에 군인들은 자신들이 원했던 거의 대부분을 손에 넣었다고 할 수 있다.

토건을 위해서 이 국방예산에 손을 댄 것은 이명박 시절의 일이다. 2009년 여름의 국방부 하극상 사건은 장관과 차관이 별도의 예산안을 각기 보고하게 되면서 벌어졌다. 삭감된 예산안이 차관 예산안이고, 삭감되기를 거부한 예산안이 장관 예산안이었다. 이 사건 이후 장관은 경질되었고, 2009년 예산은 차관안에 가깝게 1조 원 정도 삭감된 채 통과하게 되었다. 토건 예산으로 인해 비록 규모는 적지만 국방 예산이 삭감되면서 토건과 국방비 사이에서 예산의 경쟁 관계가 생긴 것은 자본주의 역사에서는 정말 특별한 사건이었다.

토건이라는 눈으로 본다면 농업 분야에서는 노무현이 더 심했고, 국방 분야에서는 이명박이 더 심했다고 할 수 있다. 노무현은 국방장관에 민간인이 갈 수 있는 가능성을 열어서 군부를 제도적 통제권 밑으로 넣고 싶어 했지만 그런 일은 벌어지지 않았고, 이명박의 청와대는 인사권만으로도 군부를 마음대로 움직일 정도로 자신감이 넘쳤다. 정치권력으로서는 토건 세력이 군부의 눈치를 전혀 볼 필요가 없을 정도로 한국 권력에서는 최상위에 간 셈이다. 고려 후반을 '무신의 난' 이후 무신의 시대라고 한다면, 2009년 여름, 국방부의 하극상 사태를 '토건의 난'이라고 부르고, 지금을 토건의 시대라고 부르는 것이 맞을 것 같기도 하다. 그러나 한국의 토건 시대는 다른 나라에서는 보여지지 않는, 자본주의 역사에서는 유일무이한 특수성이 하나 숨어 있다. 그것은 신자유주의와 결합되어 동시에 진행된다는 점이다. 노무현이나 이명박이나 두바이를 칭송한 것은 마찬가지이고, 두바이를 일종의 국가 모델로까지 생각했던 것 역시 마찬가지다. 그러나 한국은 90년대의 일본 혹은 지금의 두바이와는 좀 차이가 있다. '용산 두바이'와 '송도 두바이'는 노무현 시절의 표현이고, '새만금 두바이'는 이명박이 아주 선호했던 표현이다.

토건이라고 할 때 우리가 흔히 연상하는 국가는 일본, 베트남, 중국, 요르단과 같은 나라들이다. 여기에 도시 모델로 호주의 시드니 같은 곳도 한국에서 토건 모델로 종종 거론된다. 일본은 90년대에 엄청난 토건을 하면서 '잃어버린 10년'을 맞은 것이 사실이다. 그러나 경제 부처인 대장성을 해체시키는 노력을 하면서 토건에 대한 개혁으로 신자유주의를 받아들이게 되었다. 고이즈미 정권인 2005년에 진행된 우정국 민영화는 일본에서 '네오 리베'라고 부르는 신자유주의가 전격적으로 도입된 상징적 사건이다. 역설적이지만, 일본에서의 신자유주의는 토건 경제에 대한 개혁이라는 정치적 의미를 가지고 있다. 물론 토건에 대한 체계적인 해소는 민주당 정권 등장 이후에 본격적으로 진행되는 일이지만, 일본 경제는 한국처럼 전면적으로 토건과 신자유주의가 동시에 진행되지는 않았다. 중국은 경제적으로는 상당히 개방되었지만 여전히 국민경제의 주요한 결정을 공산당에서 쥐고 있는 사회주의 국가다. 중국이 돈을 너무 좋아하는 배금주의 성향이 강하다고는 할 수 있지만, 중국 경제를 신자유주의 경제로 분류할 수는 없다. 노동자의 이동 등 여러 가지 제약이 많은 중국형 토건이기는 하지만 시장의 전면화라는 신자유주의 경제는 아니다. 게다가 중국의 토건은 특구 등 특정 지역으로 움직였지, 중국 전체를 놓고 보면 다른 나라보다 토건률이 그렇게 높지는 않다. 베트남의 경우는 사회주의에서 자본주의로 이행하는 '베트남 모델'이라고 불리는데, 그것이 신자유주의로 분류되지는 않는다. 중국의 토건, 베트남의 토건과 한국의 현 상황의 토건은 성격이 많이 다르다. 그렇다면 요르단과 두바이 같은 나라들은? 중동 경제는 여전히 자본주의라는 틀에서 설명하기 어려운 요소들이 많다. 주요 공기업은 물론 주요 기업들까지 수백 명의 왕자남들이 사장이고, 주요 사회적 단체도 공주님이 쥐고 있는 이런 국민경제를 도대체 어떻게 분류하고 이해할 것인가? 왕자의 결정으로 많은 일들이 일사천리로 진행되는 이러한 국민경제는 금융 허브가 아니라 그 어떤 것을 갖다 붙이더라도 우리가 '워싱턴 컨센서스'로 부르는 그 신자유주의라는 틀로 분류할 수는 없다. 제조업 기반 없이 상업과 금융만을 발달시킨 아랍 경제의 오래된 역사적 특수성, 그것은 최근의 서구 경제를 이해하면서 사용했던 신자유주의 현상과는 많이 다르다. 금융화는 맞지만 모든 금융화가 신자유주의인 것은 아니다.

반면, 중남미의 많은 국가들은 미국 경제의 주변화를 통해서 신자유주의 경제를 도입한 것이 맞지만 이런 국가에서 토건 현상은 한국이나 일본처럼 전면적으로 벌어지지는 않았다. 한미 FTA 때 정부에서 FTA의 모범 사례로 제시한 멕시코는 여러 가지로 내부적 불균형에 시달리고 있는 국가이고, 한국 경제가 가지 않았으면 하는 모습에 가깝다. 멕시코와 한국, 어느 곳에서 태어나고 싶으냐고 물어보면 많은 사람들이 지체 없이 한국을 선택할 것이다. 어쨌든 현재로서는 멕시코보다는 한국 경제에 더 많은 가능성이 열려 있는 것이 사실이다. 그러나 멕시코에서도, 아르헨티나에도, 그리고 칠레에도 한국과 같은 전격적인 토건 현상은 벌어지지 않았다. 신자유주의가 토건 현상을 동반하는 경우는 현재까지는 한국 외에는 없다. 토건과 신자유주의, 이 두 가지는 동전의 앞뒷면처럼 같이 발생하는 현상은 아니다. 작은 정부를 추구하는 신자유주의와 더 많은 재정정책 지출을 동분하는 정부의 적극적 개입, 두 가지가 같이 발생하는 일은 이상한 일이다.

경제학 외에도 많은 학문에서는 인과관계를 상당히 중요한 것으로 간주하는데, 한국에서 지금 진행되는 토건과 신자유주의는 그 인과관계를 설정하기가 쉽지 않다. 모든 토건이 반드시 신자유주의를 불러오는 것이 아니고, 또한 신자유주의가 토건을 부르는 경우는 한국을 제외하면 발생한 적이 없다. 토건과 신자유주의를 모두 경험한 나라는 한국을 제외하면 일본이 유일하다고 할 것인데, 일본의 경우는 한국과는 달리 토건과 신자유주의를 동시에 겪은 것이 아니라 2005년을 기점으로 순차적으로 겪었다. 한국에서 지금 진행되는 토건과 신자유주의의 동시적 강화는 분석하기 매우 까다로운, 정말 한국적 특수성일 것이다. 우리가 가지고 있는 경제학 교과서에는 토건 현상이라고는 존재하지 않는다. 대개 한국에서의 학문이나 행정은 외국 사례를 중심으로 전개되고, 그런 것들을 '선진국의 사례'라고 부르는데, 전 세계 어느 경제에서도 이 두 가지가 이렇게 전면적으로 전개된 경우는 없었다. 한국에서 흔히 사용하는 다른 나라의 사례를 통한 유추로 우리가 내릴 수 있는 '잠정적 결론'은, 한국인들, 정말 재수 없게 된 경우라는 것이다. 한국에서 신자유주의와 토건 경제가 동시에 진행된 근본적 이유는, 누구도 모른다. 어쨌든 지금 우리는 참 재수 없게 되었다.

토건 경제만으로도 정신이 없는데, 우리에게는 자본주의 경제에서 유래가 없는 사교육이라는 또 다른 흉물이 국민경제에 초대형 거머리처럼 달라붙어 있다. 토건에 대한 균형과 견제는 건설사의 눈치를 봐야 하고, 사교육에 대한 조치는 이제는 주식회사가 되어버린 학원가의 눈치를 봐야 하는 상황이다. 도저히 견적서 안 나오는 상황 아닌가?

지금 한국 경제가 당면한 위기가 행정학자 김병준이 청와대 정책실장으로 있던 시기에 벌어진 것인지, 아니면 촛불집회를 경찰의 힘과 행정력으로 완전히 제압하고 이명박이 힘을 완전히 회복한 다음에 벌어진 것인지, 그 기원에 관한 시점 자체는 중요하지 않은 것 같다. 어쨌든 우리는 매우 복잡 미묘한 상황에 있고, 영원히 지속되는 투기는 존재하지 않는다는 사실을 알고 있다. 정상적인 비율을 넘은 토건은 투기를 따라 움직이고, 이 투기는 어느 순간엔가 터지게 된다는 것을 일본이나 미국의 사례를 통해서 알고 있다. 우리의 과거에서 최선의 선택은 2001년과 2002년, 건설업계에서 자체적으로 정부에 요구했던 '연착륙'인데, 현재로서는 그렇게 문제를 풀기에는 우리의 문제가 너무 심각해진 상황이다. 당면한 디버블링 시나리오 중에서 우리가 선택할 수 있는 최선의 시나리오라면 일본의 '잃어버린 10년'과 같은 수준의 장기적 경기 불황일 것이다. 그러나 일본이 가지고 있는 기술력과 자본주의 경제를 운용하기 위한 미덕들을 우리가 가지고 있지 않기 때문에 지금의 한국 경제가 일본만큼 그렇게 끈질기게 버티기가 쉽지 않을 것이라는 것이다. 일본의 동경대를 중심으로 한 학벌주의도 참 대단한 것이지만, 일본은 우리가 가지고 있는 이 엄청난 사교육 시장은 가지고 있지 않았다. 많은 사람들은 지금의 토건 레이스가 결국은 일본식 거품 빼기로 귀결될 것이라고 예상하지만, 이것도 상당히 희망 섞인 예상이다. 일본은 독일과 함께 '후발 산업국'으로 거론되며 스스로 자본주의를 만들어낸 나라 중에 하나이고, 자본주의 내에서 생겨나는 문제를 스스로 진단하고 개선책을 찾아내는 능력이 우리보다 훨씬 뛰어난 나라다. 그리고 우리는 지금 실패한 일본의 90년대 사례를 열심히 모방하는 중이다. 우리에게 외부에서의 구원은 없다! 강한 사람이나 강하지 않은 사람이나, 한국이라는 국민경제에서는 우리 모두 아주 조금이지만 결정권을 가지고 있고, 또 '로얄 패밀리'로 분류될 수 있는 소수를 제외하면 시장의 균형이 만들어내는 거대한 조정 과정에서 모두가 피해자가 될 가능성이 높다. 단기적으로는, 해법도 없고, 탈출구도 없다. 현재 우리가 살던 방식 그대로, 우리가 추진하는 방식 그대로라면 아마 일본형이 아니라 60년대를 거치면서 세계 5강의 위치에서 끝없이 몰락했던 아르헨티나형이 될 가능성이 높다. 지금 우리가 올라선 이 트랙은 간단히 표현하면 중남미형의 위기의 연속이 될 가능성이 높다. 물론 대안이 없는 것은 아니지만, 한국에서는 토건이 아닌 것들은, 기술적 가능성이 있더라도 정치적 가능성도 없고, 그렇기에 행정적 가능성도 없다.

상황은 이런데, 우리는 지금의 매우 이 특수하고 기묘한 국민경제에 대해서 붙여줄 이름을 가지고 있지도 못하다. 신자유주의로부터 오는 문제 그리고 토건으로부터 오는 문제가 온통 뒤엉켜 기괴한 형상을 만들어내는 지금, 문제의 실체는 그 이름마저도 가지고 있지 못하다. 자, 신자유주의와 토건이 기묘하게 결합되어 한 사나이를 정점으로 기막힌 앙상블의 하모니를 만들어내는 이 상황을 무엇이라고 불러야 할 것인가? 때때로 이것은 바그너의 〈탄호이저〉 서곡처럼 묵중하고도 대중적인 선율로 나타나기도 하고, 때로는 차이코프스키의 바이올린 소나타처럼 날카롭고도 짜릿한 속주의 변주곡 같기도 하고, 모든 것이 너무 한 소리로 모여 있어 오히려 파헬벨의 〈캐논〉처럼 실내악의 느낌을 주기도 한다. 그러나 그 어떤 경우에도 슈베르트의 느낌은 나지 않는다. 만약 나에게 지금의 한국 경제와 가장 대척점에 있는 노래 한 곡을 꼽으라면 슈베르트 연가곡집인 『아름다운 물방앗간의 처녀』의 경쾌하고도 빠른 첫번째 곡인 '방랑(Der Wanderer)'이라는 곡을 꼽고 싶다. 독일어를 모르는 사람이라도 그냥 영어식으로 읽어보면 이 시가 얼마나 아름다운 내적 운율을 가지고 있는지 금방 알 수 있을 것이다. 피아노와 바리톤 음색으로 들으면 정말로 이 시대의 악몽이 느껴질지도 모르는데, 개인적으로는 전설적인 바리톤 가수인 디트리히 피셔-디스카우(Dietrich Fischer-Dieskau)의 녹음을 가장 좋아한다.

Das Wandern ist des Müllers Lust,
Das Wandern!

Das muss ein schlechter Müller sein,
Dem niemals fiel das Wandern ein,
Das Wandern.

Vom Wasser haben wir's gelernt,
Vom Wasser!

Das hat nicht Rast bei Tag und Nacht,
Ist stets auf Wanderschaft bedacht,
Das Wasser.

Das sehn wir auch den Rädern ab,
Den Rädern!

Die gar nicht gerne stille stehn,

Die sich mein Tag nicht müde drehn,

Die Räder.

Die Steine selbst, so schwer sie sind,

Die Steine!

Sie tanzen mit den muntern Reihn

Und wollen gar noch schneller sein,

Die Steine.

O Wandern, Wandern, meine Lust,

O Wandern!

Herr Meister und Frau Meisterin,

Lasst mich in Frieden weiterziehn

Und wandern

방랑은 물방아지기의 즐거움,

방랑을 모르는 물방아지기는 아직 풋내기.

물은 우리들에게 가르쳐주었지.

밤낮으로 쉴새없는 편력을.

물레방아는 쉬지 않고 돌고 돈다.

가루를 만드는 맷돌은 무겁지만 나란히 즐겁게 춤을 춘다.

방랑은 나의 기쁨.

물방아 주인장도 주인아주머니도

나를 계속 평화로운 방랑의 길로 보내주오.

(뮐러의 『발트혼 주자의 유고에 의한 시집』 중)

이 시는 우리의 마음을 평온하면서도 명랑하게 해준다. 아마도 이 슈베르트의 노래는 지나치게 격한 마음으로 사태를 바라보는 것을 조금 완화시켜주고, 명랑한 기운을 회복시켜줄 것이다. 함무라비법전은 "눈에는 눈, 이에는 이"라고 말하고 있다지만, 토건에 대해서 똑같이 반응을 보인다고 해서 문제가 해결되지는 않을 것 같다. 약간 재수가 없을 뿐이고, 약간 한심하게 되었고, 또 약간은 끝이 보이지 않는 터널 한가운데에서 막막한 것이 사실이지만, '패닉'이 이 문제에 도움을 주지는 않을 것 같다. 생태주의가 가지고 있는 엄숙주의나 많은 좌파들이 가지고 있는 계몽주의는 역시 이 경우에는 별로 도움이 되지는 않을 것 같다. 토건 앞에서 우리 모두는 땅값의 작동방식에서는 모두 전문가이고, 신자유주의는 대단히 원초적이고 본능적인 것이라서 그 실체를 아는 것이 그렇게 어려운 것은 아니다. 부동산 투기와 승자독식의 문제점을 모르는 사람이 누가 있을까? 그러나 문제를 이해하는 것과 문제를 해결하는 것은 전혀 다른 것이다.

어쨌든 숨을 좀 고르고, 지금 우리가 부딪힌 이 현상에 대해서 이름을 붙여보자. 이전에는 개발주의와 신개발주의라는 용어가 사용되었는데, 환경적 절차를 가지고 있지 않던 시절의 토건을 개발주의 혹은 개발독재, 그리고 절차를 만들어놓았음에도 불구하고 결국은 토건으로 가는 노무현 시대를 신개발주의라는 용어로 표현하려고 사람들이 노력한 적이 있다. 그러나 개발주의든 신개발주의든, 비록 생태적인 무엇인가를 포기하더라도 경제적 성과는 올리게 된다는 의미를 내포하고 있다. 이러한 용어는 환경보호론자와 생태 근본주의의 주장과, 개발을 통해 생겨날 경제적 혜택 중에서의 취사선택의 문제로 사태를 보이게 하는 측면이 있다. 장기적인 경제적 성과를 위해서 일부의 환경보호에 대한 반대는 무시하는 편이 나을 것이라는 집단적 인식을 이 용어는 피해가기가 어려웠다. 그러나 지금 우리가 부딪히는 문제는 그런 간단한 것은 아니다. 청소년, 여성, 노년, 저학력자, 지방 거주민, 이런 경제의 약한 고리에서 시작되는 경제적 고통이 중산층까지 점점 확대되고, 생태계와 생명체가 마찬가지의 고통을 겪게 되는 것이 토건과 신자유주의가 때로는 유기적으로, 때로는 엉성하게 결합된 현 시스템의 문제다.

아마 이러므로 신자유주의와 관련해서 대처주의 혹은 레이건주의와 같은 정치인의 이름을 따서 이름을 붙였던 전례에 따라 명박주의 혹은 명박노믹스 같은 이름을 붙이고 싶은 생각을 가질지도 모른다. 그러나 대처와 레이건의 경우는 그 전에는 없던 흐름을 새로 만들어 낸 경우이지만 지금의 이 경우는 있던 흐름을 그대로 계속하는 것이라서, 정부에서 '홍보 부족'이라고 하는 얘기처럼 너무 투박하고 일방적인 모습으로 보이기는 할지라도 그 본질은 전혀 독창적인 것이 아니다. 어떻게 보면 이명박이야말로 토건이라는 한국의 2005년 이후의 시대정신이 자연스럽게 선택한 것이고, 우리 모두가 조금씩 가지고 있는 내적 욕망의 합산체일지도 모른다. 대통령으로서 이명박은 어쩌면 일방적인 가해자가 아니라 이 토건의 욕망 구조에서 그 스스로도 피해자일지도 모른다. 그도 노력해서 대통령이 된 것이고, 본인도 역사에 존경받는 인물로 남고 싶지 않은 것은 아니지 않겠는가? 많은 사람은 무시할지도 모르지만, 이명박 그 자신도 이 구조와 시대적 산물의 희생자일 수도 있다. 그래서 나는 명박주의라는 용어를 이 특수한 상황을 설명하기 위해 사용하고 싶지는 않다.

또 다른 가능성으로는, 어느덧 이 시대를 상징하는 용어인 삽질을 활용해서 '삽질주의' 혹은 '일방적 삽질주의'와 같이 삽을 모티브로 할 수 있을 것이다. 직관적이고 강렬하며 시대적 특징을 잘 나타내주는 용어이기는 하다. 정치적인 구호로 나쁘지 않고 플래카드나 피켓에서도 강렬하게 작동할 개념이기는 하다. 그러나 이 단어는 너무 품격이 없다. 논쟁하고 싸울 때 싸우더라도 나는 학자로서 상대방에게 최소한의 품격을 지켜주고 싶은 생각이 있다. 『88만원세대』에서 끝장 세대나 막장 세대와 같은 용어를 선택하지 못한 것은 이 비운의 젊은이들에게 최소한의 품격을 지켜주고 싶다는 생각을 가지고 있었기 때문이다. 삽질주의라는 용어를 선택하지 못하는 데에는 고품격은 아니더라도 최소한의 품위는 서로 지키자는 생각도 있지만, 또 다른 현실적인 이유도 있다. 우리는 이명박이 토건의 끝이라고 생각하지만, 박근혜, 김문수, 오세훈 등 그를 승계할 가능성이 있는 사람들도 결코 만만치 않다. 그렇다면 조금이라도 가능성이 있는 야당 계열의 인사들은? 미안한 얘기지만, 그들이 극적으로 대통령이 되었을 때 지금의 이명박보다 나을 것이라는 보장은 현재로서는 별로 보이지 않는다. 야당 쪽에서도 새만금, 천성산, 부안 등 노무현 시절의 용사들이 본질적으로 변화가 있었던 것처럼 보이지 않는다. 그때마다 '삽' 대신에 공주, 수첩과 같은 새로운 상징을 찾아야 하는 것일까? 번거로운 일이기도 하고 대머리나 고양이와 같은 상징으로 시대를 표현하는 것은 너무 슬픈 일이다.

내가 토건과 신자유주의가 결합된 현 상황을 설명하기 위해서 제시할 수 있는 단어는 '공사주의' 혹은 '명박의 공사주의' 정도일 것이다. 토건이 경제로부터 유리되어 토건 그 자체가 목적이 된 상황을 표현하고 싶은 것인데, 시장, 효율성 혹은 경제위기 극복 등 상상할 수 있는 모든 단어가 토건 세력이 벌이는 공사만을 위해서 복무하게 된 현 상황을 묘사하고 싶은 것이다. 링컨의 게티스버그 연설 내용인 "국민의, 국민에 의한, 국민을 위한 정부"라는 표현 그대로 현 정부는 "공사의, 공사에 의한, 공사를 위한 정부"라고 이해할 수 있을 것이다. 냉전 시대, 국방비 지출이 국민경제의 큰 걸림돌이 된 적은 종종 있지만 토건이 이 정도로 국민경제 내에서 최상위 위치를 가지게 된 적은 아마 거의 유례가 없을 것이다.

일본은 하토야마 내각의 출범 이후 몇 가지 놀라운 조치들이 매우 신속하게 벌어지는 중이다. 거의 마무리 단계인 공사들까지도 재검토를 위해서 일단 세워놓은 긴급 조치도 놀라웠고, 이렇게 절감된 예산을 중고등학교의 교육이나 사회복지로 전환하겠다는 정책적 발상은 놀라운 것이었다. 이것이 정말로 한때 토건 국가로 불리는 일본의 모습이란 말인가? 국회의 예산 심의 과정을 인터넷으로 생중계하기로 한 것도 놀라웠다. 날치기 통과된 한국의 예산은 감축 과정에도 불구하고, 여당과 야당의 실세 의원들의 고향에 토건 예산들이 추가되어 있었다. 참으로 놀라운 일인데, 우리도 예산 심의의 논의 과정을 국민 모두가 볼 수 있게 공개한다면 지금과 같은 황당한 일은 현저히 줄어들 것이다. 이러한 일련의 일본의 정책 중 나에게 가장 충격적으로 느껴졌던 건 유료도로를 무료로 전환하는 것이다. 만약 고속도로를 비롯해서 대부분의 도로를 무료로 만들면 도로 신축의 책임을 진 정부는 정상적으로 수요를 예측해서 도로를 신설하게 할 것이고, 지금과 같이 민자 유치라는 명목으로 무조건 도로를 짓게 하고, 적자인 부족분을 정부가 메우는 황당한 민자 사업은 사라질 것이다. 무료 도로라면 지자체는 비용을 징수하기 위해 제한적으로만 만든 진출입로 대신 도로가 통과하는 지역에 보다 많은 진출입로를 만들 수 있어 부수적인 개발 이익을 얻을 수 있으므로 무조건 반대만 하지는 않을 것이다. 게다가 무료 도로에서는 진출입에 대한 제약이 없기 때문에 군이 특혜 사업인 고속도로 휴게소를 운영할 필요가 없이 독일과 같이 통과하는 지역의 식당이나 카페를 이용할 수 있게 될 것이다. 물론 이러한 무료화 조치에 대해서 사회적으로 반발할 사람은 고속도로 휴게소 정도일 것인데, 어차피 휴게소에서 지불하는 돈은 대부분이 서울로 가게 되지만 지역의 식당이나 카페 혹은 주유소에서 지출되는 돈은 결국 지역 경제로 가게 된다. 나쁜 일이 아니다.

한국과 일본에서는 유료 도로가 더 시장적일까 아니면 무료 도로가 더 시장적일까? 민자 유료 도로는 특혜를 발생시키기 때문에 오히려 더 제도 행정의 모습에 가깝고, 운전자의 지불 비용으로 건설비를 회수할 수 없는 무료 도로가 조금은 더 경제성 평가나 수요 조사에 충실하게 될 가능성이 높다. 물론 지금도 우리나라에서는 각종 명목을 들어 무료 도로를 수없이 만들고 있기는 하지만, 고속도로를 무료로 운영하는 데에 예산이 들어가게 되면 토건 예산은 줄어들게 될 가능성이 높다.

일본을 이러한 새로운 변화의 궤적으로 돌린 것은 '시멘트 대신 사람에게'라는 구호였다. 사실 생태계를 위해서도 환경, 생태 혹은 녹색과 같은 그런 거창한 구호는 필요 없고, 그저 상식적으로 사람들이 지내기 편하고, 경제적 이유로 고통스럽지 않고 또 누구도 소외되지 않는 그런 국민경제를 만들면 될 것 같다. 그러면 우리가 생태적 문제라고 생각하는 것들의 상당히 많은 문제가 자연스럽게 해결될 것이다. 이러한 일반 복지 시스템을 유지하려면 돈이 많이 들 것인데, 그 상황에서 토건에 뭉텅이로 돈을 쏟아부어 고스란히 건설사와 땅 투기꾼 손으로 넘겨주는 일이 많이 사라질 것이다.

4대강 살린다고 할 필요 없고, 녹색으로 성장한다고 할 필요 없다. 어린이를 잘 챙기고, 여성들이 힘들지 않게 여러 가지 정책들을 만들고, 청년과 노인들을 살뜰히 보살피면 거의 대부분의 생태 문제는 저절로 풀린다. 인구 수 준다고 아이들 낳으라고 여성들에게 윽박지를 일 없다. 불안한 미래를 걱정하는 사람들에게서 사회 그 자체가 믿을 수 있는 경제적 후원자라는 믿음이 생기면 자연스럽게 섹스도 늘게 되고, 혈연이든 혈연이 아니든 가족의 형태로 살아가는 사람도 늘게 된다. 출산율이야말로 지금과 같이 피임 기술이 느는 상태에서 '부양 능력'의 함수라고 할 수 있지 않은가? 22조 원을 살뜰하게 쓰면 우리가 꿈이라고 생각하는 상당수의 문제를 풀 수 있을 것이고, 그 와중에 생태의 문제는 자연스럽게 풀리게 된다. 나머지 생태적 문제는 지금 우리가 확보하고 있는 생태학의 지식으로는 도저히 풀 수 없는 문제들이다. 정말로 이 문제를 풀고 싶다면, 가장 빠른 방법은 대학마다 별도의 학과로 독립된 생태학과를 만들면 될 것이다. 대학마다 있는 건축학과나 토목공학과의 정원을 일부 떼어내면 가능하다. 토건의 것을 토건에게 물려주느라고 우리는 너무 많은 건축학과 도시공학과 그리고 부동산학과의 인력을 매년 노동시장에 공급하고 있는데, 이 졸업생들을 먹여 살리기 위해서 더 많은 토건을 한다고 문제가 풀리는 것은 아니지 않은가? 사람이 만든 문제는 사람이 해결해야 한다. 그리고 이러한 해법을 위해서는 국토 생태와 지역 생태에 대한 생태학적 지식이 필요하다. 그리고 스스로를 '디벨로퍼(developper)'라고 부르기를 즐겨하는 수십만 명의 부동산 투기 전문가들을 견제할 더 많은 생태학자들이 우리들에게는 필요할 것이다.

일본이 하토야마 내각의 등장과 함께 토건과 신자유주의의 문제점들을 해소하는 지금, 우리는 명박의 공사주의와 함께 토건으로 대책 없는 질주를 하는 중이다. 한국의 모든 것을 집어삼키려는 듯한 맹렬한 기세의 이 공사주의, 이 파국으로의 질주를 멈출 수 있는 학문은 바로 생태학이다. 그래서 나는 경제학이 언제나 정치경제학이듯이, 우리 시대의 정치경제학은 생태경제학에서 출발하는 것이 맞다고 생각한다.

3장

2012년 대선과
탈토건의 정치경제학

01 | 4퍼센트의 승리와 11퍼센트의 승리, 미국과 일본의 변화 사이

　한국이 이명박 대통령의 당선과 함께 '강화된 토건주의'라고 할 수 있는 공사주의로 열심히 달려가고 있을 때, 미국과 일본에서는 주목할 만한 정치적 변화가 생겨났다. 오바마의 당선과 일본 민주당의 집권은 꼭 정치학자가 아니더라도 여러 가지로 생각할 거리를 던져주는 것이 사실이다. 물론 정치적으로 이러한 변화를 설명할 수 있는 몇 가지 방식들이 있을 수 있겠지만, 이 두 가지 선거 패턴의 차이를 살펴보는 것이 무의미하지는 않을 것 같다. 가장 큰 차이는 무엇보다도 야당 승리의 규모의 차이다. 부시의 8년 집권을 종식시킨 오바마의 승리도 드라마틱했지만 정말로 드라마틱한 것은 '55년 체제'라고 불리는 자민당 독재 체제를 종식시킨, 일본의 총리 지명권을 갖는 중의원의 선거 결과였다. 대개는 대통령이 중임에 성공하여 8년의 임기를 갖고, 아주 특별한 경우가 아니라면 그렇게 8년을 주기로 정권을 교체하는 미국의 경우에 비추어본다면 54년간 한 정당이 계속해서 집권을 했던 일본의 경우는 약간 특수한 경우다. 어쨌든 이 두 개의 선거는 2008년 리먼브라더스의 파산과 함께 불거진 글로벌 금융위기 속에서 국제 경제체제의 개편과 직접 상관관계를 가진 두 나라의 정치 체계에 변화를 불러오는 선거였고, 그래서 세계적으로 주목을 받았던 선거다.

외형적으로 보면 미국이나 일본이나 모두 압승을 거둔 상태다. 선거인단 기준으로 오바마는 매케인에게 349대 163으로 두 배 이상의 승리를 거두었는데, 이전 선거에서 부시와 케리의 선거인단이 254대 263이었던 것과 비교하면 엄청난 약진이라고 할 수 있다. 물론 이러한 큰 격차는 간선제의 승자 독식 방식이라는 미국의 독특한 선거 제도와 무관하지는 않다. 그렇다면 2004년과 2008년 사이에 어느 정도의 변화가 생긴 것일까? 2004년 부시가 이길 때의 공화당과 민주당의 득표율은 각각 51퍼센트와 48퍼센트였다. 2008년에는 민주당과 공화당이 각각 52퍼센트와 46퍼센트를 기록하게 된다. 양 진영의 득표율의 차이는 6퍼센트 정도가 된다. 민주당을 기준으로 계산을 해보면 케리의 48퍼센트에서 오바마의 52퍼센트로, 약 4퍼센트 정도의 미국인이 4년 동안 민주당 지지로 투표를 바꾼 셈이다. 4퍼센트 정도면 크다고 할 수도 있지만, 현재의 세계 체계의 최상위를 점하고 있는 미국의 방향타를 바꾸기에는 그렇게 큰 수치는 아니라고 할 수 있다.

미국이 4퍼센트의 숫자를 움직이기 위해서 했던 눈물겨운 노력은 리베커 소울닛(Rebecca Solnit)이라는, 시민단체 활동가이자 유명 저술가가 정리해 놓은 『어둠 속의 희망』(2006)에 잘 정리되어 있다. 워싱턴의 저널리스트와 화려한 칼럼니스트의 공중전, 그것은 제국의 심장에서 벌어지는 화려한 로비전으로 전 세계에 거의 실시간으로 중계된다. 그러나 그런 상층부의 일이 아니라 바닥에서 벌어지는 일, 즉 부시의 재선 이후 그야말로 미국의 활동가들이 얼마나 심각한 고민을 했고, 얼마나 바닥에서부터 박박 기었는지를 소상히 보고 싶다면 이 책을 꼭 한번 보시기 바란다. 68혁명 이후 미국에서는 백인 우월주의와 가난한 백인, 부유한 흑인과 가난한 흑인 그리고 엘리트 백인 남성에 관한 몇 가지 이데올로기 전선이 존재하고 있었다. 미국의 주류를 나타내는 WASP라는 표현이 이를 잘 보여준다. 미국에서 68혁명은 백인들에게나 유의미한 변화였지, 유색인종의 삶과는 너무 먼 곳에 있던 것인지도 모른다. 9.11 테러 이후 이라크 침공을 지켜보는 미국의 시민사회도 엄청나게 답답하기는 했을 텐데, 그 상황에서 부시의 재선을 무기력하게 지켜보며 그 속이 어땠을까! 전통적으로 미국에도 좌우 대립 혹은 진보와 보수의 대립이 있었는데, 부시 재선 이후 미국의 활동가들의 지역 생태계 보호를 위해서 백인 우월주의자 혹은 극우파의 핵심이라고 경멸했던 지역의 퇴역 군인 단체나 농장주들을 만나기 시작한다. 우리 식으로 표현하면 월남에 파병했던 군인들의 모임 혹은 퇴역 군인들의 모임 등 소위 '아스팔트 우파'라고 정몽준이 표현했던, 시청 앞에 나오는 그 군인 아저씨들과 아이비리그 명문대 출신의 활동가가 동네에서 같이 만나는 일이 이때 벌어진 셈이다. 물론 미국에서도 풀뿌리 민주주의에 대한 강조는 예전에도 있었지만 실제로 백인 엘리트 활동가들이 환경 보존이니 생태계 보호와 같은, 지역에서 벌어지는 일의 진짜 의미에 대해 재발견을 한 것은 2004년 이후가 아닐까 싶다. 68혁명의 엘리트들이 지역을 어떤 눈으로 보는지가 성공한 로드 무비인 〈이지 라이더〉에 너무 살 떨리게 묘사되어 있다. 오토바이를 탄 히피들을 지역의 보수주의자들은 도저히 참아내지 못했고, 결국 이들은 길거리에서 피살되고 말았다. 그 당시의 시각을 반영한 영화다. 대선에서 졌던 케리 상원의원의 46퍼센트를 기준으로 생각해보면, 생태주의와 반전주의자들에게는 절망적으로 4퍼센트가 필요했을 것이다. 당선되자마자 교토의정서에서 탈퇴한 부시의 미국이 다시 교토 체계로 복귀하기 위해서는 최소한 4퍼센트의 표를 어디에서든 만들어내야 할 필요가 있었을 것이다. 이 당시의 절박한 상황에 대해서 리베커 소울닛의 이야기를 조금 들어보자.

저 우파, 좌파의 배지가 없이 어떤 동맹 관계, 천연 관계가 발생할 수 있을까 하는 것이 나는 종종 궁금했다. 예를 들어 최근의 민병대운동은 가부장적, 복고적, 민족주의적, 토건적 성향을 띠고 유엔에 대한 갖가지 기이한 환상을 품고 있지만, 지역성을 중시하고 그것이 초국적인 것에 의해서 삭제될까 두려워한다는 점에서 우리와 공통되는 면도 있다. 총을 들고 훈련을 하던 그 사내들은 우리의 동맹이 되기에는 너무 으스스할지 모르지만, 그들은 단지 자신들의 생계와 공통체가 망가지는 것을 지켜보아야 하는 사람들의 소외감, 의구심, 두려움의 거대한 파도 위에 뜬 허연 거품일 따름이었다. 만약 우리가 그 파도 속의 사람들에게 직접 말을 건넬 수 있었다면, 만약 우리가 공통된 기반을 찾을 수 있었다면, 만약 우리가 우파나 좌파가 아니라 진정한 풀뿌리를 자신의 입장으로 삼을 수 있었다면 어떤 일이 일어날 수 있었을까? 지역의 힘을 어떻게 누가 빨아먹고 있으며 그것에 어떻게 대처해야 하는지에 관한 다른 해석을 우리가 그들에게 내놓을 수 있었더라면 어떤 일이 일어났을까? 우리는 그들이 필요하다. 우리는 넓은 기반이 필요하다. 그리고 우리는 근래 좌파들이 말을 건네고 대변한 것보다 훨씬 더 많은 사람들에게 말을 건넬 수 있는 스타일이 필요하다.(『어둠 속의 희망』, 137~138쪽)

풀뿌리는 일반적으로 우리가 흔히 지역이라고 부르는 곳보다 더 작은 동네에 해당한다. 우리가 살면서 만나는 친구들 사이에는 좌우니, 진보나 보수의 차이라는 것이 존재하지 않듯이 동네에서도 그런 차이들은 쉽게 드러나지 않는다. 오랫동안 68혁명 감성의 급진파들은 익명성을 진보라고 생각하고 무관심을 자유라고 생각한 경향이 있는 것 같다. 편하게 '개인주의화'라고 표현하지만, 어쨌든 이러한 개별적 성향은 좌파에게 더욱 특징적으로 나타난 것 같다. 기이하게도 클린턴 집권기에 대단히 강력한 시장 근본주의를 지지한 미국의 네오콘은 동시에 국가주의와 애국심 그리고 백인 우월주의 등을 토대로 해서 매우 튼튼한 지역 기반을 갖추게 되었다. 미국의 좌파는 지적이지만 개인주의적이고 지역 연대에 약했으며, 어떤 이유로든 네오콘은 지역의 기반이 훨씬 더 튼튼했다. 동네라는 곳이 유럽의 특수한 일부 지역을 제외하면 원래 그렇다. 한국의 경우도 이 시기에 다르지는 않았던 것 같다.

'개발 동맹'이라고 불리기도 하고 때때로는 '땅값 연대'라고 불리기도 하는 분산적이지만 매우 강력한 조직이 한국에도 존재한다. 그냥 관변 단체라고 분류하기도 하지만 그렇게 간단하게 보기만은 어려운 각 지역의 청년회나 그리고 어지간해서는 시민단체의 접근을 허용하지 않은 아파트 부녀회 같은 곳들이 있다. 흔히 이런 개발 동맹은 경제적 이해에 의해서 똘똘 뭉친 곳이라고 이해하는 경향이 있지만, 사실 경제적 이해로 단순하게 분석하기에는 복잡한 작동방식이 있다고 할 수 있다.

생태주의 내에서는 '만 가지 색깔의 생태주의'라는 표현처럼, 사람 사는 곳은 어디에나 극우에서 극좌까지 스펙트럼이 다양하게 넓다. 이런 다른 흐름끼리 같이 모이는 일은 잘 없다. 아주 큰일이 벌어지면 때때로 목장주와, 같은 지역의 사람들끼리 같이 연대하는 경우가 종종 벌어진다. 가장 오래된 환경 단체 중의 하나인 시에라 클럽이 이런 일들을 잘하는 편이다. 그러나 워싱턴에서 일류 연구진을 확보하여 로비를 하고 전국적인 규모의 법률 소송을 펼치는 엘리트 위주의 환경 단체들은 화려하기는 하지만 풀뿌리에서 진행되는 일에는 아주 약하다. 리베커 소울닛과 같은 미국의 활동가들이 부시의 재선 이후 처절하게 반성한 지점이 바로 이곳이다. 엘리트주의만으로 세상의 변화를 이끌어내기는 어렵다.

오바마의 경우를 우리 식으로 한번 표현해보자. 나이로는 80학번 정도 되고, 빈곤 지역 인권 운동의 풀뿌리 활동가를 일하다가 이걸로는 부족하다고 생각해서 서울대 법대 대학원에 진학해 변호사가 된 상황, 그리고 그를 시민 운동의 활동가들이 설득해서 국회의원을 만들고 결국 대통령이 된 경우와 유사할 것이다. 시카고 흑인 거주 지역 빈민 운동의 활동가 출신인 오바마를 위해서 시민사회의 풀뿌리 조직이 사실상 총동원된 미국 대선의 상황을 어느 정도는 이해할 수 있을 것 같다. 아마 2퍼센트 정도가 이렇게 시민사회의 풀뿌리 네트워크의 힘이라고 볼 수 있을 것 같고, 1퍼센트 정도는 오바마의 개인적 매력 그리고 1퍼센트 정도는 매케인 진영의 실수 정도로 해석할 수 있을 것 같다. 냉정하게 생각하면 미국이 기후변화협약에 복귀하고 공공의료 보험 등 시스템을 전환하기 위해서 시민사회가 풀뿌리에서 이끌어낸 비율은 국민의 2퍼센트 정도의 변화라고 할 수 있는데, 이 변화를 2퍼센트의 기적이라고 불러도 이상하지는 않을 것 같다.

　미국이 사실상 양당 구도에서 4퍼센트 정도의 변화를 이끌어낸 대선을 치뤘다면, 2009년 8월 30일은 아마도 일본 역사에 기록될 만한 변화가 일어난 날이라고 할 수 있다. 1955년 이후로 계속 집권한 자민당 정권이 정말로 물러나게 될 것 같다고 생각하면서도 그런 일이 정말로 벌어질지, 승리를 예감하면서도 실감을 하지 못했던 것이, 내가 느낀 일본의 분위기였다. 아소 다로 총리는 G20 회담 등의 핑계를 대면서 중의원 해체를 연기하는 등 계속해서 총선 일정을 미루고 있었다. 총선 6개월 전에 시민단체의 활동가들과 언론인들은 새로운 정권의 등장이 일본이 가지고 있는 빈곤의 문제를 정말로 풀 수 있는 계기가 될 것인지 아니면 그냥 실망하게 될 것인지 종종 논쟁을 하고 있었다. 그러나 그 누구도 실제로 민주당이 얻게 된, 거의 2배에 가까운 의석에 대해서는 예상하지 못한 것 같다. 480석인 중의원 의석을 놓고 벌어진 일본 총선의 2005년과 2009년의 결과를 비교해보자.

	2005년	2006년
민주당(의석수)	115석(24%)	308석(64%)
자민당(의석수)	300석(63%)	119석(26%)
민주당(지지율)	36.44%	47.43%
자민당(지지율)	47.77%	38.68%

　의석수 기준으로 민주당은 자민당에게 거의 2배에 가까운 압승을 거두었는데, 2005년 선거와 비교해보면 민주당은 대략 11퍼센트 정도의 득표율이 증가한 셈이다. 양당 체계인 미국과 달리 다당제로 운용하는 일본에서 민주당을 제외한 공명당, 일본공산당 그리고 사회민주당은 약간씩 지지율이 줄었다. 기계적으로 해석하면, 2005년 고이즈미 총리가 우정국 민영화를 걸고

신자유주의의 전격 도입을 주장했던 총선 때의 지지율 10퍼센트 정도가 4년 사이에 다른 선택을 하게 된 것이라고 할 수 있다. OECD 국가는 대체적으로 사회 내부가 상대적으로 안정성을 가지고 있기 때문에 2~3퍼센트 정도도 큰 변화라고 할 수 있는데, 국민의 10퍼센트가 선택지를 바꾸는 정도의 변화는 상당히 이례적이라고 할 수 있다. 물론 국정 지지율이나 특정 사건에 대한 찬반에서는 며칠 사이에 10~20퍼센트의 의견 차이가 발생하는 경우도 있지만, 그것이 선거에서도 그대로 이어지는 것은 매우 이례적인 일이다. 2002년 프랑스 대선에서 사회당 후보였던 조스팽이 탈락하고 우파인 시라크 그리고 극우파인 르펜이 결선투표를 치른 적이 있다. 사회당 후보가 대선 결선투표에 나가지 못한 첫번째 일이었고, 이때 프랑스는 우파와 극우파만으로 결선투표를 치렀다. 규모로만 보면 노무현 후보가 정동영 후보로 바뀐 선거에서 민주당의 지지율이 하락한 것 정도가 여기에 비견될 만큼 놀라운 것이다. 어쨌든 일본과 같이 상대적으로 안정된 국가에서 민주당을 중심으로 보면 11퍼센트, 자민당을 중심으로 보면 10퍼센트의 변화가 생겨났다는 것은 놀라운 일이다. 게다가 불과 4년 전, 일본 국민은 고이즈미를 열광적으로 지지한 적이 있지 않았던가!

이 변화의 열풍은 어디에서 온 것일까? 2004년 미국의 부시 재선 성공에 환멸을 느낀 많은 활동가가 지역의 풀뿌리 수준의 변화에 참여하여 변화를 만든 것에 비해 일본의 변화는 조금 더 입체적이라고 할 수 있을 것이다. 부시 재임기간인 8년이 지났지만 미국 민주당에 근본적인 변화가 있었다고 보기는 좀 어렵다. 흔히 부시는 반(反) 환경, 반(反) 생태라고 생각하는 사람이 많지만, 기후변화협약을 빼고는 딱히 그가 더 반 생태적이라고 하기는 어렵다. 물론 그를 지지했던 네오콘들의 경제 이념이 때때로 황당할 정도로 반 생태적이기는 하지만, 실제로 부시가 그렇게 꼭 반 생태적인 방향으로만 미국의 정책을 이끌었던 것은 아니다. 지금 MB의 공사주의보다는 부시 시절의 미국 행정부가 훨씬 더 생태적이었다고 해도 틀린 얘기는 아닐 것 같다.

게다가 서브프라임모기지 사태로 생겨난 미국의 금융위기가 지나친 부동산 투기로 생겨난 것은 사실이지만, 그런 모기지 정책은 부시가 아니라 전임자인 클린턴이 시행한 정책이다. 클린턴 행정부는 사회적 주택이 아니라 정부가 금융을 통해서 주택 구입비용을 선대하는 방식을 기본 정책으로 삼았다. 그리고 그게 부시 말기에 결국 문제를 일으킨 것이다.

일본의 자민당이 무너지기 직전, 일본의 토건은 사실 90년대에 비하면 훨씬 완화된 상태였다. 일본은 지금 우리가 하고 있는 것만큼 황당한 토건족들의 야합으로 인해 지독할 정도의 경제 공황을 거쳤고, 이런 과거 체제와의 단절을 외치며 고이즈미의 신자유주의를 열광적으로 받아들였다. 그런데 이 신자유주의에 대한 열광과 아직도 뿌리가 튼튼하게 남아 있는 일본의 강력한 토건이 어떻게 4년 만에 더블스코어 차이로 무너지게 된 것일까? 실제로는 11퍼센트 정도의 일본인이 4년 만에 선거에서 이전과는 다른 선택을 하게 된 것인데, OECD 국가 내에서 10퍼센트를 넘어서는 선거 패턴의 변화는 정말로 예외적인 것이라고 할 수 있다. 이 정도의 변화가 실제로 나오기 위해서는 미국의 경우처럼 양당 구조에서 경계에 있는 2~3퍼센트 수준의 변화로는 부족하고, 전통적인 지지기반 내에서도 상당한 정도의 변화가 있을 때에만 가능하다. 한국의 경우를 예로 들자면, 전통적인 한나라당의 지역 기반인 경상도 지역에서 상당한 정도의 다른 선택을 하거나, '레드 콤플렉스'에 의한 투표를 하는 노년층의 표가 한나라당으로부터 집단적으로 이탈하는 정도의 사건이 벌어진 것이라고 할 수 있다. 우리로서는 상상하기 힘든 큰 변화가 생긴 셈이다. 게다가 일본의 민주당은 우리나라나 미국의 민주당처럼 그렇게 오래된 역사를 가지고 있는 정당이 아니다. 1998년에 결성된 민주당이 오자와가 이끄는 자유당과 합당한 것은 2003년의 일이다. 그리고 하토야마 정권을 만든 1등 공신인 오자와 이치로가 당 대표가 된 것은 사실상 2006년의 일이다. 이 변화는 '탈토건'이 정치 프로그램에서 가질 수 있는 가능성을 보여준다.

오랫동안 많은 정치학자들은 대통령중심제가 '큰 변화'에 유리하고, 일본과 같은 의원내각제는 대규모의 변화를 각 지역별로 한꺼번에 만들기가 어렵다는 얘기를 하였다. 대체적으로 이러한 시각이 상식으로 여겨지기는 했었는데, 2009년 일본 총선은 대통령제이든 의원내각제이든, 그것은 작은 '정치적 인터페이스'의 차이일 뿐, 그러한 제도 자체가 사회의 본질에 큰 영향을 미치는 것은 아니라는 점을 보여준 셈이다.

어쨌든 이러한 일본 총선을 놓고 한국에는 서로 다른 두 개 버전의 해석이 존재한다. 하나는 한나라당 버전이다. 많은 사람들이 자민당의 54년 집권 체제가 무너진 것에 시선을 돌리는 사이에, 한나라당은 자민당 식으로 하면 자신들도 50년 정도는 장기 집권을 할 수 있다는 것이라고 이 사건을 읽은 것 같다. 실제로 자민당 내부에는 우파 블록과 함께 좌파 블록이 존재했고, 정치적 위기가 올 때마다 정당을 바꾸는 것이 아니라 자민당 내부의 주도파를 바꾸는 방식으로 장기집권을 끌고 왔다. 물론 현실적으로 한나라당 내부의 두 가지 블록은 좌우 블록이 아니라, 인물에 따른 계파라는 점에서 자민당과는 좀 차이가 있다. 사실 지금의 한나라당의 창당 과정은 일본 자민당의 3당 합당 식이기는 했는데, 이 시도는 IMF 경제위기와 함께 김영삼 정권을 끝으로 붕괴된 전례가 있다.

또 다른 버전의 해석은 일본의 사례에서 보듯이, '탈토건'이, 토건 경제를 작동시킨 나라에서는 그 자체로 하나의 정치 프로그램이 될 수 있다는 것이다. 녹색당이 정치는 물론 경제 정책 전반에 걸쳐 '생태적' 전위의 역할을 하면서 사민당이나 사회당은 물론 우파 정당의 녹색화를 끌고 나가는 유럽 모델과 달리 일본의 경우는 메이저 야당이 직접 '탈토건'의 노선을 선택한 경우라고 할 수 있다. 물론 단 한 번의 선거로 모든 것이 변하지 않는다는 것은 명확하지만, 하토야마 내각의 출범은 유럽과도 다르고 미국과도 다른 새로운 유형의 정치 실험이라고 할 수 있을 것이다.

한국의 민주당과 일본의 민주당은 그 형성 과정과 역사 그리고 성격이 전혀 다른 정당이기는 하다. 그러나 과연 한국의 민주당이 어느 정도 수준으로 '탈토건'을 정치의 기본 틀로 가지고 갈 수 있는가가 일본 민주당 정권과 관련된 질문의 핵심이라고 할 수 있다. 지금의 민주당은 정부와 한나라당의 4대강 사업에 대해서 토건 사업이라는 비판을 하고 있지만, 사실 자기들의 고향으로 돌아가면 한나라당과 똑같은 방식으로 지역 토건 구조에 묶여 있다. 민주당이 장악하고 있는 광주 지역 의회에서, 무등산을 국립공원으로 전환하려는 시민사회의 노력을 저지하고 케이블카를 설치하기 위한 개발 조례를 통과시킨 것이 2009년의 일이다. 전북으로 가면 민주당은 새만금 정당이 된다. 국가가 주도하는 토건 사업으로 새만금 사업과 4대강 사업의 작동방식과 메커니즘 사이에 근본적인 차이가 있을까? 혹은 골프장으로 해안선을 둘러치는 전남의 프로젝트와 4대강 사이에 지역 토건 구조라는 점에서 근본적인 차이가 있는가? 한나라당 시장들이 추진하던 서울의 뉴타운과 같은 방식으로 전주에서도 도심 재개발 사업을 추진한다. 근본적으로 지역 토건 구조라는 점에서 차이점이 있을까?

일단 하기로 한 것은 무조건 해야 한다는 것이 '절차적 민주주의'라고 생각하며 세종시 원안을 무조건 고수하는 지금의 민주당이 과연 이명박 대통령에게 토건이라고 비난할 수 있을까? 이전한 정부청사를 민간에 매각하겠다는 지금의 원안은 기대했던 정책 효과와는 달리 오히려 더 많은 주민을 서울에 집중시키게 될 위험을 가지고 있다. 이전 비용을 줄이기 위해서 정부 부지가 입찰을 통해 민간에 매각될 것인데, 그렇게 정부 대지를 구입한 민간 회사가 그곳에 공원을 조성하지는 않을 것이고, 더 높은 용적률의 사무실용 건물이나 고층의 주상복합아파트를 지을 것이기 때문이다. 정부 기관 외에 산하 기관을 지방으로 옮기는 것을 골격으로 하는 혁신도시도 마찬가지 딜레마에 빠져 있다. 삼성동의 한전 부지를 팔면 그 자리에 무엇이 오게 될까? 한전에서는 한전법을 고쳐서라도 자신들이 직접 건물을 짓고 분양까지 하겠다는 계획을 수립 중인데, 어떤 형태가 되든, 지금의 행정부 혹은 산하 기관과 공기업이 사용하는 부지보다는 고밀도로 개발될 것이고, 빈자리에 더 많은 사람들이 살게 될 것이다. 도대체 여기 어디에 분산 효과가 있다는 것일까? 지금까지 정부는 이전되는 기관의 유치 지역 조건에 대해서만 검토를 했지, 이전 기관의 방출 지역에서 생겨날 효과에 대해서는 분석한 바가 없다. 결국은 토건 사업일 뿐이고, 큰 토건이냐, 작은 토건이냐, 규모의 차이만 있지 본질적인 차이는 없다.

일본의 하토야마 정권은 총선 후 집권하면서 진행 중인 대규모 국가 토건 공사들을 재검토하기 위해 일단 정지시켰다. 잘못된 것이나 합리적이지 않은 것들을 사회적 합의에 의해 고칠 수 있는 여지를 남겨두지 않고 "하기로 한 것이니 무조건 해야 한다"는 민주당의 주장은, 절차를 빙자한 토건주의와 다름없다. 일본이 거둔 11퍼센트의 승리는 그야말로 환골탈태라고 하지 않을 수 없는 엄청난 정책적 변경이 있었기 때문에 가능한 것이라고 할 수 있다. 일본 민주당이 거둔 엄청난 승리는 자민당의 몰락, 선거 전략과 전술 혹은 오자와 그룹의 기발한 기획과 같은 것만으로 설명될 수 있는 것이 아니다. 그러기에는 변화가 너무 크고, 480석의 참의원 의석 중 308석을 가져간 압승의 규모가 너무 크다. 그렇다고 일본 공산당을 비롯한 다른 야당들이 민주당에 표를 몰아주자고 하는, 그런 한국식의 대동단결의 프레임이 작동한 것도 아니다. 그야말로 자기 실력으로 자민당 체제를 종료시키고 스스로 집권당이 되었다고 설명하는 수밖에 없을 것이다. 이러한 변화가 한국에서도 가능할까? 한나라당의 박근혜 전 대표가 30퍼센트 가까운 지지율로 부동의 1위를 고수하는 지금, 좀 멀어 보이기는 하다.

02 | 박근혜가 탈토건의 희망이 될 수 있을까?

지금의 한국 민주당에 대한 나의 평가는 대단히 야박하다. 신자유주의자이며 토건주의자, 이러한 점에서 민주당을 '탈토건'이라는 새로운 정치 프로그램의 주체로 생각하기가 매우 어렵다. 그러나 그들을 지역주의자로 몰고 가고 싶지는 않다. 어떻게 보면 민주당도 박정희, 전두환을 거치면서 생겨난 지역 구도와 '레드 콤플렉스'의, 일종의 구조적 희생양이었던 셈이다. 넓게 보면 토건 정당인 한나라당의 토건 정책에 의해서 지역경제를 희생하게 된 영남 지역도 스스로 피해자가 된 것은 마찬가지다. 토건 강화와 함께 지역경제의 근본적 기반이 무너지는 것은 호남이나 영남이나, 근본적으로 다르지는 않다. 나는 극우파라고 해서 반드시 민주주의를 반대할 것이라고 생각하지는 않는다. 제2차 세계대전을 발발시킨 것이 제국주의 전쟁에 뒤이은 파시즘이라고 할 때, 독일과 이탈리아의 파시즘은 좌파로부터 나온 것이다. 우리가 '나치'라고 부르는 히틀러의 나치당 명칭은 '민족사회주의자(National Socialist)'를 줄여서 부른 것에 기인한다. 나치, 스탈린주의, 이런 것들이 좌파로부터 기인한 파시즘 체계다. 반면에 70년대 중남미에 창궐했던 군사정권은 우파로부터 기인한 파시즘이다. 정치 체제적으로 박정희를 군부 파시즘으로 이해하는 것에는 큰 무리가 있지 않을 것 같지만, 이것을 우파 버전으로 이해할지, 아니면 좌파 버전으로 이해할지에 대해서는 약간의 논란이 있기는 하다. 유신체제가 북한 체제와 경쟁하고 반공 이데올로기라는 점에서는 우파 민족주의자 버전으로 보는 것이 타당할 것 같지만, 정부가 계획경제에 가깝도록 직접 외자를 유치하고 배분하며 산업 전략을 끌고 나간 것은 좌파 버전에 보다 가깝다고 할 수 있다. 여기에서 사회주의자라고 알려져 있던 박정희의 과거 행적에 대해 새삼 다시 언급하고 싶지는 않다. 다만 극우파라고 해서 반드시 반민주적이고, 좌파라고 해서 반드시 민주적일 것이라는 환상은, 역사적으로는 틀렸다는 사실을 환기하고 싶을 뿐이다.

마찬가지의 관점에서 우파라고 해서 반드시 토건 경제를 지지한다는 보장이 없다. 부시 행정부 시기는 물론 이러한 경제 흐름의 원조 격인 '레이거노믹스'에 대해서 신자유주의라는 규정은 사용할 수 있지만, 그렇다고 해서 한국이나 일본에서 보이는 것 같은 대규모 토건 현상은 그 시기의 미국에서는 발생하지 않았다. 서브프라임모기지 사태를 불러일으킨 대대적인 주택 건설과 구입 붐은 클린턴 정부 정책의 결과다. 유럽에서도 늘 사민당이나 녹색당이 연정을 구성한 좌파 정권만이 집권을 하는 것이 아니라 우파들과 교대로 집권을 한다. 21세기 정치에서 극우파라고 해서 반드시 파시즘으로 가는 것도 아니고, 보수주의라고 해서 반드시 토건으로 가는 것도 아니다. 우리가 이미 보았던 것처럼 노무현 시절의 토건 경제도 평범한 수준의 것은 결코 아니었다. 어쩌면 이런 점에서는 정치 세력으로서의 한나라당 역시 특수한 지역 구조와 토건 구조의 희생자라고 할 수도 있을 것이다. 지금의 토건 구조 앞에서, 한국에서는 좌파나 우파나, 그렇게 당당하기는 어려울 것이다.

어쨌든 지금 한국 경제의 형국은 '공사주의'라고 부를 수 있는, '친이'라는 이름으로 불리는 큰 토건이 건설사들을 모태로 국정을 운영하는 중이며, 새만금과 세종시로 상징되는 '작은 토건'이 야당을 형성하고 있는 중이라고 할 수 있다. 그리고 그 중간에 아직 자신의 정책의 방향을 온전한 모습으로 보여준 적이 없는 박근혜가 국정의 캐스팅보트를 쥐고 있으며, 가장 유력한 다음번 대선주자라고 할 수 있다. 개인적 호불호와는 상관없이 이미, 그리고 앞으로도 당분간은 한국 경제에서 두번째로 중요한 키퍼는 박근혜라고 할 수 있다. 박근혜는 아직 한국의 주인은 아니다. 그러나 그는 현재 자신이 가지고 있는 권력만으로도 국민경제 운용의 방향에 대해서 수정 혹은 '튜닝(tuning)'이라고 부르는 미세 조정 같은 것을 충분히 할 수 있는 위치다. 고전적인 표현으로 '일인지하 만인지상'이라고 부르는 승상의 위치가, 현재의 매우 한국적이고 특수하다고 할 수 있는 총리의 위치라고 할 수 있다. 그러나 박근혜의 권력이 총리보다 낮다고 하기는 어려운데, 그는 현재 행정과 함께 국가 3권 분립의 중요한 한 축인 국회에서 대통령이 움직일 수 있는 의석수를 늘이거나 줄일 수 있는 정치 블록의 지도자이기 때문이다.

토건 경제라고 부르든 혹은 그 어떤 다른 이름이라고 부르든, 현재 한국 경제의 세 축은 어쨌든 이명박-박근혜-총리, 이렇게 세 명으로 구성되어 있다. 만약 이 세 축이 동시에 하나의 방향으로 움직인다면 그야말로 '구국의 강철대오' 같은 것이 되겠지만, 한 축의 방향이 바뀐다면 상당한 수준의 파열음이 생겨날 수밖에 없을 것이다. 어쨌든 몇 년째 예비 대선후보 지지율 1위의 자리를 부동적으로 고수하고 있는 박근혜의 힘은 지금도 작지 않으며, 이명박 정부에서 추진하는 많은 정책들은 그를 제외하고서는 분석하기가 쉽지 않을 정도다. 그런 박근혜에게 '토건' 혹은 '탈토건'이라는 정책의 리트머스를 들이대면 어떨까? 사실 한국에서 여러 정치인 중에서 '생태' 혹은 '탈토건' 위에 서 있는 사람은 아직 없다.(물론 나는 아직도 그런 사람이 등장하기를 몇 년째 기다리는 중이다.)

지난 대선의 한나라당 후보 경선에서 박근혜가 들고 나온 대표 공약은 '줄푸세'라는 약칭의, 정부 지출을 줄이고, 각종 규제를 푼다는 것이었다. 내용으로만 보면 새로울 것도 없고, 더할 것도 없는 미국 네오콘의 정치 프레임 그대로다. 막상 지출을 줄인다고 했지만, 미국에서는 국방비가 증가하는 바람에 복지 비용만 줄었지, 실제로 정부 지출이 줄지는 않았다. 게다가 '작은 정부'를 주장하던 시기마다 매번 정부 지출이 늘어나게 되고 이에 따라 정부의 재정 건전성이 문제가 되었다. '쌍끌이 적자'라는 이름으로 유명해진 미국의 재정 적자가 '작은 정부'를 지향하던 시절에 더욱 심화되었다.

'규제(regulation)'라는 표현은, 조금 애매하다. 영미권에서의 regulation이라는 단어가 우리 말의 '규제'에 해당하는데, 뉘앙스가 조금 강하기는 하다. 이 단어는 원래 불어의 régler라는 동사에서 왔는데, 불어의 régulation은 우리말로는 규제가 아니라 '조절'이라는 단어로 번역된다. 프랑스의 경제학자 중 대표적인 인물인 브와예(R. Boyer)와 아글리에타(M. Aglietta) 등이 포함되어 있던 조절학파가 바로 régulation이라는 단어에서 왔다. 같은 단어가 불어권에서는 조절이라는 의미가 강하고 영미권에서는 규제라는 의미가 강하다. 어쨌든 영미권의 의미이든, 불어권의 의미이든, 한국식 네오콘들이 철폐를 주장한 바로 그 대상들은 정확히 말하면 '제도(institution)'라고 부르는 것이 맞을 것 같다. 제도는 시대의 산물이고, 시대가 바뀌면 많은 제도들은 당연히 불합리해지고, 그에 따른 변화 혹은 수정이 필요해진다. IMF 경제위기 이후 DJ 정부는 '규제 합리화'라는 네오콘의 용어를 그대로 수용하는데, 이데올로기적인 과잉 해석을 배제한다면 규제 철폐라고 하든 제도 개선이라고 하든 기본적인 내용은 같다. 물론 '시장'과 '제도'라는 두 존재를 하이에크의 제자들처럼 완전히 배치되는 것으로 이해하고, 시장은 규제가 없어야 제대로 작동하는 것이라고 생각한다면, 규제 합리화는 시장 활성화라는 의미를 가지게 된다. 그러나 시장도 여러 가지 경제적 제도 중의 하나라는, 최근에는 많은 경제학자들이 대체적으로 인정하는 사항 하나를 받아들인다면, 박근혜의 "규제를 풀자"는 말은 약간 우스운 것이 된다. 제도는 개선되는 것이고, 하나의 제도는 다른 제도로 대체되면서 진화하는 대상이지, "푼다"고 해서 기계적으로 현실이 개선된다고 보기는 어렵다.

대체적으로 강성의 신자유주의 정도로 이해하면 아무 복잡함이 없을 박근혜의 '줄푸세' 공약과 더불어 사태를 조금 더 복잡하게 만든 또 다른 것이, 대운하에 대해서 '토건'이라고 외쳤던 고함이라고 할 수 있다. 그는 한편으로는 대단히 신자유주의적인 틀을 자신의 것으로 외치면서 동시에 한반도 대운하에 대해서, "이것은 토건이다"라는 구호를 그해 여름 외치고 있었다. 신자유주의와 탈토건이 동시에 하나의 정책으로 성립할 수 있을 것인가, 그 가능성을 우리는 본 적이 있다.

농업에 대한 박근혜의 입장은 한미 FTA와 그 이후의 논의 과정에서 드러난 적이 있다. 그는 지역 농민들이 자신의 삶을 유지할 수 있도록 국내 대책에 대해 강조한 적이 있다. 그리고 대선을 준비하는 과정에서 '국토의 효율적 이용'을 위해서 "가뜩이나 좁은 국토"에 남아나는 농지를 활용하는 방안에 대해 주장한 적이 있다. 쉽게 표현하면, 박근혜에게 농업은, 우리가 관행농이라고 부르는 화학농이고, 유휴 농지는 개발지로 돌리는 것이 기본 정책이라고 할 수 있다. 물론 이런 입장은, 외형적으로는 친 농업이지만 본질적으로는 별로 필요 없게 된 농지를 적극적으로 개발하는 것이 자산에 도움이 된다는 TK 지역 토호의 주장을 반복하는 것과 다름없다.

그리고 여기에다 마지막으로 박근혜가 우리에게 보여준 것은, '국토 균형 발전'과 '신뢰성'이라는 두 가지 개념을 내걸고 세종시 사건에서 보여주었던 토건에 대한 새로운 편향이다. 세종시는 노무현식 토건의 하이라이트인 국토 균형 발전의 가운데 토막 중의 가운데 토막이라고 할 수 있다. 특정 기관 혹은 건물의 이전은 유입 효과와 유출 효과로 나누어서 분석할 수 있는데, 지금까지 공식적으로는 단 한 번도 서울에서 유출되는 시설에 대한 새로운 유입 효과에 대해서 분석이 된 적이 없다. 지금까지의 계획으로는 중앙정부, 정확히 얘기하면 과천 청사에 있는 기관들이 세종시로 가도록 되어 있고, 한전을 비롯한 공기업이나 정부 산하 기관이 혁신도시라고 불리는 곳으로 가도록 되어 있다. 그런데 이렇게 이전된 기관들의 용지가 공원의 형태가 된다면, 노무현의 말이나 박근혜의 말이나 어느 정도는 타당성을 가질 수 있지만, 현실은 그렇지 않다. 공식적인 사업 비용을 작게 보이게 하기 위해서 지금까지 정부 용지였던 청사나 공기업 용지를 민간에게 매각하도록 하고 있다. 물론 이 경우에는 입찰 방식에 의해서 가장 높은 비용을 부른 회사에게 넘어갈 가능성이 높은데, 현재 이렇게 높은 비용으로 구매한 서울시 내의 땅에서 수익성을 올릴 수 있는 개발 방식은 초고층 오피스용 건물을 짓거나 매우 고밀도인 주상복합 아파트를 지어서 분양하는 방식 외에는 없다. 삼성동의 한전 본사는 나주 혁신도시로 이전하게 되어 있는데, 원래 봉은사 땅이었던 한전 부지가 다시 봉은사로 돌아가는 것이 아니라 그냥 국유지의 민간 매각 형태가 될 것이다. 한전으로서는 당연한 것이 공기업도 엄연히 기업이라서 조금이라도 수익이 높은 형태로 사업을 추진하려고 할 것이고, 직접 건설하고 분양하는 것이 건설사에 그냥 부지만 매각하는 것보다는 유리할 것이다. 직접 개발을 하든 아니면 부지 매각만 하든, 지금까지의 공유지 즉 정부 용지가 새로이 민간 개발 용지로 전환되는 것은 당연하고, 결국에는 더 많은 사람들이 서울에 주소지를 두고 살아가게 될 것이다. 규모는 결국 민간 개발의 형태에 따라 다르겠지만, 100층 이상의 초고층 건물의 형태가 되든 혹은 고밀도의 주상복합 아파트의 형태가 되든, 서울을 중심으로 보면 어떠한 경우라도 유입 효과가 유출 효과보다 크게 된다. 행정수도를 이전하겠다는 2002년 대선의 노무현 원안이든, 일부 부처만을 축소해서 이전하겠다는 헌재 판결 이후의 세종시안이든, 아니면 기업도시형 개발을 하겠다는 정운찬 수정안이든, 국유지의 민간 매각을 전제로 하는 이 모든 안에서는 서울 혹은 수도권 분산 효과라는 것은 정부 보고서에서만 존재하지 현실에서는 존재하지 않는다. 오히려 서울의 거주 인구만 더 늘어날 것인데, 유일하게 민간 매각에서 서울 시민의 순 유출이 존재하는 경우는, 이렇게 새로 짓는 아파트에서 분양 실패가 벌어질 때뿐이다. 물론 과천의 정부청사와 대부분의 이전되는 공기업 부지들이 워낙 입지 조건이 상대적으로 좋은 곳들이기 때문에 이런 개발 사업에서 분양 실패가 발생하거나 공실률이 높아질 것이라고 생각하기는 어렵다.

냉정하게 따져본다면, 수도 이전 안은 처음부터 지금까지 유입 효과와 유출 효과를 따져보지 않은 사기극에 가깝고, 실제로 발생하는 것은 이전하는 지역과 수용하는 지역, 양쪽에서 벌어지는 2중의 토건 공사 효과 외에 아무것도 없다. 오히려 이전 지역인 청사 부지 등 공유지가 사무실에서 보다 고밀도의 주거 공간으로 바뀌게 되면서 인구라는 측면에서는 서울 집중도만 더 높아지고, 도심 밀도의 조절 변수라 할 수 있는 국유지만 더 줄어들게 된다. 당연히 수도권 과밀 해소라는 원래의 정책 취지는 발생하지 않을 것이고, 플러스와 마이너스를 꼼꼼히 따져보지 않고 유출지에서의 신규 유입 효과를 고의로 누락시킨 정부 연구소와 관변 학자들에 대한 신뢰성의 하락만 역사적 유물로 남게 될 것이다. 애초에 기대했던 지역 균형 발전의 효과라는 것도 제한될 수밖에 없다. '토건이 아닌 지역 경제'에 대한 질문을 피해가려 하고, 공원이나 공유지의 생태적 효과와 문화적 효과 같은 것을 애써 무시하고 '민간 매각 대금'으로 정부 직접 지출을 줄이는 '효율적 방안'이라는 것을 과시하려 하다 보니 이런 사기극이 발생한 셈이다.

세종시 문제는 '토건의 블랙홀'이라고 부를 수 있다. 한나라당은 '4대강 토건', 민주당은 '새만금 토건'으로 팽팽하게 토건당으로서의 자웅을 겨루고 있는 와중에, 대부분의 시민단체마저 세종시와 함께 토건으로 빨려 들어간 것이라고 할 수 있다. 원래의 세종시안을 '작은 토건'이라고 부른다면, 정운찬의 수정안은 '큰 토건'이라고 할 수 있다. 이것이 특별히 '토건 블랙홀'이라고 부를 수밖에 없는 것은 '탈토건'의 입장을 가지고 있던 대부분의 시민단체들도 세종시와 함께 토건으로 다시 빨려 들어오게 되었기 때문이다. 새만금은 괜찮고, 4대강은 안 되고, 4대강은 되고, 세종시는 괜찮고, 이런 토건의 끝없는 용호상박이 한국의 현실이다. 어지간한 정치인, 어지간한 학자 그리고 어지간한 활동가들도 모두 이 토건의 고리에서 헤어나지 못하고 있는 것이 우리의 딜레마다. 정치 논리가 아니라 생태학의 논리 혹은 경제 논리로 보더라도, 만약 과학적으로 사유한다면 이 사건들을 이해하는 것이 그렇게 어려운 일은 아니다. 그러나 현실적으로는 토건의 순환 논리에 거의 대부분의 사람들이 빠져나오지 못하는 셈이다. 이 사건의 본질은 서울의 공유지를 민간에게 팔아 고밀도로 개발을 하고, 절대 농지였던 농지를 개발해서 다시 새로운 도시 하나를 만드는 것이다. 그것이 기업도시이든, 혁신도시이든 행정복합도시이든, '큰 토건'이든 '작은 토건'이든, 돈 버는 사람은 건설사와 대토지 소유자밖에는 없을 것이다. 그야말로 무시무시한 토건의 연결 구조 속에서 우리의 일상이 움직이는 셈이다. 민주당에서 얘기하고 있는 '절차주의'에 의한 정책의 안정성이든, 박근혜가 얘기하는 '신뢰의 정치'이든, 그 어떤 화려한 수사를 가지고 있든, 한국 정치의 거의 대부분은 여전히 토건으로 향하고 있다.

이 시점에서 과연 1945년 독립한 수많은 신생국 중에서 사례를 찾아볼 수 없을 정도로 그린벨트와 조림에 성공했던 한국 우파의 덕목이 과연 어디로 간 것인지 질문하지 않을 수 없다. 사실 한국은 원래 지금처럼 토건이 모든 정치를 지배하는 나라는 아니었다. 표현하기 쉽게 '개발 독재'라는 표현을 쓰기는 하지만, 이 의미는 지금 우리가 생각하는 것과 같은 부동산 개발 그리고 토건 질주라는 의미에서의 '토건 독재'와 같은 의미가 아니었다. 시스템 이론에서 사용하는 '잠김 현상(lock in)'이라는 용어를 사용하면, 지금 한국의 정치는 토건에 잠겨 있는 셈이다. 잠겨도 아주 단단히 잠겨 있고, 돌파구는 현 상태로는 전혀 없다.

현재 이 상태에서 탈토건의 '키'를 쥐고 있는 것은 역설적이지만, 바로 박근혜라고 할 수 있다. '토명박'이라고 해도 과언이 아닌 지금의 집권 세력과 이들을 뒷받침하는 강남의 TK가 탈토건 혹은 생태로의 전환을 그 자체로 만들 가능성은 거의 없고, 그들은 위기가 닥칠수록 점점 더 자기 강화 메커니즘으로 들어가게 될 것이다. 토건으로 약화된 정부의 재정 건전성을 메우기 위해 결국 인천공항 등 비교적 조건이 좋은 공기업과 정부 자산을 '선진화'라는 이름으로 민간 매각하게 될 것인데, 토건이 신자유주의를 부르고, 신자유주의가 다시 토건을 부르는 지금부터 펼쳐질 '자기 강화적 토건 체계'인 공사주의에서 스스로 나올 수 있는 계기나 내부적 힘을 그들은 가지고 있지 못한 것 같다. 그렇다면 민주당은?

비운의 대통령 노무현에게는 몇 가지 장점과 몇 가지 단점들이 있었고, 그에게는 과거의 모습과 미래의 모습이 혼재되어 있었는데, 어찌 보면 그야말로 '시대의 아말감'이라고 할 수 있을 것이다. 그에게는 그만이 가지고 있던 대중적 파토스와 함께 온갖 것들이 혼재되어 있었는데, 그게 바로 노무현이라는, 우리에게도 매우 각별했던 사나이 아니었던가? 그의 후계자들이 노무현 정책에서 부여잡은 것은 그의 이런 다양한 속성 중에서도 하필이면 '토건'이었고, 노무현을 진정한 '토무현'으로 만들었고, 또 그런 모습으로 강화시키는 것은 바로 그의 계승자들이 아닌가? 세종시는 어쩌면 그의 계승자들에게 영원한 토건의 저주가 될지도 모른다. 그에게 있던 정의에 대한 개념이나 '책임 정치'의 요소 혹은 시스템을 통한 일종의 법치주의에 대한 갈망과 같은 것들 대신, 그의 후계자들이 토건을 통해 결국 후대 사람들에게 그를 역사 속의 '토무현'으로 기억하게 하는 것은 참으로 슬픈 일이다. 그러나 어쩌겠는가? 선택은 이미 내려졌고, 한국의 정치는 토명박의 '큰 토건', 토무현의 '작은 토건'으로, 이미 누구도 쉽게 빠져나올 수 없는 소용돌이와 연쇄 반응으로 휩쓸려 가게 되었는데 말이다.

역설적이지만, 좌우 혹은 진보/보수를 막론하고 한국의 주류 정치인 중에서 스스로 자신의 운명과 정치적 노선을 결정할 수 있는 가능성을 가지고 있는 것은 박근혜밖에 없다고 해도 과언이 아닐 것이다. 큰 토건 한나라당과 작은 토건 민주당, 혹은 영남 토건당 한나라당과 호남 토건당 민주당 사이에서, 비록 최소한이라도 스스로 자신의 정치적 색깔과 정책적 의제를 결정할 수 있는 일종의 '자결권'을 가지고 있는 메이저급 정치인은 박근혜밖에는 없다. 그런 박근혜가 '대운하 논쟁' 때와 같은 탈토건을 외치는 '탈근혜'의 입장을 선택할지, 아니면 세종시의 경우와 같이 '토근혜'의 입장을 선택할지에 따라서 한국의 운명이, 2012년을 즈음한 한국 경제의 전개 과정에 대한 방향이 완전히 바뀌게 될 것이다. 만약에 '인식론적 단절'이라는 표현을 쓴다면, 구체제와 신체제 사이의 전환을 만들어낼 힘은 한국에서는 현재로서는 박근혜 개인밖에는 없을 것이다. 분명한 일이기는 하지만, 이 불행은 엄연한 사실이다.

흔히 역사를 엘리트가 만드는 것인가, 혹은 민중이라 부르든, 대중이라 부르든, '매스(mass)'라고 할 수 있는 집단적 주체가 만드는 것인가에 관한 오래된 논쟁이 있다. 그것을 '역사적 주체'라고 하든, 대중사관이라고 하든, 의미는 거의 마찬가지다. 지금 우리가 당면하고 있는 엄연한 현실은, 한국에는 토건의 주체는 차고 넘치지만, 탈토건의 주체는 존재하지 않기 때문에 발생한다는 것이다. '토건의 계몽'은 방송과 신문의 국정홍보를 통해서 가득하지만, 탈토건의 목소리는 서 있을 곳이 별로 없다. 한반도 대운하 시절부터 '4대강 반대'라는 국민의 여론이 절반 이하로 내려간 적은 없다. 그러나 4대강 반대가 직접적이고 기계적으로 생태에 관한 목소리로 전환되는 것은 아니다. 반 MB라고 부르는 정치적 이해부터 근본 생태주의까지, 온통 하나의 목소리로 4대강 사업을 반대하는 것 같지만, 실제로 이 목소리가 생태계에 대한 고려로 전환되는 비율은 그렇게 높지 않은 것이 현실이다. 2010년이라는 정치 공간에서 '생태'라는 이름의 잠재적 지지자를 계산해보면, 아무리 높게 나오더라도 5퍼센트를 넘지 않을 것이다. 게다가 오랫동안 한국에서 '민주주의'라는 이름으로 진보의 한 축을 형성하고 있는 많은 진보주의자들이 '토무현'과 함께 토건의 배를 타고 토건의 나라로 떠나간 지금, 정치 지형에서의 변화를 생각해볼 수 있는 거의 유일한 가능성은 박근혜의 내면의 목소리 외에는 사실상 없는 것이 현 상황 아닌가? 슬프기는 하다. 그러나 현실이다.

현 상황을 정리해보면, 한국에서 탈토건의 집단적 주체라고 할 수 있는 사회경제적인 범주에 속하는 사람은, 아직 한 번도 토건질을 제대로 해보지 않았고, 아마 평생 그럴 가능성이 없는, 내가 '88만원세대'라고 부르는 한국의 20대들 그리고 어떻게든 정책적으로 '토명박'으로 휩쓸려가는 토건쟁이들 속에서 스스로를 구분해내야만 하는 정치적 리더 박근혜, 그 정도가 있는 셈이다.

박근혜가 토건의 대안이 될 수 있는가? 그 가능성에 대해서 사전적으로 가름할 수 있는 방법은 없다. 그 역시, 뒤돌아서면 결국은 한국 토건의 핵심인 강남 TK의 토건파에 둘러싸여 있기 때문이다. 그러나 마르크스의 '육화된 자본'이라는 표현을 빌리자면 '육화된 토건'으로부터 박근혜가 자유로워질 가능성이 없는 것은 아니다. 효과만으로 본다면, 상대적으로 오른쪽에 있는 박근혜가 '생태'의 기치를 내거는 순간, 지금은 마치 없는 존재처럼 보이는 한국의 비토건 혹은 탈토건 보수주의자들이 하나의 사회적 실체로서 의미를 가지게 될 것이다. 이는 일종의 '체인 리액션(chain reaction)'이라고 부르는 연쇄 효과를 발생시킬 것인데, 이게 현재 우리가 기대할 수 있는 거의 유일한 정치 시나리오라고 할 수 있을 것이다. 모든 보수주의자가 토건파인 것은 아니다.

03 국토 생태의 정치경제학

　과학으로서의 학문에서 개념에 대한 정의와 분류는 생각보다 매우 중요한 위상을 갖는다. 90년대 중후반, 세계적으로도 그렇고 특히나 한국에서 '환경'은 무시하기 어려운 주요 패러다임으로 등장한 것이 사실이다. 한국에서 환경이 그 현실적 영향력이나 정치적 파장과는 무관하게 시대의 패러다임으로서 주요 위치를 차지했다는 사실은 맞다. 각 대학에 환경공학과 등 환경이라는 이름을 표방하는 전공들이 생겨났고, 대기업에도 공식적으로 환경과 관련된 업무가 생겨났다. 그렇게 한국에서 환경이라는 단어가 사용되고, 『조선일보』와 『중앙일보』와 같은 보수 신문에도 환경 전문기자가 생겨나던 90년대 중후반, 10년 후 한국 사회가 지금과 같은 토건 사회가 되고, 이렇게 완벽하게 토건형 경제가 될 것이라고 예상한 사람은 거의 없었다. 21세기는 우리에게도 희망의 시대가 될 것 같았다. 21세기를 바라보며, 환경이라는 개념이 사회적으로 하나의 실체를 형성하는 것을 보면서 어쩌면 우리는 매우 빠르지는 않더라도 점진적으로 20세기보다는 나은 시대가 오고 있다고 생각했던 것 같다. 어쨌든 아무것도 없는 것보다는 뭐라도 있는 게 나을 테니 말이다(Something is better than nothing!). 그러나 다른 나라와는 달리, 한국의 역사는 그렇게 흘러가지 않았고, 새만금 방조제에 현대건설이 내걸었던 안내판, "친환경 방조제 새만금, 안녕히 가십시오!"라는 구호 그대로, 안녕, 환경 시대가 되었다. 10년 동안, 한국에 환경이라는 구호는 넘쳤지만, 우리 모두가 희망하거나 예상했던 그런 시기는 오지 않았다. 쿠츠네츠 곡선을 따서 발전 초기에는 환경이 나빠지지만, 어느 시기를 지나면 개선될 것이라고 했던 환경 쿠츠네츠 현상은 21세기 한국에서 벌어지지 않았다.(∩ 자형 모습 대신에 N자형 커브가 왔다고 전문적으로는 표현한다.)

우리가 지금 부딪힌 상황의 발생학적 기원을 보면 이유가 아주 없지는 않다. 90년대 맹활약했던 외국의 환경 관련 학과나 환경 연구소는 74년, 77년, 두 차례에 걸친 석유파동 때 설립한 재생 가능 에너지와 관련된 연구기관에서 전환된 것이 많다. 90년대 석유 가격이 다시 안정화되면서, 고유가 시대의 미래를 예상하여 개발된 기술들이 급격히 경제적 타당성을 잃게 되었고, 대신에 새롭게 찾아낸 패러다임이 환경과 기후변화 같은 것들이었다. 에너지 대체에서 환경으로 연구 테마가 바뀐 것은 90년대 초반의 석유 공급과잉에 의한 석유값 하락과 관계가 있는 것 같다. 그러나 한국은 석유파동 때 유의미한 규모로 대체 에너지에 대한 연구를 시작하지 않았다. 그 대신 에너지원 다변화라는 이름으로 원자력과 천연가스 쪽의 연구를 더 많이 했다. 나중에 환경 연구로 전환될 씨앗을 70~80년대에 뿌려두지를 않았다. 한국에서 환경 연구의 뿌리는 수질이나 대기가 아니라 폐기물 관리와 하수도 관리에서 시작된 것인데, 이런 분야의 돈이 워낙 크다 보니 한국의 환경공학에는 토목공학(civil engineering)이 가지고 있던 요소들이 깊게 배어 있다. 물론 토목이라는 용어는 앞서 '시민에 봉사하는' 혹은 '시민에 속한 것'이라는 civil이라는 단어를 사용한다고 했는데, 한국에서는 이것이 처음부터 시민의 자발적 필요에 의해서 형성된 것이 아니라 국가의 일방적 사업에 의해서 시작되다보니, 시민이라는 존재는 토목공학의 발전에 처음부터 없었다. 일종의 절름발이 상태로 학계가 형성된 셈이다. '국책사업'이라는 수요독점 상태에서, 시민과 정부라는 두 가지 눈으로 본다면, 토목공학이, 90년대 중후반에나 개념이 제시되기 시작한 시민을 자신의 진짜 수요자 혹은 파트너로 이해하지 않는 것은 너무 당연하다. 이건 누가 잘했거나 못했거나의 문제가 아니라 단기간에 모든 것을 만들어야 했던 한국 압축 성장의 자연스러운 결과물이라고 할 수 있을 것이다. 87년에 국가의 자본에 대한 통제는 어느 정도 1차 고리를 끊었다고 할 수 있지만, 한국에서 진정한 시민혁명은 아직도 존재한 적이 없다. 자연스럽게 토목공학이 '거대 사업'에 집착하는 정부의 통치기구의 일부처럼 흡수되고 토목공학의 한국적 정신, 즉 '메갈로매니아' 경향을 가진 엔지니어들이 수자원공사, 도로공사, 토지공사 혹은 한국농촌공사와 같은 국가 토건 기구를 장악하면서 한국 토건 경제의 하부 구조가 형성된다. 경제학자나 행정학자들이 이런 토건기구들을 정부 예산이나 행정 절차와 같은 수단으로 일부 견제를 하면서 일종의 상호 견제(check and balance) 장치가 움직였다면 지금과 같이 되지는 않았을 것이지만, 불행히도 현실은 이렇게 움직이지 않았다. 케인스를 중심으로 공부했던 조순, 정운찬 같은 케인스주의자나, 이후에 하이에크와 밀턴 프리드먼을 이론적 스승으로 삼아 시장 근본주의를 전개한 시카고학파나, 문제는 이들이 너무 '디테일'에 약했다는 점을 지적하지 않을 수 없다. 큰 얘기에 익숙했던 경제학자들은 구체적인 사업 도면을 볼 줄도 몰랐고, 토지를 중심으로 벌어지는 '토건쟁이'들의 지독할 정도로 세세한 수익의 움직임을 분석하기에는 너무나 이론적 준비가 되어 있지 않았다. 게다가 90년대 이후에 세계화와 함께 금융화가 진행되어 급격하게 학자들의 시선이 금융 쪽으로 이동하면서 실물 경제를 다룰 수 있는 사람이 동시에 급격히 줄어들게 되었다.

정부 지원금이 주로 환경공학과로 집중되었던 90년대 중후반, 그들의 출발점이 많은 경우 원래는 토목공학이었다는 것이 나중에 결국 문제를 일으키게 된다. 물론 아주 나중에 진짜로 환경을 환경으로 이해하는 학자들이

2000년대 중반부터 일부 등장하기는 하지만, 보통은 '피엠(PM : Project Manager)'이라고 부르는 장기 연구 프로젝트 관리자나 원로급 교수들이 모두 국가주의적인 토건적 사유를 가지고 있는 상황에서 "이것은 정말 아니다"라고 얘기하기가 쉽지 않은 구조였다. 대운하가 '친환경적'이라고 얘기하는 환경 공학자나 '4대강'이 미래형 물 관리 기법이라고 얘기하는 환경 전문가가 존재하게 된 것은, 한국의 환경공학과가 토목공학과에서 갈라져 나왔다는 사실과 무관하지 않다. 환경주의자가 환경공학과 내에서도 소외되는 경우는 예외적인 경우가 아니라 오히려 일상적인 경우다.

상징적으로 한국의 환경에 대한 연구에서 메카일 것이라고 많은 사람들이 믿어 의심치 않은 서울대 환경대학원의 경우도 사정이 그렇게 많이 다르지 않다. 이곳은 서울대 행정대학원에서 갈라져 나왔는데, 여기에서 모태는 흔히 사람들이 상상하듯이 환경 정책학이나 생태학이 아니라 '도시계획학'이다. 여기에서 공부한 대부분의 석사가 '도시계획학 석사' 학위를 받고, 박사의 경우도 아주 드물게 생태학 박사학위를 받고 거의 대부분은 '도시계획학 박사' 학위를 받게 된다. 도시계획학은 '부동산 개발학'이라고 바꿔 부르는 것이 맞는데, 실제 내용상으로 도시 개발학과에 환경과 생태학 전공 일부가 얹혀 있는 셈이다. 그리고 그러한 경향성은 시간이 가면서 더욱 강해지고 있다. 한국 사회의 '토건파'와 한국 학문의 '토건파'는 굳이 먼 데를 찾아갈 필요가 없이 서울대 환경대학원의 지난 수년간의 석사 논문과 박사 논문의 추이를 보면 가장 쉽게 알 수가 있다.

경제학의 경우는 어떨까? 환경이라는 이름을 붙였을 때 부끄럽지 않게 부를 수 있는 경제학자는 최소한 서울대, 연대, 고대에는 없다. '탈토건'이라는 약간 넓은 범주로 분류를 한다면 1명, 더 넓게 범위를 잡으면 2~3명 정도 토건파가 아니라고 생각해볼 수 있을 것이다.

역설적으로 한국의 학문 분야에서 실제적으로 생태에 대한 내부적 요구가 가장 높은 곳은 건축학과라고 할 수 있을 것이다. 물론 이들은 현장에서 직접 데이터를 접하게 되니까, 정부에서 하는 얘기나 자신들이 '친환경'이라고 말하는 것의 실체가 무엇인지 가장 잘 아는데, 이들이 내부에서 생태적 논의를 하는 진짜 이유는 조금 더 구조적인 것이라고 할 수 있다. 토건 현상이 강화되면서 100층 이상의 초고층 빌딩을 비롯해 대형 건축물과 구조물이 늘어나는데, 정작 이러한 건축물은 국내 설계사가 아니라 외국의 유명 설계사에게 맡겨지는 경우가 대부분이다. 대규모를 소규모로 규모를 줄이고, 생태적 의미의 리노베이션 형태가 되어야 국내 설계사에게 사업 참여 기회가 있는 역설적인 현상이 벌어진다. 물론 현장에서 실제 현실로 이어지는 경우는 매우 드물지만, 어쨌든 소장파나 현장 연구자의 분위기에서 생태에 대한 진짜 요구가 상대적으로 가장 높은 곳은 건축학과와 설계사 들의 세계다. 대규모로 토목공사를 수주하는 건설 자본과 중소기업 규모도 안 되는 소규모 설계 사무소의 이해관계가 언제나 일치하는 것은 아니다.

가끔 환경이나 생태에 대해서 진지하게 전공을 하고 싶다고 문의하는 대학생이나 고등학생을 만나게 된다. 그때마다 곤혹스러운 딜레마에 빠지게 된다. 국내에서는 힘들다고 솔직히 말해주면, 나름대로는 '지사적 삶'을 살겠다고 생각했던 예비 학자가 실제로 등장하게 될 가능성은 더욱 줄이게 된다. 그렇다고 국내에서 뭔가 할 수 있고, 또 먹고살 수 있게 될 가능성은? 현실적으로 매우 희박하다. 게다가 사실 외국에 유학 간다고 해서 별 뾰족한 수가 있는 것도 아니다. 생태학이야말로 한 사회의 특수한 맥락 속에 존재하는 건데, 전혀 맥락이 다른 외국에서 그곳에 맞는 고민을 오랫동안 한다고 해서 우리의 문제를 푸는 데 더 적합한 학자가 되는 것도 아니다. 딜레마가 존재한다.

한국에서 지난 10년을 놓고 평가를 해보면, '환경'이라는 타이틀로 시작한 많은 프로그램은 아마도 실패해왔거나 파산했다고 하는 것이 솔직한 평가일 것이다. 적어도 학문의 세계와 과학의 세계에서는 그렇다. 아직도 '환경'이라는 타이틀을 걸고 버티고 있거나 남아 있는 곳이 일부 있기는 하지만, 이미 실질적 내용은 '토건'으로 변해버렸거나 아니면 토건 앞에서 질식사하기 직전에서 근근이 버티는 상황이라고 하는 것이 옳을 것이다. 환경 프로그램 중에서는 가장 재정적으로도 규모가 많고 연구 인력도 풍부한 기후변화협약에 대한 연구진들이 이명박 정부의 '녹색 성장'과 함께 '원자력 찬송대'로 돌변한 지금, 한국에서 환경이라는 이름을 걸고 있는 연구 프로그램은 할로윈 데이 때 "사탕 달라"고 외치는 아이들이 쓰고 있는 호박 가면만큼이나 그로테스크한 존재다.

이 현상을 가장 간단하게 요약해보자면, 한국의 환경 연구자들은 정부 돈 타내느라고 아주 조그만 거짓말들을 빈번히 하다 보니, 이게 너무 커져서 '거짓말'의 홍수에 빠져버리게 된 셈이다. 사실 어디서부터 어디까지가 거짓말이고, 어디서부터 어디까지가 진실인지, 개별 연구자 자신도 구분하기 어려워진 게 지금의 상황이라고 할 수 있다. 결국은 질문의 패러다임을 바꾸는 수밖에 없을 것이다.

환경이라는 이름으로 접근할 때 가장 고전적으로 사용하는 분류가 대기, 수질, 폐기물 그리고 자연 생태로 나누는 방법이다. 에너지와 자원의 문제도 중요한 문제이기는 한데, 이것은 환경부 소관 업무가 아니므로 자연스럽게 분류 체계에서 빠지게 된다. 원래의 환경에 대한 접근은 종합적이며 통합적인 접근이지만, 한국에서는 환경 내부에서도 이렇게 분과적인 접근을 하다 보니 결국 지금과 같은 처참한 상황이 벌어지게 된 셈이다.

물론 이런 일이 벌어지는 동안에 한국의 생태학도 별로 잘한 것은 없어 보인다. 가장 근본적인 차이는, 환경은 처음부터 공학 위주로 시작했기 때문에 다른 공학 분야에 비해서 연구 기금을 모으기가 애당초 쉬웠던 반면, 이학 즉 과학에 속한 생태학은 애초부터 가난하게 출발한 학문이라는 점이다. 게다가 환경공학이 공대 내에서 별도의 학과로 비교적 초기에 독립한 것에 비해서, 생태학은 아직도 생물학과 내에서 더부살이하는 처지다. 지난 10년 동안, 생물학과 내에서라도 기초 학문이나 순수 학문에 대해 지원해주는 분위기가 좀 있었다면 사정이 나아졌을 텐데, 현실적인 사정은 전혀 그렇지 않았다. 황우석 사태로 대변되는 분자생물학과 유전자공학 혹은 생명공학 응용학문 쪽으로 사회적 관심과 연구 기금들이 몰려가면서 정작 생명 사이의 관계망에 대한 학문인 생태학은 찬밥 중의 찬밥이었다. '문사철'이 죽어가고 있던 지난 10년간의 흐름과 '사이언티스트'로 분류되는 생태학의 고사는 완전히 같은 것이었다.

이러한 현상은 해외에서의 생태학자들의 약진과 크게 대별된다. 한국의 4대강 사업과 정반대의 사업, 즉 직강하와 제방을 걷어내고 다시 원래 생태계로 되돌리는 플로리다의 '에버글레이즈' 사업은 홀링을 비롯한 '파나키' 그룹의 생태학자들이 전면에 나서서 만들어낸 기적 같은 일이다. 그리고 그 과정에서 '레질리언스(resilience)'와 관련된 복원성 프로그램이 자체 프로그램이 될 정도로 중요한 연구 대상이 되었다. 주민들, 시민단체 혹은 정치권이 생태계 보존에 나선 적은 여러 번 있지만, 생태학자들이 전면에 나서서 직강화와 운하 공사를 했던 곳을 원래의 모습으로 복원하는 에버글레이즈 사업은 매우 독특한 사례다. 이 사건을 계기로 생태학자들이 의사 결정을 담당하는 정책 집단에게 자신들이 하고자 하는 얘기를 어떻게 하면 보다 설득력 있게 전달할 것인가가 주요한 질문 중의 하나로 대두하게 되었고, 『파나키(Panarchy)』라는 저술의 등장 이후로 경제 문제에 대해서도 생태학자가 직접 설명을 시도하는 경향성이 뚜렷해지는 중이다. 또 다른 한편으로는 '판데믹(pandemic)'이라고 부르는 광우병, 조류독감, 돼지독감 등 지구적 차원의 역병에 대한, 로버트 메이 등의 최근 활동 역시 눈부시다. 지구적 역병의 기본 모델도 생태학자들이 인구 모델을 활용해서 분석을 하고 있는 중이다.

국내에서 생태학 혹은 생태학자의 역할이 다른 나라에 비해서 상당히 위축되고, 심지어는 그 명맥을 이어나가기도 힘들어 보이는 것이, 국내 생태학의 이론적 정체와 관련이 없지는 않을 것 같다. 한국의 생태학은 아직도 강단, 정확히 말하면 개별 '랩'에 갇혀 있는 상황인 것 같다. 어떻게 보면 종다양성 논의, 파나키 논의를 거치면서 생태학이 18~19세기에 아담 스미스에서 카를 마르크스까지의, 전통적인 의미에서 정치경제학이 했던 역할을 어느 정도 가름하거나 대체하는 흐름으로 가는 게 세계적 추세라고 할 수 있을 것이다. 『국부론』이라는 저서가 새롭게 등장하는 자본주의의 흐름을 정치경제학이라는 이름의 설명 틀로 제시했던 것이 18세기 후반의 일이다. 지금 우리가 알고 있는 가장 장기적인 흐름은 '지구 생태계'의 온난화 경향성과 같은 지구적 규모의 생태 위기, 세계적인 자원 위기, 갯벌 매립으로 인한 기수역 감소로 인한 연안 생태계의 위기, 그리고 정부의 '4대강 사업'으로 인한 내륙 생태계의 대규모 교란과 지역별 식수난 같은 것이다. 2세기 전 정치경제학이 세상의 변화에 대한 가장 장기적인 프레임을 제공했다면, 21세기에는 생태학이, '경제 과학'이 매우 단기적이며 국부적인 설명에 집착한 나머지 놓치고 있는 장기적이며 종합적인 시각을 제공하고 있다. "경제학이 안 한다면, 생태학이 대신한다."

80년대 후반, 국제 생태경제학회가 출범하고 생태경제학이 하나의 이론 분과로 형성되던 시기에는 경제학자들이 익숙한 경제학 프레임을 가지고 생태 현상을 설명하려고 하던 경향이 강했다. 초기 생태경제학회지의 주요 저자인 코스탄자(R. Costanza), 노가드(R. Norgaard) 아니면 가장 비중 있는 학자였던 애로(K. Arrow) 등이 경제학에서 출발해서 생태학으로 가려고 하던 사람들이었다. 그러나 21세기로 넘어오면서 특히 파나키 그룹의 등장 이후로 생태학자들이 직접 경제의 구성 원리나 작동 방식 혹은 행정에 대한 정책을 직접적으로 제시하기 시작하는 경향성이 뚜렷해졌다. 물론 생태학자들이 이렇게 행정과 경제의 무대에 전면으로 나오기 시작한 것이 21세기에 들어와서 갑자기 나타난 현상은 아니다. 생물종다양성협약이나 GMO 유통 규제에 관한 카르타헤나 의정서와 같이 90년대 이후 UN이나 국제기구 등의 활동에서 이미 생태학은 그야말로 '약진'이라는 표현을 써도 이상하지 않을 정도로 국제적으로 운신의 폭을 넓혀왔다. 국제기구에서뿐 아니라 개별 국가에서도 약진을 했다고 보는 것이 옳을 것이다. 프랑스는, 우리 식으로 얘기하면 환경부와 국토부가 통합된 경우라고 할 수 있다. 각각의 부처가 장관을 한 명씩 가지고 두 장관을 조율하는 부총리를 두고 있는데, 이 통합된 부처의 이름이 바로 생태부다. 우리도 경제 부총리와 교육 부총리라는 자리를 둔 적이 있었는데, 우리 식으로 표현하면 교통과 환경 관리가 '생태 부총리'에 의해서 관리·조정되고 있는 상황이라고 할 수 있다. 농업의 경우에도 농업 생태학을 중심으로 농업의 목표와 운영을 포괄적으로 전환하는 생태 농업이 영국, 스위스, 독일은 물론 전통적인 상업농 중심의 미국에서도 강력히 전개되는 추세라고 할 수 있다. 농업 생태학은 이제 지역의 농업 관리라는 틀을 벗어나서 경제 운영의 기본 축의 하나로 작동하는 경향이 있는데, 국민 투표를 통해서 농업의 생태적 역할을 경제적 원칙으로 삼도록 사회적 합의를 만든 스위스가 이 흐름의 맨 앞에 있다고 할 수 있다.

큰 눈으로 보면, 지금 선진국에서 진행되는 '생태화' 혹은 '녹색화'의 추세와, 한국의 '녹색 성장' 사이에는 그 추진 주체 면에서 좀 차이가 있다. '녹색화'라고 할 때, 보통은 생태학자와 지역 주민 그리고 녹색당과 평화주의자 즉 대체로 우리가 시민사회라고 부르는 범주에 속한 사람들이 조금 더 전면에 배치된다. 반면에 한국 정부가 지금 추진하는 '녹색 성장'을 주도하는 세력은 '토명박'을 축으로 하는 건설업자들과 토건화되어 있는 학문의 건설 전문가들이다. 내거는 간판이 같다고 해서 내용이 같을 수는 없는 것은 그 주체 세력이 전혀 다르기 때문이다. 물론 우리에게 녹색당이 있었다면 토건 세력이 '남의 당' 이름을 갖다가 토건 프로그램과 원자력 프로그램에 붙이는 일은 없겠지만, 불행히도 우리에게는 녹색당이 없다. 그렇다고 한국을 움직이는 주요 대학에 존재하지도 않는 생태학과를 급하게 만들어서 생태학자를 사회에 단기간 내에 대량으로 배출할 수 있는 것도 아니다. 좋은 생태학자 한 명을 만들 공간에 대해서 생각해보면, 그야말로 '송곳 하나 꼽을 만한 땅'도 없는 곳이 지금의 한국이다. 그렇다고 토건에 이미 익숙해진 지역 주민들 사이에서 갑자기 '탈토건 주민위원회'가 갑자기 생겨나는 것을 기대할 수 있을까? 불행히도 한국의 주민 대표들은, 아주 특별한 경우를 제외한다면, 그곳이 부산이든 광주든 혹은 대구든, 대부분의 경우 '반공 주민위원회' 아니면 '토건 주민위원회'이다. 우리는 아직 토건의 방식 말고 지역 주민과 대화하거나 소통하는 법을 잘 모른다.

이 상황에서 한국의 생태학이 '탈토건의 정치경제학'으로 사회적 역할을 하는 것을 기대할 수 있을까? 길은 매우 좁아 보이지만, 논리적으로 지금의 문제를 해소하는 길은 이것 한 가지 외에는 없는 것 같다. 그리고 잘 생각해보면, 전혀 불가능한 것만도 아니다. 전통적으로 생태학의 분류 기준은 동물 생태학 혹은 식물 생태학과 같이 관찰 대상을 중심으로 분류하는 방법과 산림 생태학, 해양 생태학, 호수 생태학과 같이 공간을 중심으로 구분하는 방법이 있다. 반면 우리가 '정치경제학'이라는 표현을 쓴다면, 많은 경우 자연스럽게 국민경제라는, 국가 단위의 분석을 주로 하게 된다. 조세와 무역 정책 혹은 산업 정책을 중심으로 분석하는 거시경제학은 당연히 그 기본 단위가 국가 단위가 되겠지만, 많은 경우 개인이나 소비자의 개별적 행동과 관련된 미시경제학도 국민경제를 대상으로 분석이 진행되는 경우가 많다. 생태학과 경제 현상은, 어떻게 보면 '스케일'의 문제에서 접합이 어렵다는 문제점이 있다. 생태계와 국가는 둘이 썩 잘 어울리는 개념은 아니다. 황해는 중국과 대만 그리고 한국에 걸쳐 있고, 한 나라의 정책에만 해당되는 것도 아니다. 새만금을 비롯해 인근해의 생태 조건이 열악해지면서 황해 자체에 생태 위기가 올 것인데, 많은 한국 사람은 그것은 내 일이 아니라고 생각하는 것 같다. 물론 결국 우리는 오염된 바지락 칼국수를 비롯해 오염된 김장 김치 등을 먹게 될 것이지만 말이다. 국가 사이에 벌어지는 일들은 '공유재의 비극(tragedy of the commons)'이라고 하는 것이 벌어지기 딱 좋은 구도에 있다. 우리가 노력해도 중국이 노력하지 않으면 개선이 어려울 것이고, 중국

측으로 시선을 돌리더라도 마찬가지다. 새만금 개발로 중국은 영향을 받지 않을까? 그들도 영향을 받는다. 마치 중국 내륙의 대형 댐들이 결국은 하류 지역에 영향을 주면서 황해가 영향을 받는 것과 같이 말이다.

이번에는 국내 문제로 들어와서 지리산을 한번 살펴보자. 지리산 생태계도 전라남도, 전라북도, 경상남도의 세 개의 도에 걸쳐 있다. 이렇게 주체가 분할되는 경우, 행정에만 맡겨놓으면 관리 주체가 분명치 않아 결국에는 지리산 댐도 생기고 생태계 역시 무너지게 될 가능성이 크다. 알프스 복원의 경우, 스위스, 오스트리아에서 리히텐슈타인까지 인접 국가들이 공동 프로그램으로 10년째 논의를 진행 중이지만, 우리의 지리산은 이와는 거리가 멀다. 그렇다면 관리 주체가 나누어져 있지 않고 완전히 한 군데에 귀속되는 경우는 어떨까? 강원도에 있는 설악산을 생각해보면 된다. 이것은 한라산 케이블카와 완전히 같은 메커니즘에 놓여 있다. 지방자치가 토건 자치가 되다 보니, 일반적으로 한국의 중앙 정부는 '국립공원'이라는 틀로 설악산을 지키려 하고, 지자체는 무슨 명목을 대서도 결국은 개발하려고 한다. 물론 이것도 과거의 일이다. 이번 정부는 중앙 정부가 오히려 지방 토호보다 더 강력한 토건파이기 때문에, 당분간 한국의 모든 생태계는 일단은 "죽었다"고 보아야 한다. 주요 하천은 댐과 제방 그리고 제방으로 상징되는 준설 작업과 직강화 과정을 거쳐서 죽었다고 보아야 할 것이고, 농업도 방어선이 없는 것은 마찬가지다. 환경부의 수장들이 토건파에 의해 완벽하게 장악된 지금, 케이블카와 골프장 역시 정책적으로 제어할 수단은 없다. 90년대 일본 자민당의 토건 열풍과 양상은 비슷하지만 정도는 조금 더 심한 상황이라고 이해하면 될 것 같다.

생태학을 좁게 해석하면, 산림과 하천 혹은 해양이나 호수와 같은 '단위 생태계'에 대한 학문으로 해석이 되지만, 지금과 같은 상황에서는 대부분의 생태계에 균일하면서도 일반적인 외부 충격이 존재한다. '토명박 효과' 혹은 '공사주의 효과' 정도로 이해할 수 있을 것이다. 어떤 측면에서 지방의 토건화를 약간씩 견제하던 중앙정부가 토건으로 폭주하는 순간, 한국에서 안전한 생태계는 전국 어디에도 존재하지 않는다. 지나친 단순화의 위험이 있지만 지금은 "모든 게 토건 때문이다!"라고 말해도 과언은 아닌 것이다. 마치 한국의 거의 대부분의 20대가 "당분간 죽었다"는 것과 마찬가지로 한국의 거의 대부분의 생태계는 "당분간 죽었다"고 말할 수 있을 것이다. 메커니즘만으로 따지면, 복지와 생태가 한 방향이라면 지금 한국을 주도하는 경제적 힘은 이와는 딱 역방향인 셈이다.

생태적 문제가 발생하는 경로는 산업 활동, 소비 활동, 레저 활동 등 여러 가지 요소가 있지만, 그중에 가장 직접적이고 기술적으로 제어하기 어려운 것이 토건이다. 산업 활동에서의 생태적 문제는 완벽한 해결이 어렵지만, 기술 요소와 경영 요소의 투입으로 어느 정도 생태계의 '수용 능력' 범위 내에서 제어할 수 있는 가능성이 없지는 않다. 간단히 말하면 공장에서 배출하는 오염물질은 제도적이고 정치적인 단계를 통해서 '타협'이 가능하다. 그러나 이러한 타협이 불가능한 영역이 우리의 토건이다. 물론 이것도 오랜 시간을 거쳐 차분히 논의하면서 피해를 최소화하는 방법들을 찾아보고, 기술적 대안들을 모색하다 보면 적절한 수준의 방안을 찾을 수 있을 것이다. 그러나 우리의 형편은 이 경우도 못 된다. 우리의 토건 현상은 정치적인 이유와 결합되어 있고, 합리성의 영역보다는 비합리성의 영역에 포함된 경우가 많기 때문에, 쉽게 제어하기가 어렵다. 이명박 정부의 토건은, 한반도에서 사람이 살기 시작한 이후 인간의 활동에서 발생한 가장 큰 규모의 사건이라고 할 수 있을 것 같다. 누구도 전국적으로 이렇게 동시에 생태계를 파괴하는 일을 한 적이 없다. 보통은 순간적으로 생태 부하가 높은 사건을 '전쟁'으로 파악하는데, 유전 방화로 유명해진 '가마우지 사건'이 벌어진 걸프전 같은 경우가 생태적 효과가 특히 높았던 전쟁이다. 아무래도 이명박 임기 내에 끝내겠다는 4대강 사업의 생태적 교란 효과는 7년간에 걸친 임진왜란이나 3년에 걸친 6.25 전쟁보다는 클 것 같다. 4대강은 단위 충격이 그 어떤 사업보다도 높지만, 이 교란 효과가 지속되는 기간도 한반도에 있었던 전쟁들에 비교할 바가 아닐 것 같다.

최근 각 도시의 주요 건물이나 형상에 대해서 인간이 사라진 이후 어떻게 될 것인가에 대한 시뮬레이션 작업이 유행이다. 몇 백 년이 흐르면 대지 위에 우뚝 서 있는 인근 건축물들도 결국 무너지고 다시 원래의 자연의 모습으로 돌아가는 다큐멘터리 형식의 이런 시뮬레이션들은 우리에게 여러 가지 생각할 거리를 던져주는 것이 사실이다. 우리의 기준은 간단하다. 인간이 사라지면 지금의 4대강의 보들은 어떻게 될 것인가? 아마 10년도 버티기 어려울 것이다. 사람이 한반도에서 사라지면 지금의 4대강은 아마 급속도로 자신의 원래 모습으로 돌아갈 것이다. 청계 인공하천은 사람이 사라지면 단 하루도 그 모습으로 버티지 못한다.

어쨌든 상황이 이러니 국민경제 내에서 생태학의 메시지 중 가장 크고 현실적인 것은, 토건으로 가는 돈의 흐름을 돌려서 토건이 아닌 곳으로 가게 하는 것이다. 이것은 건설 노동자의 이익과 단기적으로 배치하고, 건설 자본의 이익과도 단기적으로는 배치한다. 물론 결국은 땅 투기를 통해서 지역유지 행세를 하는 지방 토호들의 이익과도 배치한다. 그리고 한국의 이 모든 시스템의 최상위에서 한국 자본주의를 기형적으로 만들면서 경제 권력만이 아니라 문화 권력 그리고 교육 권력, 결국은 중앙 정치권력까지 가지게 된 강남TK의 이해와도 배치된다. 그렇지만 결국은 일본식의 장기 버블 공황으로 가는 위험성을 줄여준다는 점에서 국민경제의 이해와는 배치하지 않고, 운용상의 안정성을 높여주며, 지속 가능한 국민경제에 기여한다는 점에서 장기적인 경제성과도 배치하지 않는다. 물론 토건으로 가는 돈을 다른 방향으로 돌리는 데에는 여러 가지 가능성이 있겠지만, 생태학에서 전통적으로 가장 관심을 가지고 있는 분야는 복지다. 물론 반드시 복지일 필요는 없겠지만, 생태계를 중심으로 사유한다면 복지나 육아와 같이 경제성장률이 낮아지면 1차적으로 고통을 받게 될 사람들에게 우선적으로 돈이 가게 하는 것이 맞을 것이다. 이것이 전통적인 생태학 시각에서의 토건에 대한 경제적 대책이다.(한국자본주의라는 의미에서 이 내용을 전개시키는 것은 이후에 논의하기로 하자.)

이제 결론부로 가고 있는 이 시리즈의 첫번째 책이 『88만원세대』였는데, 많은 한국의 20대는 '청년 세대의 빈곤화'라는 이 책의 테제가 생태학에서 출발했고 결국에는 생태학에 속하는 것이라고 생각하지 않을 것 같다. 그러나 그 테제는 전형적인 생태학적 접근 위에 서 있었고, 한국이라는 국민경제 시스템에서 생태경제학으로 접근하면 청년의 빈곤화가 테제 1번이 되는 게 당연하다.

한국의 대학 등록금이 지금과 같이 비정상적인 고가가 된 것에는 몇 가지 이유가 있겠지만, 이것을 압축시켜서 표현하면, 대학이 건물 짓고, 외지에 땅 투기하는 돈을 지금까지 학생들의 등록금으로 충당하고 있었기 때문이라고 할 수 있다. 유럽의 등록금은 연간 20~30만원 정도 하고, 독일이 최근에 많이 올라서 80만원 정도까지 올랐다. 그렇지만 이 수준의 등록금으로도 학교 구내식당에서 학생들이 먹는 식비의 절반 정도의 돈을 지원해줄 수 있다. 유럽의 대학은 토건을 하고 싶어도 토건할 돈이 없는데, 그러니 자연스럽게 '에코 캠퍼스'와 문화적 리노베이션에 눈을 돌리게 된다. 이러한 유럽의 대학생과 비교하면 한국의 대학생은 3~4중의 착취에 시달리는 셈이다. 토건질로 지은 건물에 외부 상업 자본을 끌어들이니, 학교에서 먹는 식사나 차에 보조금을 지원해주는 것은 고사하고, 오히려 더 돈을 지불하는 데다가, 여기에 프랜차이즈 브랜드 사용에 관한 로열티까지 학생들이 지불하는 셈이다. 보조금은커녕 외부 로열티까지 지불하면서 커피 마시는 대학생, 이게 우리의 토건적 현실이다. 유럽의 국립대학의 정식 교수는 공무원 신분인데, 정년이 보장된다. 보통 40대 중반에서 후반 정도에 일종의 국가고시를 통해서 교수가 되는데, 비슷한 나이의 한국 교수들에 비해서 절반 수준의 연봉을 받는다. 우리에게 익숙한 장 보드리야르, 미셸 푸코, 움베르토 에코, 이런 사람들의 대학 월급을 물가를 감안해서 비교해보면 TV 토론에 나오는 우리나라 일류급 교수 월급의 절반 이하 수준이다. 유럽 사회는 이 사람들에게 명예를 통해서 사회적 지위를 높여주는 대신 경제적 지위는 낮추는 방식으로 사회적 균형을 찾았다. 그렇게 하지 않는다면 애덤 스미스가 살아 돌아온다고 하더라도 10만원대의 대학 등록금을 구현할 수 있는 방법은 없을 것이다. 한국 대학의 교수 월급은 지난 10년 동안 그야말로 획기적으로 올랐는데, 20대의 빈곤화와 교수들의 부유화가 거의 동시에 진행된 셈이고, 그 한가운데에 대학의 토건화가 자리 잡고 있다. 이 현상은 80년대에 『조선일보』에서 기자들의 월급을 대폭 올려준 것과 유사한 선에서 생각해볼 수 있다. 월급을 올려주면, 사람들은 약간은 양심을 팔 수 있게 되고, 의식도 바꿀 수 있으며, 무엇보다도 입을 다물 수 있게 된다. 물론 한국 대학에는 좌파도 있고, 우파도 있으며, 성 정체성을 질문하는 소수파도 있고, 극단적이라고도 할 수 있는 극우파도 있다. 대학 교수들은 다른 어떤 언론기관이나 회사보다도 더욱 적극적으로 학교 운용에 대한 발언권이 있고, 누구나 잠재적 총장 후보라고 할 수 있다. 재단에서는 토건질을 강화하면서 교수들의 월급을 올려주었는데, 재단 비리에 대해서 시비를 붙이는 교수들이 가끔은 있지만, 대학이 등록금을 받아서 하는 토건질에 대해서는 좌우 성향을 막론하고 공개적으로 문제를 제기한 경우가 거의 없다. 이러니 대학의 토건질을 뒷받침하기 위해서 등록금은 끝없이 오르는데, 이걸 막아줄 내부 인사는 한 명도 없는 상황이 된 것이다.

　우리 사회는 대학과 같은 방식으로 거의 대부분의 기관과 제도가 이렇게 토건화되어 있다. 대학생의 등록금에서 20대의 비정규직 문제와 주거 조건의 개선까지, 이 일련의 일들을 해소하는 것이 바로 생태적인 것이다. 토건으로 가는 돈의 흐름을 1차적으로는 그 피해자, 2차적으로는 가난한 사람에게 가도록 하는 것이 생태학에서 나올 수 있는 국민경제의 제1테제인 것이다.

물론 20대가 자신의 잃어버린 경제적 권리를 찾기 위해서 꼭 생태주의자가 되거나 생태학에 대한 깊은 연구를 할 필요는 없을 것이다. 그냥 당연히 자신들이 누릴 수 있는 최소한의 기본 경제권에 관한 것들을 다시 자신들이 가지고 가는 것만으로도 국민경제의 생태적 전환에는 큰 도움이 되고, 이런 흐름이야말로 국가 규모의 '국토 생태계'의 보호에도 결정적 역할을 하는 셈이다. 생태학에 나오는 전형적인 프리데이터-프레이 모델과 같다. 프리데이터가 토건이라면, 프레이, 즉 피식자는 '4대강'과 같은 생태계인 셈이다. 이 문제를 사회적으로 푸는 해법은 누군가가 상위 포식자인 토건과 먹이 경쟁을 하는 방법이 있는데, 이것이 제일 빠른 길이다. 토건을 먹여 살리는 먹이는 결국 '돈'이다.

　20대, 여성, 지역 거주민 등 한국 경제의 약한 고리들인 이들도 엄연하게 헌법이 보장하는 생존권과 행복추구권을 가지고 있는 존재들이다. 4대강 사업 같은 경우는 어차피 자체적으로는 경제성이 없는 사업이라서 정부의 예산을 누가 먼저 그리고 더 많이 가지고 갈 것인가의 경쟁이다. 토건에 속한 것과 토건에 속하지 않은 것 사이의 한정된 '먹이'를 놓고 벌이는 경쟁에서 '토건이 아닌 것'이 이기는 것, 그것이 바로 생태적인 것이며 생태학에서 나올 수 있는 정치경제학 테제로서 1번인 셈이다. 이와 유사한 얘기를 바로 150년 전에 존 스튜어트 밀이 한 것이 아닌가?

　예를 들어보자. 20대 남녀가 데이트하는 데 정부가 그냥 보조금을 준다고 해보자. 이것은 생태적인가? 만약 토건으로 가는 돈을 빼서, 이렇게 돌린다고 가정하면, 생태 정책으로 디자인할 수도 있다. 물론 보조금을 지급하기 위해서는 국민들이 납득할 만한 이유를 붙여야 하는데, 4대강 사업보다는 출산율 저하에 대한 하나의 대책으로서 20대 남녀의 데이트에 대한 보조금이 국민들의 합의를 이끌어내기는 쉬울 것이다. 말장난이라고? 한국의 토건 사업들은 많은 경우, 이 정도의 말장난도 하지 않고 그냥 막무가내로 중앙 정부나 지방 정부의 공식적 장치를 통해서 돈을 마구 쓴다.

세상에 영원한 투기는 없다. 그리고 투기 위에 서 있는 토건 경제는 지속 가능하지 않으므로 지금의 이 토건 경제는 자본주의 시스템 내에서 결국은 붕괴하게 된다. 정치경제학의 역할을 포기한 한국의 경제학은 지금과 같이 일본보다도 몇 배나 규모가 큰 폭력적인 토건 경제로 오는데 견제자로서의 역할을 하지 못한 것이 사실이다. 사실 한국의 대부분의 정부 소속 경제학자들이 지금까지 증권사 영업맨 아니면 토건 전도사 같은 역할 외에 한 게 도대체 뭐가 있는가? 그렇게 할 거라면 증권사나 부동산 기획사 아니면 건설사에서 월급을 받아야지, 왜 국민들이 주는 '국록'을 받고 있는가?

지금의 상황에서 '국토 생태'를 중심으로 사유한다면, 토건 경제가 완화될 때까지는 당분간 한국에서는 생태학이 바로 정치경제학이다. 우리에게는 우리의 문제가 있는 셈인데, 이명박 정부와 함께 한국의 생태학에는 정말로 발등에 불이 떨어진 셈이다. 이 생태학의 문제를 푸는 것이 바로 한국의 문제를 푸는 지름길이며, 부동산 대공황 이후의 한국 경제의 정상화 단초를 찾는 길이다. 어렵게 생각할 필요 없다. 약간 오래되기는 했지만 이미 번역되어 있는 유진 오덤의 『생태학』(2001) 정도의 입문서를 읽는다면 누구라도 '탈토건의 정치경제학'에 대해서 생각할 준비가 되는 셈이다. 기존의 생태학 교과서에 '국토 생태'라는 개념 하나를 얹는다면, 이게 바로 '국토 생태의 정치경제학'이 되는 셈이다. 폴 새뮤얼슨의 경제학 원론이든, 맨큐의 책이든, 아니면 조순의 경제학 원론이든, 이런 책을 이미 본 사람이 아마 한국에도 100만 명이 넘을 것이다. 그 최소한의 경제적 상식을 가지고 생태학 교과서를 한 번쯤 본다면, 최소한의 '탈토건 프로그램'은 누구나 생각해볼 수 있고, 경제의 이치에도 맞고 세상의 이치에도 맞는 방안을 생각해볼 수 있다. 사실 한국의 토건이 힘은 세지만, 이론적으로는 정말 별거 없다. 물론 이런 우리 모두의 수고로움을 조금 더는 길은 '대통령, 우리들의 대통령'이신 이명박 선생께서 지금이라도 유진 오덤의 생태학 교과서를 직접 읽어보시는 것이다. 유진 오덤과 하워드 오덤, 보통은 오덤 & 오덤으로 표기되는 이 형제들이 했던 이론적 작업을 보면 그에게도 아마 깊은 깨달음이 있을 것이고, '녹색 성장'에 대해서도 의미 있는 혜안이 생길 것이다. 그러나 아마 그는 그런 책을 잘 안 보는 것 같다. 그러니 별 수가 있겠는가? 우리가 좀 수고스럽게, 2012년이 되기 전까지 100만 명쯤 생태학 교과서를 한 번씩 보는 수밖에….

04 | 탈토건의 끼어들기와 새 판짜기
: 마이너들의 정치 전략

생태학이라 표현하든, 생태주의자라고 표현하든, 한국에서 '생태'라는 단어를 중심으로 움직이거나 사유하는 사람은 소수이고 마이너의 입장에 있다는 사실은 당분간은 변하지 않을 것이다. 생태는 우파에서도 장식품이지만, 사실상 좌파에서도 장식품이다. '탈토건'은 기본적으로는 경제 프로그램이지만 이를 정치 프로그램으로 전환시키기에는 아직 미흡한 점이 많다. 토건의 클라이맥스로 향하는 이 시점에서 한나라당이 '녹색=친환경=성장'이라는 프레임 내에서 환경이라는 키워드를 어느 정도 수용하는 것은 가능할 테지만, 생태를 직접 받아들이기는 쉽지 않을 것이다. 우선 그들의 정치적 기반인 강남 TK와는 그야말로 인식론적 단절이 한 번 필요하다. 그러나 이러한 상황은 민주당에서도 마찬가지다. 지역 기반이라는 점에서 '영남 토건당=한나라당' '호남 토건당=민주당'이라는, 지역 정치와 중앙 정치의 현실적인 물적 토대의 문제도 있지만, '민주 대 반민주'라는 오래된 프레임에 갇혀 있어서 새로운 사회 의제를 받아들여 민감하게 반응하기가 어렵다는 문제도 있을 것이다. 민주당 역시 대단히 보수적이어서 그 안에서 변화를 만들기에 쉬운 구조가 아니다. 이러한 상황에서 '탈토건' 혹은 여기에서 한 발 더 나아가는 '생태'라는 프레임은 현실적인 정치 구도에서 마이너 중의 마이너다. 이 상황에서 2012년까지 어떠한 변화가 가능할 것인가?

일반적으로 마이너의 정치 전략으로 주로 '끼어들기'와 '새 판짜기'라는 두 가지 전략이 거론된다. 끼어들기는 기존의 정당이나 틀에 적극적으로 참여하면서 기존 세력 내에서 영향력을 늘려나가는 전략이라고 할 수 있다. 한국에서는 여성운동이나 환경 운동이 주로 이러한 전략을 많이 사용했다. 여성운동이 별도의 정당을 만들거나 혹은 방향이 맞는 특정 정당을 지지하는 방법 대신에 각 정당의 여성위원회에 개별적으로 참여하거나 비례대표에 여성 후보를 교차로 임명하게 하는 방식들이 사용되었다. 여성 후보의 '비례대표 순번제'는 이러한 배경 내에서 하나의 현실 제도가 되었다. 정부 내에서 '젠더' 문제를 담당하는 여성부가 생겨난 것이나 환경청이 환경부로 승격되는데 환경 단체가 목소리를 높였던 것이 이러한 끼어들기 전략이라고 할 수 있다. 이와는 다르게 '새 판짜기' 전략을 고수한 운동은 노동 분야다. 영국의 노동당을 비롯해서 많은 국가들은 '노동자의 정치세력화'라는 프로그램 내에서 20세기 내내 새 판짜기 전략을 수행했다고 할 수 있다. 전통적으로 자본가가 우파를 형성하고 노동자가가 좌파를 형성하는 그런 정치 지형이 20세기 중후반 세계적으로 일반적인 정치 구도라고 할 수 있을 것이다.

생태 진영의 경우는 세계적으로 끼어들기와 새 판짜기를 동시에 사용한, 약간 특수한 경우라고 할 수 있다. 독일 녹색당의 성공 이후, '적녹연정'의 형태로 여러 나라에서 집권에 성공했다. 고전적인 사민주의 정당인 프랑스의 사회당이나 영국의 노동당에 부패 현상이 벌어지면서, 녹색당은 우파들을 견제하는 동시에 좌파의 녹색화에서도 주요한 축으로 작용한 것이 사실이다. 단독 집권이 어려운 상황에서 녹색당이 확보한 3~5퍼센트의 득표가 없이는 의회 의석의 과반을 넘기는 집권이 불가능한 조건이 형성되었다. 물론 우파들도 이러한 생태 블록을 흡수하기 위해서 상당한 노력을 했는데, 프랑스가 생태부총리 자리를 신설하면서 생태와 관련된 정부기관의 격을 높인 것은 사회당 정권 시절의 일이 아니라 시라크에서 사르코지로 이어지는 우파 정권 시기에 벌어진 일이다. 물론 생태 근본주의의 시각이나 생태계 자체에 대한 다양한 시각의 눈으로 본다면 대체적으로 우파에서 차용하는 환경의 이미지 혹은 녹색의 이미지가 우스워보일 수도 있다. 경제 혹은 보다 넓게는 사회체계에 대한 근본적인 변화가 없이 인간의 경제계가 자연의 생태계와 최소한의 조화를 이룰 수 있는 것이 가능할 것인가 하는 근본주의적 질문 역시 충분히 의미 있다. 그러나 현실적으로는 좌파가 우파에 비해서 원칙적으로는 더 생태적이라는 보장도 없을뿐더러, 또한 국민의 절반 가까운 보수주의자들의 동의를 구하는 과정 없이 국민경제의 생태적 전환이라는 현실적 변화를 끌어내기가 쉽지는 않은 것이 사실이다. 우파 내에서도 미국 부시 정권의 핵심 세력인 '네오콘'의 경우처럼 원자력에 대한 지지가 강하고 환경과 관련된 것들을 자신의 적으로 규정하는 극우파 집단 혹은 한국의 이명박 정부처럼 지독할 정도의 토건주의자들이 있지만, 전 세계의 모든 우파가 반 생태적이거나 토건적인 것은 아니다.

지금까지 생태주의자들은 개별적으로 사민주의 혹은 좌파 정당 심지어는 우파 블록에 참여하는 끼어들기와 녹색당을 통한 새 판짜기라는 두 가지 전략 사이에서 팽팽히 맞섰다. 내가 시도했던 녹색당 창당은, 전형적인 새 판짜기 전략이었던 셈이다. 그리고 이렇게 정치에 직접 참여하는 것 자체를 비판하는 무정부주의적 흐름 또한 생태주의 내에 존재한다. 풀뿌리 민주주의 혹은 생활 자치 성향이 녹색당 흐름 내에 특히 강한 것은 생태주의 내에 무정부주의적 성향과 어울리는 접합점이 존재하기 때문이다.

어쨌든 녹색당을 매개로 하여 좌파 연립 정권에 참여하는 적녹 동맹 혹은 심지어 우파 정권에 참여하는 백녹 연정 같은 전략들인 새 판짜기 전략은 성공한 나라도 있고, 성공하지 못한 나라도 있다. 대체적으로 유럽 국가들은 다당제가 일반화되어 있으며 이러한 구도 내에서 새 판짜기가 일정한 영향력을 행사한 경우라고 할 수 있다. 우파들도 생태 진영의 현실적 득표력이 필요하기 때문에 게임이론이나 확률론으로 간단히 설명할 수 있는 평균점으로의 수렴 현상이 이들에게 벌어진 것이라고 할 수 있다. 정치적 입장과는 무관하게 정책들은 더 많은 표를 모으기 위해서 평균 위치로 수렴하게 되는 경향이 있다. 유럽에서의 녹색당은 국민경제 차원이나 지자체의 지역경제 차원에서 캐스팅보트로서의 역할을 할 수 있었기 때문에 약진할 수 있었다. 겨우 수만 명 수준의 녹색당 당원 숫자로도 환경부 장관을 다수 배출한 스위스의 사례는 그보다 더 많은 회원을 가지고 있었지만 현실적인 정치적 지평에서는 스위스 녹색당만큼의 영향력을 가지고 있지 못한 한국의 환경 운동 연합이 걸어온 다른 궤적의 차이에서는 길게 생각해 볼 여지가 있을 것 같다.

유럽이 이렇게 새 판짜기 전략을 주로 사용했던 것과 비교하면 미국의 경우는 전형적인 끼어들기의 전략을 쓴 경우라고 할 수 있다. 미국의 경우 제도적으로 창당을 금하고 있지는 않지만, 어쨌든 공화당과 민주당이라는 현실적인 양당 구도를 오랫동안 미국 정치의 전형적인 한 유형으로 형성한 것이 사실이다. 미국에서도 녹색당의 활약이 전혀 없었던 것은 아니지만, 2000년 랠프 네이더가 미국 대선에서 2.7퍼센트를 득표한 이후로 특기할 모습을 보여주지는 못하고 있다. 끼어들기와 새 판짜기라는 틀을 통해서 본다면 미국의 경우는 민주당을 통한 끼어들기 전략 외에는 없다. 물론 모든 생태적 접근이 미국 내에서도 민주당으로 집중되어 있다고 하기는 어렵다. 정치에 관여하지 않으려는 시민단체의 흐름이나 히피 문화의 연장선 위에 있는 반 문명주의 혹은 비주류 문화 운동의 흐름이 미국에도 존재한다. 우리가 CNN이나 폭스 뉴스를 통해서 보는 공식적이며 공개적인 미국 발 뉴스가 미국 모습의 전부인 것은 결코 아니다. 게다가 공화당 내에도 네오콘만 있는 것은 아니고 생태나 환경 문제에 대해서 오랫동안 자신의 목소리를 내고 있는 비교적 중도 성향의 정치인들이 엄연히 존재한다. 중도 성향의 민주당 의

원 리버만과 기후관련 법안에서 공동 발의를 하며 파트너처럼 움직이던 사람이 바로 지난 대선의 공화당 후보였던 매케인이었다. 매케인에게는 '민주당 같은 공화당원'이라는 별명이 붙어 다녔는데, 실제로 이런 '온건 보수'에 해당하는 정치인들도 공화당 안에는 일정한 지분을 형성하고 있다. 97년 교토의정서 체결에 결정적 기여를 한, 영화 〈불편한 진실〉의 앨 고어는 전형적인 민주당 인사이지만 그렇다고 해서 미국의 민주당이 환경에 대한 담론을 독점적으로 대변하고 있는 것만은 아니다.

2010년까지 한국 정치의 지평을 살펴본다면, 아주 희박한 돌발 변수의 가능성을 제외한다면 일단은 녹색당의 등장 가능성이 그렇게 높아 보이지는 않는다. 한국에서는 생태만이 아니라 신좌파의 의제들이나 여성, 문화와 같은 영역에서 전면적인 새 판짜기가 벌어진 적이 거의 없고, 대개는 현실적인 지역주의 그리고 명목상으로는 '민주'와 '보수'라는 두 개의 틀 아래서 지금까지 끊임없이 인물 중심의 '이합집산'이 이루어진 셈이다. 흔히 하는 표현대로, 우리의 정치가 정책 선거가 아니었다는 점은 명확하다. 어떻게 보면, 우리에게는 이합집산은 있었어도 정치철학 혹은 정책적 기조에 기반한 새 판짜기는 한 번도 없었던 것 같다. 이것을 꼭 '후진적'이라고 볼지, 아니면 '한국적 특징'이라고 볼 것인지는 여전히 애매하다. 이걸 긍정적이라고 보기는 어렵지만 한국에는 여전히 새로운 정당의 출현 가능성이 열려 있기 때문이다.

생태라는 눈으로 좁혀서 본다면, 지금까지도 우리는 '끼어들기' 전략이 주로 사용된 경우라고 할 수 있다. 물론 그 규모도 협소하고, 그 성과도 그렇게 높게 평가하기는 어렵지만, 끼어들기와 새 판짜기라는, 마이너 정치세력이 주로 사용하는 틀을 가지고 이해한다면, '환경 운동'의 경우는 끼어들기 전략 외에는 제대로 활동해본 적이 없는 것 같다. 지금 서울시장인 오세훈의 경우가 대표적인 환경 진영의 끼어들기 전략이라고 할 수 있다. 환경운동연합의 '중집'이라는 약칭으로 불리는 중앙집행위원은 생각보다 상당히 높은 자리이고, 위원 한 명 한 명에게 주어진 권한이 많은 편이다. 이름 높은 명사나 교수, 변호사라고 해서 중집 자리를 주지는 않는다. 환경운동연합의 전체 구도에서 차지하는 위치와 비중 같은 것을 감안하면, 그야말로 오세훈은 우리나라 환경 운동의 본진 중의 본진 자리에 있었다고 할 수 있다. 그런 오세훈의 서울시장 출마와 관련해서 운동 진영 내부에서는 격론이 오고 갔지만 한나라당 쪽으로의 '끼어들기' 전략이 필요하다는 목소리가 결국 다수가 되었다. 실제로 노무현 정부 시절 새만금 논쟁 과정에서 한나라당이 생각보다 많은 도움을 주었던 것은 사실이다. 그리고 지금은 사정이 전혀 다른 것 같지만, 운동 상층부에서는 당시 서울시장이던 이명박과 교류도 많이 있었고, 또 은근한 기대도 있었던 것 같다. 지금 와서 회상해보면, 단체 내부에는 절반 이상이 노무현 정부의 열혈 지지자였고, 그보다는 조금 적은 규모의 진보정당 지지자, 그리고 비록 소수이지만 주로 상층부 지도부에는 한나라당 성향이 자리 잡고 있었던 것이 사실이다. 원래 환경 운동은 계급 운동이나 계층 운동으로 시작할 것이 아니고, 또 무엇보다도 정치 운동으로 시작한 것이 아니라서 이러한 배치는 오히려 자연스럽다. 환경 단체나 환경 활동가라면 당연히 녹색당의 창당을 지지하거나 녹색 당원의 위상을 가지려고 하는 것이 자연스러울 것 같지만, 이러한 정치적 성향도 일종의 문화적 요소가 있기 때문에 한국에서는 꼭 그렇지 않았다. 무엇보다도 환경 운동에 경제적 기반을 제공하고 있는 회원들의 정치적 성향이 다양했다. 교통 부분의 녹색 캠페인으로 인해 상당히 많은 택시 운전사들이 집단적으로 환경 단체에 회원으로 가입한 적이 있다. '파리의 택시 운전사'는 『한겨레』와 진보신당을 지지하지만, 서울의 택시 운전사는 대개 한나라당을 지지하고 지독한 레드 콤플렉스를 가지고 있는 것 같다. 환경 단체나 활동가들이 개인적 소신과는 별도로 전위적인 입장을 취하지 못하는 것에는 이러한 회원 구성에 따른 현실적인 문제도 있다.

2006년 서울시장 선거를 포함한 지방 선거는 생각보다는 복잡한 양상을 띠었다. 노무현 대통령에 대한 중간 평가와 함께 이명박 시장에 대한 정치적 지지가 겉으로 드러난 양상이었다면, 여성 운동의 '끼어들기' 전략과 환경 운동의 끼어들기 전략이 기이하게 맞부딪히는 양상을 나타냈다. 오세훈의 녹색 넥타이와 강금실의 보라색 스카프는 한국적인 특수한 맥락에서 시민운동의 현실적 힘이 클라이맥스에 도달했던 순간을 상징적으로 보여준다고 할 수 있다. 당시에 나는 무소속으로 출마한 시민단체의 활동가 출신 후보들을 지원했고, 시장 후보로는 민주노동당의 김종철 후보를 지지했었다. 2006년 지방 선거는 전국적으로 한나라당의 압승으로 끝났고, 내가 기억하기로는 이 2006년 지방 선거와 2008년 총선이 한국 선거 중에서는 최고의 토건 선거였던 셈이다. 뉴타운과 재개발이 이 두 개의 선거를 통해서 여야 할 것 없이 사실상 모든 후보의 정책 대부분을 지배하는 주요 패러다임이 되었다.

외형적으로만 본다면 오세훈이 서울시장에 당선된 이후 인수위원회에 최열 대표가 위원장으로 선임되었으니, 끼어들기 전략으로는 최고의 성과가 난 경우라고 할 수 있다. 개별적으로 정부 위원회나 각료급으로 고위직에 참여하는 것과는 비교하기 어려울 정도의, 서울시라는 덩치 큰 지역을 '인수'한 셈이니 말이다.

개인적으로 오세훈이 서울시장으로서 추진한 정책에 대해서 좋은 점수를 주기는 어렵다. '배신'이라고 표현하는 것이 좀 어색한데, 그가 단 한 번이라도 생태학에 대해서 고민한 적이 있는지, 아니면 생태학 교과서를 한 페이지라도 넘겨본 적이 있는지 조금은 의심스럽다. 그는 생태적이지도 않았고, 문화적이지도 않았던 것 같다. '창의 시정' '디자인 서울' 등 그가 내건 모든 것은 외향과는 상관없이 그 내용상 토건이라는 일관된 방향을 가지고 있었다. '보존'과 '정주'와 같이 고건 시장 시절의 서울시가 가지고 있었던 패러다임은 이명박, 오세훈을 거치면서, 파괴와 건설의 흐름으로 바뀌었다. 담을 허물고 꽃으로 담장을 만드는 것이 시의 중요한 시책이었던 시절이 과연 이 도시의 10년 전 역사이었나 싶을 정도다. 가난한 사람은 끊임없이 서울 밖으로 내몰렸고, 그 빈 공간에 재개발을 통해서 들어선 주상복합아파트로 끊임없이 부자들이 채워졌다. 서울시의 인구는 수년째 정체 상태를 보이고 있지만, 다른 눈으로 본다면 시민들의 비극적인 '경제적 체질 개선'인 셈이다. 서울은 점점 더 잘사는 사람들의 도시가 되었고, 부동산 가격으로는 동경은 물론, 전 세계 어떤 도시보다도 부럽지 않은 도시가 되었다. 국민소득 4만 불을 몇 년 전에 넘긴 스위스에서 가장 잘사는 도시인 취리히에서 2~3개의 집은 가뿐히 살 수 있는 돈이 서울의 평균 집값이다.

만약 그 선거에서 강금실 후보가 오세훈 후보를 이겼다고 하면 어떤 일이 벌어졌을까? 여성의 사회 참여나 경제적 지위라는 눈으로 보면 아주 미세한 변화가 왔을지도 모른다. 그러나 한국 사회를 뒤엎고 사실상 장악한 지난 10년 동안의 토건화 그리고 서울의 토건화에는 지금과는 큰 차이가 없을 것 같다. 그 10년 동안 집권 세력은 소위 '민주화' 세력이었을 텐데, 이 '토건 민주파'는 토건에 대해서 아무런 문제의식을 가지지 못했다. 도대체 이들이 대학생 때 조세희의 『난장이가 쏘아올린 작은 공』을 읽었던 사람인지 이해하기 어려울 정도다. 강금실의 서울시장 공약은 2008년 이명박의 대선 공약과 최소한 토건이라는 눈으로 보면, 아무런 차이가 없고 대운하의 서울·경기 축소판인 물길 내기 공약으로 가득 차 있었다. 최근 '4대강 죽이기'로 토건과 관련된 최소한의 정치적인 토건 의제가 형성되어 있지만, 2006년 지방선거에서 2008년 대선까지, '아쿠아 프로젝트' 혹은 유사한 이름으로 내내 민주당에서 자기들이 하겠다고 제시했던 토건 공약이 이 내용과 거의 같다.

한명숙과 강금실 사이에 어떠한 차이가 있을까? 결국 건설 자본과 토건 세력 앞에서 자유롭지 못한 것은 마찬가지가 아닐까 하는 생각이 들었다. 이는 자연인으로서의 개인의 선함과 약함에 관한 문제는 아닌 것 같다. 이해찬, 한명숙, 모두 총리 시절에 열심히 골프를 지지했던 '골퍼 총리'들이었고, 골프 대통령과 골프 총리로 대한민국 토건을 총지휘하던 사람들이다. '큰 건물'에 집착하던 메갈로매니아는 마찬가지이고, '행정대집행'으로 대

추리의 농민을 몰아낸 것도 다 이 사람들 시절의 일이다. '용산 두바이' 라는 이름으로 삼성에게 땅을 몰아준 용산 재개발 계획을 만들어준 것도 다 이 사람들이 한국을 운영하고 있던 시절에 벌어진 일이다. 두바이가 우리의 미래라고 했던 사람이 이명박 단 한 사람뿐이었던 것은 아니다.

새 판짜기가 여의치 않은 상태에서 지금 우리가 가진 것은 '끼어들기' 전략밖에는 없다고 할 수 있다. 그러나 이게 다라면, 우리는 제2의 오세훈을 또다시 보는 것 외에는 다른 여지가 없는 것 같다. 현실 정치인으로는 아직까지 오세훈 이상으로 환경 운동에 깊이 관여하고, 또 '협력자' 가 아니라 '의사결정자' 로 참여한 사례가 별로 없다. 한때 울산 환경운동연합 대표를 맡았던 국회의원 조승수가 얼마나 더 자신의 정치 영역을 가지게 될 것인가는 앞으로 더 두고볼 일이지만, 정치적 전망이 그렇게 밝지는 않다.

지난 15년간 생태학과 경제학 사이의 춥고 배고픈 곳에서 양지로 떠난 사람들을 수없이 보았다. 수많은 전문가들과 교수들이 이런저런 이유로 토건의 손을 들어주면서 때로는 영광과 때로는 좌절을 느끼는 것을 아주 가까운 거리에서 지켜보았다. KBS나 MBC의 경우는 '방송 장악' 이라는 이름으로 사회적 의제가 형성되지만, 환경부가 '토건부' 로 변화하는 것은 아직까지는 누구도 근본적으로 문제를 제기하지 않은 상황이다. 장차관이 모두 토건 지지파로 바뀌는 과정에서 많은 사람들이 좌천되거나 어려운 상황에 놓이게 되었다. 이 과정에 개입한 사람들에게 '배신자' 라고 부르고 싶지는 않다. 어쨌든 한국의 토건화는 개개인의 삶의 방향도 많이 바뀌게 되었다.

그 속에서 '끼어들기' 라는 고전적 전략을 어떻게 보아야 할까? 개별적이고 개인적인 끼어들기보다는 보다 큰 규모의 집단적인 변화가 필요할 것이고, '변형된 새 판짜기' 에 대한 고민이 필요할 것 같다.

05 | 골프 동맹군

2010년 한국을 특징으로 본다면, 토건이 강한 나라, 그리고 쇼비니즘이 강한 나라라고 할 수 있을 것이다. 토건에 관해서는 워낙 명박 시대의 특징이 강하기 때문에 조금씩 얘기가 되고 있는 상황이지만, 쇼비니즘은 여간해서 잘 지적이 되지 않는다. 프랑스도 식민지를 뒀던 나라이기는 하지만, 어쨌든 프랑스대혁명의 정신 중의 하나가 '박애'다. 식민지 건설과 침략 전쟁을 다했던 나라가 여전히 '자유, 평등, 박애'를 외치는 것을 보면 위선이라는 생각도 들지만, 그래도 그리 외치고 있는 게 그렇지 않은 것보다는 조금 나을지 모른다. 우리가 외치는 것 중에는 일신의 영광 그리고 국가의 영광에 해당하지 않는 것이 하나라도 있을까? 우리는 다른 어떤 OECD 국가와 비교해도 두드러지는 성매매, 접대, 부패 문화를 가지고 있다. 이 중의 상당히 많은 것들은 토건과 연결되어 있다. 그런 데에는 우리의 양심과 지성 혹은 정의와 같이 근대를 거치면서 자연스럽게 형성되어야 할 가치가 미처 형성되지 못한 것과 관련이 있을 것이다. 토건을 하든, 무슨 짓을 하든, 쇼비니즘과 연결되면 전부 '애국자'로서 영웅이 된다.

    노무현 정부가 빠져든 함정의 하나가 토건이라면, 또 다른 함정은 쇼비니즘일 것이다. 이 지독할 정도의 쇼비니즘이 한국이 가지고 있는 문화적인 의미의 '다양성'에 대한 가장 큰 장애물인 것 같고, 부동산으로 표현되는 우리의 지독한 획일성에는 '미국 친화적 쇼비니즘'이 상당한 작용을 하는 것 같다. 문화적인 식민지 의식과 경제적인 의미의 쇼비니즘이 묘하게 결합된 한국의 민족주의 양상은, 일반적인 OECD 국가에서는 거의 보기 어려운 것이다. 여수의 해양 엑스포는, 19세기 과학기술의 전면화와 함께 공업 사회로의 변화를 이끌었던 그런 엑스포와는 많이 다른, 그냥 토건 엑스포에 불과하다. 토건 붐을 따라서 건립된 이런 시설물들은 일본이 그랬듯이 결국은 거품 붕괴와 함께 무너질 것이다. 부산 아시안 게임 이후로 시설물 유지 비용이 두고두고 부산 경제에 부담이 된 것과 마찬가지다. 3번씩이나 동계 올림픽에 도전하는 평창의 경우도 다를 것은 하나도 없다. 투기와 토건으로 상류층이 결탁을 하고, 민중들은 쇼비니즘을 통해서 동원되는 것이 우리가 청산해야 할 토건 경제의 기본적인 작동 방식이라고 할 수 있다. 일본도 토건 붐과 함께 스포츠 쇼비니즘이 같이 작동했는데, 토건의 흐름이 약해지면서, 그 대신 지역 자치 혹은 '대안 교육'과 같은, 아직 한국에서는 너무 아득하게 멀어 보이는 상징들이 앞으로 오게 되었다. 당연히 스포츠 쇼비니즘도 완화되면서, 동계 올림픽에서 금메달을 하나도 못 따는 상황이 오게 되었다. 이것은 일본 스포츠가 몰락한 것이 아니라 우리보다 먼저 엘리트 스포츠의 토건형 쇼비니즘을 청산함으로써 발생한 일로 보는 게 옳을 것 같다. 2009년에 도쿄도에서 도쿄 하계 올림픽을 추진하였는데, 도쿄 시민들의 반대로 결국 무산되었다. 한국에서 국제 대회를 유치하는 데 반대하는 일이 벌어질까? 그것이 토건을 문화적으로 청산한 경제와 그렇지 않은 경제 사이의 차이이고, 쇼비니즘 외에 국민경제를 작동시킬 사회적 가치를 찾은 나라와 그렇지 못한 나라 사이의 차이일 것 같다.

    한국에서 대중 영웅들을 만들어주는 것은 강남 TK나 조선일보가 아니라 진짜 민중들이다. 그들이 TV를 보고, 응원을 하고, 자신들의 일처럼 좋아해 주었기 때문에 영웅이 되고, 스타가 되는 것이다. 그러나 한국에서 자신들을 스타로 만들어준 이런 민중들을 대변하는 정말로 민중들의 스타는 한 명도 없었던 것 같다. 축구 황제 펠레는 가난한 제3세계 민중의 스타였고, 그는 그들을 대변하면서 평생을 살았다. 무하마드 알리는 흑인들의 영웅이었고, 스타였기에 그는 그들의 대변자로 살았다. 동시에 월남전 파병 거부로 대법원까지 가서 무죄를 선고받았던 평화의 메신저였다. 한국의 스포츠 영웅들은 한 명도 빠짐없이 부동산 자본의 철저한 대변인이 되었고, 그들 중에 한 명도 자신을 지지한 민중들의 대변자가 된 사람이 없었다. 한국의 쇼비니즘은 자본이 만들어내는 것이고, 이런 쇼비니즘을 등에 엎은 스포츠 영웅들은 지독할 정도로 젊은 쇼비니스트이자 민중의 적으로 살아가게 된다.

토건과 쇼비니즘이라는 두 개의 눈으로 보면, 2010년 한국 자본주의가 어떤 것이고, 어떤 방식으로 돌아가는지 95퍼센트 정도가 설명이 된다. 나머지 비어 있는 5퍼센트는 골프로 설명할 수 있다. 다른 스포츠와 달리, 골프는 쇼비니즘보다는 토건형 결탁에 훨씬 가깝다는 특징이 있고, 한국에서 반생태의 첨단에 서 있는, 그야말로 토건의 '전위대'라고 할 수 있다. 보통은 좌파 혹은 진보로 자신의 위치를 설정한 사람들은 진짜로는 그렇게 생각하지 않더라도 형식적으로나마 '민중'이라는 단어를 사용한다. 지금 민주당에서 '민중'이라는 단어를 형식적으로나마 사용하는 사람이 몇 명이나 될까? 한국의 민주화의 수사학에서 민중이라는 단어가 사라진 지 좀 오래된다. 반면 민주당 국회의원 중에서 골프 치지 않는 국회의원이 몇 명이나 될까? 내가 알기로는 아주 드물다. 한국에서 골프는 토건의 상징이며 동시에 반(反)민중의 상징이다. 노무현, 이해찬, 전부 골프를 가까이했던 정치인들이고, 이 사람들 입에서 형식적으로나마 '민중'이라는 소리가 나온 적은 거의 없다. 그렇게 골프를 통해서 한국의 민주주의 투사들은 토건의 길을 걸어간 것이고 스스로 '민중의 적'이 된 셈이다. 단일 사건으로는 한국 민중의 가장 큰 위협은 여전히 한미 FTA다. FTA라는 틀 자체가 워낙 자본과 기업에게 많은 권한을 주고, 국가가 개입할 수 있는 복지의 영역이나 공공성에 위협적인 것이라서 기본적으로 반(反) 민중적이다. 게다가 '표준 폼'이라고 부르는 미국의 FTA 기본 문서양식은 개별 국가의 정책에 대한 개입도가 매우 높아서 여전히 폭탄 덩어리다. 그런데 그 협상 과정에서 미국이 손해 보면 우리나라에게는 이득이 될까? 전체적으로는 미국이 이득을 보는데, 미국 자본이 이득을 보고 미국 민중들 특히 노동자들은 손해를 본다. 오바마와 민주당이 한미 FTA를 적극 지지하지 않는 것은, 한미 FTA가 미국에 손해라서가 아니라 미국 노동자에게 불리한 여건을 만들 가능성이 높기 때문이다. 한미 FTA는 한국 민중, 미국 민중 모두에게 손해이고, 그 대신 한국 자본, 미국 자본에는 일정한 이익을 줄 수 있다. 기계적으로 비교하면 한미 FTA를 지지하고 추진했던 노무현, 한명숙, 송영길, 유시민 이런 사람들은 미국의 오바마보다는 확실히 덜 민중적이다. 그리고 매우 든든한 '골프 동맹'들이다. 유시민은 새만금에 골프장 100개를 짓자고 했다. 그가 민주주의의 투사이고, 민주주의의 살아 있는 화신일지는 몰라도, 그는 한국의 민중을 대변하지 않고, 오히려 골프장과 골프 동맹을 지지했던 사람이다.

한국의 지배자를 분류하는 방식으로 '민주파 골프동맹'이 선호하는 방식은 '조중동' 혹은 『조선일보』 아니면 '이명박파' 같은 것이다. 아니면 '강남 TK'처럼 토건 자본의 작동 방식을 따라 분류할 수도 있다. 그러나 정치·경제 혹은 문화의 모든 방식 중에서 한국의 지배자를 찾아내는 가장 쉬운 기준은 단연 '골프'일 것이다. 한국에서 골프에는 반(反) 생태라는 의미와 경제 엘리트라는 문화적 의미가 함께 내재되어 있다. 모든 골프 치는 사람이 반생태적인 것은 아니고 또한 그들 모두가 경제 엘리트인 것은 아니다. 그러나 우리에게는 골프가 처음 시작된 스코틀랜드와 같은 목초지가 존재하지 않는다. 따져보면 스코틀랜드의 잔디밭이라고 부르는 그 목초지도 처음부터 그렇게 목초지로 있었던 것은 아니다. 산업혁명과 함께 노동자에게 대량의 열량을 집중적으로 공급할 필요가 생겼는데, 이 간단한 노동자용 식사로 자본가들이 선택한 것이 쇠고기였다. 스코틀랜드의 방목은 이렇게 자본주의와 함께 탄생한 사건이고, 냉동 운송 기술의 발달과 함께 방목지는 대서양을 넘어가서 미국으로 퍼져나가게 되었다. 우리가 '카우보이'라고 부르는 미국의 특정한 직업은 미국 내의 소비를 위한 것이 아니라 근본적으로는 런던과 유럽의 노동자들이 자본주의의 '본원적 축적'을 이룰 동안 그들에게 값싼 열량 공급원을 제공하기 위한 것이다. 아무튼 우리의 역사에는 이런 대량 목축 시대가 없었고, 생태적으로는 그렇게 넓은 평원이 없다.

한국의 자연 상태에서 그린에 깔린 잔디를 유지하기 위해서는 웬만한 공장보다도 더 많은 지하수를 끊임없이 공급해주어야 한다. 또 한국 토양에 맞지 않는 잔디의 병충해 방지를 위해서는 살충제를 사용해야 한다. 그리고 자연 상태에서 잔디와 경쟁하며 끊임없이 자신의 영역을 넓히기 위한 생명들, 보통은 '야생초'라고 부르지만 골퍼들은 '잡초'라고 부르는 것들을 제거하기 위해서 제초제를 사용해야 한다. 환경부에서 1년에 두 번 정기 검사를 하지만 사유지라는 이유로 미리 날짜를 알려주고 방문 조사를 한다. 그런데도 대체적으로 절반 정도의 골프장은 기준을 넘어선 농약과 제초제 사용으로 적발되는 일이 빈번하다. 게다가 이렇게 골프장에서 사용하는 농약은 많은 경우 암거래로 무자료 거래의 비중이 높아서 행정 자료만으로는 실태를 파악하기 어렵다. 몇 번 농약 가게에서 농약 판매에 대한 조사를 해 본 적이 있었는데, 대체로 농가보다는 골프장이 무자료 거래의 주요 고객이라고 넌지시 알려준 적이 있었다. 물론 공식적인 통계로는 사용할 수 없는 자료들이지만, 추세 분석을 할 때에는 골프장이나 정부에서 애기하는 것보다는 농약이 더 많이 사용되고 있을 것이라고 본다. 공식적으로 증거를 찾기가 어려워서 수년 전부터 공개적으로 논의되지 못하는 또 다른 주제는 포유류에게 해당되는 독약 사용에 관한 것이다. 바로 그린에 출몰하는 두더지에 관한 애기다. 수년 전부터 많은 골프장들은 친환경 골프장 같은 이름으로 최소한 필드에는 한국형 잔디나 야생화를 그냥 두는 방식으로 개선을 해서 농약이나 제초제 사용량을 많이 줄인 것으로 알고 있고, 또 나름대로는 주변 생태계와의 조화에 대해서 고민을 하는 곳도 등장한 것으로 알고 있다. 그러나 그린에 관한 관리는 여전히 골치 아픈 것 같다. 제초제와 살충제는 그린에 집중되는데, 그린에서 골프 치는 사람들은 오염된 풀이나 토양에 대한 접촉이 높아지게 된다. 당연히 유해한 물질의 피폭량도 높아질 것이다. 게다가 한국 그린 위의 오염물질은 농약과 살충제가 다가 아니다. 최근의 그린은 물 빠짐을 개선하기 위해서 5층 혹은 그 이상의 다중으로 구성되는데, 이게 포유류인 두더지들에게는 최적의 서식 환경이 된다. 물론 일반적인 경우에는 두더지야 잡으면 그만이지만, 골프장 특성상 그린을 전부 헤집으면서 두더지를 잡기가 어렵다. 그래서 여기에 포유류용 독약을 풀게 된다는 지적들이 있었다. 그러나 그린 위에 사람에게도 유해한 독약이 잔류할 수 있다는 것은 대형 스캔들이기 때문에, 많은 사람들이 문제의 존재를 알고 있다고 하더라도 아직도 수면 아래에서 잠자고 있는 실정이다.

한국에서 골프장은 경제 엘리트 네트워크의 핵심이라는 사회문화적인 문제와는 별도로 생태적인 문제와 보건 문제가 걸려 있는 곳이다. 미국이나 유럽에서의 골프 에티켓 중 골프장에서 돌아온 직후 유아들을 만지지 않는다는 것이 포함되고 있다고 알고 있는데, 우리나라에서는 골프장의 보건 문제에 관한 지적이 거의 없다. 제초제와 관련해서 간단히 생각해볼 수 있는 것은 가임 여성과 피폭량 사이의 관계 혹은 남성과 불임률 혹은 기형아 출산율 사이의 관계다. 캐디들이 흔하게 호소하는 피부성 질환과는 별도로 제초제나 농약에 따라 붙는 심각한 보건 문제들이 있다. 물론 한번도 이 특수한 지역에 대한 역학 조사를 포함한 실태 조사나 집단 장기관찰 연구가 진행된 적이 없으므로, 대체적으로 골프장과 불임률 혹은 기형아 출산과 같은 문제는 대개 '흉흉한 소문' 정도로 간주된다. 정상적인 국가에서 지금 정도의 상황이라면 당연히 환경부에서 골프장의 환경성 질환에 대한 현황 조사와 장기

추적조사 같은 것을 했어야 옳을 것이다. 그러나 우리는 토건 경제 환경에서 살고 있고, 한국의 토건은 골프장과 골프쟁이가 이끌어가는 것 아닌가?

골프장의 회원 자격, 골프장 소유 회사의 정치권력과의 유착 관계, 골프장의 단골 골퍼들인 의료인, 그리고 사회적으로 약자인 캐디들의 비정규직화에서 골프장의 보건 문제는 숨겨져 있는 셈이다. 보건 문제를 제기해야 할 사람들 스스로가 골퍼이니, 이 문제를 다룰 수 있는 사람이 별로 없다. 골프장의 보건적 폐해를 이해하는 데 엄청나게 높은 수준의 생태학적 지식이나 화학적 지식 혹은 보건학적 지식이 필요한 것은 아니다. 제초제의 다른 이름이 바로 고엽제다. 고엽제 후유증을 호소하는 단체의 상층부 지도자들이 제초제가 잔뜩 뿌려진 골프장에 다니는 것은 정말로 이해하기 쉽지 않은 일이다. 제초제의 일종인 '그라목손'을 마시고 자살을 시도한 사람을 아직 한국에서 살려낸 적이 없는 것으로 알고 있다. 사실 전 세계적으로 환경에 대한 관심은 바로 살충제 사건으로 시작된 것인데, 『침묵의 봄』의 레이첼 카슨이 우리에게 경고한 것은, DDT라는 살충제는 생태계.내에서 사라지지 않고 심지어 모유는 물론이고 북극곰에게서도 검출되는 전 지구적 오염 현상이라는 것이다. 기본적으로 제초제는 이러한 DDT보다 훨씬 위험한 물질이다. 간접흡연이 위험해서 사회적으로 논의가 되고 있다. 만약 이러한 사회적 경향성이 옳다면, 골프장의 제초제 위험에 대해서도 골프를 치는 사람이나 캐디들에게 충분히 고지하고 경고하는 것이 옳을 것이다. 그렇지만 가임 여성들이 스스로 골프장에서의 제초제 피폭량과 기형아 출산율 사이의 관계를 밝히는 것은, 연구 기법상 쉽지 않은 일이다.

기형아 출산에 영향을 주는 여러 가지 요소 중 골프장이라는 요소 하나만을 떼어내 그 상관관계를 밝히는 것이 쉽지 않기 때문이다. 게다가 출산의 확률 자체가 아주 낮아서, 매우 작은 확률을 가지고 분석하는 복잡한 기법이 필요하다. 임상 실험으로서 가장 직접적인 관찰 방식이며 신뢰도가 높은 연구 방법은 특정 모집단을 선정하여 장기간 관찰하는 '코호트(cohort)' 연구인데, 만약 노무현이 정말로 제대로 된 진보 정치인이었다면 개인이 돈을 대기도 어렵고 진행하기도 어려운 골프장의 보건적 유해성 연구 같은 것을 추진했을 것이다.

비유를 들어보자. 골프장의 보건적 위해성은 아마 광우병보다는 발생 빈도수가 훨씬 높게 나올 것이고, 스트레스와 흡연과 폐암의 상관관계 쪽에서나 비슷한 결과가 나올 것 같다. 제초제 자체가 워낙 유해성 지수가 높은 물질이라서 그렇다. '입증되지 않은 것'과 '입증하지 않은 것'은 분명히 다른 것이다. 예방의학 분야에는 이런 종류의 흉흉한 소문이 아주 많다. 특정 화장품을 장기간 광고하던 여성 모델이 암으로 사망하는 사건이 이따금 벌어진다. 물론 대개는 젊은 여성이지만, 사망하던 시점이 몇 년간 암으로 투병하기 때문에 인기도 떨어지고 일반인의 기억에서 많이 지워진 때라서 언론에서 크게 다루지 않는다. 만약 고인이 된 최진실 정도의 톱스타였다면 본격적인 문제 제기가 시작되었을 수도 있겠지만, 대개의 경우는 그렇지 않다. 이런 사건은 보건의료 쪽에서 추측에 의한 소문만 무성하고 실제로 역학 조사나 체계적 연구로 이어지지 않고 금방 잊혀진다. 새로운 화장품에 신약으로 포함된 특정 물질 혹은 그런 물질들 사이의 예상하지 못했던 화학 반응으로 발암 물질이 형성될 가능성은 언제나 존재한다. 만약 그 화장품을 장기 사용하던 모델의 사망에 이러한 화장품이 연관되어 있다면? 무서운 일인데, 골프장의 제초제보다 화장품의 발암 효과는 사회경제적인 맥락에서 더욱 입증하기가 어렵다. 자연계에 존재하지 않았던 새로운 화학 물질은, 예방의학자들의 표현을 빌리자면 "단 1나노그램만으로도" 발암 현상을 일으킬 수 있다. 그러나 이런 현상을 입증하기에는 아주 오랜 기간의 연구와 돈이 필요하고, 화장품 회사를 상대로 이런 일을 벌일 예방의학자는, 내가 알기로는 한국에 거의 없다.

영화 〈캣우먼〉 혹은 〈레지던트 이블〉 시리즈가, 지금 화장품이나 제약회사를 상대하는 것이 얼마나 어려운 일인가를 간접적으로 보여주는 작품이다. 대체로 은유적으로 표현되었지만, 이 영화는 현실을 모티브로 하고 있다. 화장품의 화학적 문제에 관해서 책을 준비하고 자료를 모았던 시절이 나에게도 있었다. 음식에 관한 책을 낸 이후의 일이다. 음식에 관한 책은, 나와 『동아일보』가 인터뷰 건으로 같이 얽힌 적이 있었는데, 천하의 『동아일보』도 그 소송 건에서 쩔쩔 맸었다. 소송까지는 가지 않고 마무리되었지만 음식 사건에서 나와 『동아일보』가 한 배를 탄 적이 있고, 식품 회사에서 팩스로 『동아일보』에 소송하겠다고 통보한 적이 있다. 유사한 사건은 국제적으로도 종종 벌어진다. 화장품의 경우에 주로 분석되는 회사는 칠레 아옌데 정권을 뒤엎은 장본인으로 의심받았던 네슬레다. 직접적으로 표현을 하자면, 삼성은 무섭지 않아도 네슬레는 무섭다. 로레알, 랑콤, 바디샵, 이런 곳이 네슬레와 복잡한 지분 소유 관계로 얽혀 있다. 화장품의 유해 성분을 '브랜드'와 함께 일반인에게 알리는 것은, 세계 최고의 곡물상이나 유통 회사와 등을 지고 한판 승부를 벌여야 한다는 것을 의미한다. 김형욱이 박정희의 독재를 알리겠다고 마음먹었을 때만큼의 큰 결심이 필요한 일이다. 아직까지 한국에 그 정도로 정의롭고 용감한 의사나 의대 교수는 보지 못한 것 같다.

한국에서 여배우들이 최고로 선호하는 광고는, 토건 광고인 아파트와 사실상 화학 회사인 화장품 회사 광고다. 두 가지 모두 지난 10년 동안의 마케팅 사회에서 '판타지 현상'이 가장 극적으로 드러나는 부문이기도 하고, 광고의 효과가 특별히 높은 대상이기도 하다. 화장품의 보건적 효과만큼이나 연구가 불가능한 곳이 바로 골프장의 보건 효과다. 연구를 하기는 어렵지만, 그 가설 체계를 지키기는 더욱 어렵다. 위해성이 "입증되지 않았다"라고 말하는 것은 누구나 할 수 있지만, 공식적으로 "입증되었다"고 말하기는 정말 어렵다. 만약 이러한 공격으로부터 흔들리지 않을 정도로 탄탄하게 입증 기간을 갖기 위해서는 보통 한 세대로 설정하는 30년은 잡아야 할 것이다. 연간 5억 원 정도로 연구비를 잡고 30년 정도 연구를 진행한다고 하면 초대형 프로젝트인데, 연구비는 150억 원 정도가 된다. 크로스체크를 위해서 3개의 연구팀을 동시에 진행시킨다고 하면 450억 원이 될 것이다. 300개가 넘는 골프장을 생각하면 아무것도 아니지만, 우리나라에는 그런 연구 기금을 댈 개인이나 집단은 없다. 실제로 골프를 치는 사람들은 경제 엘리트들인데, 비정규직인 캐디들만이 아니라 골퍼들에게도 연관된 보건 연구에 돈을 댈 힘이 정말 한국에 없을까? 대학의 연구의 등 연구진은 언제든지 구성할 수 있지만, 이는 청와대, 삼성, 『조선일보』, SBS, 롯데 등 한국의 거의 모든 것을 결정하는 집단과 싸우는 것과 마찬가지의 일이다. 불가능한 싸움이다.

한국에서 골프장 사건의 실체는 토건이지만, 본질은 생태와 보건 문제다. 그리고 지역 경제의 토호 구조의 문제이기도 하다. 가끔 용기 있는 검사들이 골프장 건설의 비리 사건을 밝혀내기도 한다. 가장 기억나는 것은 아주 유명한 어느 한 도시의 골프장 비리 사건이었다. 그 도시는 시민단체가 사실상 없는 도시였다. 사실상 주범은 시장, 공범은 공무원, 그리고 종범은 지역 신문사 기자들이었다. 법대로, 절차대로, 혹은 최소한 일본에서 지키는 골프장 기준대로 한다면 한국에 새로 생길 수 있는 골프장은 이제는 한 개도 없을 것이다. 골프는, 자기들이 돈 내고, 자신들이 보건적 피해를 받고, 자기들이 숨기는, 참으로 희한한 스포츠다. 우리에게는 용감한 검사만으로는 아직 충분치 않고, 용감한 의사들이 더 많이 필요하다. 발암률 몇 퍼센트, 기형아 출산율 몇 퍼센트, 이런 계량적이고 입증된 수치가 아니더라도, 담뱃갑에 들어가는 '나프탈아민, 니켈, 벤젠, 비닐 크롤라이드, 비소, 카드뮴'과 같이 제초제 혹은 고엽제 성분을 골프장 출입구에 적어주는 정도까지는 가야 할 것이다.

골프장의 유해 물질 혹은 보건적 효과를 뒤지다 보면, 한국을 지배하는 실체와 만나게 되고, 검찰 간부, 군 고위직들 그리고 총리실 국장이나 과장들을 만나게 된다. 이 사람들 모두 경제적으로는 자기 월급만으로는 골프 치기 어려운 사람들이다. 노무현 정부 때에는 골프 치지 않던 어느 공무원 실무진이 이명박 정부 들어서 골프를 치기 시작해서, 당신 월급으로 골프 치면서 부패하지 않을 길이 있냐고, 막 뭐라고 했던 적이 있다. 그의 대답이, 총리실 간부들이 주요 업무 지시를 골프장에서 내리기 때문에 어쩔 수가 없다는 것이다. 청와대와 함께 우리나라를 움직이는 주요 기관 중의 하나인 총리실의 간부들의 진짜 지시는 골프장에서 내려지고 공식적인 회의에서는 형식적인 지시만 내려지는 것, 그것이 우리나라의 주요 기관이 작동하는 방식인 것 같다.

주요 신문사 기자 중에서 골프 치지 않는 간부 기자는 잘 모르겠지만, 자기 돈으로 골프 치는 기자는 한 명 안다. 책이라는 것은 서평이 생명줄 같은 것이라서 정치부나 사회부 기자와는 척지고 살더라도 가능하면 문화부 기자와는 직접적으로 크게 갈등을 일으키지 않으려고 하는 편이다. 『조선일보』 문화부 간부, 한국 출판계에서는 대통령쯤 되는 사람이다. 한창 때에는 『조선일보』 서평을 5000부 정도의 구매력으로 추정했는데, 요즘은 많이 약해져서 2000부 정도로 낮춰서 추정한다. 인문사회과학에서는 대체적으로 그 정도가 손익분기점이라서 1퍼센트 정도의 1급 저자를 제외하면 대체적으로 그 정도를 현실적 매출액으로 잡고 책을 출간한다. 그만큼 『조선일보』 문화부 기자의 권력은 대단한 것이다. 그런 문화부의 간부 중에 이한우 기자라는 사람이 있다. 그는 문화 권력으로도 유명하지만, 자기 돈으로 골프 치는 것으로 더 유명하다. 한국의 엘리트 우파 중에서 골프 치지 않는 사람은 인문 계열의 학과에서만 일부를 볼 수 있고, 방송이나 신문사 특히 경제부 간부 기자 중에서는 거의 보기가 어렵다. 그런 우파 내에서 나온 최대의 '생태 윤리'가 이한우의 목소리 정도라고 할 수 있을 것이다. "그래도 역시 『조선일보』"라고 할 수밖에 없는 것이, 조중동 혹은 KBS나 SBS의 간부 중에서 "골프는 자기 돈 내고 치자" 정도로 목소리를 내는 사람은 『조선일보』 문화부의 이한우 기자 외에는 못 본 것 같다. 최소한 『조선일보』 기자라면, 자기 돈으로 골프 치자고 하는 정도, 그것이 생태적 눈으로 본 한국 우파에 대한 최소한의 기준이 될 것이다. 공무원 등 접대를 받는 사람들이 남의 돈으로 골프 치는 것, 이건 생태적인 문제를 떠나서 지하경제의 문제이고, 국민경제 내의 부패에 관한 문제이기도 하다. 세상에 공짜가 어디에 있겠는가?

얼마나 골프를 칠까? 골프 인구는 영국을 기준으로 대략 5퍼센트 정도로 추정된다. 그리고 1퍼센트 정도가 여성이다. 골프의 원조 국가이자, 가장 대중적으로 왕성한 나라가 그 정도인데, 국제 기준으로 다른 나라도 대체적으로 이 정도 수준이다. 우리나라는? 역시 상식적인 수준인 5퍼센트 정도라고 할 수 있다. 여러 가지 자료를 놓고 골프 협회 등과 방송 등 공개적인 자리에서 논의한 적이 몇 번 있었는데, 그들이 내부적으로 가지고 있는 수치도 그 정도라고 알고 있다. 노무현 정부 때부터 골프 인구는 종종 연인원으로 표현되는데, '한국형 뉴딜' 때 새로 지을 골프장의 수요를 다 더해보니 연인원으로 우리나라 인구보다 많아진 경우도 있다. 연인원으로 치면 대략 1000만 명, 정부 식으로 뻥튀기 하면 2000만 명까지도 나온다. 그리고 장기적인 골프 인구로는 4000만 명까지도 늘릴 수 있다. 그러나 다른 모든 스포츠에 적용하듯이 실제 골프 인구를 잡으면 최대치가 200만 명 정도 나온다. 이 200만 명이 한국의 '골프 동맹군'이라고 할 수 있다.

나머지 3800만 명은? 그냥 골프 치는 200만 명에게 경제적으로, 문화적으로, 그리고 정치적으로 당하고 사는 희생자가 되는 셈이다. 200만 명의 골프 동맹군은 횡으로, 종으로 엮여 있고, 이 사람들이 한국의 모든 것을 다 결정하는 셈이다. 그렇다면 이 200만 명이 모두 경제적으로 부유할까? 계산을 한번 해보자.

가끔 공부하는 후배들이나 글 쓰는 지인들에게 삼겹살에 소주 한 잔 정도 사는 날이 일 년에 몇 번 있다. 나도 넉넉한 편은 아니어서 맥주까지 사주지는 못한다. 딱 그 정도 기준으로, 한국의 관행에서 주위 사람에게 골프를 치게 해준다면 얼마나 들겠느냐고 '싱글 골프' 정도 되는 사람에게 물어본 적이 있다. 그 비용은 상상 초월이다. 그렇다면 접대용 골프는? 초호화판이 아니라 5인 기준, 삼겹살에 소주 기준, 대략 500만원에서 1,000만원 수준이 되는 것 같다. 싸게 혼자 골프 라운딩을 한다고 하는 경우가 30만원 정도가 된다. 가장 비싼 경우도 계산해봤는데, 골프 채, 골프 공, 골프 웨어 이런 것들에 모두 '하이엔드 현상'이 벌어져서 계산 불가에 가깝지만, 2박 3일짜리 골프 관광에 『조선일보』의 이한우를 가상으로 초청해서 흠 잡히지 않게 접대하는 비용을 계산해보니 간단하게 1000만원이 넘었다.

이 계산을 해보고 나서야 『조선일보』의 이한우 기자가 "골프를 자기 돈 내고 치자"고 했던 말이 무슨 의미인지 약간 이해를 하게 되었다. 골프 라운딩 자체가 적게는 1000만원, 많게는 1억 원짜리 간접적인 뇌물 수수 행위인 것이다. 자, 그렇다면 골프 인구 200만 명 중에서 정말 순수하게 자기 돈 내고 취미 생활로 하는 사람은? 이건 추정이 어렵다. 프로 골퍼와 골프 선수 지망생 혹은 순수 동호인들이 이 숫자에 해당할 것이다. '비즈니스'와 '취재' 혹은 '결탁'과 상관없는 그야말로 순수! 요즘의 대학에서 '학문에 뜻을 둔' 사람들을 찾는 것과 유사할 것이다. 대체로 10퍼센트 정도의 비율이라고 가정하면, 우리나라에서 0.5퍼센트 정도가 '순수'일 것이다. 박세리 같은 선수들과 이한우처럼 자기 돈으로 골프 치는 사람들이 여기에 해당할 것이다. 20만 명 정도 된다고 할 수 있다. 도저히 자기 월급으로는 골프 치기 어려워 보이는 검찰, 군인, 경찰, 총리실 직원, 이런 사람은 얼마나 될까? 아마 자기 돈이든 회사 돈이든, 혹은 세탁한 지하경제의 돈이든, 즉 라운딩의 물주는 우리나라에 몇 명이나 될까? 삼성 임직원 수를 계산해보고, 공기업 임원수를 계산해보고, 어쩔 수 없이 접대해야 하는 중소기업 사장 수, 이런 사람들을 전부 합친 숫자가 될 것이다. 대체적으로 10만 명에서 20만 명 사이가 되지 않을까 싶다. 10만 명이라면 20명, 20만 명이라면 10명, 즉 물주 한 명에 10명에서 20명 정도 되는 꼴이다. 연간으로 생각해보면, 10만 명 내외의 물주가 1년에 20명 정도에게 뇌물을 주면서 전체 200만 명 정도의 부패 네트워크를 구성하는 것, 그리고 20만 명 정도의 '순수'가 그 생태계에서 같이 공존하는 것, 그것이 한국의 '골프 동맹군'의 생태계라고 할 수 있을 것 같다.

우리나라의 토건은 바로 이 골프 동맹군의 생태계에서 시작한다. '대중 스포츠'라고 하지만, 그때의 대중은 인구의 상위 5퍼센트에 해당하는 것이다. 전체 시리즈 3권인 『촌놈들의 제국주의』에서 피라미드형 경제(△), 마름 모형 경제(◇) 그리고 8자형 경제에 대해서 분석한 적이 있는데, 골프를 '대중'이라고 얘기하는 사람은 8자의 상층부에 있기 때문에 그렇게 느끼는 것이고, 그것이 네트워크의 주요 노드(nod)들이 가지는 특징이다. 노드에서 자기 주변은 시스템 전체를 대변하지 않는다.

한국의 골프 동맹군은 경제적 상위 1퍼센트와 비경제 권력, 즉 검사나 기자 혹은 장군으로 대표되는 상징적 자본 4퍼센트의 조합으로 볼 수 있을 것이다. 어느 사회에나 존재하는 엘리트의 작동 방식이라고 생각할 수 있는데, 18세기에 프랑스 '살롱'에서 모였던 1퍼센트의 귀족과 나머지 문인이나 예술가 집단과 같은 지식인들은 자유와 평등, 박애를 논의했고, 왕정을 종식시키는 프랑스혁명을 잉태시켰다. 한국의 엘리트는 지금 제초제 가득한 골프장에서 도대체 무슨 새로운 정신과 시대에 대해서 논의하는 것일까? 밀실 행정, 룸살롱 행정을 거쳐서 한국은 지금 골프장 행정으로 와 있는 셈이다. 한 국가의 경제 엘리트들과 권력자들이 골프장에서 국정을 논의하는 지금, 그 시대정신이 바로 토건이 아니라면 도대체 무엇일 수 있을까?

골프 동맹군의 구성은 전통적인 진보, 보수의 기준과는 거의 겹치지 않는다. 진보의 일부가 골프장으로 가거나 친 골프장 정책으로 가버렸기 때문이다. 노무현, 이해찬 그리고 '새만금 골프장 100개'의 유시민까지, 모두 '토무현' 시대에 영광을 구가했던 골프파인 셈이다. 민중(people)이라는 단어를 규정하는 방식은 여러 가지가 있을 수 있지만, 지금 한국에서는 골프를 치지 않는 사람이라는 규정으로부터 민중에 대한 정의가 시작될 수 있을 것이다. 골프 치는 민중은 한국에 존재하지 않는다. 골프장에 민중은 캐디들밖에 없다. 자기 돈으로 자기 취미 생활 하는데 뭐라고 하는 것이 아니다. 전통적으로 돈이 많이 드는 비싼 취미들은 많다. '남자들의 3대 장난감'이라고 하는 자동차, 카메라, 오디오, 전부 골프만큼 돈이 많이 들어가는 취미들이다. 자신의 능력 범위에서 이런 취미를 즐긴다고 뭐라고 하지는 않는다. 다만 지불 능력을 벗어난 구매를 하게 되면 집안 식구들이 어려워지겠지만, 그것은 기본적으로 집안일이다. 누구도 오디오나 카메라를 대신 사주지는 않는다. 그러나 '골프'는 제품이 아니라 대신 내주는 대납이 관행화된 스포츠라서 문제가 되는 것이다. 만약 어떤 장관이나 공무원에게 누군가 고가의 하이엔드 오디오나 플래그쉽 DSLR을 사주었다고 하면, 금방 뇌물로 사회적 문제가 될 것이다. 그러나 골프에서는 이런 일들이 '관행'이라는 의미로 허용된다.

한국에서 진보는 골프와 함께 무너졌다. 미국의 민주당을 흔히 '리버럴'이라고 부른다. 이 단어에는 전통적인 좌파가 아니라는 의미도 있지만, '비계급적'이라는 의미도 있다. 그러나 지금 한국의 민주당 혹은 진보 개혁의 지도자는 미국의 이 '리버럴'만도 못하다. '민주' 혹은 '민주주의'는 장식품이고, '큰 토건'과 '작은 토건'의 차이점만 있지, 골프 정치이자 골프의 지지자인 것은 마찬가지다. 곰곰 생각해보자. DJ의 집권 때 야당 인사들에게 그리고 그들의 지지자에게 골프는 생소한 것이었다. YS의 등산화, DJ의 지팡이, 모두 골프와는 거리가 먼 상징들이었다. 그런 흐름의 연장 속에서 소위 한국의 '리버럴'이 집권을 한 것인데, 토무현 시대를 거치면서 야당 인사가 골프 치는 것이 너무 자연스러워졌고, 그렇게 기득권이 되어가고, 그렇게 부패한 것이다.

골프와 익숙해지면서 이해찬이나 유시민 같은 사람들이 '민중'과 멀어진 것이다. 사실이 그렇지 않은가? 골프장에서 주요한 인사와 만나고 그렇게 접대받으면서, 민중의 문화, 민중의 삶, 그리고 작은 생태계의 목소리가 들리겠는가? 광장, 시장과 뒷골목이 한국의 민중이 숨 쉬고 움직이는 곳이다. 그곳에서 움직이는 한국의 엘리트가 도대체 누가 있는가? 유시민, 이해찬, 모두 민주화를 주장하지만, 실제로는 배신자들이다. 골프를 중심으로 본다면 생태계의 배신자들이고, 민중이라는 눈에서 보면 민중적 삶의 배신자들이다.

한나라당이나 보수 세력의 상층부의 사람들을 만나면 민주당은 한나라당과 여러 가지 면에서 다를 게 하나도 없는데, 상당히 다른 척을 한다고 가끔 불만을 토로하는 것을 보게 된다. 골프라는 눈으로 보면, 이 말이 이해가 된다. 어차피 다 골프장에서 만나는 처지인데, 사실 근본적으로 다를 바가 있겠는가? 한나라당은 골프 쳐도 된다. 어차피 상위 1퍼센트가 5퍼센트를 타락시키고, 나머지 국민들을 동원하는 것이 한나라당의 기본 작동 메커니즘이기 때문이다. 그러나 한나라당이 좀 더 많은 국민들을 지역감정이나 경제 근본주의가 아닌 방식으로 대변하고자 한다면, 그들도 골프는 끊어야 한다. 2007년 대선은, 골프 보수와 골프 진보 사이의 싸움이었다. 이런 것은 대보지 않아도 누가 이길지 금방 알 수 있다.

골프 동맹으로 흘러가는 돈은 많고, 그 안에는 권력도 많다. 2010년, 대한민국의 거의 모든 것은 청와대나 국회, 아니면 대법원이나 『조선일보』편집실에서 결정되는 것이 아니라 바로 골프장에서 결정된다. 그게 한국이 부패한 진짜 이유이고, 선진국이 못 되는 이유이고, 지독할 정도의 반 생태적 국가인 이유이고, 다음 세대에게 가야 할 돈이 그들에게 못 가는 진짜 이유일 것이다. 한미 FTA에서 비정규직 도입, 그리고 토건 국가까지, 전부 골프장 동맹체가 사운을 걸고 추진한 일들이다. 그리고 한국의 경제 엘리트들에게도 골프 붐을 만든 사람은 바로 삼성의 이건희 회장이다. 누가 지배하지는, 의사결정의 작동 메커니즘이라는 것이 어떤 건지 너무 뻔하지 않은가? 여의도의 금융 관련 공기업에서 기관 예산으로 골프 비용을 댄 것이 종종 물의를 빚고는 한다. 세계 금융계의 최상위에 있는 월스트리트의 금융인들도 이 정도까지 골프를 치지는 않는다.

이 골프로 집중된 돈과 권력을 분산시키는 것, 그게 지금 우리가 부딪힌 거의 모든 문제의 핵심이다. 토건, 신자유주의, 젠더, 이 3가지가 지금 우리가 보는 문제의 3대 의제다. 모두 골프 동맹군이 꽉 잡고 있는 전문 분야다. 그리고 이 5퍼센트가 나머지 95퍼센트를 끌고 가는 방식의 기본 메커니즘이 바로 쇼비니즘 아닌가? 내가 20대와 여성이 다음 세력 혹은 다음 동맹 세력의 기본축이라고 생각하는 것은, 대부분의 20대 그리고 대부분의 여성은 어차피 경제적인 이유로 골프와는 인연이 없다.

혹시라도 2012년 대선에서 민주당이 집권을 원한다면 국회의원들과 정치인들이 집단적으로 '노 골프 선언'을 하고 골프장 동맹에서 빠져나온 다음에라야 가능할 것이다. 골프 치면서 세상에 대해서 논의하는 것으로는 절대로 한나라당의 정치 프레임으로부터 나올 수 없다. 골프장으로 달려간 386 정치인들은 이제는 골프가 대중 스포츠가 되는 시대가 올 것이라고 생각했던 것 같다. 물론 모든 민중이 아무런 생태적 고민 없이, 그리고 경제적 궁핍 없이 골고루 골프를 즐길 수 있는 '지상 낙원'이 온다면 얼마나 좋겠는가? 그러나 그들이 토건과 손을 잡고 신자유주의를 강화시키는 동안에, 한국에는 도저히 골프 칠 수 없는 서민들이 늘었고, 복지로 가야 할 돈들이 토건으로 향하게 되었다. 어떻게 얘기하든, 한국에는 골프 치지 않는 사람들이 95퍼센트다. 이 95퍼센트의 국민은 승진, 기회, 경제, 이런 것들로부터 어떤 식으로든 소외받는 사람들이다. 5퍼센트의 골프 동맹은 강하고도 강하다. 그러나 95퍼센트의 골프 치지 않는 사람들, 이들의 힘이 바로 한국 경제를 생태적으로 전환하는 토대라고 생각한다.

한국에서 95퍼센트 정도의 공통분모를 뽑을 수 있는 사회적 의제는 골프 외에는 없다. 평화 통일도 이 정도의 공통성을 가지고 있지는 않다. 남북통일에 반대하는 사람 혹은 무력 통일을 지지하는 사람도 우리나라에는 상당히 많은 것으로 알고 있다. 내가 기억하기로는 황우석 사태 이후로 단일 의제로 이렇게 높은 수치를 보여준 의제 혹은 사회경제 범주는 없었다. 민주당 골퍼와 한나라당 골퍼 사이에서의 정권 교체에 나는 관심 없다. 우린 너무 오래 골프쟁이들에게 당하고 살아왔다. 한국에서 탈토건의 시작은 골프 동맹군과의 싸움이다. 그래야 20대에게 줄 것이 생기고, 여성에게 나눌 것이 생기고, 국토 생태에 갈 것이 생긴다.

06 | 2012년, 탈토건 대연정

사람을 인위적으로 편 가르는 것은 괴로운 일이다. 그러나 민주주의는 사람을 가르는 것으로부터 시작하고, 사회과학도 사람을 가르고 범주화하는 것으로부터 시작한다. '국론 분열'이라는 표현이 있는데, 이것은 왕조 시대의 발상이다. 국론 분열은 우리나라에 불리하다고 말하는 사람들이 바로 쇼비니스트들이다. 사람은 다 자신의 고유한 생각을 가지고 있다. 그것을 '사상의 자유'라고 부르고, 우리 헌법이 보장하는 것이다. 나는 보수와 진보라는, 한국에서 가장 흔한 정치적 기준을 잘 사용하지 않는다. 그 대신 불편하기는 해도, 좌파와 우파라는 고전적 기준을 사용하고, 그 위에 계층이나 직업 혹은 연령과 같은 변수들을 추가해서 분석하는 게 내가 일반적으로 쓰는 방식이다. 내가 마르크스의 『자본론』으로부터 경제학 공부를 시작해서 그런 것이 아니라, 골프 치는 사람과 하나의 범주로 묶이기가 싫어서 그렇다. '진보'라고 말하면, 얼렁뚱땅, 민주당의 골프파들과도 하나의 범주에 묶이는 불상사가 벌어진다. 나는 그들과 같은 하나의 범주에 들어가고 싶지 않다.

나는 2002년 대선에서 노무현을 지지했고, 그를 지지하는 글도 많이 썼다. 사상적으로는 민주노동당 계열이라고 할 수 있지만, 현실적으로는 김대중 정부를 지지했고, 노무현 정부도 지지했다. 해수부 장관 시절, 새만금에 대해서 우리가 기댈 현실적 힘은 노무현 장관밖에 없었다. 나는 그가 대통령이 되면 새만금 갯벌도 살려주고, 원자력 발전의 비중도 줄이고, 평화 외교 전략도 새로 세우고, 중소기업 대책도 새로 만들어줄 것을 기대했었다. 총리실에서 복귀해서 다시 에너지관리공단의 팀장으로 일하던 시절, 그런 작은 소망을 가지고 대선을 치렀다. 법이 공직자에게 허락하는 한도 내에서 나도 최선을 다했던 것 같다. 그러나 내가 바랐던 그러한 일은 일어나지 않았다. 나의 대인기피증은 그때 생겼다. '진보'라는 이름으로 "이제는 투사도 골프 쳐야 돼"라고 나에게 말했던 사람들의 목소리는, 아마 영원히 잊지 못할 것 같다. 그들이 나에게 어깨 걸고 '진보의 동지'라고 할 때, 난 앙칼지게 "골프 치는 사람과는 동지 아니다"라고 말해주지 못했다. 그게 내가 한국에서 '진보'라는 표현을 쓰지 않게 된 진짜 이유다.

나는 공동체주의 정도로 번역될 수 있는 communalism을 지지하지만, 스탈린식의 사회주의도, 당이 무소불위의 권력을 갖는 전체주의적 공산주의도 지지하지 않는다. 그래서 선택한 정치적 분류가 좌파이지만, '명랑'이라는 수식어를 달게 되었다.

이제 이 시리즈의 12권 중에서 7권까지 왔고, 시리즈의 전체 내용과 의도에 대해서 얘기할 시점이 왔다. 『88만원 세대』에서 시작된 지금까지의 모든 얘기, 그리고 뒤에 남아 있는 다시 4개의 응용경제학 시리즈는, 골프 치지 않는 사람들의 행복을 위한 것이다. 나는 누군가에게 골프를 치지 말라고 할 생각도 별로 없고, 그들의 취미 생활이나 체력 단련 행위를 도덕적으로 비난할 생각도 없다. 그러나 골프 치지 않는 사람들이 더 행복하고 더 즐거울 수 있는 그런 국민경제를 지난 수년간, 간절하게 희망했다. 우리는 더 즐겁고, 더 명랑하고, 더 행복해야 한다. 골프 치는 사람들이 저렇게 재미있고 발랄하게들 사는데, 한국의 생태계에 최소한의 예절과 윤리를 지키고 있는 나머지 95퍼센트의 사람이 불안하고 우울하다면 말이 안 된다.

나의 생태경제학은 '노 골프' 위에 세워져 있다. 만약 프랑스나 스위스 혹은 일본과 같은 곳에서 생태경제학 이론을 전개했다면 내가 했던 공부도 전혀 다른 방식으로 전개되었을 것 같다. 그러나 골프 치지 않는 사람들이 어떻게 당하고, 어떻게 당연히 자신들이 누려야 할 것들을 빼앗기고 있고, 어떻게 망해가고 있는지, 그걸 드러내서 보여주는 것이 한국에서는 진짜 생태경제학이라고 생각했다. 언젠가 한국에서 다시 생태경제학을 이어줄 사람이 등장한다면 정말 내가 해보고 싶었지만 못했던, 수리 인구 모델이나 네트워크 분석 등, 좀 더 화려하고 세련된 분석들을 해주기를 여전히 기대하고 있다. 우리나라에 생태경제학이라는 이름을 처음 소개하던 시절, 나도 나의 이론이 이런 방향으로 전개될 것이라고는 생각하지 못했다. 나도 밥 먹고 사느라고 바빠서 후학을 별로 키우지는 못했다. 15년간, 불행히도 나는 골프 시대에 살았고, 골프장이 움직이는 정치가 생태계를 부수면서 더욱 강한 토건으로 질주하는 장면들을 현장에서 목격할 수밖에 없었다. 한국의 골프 권력이 결국 한국을 통째로 통치하게 되는 과정, 그것이 내가 살았던 지난 15년 동안의 한국의 모습이다. 그러니 나는 나의 학문을 '노 골프' 위에 세우는 방법밖에 없었다. 골프쟁이들이 사실상 모든 것을 다 가져가는 것을 보면서도 아무것도 못했고, 노무현, 이해찬, 유시민 같은 사람들이 80년대 이후의 민주화의 성과를 다 골프장에 바치고, 토건 한국을 완성시키는 과정을 옆에서 지켜보는 것은 매우 괴로운 일이었다. 그래서 토건과 골프가 나의 주제가 된 셈이다. 나는 이 골프쟁이들의 토건질을 우리 시대에 마감하고, 다음 세대에게는 아름다운 우리나라를 물려주고 싶다. 내가 생각하는 그 시점은 2012년이다.

노무현이 골프장으로 달려갈 때, 나는 그 이유가 우리나라에 녹색당이 없기 때문이라고 생각했다. 그래서 한국에서 녹색당을 만들기 위해서 내가 가지고 있던 것을 거의 다 내놓았다. 나는 다시 가난해졌지만, 녹색당을 만들지는 못했다. 이유는 몇 가지 있지만, 어쨌든 그때 우리의 힘으로는 창당에 필요한, 다섯 개 광역지자체에서 천 명씩, 5천 명 정도를 모으지 못했다. 『88만원 세대』를 읽었던 독자들만 10만 명이 넘는데, 고작 5천 명을 모으지 못할까 하는 생각이 들지만, 여전히 한국에서 녹색당 창당은 어렵다. 서울과 경기도에서는 창당 발기인 1000명씩을 모을 수 있지만, 지방에서는 '녹색당' 이름 가지고 정치 세력을 형성하는 것은 현재로서는 도저히 불가능하다. 대구나 부산에서는 한나라당의 벽을 넘을 수가 없었고, 광주나 전주에서는 민주당의 벽을 넘을 수가 없었다. 그리고 '생태 복원'이 필요한 울산이나 여수 같은 공단 지역에서는 노조의 벽을 넘을 수가 없었다. 노조는 민주노동당이 분열된다는 이유로 녹색당이 새로 생기는 것을 바라지 않았다. 한창 때 환경운동연합의 공식 회원이 5만 명 가까이 갔었는데, 그 힘을 등에 업고도 고작 5000명의 당원을 모을 수가 없었다니! 그러나 모을 수가 없었다. 그때는 너무너무 힘들었다. 그래서 명랑해지려고 노력했고, 늘 즐거운 생각을 하고, 우리에게 올 좋은 미래에 대해서 생각하려고 했다.

나의 선배들은 집안이 아주 가난해졌을 때에도 운동을 계속했었던 것 같다. 그런데 나는 그렇게 하지는 못했다. 3년 정도, 아주 가난한 생활을 했었는데, 나와 아내의 통장에 마지막 10만원이 남았을 때 결국 녹색당에 대한 꿈을 접었다. 세상에는 뜻만으로는 되지 않는 일이 있다는 것을 그때 배웠다. 그러나 그 시절에 당이 생기기만을 기다리면서 나와 동료들이 아무것도 하지 않았던 것은 아니다. 언젠가 어떤 형식으로든 녹색당이 집권 세력으로 국정에 참여하게 될 때 어떤 것들을 추진하거나 어떤 모습으로 국민경제를 운영하게 될 것인가 등을 꽤 오랫동안 논의해왔고, 일정하게는 정리도 되어 있었다. 그중에는 무상급식처럼 여러 가지 다른 경로로 구현되기 시작한 것도 있다. 무상급식은 민주노동당 버전도 있지만, 녹색당 버전에서는 농업 정책의 일환으로 제시되었었다. 무상급식과 함께 학교 급식의 유기농화, 대형 공장의 급식 유기농화 그리고 군대 급식의 유기농화 같은 것이 무상급식과 연결된 프로그램이었다. 이 시절에 정리된 내용들의 일부는 엉성하고, 일부는 꽤 진도를 나가기도 했지만, 어쨌든 공약 체계에 대한 정책적 고민을 거의 하지 않다가 선거 때 급하게 공무원들에게 받아서 채워 넣는 한나라당이나 민주당 공약보다는 체계적이었다. 그 시절에 우리가 가졌던 꿈을 다시 세상에 펼쳐놓을 수 있는 현실적인 가능성은 거의 없게 되었지만, 어쨌든 정책을 책임졌던 사람으로서, 한국에 본격적으로 녹색 정치를 고민했던 사람들이 어떤 틀로 경제를 이끌어가고 싶어 했던가, 그 흔적만은 일종의 시대 증언처럼 남겨놓고 싶었다.

독자 여러분께, 자신이 녹색당 당원이라면 어떠한 세상을 만들고 싶은지, 아니면 어떤 식으로 국가를 운영하고 싶은지, 조금은 구체적으로 고민해보실 것을 권유하고 싶다. 그게 새롭게 다가오는 '자연의 시대'인 21세기에 개인적으로 그렇게 나쁘지는 않을 것이다. 내가 생각하는 녹색당원으로서의 첫번째 현실적 기준은 '골프를 치지 않는 것'이다. 한국의 환경 운동은 반핵과 함께 탄생했고, 골프장과의 싸움으로 지금의 모습을 가지게 되었다. 그리고 새만금 문제의 해결을 최고의 숙제라고 생각하는 사람들이다. 한국에서는 골프를 치지 않는 정도라면 충분히 생태적인 의미에서의 시민권 혹은 당원이 될 자격을 가지고 있다고 할 수 있다. 우리에게 탈토건은 반부패와 동의어이기도 하고 '준법'과 동의어이기도 하다. 새만금에서 4대강에 이르기까지, 한국의 경제 엘리트들이 이 정도로 부패하지 않았다면 벌어지지 않았을 일이고, 있는 법 절차만 제대로 지켜도 벌어지지 않았을 일이다.

내가 이해하는 바로는, 한국에서 녹색당을 지지할 최대 잠재적 인원은 현재로서는 대략 5퍼센트 정도 되는 것 같다. 이 정도 수치로는 무리를 한다면 녹색당 창당은 가능할 수 있지만, 크고 의미 있는 변화를 직접 만들 정도로 강력한 것은 아니다. 현실적으로 한국은 아직 생태 의식이 특별히 높은 것은 아니고 그렇다고 역사적으로 생태적 문화를 내면화시키고 있는 것도 아닌 것 같다. 이 정도의 대표성을 가지고 국회에서 약간의 캐스팅보트를 행사하는 정도로는 한나라당, 민주당의 골프 동맹을 근본적으로 깨기는 어렵고, 해수 유통으로 새만금을 구하지는 못한다. 그러나 노 골프를 매개로 하는 탈토건이라는 다른 목표를 잡으면, 국민의 95퍼센트와 함께 만들어나가는 국민경제의 생태적 전환에 대해서 얘기해볼 수 있는 사회적 근거 정도는 생기게 된다. 골프 치지 않는 95퍼센트의 국민이 스스로 녹색당원이라는 생각을 한 번 해보고 자신의 건전한 상식에 비추어 판단을 하기 시작한다면, 우리는 지금과는 전혀 다른 미래로 갈 수 있게 된다.

2012년에 우리가 최소한 바꿀 수 있는 것은 '4대강 대선'일 것이다. 아직은 사업 초기라서 소소한 문제점만 보이지만, 이 사업은 너무 조급하게 시작되어서 안전 진단이 제대로 행해지지 않았다. 여기에는 두 가지의 안전 진단이 필요한데, 사업 자체의 안전 진단과 함께 사실상 지표수를 식수로 쓰는 우리의 식수 조건상 식수원에 대한 안전 진단이 필요하다. 물론 모두 생략되었다. 생태적 폐해와 경제적 폐해와는 별도로 사업 자체의 성공 여부가 지극히 불투명한 것이 이 사업이 가지고 있는 또 다른 문제점이다. 3년에 22조 원을 통째로 주겠다는 정부의 제안이 워낙 매력적이기는 했겠지만, 이번에는 건설 자본이 너무 쉽게 사안을 본 것 같다. 오랫동안 강바닥에 누적되어 있는, 아무도 제대로 계산해보거나 추정하지 않은 각종 중금속 오염물들은 그 자체로 가장 심각한 식수 오염원이기도 하다. 우리가 처리할 수 있는 것은 수질의 부영양화 물질인 질소와 인 정도다. 질소와 인을 처리하는 것을 '고도정수'라고 부르지만, 이 정도로는 카드뮴 같은 중금속을 처리할 수가 없다. 그래서 지표수에서 식수원을 채취할 때 상류 지역에서 원수 관리를 하는 것이다. 한국의 기업들이, 좋으나 싫으나, '환경 관리'라는 개념을 도입한 것은 1991년의 낙동강 페놀 사건 때의 일이다. 이 사건으로 그룹 총수가 구속되는 일이 벌어졌는데, 이후 한국 기업이 도입한 환경 관리는 환경이라는 측면에서 그것을 총책임지는 자를 선임해서 대표나 오너가 구속되는 일이 벌어지지 않게 하는 것이다. 환경 사고는 형사 사건이고, 여기에서 문제가 벌어지면 담당자는 책임을 지고 구속된다. 남대문이 불탔을 때에는 책임지는 사람이 아무도 없었지만 환경 사고는 이런 문화재 사고와는 다르다. 화학적으로 피해자가 발생하기 때문에 가해자를 찾아내도록 되어 있는 형사 사건이다.

지난 수년 동안 '기업하기 좋은 나라'라는 분위기 속에서 대기업들도 오염 사고에 대해서 민감하게 반응하지 않고, 주로 신문사 편집국장을 회유해서 사회적으로 문제를 덮으려는 방식으로 대응해왔다. 어느 대기업에서 홍수 때 우리가 청산가리라고 부르는 사이안화칼륨을 강에 무단 방류하는 일이 벌어졌는데, 노무현 시절, 이 사건은 그냥 묻혔다. 몇 달 후 피부 질환을 호소하는 주민들이 생겨났는데, 이 지역에 실시된 역학 조사는 형식적이었다. 기업의 환경에 대한 대응은 대체적으로 사회적 분위기의 함수인데, 지난 수년간 대기업이 하는 일에 대해서는 비교적 우호적으로 봐주는 사회 분위기가 팽배했고, 실제로 이 기간에 기업의 신규 환경 투자는 상당히 미비했다. 한국의 대기업 몇 개를 조사해봤는데, 최근 중국에 지은 공장들의 환경 설비와 관리 수준이 우리나라 공장보다 높은 경우가 종종 있었다. 몰라서 안 하는 게 아니라 '규제 완화'라는 분위기에서 실제로 환경 설비에 대한 투자를 하지 않아도 정부나 관리들이 알아서 봐주는 분위기가 형성되어 있었기 때문이다. 우리가 기억하는 대형 환경 사고가 아주 없지는 않다. 그중에서 피해자인 주민과의 대화가 원활이 이루어지고 어느 정도 납득할 만한 수준에서 사후 처리가 벌어진 것은 1995년 여수 씨프린스호 사건 정도라고 할 것이다. 그 외에는 제대로 처리된 사건이 거의 없다.

나머지 사건은 대체적으로 '용산참사'와 유사한 방식으로 결국 덮었다고 보면 된다. 이런 최근 추이의 근원을 따져보면 결국 환경부가 문제의 근원지 중 하나로 등장하게 된다. 이 경우에는 환경부 실무 공무원이 아니라 환경부 장관 등 간부들의 문제라고 할 수 있다. 새만금을 반대하는 사람을 환경부 장관으로 앉힐 수가 없는데, 환경이나 생태와 관련된 업무를 하면서 새만금을 찬성하기는 어렵기 때문이다. 대운하의 열렬한 지지자로 이명박 정부와 함께 청와대로 간 고려대학교의 곽승준 교수도 새만금은 반대했었다. 민주화 이후에도 환경부는 새만금을 공개적으로 반대할 수 있는 장관을 한 번도 가져보지 못한 셈이다. 물론 여기에도 고충은 있다. 소신과 정치 혹은 정책이 미묘하게 충돌하게 되는데, 청와대에서 미리 '새만금파'로 분류된 사람은 장관 후보에서 뺐다. 이명박 정부가 출범하면서 자신들의 "베스트 오브 베스트"라고 불렸던 장관들이 영 형편없었던 것에는 대운하를 지지하지 않는 장관은 그 자리에 앉힐 수 없었다는 이유도 있는 것으로 알고 있다. 한국에서 좌우 혹은 진보/보수를 넘어서 제정신을 가진 사람들은 한반도 대운하를 지지하지 않았다. 그러니 얼마나 제한된 사람들 중에서 장관을 골라야 했겠는가? 지금 환경부의 지도부는 정부 내에서 강성의 대운하파들이었다. 그 연장선에서 오히려 환경부가 4대강 사업을 직접 지원하는 모양새다. 그러니 1991년의 페놀 사건이나 1995년의 씨프린스호 사건의 파장을 시공사들이 잊었을 법도 하다. 2009년에 〈파트너〉라는 드라마가 KBS에서 방영된 적이 있었다. 대기업이 주민들에게 발생한 환경 피해를 은폐하는 과정을 그린 법정 드라마인데, 대체로 개연성이 높은 드라마였다. 지난 10년 동안 환경 관리와 관련된 사람들은 너무 부패했고, 너무 편안하게 사는 경향이 있었던 것 같다.

4대강 정도의 사안이라면 식수원과 관련된 안전성 그리고 교량 등 사업 구간 시설의 안정성 여부에 대한 정밀 진단이 있었어야 했다. 이러한 사항들을 살필 수 있는 정부 부처는 감사원이다. 청와대에서 국책 사업이라고 하며 진두지휘하는 사업은 일부 행정부처에서 하기가 쉽지 않기 때문에 감사원이 나서게 된다. 기획 감사 등 감사원은 국책 사업을 견제할 권한과 기능을 가지고 있지만, 4대강 사업에서는 감사원은 실제로 움직이지 않았다. 시공사 입장으로는 22조 원을 그냥 가져갈 기회이니까 좋았을 것 같지만, 오염이 생기면 피해자가 생긴다는 것은 간단한 물리의 법칙이다. 4대강의 경우는,

너무 나갔다. 만약 정비 사업이라는 이름으로 이 프로젝트를 추진한다고 해도 10년 혹은 그 이상의 기간으로 사려 깊게 속도 조절을 했어야 기술적으로 가능한 프로젝트인데, 너무 자신들의 세상이라고 생각한 것 같다. 대체로 이 사업은 '제2의 페놀 사건' 정도로 끝나게 될 것이고, 결국에는 제방의 높이를 낮추고, 보는 철거하고 그 대신에 천변 저류지를 늘리는 방향으로 가게 될 것이다. 흐름이 그렇고, 생태가 그렇다. 그러나 그 과정에서 시공사들에게도 식수원 오염과 지류에서의 홍수 증가에 대한 배상의 책임이 길게 따라 붙을 가능성이 높다. 주요 건설사들이 한반도 대운하 때에는 좀 고민을 했었으나 4대강 사업 때에는 너무 사전 검토 없이 쉽게 덤볐는데, 이게 두고두고 문제를 일으킬 것이다.

2012년 대선을 지배할 가장 큰 요소는, 결국은 4대강이 될 가능성이 높다. 4대강파가 누구를 대선 주자로 내세울지는 알 수가 없지만, 최소한 이명박의 직속 계승자를 제외한 대부분의 후보가 '4대강 복원'을 내걸 것으로 예상된다. 강의 죽음은 생각보다 처참하고, 특히 지표수를 음용수로 사용하는 우리의 입장에서는 대단히 민감한 일이 될 것이다. 물론 정부와 회사에서는 덮으려고 하겠지만, 덮는다고 덮힐 규모를 넘어섰다. 속도와 규모, 그리고 민감성 면에서 4대강은 새만금과도 전혀 다른 사안이다. 청계 인공하천에도 생태적 문제는 많이 있다. 그러나 우리는 그 물을 식수로 마시지는 않고, 청계천의 물고기를 식사 반찬으로 먹지는 않는다. 게다가 규모도 제한적이다. 거기에 결정적인 차이가 있다. 명박네 사람들은 스케일 효과라는 것 그리고 보건적 안정성이라는, 점점 더 민감해지고 있는 21세기 요소를 너무 가볍게 생각했다.

4대강이 어떠한 의미로든 2012년 대선을 '탈토건 대연정'의 흐름으로 만드는 생태적 요소라면 이보다 더 근본적인 경제적 요소가 있다. 바로 지금까지의 한국 경제의 토건화를 이끌었던 투기 경제가 어떤 식으로 파국을 맞게 될 것인가 하는 문제다. 『자본론』의 용어를 따른다면 지대의 분배 문제가 될 것이고, 새뮤얼슨 식의 경제학 원론 서술에 따른다면 가격효과와 재산효과 (wealth effect) 중 인플레이션에 따른 재산효과라고 표현될 것이다. 어떤 경제학 이론을 사용한다고 하더라도 부동산 투기를 정당화시켜주는 이론은 없다. 실질 생산 능력 혹은 편하게 표현하면 '생산성' 증가 없이 영원히 진행되는 투기 현상은, 적어도 인간의 머리로 생각해낸 경제학 내에는 존재하지 않는다. 18세기부터 21세기 초까지, '학자'라는 이름을 단 경제학자들은 일관되게 투기에 대해서 반대해왔다. 그것이 결국 식민지에서 흘러들어온 은에서 발생한 인플레이션으로 인해 스페인과 포르투갈, 이 두 개의 영원할 것 같은 제국이 무너지고, 이어 『국부론』의 아담 스미스가 중상주의 이론 대신 '고전학파'를 만든 이후로, 경제학이 일관되게 가져온 입장이다. 부르주아 경제학, 신고전학파 그리고 최근의 신자유주의 경제학에 이르기까지 주류 경제학을 지칭하는 이름이나 이론의 핵심도 많이 바뀌었지만, 그 속에서 일관되게 유지되어온 것을 딱 두 가지만 들자면, 아무리 보수적 경제학 이론이라도 기본적으로는 투기와 독과점 현상, 이 두 가지를 지지하지는 않는다는 것이다. 미국의 종부세율은 우리나라에 적용되었던 0.5퍼센트보다 두 배 높은 1퍼센트다.

현대 경제학이 가지고 있는 약점이 두 가지가 있는데, 하나는 기존의 '호모 이코노미쿠스(homo economicus)' 가정으로 설명하기 어려운 심리적 현상 혹은 '패턴' 같은 것들이 개입할 때의 마이크로 현상이다. 최근 행동경제학의 약진과 함께 이런 질문에 대한 빈 부분이 조금씩 채워지는 중이다. 수요·공급함수만 가지고 설명되지 않는 현상들은 아직은 너무나 많다. 그리고 또 한 가지, 전혀 이론화되지 못하고 있는 현상이 경제위기, 보통은 공황론이라고 불리는 영역이다. 원래 공황론은 마르크스주의자와 케인스주의자의 영역이었다. 현대 경제학에는 모든 불균형은 시장의 작동에 의해서 자발적으로 시정되어 균형에 도달한다고 전제하고 있으므로 위기 이론 혹은 공황론 자체가 존재하지 않는다. 케인스주의자들은 문제를 '유효 수요'의 부족에서 많이 찾았기 때문에 주로 유효 수요나 소비자의 지급 능력의 문제로 접근을 한다. 마르크스주의자들은 로자 룩셈부르크처럼 유통의 문제에서 접근하는 사람이 전혀 없는 것은 아니지만, 보통은 과잉생산 혹은 산업간 불균형에서 공황의 발발을 찾는 경향이 있다. 앞으로 경제학에서 공황론의 유행이 다시 한 번 오게 될지는 모르겠지만, 어쨌든 지금으로서는 공황 현상을 본격적으로 다루는 경제학 이론은 없다.

　이론적으로 설명하지 못한다고 해서 공황 현상이 생겨나지 않는 것은 아니다. 우리는 여전히 주기적인 경제의 사이클 현상을 목격하고 있으며, 몇십 년에 한 번은 아주 큰 조정 혹은 불황을 경험한다. 어빙 피셔(I. Fisher) 이후로 중앙은행의 발권, 이자율 정책과 실물 경제의 조정 사이의 시간 격차의 문제로 이 문제를 설명하려는 시도도 있지만, 90년대 이후의 전 지구적 규모에서 진행된 투기 현상을 설명하기에는 어빙 피셔의 이론은 좀 빈약한 것 같다. 가장 쉽게 상황을 설명하면, 제3세계에서 벌어지는 공황 현상 특히 중남미 지역의 경제위기에 대해서 보통은 "이게 다 미국 때문이다"라는 설명 틀을 사용했다고 할 수 있다. '달러화' '하이퍼인플레이션' 혹은 나프타(북미자유무역협정) 효과 같은 것들이, "이게 다 미국 때문이다"는 설명의 연장선 위에 있는 것이다. 이걸 조금 확장시킨 버전이, "이게 다 신자유주의 때문이다"라고 설명하는 방식이다. 대체로 이런 설명은 설득력도 있고, 일정하게는 현상의 본질을 설명하는 측면도 있지만, 공황론이라는 눈으로 보면 위기의 작동 이유 혹은 전개 메커니즘에 대해서는 아무것도 설명하지 않은 셈이다. 어쨌든 지금까지 그게 설명이 되든 혹은 설명이 되지 않든 제3세계의 경제위기에 대해서 우리는 "이게 다 미국 때문이다"는 간단한 설명을 사용해왔다. "이게 다 노무현 때문이다" 혹은 "이게 다 이명박 때문이다"와 같은 간단한 설명 방식을 선호하는 것은 경제학자도 마찬가지다.

　90년대 일본의 공황은 제3세계가 아니라 선진국 한가운데에서 벌어진, 그리고 1~2년에 끝나는 것이 아니라 10년 이상 장기적으로 지속된 위기라서 많은 사람의 시선을 끌었다. 이때 '거품' 즉 버블이라는 용어가 처음 공식적으로 등장했고, 거품 빼기가 시대의 질문이 되었다. 일본의 거품 붕괴는 토건과 부동산 투기라는 일본 경제의 특수 상황에서 발생한 것인데, 아마 일본 경제가 가지고 있던 기술력과 효율성이 없었다면 분석은 훨씬 쉬워졌을 것이다. 금방 망할 것 같은 모습을 하면서도 일본 경제는 끈질기게 10년이 넘도록 버텼는데, 개혁에 대한 국민적 욕구 속에서 고이즈미 총리라는 매우 독특한 정치 캐릭터가 등장하기도 했다. 어쨌든 이 기간을 거치면서 일본 자본주의가 자랑하던 '종신 고용'은 사라지게 되었고, 도요타에서도 파견 사원의 비율을 높였다. 2009년 1월의 파견 마을 농성장 사건의 주역이 바로 2008년 금융 위기로 내몰린 도요타의 30대 파견 직원이었다. 그게 내가 이해하는 도요타 리콜 사태의 기본 요소다.(현대자동차도 불법 파견 노동자 문제로 수년째 분규가 지속되는 것으로 알고 있다. 작업장에서 비정규직 비율이 늘어나면 당연히 공정 내 혁신율이 떨어지고 반대로 불량률이 높아지게 된다.)

언론에서도 흔히 쓰고 학계에서도 흔히 쓸 정도로 '버블'이라는 용어는 직관적이면서도 부드러운 용어이기는 하지만 엄밀하게 다루기는 아주 까다로운 용어다. 수준(level)과 과정(process)이라는 두 가지 관점에서, 정말로 과학의 영역에서 다루기에는 '악몽'과 같은 개념이다. 수준 얘기를 먼저 해보자. 거품이라는 개념을 얘기하기 위해서는 '정상 가격'이라는 개념이 필요한데, 이건 애덤 스미스가 '자연 이자율'이라는 표현을 썼을 때처럼 '본질'에 해당하는 개념이다. "투기적 요소가 없었다면"이라는 가설이 필요한데, 우리가 시장에서 관찰하는 현실의 가격은 그야말로 모든 것들이 복합된 것이다. 정상 가격의 기준을 정하는 흔들리지 않는 기준의 관찰은 불가능하다. 얼마짜리 아파트가 정상 가격이고 얼마부터는 거품이 있는 것일까? 직관적으로 생각하는 일반인들은 알아도 기준과 수치로 계산하는 경제학자로서는 시계율상의 정량적 비교 외에는 해볼 수 있는 것이 거의 없다. 그러다 보니 유사한 국민소득을 가진 다른 나라의 집값 평균치 같은 것까지 동원하게 되는데, 한국은 도시화율도 높고 수도권 집중화, 아파트율, 이런 게 다 높은 편이니, 정당한 비교라고 하기는 어렵다. 버블이라는 용어는, 연구자에게는 정말로 악몽과 같은 용어다. 공격하려는 자와 방어하려는 자가 모두 엉성한 수치와 벤치마킹 자료를 가지고, 그야말로 법정에서 배심원에게 호소하는 것과 같은 상황이 연출되는 것이다. 원래 과학은 대중적 지지와는 상관없는 것이다. 아마 과학의 세계를 꿈꿨던 사람은 갈릴레이가 지동설을 주장할 때처럼 모두가 반대해도 맞다고 할 그런 한마디 혹은 그런 '한 방'을 꿈꾸기도 할 것이다. 그러나 '버블'이라는 개념은 그 구조상, 그런 한 방과는 관련이 없다. 특히 토건 국가에서 그야말로 '자기실현적 예언'처럼, 버블이 새로운 버블을 만드는 그 혼돈의 순간에 더더욱 버블 계산은 어려워진다. 방어의 입장으로서는 조금 유리하다. 공격자가 단 하나의 수치로 공격을 한다면, 방어자는 반례를 찾기가 조금은 용이해질 것이다. 그야말로 "거품은 언젠가는 터진다"는 명제만이 단 하나의 진실일지도 모른다. 물론 가끔은 '지속 가능한 거품'을 믿는 사람을 만나기도 한다.

거품의 수준이 이렇게 정의하기 어려운 일이니, 디버블링의 과정에 대해서 예상하거나 묘사하는 것은 그야말로 '미션 임파서블'이라고 할 수 있다. 격발 장치 혹은 도화선으로 번역되는 트리거(trigger)는 1929년 대공황 때도 그랬고, 일본의 버블 공황 때도 주식 시장의 붕괴와 함께 찾아왔다. 1990년 1월 4만 포인트에 달했던 일본의 니케이 지수는 그해 9월 즈음에는 절반이 빠진 2만 정도로 내려앉는다. 일본의 부동산은 그다음 해인 91년 2월까지 절정에 오르게 된다. 이 시점부터 10년에 걸친 디버블링이 우리가 버블 공황 혹은 당시 일본의 천황 연호를 따서 '헤이세이 공황' 등으로 부르는 바로 그 L자형 경제 공황이다. 이것을 L자라고 부르는 것은 저점을 통과한 뒤에도 U자처럼 2~3년 내에 회복되지 못하고 10년 가까운 장기 침체를 겪었기 때문이다. 현상으로만 보면 증시 혹은 부동산 시장의 몰락이 경제 공황을 발생시키는 격발 장치이지만, 보통 위기의 진짜 요소는 현상과는 다른 곳에 있다고 분석된다.

　예를 들어 전후 '영광의 30년'을 종식시킨 1974년 석유파동에 의한 세계적 경제 공황을 살펴보자. 이 사건을 단순히 석유 가격의 폭등 때문에 발생한 것이라고 설명을 하면, 그 근본적 원인은 OPEC 결정에 따른 주요 산유국의 정치적 단결이 세계적 공황의 이유라고 설명하게 된다. 세계에너지기구라고 번역되는 IEA(International Energy Agency)는 실제로 이러한 OPEC의 시장 장악력을 제어하기 위한 목적으로 그 이후에 생겨난 것이기도 하다. 그러나 당신의 석유값 상승은 일종의 '트리거 효과' 즉 문제가 터져 나오게 만든 것일 뿐, 진짜 원인은 다른 곳에 있다는 분석도 얼마든지 가능하다. '과잉생산' 즉 자본이 민간의 소비 능력에 비해서 너무 빨리 그리고 너무 많이 축적됐기 때문에 세계적인 조정이 불가피했다는 것이 이러한 시각이다. 프랑스 통계국에서 당시에 모델링 작업을 해봤는데, 모델 결과가 과잉생산으로 나와서 정부에서 결과를 덮었다는 얘기를 우파 계열의 경제학과 교수의 수업에서 들었던 적이 있다. 1980년 이전의 프랑스 정부는 우파 정부였고, 과잉생산은 마르크스주의자들이 공황의 이유로 주로 지적하는 단골 메뉴 중의 하나였다. 이 석유파동을 어떻게 이해하느냐에 따라서 80년대 이후의 경제학적 흐름이 갈리게 된다. 2008년 금융 위기로 다시 세계적으로 주목을 받았던 폴 크루그먼 같은 사람이 대표적으로 석유파동 이전의 경제를 기본 모델로 연구하는 사람이다. 반면에 석유파동을 겪으면서 국가가 아니라 다국적기업이 이 모든 것을 통제할 경제적 권한을 갖도록 하는 것이 좋겠다고 생각한 사람들이, 우리가 신자유주의 혹은 '워싱턴 컨센서스'라고 부르는 새로운 흐름을 형성한다.(약간 오래된 책이지만, 블라드미르 앙드레프의『세계화 시대의 다국적기업』이라는 책이 다국적기업의 투자 전략을 중심으로 세계화 경제를 분석한 책이다.)

　왜 자본주의에서 이따금 제어하기 어려운 정도의 투기 현상이 벌어지고, 또 한국과 같은 나라에서는 토건 국가 현상으로 극단적으로 가게 되는지의 근원에 관해서는 속 시원한 답은 없다. 정말로 오래된 지대 문제까지 다시 올라가거나 토지 공개념과 관련된 조지스트 논쟁 혹은 투기에 의한 불로소 득에 대한 과세 논쟁까지, 그야말로 토지 경제학이라는 분야의 복원이 다시 필요할 지경이다. 그러나 공황의 전개 과정이나 위기의 '프로세스'에 대해 서는 현재로서는 누구도 또렷한 시나리오를 제시하기가 쉽지는 않다. 이는 현대 경제학의 흐름과도 무관하지 않은데, 예전보다 더 작은 단위의 분석 즉 기존의 마이크로보다 더 작은, 심리나 전략들을 포함한 '마이크로의 마이크 로' 분석으로 경제학이 더 많이 가다 보니까, '매크로 다이내믹스'라고 부를 수 있는 거시경제 혹은 세계 경제의 프로세스나 버블의 진행 방식과 같은, 금융과 실물 그리고 정치적 결정까지 복합적으로 개입하는 멀티 시스템 분 석은 아주 약하게 되었다. 어떤 때에는 일반인들이 가지고 있는 현실적 감보 다도 경제학자들의 경제 인식이 못한 경우가 종종 있는데, 버블 공황의 경우 가 그렇다. 개연성은 "투기는 영원하지 못하다"이지만, 사람들이 알고 싶은 것은 바로 "언제" 그리고 "어떤 식으로?"와 같은 질문이다.

물론 '정도'의 질문도 있겠지만, 경험적으로 한국에서 사람들은 '공황' 혹 은 '경제위기'라고 불리는 것은 '반 토막'을 의미한다고 생각하는 것 같다. 이는 이론적 해법은 아니지만, 98년도의 IMF 경제위기, 2008년의 금융 위 기를 통해서 사람들이 디버블링이라고 부르는 현상은 대개 절반 정도로 축 소되는 것, 그리고 일본의 경우에 비추어보아 대개는 10년간 지속되는 현 상, 그렇게 이해하고 있는 것 같다. 사람들은 정도나 기간에 대해서는 어느 정도 감을 잡고는 있는 것 같은데, 정말로 궁금한 것은 '언제'의 문제일 것 이다. 언제? 이런 유형의 질문은 경제학자들이 가장 피하고 싶은 질문이다. 단 10분 후의 일을 알 수 있다면 모든 경제학자는 엄청난 부자가 되었을 것 이다. 그러나 20세기 최고의 경제학자라는 케인스, 포트폴리오 이론의 출발 점이 된 케인스조차도 발레리나 출신인 그의 아내가 투자에 대한 모든 결정 을 했다고 한다. 이론이란 원래 그런 것이다.

내가 알고 있기로는 노무현도 자기 재임기에 디버블링이 벌어지는 것을 두려워했다. 그는 토건 현상을 두려워하지는 않았지만, 그의 재임기에 디버블링이 일어나 YS가 IMF 경제위기의 책임을 모두 뒤집어쓰던 것과 같은 역사가 반복되는 것은 두려워했던 것 같다. 만약 그가 대선 때의 경제 참모였던 유종일의 조언을 조금 더 귀 기울여 들었다면, 아마 노무현 정부는 성공한 정부가 되었을 가능성이 높았을 것이고, 지금 우리가 보고 있는 이 '토건 클라이맥스'는 세상에 등장하지 않았을 가능성이 높다. 그러나 '2만 불 경제'를 계기로 대통령과 유종일은 결별을 하게 되었고, 그는 중국으로 안식년을 떠났다. 그 후에 노무현은 토건주의자들과 삼성 장학생들에게 포위되어 있었다. 한미 FTA를 기안하고 총지휘했던 김현종 통상교섭본부장은 2009년 삼성전자의 법무팀 사장으로 자리를 옮겼다. 당시 노무현 주변에서 토건파나 삼성파와는 다른 목소리를 낼 수 있었던 사람은 아주 소수였던 것으로 알고 있는데, 임기 말에 디버블링을 두려워했던 노무현은 아주 잠깐, 이 사람들의 목소리를 들었다. DTI(Dept To Income)와 LTV(Loan to Value Ratio) 그리고 종부세가 이때에 추진된 것이다. 당시에 나는 종부세는 효과가 없을 것이고, 아주 장기에 걸쳐서 그때의 방안과는 다른 방식으로 추진되는 것이 옳을 것이라고 생각했다. 우리는 미국이나 유럽과 비교해보면 개인 자산 중 부동산 형태가 차지하는 비율이 아주 높다. 80퍼센트 이상이 부동산 형태이므로 이는 재산 규모에 비해서 단기 지불 능력이 없는 사람이 많다는 것을 의미하며, 당연히 조세 저항이 격렬할 수밖에 없다. 재정학에서는 조세의 효과만이 아니라 납세자 쪽의 조세 수용성도 중요한 고려 조건인데, 당시에는 이게 너무 간과되었었다.

종부세에 대한 조세 저항은 발생하게 될 개연성이 아주 높았다. 당시에 종부세를 추진했던 사람들은, 개인의 지불 능력과 자산 구조에 대한 분석을 간과한 것 같다. 결과적으로 종부세는 실제 디버블링에 대한 제어 효과는 아주 적으면서도 정치화된 강렬한 조세 저항을 불러왔다. 이후 종부세는 이명박 정부 출범의 1등 공신이 되었고, 새로운 정부와 함께 사실상 껍데기뿐인 정책이 되었다. 빨리 해서 좋은 정책이 있고 단계적으로 확대해서 좋은 정책이 있는데, 당시 노무현은 디버블링에 대한 위기의식을 느꼈기 때문에 늦게 해야 좋을 것을 너무 단기에 그리고 너무 전면적으로 시행하게 되었다. 참고해볼 만한 유사한 조치가 DJ 정부에서 했던 경유 가격 상승의 경우다. 휘발유에 비해 경유 가격이 지나치게 낮아서 생겨나는 왜곡들을 시정하기 위해 유가를 조정할 필요가 있었는데, 경유가는 수년에 걸쳐서 단계적으로 조정을 했다. 물론 이때에도 조세 저항이 아주 없지는 않았는데, 장기간에 걸쳐서 소비자의 행위 패턴과 구매 전략에 조금씩 변화가 생겼었기에 상호 조정이 종부세보다는 훨씬 부드럽게 진행된 경우다. 정책에서는 같은 내용이라도 속도와 규모가 아주 중요한데, 노무현 후기의 종부세는 장기 대책이며 기본 정책인 부동산 조세를 매우 단기적인 대책으로 전면 시행하면서 낭패를 본 경우라고 할 수 있다. 같은 비율이라도, 5년 혹은 10년에 걸쳐서 조정을 했다면 종부세는 성공했을 가능성이 높았다.

반면에 구매자 대출 규제라고 할 수 있는 DTI와 LTV는 정책으로선 대성공을 거두었다고 할 수 있다. 실질 수요 즉 자신의 구매력에 따른 수요보다는 지가 상승을 염두에 둔 가수요가 많은 상태에서 구매자의 지불 여력과 연동시킨 DTI는, 한국에서는 그야말로 '특효약'이다. 이명박 정부도 DTI를 뒤집지는 못했다. 따져보면 2008년의 세계적 금융 위기, 강만수 재정부 장관의 다소 황당한 토건형 공격 재정, 수년째 억지로 눌러놓고 있는 이자율에도 불구하고 이명박의 토건 경제를 지켜주고 있는 것은 노무현이 임기 말에 도입한 DTI와 LTV다. 우파 경제학자나 조선일보파도 디버블링 무서운 줄은 아는 것 같다. 한국은 일본보다 정치적 역동성이 높은 경우라서 자기 임기에 디버블링이 발생한 정권은 10년간 재기하기가 힘들다. 한국 국민이 IMF 경제위기를 완전히 잊고 다시 한나라당을 받아들이는 데 10년이 걸렸다. '망각의 국민'이라고 하더라도 큰 경제위기는 10년은 지나야 잊혀진다는 것이 우리 역사가 보여준 사례다. 물론 부동산 폭락이 계속 이어지면 결국 DTI나 LTV를 해제하게 될 것인데, 제도의 특성상 이 제도들은 과열 때 브레이크 효과는 강하지만, 불황 때 촉진 장치로는 잘 작동하지 않는다. 만약 이 제도들을 전면적으로 푼다면, 그게 마지막 빚잔치가 될 것이다. 다 풀었는데도 변화가 없다면 그건 한국의 경제 구조상 사람들이 고가의 아파트를 구입할 능력에서 심각한 문제가 생겼다는 것을 의미하기 때문이다. 한국의 좌파들은 준비가 되어 있지 않다고 해도 국민들이 집권을 하게 만들어줄 것이다. 한국에서 아직 토건을 하지 않았고, 골프 치지 않은 정치 세력은 이제는 좌파밖에 없기 때문이다. 디버블링이라는 것은, 생각보다 무섭다.

흔히 이념이 무섭다고 하지만 우리나라에서는 돈이 그보다 더 무섭다. 이미지가 힘이 있다고 하지만, 리퀴드(liquid)라고 불리는 현금은 한국에서 이념보다 100배는 무서운 존재인 것 같다. 일단 디버블링이 시작되면 일본의 사례를 통해서 족히 10년은 갈 것이라고 많은 사람들이 생각할 것인데, 한국 사람들이 어떻게 10년을 기다리는가? 우리는 성질이 급해서 일본처럼 19년을 기다렸다가 "이제는 시멘트가 아니라 사람에게"라고, 뒤늦게 자민당 대신 민주당을 선택하는 그런 사람들이 결코 아니다. IMF 경제위기 때 보지 않았는가? 우리는 '스피드' 즉 속도감만큼은 세계 최고인 사람들이다. 오래하는 걸 잘 못해서 그렇지, 스피드만큼은 누구한테도 뒤지지 않는 것이 바로 조선의 21세기 민중들 아니던가?

디버블링 이전 모든 2012년의 정치에 관한 예상은 무의미하다. 이념? 당장의 재산 폭락 앞에서는, 그리고 현금 앞에서는 이념이고 나발이고 없다. 21세기 한국의 특징은 현금과 스피드, 딱 이 두 가지라고 할 수 있다. 땅값의 위력 그리고 망각의 속도가 지금까지는 한나라당의 진짜 힘이었지만, 디버블링은 이 모든 것을 거꾸로 바꾸어놓을 것이다.

한나라당은 아직 잘 모르는 것 같지만, 조선일보파도 디버블링 프로세스의 정치적 의미는 아는 것 같다. 노무현 후반기부터 지금까지 서울로 몰려드는 가처분소득 혹은 부동산 유동자금의 규모에 대한 추정치를 제일 먼저 대형 이슈로 제기한 것은 『조선일보』다. 한나라당이 똑똑해서 DTI가 아직까지 살아남은 것이 아니라 조선일보파가 DTI의 효력을 이해했기 때문에 이명박 정부에서 이 제도가 아직까지 살아 있는 셈이다.

문제는 이명박 정부의 물리적 실체인 '땅값파' 들이다. 어차피 집값과 땅값을 올려서 덕 좀 보자고 이명박을 지지한 건데, 아무 일도 안 생기면 영 억울하지 않은가? 이 사람들은, 분석이 상대적으로 쉬운 편이다. "달면 삼키고 쓰면 뱉는다", 딱 이 코드 하나면 이명박을 지지하는 땅값파 분석은 아마 99퍼센트 정도의 정확도로 맞을 것이다. 100층이 넘는 롯데월드는 잠실 인근의 땅값파에게 던져준 먹이 같은 것이다. 다른 나라 땅값파는 대개 애국심이 있고, 군대는 존중하는 경향이 있어서 단순 이해관계만으로는 분석이 쉽지 않은데, 명박네 땅값파는 집값 올리는 데 방해가 되면 군대도 비키고 군사공항도 비키라고 하니 분석이 더 쉽다.

용산 사태와 신속한 재개발, 용적률 상승과 아파트 동간 거리의 축소 등의 고밀도화, 지자체 사이의 통합을 통한 대형화, 이 모든 것은 땅값파들이 DTI를 돌파하기 위한 몸부림이다. 이명박 정부가 안 해주면 지자체를 통해서라도 한다는 것이 바로 이 지자체 통합이다. 일본도 망할 때 다 했던 일이고, 공항만 수십 개 가까이 만들 정도로 이미 지나간 유행이고, 그래봐야 지역 경제에 별 도움 안 된다는 것이 익히 알려져 증명이 끝난 일이다. 다만 단기 집값 상승에서 '호재'이기는 하다. 동계 올림픽 등 각종 국제 행사 유치, 이것도 다 증명 끝난 일이다. 작년에 도쿄 도지사가 도쿄에서의 올림픽 유치를 잠깐 추진했지만, 도쿄 시민들에게 망신만 당하고 끝났다. 올림픽의 경제적 효과니 하는 얘기는 그야말로 숫자 놀음이고, 최근의 주요 경기 중에서 진짜 흑자로 진행한 것은 1996년의 애틀랜타 올림픽이 유일하다.(스포츠와 경제적 효과에 대해서는 대장정 시리즈의 9권인 『문화경제학』에서 상세하게 다룰 기회가 있을 것이다.) 지자체와 땅값의 결합, 쇼비니즘과 땅값의 결합 그리고 교육과 땅값의 결합, 이게 일본 망할 때 이미 다 봤던 일이다. 이런 부풀려진 숫자 놀음들을 다 모아서 더해보면 일본은 미국과 EU를 합친 것보다 더 큰 부자 나라가 되어 있을 것이다. 지금 한국의 땅값파 쇼비니스트들이 하자는 딱 그대로 했지만 일본 자본주의는 쫄딱 망했다. 이 화려한 지역 경제 유발 효과나 고용 효과와 같은 부풀려진 수치들이 '제로'가 되는 과정이, 바로 '디버블링'이다. 남는 것은 시멘트 투입량, 보건 효과의 폐해, 생태계 파괴, 확일화된 문화, 기형아와 장애 아동의 급증, 그리고 심지어는 섹스를 잃어버린 청년, 이런 게 남는다. 그게 '땅값 일본'의 현주소이고, 열심히 땅값파 쇼비니스트들과 함께 가는 우리의 미래다.

노무현 후반부와 지금 사이의 유일한 차이는, 중산층의 행동 패턴에 약간의 변화가 있다는 정도다. 어차피 20대의 구매력은 점점 더 감소하는 중이라서, 그들을 '1인 가구'라고 부르던, 실수요자라고 부르던, 소수를 제외하면 집을 살 수 없다. 그러나 다음 구매자, 즉 20대의 상황에 대해서 사회적으로는 어느 정도 이해가 되기 시작했고, 무엇보다도 중산층의 행위 패턴에는 미묘하지만 유의미한 변화가 관찰된다. 전문 협상 용어로 reluctant라는 단어가 있다. 아예 안 하겠다는 것은 아니지만, 좋아서 하는 것은 아닌 상태, 즉 머뭇거리는 상태를 의미한다. 반대도 아니고 찬성도 아니지만, 약간 반대쪽에 가까운 입장을 의미한다. 이게 전문 용어인 것은, 이 용어는 "뭘 달라"는 의미를 내포하고 있기 때문이다. 불만을 상쇄할 선물 혹은 불안을 종식시킬 보장, 그런 게 있어야 협상이 원활해질 것이라는 것을 표현할 때 이 용어를 쓴다. 이 용어가 등장하면, 협상가는 본국에 급히 연락을 해서 추가로 무엇인가 내줄 카드가 있는지 검토하게 된다. 지금 한국 중산층의 부동산 시장에 대한 입장이, 딱 이 reluctant라는 단어에 해당한다. 10년에 걸친 일본식 버블 공황이라고 하더라도, 자신이 부동산이나 아파트에 걸려 있는 부채만 없고, 안정적인 일자리를 갖고 있다면 그런대로 버틸 만하다. 물론 이 기간에 사회에 진입해야 하는 20대나 '불량 직장'이라고도 부를 수 있는 '불완전 고용-(imperfect employment)' 상태인 사람에게는 고통스러운 기간이 되겠지만, 삼성전자, 한전, 공무원, 대략 이런 곳의 대리에서 과장 정도 그리고 사무관에서 서기관 사이쯤 되는, 대략적으로 중산층이라고 부를 수 있는 사람은 부동산과 얽힌 개인 채무가 생존의 기준이 되는 셈이다. 과도하게 빚을 내서 집을 산 사람의 경우는 디버블링 속에서 고통이 무엇인지, 바로 그것을 경험하게 될 것이다. 한국의 중산층은 『조선일보』가 기대하는 것처럼 『조선일보』와 경제 신문만 보는 것이 아니라, 『한겨레』나 『경향신문』도 본다. 당연한 것이, 중산층 정도 되어서 지켜야 할 재산이 다만 얼마라도 생겨나게 되면 진짜 정보가 필요하게 되고, 무엇보다도 자신에게 들어오는 정보를 '크로스체크' 해야 할 필요가 생기게 된다. 모든 중산층이 집값과 주가만 바라보며 살고, 언제나 '장밋빛 전망'만 보며 따라오면 간단하겠지만, 자신이 지켜야 할 무엇이 있는 사람은 다른 종류의 정보에 대해서도 귀를 기울이게 된다. 『한겨레』나 『경향신문』은 『조선일보』와 경제 전문지와는 전혀 다른 종류의 정보를 주는 경우가 종종 있는데, 이런 신문들이 버티는 것은 정치적 지지 때문만이 아니라 많은 중산층에게는 주류 언론이 주는 정보와는 다른, 또 다른 종류의 정보가 필요하기 때문이다.

옛말이 틀린 것이 하나도 없다. 흑자 경영! 이것은 개인과 가계에도 지금 이 순간에 가장 중요한 덕목인 셈인데, 현재의 정부나 언론이 개인에게 요구하는 것은 공격 경영 즉 차입에 의한 적자 경영이다. 디버블링 상황에서 차입 경영은 개인에게는 곧 죽음이다. 증권식 표현을 빌리자면, 대세 상승 국면에서는 적절한 차입으로 인플레이션에 의한 지가 상승을 기대하며 차입 경영을 해도 큰 상관은 없지만, 디버블링 국면에서는 무조건 씀씀이를 줄이고 가계 경제를 흑자 상태로 유지하는 것 외에는 방법이 없다. 재개발 조건 완화는, 결국은 중산층이 자신의 가계에 차입 경영을 해야 폭탄이 돌아가기 때문에 그들이 그 결정을 할 때까지 계속 새로운 조건을 제시하고 어떤 식으로든 차입을 결정하도록 할 때까지 계속될 것이다. 한편으로는 DTI와 땅값파 사이의 힘겨루기 국면이고, 중산층의 가계 경제 버전으로 본다면 혹자 경영과 차입 경영 사이의 힘겨루기인 셈이다. 사실 이자율을 인위적으로 눌러놓아 갈 곳이 없는 자금은 은행으로 가지 못하고 부풀 대로 부풀어서 터질 지경이다.

디버블링의 폭발 시나리오는 이미 제시된 것이 몇 가지가 있다. 역시, 크게 외인설과 내인설, 두 가지로 나눌 수 있다. 외인설 중의 대표적인 것은 이번에도 미국발 경제 공황이다. 미국의 버블은 프라임모기지, 오피스모기지, 서브프라임모기지의 순으로 위험도를 구분할 수 있는데, 2008년에 문제를 일으킨 것이 바로 서브프라임모기지와 연결된 금융 상품들이었다. 미국발 경제위기가 아직 끝나지 않았다고 사람들이 지적하는 것은 비교적 우량 상태라고 알려져 있던 프라임모기지 그리고 사무용 빌딩에 해당하는 오피스모기지에도 위험한 파생상품들이 연결되어 있다는 사실이다. 두번째 충격에 관한 '더블딥' 얘기가 끊이지 않고 계속해서 나오는 것은, 문제의 근원지에 대한 조정이 이제 시작된 것에 불과하다는 인식 때문에 그렇다. 파생상품의 복잡성 때문에 서브프라임모기지의 위험성과 규모가 제대로 파악되지 못했는데, 이는 프라임모기지와 오피스모기지의 경우도 마찬가지다. 더블딥이 현실화되면, 이 파장은 그렇게 짧게 끝나기가 어려울 것이고, 세계 경제에 미치는 파급력의 규모도 예측하기 쉽지 않을 정도다. 영원한 신기루일 것 같은 두바이의 몰락 정도가 아니라, 취약한 국민경제의 상당수, 예를 들면 토건에 상당히 의존했던 호주의 시드니 혹은 유럽의 튼튼했던 일부 국가도 어려워질 수 있다. 내수 없는 수출, 생산성 증가 없는 토건이라는 두 가지 특징을 가지고 있는 한국 경제로서는 그 파급력이 더 클 수밖에 없다.

두번째 종류의 외인은 브레튼우즈 체제로 불리는 국제 통화 체계의 변화다. 이런 흐름은 프라임모기지 혹은 오피스모기지 등 앞의 요소와 연결될 수도 있지만, 파장이나 변화는 이와 비교할 수 없을 정도로 크다. 2008년 금융위기는 사실상 미국 정부의 경제 운용 실패에서 벌어진 미국 경제의 독자적인 문제다. 그렇지만 기축통화로서의 달러를 중심으로 작동하는 국제 금융 시스템에 모든 나라들이 연계되어 있기 때문에 나머지 국가들이 경제적인 어려움을 겪은 경우라고 할 수 있다. 이런 문제에 대해서 부당하다고 생각한 사람이 적지는 않을 것이다. 오바마가 당선된 직후 스위스에서 개최된 다보스포럼에서는 기축통화를 비롯한 국제 금융 시스템에 관한 문제를 공식적으로 논의하게 될 것이라고 많은 사람들이 생각을 했었지만, 결국 미국은 이 논의를 담당할 비중 있는 대표를 이 회의에 보내지 않았다. 어떠한 이유로든 국제무역의 공식적인 결제 수단으로서 달러의 기능이 약화되는 경우에는 전통적인 결제 수단인 금이 등장할 수 있다. 지금은 불환 화폐이므로 달러를 가지고 간다고 해도 미국 정부가 금으로 바꾸어주지는 않지만, 어쨌든 파운드화든 달러화든, 금과의 교환 약속 위에서 국제적인 기축통화로서의 지위를 얻게 되었다. 은본위와 금본위 중, 지금의 국제 경제 시스템은 암묵적으로 금본위 위에 서 있다. 그래서 달러의 지위가 흔들린다는 얘기가 나올 때마다 금값이 폭등을 하는 것이다. 신용 화폐로 전환되면서 금 혹은 은과 같은 무겁고 불편한 교환 매체로 결제를 하는 일이 사라졌지만, 달러의 불확실성으로 인해서 감수하지 않아도 되는 손해 보는 일을 반복하게 될 경우 경제 주체가 금을 선호하게 되는 일은 언제라도 벌어질 수 있다. 게다가 유로, 엔, 위안처럼 규모만으로는 미국 경제의 규모에 위축되지 않는 다른 화폐들도 존재한다. 이러한 화폐들 사이의 포트폴리오 시나리오는 미국으로서는 악몽이겠지만, 현재와 같이 자국 경제의 불확실성이 높은 상태에서 미국이 언제까지나 기축통화에 대한 논의를 눌러놓고 있기는 어렵다. 대체적으로 석유 가격은 세계 경제의 성장률과 함수 관계이고, 금값은 달러 안정성의 역함수 관계를 보여준다. 금은 달러 가치가 급변할 때 가치 저장의 수단이 되기도 하고, 달러화가 통용되기 어려운 비상사태를 대비한 국제 결제 수단으로서의 예비적 수요의 대상이 되기도 했다. 금에 대한 예비적 수요가 생겨났다는 사실은 많은 국가들이 기축통화로서의 달러 이후의 충격에 대비하기 시작했다는 것을 시사한다. 국제 결제 수단이나 국제 통화 시스템 혹은 환율에 관한 제도가 바뀌는 과정에서의 전례로 볼 때 수년 동안의 길고 복잡한 밀고 당기기가 발생한다. 아직은 시나리오에 불과하지만 중국의 위안화나 일본의 엔화가 기축통화 혹은 통화바스켓의 일부가 될 수 있는가를 놓고 때로 날카로운 신경전이 벌어지기도 한다. 과연 대서양으로 넘어갔던 경제적 패권이 다시 대서양을 넘어올 것인가?

오바마 집권 이후로 어쨌든 미국 경제는 외형적인 안정을 회복한 상태이고, 기축통화에 대한 논의는 일단은 수면 아래로 내려갔다. 그러나 1971년 닉슨의 불태환 선언으로 브레튼우즈 체제가 변동 환율제로 바뀐 이래로 지금과 같이 기축통화에 대한 논의가 활발한 시기는 없었다. 이미 기술적 옵션이 몇 가지의 가능성으로 제시된 적이 있으므로, 미국이 다시 경제위기의 진원지가 된다면 언제든지 기축통화에 대한 논의는 거대한 물결이 될 수 있는 상황이다. 게다가 미국이 달러 발행을 남발함으로써 재정 적자를 메우고 있다고 의심의 눈초리를 보내는 사람도 적지 않다. 기축통화 논의를 위한 국제적 에너지는 어느 정도 충족되는 셈이다.

물론 이러한 변화에 대응해 한국과 같은 국가 단위에서 할 수 있는 일은 그렇게 많지는 않다. 물론 원화도 그러한 통화바스켓에 끼어야 한다고 주장할 수는 있겠지만 현실성은 그렇게 높지 않은 편이다. 그러나 일단 중요하게 점검해야 할 것은, 달러 중심의 안정성이 급격히 무너지는 변동기에 몇 가지 필수 수입품의 예비 결제 수단에 대한 대책이 일종의 '비상계획(contingency plan)'으로 수립되어 있는가 하는 점이다. 우리는 석유를 전량 수입한다. 발전원인 석탄 혹은 우라늄도 수입하기는 마찬가지다. 게다가 식량 자급률도 25퍼센트 내외이기 때문에 3/4의 식량을 수입하는 국가다. 쌀을 제외하면 식량 자급률은 계산 방식에 따라서 10퍼센트 미만으로 확 떨어진다. 한국 경제를 수출 경제라고 부르지만, 한국은 에너지와 자원 등 필수 요소는 수입하는 수입 국가이고, 수입 차단으로 간단히 붕괴시킬 수 있는 그런 구조적 취약점을 가지고 있는 나라다. 그렇다면 비상 결제 수단에 대한 한국의 대비는? 몰라서도 못하고, 알아서도 못한다는 것이 현 상황이라고 할 수 있을 것이다.

'외환 포트폴리오'라는 이름으로, 달러만이 아니라 유로화, 엔화 등 외환 보유의 형태를 다원화하고 금도 일정 부분은 예비적 수요로 보유하자는 의견이 국회에서도 가끔 얘기가 된 적이 있다. 이렇게 할 필요가 있다는 것은, 미국 경제의 안정성에 대한 평가의 차이에도 불구하고 대부분의 경제학자가 쉽게 동의할 수 있는 일이다. 그러나 우리는 이렇게 할 수가 없다. 국제적으로 한국은 미국의 영향권 한가운데 있는 나라로 보이고 있는데, 사실 한중일 여기에 대만까지 합친 동북아권이 달러의 힘을 지탱하는 주요 축 중의 하나다. 중국이 미국에게 위안화 절상에 관한 압력을 받을 때마다 미국 정부의 채권을 시장에 내다 팔겠다고 맞받아치는 것만큼, 한국 정부의 외환 보유 패턴 역시 달러 시장에서 굉장히 중요한 기준이 된다. 이것은 꼭 한국 경제의 결제 대금 규모가 커서가 아니라 한국이 국제적으로 누구나 다 아는 친미 국가라서 그렇다. 만약 한국이 달러화가 불안해서 유로화나 엔화의 보유 비율을 정책적으로 늘린다고 발표를 하면, 그때부터 전 세계적으로 외환 시장에 패닉이 올 수 있을 정도다. 물론 미국 국무성이나 재무부에서 장기간 한국의 외환 포트폴리오 정책을 그냥 두지는 않을 것이다. 일종의 협상을 통한 '양해'가 필요할 것인데, 노무현도 미국 정부에 그런 요구를 하지 못했고, 이명박도 그런 요구는 하지 못했다. 원래는 2008년 금융 위기를 거치면서 다양한 논의를 하고, 그 공간에서 필요한 제도들을 개선하는 일을 해야 했다. 그러나 현실을 그렇게 진행되지 않았다.

물론 나도 달러 지불이 전면적으로 거부되는 그런 사태까지 갈 것이라고 생각하지는 않는다. 그러나 달러 가치의 일시적이지만 급격한 하락은 충분히 가능한 시나리오다. 위험 분산이라는 '포트폴리오'의 원래 의미가 이러한 것이다. 상황이 이러니, 만약 기축통화에 대한 논의가 다시 불면서 외환 시장이 요동친다면, 우리야말로 시장이 때리면 때리는 대로 고스란히 맞고 있어야 하는 상황이 되는 것이다. 기축통화에 대한 변경은 장기적으로는 안정성을 획득할 가능성을 높이지만, 단기적으로는 국제적인 경제 위축이라는 결과를 낳는다. 여러 가지로 취약한 한국 경제의 내부 모순들을 격발시키기에는 충분한 정도의 변화일 것이다.

이런 것들이 한국의 디버블링을 격발시킬 수 있는 외부적 요소 즉 외인들이라면, 역시 내부적 요소에 의한 내인론 시나리오들도 만만치 않다. 크게 보면 2010년 지방 선거를 시발점으로 하는 토건 선거의 후폭풍에 의한 것들이 한 종류다. 가슴 아프지만 한국의 지방 선거의 역사는 풀뿌리 민주주의의 발전의 역사와 일치하기보다는 토건의 역사와 일치한다. DTI와 땅값파 사이에서 불안하게 유지되는 지금의 일시적 균형이 새로운 시장님과 도지사님들의 당선과 함께 깨어질 수 있다는 것이 이 시나리오의 핵심이다. "새 술은 새 부대에"라는 표현처럼 새로운 시장님은 또 새로운 토건을 시작하실 것이다. 광역단체장에서 기초 단위인 구청장님과 군수님까지 모두 앞장을 서시어 헌 청사는 새로 짓고, "두껍아, 두껍아, 새 집 줄께, 헌 집 다오" 놀이를 하시려고 할 텐데, 막 당선되시어 힘이 하늘에 뻗치는 그 기세등등한 시장님을 누가 말릴 수 있을 것인가? 게다가 오세훈 서울시장님께서 한강 둔치와 다리 위의 카페라는 새로운 놀이 공간을 만드시고, 광화문에서의 광장 놀이에 푹 빠져 계신 터라…. 4년 전과는 격조와 품위에서 차별화되는 새로운 고품격 디자인 토건을 우리가 만나게 될 가능성이 있다. 이런 지자체발 토건 러쉬가 현재 예견되는 첫번째 종류의 내인론 시나리오다. 시기적으로는 2011년 중후반 즈음 2012년 대선을 염두에 둔 지자체별 토건 러쉬가 결국은 문제를 일으킬 것이라는 예상 시나리오가 시장님들의 토건 공약과 관련되어 있다.

두번째 종류의 내인론은 2006년 가을의 부동산 폭등과 같은 유형의 토건 보상금의 서울 러쉬다. 4대강만이 아니라 집중 추진되는 개발 사업의 보상금은 어떤 유형으로든 부동 자금을 형성하게 된다. 이 돈이 고용이나 혹은 생산적 부문으로 가거나, 아니면 다시 토건으로 돌아간다고 해도 지역별 편향이 없이 고르게 퍼진다면 문제가 이렇게까지 심각해지지는 않는다. 우리나라 강남은 "내릴 때 조금 내리고, 오를 때 많이 오르는" 전형적인 블루칩의 특징을 가지고 있다. 그리고 이 지역의 부동산 가격은 '불패의 신화'와 함께 전국의 토건 현상을 선도하는 특징을 갖는다. 그래서 개발 보상금 등 뭉칫돈이 생기면, 그중의 상당수는 종착지가 강남 혹은 강남 연장선이 된다. 크고 작은 보상금은 누가 특별히 지휘하거나 지시한 것이 아니더라도 통일된 흐름이 생겨난다. 국책 사업 혹은 주민 숙원 사업 등의 이름으로 진행되는 지방의 토건 사업과 서울의 집값 폭등이 연동되어 있다는 것은 신기한 일이지만, 현실이 그렇다. 보상금 서울 러쉬가 바로 노무현 정부를 곤경에 빠뜨린 집값 폭등의 진짜 이유 중의 하나인데, 그 기본 구조는 지난 수년간 바뀐 것이 없다. 기존의 혁신 도시는 지방과 서울에서 동시에 토건 사업이 진행되도록 만들고, 여기에 4대강 보상금 등, 40~50퍼센트 이상의 돈이 2010년에 풀렸고 2011년에도 집중적으로 풀리게 된다. 도로와 골프장, 케이블카와 각종 지역 항만 등 인프라 사업까지 합치면 100조 원이 넘을 가능성도 배제하지 못한다. 게다가 이 돈은 이미 확보된 여유 자금이므로, 개인의 소득과 연동시켜 대출 총액을 규제하는 방식인 DTI로도 막지 못한다. 개인이 모은 돈으로 자기가 살 집을 사는 것과 토지 보상금의 강남 아파트 구매는, 작동 방식이 전혀 다르고, 효과도 다르다.

2011년에서 2012년에 이르는, 어느 한 시점을 기점으로 하는 경제위기의 요소는 위에 열거한 것 외에도 더 많다. 공기업에 대한 누적된 재정지출로 인한 정부 재무 구조의 악화는 우리로서는 익숙하지 않은 요소다. 단기, 불완전 고용의 강화와 함께 내수의 근간을 형성하는 노동 체계의 위기도 점점 심각해지는 상황이다. 여기에 토건 러쉬가 결합하면서 부동산 가격이 다시 상승하게 되면, 인플레이션이 생겨나게 된다. 한국은행은 어쩔 수 없이 금리

인상 조치를 안 할 수가 없는데, 이 시점에서 우리의 모든 문제가 '경제'라는 이름으로 집중되어 표출되는 순간이 올 것이다. 한국은행법을 고쳐서라도 '물가 안정'이라는 한국은행의 존재 이유에다가 경기 활성화와 같은 새로운 기능을 추가하려는 시도가 아주 없지는 않지만, 그렇다고 해서 언제까지 지금처럼 이자율을 억지로 누르고 있을 수는 없다. 이자율은 높고, 인플레이션은 잘 잡히지는 않을 것인데, 경제는 도무지 잡히지 않는 상황, 상상할 수 있는 모든 금융 정책과 재정 정책을 동원해도 실물은 꼼짝도 하지 않고 실질 실업률은 끝없이 올라가는 제대로 된 '한국식 복합 공황'을 보게 될 가능성이 높다. 물가만을 놓고 본다면, 디버블링과 함께 부동산과 관련된 물가는 가격이 지속적으로 하락하는 디플레이션 현상을 보이고, 그렇지 않은 생필품들은 높은 수준의 인플레이션을 보이는 가격의 이중화 현상이 나타날 수도 있다. 지수상으로는 물가가 적정한 것처럼 보이지만, 생필품 등 특화된 물가 지수에서는 심각한 문제가 발생하는 현상이 발생할 개연성이 높다.

그러나 실제로 한국에서 디버블링을 격발시킬 근본적인 힘은, 20대의 빈곤화 등 '신빈곤'이라고 부를 수 있는 새롭게 등장하는 빈곤 현상이고, 여기에 따르는 지금까지와는 전혀 다른 패턴의 1인 가구의 등장 등 수요자 쪽에서 생겨나는 근본적인 변화라고 할 수 있을 것이다. 내부와 외부, 단기적으로 한국에서 위기를 만든 요소들이 수없이 우리를 기다리고 있다. 그렇지만 한국의 부동산 투기에 당분간 종지부를 찍을 디버블링을 이끌고 오는 결정적이며 구조적인 요소는, 더 이상 이 투기를 받아줄 다음 세대가 없다는 현실이다.(구체적인 디버블링의 전개 과정에서 발생하게 될 일에 대해서는 다음 장에서 다시 살펴보기로 하자.)

이 상황에서 치뤄질 2012년 대선의 주제는 무엇이 될까? 2007년 대선은, 우리 모두가 알다시피 경제 대선이었고, 토건 세력이 정치권력을 확고히 하는 토건 대선이었다. 물론 2012년에도 여전히 레드 콤플렉스가 굳건한 하나의 경향으로 자리 잡고 있을 가능성이 높다. IMF 경제위기의 한가운데에 치뤄진 1997년 대선 때도 그랬다. 2012년 대선도 경제위기의 한가운데에서 경제 대선이 될 가능성이 높아 보인다. 경제위기는 이념을 뛰어넘는다. 한국에서는 더더욱 그렇다. 그러나 지난 대선과 달리, 이번 대선은 땅값파들의 토건 대선이 아니라 '탈토건'을 내세운 경제 대선이 될 가능성이 높아 보인다. 누가 엄청나게 캠페인을 잘해서도 아니고, 시민단체나 진보 정당이 갑자기 잘하거나 강하게 되어서도 아니다. 그것은 경제학은 심리가 아닌 과학의 영역이기 때문이다. 땅값파들은 경제는 심리라고 주장한다. 그렇지만 심리적 요소가 있다는 것과 모든 것이 심리에 의해서 결정된다는 것은 전혀 다른 얘기다. 분명히 경제의 작동 방식에 사람이라는 주체의 요소가 개입되기 때문에 심리 현상이 벌어지기는 하지만, 그렇게 '주관적' 요소로 모든 것이 환원될 수 있다면 객관의 학문으로서 경제학이 버티고 있을 리가 없다. 투기는 심리 현상인 것은 맞지만, 한국의 땅값파들은 이미 지난 10년 이상의 시간 동안에 그들 스스로 감당할 수 없을 정도로 많이 챙긴 것 아닌가? 지금까지도 이미 많이 챙겼는데, 어느 정도 챙겼으면 형식적으로라도 양보하는 겸양의 모습을 보이는 것이 대체적으로 다른 나라의 보수주의자들이 했던 일이다. 프랑스의 생태적 전환이나 일본의 '지천 살리기' 같은 것들도 꼭 좌파 정부 시절이 아니라 우파 정부 시절에 벌어진 일이다. 경제는 부동산 재테크로, 경영은 자기 계발로 치환되어 소개하는 한국의 경제경영 서적들은, 세계사에 유래가 없을 정도로 경제는 심리전이라고 외치고 있다.

역사적으로 한국의 군사정권은 지랄탄과 함께 물러가게 됐다. 한국의 땅값파들은 토무현, 토명박 시절을 거치며 다시 한 번 토근혜 시대로 영광을 이어가려 하나, 토건질을 너무 염치없이 끝까지 몰고 가니 결국 몰락의 시절을 만나는 셈이다. 디버블링이 시작되면 정치적 상황은 돌변할 것이고, 지금의 전망과는 매우 다르게 현실 정치가 전개될 가능성이 높다. 한국이 아무렇게나 막 움직이는 나라인 것 같지만, 결국 토지제도의 문란으로 조선이 망할 때까지 그래도 500년을 버텼던 나라다. 별거 아니고, 아무나 막 집권하는 걸

보면 대충 하는 호락호락한 나라 같아 보이지만, 한국은 전통적으로 통치가 어려운 나라다. 일본이 점령했던 식민지 중에서 한국처럼 끝까지 버텼던 나라가 별로 없고, 우리보다 학문적으로나 문화적으로나 먼저 서구화의 길을 걸었던 중남미보다 먼저 군부독재를 종식시킨 나라다. 쉽게 표현한다면, 한국은 접수는 쉬워도 통치가 어려운 나라라고 할 수 있을 것이다. 땅값파가 신자유주의의 클라이맥스에서 세계 경제가 조정 국면으로 들어간 어수선한 틈에 얼떨결에 집권을 하기는 했지만, 자기들끼리 토건으로 지대를 챙기려다가 도무지 통치는 하지 못하는 것이 현재의 형국이다. 탐욕의 끝이 다가오고 있기는 하다. 그러나 그 디버블링 이후의 한국 경제가 그 자체로 좋아질 것인가? 전환에 대한 고민이 우리에게 필요할 것이다.

4장

디버블링과 국민경제의 생태적 대전환

01 | 두 경제학자 이야기

 내가 대학생이던 80년대 후반, 알랭 리피에츠라는 프랑스 경제학자와 폴 크루그먼이라는 미국의 경제학자 두 명이 다음 시기를 이끌어갈 젊은 천재 경제학자로 부각되고 있었다. 두 사람 다 당시 주류를 대표하던 신고전학파 와는 어느 정도 비켜나 있던 사람들이고, 이들의 손에 의해서 경제학의 미래가 바뀔 것 같은 꿈을 꾸게 해주기에 충분한 사람들이었다. 물론 엄밀하게 학술적 계보를 따지자면 두 사람 사이에도 많은 차이가 있지만, 대체로 그 이후에 경제학계를 완전히 지배하게 되는 밀턴 프리드먼, 즉 통화주의에 맞서는 발전경제학을 대표하는 학자들이었다. 리피에츠는 마르크스 쪽으로 훨씬 더 많이 가 있었지만, 스탈린주의의 영향을 많이 받은 그런 마르크스주의자는 아니었다. 이 사람들과 가장 유사한 학풍으로 경제학을 하는 사람으로 장하준 정도를 연상할 수 있을 것이다. 어쨌든 많은 대학생들이 당시에 그랬던 것처럼 나에게도 리피에츠와 크루그먼은 로망이었다. 지금도 그렇지만 당시에도 진보적인 성향을 가진 사람들에게 케인스는 굉장히 중요한 저자이고, 그로부터 많은 생각 혹은 직관이 생겨나기도 했다. 나에게도 케인스는 중요한 저자였다. 흔히 '진짜 케인스의 제자'와 '가짜 케인스의 제자' 논쟁이 붙기도 한다. 훌륭한 사람들에게 붙는 진위 논쟁의 케인스 버전인 셈이다.

90년대 이후 이 두 경제학자의 운명이 갈렸다. 리피에츠는 녹색당으로 가면서 노동운동과 마르크스는 물론 케인스와도 결별을 했다. 그리고 크루그먼은 세계화 이론의 중요한 해석자가 되었고, 2008년 금융 위기와 미국 대선을 즈음해서 가장 중요한 이론가의 위치에 놓이게 되었다. 그리고 노벨경제학상도 탔다. 여전히 그는 중요한 케인스 전통의 이론가 중의 한 명이다. 케인스라는 눈을 통해서 보면 최근의 크루그먼의 논리가 너무 어렵거나 그런 것은 아니다. 크루그먼의 주장을 조금 거칠게 요약하면, 재정 지출의 확대와 '강한 달러화', 이 두 가지로 얘기할 수 있을 것이다. 1945년에서 1974년 사이를 지칭하는 세계적인 '영광의 30년'을 다시 한 번 재현하면 좋겠고, 그것도 미국 주도로 그런 경제 호황의 시대가 다시 오면 좋겠다는 것이 크루그먼의 주장이라고 할 수 있을 것 같다. 미국 경제학자가 그런 주장을 왜 하는지 충분히 이해가 갈 만한 일이다. 어떻게 보면 그는 너무 미국 민주당 버전의 미국주의에 가까이 가 있는 듯하기도 하다. 그에 비해 아직 노벨상도 타지 못했고 과거에 비해 학문적 영향력이 훨씬 줄어든 알랭 리피에츠는 '프랑스에 좋은 것'을 중심으로 경제학 이론을 전개하지는 않은 것 같다. 자기 국가를 위해서 이론을 전개할 것인가 혹은 세계 전체를 보고 이론을 전개할 것인가, 이런 질문은 경제학자들이 종종 부딪히는 물음이다.

오랫동안 신자유주의라는, 지나칠 정도의 경제 근본주의가 팽배해왔던 상황에서 케인스의 틀에 의한 비판 혹은 대안 제시가 아주 무의미한 것은 아닐 것이다. 크루그먼에게 주어진 노벨상의 의미는 우리에게 비판적인 시각이 필요하다는 정도로 이해할 수 있다. 그러나 과연 케인스주의의 복원만으로 21세기에 우리가 부딪힌 문제를 풀 수 있을까, 그것이 내가 가지고 있는 기본적인 질문이다. 케인스를 아주 섬세하게 다루지 않으면 부동산 투기나 토건 혹은 재정 정책의 남발로 가기 십상이다. 신자유주의와 결합된 이상한 '뉴딜' 식 케인스주의, 이것은 우리가 토무현에서 토명박으로 이어지는 일련의 현상 속에서 익히 본 것이 아닌가? 우리는 섬세한 테크니션을 본 지 너무 오래인 것 같다. 열린우리당이나 한나라당에서 그런 테크니션은 매우 드물었던 것 같다. 사실 현실 분석을 할 때 어느 이론 틀을 가지고 있는가가 문제가 아니라, 현실과 이론 사이의 차이점을 얼마나 섬세하게 다룰 수 있는가, 그런 연구자의 역량이 더 중요하다는 생각을 요즘은 종종 하게 된다. 4대강 사업이 문제가 있다는 것을 이해하는 데 그 출발이 되었던 이론의 차이점이 그렇게 결론에 많은 영향을 미칠까? 왈라스주의자든, 마르크스주의자든, 케인스주의자든 혹은 설령 시장 근본주의자라고 하더라도 이 사업에 문제가 많고 결국에는 극심한 생태적 문제를 일으키게 된다는 동일한 결론에 도달할 것 같다. 만약 연구자가 섬세하게 자신의 가설과 데이터들을 다룬다면 이론적 출발점은 달라도 결국에는 유사한 결론에 도달하게 될 가능성이 높을 것 같다고 생각한다. 현재 20대의 경제적 삶이 어려울 것이라는 결론에 도달하는 것이 특정 학파 혹은 특정 이론에서 출발하는 경우에만 가능할까? 섬세한 테크니션이라면 어떤 이론을 가지고도 현실을 정확하게 분석해 거의 유사한 결론에 도달하게 되는 것 같다. 그러나 그런 유능한 테크니션을 본 지, 우리가 너무 오래인 것 같다. 조순 선생은 상당히 섬세한 것 같고, 정부가 잘 얘기를 들으려 하지는 않지만 이준구 선생의 경우도 섬세한 지적을 곧잘 하는 편이다. 그러나 우리나라의 국민경제를 운용하는 고위 공무원 중에서 이런 섬세한 테크니션을 만나기는 아주 힘들다. 그러다보니 위기를 탈출하기 위한 크루그먼의 재정 지출에 대한 요구도 그냥 '토건 사업'에 대한 지지로 한국에서는 이해된다.

거시경제 혹은 국민경제라는 표현을 쓰면서 케인스의 영향을 피하기는 어렵다. 현대 경제학에서 보편화된 국가를 단위로 하는 분석 자체가 케인스의 틀에서 나온 것이다. 밀턴 프리드먼 이후의 주류 경제학이 하려고 한 것은 케인스의 틀을 쓰지 않고 개인들의 순수 행위 이론만 가지고서 거시경제를 다시 만들어내려고 한 것이다. 자신들은 이러한 이론적 시도가 성공했다고 말했지만, 2008년의 글로벌 금융 위기로 궁지에 몰리자마자 다시 케인스식 처방을 찬송하게 되었다. 위기 이후의 이론적 흐름을 간단하게 얘기하면, ① 다시 밀턴 프리드먼의 전성시대가 올 것이라는 주장, ② 70년대 케인스의 시대로 다시 돌아가게 될 것이라는 주장 ③ 그리고 뭔지는 모르지만 그 두 가지가 아닌 또 다른 선택이 있을 수 있다는 주장, 이 세 가지가 지금 경제의 향방을 놓고 진행되는 공방이다. 폴 크루그먼은 명백하게 두번째 흐름에 서 있는 사람이다. 이명박 정부에서 가장 '명백하게 케인스의 제자라고 할수 있는 정운찬 전 서울대 총장을 총리로 전진 배치시킨 것은 이러한 일련의 흐름과 무관하지 않은 것 같다. 시장주의라는, 그들이 집권하던 시절 전면에 내세웠던 정책 기조는 토건의 방식으로만 해석된 케인스로 둔갑을 하게 되었다. 그런 점에서 총리로서의 정운찬은 테크니션은 아니었던 것 같고, 다만 토건의 '껍데기'로만 활용이 된 것 같다. 한국에서 행정의 테크니션이라는 평가를 받는 사람은 고건이다.

노동운동의 이론가에서 녹색당의 이론가로 전환한 알랭 리피에츠의 경우는 이 세번째 흐름에 해당한다. 그가 제시했던 '연대의 경제(économie de solidarité)'는 국가의 재정 정책의 확대를 통한 문제 해결을 생각하는 케인스 방식은 분명히 아니다. 그는 한때 프랑스 녹색당의 당 대표이기도 했고, 여전히 유럽 의회의 의원 자격을 가지고 있지만, 국가의 복귀로 모든 것을 설명하려는 그런 입장을 가지고 있지는 않다. 그는 시민사회가 발달하게 됨에 따라 일종의 사회적 경제 혹은 정부도 대기업도 아닌 제3부문의 등장에 의해서 국가와 대기업을 견제하는 또 다른 방식을 더 많이 생각한다고 할 수 있다. '연대'라는 개념이 바로 이러한 제3의 힘을 형성화시키는 것이라고 할 수 있다. 어떻게 보면 리피에츠는 노벨경제학상을 받기에는 '메인스트림'에 해당하는 다른 경제학자들과 비교하여 너무 빨리 생태학 쪽으로 이동한 셈이다. 지금 돌이켜보면 리피에츠는 시대에 비해 너무 빨리, 너무 젊은 얘기를 한 셈이고, 크루그먼은 아직도 70년대의 얘기 그래서 너무 늙은 얘기를 하고 있는 셈이다. 물론 새로운 것이 늘 좋고, 옛날 것은 반드시 나쁜 것은 아니다. 어쨌든 두 학자는 이제는 동시대인이라고 하기에는 그들의 이론이 준거하는 시대가 많이 차이가 나게 되었다.

나는 1974년 석유파동과 함께 케인스의 아름다운 시대가 종료했다고 생각한다. '대량생산 대량소비'라는 케인스식 풍요의 모델이 자원 제약 혹은 생태적 제약 때문에 더 이상 유지할 수 없게 되었고, 이제는 경제 시스템 외부의 생태와 자원과 같은 요소들을 훨씬 더 적극적으로 이해해야 하는 시대로 접어들은 것이다. 74년 파동이 어쨌든 석유라는 자연의 요소와 관련되어 있었는데, 30년 후에 이제 다시 우리가 케인스식 프로그램에 따른 풍요의 시대로 돌아갈 수 있을까? 그런 점에서 크루그먼의 금융 위기 대응은 우리가 아직 생태적 문제라는 것을 잘 모르던 시절에 하던 옛날 얘기라는 인상을 많이 준다. 74년 석유파동 이후에 기후변화협약과 종 다양성 협약 혹은 람사협약 등 국제적으로도 생태에 관한 논의가 활발해졌고 제도와 기구들이 많이 생겨났다. 그런 점에서 크루그먼의 얘기는 복고풍이었고, 조금은 뜬금 없는 느낌을 주었던 것이 사실이다. 물론 모든 것이 오로지 토건만을 위해서 복무하는 듯한 우리나라의 '땅값파'들의 황당한 주장에 비할 바는 아니다. 대단히 고상하고 흥미로운 얘기이지만 우리가 다시 케인스의 시대로 갈 수 있을까? 나는 그렇게 하기는 어렵다고 생각한다. 열심히 수요를 늘려서 급속도로 늘어난 공급능력을 감당하는 '유효수요 방식'은, 물질적 공급만을 늘리기는 어렵다는, 21세기의 자연이라는 제약 앞에 놓여 있는 것이 아닌가?

2008년에 크루그먼이 노벨경제학상을 받은 이후에 적지 않은 수의 사람들이 리피에츠를 떠올리며 안타까워했던 것 같다. 한 해는 진보적인 인사에게 노벨상을 주었으니 이제 다시 보수 경제학 쪽으로 상이 가지 않을까 하고 지켜보는 동안에, 2009년에는 그야말로 '대박 노벨상'이 나왔다. 이 상은 〈뷰티풀 마인드〉의 수학자 내쉬에게 갔던, '게임이론'에 주어진 상보다 훨씬 더 의미가 컸다. 오스트롬 여사에게 주어진 노벨경제학상, 한마디로, 짜릿했다! 공동 수상자인 윌리엄슨의 수상은 놀라운 일이 아니었다. 그가 한 번쯤은 노벨상을 탈 것이라는 것에 대해서는 누구나 생각했던 바였다. 많은 사람들은 오히려 윌리엄슨이 아직도 노벨상을 타지 못했다는 사실을 확인하며 놀라워했을 정도다.(윌리엄슨에 관해서는 시리즈 2권인 『조직의 재발견』을 참고하시길 바란다.) 정치학자이며 동시에 행정학자이기도 한 오스트롬의 노벨상 수상은 최초로 생태와 관련된 연구에 대해서 노벨상이 주어진 사건이다. 만약 런던학파를 만든 데이비드 피어스가 살아 있다면 어쩌면 그에게도 공동 수상 형식으로 상이 수여됐을지 모르겠지만, 그는 이미 이 세상 사람이 아니었다. 2009년의 노벨경제학상은 '거버넌스(governance)'라는 개념에 대해서 주어진 것인데, 지난 수년 동안 오스트롬이 연구하던 분야는 '적응형 거버넌스(adaptive governance)'라는, 즉 생태적 위기에 대응해서 어떠한 행정 체계로 우리가 적응을 할 것인가의 문제였다. 적응과 진화라는, 최근 생태경제학의 맨 앞의 문제의식으로 노벨상을 타게 되었으니 생태경제학 전공자들이 기뻐한 것은 당연한 일이다. 게다가 오스트롬은 『국제 생태학 저널(Journal of Ecological Economics)』의 편집위원 중의 한 명이기도 했다.

바로 전년도 수상자인 크루그먼에게 사람들이 코멘트를 부탁하기도 했는데, 그의 첫 대답이 "도대체 오스트롬이 누구냐?"였다고 한다. 무리도 아니다. 행정학에서 오스트롬은 '공유지 관리'에 관한 이론으로 상당히 알려져 있지만, 생태경제학이라는 것은 경제학계에서 오랫동안 '변방의 북소리'였던 것이 사실이기 때문이다. 크루그먼을 탓하려는 것이 아니다. 그것이 엄연한 현실이다.

어쨌든 오스트롬의 노벨경제학상 수상 소식은, 그렇다면 누가 다음번 수상자가 될 것이냐에 관심이 쏠리도록 만들었다. 그 관심의 대상은 당연 홀링

(C. S. Holling)이었다. 홀링은 생태학자이지만 생태경제학이라는 분야에서는 피어스의 사망 이후 맨 앞에 선 학자이고, 약간 과장을 하자면 현대 생태학이라는 게 홀링이 지나간 흔적이 그대로 하나의 학문이 된 것이라고 할 수 있다. 오덤의 시스템 생태학과 맥아더의 진화 생태학 등의 이름으로 이어져 내려오는 흐름을 일통한 사람이 홀링이다. 게다가 홀링은 생태학을 전공한 사람이 현실에서 어떻게 해야 하는지를 직접 보여준 사람이기도 하다. '미국판 4대강 사업' 같은 것이 플로리다의 에버글레이즈라는 곳에서 벌어졌는데, 여기에 홀링과 그의 동료들이 대거 몰려가서 결국은 막아내고 주정부가 생태 복원이라는 것을 하게 만들었다. 대개의 생태계 문제가 '주민 싸움'의 형태로 많이 진행되는데, 생태학자들이 연구 활동을 통해 정부와 국민 사이에서 성공적으로 합의를 이끈 드문 사례가 바로 이 에버글레이즈 사건이다. 경제학자들이 생태경제학 초기에는 '생태'라는 은유만 사용하고 실제 생태학의 구체적 내용은 잘 공부하지 않았었는데, 결국 생태학 교과서와 수리 생태학까지 공부하지 않을 수 없게 만든 사람이 홀링이다. 홀링의 해법들은 읽기에 쉽지가 않다. 오죽했으면 한창 때의 대표적 생태학자인 맥아더가 홀링에게 "너무 어렵다"고 했을까.

아마 독자 여러분 중에서 생태경제학을 공부하기로 마음먹은 분은 우리나라에서는 어쩔 수 없이 독학을 하는 수밖에 없는데, 약간의 팁을 알려드린다면, 시작할 때 경제학자 중에는 케네스 애로(K. Arrrow)를, 생태학자 중에서는 홀링이라는 이름을 따라가면 번지수를 아예 잘못 찾아가거나 너무 변방에서 헤매는 위험은 줄여줄 것이다. 두 사람 다 '헛방'이 거의 없이 확실하게 공부 잘하는 사람들이다. 다만, 좀 어렵기는 하다. 리피에츠도 흥미로운 저자이기는 한데, 지금으로서는 너무 변방에 오래 있어서 그런지, 이미 90년대 이야기다. 요즘은 홀링, 오스트롬 등이 등장하면서 생태경제학도 진도가 많이 나갔다. 변방이라고 해서 유행이 없는 것은 아니다. 너무 유행만 따라가는 것도 문제이지만, 너무 옛날 얘기만 하는 것도 그렇게 재미있는 애기는 아니다. 요즘은, 홀링이 유행이다.

'지속 가능한 발전'이라는 개념이 있다. 70년대 초기에는 '생태적 발전'이라는 의미의 eco-development라는 말이 사용되었는데, 1987년 부르트란트(Brundland) 보고서에서 '지속 가능한 발전(sustainable development)'이라는 용어가 채택되면서, 지속성(sustainability)이라는 단어가 유행했다. 지속 가능성을 놓고 격론이 있기는 했다. 왜냐하면 이 개념이 지나치게 정치적으로 채택되어 정말 '최소한'의 "이 정도는 하자"는 기준이 전면으로 나오게 된 것이라 너무 약하다는 반대가 많았다. 1992년 리우회의에서도 역시 격론이 있었는데, 보다 많은 사람이 조금이라도 노력을 하게 만들자는 취지에서 결국 ESSD(Environmentally Sound and Sustainable Development)라는 개념으로 합의가 되었다. 어쨌든 다른 대안이 없으니까 이 개념을 사용하기는 하지만, 내 경우도 아주 제한적으로 특수한 맥락에서만 이 개념을 사용한다. 솔직히 말하면, 기업에 제출하는 보고서나 정부 보고서에서만 이 개념을 사용했지, 내 책이나 내 글에서는 이런 개념을 거의 쓰지 않는다. 지금도 혼용되어서 사용되기는 하지만, 연구자들에게 선호되는 개념은 아니다. 물론 '이름'이 그렇게 중요한 것은 아니지만, 대체로 '지속 가능한 발전'은 뭔가 많이 하겠다는 것보다는 "아무것도 하지 않겠다"는 의미로 더 많이 사용된다. 그래서 한동안 녹색당에서 온 '녹색'이라는 수식어 혹은 '생태'라는 수식어가 더 많이 사용되었는데, 둘 다 그렇게 엄밀한 용어는 아니라서 별 대안이 없는 상황에서 그냥 혼용된 것이라고 할 수 있다. 지금은 지속 가능성이 생태라는 의미보다는 오히려 '망하지 않는 경제'라는 경영학적 요소로 더 많이 사용되는 실정이다. 물론 개념을 만들면 땅값파가 금방 가져다가 쓰는 것을 멈추지 않을 것이다. 아직도 기억나는, 현대건설이 새만금 방조제 위에 내걸었던 '친환경적 방조제'라는 구호는 갯벌과 방조제 사이에서 철학적 질문을 하게 만든다. 이렇게 개념이 개발의 의미로 변환되어 차용될 때마다 새 개념을 만들어야 할 것인가? 피곤한 일이지만 당분간은 그 숨바꼭질은 계속

될 것 같다.

이런 흐름에서, 요즘 유행은 '복원성' 정도로 번역될 수 있는 '레질리언스(resilience)'다. 생태계의 균형이 깨어졌을 때 원래의 균형 혹은 또 다른 안정한 균형으로 갈 수 있는 힘을 의미하는데, 이 레질리언스의 운동이 비선형적이고 또 사전에 설정하기가 아주 어렵기 때문에 '머리 빠개지는' 수학식이 동원되는 것이다. 힘들기는 해도 '지속 가능한 발전'보다는 이게 더 과학적인 개념이라서 연구자들은 이 용어를 더욱 선호한다. 그리고 이게 바로 생태학자인 홀링의 용어다. 그래서 사람들이 지금은 홀링의 시대라고 하는 것이고, 21세기를 홀링의 시대라고 평가하는 것이다.

아마 공개적으로 이 단어를 처음 한국의 대중들에게 소개하는 내 입장에서는 가급적이면 '복원성' 혹은 '복원 가능성' 같은 우리말을 쓰고 싶은데, 그렇게 하지 못하고 '레질리언스'라는 영어를 그대로 사용하게 되어서 송구스럽기 짝이 없다. 이 말을 우리말로 못 쓰는 것은 바로 '청계천 복원' 때문에 그렇다. 지금의 청계천은 수질과 지반의 문제 등 결국 언젠가는 다른 방식의 기술적 대안을 찾게 될 것이다. 어쨌든 '복원'이라는 단어는 우리말에서는 지금 청계천을 연상시키는 단어가 되어버렸다. 이때의 복원은 restoration이라는 단어를 사용하기 때문에 영어로는 별로 헷갈릴 일이 없는 전혀 다른 개념이다. 그런데 이게 우리말로는 '복원'이라는 같은 단어를 쓰는 데다가, 반대 의미로의 오독 가능성이 아주 높기 때문에 어쩔 수 없이 당분간 '레질리언스'라고 하는 게 나을 것 같다.

지금 정부에서 말하는 '녹색'은 '삽질'이라는 단어로 치환을 하면 거의 정확하게 이해가 된다. 여기에 '저탄소'를 '원자력'으로 바꾸면 거의 100퍼센트 해독 가능한 개념으로 바뀐다. 녹색 성장은 '삽질 성장'의 의미를 가지고 있고, '저탄소 녹색 성장'은 '원자력 삽질 성장'으로 이해하면 정확하다. 삽질 정권에 원자력 정권, 이게 우리가 살았던 지난 10년 동안의 실체인 셈이다.

우스운 얘기로 이 어색하고 무거운 분위기를 벗어나보자.

옛 어른들이 말씀하셨다.

사람 낳고 삽 낳았지, 삽 낳고 사람 낳았는가?

이런 말씀도 하셨단다.

시멘트 보기를 돌같이 하라.

02 | 생태적 전환의 기본 모델

생태경제학 연구자들을 보면 90년대 초반에는 경제학자가 생태학으로 가는 과정이 두드러졌다면, 최근에는 홀링 등 생태학자가 직접 경제학으로 오는 것이 유행이라고 할 수 있다. 생태학자나 생물학자가 직접 경제에 대해서 자신의 이론을 정립시키면 아마 경제학자들이, 주류이든 비주류이든 국민경제에 대해서 공통적으로 가지고 있는 일정한 형상과는 전혀 다른 형태의 경제학 이론을 제시하게 될 것 같다. 그러나 두 학문 사이의 그 접점이 흥미롭기는 하지만, 아쉽게도 아직은 국민경제 모델로 직접 쓸 수 있는 이론이나 도구까지 와 있는 상태는 아니다. 그래서 어쩔 수 없이 나는 로머(P. Romer)의 모델을 그냥 쓴다. 정태적 모델로는 피어스 등의 런던학파의 모델이 있고, 동태적 모델로는 조지스큐-로이젠의 제자인 허먼 데일리(H. Daly)의 '정상 상태 모델(steady-state model)' 같은 것이 있지만, 좀 오래된 것이라서 변수 설정이 제약되어 있다. 그래서 편의상 로머 모델을 그냥 쓰는 편이다. 성장 모델을 만들 때에는 생산함수를 사용하는 방식과 비용함수를 사용하는 방식이 있는데, 나는 워낙 오랫동안 생산함수를 사용하는 방식으로 작업을 했기 때문에 그냥 생산함수를 쓴다. 루카스(R. Lucas)가 노벨경제학상을 탄 이후로 '내생성장 모델'이라는 용어보다는 그냥 '성장론'이라는 이름이 사용되는 경향이 있다. 성장론에 대해서는 바로와 살라이마틴이 공저로 쓴 책이 10년 이상 표준 교과서로 사용되고 있는데, 내가 쓰는 기본 모델이 이것과 많이 다르지는 않다.(Economic Growth, R. Barro & X. Sala-I-Martin) 프레임은 간단하다.

현대 경제학에서 성장 모델은 거시경제학의 길을 열었던 케인스 계열에서 먼저 나왔고, 최초의 성장 모델은 해롯과 도마의 모델이었다. 케인스와는 다른 방식으로 성장론을 만들어낸 것은 솔로우의 균형성장론이 처음이었지만, 이 모델은 주류 경제학자들이 도무지 받아들이고 싶지 않은 결론을 담고 있었다. 장기적으로는 자본주의 경제의 성장률은 인구 증가율에 수렴한다는 것인데, 이는 '새로 태어나는 인구'에게 줄 추가분만이 필요하고 더는 성장이 일어나지 않는 순간이 온다는 내용이다. 궁극적으로는 『국부론』의 '정체상태론'의 결론과도 같고, 자본주의는 이윤율이 끝없이 저하해서 결국 시스템이 유지되기 어렵게 된다는 『자본론』의 결론과도 유사하다.

이 모델을 정리하면서 솔로우는 조정 변수로 노동의 가격 즉 임금과 자본의 가격이라는 두 가지 변수를 사용했다. 이 대신에 자본가와 노동자의 저축률을 조정 변수로 사용한 칼도(Kaldor) 등 케인스주의자의 성장 모델도 있는데, 그 결론 역시 크게 다르지는 않다. 사실 이는 자본의 한계생산성이 체감한다는 가정하에서는 피하기 어려운 결론이다. 성장론에서는 '영원한 성장 그리하여 영원한 번영"이라는 결론이 나와야 한다고 많은 사람들이 생각했는데, 그런 결론이 잘 나오지를 않았다. 게다가 장기적인 균형에 도달하게 된다는 내적 메커니즘을 찾아내기도 쉽지 않았다. 이 상황에서 로버트 솔로우가 혜성처럼 등장하면서 노동의 가격과 자본의 가격 사이의 조정 메커니즘만으로도 경제가 장기적 균형으로 갈 수 있다는 것을 보여주던 것이다. 케인스를 반대했던 진영에게 솔로우는 구세주였던 셈이다. 당연히 솔로우에게 노벨경제학상이 가기는 했는데, 그러나 솔로우의 방정식 해법은 가격을 살렸지만 성장의 결론을 살리지 못한, 그야말로 '대실망'이었다. 경제성장이 계속되면서 성장률은 점점 떨어지고 급기야 만약 인구가 증가하지 않는 순간이 오면 제로에 가까워진다는 것이 솔로우 모델이 함축하는 의미였다. 만약 새로운 사람이 태어나지 않는다면? 그때에는 성장률이 0으로 수렴하게 된다. 그 상태에서도 기술 발전 등 성장을 계속할 수 있다는 것을 사람들은 보이고 싶어 했는데, 모델 바깥에서 그런 게 벌어진다는 논의는 가능하지만, 성장함수의 메커니즘으로 그걸 내부화해서 설명하기는 아주 어려웠다. 요즘 가끔 '인구가 경쟁력'이라고 솔로우의 결론을 거꾸로 해석하는 사람들이 있기는 한데, 이것은 솔로우의 결론을 역으로 해석하는 약간 희한한 방식이다.

적어도 90년대에 내생성장 모델이 어느 정도 자리를 잡기 전까지, 경제학은 성장론에 기반해서 '무한 성장'이 가능하다고 얘기해서는 안 되는 상황이었다. 답답하기는 하겠지만, 성장론은 그때까지는 그런 얘기를 할 수 있는 이론적 준비가 되어 있지 않았다.

그 빈 공간을 채우고 있던 이론이 하이에크(Hayek)의 '시장 과정(market process)'이라는 개념이다. 정확한 방식은 잘 모르겠지만 시장이라는 것이 움직이는 '과정'에서 매우 특별한 일이 생겨나서 영원히 성장을 할 수 있다는 것이 그의 주장의 요체다. 뭔가 '마술' 같은 일이 시장에서 벌어질 수 있다는 것이다. 사회주의자들과의 논쟁에서 신비한 '무엇'을 동원해야 했던 그의 처지가 딱하기는 했지만, 한 가지 인정할 수 있는 것은 그가 솔직하기는 했다는 사실이다. 진보 쪽의 경제학자들은 하이에크를 아주 싫어하기는 하지만, 어쨌든 거짓말을 하거나 이론적으로 보여주지 못한 것을 그냥 우기는 그런 터무니없는 사람은 아니었다.

슘페터가 얘기했던 '기업가 정신' 아니면 베블렌의 '엔지니어적 본능' 같은, 정말 마술 같은 얘기들을 다시 소환해서 '과정' 속에서 특별한 일이 일어난다고 하이에크의 제자들은 주장했다. 70~80년대에 많은 경제학자들은 시장 경제에서 무한한 성장이 가능하다고 주장을 했지만, 당시에 경제학은 그러한 얘기를 할 수 있는 이론적 준비가 되어 있지 않았다. 지금에 와서 돌아보면 진화적으로 사유하고 시스템의 운동을 보기 위한 진화경제학에서 하이에크의 '과정(process)'이라는 개념이 일정하게 기여를 한 것이 사실이다.

이 곤란한 상황을 타개한 것이 '규모의 효과'를 집어넣어 한계생산성체감의 문제를 해소한 로머 등 내생성장 모델의 등장이다. 이론의 해법은 복잡하지만 이 모델의 작동 방식은 비교적 단순하다. 교육이나 지식 혹은 좋은 제도와 같이 규모가 커질 때 플러스(+)로 작동하는 변수를 넣어주면 생산성체감 같은 마이너스(−)의 힘을 상쇄하거나 극복하는 형태의 모델을 만들 수 있다. 누적 효과(cumulative effect)라고 부르는데, 지식 경제나 교육 자본과 같은 용어들이 바로 이 모델과 함께 새롭게 등장한 개념들이다. 실증 작업을 해보면 잘 안 맞는다는 약점이 있고, 너무 자의적 해석의 여지가 많다는 문제점이 있기는 하지만, 어쨌든 '무한 성장'의 문제가 그때서야 비로소 풀린 셈이다. 이제는 무한 성장이 가능할 수 있다고 말해도 되는데, 예전처럼 노동과 자본이라는 두 가지 변수만 가지고 이 해법을 도출할 수 있는 것은 아니다. 창의나 창조 혹은 혁신 아니면 최소한 사회적 문맹률 같은 조건들을 추가하는 경우에만 가능하다. 로머 등의 내생성장 모델은 동전의 양면 같은 기능을 가지고 있다. 한편으로는 '무한 성장'의 이론적 가능성을 열어준 것이기도 하지만, 또 다른 한편으로는 포디즘 시대와 같은 물량 투입 전략만으로는 안정적인 장기 성장이 불가능하다는 것을 의미한다. 우리 시대의 용어로 얘기한다면 '삽질'만으로는 곤란하다는 의미도 가지고 있다.

로머의 '인적 자본'에 의한 성장 모델은 여러 가지로 의미 있고 흥미로운 결과를 내포하고 있기는 하다. 그러나 우리나라에서는 그냥 사교육이 늘어나고, 대학이 토건질을 하기 위한 장치 정도로만 사용되었다. 당시 문교부가 교육 '인적자원부'로 이름을 바꾸었는데, 그렇다고 진짜로 교육부가 지적인 혁신교육을 도입한 흔적은 거의 보이지 않는다. 로머의 모델은 '집단적으로 똑똑해지기' 프로그램 같은 것이라고 할 수 있는데, 우리나라에서의 현실은 별로 그렇지 못했다.

내생성장 모델을 생태적으로 활용한다면, 우리가 흔히 국민소득이라고 부르는 개념을 부가가치라는 관점에서 적극적으로 해석하는 것으로부터 시작될 것이다. GDP 개념은 원래 그 나라가 생산하는 부가가치의 총합으로 정의될 수 있는데, 이는 토지, 건물, 공장, 기계 등 물질 변수와는 조금 다른 개념이다. 이런 것들이 만들어내는 부가가치를 전부 더하면 GDP가 되고, 실제로 한국은행에서 국민계정을 계산할 때에는 이런 부가가치를 사용한다. 그렇다면 국민경제에서 물질 투입을 늘리지 않으면서 부가가치만 늘리는 일이 가능할 수 있을 것인가? 이론적으로는 가능하다. 이것은 성장률의 문제라기보다는 '성장 패턴'의 문제라고 할 수 있다. 통상적인 생산함수에 문화와 지식과 같은 누적 요소를 집어넣으면 모델 운용이 훨씬 부드러워질 수 있을 것이다.

$$Y = F(L, K)$$

이것은 가장 간단한 노동과 자본만으로 구성된 표준형 생산함수다. 솔로우 모델에서는 이런 생산함수를 썼다. 여기에 지식과 관련된 변수들을 넣어서 조금 확장해보자. H는 지식 혹은 '지식 자본'을 의미하는데, H_1은 개인이 가지고 있는 지식 즉 사적 지식, H_2는 국가가 가지고 있는 공공재적 성격의 집단 지식이라고 정의하자. 기본적인 로머의 지식 경제 모델은 요렇게 생긴 생산함수라고 할 수 있을 것이다.

$$Y = F(L, K \,;\, H_1, H_2)$$

나의 질문은 이렇게 형성화할 수 있다. 만약 부가가치의 총합인 Y의 수준을 유지하면서, 국민경제 내에서 에너지(E)와 자원(R)의 투입량을 줄일 수 있는 방법이 있을까? 이 질문은 함수식으로는 다음 정도로 표현할 수 있을 것이다.

$$Y = F(L, K ; E\downarrow, R\downarrow ; H_1\uparrow, H_2\uparrow)$$

여기에 내가 추가적으로 집어넣으려고 하는 변수는 문화 경제학에서 다루려는 문화(Cu)라는 영역과 사회적 돌봄 노동(Ca)의 영역이다. 이 두번째의 변수는 지역 경제의 네트워크와 밀접한 연관을 가지고 있기 때문에 일종의 관계의 경제학이라고도 할 수 있고, 우리나라에서는 생소하지만 '젠더 이코노미'의 영역이라고도 할 수 있다. 혹은 사회적 경제의 영역 아니면 시민경제의 영역들을 이렇게 반영할 수 있을 것이다. 이렇게 정리를 해보면 대략 다음과 같이 생긴 생산함수를 만들 수 있다.

$$Y = F(L, K ; E, R ; H_1, H_2 ; Cu, Ca)$$

마지막으로 언론이 차지하는 사회적 의사결정의 역할을 의사결정론의 한 방식으로 정리한다면, 언론 혹은 소통(Co)이 마지막 변수로 들어갈 수 있을 것이다. 만약 국민경제에서 계속해서 좋은 결정을 내리면 국민경제에 긍정적 결과가 나오지만, 언론이 왜곡된 결정에 계속해서 영향을 미쳐 좋지 않은 결정을 내린다면 이는 경제 운용에도 영향을 미치게 될 것이다. 하버마스의 표현대로 공론장(public sphere)을 경제적 의미로 해석한다면, 더 많은 공론장이 경제적 주체로 운영될 때, 이것들도 일종의 제도 혹은 사회적 자산과 같은 효과를 가지게 될 것이다.

$$Y = F(L, K ; E\downarrow, R\downarrow ; H_1\uparrow, H_2\uparrow ; Cu\uparrow, Ca\uparrow, Co\uparrow)$$

이 식이 의미하는 바는 복잡하지는 않다. 에너지(E)와 자원(R)의 투입량을 줄이면 당연히 국민소득(Y)이 줄어들게 되는데, 이 부족분을 개인적 지식(H_1)과 사회적 지식(H_2), 그리고 문화(C_u), 돌봄(C_a) 그리고 소통 혹은 공론장(C_o)의 투입을 늘려서 부가가치의 총량을 지탱한다는 의미를 가지고 있다. 나머지 다섯 개 변수의 생산함수에 대한 기여도 증가가 에너지와 자원의 투입 감소분을 보상하거나 상회한다면 부가가치로 표현된 국민소득(Y)은 감소하지 않는다.

군이 이름을 붙이자면, 이러한 경제성장 패턴의 변화를 '탈토건'의 과정 혹은 '국민경제의 생태적 전환'이라고 부를 수 있을 것이다. 실제로 에너지와 자원의 사용이 줄어들고 그 빈 자리를 지식과 문화 혹은 돌봄 노동 같은 것으로 채울 수 있다면, 고용 문제는 확실히 좋아진다. 성장률을 유지하는 것은 일반적인 생태주의의 주장과는 차이가 있지만, 물질 투입을 줄인다는 면에서는 '생태적 국민경제'의 조건에 보다 가깝다고 할 수 있을 것이다.

물론 기술적으로는 이렇게 별도의 변수를 사용하지 않고 노동(L)에 대한 파생 변수, 예를 들면 부분별 생산성 혹은 고용 변수를 사용하는 것도 한 방법이지만, 지금과 같이 조절 변수로 별도로 빼는 편이 정책적 메시지의 형태로 다루기가 조금은 더 편해진다. 복지(welfare)를 중심으로 변수를 재정리하는 것도 한 가지 방법이기는 하지만, 일단은 성장률 자체가 복지를 강조하는 사람들이 만든 이름이 아니라서 그걸 중심에 놓고 모델을 전개하는 것은 좀 어색하다. 게다가 케인스주의자와는 정부 재정 정책에 관해 다시 논쟁하고 싶지 않다는 생각도 있었다. 한국의 케인스주의자들은 조그마한 틈새만 생기더라도 삽질 경제로 복귀하려는 성향이 너무 강하다.

보통은 이 정도 해놓고 콥-더글라스 함수와 같은 생산함수 추정식을 사용하여 미분방정식을 풀고 균형 조건을 찾는 일이 일반적으로 가는 해법이다. 그러나 이 기본 모델의 특징은 균형 조건을 계산하는 것 자체에 있는 것은 아니다. 일종의 시스템으로 어떤 부문들을 사용해서 국민경제를 운용할 수 있는지, 그러한 조절 변수를 설정하는 데 정책적 의미가 더 크다고 할 수 있다. 어쨌든 나는 성장론자도 아니고, 내버려두면 시장이 알아서 한다는 시장 만능론자도 아니다.

현재 예정으로는 에너지와 자원의 투입이 줄어든 빈 자리를 채우게 될 조절 변수들은 전체 시리즈 중 별도의 세번째 시리즈인 '응용 경제학 시리즈' 의 4권으로 준비 중이다. 1권부터 시작된 숫자를 그냥 사용한다면 9, 10, 11, 12권이 이 조절 변수에 관한 내용이 될 것이다. 내용은 다음과 같다.

9권: 문화 경제학
10권: 농업 경제학
11권: 과학과 기술의 경제학
12권: 언론과 정당의 경제학

10권에 농업이 별도로 들어간 것은 생태경제학이 다른 모든 경제학과 차별성을 갖는 가장 궁극의 지점이 농업에 대해 특별히 고려를 한다는 점이기 때문이다. 대부분의 한국 경제학자는, 심지어는 농업 경제학자들까지도 어느 정도는 농업을 이미 포기한 상태다. 간단하게 하나의 문장으로 표현하면, "핸드폰 팔아 쌀 사먹으면 된다"라는 명제를 인정할 것인가, 인정하지 않을 것인가에 중요한 차이점이 있다고 할 수 있다. 그 각별함과 함께 최근의 농업 이론과 정책의 변화를 사람들에게 보여주고 싶다.

나머지 책들은 대체적으로 탈토건의 국민경제 모델에서 상정할 수 있는 조절 별수들을 생태경제학이라는 틀과 시선으로 새롭게 다루는 내용이 될 것이다. 원래의 계획 중에서 아쉽지만 이 시리즈에서 포기한 것은 '젠더 이코노미'에 관한 내용인데, 여성 노동 및 경제 활동과 관련된 중요한 정량적 평가 작업들이 아직 진행되지 못해서 책으로 정리할 수 있는 수준에 이르지 못하다. 지역별·조직별 마초 지수 같은 작업을 할 계획이 있기는 하지만 혼자서 정리해볼 수 있는 수준을 넘어서기 때문에 몇 년째 실제 조사에 들어가지 못하고 있다. '돌봄 노동'과 젠더의 문제는 생태학 이상으로 다루기가 까다로운 주제다.

국민경제의 생태적 전환에서 사용되는 조절 변수들의 기술적 분석들은 별도의 시리즈로 떼어냈기 때문에, 지금부터 책의 마지막까지는 생태경제학의 논의를 한국에 적용할 때 나올 수 있는 얘기들을 독자들이 조금 편안하게 접할 수 있도록 하고 싶다.

03 | 일주일에 이틀 일하는 정규직, 재택근무 그리고 완전 연봉제

우리나라의 경제 현안 중에서 1번 문제는 고용의 문제이고 그중에서 가장 장기적으로도 문제가 될 것은 청년 세대의 고용 문제일 것이다. 경제 대장정 시리즈의 1권의 주제로 20대의 고용 문제를 다룬 것은, 정말로 이 문제가 곧 전개될 한국 경제의 가장 큰 격동의 사건이라고 보았기 때문이다. 지난 수년 동안 우리는 "이게 다 신자유주의 때문이다"라는 말로 쉽게 설명하려는 경향이 있는데, 한국의 경우에는 이보다는 훨씬 오래된 사건이 이 현상의 뿌리에 자리 잡고 있다. 1987년에는 민주화 사건만이 있었던 것이 아니라 '공업기본법'이라고 불리는, 국가와 재벌 사이의 관계를 근본적으로 재정립하는 법이 생겨났다. 개별 기업에 대한 정부의 직접 통제에서 벗어나 절차에 의하여 관리하는 체계가 형성되었는데, 이 시점은 대기업이 아주 강력했던 정부에 대해서 상대적 자율성을 가지게 되는 때로 보아도 좋을 것이다. 그리고 그해에는 6.29 선언에 뒤이은 노동운동이 폭발한 해이기도 하다.

이 최초의 노동과 자본의 충돌에서 정권과 재벌이 모두 코너에 몰렸다. 현상적으로는 그렇다. 여기에서부터 단추가 잘못 꿰어졌는데, 공업기본법에 의해서 상대적 자율성을 획득한 대기업이 주로 했던 것이 노동을 대체하는 기계에 대한 투자를 전면적으로 늘린 것이다. 물론 노동자에게 지나치게 권력과 결정권이 집중되는 것을 싫어했던 재벌 오너들의 심정은 이해할 수는 있다. 그러나 그 정도가 너무 심했다. 노동집약적 산업에서 중화학 공업으로의 전환, 자동차 공장에서의 로봇 도입 등이 이때 집중적으로 추진된다. 장비 투입률을 높이는 것이 반드시 생산성의 증가로 이어지는 것도 아니고, 교육을 통한 재투입에 비해서 새로운 변화에 대한 적응성이 떨어진다는 문제가 있다. 그러나 우리의 대기업은 로봇화와 설비 투자를 자본의 노동에 대한 통제 수단으로 사용했다. 어떻게 보면 경제에 비해서 이념이 너무 과잉이었던 시기라고도 할 수 있다. 결국 장비 투자가 끝나고 나자 노동력의 과잉 문제가 생겨나고 IMF 경제위기가 찾아오게 된다. 이런 점에서 IMF 경제위기는 재벌 스스로가 자초한 성격이 강하다. 그 뒤의 변화는 '고용 없는 성장' 그리고 비정규직의 일반화, 이렇게 우리에게 익숙한 그 순서대로 진행되었다.

물론 이후의 변화에는 신자유주의의 영향이 강하지만, 최초의 변화는 너무 빠른 속도로 노동을 통제하기 위하여 로봇화 등 장비 투입률을 높인 87년 이후의 산업 조절방식에서 시작되었다고 할 수 있다. 결국 일자리 나누기(Job sharing)나 사회적 일자리가 일종의 기술적 대안으로 제시되었지만, 비정규직이라는 제도를 노동 통제의 수단으로 생각하려는 경향이 너무 강해서 1년 미만의 단기 일자리만 만들고, 대졸 신입사원의 임금 삭감의 계기로만 활용한 것은 우리가 이미 관찰한 바다. 이 정도로 꼬인 상황에서, 단기적으로는 정말 답이 없기는 하다. 물론 상상 속의 미래처럼 우리가 하는 일은 모두 로봇에게 맡기고 그저 편안하게 놀 수 있으면 좋을 것 같다만…. 대부분의 국민들이 임금을 받고 노동자로 살아가야 하는 자본주의의 현실에서, 이렇게 되면 과잉 생산에 따른 공황이 발생하고 개인들은 굶어 죽게 된다. 기계가 인간의 일을 대신하는 것은 생각보다 복잡한 문제이고 예민한 질문이다. 경영학에서는 그냥 "잘난 사람만 월급 많이 받으면 된다"고 단순하게 주장할 것 같지만, 경영학이라는 학문 자체가 워낙 변화에 민감하고 예민한 학문이라서 최근 이 새로운 질문에 대해 가장 먼저 대응하는 것도 경영학이다. 비싼 MBA 과정에 '사회적 기업'과 관련된 프로그램이 유행처럼 생겨나는 것을 보면서 격세지감이 느껴지는 것도 사실이다. 개인의 연봉을 늘리는 대신, 노동 강도를 높이고 전체적으로 고용량을 줄이는 방식이 한국만이 아니라 지난 10년 동안 전 세계적으로 유행을 했었다. 그러나 이 모델이 이제는 한계에 온 것이 사실이고, 그러다보니 가장 첨단의 경영 기법을 배우는 MBA에서도 지금까지와는 전혀 다른 방식의 기업인 사회적 기업에 대한 프로그램이 개설되는 중이다. 더욱 비싼 연봉을 받기 위해서 휴직을 하고 자비로 미국에 유학을 갔는데, 시민단체처럼 움직이는 사회적 기업에 대해서 배우게 된다면 정말 자신이 한심하게 느껴지지 않겠는가? 그러나 세상은 이미 그렇게 가고 있다. 신자유주의는 세계적으로 소비자들이 노동자로서 살아갈 길을 막아놓았다. 마케팅 사회에서 소비를 하라고 하지만, 부모가 집과 직업을 물려줄 수 없는 대부분의 중산층이, 스스로 노동해서 돈을 버는 방법 외에 소비를 계속할 길 그리하여 자신의 생존을 이어갈 길이 있는가? 이 과정에서 우리 모두의 '삶의 비용'을 터무니없이 비싸게 올려놓았다. 길은 이미 막힌 상태에서, 우리 시대의 제국, 그 제국의 심장에서도 최첨단이라고 할 수 있는 미국의 MBA에서조차 변화가 오고 있다. 어떻게 보면 경제는 이데올로기를 뛰어넘는다는 말이 정말로 참인 것 같다.

옛말에 "아기는 자기 먹을 숟가락을 들고 태어난다"라는 말이 있다.

이 말은 "아기는 자기 살 아파트는 갖고 태어난다"로 고쳐져야 할 것이다.

지난 수년간 한국에서 우파들이 했던 얘기는 노동에 대한 비용인 임금총액, 즉 W(wage)를 낮추면 국민소득, 즉 Y가 높아진다는 것이다. 임금 총액이 지나치게 높을 때에는 이 말이 맞을 수도 있는데, 이 총액을 너무 낮추다 보니 W를 낮추어도 Y가 높아지지 않는 상황이 온 셈이다. 이것이 기계론적

반박이다. 여기에 최근에 비정규직 도입이 만들어낸 문제는 W를 낮추기 위해서 노동의 안정성이라고 부를 수 있는 S(stability)를 너무 낮춘 것이다. 즉, 정규직 일자리가 아닌 불완전 고용이라고 할 수 있는 비정규직, 파견 고용, 그리고 알바를 늘리다 보니까 총고용률은 낮추어지지 않은 것처럼 보이는 환각이 발생하게 되었다. 단기적으로는 실업률이 높아지지는 않은 것처럼 보이지만, 정규직과 불완전 고용의 비율은 변하게 된다. 이렇게 고용의 안전성이 떨어지면 장기적으로는 자본 쪽에서도 문제가 생겨나게 된다. 공정 내의 정규직들에게서 생겨나는 공정 혁신률도 떨어지고, 제품 불량률 역시 장기적으로는 높아지게 된다. 최근의 도요타의 대량 리콜 사태는 지나치게 빠른 해외 공장의 확충과 함께 비숙련 노동의 증가에 의해서 생긴 문제라고 할 수 있다.

지난 10년 동안, 한국 정부에서 줄기차게 했던 얘기는 '노동 유연성'을 높이더라도 교육훈련을 통해서 이들을 다시 새로운 노동 과정에 투입하면 별 문제가 없다는 것이다. 스웨덴이나 네덜란드 모델이라는 것이 대략 이런 형태다. 우리나라에서는 이게 안 통한 게, 노동자와 자본 그리고 국가 사이의 '대타협'이라는, 적대적 관계의 긴장을 조정하고 상호 신뢰를 만들어낼 수 있는 그런 사회적 테이블이 없었다. 해고된 노동자가 교육훈련으로 다시 새로운 직종에 정규직 노동자로 투입되는 속도보다는 해고로 빈 일자리가 비정규직으로 채워지는 불완전 고용의 증가 속도가 더 빨랐다. 현실적으로는 구조조정 등의 과정을 거쳐 해고된 노동자가 다시 원래의 자리에서 같은 일을 하게 되는데, 다만 그 고용의 형태가 임금과 회사 복지 수준이 낮아진 비정규직인 것, 그것이 우리에게 실제로 벌어진 일이다. 스웨덴의 경우는 '동일 노동 동일 임금'이라는 일종의 사회적 합의가 이렇게 비정규직화로의 전환을 막아주는 안전판 역할을 했다. 우리는 같은 일을 하면서 임금도 차별을 받고, 심지어는 식당의 자리 배치는 물론 출근 버스 내에서도 정규직과 비정규직을 구분하는, 사람으로서는 도저히 할 수 없는 일들을 버젓이 하고 있었다.

이 상황에서 우리가 제시할 수 있는 최소의 해법은 고용의 안정성(S)은 높이면서도 총임금(W)은 높아지지 않는 형태일 것이다. 전체 생산비 중에서 임금 비중이 높아지지 않는데도 이 상황을 받아들일 수 없다는 것이 87년 이후에 한국의 재벌들이 했던 일이다. 그러나 이건 너무한 일이다. 노조를 받아들일 수 없던 한국의 자본은, 자신에게 고용된 사람의 숫자를 줄이고, 기계를 늘리는 쪽을 선택했다. 그러나 이런 식으로는 국민경제가 장기적인 안정성을 가질 수 없다는 것은 너무 명확하지 않은가? 임금 총액을 늘리지 않으면서 피고용자를 늘릴 수 있는 것은 노동의 유연화가 아니라 '노동 과정'의 유연화라고 할 수 있다. 일자리 나누기, job sharing 혹은 work sharing 등 다양한 형태로 불리었지만, 내가 생각하는 것은 종신 고용의 전면화, 그 대신 노동 시간 단축에 의한 개인당 노동 임금의 삭감이다. 이건 일종의 게임과 같다. 평생 일하는 대신, 일을 덜고, 당연히 월급도 줄이는 방안을 우리 사회가 받아들일 수 있을 것인가? 확실한 것은, 이런 방식의 노동 전환이 생태적인 관점에서의 미래의 노동 방식이 될 수 있다는 점이다.

헨리 포드가 처음 자신의 자동차 공장에서 포디즘을 도입할 때에는 자신의 노동자들이 자신이 만든 승용차를 구매할 수 있게 해준다고 했다. 그 시절에 나온 T형 포드가 지금 물가로 환산하면 대략 5000달러, 즉 500만원 정도 된다. 승용차의 가격을 낮추면서 동시에 지금과 같은 방식으로 노동자의 임금을 높여주었다. 그리고 '대량생산 대량소비'의 특징을 갖는 포디즘이 등장했다. 여기에서 임금을 낮추는 방식으로 돌아가는 것은 대량소비라는 특징을 가지고는 불가능해 보인다. 물론 고용을 담당하는 노동부 혼자서는 이런 변화를 이끌어내기 어렵다. 노동자들이 줄어든 임금으로도 자신의 생활수준을 유지하기 위해서는 집값, 교육비, 육아 비용, 이러한 비용들이 적어도 삭감된 임금 혹은 그 이상으로 줄어들어야 한다. 그게 가능할까? 임금의 사회적 성격을 높이면 가능하고, 실제 1인당 국민소득 6만 불을 넘긴 나라들이 전부 이런 방식을 취했다.

예를 들어보자. 일주일에 이틀 일하고 그 대신에 지금 임금의 절반만 받으라면 독자 여러분은 받아들이시겠는가? 일주일에 이틀 일하는 것이 소위 알바나 비정규직의 형태라면 당연히 거부하겠지만, 만약 이러한 방식이 종신 고용이 보장된 정규직이라면 검토해볼 여지가 있을 것이다. 그리고 연구직이거나 창조력과 관련된 직업이라면 받아들일 여지가 더욱 많을 것이다. 그게 내가 생각하는 '생산 과정'의 유연화다. 이게 돌아가기 위해서는, 이렇게 줄어든 노동 시간이 교육 훈련이나 문화활동과 연결되면서 창의력의 증가와 함께 문화 부문이 국민경제에서 차지하는 비율이 커진다면 가능할 수 있다. 이는 개별 기업의 생산성 증가를 뛰어넘어 국민경제의 창조 경제로의 전환 그리고 경제의 문화화를 동시에 이룰 수 있는 길이기도 하다. 물론 지금도 유능해서 기업이나 정부에서 고용하고 싶은 사람이라면 굳이 '종신 고용'이라는 보호 장치 없이도 언제든지 프리랜서로 살아갈 수 있기는 하다. 그러나 이렇게 유능한 사람이 인구 중에 얼마나 되겠는가? 평범한 노동자들에게는 종신 고용이라는 사회적 약속 없이 노동 과정의 유연화는 받아들여질 수 있는 일이 아니다. 경제에서 '약속'이라는 것이 의미가 있을까? 20세기 이후에 선진국 경제는 어떤 식으로든 약속 위에 서 있었다. 스웨덴 등 맨 앞에 있는 나라의 경제에서는 '동일 임금 동일 노동'과 같은 약속들이 일종의 사회적 자산과 같은 작용을 한다. 반면 그 기간 동안 우리는 '무노동 무임금'이라는 저주의 언어를 만들어내고 있었다.

　내가 만들고 싶은 노동의 세계는 전작에서도 얘기한 적이 있듯이, '일주일에 이틀 일하는 정규직'이 생겨나는 사회다. 스위스의 전문 사서들에게서 이 가능성을 본 적이 있는데, 미안한 얘기지만, 아무리 생각해봐도 일주일에 이틀 노는 사람이 일주일에 이틀 일하는 사람을 '창의의 세계'에서는 이겨낼 방법이 없을 것 같다. 일주일에 이틀 일하는 사람들의 독서량과 영화 보는 분량 혹은 사색의 양을 무슨 수로 이틀 노는 사람들이 당해낼 것인가? 놀이와 일을 결합시키고, 삶과 노동의 분리로부터 발생하는 소외를 해결하는 것이 생태학이 추구하는 노동관이다. 구글 같은 회사가 이미 이렇게 가고 있다. 구글이 특별히 더 생태적이라서가 아니라 그렇게 하지 않으면 살아남기 어려운 것이 창의성의 세계인데, 두 가지는 지금 한 방향에서 만나는 중이다. 반면 우리만 다시 열심히 삽질 세계로 가고 있는 것이다. 고용의 안정성을 높여주면 많은 사람들은 하지 말라고 해도 자신의 임금을 반납하면서 더 많은 여유와 더 많은 문화를 선택할 가능성이 높다. 자연스럽게 토건에 쓸 돈이 줄어들면서, 국민경제는 생태적으로, 경제 패턴은 문화적으로 바뀌게 된다. 이게 YS 시절에 잠깐 얘기하다가 너무 오랫동안 우리가 잊고 있던 단어, '삶의 질' 아닌가? 삶의 질은 개인의 소비생활을 뒷받침하기 위한 무리한 지출과 대출이 만들어주는 것은 아니다.

당신의 월급을 높여줄 테니 살아남은 당신은 '구조조정'에 찬성하라! 이게 신자유주의의 정신이었다. 인간의 야비함에 호소하는 직관적이며 원초적인 경제 시스템이며, 이렇게 살아남은 소수자를 '능력자'로 칭송하며 지난 10년을 우리는 살아왔다. 고전적인 비유를 사용한다면 '노동의 독과점' 현상이 벌어진 것이다. 자본의 '독점 이윤' 현상이 벌어지듯이 노동에서도 일종의 '독과점 임금' 현상이 벌어진 셈이다. 그러나 자본의 독과점화에 비해서 노동의 독과점화는 사회적 폐해가 훨씬 심하다. 경제 자체가 반사회적 현상의 핵심이 된 셈이다. 그렇지만 살아남은 소수의 생산력 극대화라는 이 현상은 지나친 노동 강도와 노동 시간으로, 이 소수의 고액 연봉자의 삶도 피폐하게 만들었다. 공식적인 통계로는 잘 나오지는 않지만, 업무 이외의 시간까지 합쳐서 계산하면 수면 시간 이외에는 모든 삶을 예속된 노예의 삶과 그 양상에서 다를 바가 전혀 없다. 연봉 1억 원이 넘는 사람들이 내 주변에 좀 있고, 많이 받는 사람은 6억 원 정도 받는다. 이들의 삶은, 상상하기도 어려울 정도로 피폐하다. CEO와 금융 전문직의 삶, 그야말로 사는 게 사는 게 아니다. 인간은 모두가 높은 연봉과 '럭셔리'를 통한 과시만을 원할 것 같지만, 그렇게 단순한 존재가 아니다. 사람은 사랑도 하고 봉사도 하고 때로는

'자발적 희생'도 선택하는 아주 복잡미묘한 존재다. 연봉이 1억 원이 넘는 사람들은 대개는 전문적이거나 의사결정과 관련된 일을 하는 경우가 많다. 이런 사람들은 제도가 허락하기만 한다면, 임금이 반으로 줄더라도 일주일에 이틀 일하는 제안을 받아들일 가능성이 높다.

임금이야말로 한계효용학파가 주장했던 '한계생산성의 법칙'이 작동하는 것이다. 연봉이 2000만원에서 3000만원으로 오르면 개인의 삶이 많이 바뀐다. 이때부터 문화생활에 어느 정도의 예산을 쓸 수 있게 된다. 연봉이 4000만원으로 올라갈 때에도 삶의 소소한 변화가 생긴다. 한계효용의 논리를 가지고 설명할 수 있다. 그러나 일정 수준 이상의 소득이 되면 그때부터는 명목 임금 자체가 중요한 것이 아니라 일종의 자존심이라고 할 수 있는 '프레스티지(prestige)'가 작동하는 시장이 된다. '업계 최고 대우'와 같은 수식어가 작동하는 임금 시장은 독과점 구조에서 발생하는 것이며, '생산성' 같은 경제학에서 임금을 설명할 때 쓰는 그런 논리와는 크게 상관이 없다. 임금이야말로 경제 현상의 어떤 분야보다도 제도가 강하게 개입하는 곳이다. 그리고 1억 원 이상의 연봉 협상부터는 생산성의 기준으로 임금이 결정되지는 않는다. 마찬가지로 누구나 '더 많은 임금'을 경제적 의사결정의 최고 기준으로 선택할 것 같지만, 일정 수준의 임금 이상에서는 여유나 문화 혹은 '자기 존엄성' 같은 전혀 다른 종류의 가치들이 경제적 행위에 영향을 미치게 된다. 사회학자 매슬로(F. Maslow)가 얘기했던 동기 분석의 직관은 임금 현상에서 가장 잘 관찰된다. 임금 단계가 높아지면, 다른 사회적 가치나 문화적 가치들이 임금에 개입하기 시작한다.

고급 직종일수록 '고용의 안정성'을 보장해준다면 '시간적 여유'의 경제적 가치가 높아지고, 일자리 나누기가 쉽게 이루어질 가능성이 높다. 1억 원의 연봉을 5000만원으로 줄이고, 그 대신 일주일에 이틀만 일한다면, 이 제안은 개인에게도 나쁘지 않은 선택이 될 수 있을 것이다. 메르세데스-벤츠나 BMW를 포기하고 국산 승용차로 바꾸면 사회적 프레스티지는 한국 상황에서는 줄어들게 될 것이다. 그러나 그 대신에 잃어버린 자기 자신을 찾을 수 있고, 방치된 가족을 찾을 수 있게 된다. 일자리 나누기에서 현재 정부는 가난한 사람을 대상으로, 그것도 단기 취업을 중심으로 고민을 하지만, 생태적 일자리 나누기는 사회적 고용 양식 자체에 대한 질문이기도 하다. 어떤 면에서는 '생태적 노동'은 노동 시간에 대한 감축과 함께 '놀이'의 재발견이라고 할 수 있다. 그래야 물질 소비를 줄이면서도 '즐거운 경제'를 만들 수 있을 것이다. 인류학자인 마셜 살린스(M. Sahlins)가 『석기시대 경제학(Stone-Age Economics)』에서 보여준 사회가 바로 이것 아닌가?

생각해보자. 우리나라 총 고용의 30퍼센트 정도가 일주일에 이틀 일하는 정규직으로 채워지는 순간이 온다고 해보자. 이는 곧 우리나라 경제가 그만큼 고도화되어서 연구개발 분야나 문화 생산자들이 많이 늘어났다는 것을 의미하고, 또한 고용 안정성이 그만큼 높아졌다는 것을 의미한다. 70년대의 경제 고도화와 달리, 90년대의 월가식 고도화와 달리, 21세기의 경제 고도화는 이런 방식으로 진행될 가능성이 높다. 고강도 노동과 장시간 노동이 사회적 덕목이던 시기는 이제 끝나간다. 대체 휴가에 대한 논의가 있을 때마다 그렇게 놀기만 해서는 국가는 도대체 누가 먹여 살리느냐고 목소리를 높이는 사람들이 있다. 포디즘의 시대에는 이 말이 맞았다. 컨베이어 벨트에 의해서 규정되는 전체 생산성은 고정되어 있으니까, 노동총량(L)만이 추가로 투입할 수 있는 요소였다. 당시에는 우리나라뿐만이 아니라 거의 대부분의 선진국이 완전 고용(full employment) 상태에 가까웠다. 그러나 지금은 다르다. 지식과 기술 혹은 문화와 같은 요소들이 노동 시간이나 기계적으로 해석된 노동 생산성보다 더 중요하며, 장기적 성장 패턴에 안정성을 주는 '축적 요소'라고 할 수 있다.

열심히 일해야 잘산다고 여전히 믿고 있는 분들에게는 미안한 얘기이지만, 앞으로의 경제에서 죽어라고 일하는 사람은 절대로 노는 사람을 이기기가 어렵다. 일주일에 5일 일하는 사람과 일주일에 이틀 일하는 사람이 경쟁하면, 우리가 '신산업'이라고 부르는 분야에서는 대부분 일주일에 이틀 일하는 사람이 이길 것이다. 발상의 전환과 같은 창의력의 주요 요소, 그리고 책 많이 읽고 영화 많이 보는 사람의 종합적 사고력을 사무실에 갇혀 있는 사람들이 따라갈 방법이 없다. 억울하지만, 지금 선진국 경제는 이 방향으로 조금씩 변해가는 중이고, 국민소득 6만 불을 넘어서는 나라들이 이렇게 노동 강도를 낮추고 '즐거움'을 회복하는, 혹은 여유의 사회적이며 경제적 가치를 재발견하는 국가들이다.

죽어라고 일하는 쪽이 노는 사람을 절대로 이기지 못한다는 것과 마찬가지로, 비정규직으로 가득 찬 회사는 정규직들이 일하는 회사를 이기기 어렵다. 정규직과 비정규직 사이에 몇 가지 차이점이 있지만, 장기적으로 가장 큰 요소는 '지식의 축적'이다. 노동자에게는 지식이 축적되고, 이것은 생산과 혁신의 가장 큰 요소이며, 이를 '숙련'이라고 부른다. 이 숙련공 현상은 정규직에게만 벌어진다. 물론 숙련 노동자는 고분고분하지 않고, 숙련되지 않은 비정규직이 다루기가 훨씬 편할 것이지만, 이 숙련공의 잠재적 능력을 최대로 끌어내는 것이 바로 회사의 능력이다. 한동안 비정규직화를 한국의 회사들이 선호했지만, 이 흐름도 반대로 역전될 가능성이 높다. 아무리 국내에서는 독과점 위치에 있는 대기업이라도, 세계적 규모에서의 독과점을 형성하기가 쉽지 않고, 유지하기는 더욱 어려울 것이기 때문이다. '기술의 혼다'와 달리 '마케팅의 토요타'라는 슬로건을 가지고 있던 토요타는 비정규직을 늘리는 형태로 해외 생산을 확대했지만, 결국 제품 불량률 증가로 호된 대가를 치르게 되었다.

연구개발 분야에서는 이러한 경향이 더욱 커진다. 과학기술인에 대한 적절한 처우와 그들의 재생산은 한국 경제가 지금 제대로 극복하지 못하는 문제 중의 하나다. 물론 이들 역시 한국 경제 내의 '약한 고리'이기 때문에 그 어느 분야보다 빠르게 비정규직화가 진행되는 곳이다. 실질적 노동 강도는 높으면서, 임금은 일반인들이 상상하기 어려울 정도로 낮다. 말은 지식 경제라고 하지만, 그 하부 구조에서의 공학자나 과학자의 삶은 지도교수나 PM (Project Manager)에게 묶여 있는 노예와 별로 다를 것이 없다. 솔직하게 얘기하면, 정부 연구소든, 기업 연구소든, 연구를 상업적으로 포장하는 기술은 늘었지만, 실제 연구 수준은 낮아졌다는 소리가 이어지는 중이다.

지난 10년 동안 한국의 기초과학 등 연구개발 분야에서 벌어진 현상을 두 가지로 요약한다면 '마피아화' 그리고 비정규직화다. 로비를 아주 잘하는 특정 집단 몇 개가 과학연구계의 마피아처럼 변해서 우리가 무슨 과학 강국인 것처럼 포장하는 홍보 기술과 구조화된 로비 기술이 아주 발달하게 됐다. 지금 공대 실험실이나 정부 연구소의 현실은, 정말로 눈물 없이는 볼 수 없는 노예 노동에 시달리는 끔찍함의 도가니다. 과연 이곳이 OECD 회원국인 한국의 2010년의 모습일까? 과연 이곳이 한국의 중고등학생들이 그렇게 가고 싶어 하는 명문대의 공대 안에서 벌어지는 모습일까? 아니 이곳이 과연 정부가 국민의 세금으로 운영하는 그런 정부 연구소가 맞는 것일까? 민주주의, 이공계의 현장에는 그런 거 없다. 인권, 특히 여성 인권, 공대 랩에는 그런 거 없다. 그럼 돈이라도 먹고 살 만하게 주는가? 공대 박사들이나 연구원들이 '비정규직'으로 받아가는 돈은 '88만원 세대'보다 아주 조금 많다. 이러고도 과학 입국, 기술 입국, 전부 웃기는 얘기들이다. 한국 과학기술계는 이제 마피아의 왕국이고, 이곳만큼은 70~80년대의 군사 독재 시절과 모든 것이 똑같아졌다. 이 구조를 끌고 지난 10년간 한국이 버텨낸 것이 그냥 신기할 뿐이다. IT 강국의 한국? 그나마 IT는 시작한 지 얼마 안 돼서 그런지 다른 과학기술 분야에 비하면 인권과 민주주의 개념이 조금 있는 게 다르다고나 할까?

이런 분야가 '일주일에 이틀 일하는 정규직'이 상당한 효과를 볼 수 있을 것이라고 생각하는 곳들이다. 젊고 싱싱할 때 빼먹고 버리면 그만이라는 생각이 팽배해 있는 이 분야에서 정말이지 인권이 경제의 출발점이 될 수 있다. 아이디어를 내놓으면 상급자가 실적은 빼가고 혹시나 소문 날까봐 다른 흠을 잡아서 내쫓는 이러한 현실에서 도대체 무슨 연구개발이 가능할 수 있는지, 도통 이해할 수가 없다. 신자유주의 광풍의 현장이 보고 싶다면 지금의 과학기술 현장, 바로 그 실험실들을 보면 된다. 지금처럼 버틴다고 해서 언젠가는 좋은 세월이 올 것이라는 희망도 없다. 마흔이 되면 다시 새로운 '싱싱한 새 것'들에게 자리를 내어주고 집에 가야 하는 일이 딱 지금의 한국 과학기술계의 현실이다. 기업, 대학, 정부, 엔지니어들의 세계는 크게 다르지 않다.

초급 공무원의 대접을 받는 '연구관'이 그나마 정년이 보장되는 형편인데, 그들의 삶도 만만치는 않은 것 같다. 과학기술계에서는 '정규직 체계'의 전면적 복귀 없이는 지금의 마피아 구조에서 절대로 벗어나지 못할 것 같다. 정부에서 연구개발비를 따오는 대부들의 힘이, 세도 너무 세다. '이공계 살리기'라는 구호와 함께 어떻게든 과학기술계에 더 많은 예산이 돌아가야 한다는 목소리가 높지만, 상대적으로 권한이 분산된 인문사회과학 계열에 비해서 공대 계열의 '소왕국화'는 그 정도가 너무 심하다. 비정규직들이 사실상 오너가 된 PM을 견제할 방법은 없다.

정규직들에게만 가능한 노동 디자인이 '노동 과정'의 유연화다. 정규직 체계에서 시간에 관한 논리적 접근이 '일자리 나누기' 방식이라면, 노동의 '공간'이라는 측면에서 접근해볼 수도 있을 것이다. 여기에는 조금 오래된 유래가 있다. 2001년, 나는 우리나라 기후변화협약에 대한 대책을 총괄하는 위치에 있었던 적이 있었는데, 이때 우리나라의 기후변화협약 종합 대책을 만들었었다. 여기에 꼭 집어넣고 싶었는데, 반대가 심해서 결국 집어넣지 못한 제도들이 몇 가지가 있다. 자동 기어에 비해서 연비를 20~30퍼센트 정도 높일 수 있는 수동 기어 차량에 대한 보급 촉진제가 그때 집어넣지 못한 제도였다. 캘리포니아와 EU 의회에서 한창 논의되었던 '평균연비제'는 자동차 회사가 판매한 승용차의 평균 연비를 계산해서 정책과 연동시킨다. 이 상황에서는 경차 등의 승용차를 팔아야 하고, 같은 차량이라도 더 많이 수동으로 운전하도록 만들 인센티브가 자동차 제작사에 생긴다. 그러나 한국의 자동차 시장은 사실상 독과점 상황이라서 반대를 뚫고 이 제도를 도입시키지 못했다. 이런 것과 함께 몇 번을 우리나라 기후변화협약 대책에 집어넣으려고 했다가 못했던 것이 바로 '재택근무'였다. 당시 내가 주장하던 것이 "우리나라 기후변화협약 대책의 꽃은 재택근무다"는 것이었는데, 노동부의 반대도 컸지만, 일단은 주변의 담당자들도 설득하지 못했었다. 당시는 IMF 경제위기 이후의 구조 조정 태풍이 거셌던 시점이었고, "혹시 자리 뺄까 봐"라는 농담과 함께 아침부터 밤까지 직장인들이 자기 의자를 그야말로 목숨 걸고 사수하던 시절이었다. 재택근무라는 단어가 '노동 유연성'과 결합되면 비정규직화 혹은 해고의 첫 수순이라는 의미를 가질 수도 있다. 장기 계약 혹은 종신 고용 등 고용 안정성과 결합되지 않으면 "집에서 일하라"는 말은 너무 무서운 얘기가 될 수 있다. 그래서 큰 틀에서 사회가 만드는 합의인 '사회적 대타협' 정도 되는 변화가 있어야 사람들이 안심하고 재택근무를 하나의 노동 방식으로 받아들일 수 있게 될 것이다.

생태 논의와 공간 논의의 많은 부분이 노동 양식 그리고 출퇴근 양식과 관련되어 있다. 시내의 주택 값이 올라가니까 사람들은 점점 더 외곽으로 나가서 살게 되고, 이게 바로 한국에서 '신도시'라고 부르는, 잠만 자는 '베드타운(bed town)'이 된다. 당연히 출퇴근에 따른 교통량도 늘고, 온실가스 배출도 늘게 된다. 또한 점점 광역화하는 출퇴근로를 확보하기 위해서 도로도 광역화, 대형화가 된다. 재택근무가 제도적으로 가능하게 만드는 것이 이러한 일련의 현상들의 근본적 해법 중의 하나다. 이 제도는 젠더별, 연령별 수용성에 분명히 차이가 있을 것이다. 아직도 사회적으로 그리고 인습적으로 가사의 의무를 가지고 있는 여성에게 유리할 것이고, 군대식 직장 문화가 편하지 않은 20~30대에게 유리할 것이다. 물론 개별적으로 취향의 차이는 있을 것이지만, '승진'을 직장의 목표로 생각하는 사람은 출근제를, 그리고 '임금'이 목표인 사람은 삶의 질을 우선시하는 재택근무 쪽을 선호할 것이다.

이렇게 생각해보자. 만약 임금의 20퍼센트 정도를 줄이고 집에서 근무하는 방법이 있다면 당신은 어떤 선택을 하시겠는가? 아마 그 정도 수준이면 줄어든 출퇴근 시간과 교통비 절감 등으로 인해 개인들이 충분히 선택할 만한 것이라고 생각한다. 물론 계산처럼 그렇게 단순하지만은 않다. 임금의 성격을 강하게 가지고 있는 초과 근무 수당 등 한국의 복잡한 수당이 포함된 임금 구조 때문에 실질 임금은 명목 임금의 감축분보다 더 줄어들 수는 있다. 회사의 경우는 어떨까? 사무실 규모가 좀 줄어도 되니까 간접비 등 줄일 수 있는 여지가 많다. 물론 재택근무라는, 우리가 별로 시행해보지 않은 새로운 노동 방식의 도입에 따른 관리나 근무 상태를 체크하기 위한 새로운 지식이 필요하기는 할 것이지만, 충성도 높은 숙련 노동자 확보에는 이 방식이 유리하다. 더 이상 공장 라인에서 일을 하지 않는 독립된 작업들이 늘어나는 것이 최근 경향이다. 재택근무가 가능한 직장은 돈으로는 비교하기 어려운 큰 장점을 노동자에게 제공하는 것이 사실이다. 예를 들면, 3주는 집에서 근무하고 1주일은 출근하는 수많은 변형들이 가능할 수 있을 것이다. 물론 기업 입장으로서는 편하게 통제할 수 있는 방식을 두고 굳이 재택근무라는 불편한 방식을 채택하는 것이 부담스러울 것이다. 그래서 나는 이 제도가 기후변화협약 대책의 일환이라고 생각했다.

그것이 시장에서 사고팔 수 있는 '카본 크레딧'의 형태가 되었든, 아니면 고용 문제 해법을 위한 정부의 인센티브 형태가 되었든, 줄어든 출퇴근에 따른 온실가스 감축에 대해서는 경제적 보상을 해주는 형태로 제도를 디자인할 수 있을 것이다. 모두가 같은 장소에 출근해서 컨베이어 벨트를 따라 '라인'을 돌리는 것이 포디즘 시대의 일하는 방식이었다. 그 포디즘을 만든 포드 회사도, 그리고 탈포디즘의 전형인 토요티즘을 만든 토요타도, 모두 이제는 새로운 변화의 흐름에 제대로 적응하지 못하는 공룡이 되어 위기를 맞게 되었다. 노동의 다음 단계에 대한 질문은 여전히 열려 있는 질문이다. '얼리 버드(early bird)'를 지고지순의 가치로 생각하는 청와대는 너무 지나치게 옛날 방식으로 2010년대의 노동을 생각하고 있는 것이 아닌가? 생태적 경제로의 전환은 문화의 가치와 창의성을 최대로 뽑아내면서도 사람들의 불필요한 물질과 에너지의 소비를 최소로 하는 것이다.

노동의 형식과 장소에 대한 생각 외에도 임금을 지급하는 방식 즉 지급 주기의 양식에 대해서도 고민해볼 수 있을 것이다. 임금 주기는 전통적인 표준 경제학 논의 외에 행동경제학 혹은 소스타인 베블런과 같은 구제도학파의 논의들과 관계가 있다. 『자본론』과 같이 가변 자본으로서 임금을 이해하든 혹은 표준 경제학과 같이 노동생산성에 대한 대가로 임금을 이해하든, 임금 지급의 방식 즉 주급이나 월급과 같은 형태가 본질적인 차이는 아니다. 임금 주기를 어떻게 하든 저축이나 소비와 같은 행위에 영향을 미치지 않아야 하는데, 현실은 그렇지 않다. 일종의 심리 현상이라고 할 수도 있고, 이보다 조금 복잡한 메커니즘이 있다고 할 수 있다.

주류 경제학에서 이와 가장 유사한 내용은 돈 파틴킨(D. Patinkin)이라는 이탈리아 화폐 경제학자가 주장한 '실질 잔고 효과'가 있을 것이다. 인플레이션이 생겨서 월급이 오를 때 만약 물가 상승률과 임금 상승률이 같다면 실질 소득은 전혀 늘어나지 않았으므로 합리적 소비자라면 소비를 늘리지는 않을 것이다. 그러나 사람들은 자기 통장에 '명목 소득'이 늘어나게 되면 많은 경우 소비 지출을 늘린다. 이런 현상을 어떻게 설명할까? '과소비'라는 단어는 참으로 정의하기도 어렵고 분석하기도 어렵다. 부자가 돈을 더 많을 쓸까, 가난한 사람이 돈을 더 많이 쓸까? 케인스 경제학 내에서 이 답은 명확하다. 부자의 저축률이 가난한 사람보다 많다는 것이 그의 중요한 기본 가설 중의 하나인데, 이는 가난한 사람들이 부자들보다 소득 대비 더 많은 돈을 쓴다는 것을 의미한다. 생활비 중 식품비의 비중을 의미하는 엥겔지수 같은 것은 이런 가설 위에 서 있는 것이다. 그렇다면 과소비는? 개인별로 편차가 다르겠지만, 이런 경우를 생각해보자. 집을 사기 위해서 돈을 모으다가 오르는 집값을 감당하지 못해서 결국 집 사기를 포기하고 고급 승용차를 사버리는 사람의 경우는? 이 경우는 어떻게 보면 '절망형 과소비'라고는 볼 수 있을 것 같다. 과시재, 패션 현상 혹은 '판타지 현상' 같은 데에는 분명히 소득이 적을수록 지출 비율이 늘어나는 측면이 있는 것 같다. 물론 도저히 일상적 생활이 불가능할 정도로 패션 등 판타지 지출이 늘어나면 이것은 경제적 분석의 대상이라기보다는 정신 상담이나 심리 치료의 영역일 것 같다. 저소득층의 절망적 소비가 생존을 위한 발버둥이라고 한다면, 그 단계를 지나 일정 저축액을 확보한 뒤에는 저축 성향이 소비 성향보다 높아질 것이라는 가설은 타당할까? 시대별, 국가별로 다른 문화 성향이 존재하지만, 최근의 한국 저축률의 하락은 어떻게 설명할 것인가? 우리는 전체적으로 마이너스 저축률 시대를 살고 있다. 소비를 강조할 것인가 아니면 저축을 강조할 것인가는 시대별로 그리고 이론별로 바뀌어왔다. 생태경제학에서는 다른 어떠한 경제학보다 저축을 강조하고, 기계적인 소비 대신에 소비 패턴, 즉 소비의 생태적 양상을 강조하게 된다. 경차, 수동 기어, 작은 냉장고, 이러한 것들은 저소비에 대한 강조이며, 결국은 가격이 싼 물건을 소비하는 것이니까 소비자의 합리성에 호소한다고 할 수 있다. 반면에 유기 농산물, 페어 트레이드, 지역 농산물과 같은 것은 더 비싼 것을 구매해달라는 것이고, 이때 우리는 소비자의 윤리 혹은 지구 생태 보호와 같이 개인적 혹은 개체적 합리성을 뛰어넘는 무엇인가를 요구하게 된다. 생태적인 소비는 기계적으로 '값싼 것' 혹은 '비싼 것'의 문제는 아니다. 그러나 전체적으로 소비에서 절제를 한다면 당연히 사회적으로 저축률은 오르게 된다.

그렇다면 임금을 지급하는 주기와 저축률 그리고 소비 패턴 사이에 일정한 상관관계가 존재할까? 간단한 한두 가지의 공식으로 설명하기는 쉽지 않지만 있을 것 같다. 생태적 경제는 시민들 혹은 개별 소비자들에게 시어머니처럼 이것저것 요구하는 것이 많다. "내버려두라(laissez-faire)"라는 자유방임 경제와는 모습이 많이 다르다. 요구하는 것이 많은 대신 개인에게 '안정성'을 준다는 것이 경제를 생태적으로 개편하는 것의 핵심 메시지라고 할 수 있다. 신자유주의 경제는 일부 개인에게는 고임금을 주었지만, 너무 많은 사람들에게 삶의 안정성을 빼앗아갔다. 케인스의 시대에 자본주의는 정부와 개인의 공생의 가능성을 열었지만, 지구 생태계는 이제 더 이상 그 부하를 견디기가 어려워졌다. 그 무너져간 안정성을 회복시키는 것이 내가 생각하는 국민경제의 생태적 전환이다.

현재 한국은 월급제가 기본으로 시행되고 있고, 일부 비정규직 혹은 알바를 대상으로 주급제가 조금씩 늘어나는 상황이다. 만약 이 월급 주기를 1년으로 바꾼다면 어떻게 될까? 12인 이상을 고용하는 회사로서는 지금과 바뀌는 것이 없다. 12명에게 나누어주는 월급을 한 명에게 몰아서 '1년치'를 주고 그런 방식으로 순차적으로 지급하면 된다. 정부 부처라면 어차피 세금으로 나가는 것인데, 부처별로 순환해서 지급하는 방식도 생각해볼 수 있을 것이다. 회사든, 공공 부문이든 지금의 월급제를 주급제로 바꾸는 것보다는 '완전 연봉제'로 바꾸는 편이 오히려 관리 비용도 번거로움도 적을 수 있다.

임금을 지급하는 편에서는 생각보다 큰 변화가 없지만, 완전 연봉제는 노동자의 삶을 많이 바꿀 것이다. 무엇보다도 평균 저축액이 획기적으로 늘게 되는데, 첫 달에는 자신의 월급 12배의 예금을 가질 수 있다. 당연히 늘어난 예금액만큼 추가적인 이자가 발생할 것이니까 즉각적으로 이자율만큼의 임금 인상의 효과가 생기게 된다. 주급제가 월급제에 비해 단기 이자율만큼의 임금 삭감의 효과를 수반하는 것이라면 완전 연봉제는 그 반대의 효과를 발생시키게 된다.

그렇다면 노동자들의 저축액 증가는 소비 패턴에서 어떤 변화를 만들어내게 될 것인가? 기본적으로는 카드로 할부로 구매하는 경우와 정반대의 효과를 발생시킬 것이다. 역시 같은 가격의 상품을 구매하는 경우, 카드 할인율만큼의 이익이 발생할 수 있을 것이다. 그렇다면 이보다 더 '심오한' 변화는 없을까? 이는 아마도 목돈을 가지게 된 사람의 구매 패턴의 변화 그리고 일정한 수준의 예금을 가지게 된 사람의 저축 패턴의 변화가 결합된 형태가 될 것이다. 경제학에서는 '내구재'에 대한 소비 양상에 관한 분석이 이러한 변화와 관련되어 있을 것이다. 단기 소모성 상품이 아니라 오래 두고 써야 하는 내구재를 과연 우리는 어떻게 구매하고, 어떠한 의사결정을 내릴 것인가? 그야말로 '지름신'의 접신 양상에 대한 개인적 차이와 마찬가지일 것이다. '저축액'은 단순 소비재나 사치재에 비해서 내구재에 대한 소비를 늘리는 경향을 가질 것이고, 또 다른 한편으로는 저축액을 늘리려는 심리적 기저를 발생시킬 것이다. 목돈이 생겼으니 그동안 못해봤던 것을 실컷 하자는 경향과, 기왕에 목돈이 생겼으니 이 돈을 까먹지 말고 차분히 모아보자는 경향 사이의 갈등이라고 표현할까? 어쨌든 노동 소득은 그냥 생겨나는 로또 소득과는 전혀 다른 원천의 소득이므로, 성숙한 소비자는 후자의 경향이 아무래도 강할 것이라고 생각된다.

어쨌든 월급제를 완전 연봉제로 바꾸면 노동자가 많이 유리해지는 대신, 경제적 삶에 대한 관리의 책임도 동시에 늘어나게 된다. 어쨌든 1년치 생활비를 미리 가지고 있는 것이니, 한 번도 큰돈을 관리해본 적이 없는 사람이라면 정말 황당한 패턴의 소비를 할 경우도 배제할 수는 없다. 그러나 상식 수준의 경제적 관념을 가진 사람에게는 '삶의 안정성'을 많이 높여줄 것이다. 임금을 지불하는 여러 가지 방식 중에서 완전 연봉제는 일정 규모 이상의 기업이나 사업체에게는 12번 주기로 지급을 하면 되기 때문에 추가적인 부담은 거의 주지 않으면서도 개인들에게 훨씬 더 많은 안정성과 선택권, 그리고 무엇보다도 이자 소득을 주는 제도라고 할 수 있다.

케인스 시절의 노동은 임금을 높여주면서 동시에 노동자의 자발적 노력을 이끌어내려는 시스템이었다. 컨베이어 벨트에서는 가장 늦은 노동자의 작업 속도가 전체 공정의 속도를 결정하게 된다. 게다가 단 한 명의 사보타주만으로도 불량률이 엄청나게 높아질 수 있으므로 노동자의 협력을 돈을 주고 산 셈이다. 라인을 망가트리겠다고 마음먹은 노동자를 자본 측이 전부

걸러낼 수는 없다. 노동자들 스스로 생산성을 높이겠다는 동기가 없으면 사보타주는 치명적인 결과를 만들어낼 수 있다. 이렇게 노동자들의 자발적 협조를 이끌어낸 것, 그것이 바로 포디즘의 메커니즘이다. 노동자는 '팔아버린 노동'에 대한 불편함을 보상받기 위하여 노동이 끝나면 미친 듯이 소비했고, 그걸 한편으로 '풍요의 시대'라고 불렀고, '대량생산 대량소비'라고 부르기도 했다. 노동과 여가가 완벽하게 단절된 이 시스템에서 전 세계는 미친 공장처럼 돌아갔는데, 결국 1974년의 석유파동으로 이 기막힌 천상의 시스템은 종료하게 되었다. 사슴 사냥꾼이라는 의미의 영화 『디어 헌터』에 나오는 세 젊은이는 다름 아닌 펜실베니아 제철소의 철강 노동자들이었다. 세단을 타고 라이플로 사슴 사냥을 즐기던 월남전 입대 직전의 결혼 적령기의 청년들, 불과 1세기 전이라면 '여우 사냥' 정도의 제목으로 영국 귀족 청년의 제국 군대 입대기 정도가 되었을 것이다. 사슴 사냥을 즐기던 비운의 러시안 룰렛의 주인공, 그들은 바로 제철소의 20대 노동자, 그것도 입대 전의 노동자였다. 우리 식으로 얘기하면 고등학교 졸업하고 동네 공장에 들어간 동네 친구들이 자기 승용차로 사슴 사냥을 즐겨했던 시절이 있었던 셈이다. 그 시대를 베블런의 제자라고 할 수 있는 갤브레이스는 '풍요의 사회(affluent society)'라고 불렀다. 정말로 민중이 풍요로웠던 시대가 자본주의 역사에도 존재한 적이 있었다.

　케인스 체제의 붕괴와 함께 신자유주의 흐름이 왔고, 노동자는 줄이고 남은 사람의 임금을 높여주는 방식의 새로운 노동관계가 등장했다. 이 시스템은 다국적기업과 금융 자본에게 매우 유리한 것이었는데, CEO가 새로운 영웅으로 등장했고, 세계적으로는 90년대 초중반, 우리나라에서는 98년 이후, 가혹한 '피의 대숙청'이 다운사이징이라는 이름으로 진행되었다. 국가별로 구체적인 맥락에서는 조금씩 차이가 있지만 어쨌든 '케인스의 노동자들'은 한 시대를 마감하고 더 이상 냉전 시대의 영광을 누리기가 어려워졌다. 좀 더 넓게 본다면 냉전 시대 동안 지속되던 동구 국가와의 체제 경쟁이 끝난 이후, 자본주의는 내부의 노동자들에게 더 이상 시혜성 임금과 고용을 보장할 필요가 없다고 느꼈고 실제로 해고와 임금 삭감을 단행했다. 여기까지가 우리가 이미 아는 얘기인데, 2008년의 글로벌 금융 위기 이후 현재의 시스템은 도저히 고용 문제를 풀 수는 없다는 게 명확해졌다. 이제 다시 우리는 '생산 수단'을 소유한 사람과 그렇지 못한 사람으로 구분되는 과거의 신분제로 돌아갈 것인가? 이미 부모가 충분한 것을 물려주어서 노동할 필요가 없는 1계급, 가까스로 정년이 보장된 직업군에 속하게 된 2계급 그리고 비정규직을 전전하다 나이 50살이 채 되지 않아 다음 세대에 밀려서 노후가 보장되지 않은 채 경제 활동을 정리해야 하는 3계급, 이렇게 다시 과거의 신분제로 우리는 복귀하게 되는 것일까? 위기는 이미 등장했지만 위기의 파장에 대해서 아직 우리는 자세히 모르고 있고, 그 끝이 얼마나 치명적이 될 것인가에 대해서도 여전히 불투명하다. 그래도 한 가지 확실한 것은 있다. 현 상태라면 지금의 경제는 지속 가능하지도 않을뿐더러 풍요롭지도 않다는 것이다. 경제적 풍요 위에 서 있는 시민의 권리는 매우 위태하고, 우리가 구가했던 물질적 풍요가 매우 위태로운 균형에 불과했다는 사실이다. 이러한 신자유주의적 위기에 한국의 경우는 토건이 하나 더해진다. 국민경제의 생산성은 그 어느 때보다 낮고 비효율적이지만, 생태계 파괴와 국토의 위기는 그 어느 때보다 높다. 낮은 생산성과 낮은 '생태 효율성', 그게 지금 우리가 겪는 위기의 한 양상이다. 경제성장을 위해서는 일정한 생태계 피해는 피할 수 없다고 하지만 지금은 생태계 파괴 그 자체를 위해서 국민경제를 운용하다 보니 오히려 성장 잠재력마저 위협받는 지경에 온 셈이다. 본질은 반 생태 즉 토건에 있고, 양상은 고통 위기로 나타난다.

나는 다음 단계에서의 국민경제의 전환은 바로 생태학을 도입하는 데에 있다고 생각한다. 지금까지 생태적 접근에서 고용의 문제는 매우 협소하게 다루어졌는데, 생태적 서비스의 영역을 늘리면 고용도 증가한다는 것이 일반적인 흐름이었다. 중앙형 화력 발전소보다는 분산형 풍력 발전기나 태양

광 발전을 운용하는 편이 관리·인력 측면에서 고용이 증가한다. 또한 기계
농 더하기 화학농인 관행 농업보다는 유기 농업이 고용 효과가 높은 것은 당
연하다. 유기농을 70년대의 경제 용어로 바꾸면 '노동집약적 농업'이라고
할 수 있다. 2008년 미국 대선에서 오바마 진영이 '녹색 고용'이라는 형태로
제시한 공약들이 이러한 전제 위에 서 있는 것이다. 2004년 진보정당 최초
로 원내에 진출할 때 나는 '완전 고용' 공약이라는 것의 달성 가능성을 계산
한 적이 있었는데, 그때 우리가 썼던 것도 전적으로 같은 논리였다. 고용 원
단위만 계산하고 총 예산을 결정하면 되는 거라서 계산 자체는 비교적 쉽다.
에코 레인저, 숲 가꾸는 사람, 지역 생태 보호사 등 상상할 수 있는 모든 것
을 '사회적 일자리' 혹은 기타 등등의 이름으로 디자인했었다. 보도블록 같
이 쓸데없이 버려지는 정부 예산들을 모아서 임금으로 환산해주면 되기 때
문에 계산은 비교적 간단한 편이다. 그러나 이러한 노동의 이해는 조금 제한
적이고 그야말로 '임시방편(ad hoc)'에 더 가깝다. 나는 이보다는 조금 더
근본적인 고민이 가능할 수 있을 것이라고 생각한다.

　노동의 안정성을 높이는 일은 곧 삶의 안정성을 높이는 길이다. 사회적
의미의 거품 빼기와 함께 진행된다면 우리는 지금보다는 상대적으로 적은
임금으로도 문화적으로나 정신적으로 더 윤택한 삶을 누릴 수 있을 것이다.
원칙은 노동과 여가의 분리를 완화시켜 '즐거움'의 요소를 노동 과정에 개
입시키고, 저축을 통해서 마케팅으로 강요된 럭셔리 소비를 제어하는 방식
이 될 것 같다. 생태학으로 본 노동은 케인스식 대량소비와도 다르고 신자유
주의 승자독식과도 다르다. 공존과 안정성, 그런 변화가 지금부터 가능할
까? 나는 가능할 수 있다고 생각하고, 일단 새로운 장이 열리면 우리가 상상
해보지 못했던 새로운 삶이 가능할 것이라고 생각한다. 우리는 소비하기 위
해서 노동하는 것이 아니다.

04 | 사교육 폐지, 주 4일제 수업

사람을 어떻게 볼 것인가는 상당히 많은 철학의 기본을 형성하는 것이 사실이고, 어떠한 정책이나 제도 역시 사람에 대한 특정한 이해를 그 근저에 깔고 있는 것이 사실일 것 같다. 한국에 사는 그 누구도 자유롭지 않게 만드는 문제가 두 가지가 있다면, 교육 문제와 집값이라는 데 대해서는 모두 동의할 것이다. 집값은, 한국이 조금 심하기는 하지만 어느 나라나 쉽지 않은 문제이고 꼭 토건 현상이 아니더라도 현대 자본주의가 풀기 어려운 고질적 병폐이기는 하다. 방향은 잡을 수 있지만, 완벽한 해법은 누구도 보장하기 어렵다. 시장이 해결하기 어려운 지대라는 문제와 함께 생산의 무정부성 문제가 개입하기 때문이다. 누구도 새로운 사람에게 새집을 주는 문제를 미리 완벽하게 계산하고, 그것을 정책적으로 제때에 구현할 수는 없다. 반면 사교육 문제는 한국 자본주의의 고유한 문제다. 어떻게 보면 한국의 대표적인 수출 품목은 핸드폰이나 자동차 혹은 김치가 아니라 바로 학원 열풍일지도 모른다. 한국의 조기 유학생들이 진출한 곳이면 학원이 생겨나고, 사교육 열풍이 생겨난다. 현지 교육의 불안한 균형을 한국의 사교육 시스템이 깨는 셈이다. 각국이 가지고 있던 교육 체계의 불안한 균형이 한국 시스템과 만나면 붕괴하게 되니, 한국의 사교육은 외국 자본주의 내에서도 최첨단이면서 동시에 초강력 바이러스인 셈이다. 그렇다면 바로 그 바이러스의 근원지인 한국의 모습은 어떨까? 타의 추종을 불허하는 사교육의 경제적 능력은, 입시 전문 기업이 이미 코스닥에 상장되었다는 것으로 알 수 있을 것이다. 자본주의 역사에 일찍이 이런 적은 없었다. 다른 회사와 달리, 입시 전문 기업의 이윤은 교육 방송을 제외한다면 순전히 부모의 지출에서 생겨난 것이다. 일반 상품의 판매와는 조금 다르다.

이러한 일련의 현상들에 숨어 있는 것은, 푸코의 언어를 빌리자면, '감시와 통제의 정신'이라고 할 수 있을 것이다. 학교 얘기가 아니라 부모에 관한 이야기다. 한국의 사교육 열풍을 선도한 부모들은 이 시리즈 1권에서 이미 분석한 적이 있듯이 가장 자유로운 시기를 보냈던 386인 경우가 많은데, 그들이 부모가 되었을 때 그들은 감시와 통제라는 방식을 선택했다. 사람이라는 존재는 감시와 통제 속에 있을 때 더욱 효율적인가, 그 반대의 경우인가? 이것은 실증적인 질문이라기보다는 철학적인 질문에 훨씬 가까울 것 같다. 나는 자유를 주고 스스로 선택할 수 있도록 할 때 더욱 의미 있는 선택이 있을 수 있다고 생각하는 편이고, 그 경우에 시스템도 더 효율적으로 주어진 여건에 적응할 수 있다고 생각하는 편이다. 그러나 한국의 많은 부모들은 그렇게 생각하지는 않는 것 같다. 누구에게나 교육을 시켜야 한다는 공민 교육의 정신은 근대화 시기에 스코틀랜드 지역에서 발생했던 특수 현상이었다. 이것이 근대 국가의 형성 과정에서 국민교육이라고 할 수 있는 의무교육 체계로 발전된 것이 자본주의에서의 의무교육이라고 할 수 있다. 이 시스템은 다른 많은 근대적 제도와 마찬가지로 우리가 스스로 만든 제도가 아니라서 아직은 그 운용에 있어서 어색함이 많은 것이 사실이다.

오랫동안 대학의 서열에 의해서 생겨나는 학벌 현상을 해결해야 한다고 많은 사람들이 외쳤지만, 최소한 지난 10년 동안 학벌 현상이 완화되었다는 증거는 전혀 없다. 최근의 비정규직화와 고용 문제 그리고 지방 경제의 해체와 맞물리면서 학벌 현상은 더욱 강화되는 경향이 있다. 여기에 2002년 4월 헌법재판소의 과외 금지 위헌 판결 이후 사교육이 전면적으로 복귀하면서, 한국의 교육제도는 시스템 용어로는 완전히 '로크인(lock-in)' 즉 잠김 현상과 같게 되었다. 좋은 대학에 들어가야 할 이유는 점점 더 강해지고, 이를 위해서 사용될 수단 즉 '장비 투입률'은 무한대로 허용된 상태이니까 이 게임은 시스템이 폭발할 때까지 강화될 수밖에 없다. 게다가 교육비는 있는 사람들에게는 가장 부드럽고도 무난한 부(富)의 이전 수단이기도 하다. 교육비 형태로 부모가 자식을 위해서 '대납'하는 비용에는 상속세와 증여세를 물지 않는다. 가능한 한 많은 돈을 과외와 같은 사교육에 지출하고자 하는 경제적 동기는 이미 충분하다. 여기에 역시 한국에만 있는 조기 유학은 연간 3만 5000명 정도라고 한국교육개발원은 추정하고 있다. 우리나라의 전체 유학생은 34만 명 정도로 추산되고 있다. 물론 이 비용의 상당 부분은 국민경제가 감당하고 있는 것이며, 특히 조기 유학에 대해서 정부가 특별히 지원을 해줄 리가 없으니 이는 온전히 부모의 몫이 되는 것이다.

영화 〈우아한 세계〉에서 재건축과 철거와 관련된 조폭일을 하는 송강호는 기러기 아빠다. 이준익 감독의 〈즐거운 인생〉에서 연기파 조연 김상호가 학창 시절의 꿈이었던 드럼 치는 일을 하는 대신 중고 자동차를 팔아 번 돈도 모두 해외로 송금된다. 지난 대선에서 야당의 대통령 후보였던 정동영 후보도 조기 유학생 자녀가 있을 정도이니, 이 상태에서 국민경제라는 시스템이 작동하고 있었다는 것은 믿기지 않을 기적적인 일이다. 이 정도의 조기 유학 붐은 우리나라 교육의 내재적 문제의 폭발과 식민지 현상이 결합된 것이라고 할 수 있다. 일제 시대 조선의 엘리트들이 일본으로 유학을 떠났던 '모던 보이' 현상과 지금의 조기 유학 구조가 문화적으로는 그렇게 많이 달라 보이지 않는다. 한때 종속이론이라고 미국 경제에 대한 종속 문제를 다루는 독특한 경제학 이론이 등장했던 중남미의 미국 유학 붐도 엄청났지만 지금의 이 정도는 아니었던 것 같다. '시카고 보이'라는 말이 생겨날 정도로 멕시코의 살리나스 대통령의 경우와 같이 지배층이 자신들의 자식을 미국의 명문 대학으로 집단적으로 유학시킨 적이 있기는 하다. 그리고 그렇게 떠났던 사람들은 다시 자국으로 돌아와 장관이 되었고, 급기야는 미국-캐나다-멕시코 사이의 자유무역협정인 나프타(NAFTA)를 직접 추진하는 대통령이 되기도 했다. 그래도 그 사람들은 우리처럼 초등학교 시절에 보내는 조기 유학은 거의 하지 않았다. 사교육과 조기 유학은 한국 자본주의가 가지고 있는 내적인 고유 모순이라고 할 수 있다. 그리고 이 문제는 다른 사람이 대신 풀어주지는 않는다. 국가들 사이에서도 일종의 경쟁 관계가 형성되어 있기 때문에 한국 경제가 이런 식으로 헤매면 다른 나라가 그것을 즐기지, 정색을 하거나 체계적인 분석을 하지 않고, 대안을 제시해주는 일도 결코 하지 않는다. 한창 때의 미셸 푸코가 아무리 다른 나라의 소수자 문제에 대해서 관심을 가지고 있다고 하더라도 한국의 조기 유학 문제를 분석하지는 않았을 것이고, 미국 내의 시시콜콜한 일에도 토를 다는 움베르토 에코라도 한국의 이상한 교육체계에 코멘트를 하지는 않을 것이다. 인권 문제에서는 엠네스티, 생태 문제에서는 '지구의 벗(Friends of the Earth)'과 같은 국제 연대 기구를 통한 공동의 대응이 어느 정도 가능하다. 그러나 사교육이나 조기 유학 혹은 대학 등록금 문제에 대해서는 국제 연대를 통한 대응도 사실상 불가능하다. 다른 나라에는 이러한 문제가 없어서 우리나라 사람은 모두 다 알고 있다 해도 외국인에게는 그 작동 메커니즘 자체가 생소하기 때문이다. 이것이야말로 우리의 문제다. 다만 그 지불 능력을 생각하며 이 특수 시장을 노리는 시장 개방 압력만이 있을 뿐이다. 한국 사회의 원형인 일본과 비교해보아도 이러한 차이점은 극명해 보인다. 일본도 도쿄대를 정점으로 하는 엄청난 학벌 사회이기는 하다. 식민지에서 현지 관료를 양성할 목적으로 세웠던 경성제국대학이나, 1고, 2고 등 고등학교에 적용했던 서열식 체계나, 모두 조선 총독부가 일본의 교육 시스템을 참고해서 만든 근대식 교육 방식이다. 학벌 문제는 일본이 한국보다 더하면 더했지 결코 약하다고는 할 수 없는데, 일본의 사교육도 한국 정도로 주식 회사형 대기업으로까지 전개되지는 않았다. 도대체 이 황당한 시스템은 어디에서 온 것일까? 일본 자본주의와 사교육 문제는 설명이 훨씬 더 복잡할 것 같지만, 조기 유학 문제는 비교적 설명이 쉽다.

1950년경 일본이나 한국이나 전쟁으로 폐허가 된 땅덩어리에서 거의 새롭게 나라를 세우게 된 것은 마찬가지였다. 서양의 근대 지식이 절대적으로 필요했던 것은 두 나라 모두 유사한 상황이기는 했을 텐데, 국가 개방 이후 100여 년의 지식 체계의 차이로 인해서 한국은 해외 유학 방식을, 일본은 자국 교육 방식을 각각 선택했다. 양쪽 시스템은 이후 50년이 되었을 때 각각 '로크인' 현상이 벌어지고, 그렇게 자신들만의 진화 궤적이 만들어지게 된다. 일본의 경우는 외국으로 유학 가서 아무리 공부를 잘했어도 도쿄대 혹은 일본 내부에 있는 대학 졸업자가 아니면 제대로 발언권을 갖기가 쉽지 않다. 이것도 일종의 일본식의 학문 문화라고 할 수 있다. 일본과 달리 한국은 유학 가는 방식의 시스템을 선택했는데, 88올림픽 이후로 해외여행이 자유화되기 이전까지 사실상 금지되어 있었기 때문에 유학생이 가지는 정보 독점력은 대단했다고 할 수 있다. 당연히 더 많은 정보를 가지고 있었기 때문에 유학생 출신들의 사회적 발언권은 아주 높았다. 전형적인 식민지 현상이 한국에서도 벌어진 셈인데, 사실상 문화적 모국에 해당하는 일종의 '문화 식민' 현상이 90년대 이후 강화되면서 일본과 한국은 소위 '국가혁신시스템(NIS : National Innovation System)'이 전혀 다른 방식으로 작동하게 되었다. 주요 대학의 연구진과 강사진을 자국 내에서 만들어내는 일본이 지식에 대해서 접근하는 방식과 미국 등 유학생 위주로 '아카데미 헤게모니'를 구성하고 재생산하는 한국의 방식이 전혀 다른 것은 너무 명확하지 않은가? 물론 한국과 일본 모두 지독할 정도의 학벌 사회이기는 한데, 일본식 학벌과 한국식 학벌이 작동하는 방식은 전혀 다르다. 도쿄대학을 졸업하고 도쿄대학에서 학위를 받는 것이 일본의 지식 재생산 시스템이라고 한다면, 서울대를 나오고 미국 아이비리그에서 학위를 받는 것이 한국식 학벌 체계의 최상위에 있다고 할 수 있다. 어차피 유럽이나 미국에서는 거의 찾아보기 어렵다 싶을 만큼, 동양식 계층 질서가 결합된 지독할 정도의 학벌 구조가 한국과 일본의 공통점이기는 하다. 그러나 제국과 식민지라는, 두 나라의 근대화의 운명만큼이나 전후의 재건 과정에서의 내부 지식 구조의 구성이 전혀 다른 양상으로 전개되게 되었다.

이러한 차이점은 가장 좋게 해석한다면 '탈아입구'의 역사적 단계 같은 것으로 얘기할 수 있을 것이다. 일본도 아시아를 벗어나서 당시의 세계의 중심이었던 유럽에 들어가기 위해 몸부림치던 시절이 있었다. 단계론 같은 것으로 이해한다면 90년대까지의 한국의 유학 열풍도 한 번쯤은 1세계와의 격차를 줄이기 위한 몸부림이라고 아주 부드럽게 이해할 수 있을 것이다. 정말 선의로 이해할 때의 얘기다. 중국 혁명의 주역이었던 주더 혹은 저우언라이 같은 사람들도 일부는 유학생으로, 일부는 부두 노역자로, 프랑스 등 유럽 문명과 집단적으로 만나던 시기가 있었다. 한국의 경우 제3세계의 범주에서 중진국 단계로 넘어온 것은 아마 80년대 중후반 정도로 이해할 수 있을 것이다. 물론 부자 클럽이라는 별칭으로 불리는 OECD에 가입한 것이 1996년의 일이기는 하지만, 대체로 이 정도의 시기가 한국의 중진국 시기의 클라이맥스 정도로 볼 수 있을 것 같다. 역사 단계 같은 것으로 이해한다고 하더라도 이 시점에서는 우리도 일본처럼 스스로 지식을 생산하고 만들어내는 단계로 갔어야 하는 것이 아닌가? 한국의 지식인 훈련 체계는 아무래도 일본식의 '탈아입구'의 1단계라기보다는 이미 회복이 불가능할 정도로 중증 단계로 들어간 식민지적 양상에 더 가까운 것 같다.

내가 한국과 생태경제학이라는 두 개의 틀 사이에서 주변 사람들과 조금 차이가 있는 생각을 했던 것이 대체적으로 90년대 중후반의 일이었다. 국문학이나 국사학 같이 지역 특성이 강한 학문은 당연히 지역에서 연구해야 하는데, 이 시기에 이런 학문도 어쩔 수 없이 유학을 가야 하는 분위기가 생겨나기 시작했다. 나는 다른 것은 몰라도 생태경제학 분야에서는 이제 굳이 유학 갈 필요는 없다고 생각했었다. 일종의 종합 지식이 필요한 분야이기는 하지만 경제학에 대해서는 이미 좋은 교재가 많이 나와 있고, 또 표준화가 어느 정도 이루어졌기 때문에 굳이 유학 갈 필요가 있을까 하는 생각이 있었다. 게다가 생태학과 생태적 분석은 그야말로 '지역적 분석'이 생명인 분야라서 전혀 다른 지역 혹은 전혀 다른 국민경제를 분석하는 것이 핵심이 되기 어려울 것이라는 생각이 들었다. 1992년 리우 환경 정상 회담의 정신이기도 했던 "지구적으로 사고하고, 지역적으로 행동하라"는 표현은 프랑스 생태운동의 초기 구호이기도 했다. "penser globalement, agir localement!"이라는 표현은, 생태정치학의 창시자인 베르나르 샤르보노(Bernard Charbonneau)와 철학자인 자크 엘륄(Jacques Ellul)이 1930년대에 보르도 지역에서 일종의 생태 문화 운동을 전개할 때 만들어진 말이다. 다른 학문은 몰라도 최소한 생태경제학만큼은 지역학적인 속성을 잃어서는 안 된다고 생각을 했었다. 물론 나도 유학을 갔다 오고 하다 보니 우리나라에 생태경제학이라는 분야나 '공진화' 혹은 '레질리언스' 같은 개념을 최초로 소개하는 사람이 되기도 했다. 그러나 마음이 편하지는 않았다. 그냥 외국의 논의를 소개하는 방식으로 학문을 하고 싶지는 않았고, 또한 별로 맥락도 비슷하지 않은 외국의 성공 사례를 무조건 들이밀고 "이렇게 가자"라는 방식으로 나의 학문을 만들고 싶지는 않았다. 최소한 나의 분야에서만큼이라도 유학 갈 필요가 없는 '한국'을 만들고 싶었다. 최소한 내가 지키고 있던 분야에서만이라도 유학 가지 않고 국내에서 공부할 수 있을 정도의 여건을 만드는 것이었다. 다른 나라의 학자들은 할 필요가 없는 종류의 고민이지만, 나에게는 그 정도가 내가 해볼 수 있는 최대치였던 셈이다.

그 이후로 15년이 지나갔다. 생태경제학을 가르치고 대중화시키는 데 꽤 공을 들였다고 생각했는데, 여전히 적지 않은 학생들과 후배들이 생태경제학을 전공하고 싶다고 여전히 유학을 간다. 그리고 이제는 중고등학생들은 물론 초등학생들까지도 유학을 가게 되었다. 대학생들도 '스펙'이라는 이름으로 교환 학생이라는 신분으로 떠나는 것이 유행이 되었다. 유럽의 대부분의 국가, 우리가 복지 국가라고 부르는 나라의 대학 진학률이 최근 대체적으로 20~30퍼센트 정도다. 한국을 제외하면 학벌이 우리만큼 강한 일본이 최근에 대학 진학률이 50퍼센트가 되었다. 그동안에 한국의 대학 진학률은 어느덧 80퍼센트를 넘어서게 되었다. 이 기묘한 수치에 한국 자본주의의 비밀이 숨어 있다. 독립하지 못하는 대학생의 경제적 자립과 등록금 그리고 그때까지의 사교육 비용, 이러한 일련의 구조는 연간 1000만원을 넘어선 대학 등록금과 결합되면서 정말 환상적인 국민경제를 만들어내게 된다. 국민의 80퍼센트가 대학에 들어가서 최소한 국제적인 기준으로 중산층 정도의 삶을 살 수가 있다면 한국 경제는 인간이 만든 최대한의 '경제 유토피아'가 될 것이다. 국민의 80퍼센트 이상이 중산층인 경제, 그것은 노예제 위에 서 있던 자유 시민의 폴리스였던 그리스도 못 가본 경지이고, 역사상 최강의 군사 제국인 미국 경제도 못 가는 경지다. 정말로 이런 상황이라면 얼마나 좋겠느냐만은 이러한 일련의 교육 현상은 중산층의 해체와 함께 다음 세대의 재생산에 문제를 일으키는 최대의 장애 요소로 작동하는 것이 사실 아닌가?

역사 이래로 가난과 싸우겠다고 말하지 않은 왕조와 정권은 없었다. 그러나 빈곤과 싸워 이긴 정권이 정말로 있을까? 우리는 빈곤에게 이기지 못할 것이다. 사회주의도 빈곤과 싸워 이기기 위해서 힘들게 만들어낸 정치 시스템이기는 하지만, 결국에는 그것의 힘을 이기지 못하고 붕괴하게 된 것이 아닐까? 어쩌면 우리는 영원히 빈곤을 이기지 못할지도 모른다. 다만 삶의 구조 속에서 탈락자의 수를 줄이려고 노력하다 보면 지금 스웨덴이나 스위스 같은 나라들이 그러한 것처럼 빈곤의 폐해를 어느 정도는 완화시키는 일은 가능할지도 모른다. 마찬가지로 민주화 이후 한국의 모든 정권은 사교육과의 전쟁을 외쳤다. 그러나 사교육과 싸워서 이긴 정권은 없었다. 한국의 '과외쟁이'들을 제어하는 데 성공한 것은 딱 한 번, 전두환 정권의 전격적인 과

외 금지 조치의 경우다.

노무현 정권은 사교육을 공교육으로 대체하는 방식으로 이 문제를 풀려고 했었다. 크게 보면 '방과후교육'을 통해서 사교육 방식을 공교육으로 끌어들이는 시도가 있었던 한편, EBS 방송 과외로 인터넷 강의, 보통 '인강'이라고 불리는 것을 공기업 방식으로 무상 지원하는 것이 또 다른 방식이었다. 물론 이런 방식들은 실패했다. 이 두 가지 모두 사교육의 우수성을 보여주는 사회적 결과만을 낳았고, 교육 방송을 전문적으로 분석해서 가르치는 새로운 사교육의 길을 열었다. 입시용 국영수에서 영어 교육으로 크게 방향을 선회하게 만들었던 '어린쥐' 파동으로 시작된 이명박 정권의 흐름도 크게 다르지 않다. 수월성 교육을 목표로 내걸었던 새로운 정권은 고3 때 집중되는 경쟁을 중3 때로, 그리고 초등학교 6학년 시기로 점점 내리는 효과만을 가지고 왔다. 뒤늦게 수월성 교육에서 '사교육과의 전쟁'으로 방향을 바꾸었지만, 노무현도 과외쟁이들을 이기지 못한 것처럼 이명박도 그들에게 이길 것 같아 보이지는 않는다. '대학 진학'을 목표로 하는 그 어떠한 사교육에 대한 조치도 한국에서 성공하기 쉽지 않은데, 전체적으로 변화의 속도가 제약되어 있는 공교육과 기민하게 변화할 수 있는 사교육은 단기 성과와 마케팅 방식에서 처음부터 경쟁이 되지 않는 상황이다. '진화'라는 표현을 쓴다면 공교육과 사교육의 진화는 전혀 다른 패턴이고, 무엇보다도 그 속도에서는 애당초 게임이 되지 않는다. 공적 영역과 사적 영역, 혹은 정부와 기업 사이에 존재하는 진화의 속도는 엄연한 현실이기는 하다. 그러나 근본적인 질문을 해보자. 모든 진화가 반드시 좋은 것인가? 그렇게만 말하기는 어렵다.

한국에선 '정상적인 시민'의 재생산에 의식주와 같은 일반적인 비용 외에 사교육 비용이 따라붙는다. 의식주와 교육비를 합쳐 '의식주교'라고 불러야 할 정도다. 그 수준도 일반적인 중산층이 감당하기 어렵다. Reproduction 이라는 단어를 '생식'이라는 의미로 사용한다면 분명히 사교육과 대학등록금, 모두 일종의 비용 함수로서 생식에 영향을 미친다고 할 수 있다. 가장 간단한 생태학의 인구 모델을 '한국인'에게 적용한다면 사교육이 생식률에 영향을 미치는 주요 변수 중의 하나일 것이다. 자, 이게 어떤 식으로 문제인 것인지, 그야말로 국민경제라는 '거시'의 눈으로 본다면 무엇이 문제인지는 우리 모두 알고 있다. 돈도 돈이고, 사교육을 통해 입시 기계와 암기 기계를 만들어서 결국은 국민경제의 혁신능력과 창의성을 급격하게 떨어뜨리게 된다는 것도 알고 있다. 그러나 풀 방법이 없다. 국가로서의 한국이 망하고, 경제로서의 한국 국민경제가 망하더라도 사교육은 망하지 않을 것 같은 기세다. 물론 한국이 망하면 기업으로서의 사교육 혹은 자본으로서의 사교육도 망할 것이다. 한국의 중산층처럼 그렇게 만만하게 지갑을 털 수 있는 사람들이 집단적으로 서식하는 생태계는 한국 이외에는 찾아보기 어려울 것 같다. 자식 교육비를 위해서 '가사 도우미'라 불리는 파출부로 일을 하는 대기업의 부장 사모님을 한국 이외의 다른 곳에서 볼 수 있을까? 학원비를 위해서 노래방 도우미로 일하는 노조 간부의 아내를 볼 수 있는 나라가 한국 이외에 또 있을까? 강남이나 분당의 전형적인 중산층 부인으로 분류되는 사람들도 자식의 학원비를 마련하기 위해서 대형 할인매장 창구에 서게 된다. 이런 나라는 한국밖에는 없다. 숙주와 기생의 관계로 본다면, 숙주가 결국 사망해서 기생 관계가 지속 가능하지 않은, 그래서 강력하기는 하지만 전 세계로 확산되지 못하는 에볼라 바이러스와 작동 방식이 같다고 할 수 있을 것이다. 보통의 감기 바이러스는 에볼라만큼 강력한 살상력과 전파력을 가지고 있지는 않지만 '지속성' 혹은 '안정성'이라는 눈으로 본다면 대단히 성공적인 기생 관계를 가지고 있고, '종의 확산'이라는 '이기적 유전자'의 가설로 본다면 비교도 할 수 없이 많은 개체수를 가지고 있다고 할 수 있다.

한국의 '대치동 모델'은 대입 즉 한국 국민이라면 피해가기 어려운 재생산의 결정적 골목 하나를 지키며 여기에서 발생하는 '특수 지대'를 누리는, 국민경제의 매우 특별한 기생 모델의 경우로 이해할 수 있을 것이다. 물론 프랑스에도 '프레파'라고 불리는 그랑제콜에 들어가기 위한 학원이 존재하고, 일본에도 대입용 학원과 개인 과외가 존재하기는 한다. 그러나 한국의 대치동 권력처럼 이렇게 전면적이고, 국민경제의 정상적인 재생산 메커니즘 자체에 문제를 일으킬 정도로 극심하진 않다. 아마 자본주의 역사에서 한국이 유일할 것이다. 과외 금지의 해제 이후 10년 만에 한국은 국가혁신체계(NIS)에 문제를 일으키며 그야말로 '자기학습 능력'이 점차적으로 하락하고 있다고 할 수 있다. 대치동 권력은 각 도시별로 혹은 각 구별로 수없이 '작은 대치동'으로 분화되며, 그야말로 유전자의 자기 복제 메커니즘만큼이나 급속도로 복제되어 나가는 중이다. 왜 한국에서는 유독 다른 자본주의와 달리 사교육이 이 정도로 극심하게 창궐한 것일까? 전염병의 작동 방식인 '에피데믹 모델'과 같이, 대치동 유전자를 일종의 바이러스로 생각하고 그 서식 조건에 관해서 생각해보자. 시스템 다이내믹스의 용어를 빌리자면, 외국의 경우는 사교육에 대한 몇 개의 '네거티브 피드백'이 시스템의 국부 균형을 만들어내는데, 한국의 경우는 '포지티브 피드백'이 걸려서 폭발 현상을 보이게 되는 경우라고 할 수 있다. 그 기본적인 서식 조건은 다음과 같다고 할 수 있다.

① 대학교 학벌 체계
② 비토론, 비소통형, 암기식 입학 평가
③ 사교육비를 지출할 수 있는 중산층의 존재

위의 세 가지 조건에 적합한 나라들은 한국만이 아니라 프랑스, 일본도 있다. 그래서 이러한 나라들에도 부분적이지만 사교육이 존재한다. 그리고 영국의 이튼스쿨이나 프랑스의 파스퇴르 학교처럼 진짜 귀족 학교들도 존재한다. 영국의 '퍼블릭 스쿨'은 우리가 이해하는 공교육 내의 '공립학교'와는 의미가 전혀 다르다. 우리 식으로 번역한다면 '귀족 학교' 정도 될 것이다. 원래는 귀족 학교였는데, 그 폐쇄성을 깨고 평민들을 받으면서 이름이 '퍼블릭'이 된 셈이다. 요즘의 눈으로 본다면 영국식 귀족 교육과 평민 교육의 분할이 매우 비합리적으로 보이겠지만, 이것도 그들의 역사적 전통의 일부이고, 나름대로는 그 사회 내에서 일정한 균형을 이루고 있다. 영국도 옥스퍼드 대학이나 런던 정경대학처럼 세계적으로 좋은 대학을 가지고 있고, 학벌 현상이 한국이나 일본처럼 살벌하지는 않아도 분명히 존재하고 있다. 그러나 한국과 같은 대치동 현상은 존재하지 않는다. 런던을 상징하는 '피카드리 서커스'는 정신적인 면에서 본다면 대치동과는 정반대에 있는 장소일 것이다. 마약과 동성애 그리고 자유, 그야말로 암기식 학습과 상업적 통제로 상징되는 대치동 권력과는 정반대의 상징을 갖는다. 프랑스 문화권에서 최고의 거리를 대보라면 비(非) 불어권에서는 개선문 앞에 펼쳐진 대로인 샹젤리제를 꼽을 것 같다. 이 길의 끝에는 대통령궁인 엘리제궁이 있고, 군사 도열도 여기에서 한다. 그러나 아프리카와 스위스 그리고 캐나다 등 세계 곳곳의 프랑코폰(francophon) 사람들에게 '정신의 근원지'를 꼽으라고 한다면 노트르담 성당에서 소르본 대학 혹은 퀴리 부인 대학으로 불리는 파리 4대학까지 펼쳐진, '카트리에 라탱(quartier latin)'이라고 불리는 라탱지구를 지칭할 것이다. 불어권의 많은 책과 문화가 바로 이곳에서부터 나오는 동시에 동성애를 비롯한 온갖 불어권의 아방가르드가 바로 이 거리에서부터 태동한 역사를 가지고 있다. 뉴욕은 현재 전 세계의 돈과 패션을 지배하는 곳이며, 맨해튼은 힘의 상징이기도 하지만 동시에 극단적인 자유의 상징이기도 하다. 미국과 유럽의 패션 전쟁의 한가운데, 그리고 90년대 이후 다국적 거대 패션 기업과 '매종(maison)'이라고 불리는 하우스 형태의 전통적 패션 기업의 중심이 바로 맨해튼이 상징하는 또 다른 의미이기도 하다. 피츠제럴드의 소설 『위대한 개츠비』에서 우디 앨런의 〈맨해튼〉을 거쳐, 세계 최대의 패션 기업인 루이비통의 수석 디자이너이자 동성애자인 마크 제이콥스의 작업실까지, 이 지역 역시 한편으로는 부를 상징하면서 또 다른 한편으로는 반항과 거부 그리고 게이 문화와 같은 파격을 상징하고 있었다. 정치적 엘리트가 모인 워싱턴과 뉴욕의 상징은 분명히 궤를 달리한다.

2010년, 한국의 지배층은 지역적으로는 두 개의 상징을 가지고 있는데, 하나가 '타워팰리스'로 대변되는 경제적 수도인 도곡동이고 또 다른 하나가 바로 사교육의 수도인 대치동이다. 대치동은 다른 OECD 국가의 유사한 지역이 경제적인 의미의 '부유'라는 상징과 함께 '반항' 혹은 '이질성'이라는 상징을 동시에 가지고 있는 것과 비교해서, 철저하고도 지독할 정도의 복종과 관련된 '통제'라는 의미를 가지고 있다. 그리고 이와는 약간 다른 의미로 암기라는 방식에 의한 '획일성'을 상징한다. 전통적으로 부유하면서도 최상위에 위치한 많은 도시들이 기존 세대의 가치관과 믿음에 대해 철저하게 반항적이면서도 전복적인 요소들을 갖추고 있는 데에 비해서 한국의 대치동은 감시나 통제 그리고 획일성이라는, 새로운 돌연변이의 등장을 통해서 진화하는 것을 막는 요소만으로 구성된 공간의 속성을 가지고 있다. 대치동으로 끌려간 10대들은 그 거리 안에서 지적 성장이 정지되고, 시간 또한 그들에겐 정지된다. 히틀러가 나치 시대의 독일 청소년들을 끌고 들어갔던 히틀러 유겐트만큼이나 대치동은 이데올로기적이고, 문화적으로는 반동적이다. 그리고 지독할 정도로 미학적이지 않고, 광란적일 정도로 종교적이다. 그리고 치사할 정도로 엄마들의 주머니를 터는 방법에 대해서만큼은 전문적이다. 이곳에서 청소년들의 삶은 수동적인 것으로 전환되고, '대학 입학'이라는 이름으로, 대치동이라는 거리에 들어가는 순간, 모든 인간의 삶은, 통제의 시간 속에서, 대입의 그날까지 일시적으로 정지된다. 물론, 그들의 부모만이 헤르만 헤세의 『데미안』을 상상하며 마치 이 거리에 가득 찬 고통이 알이 부화하기 위한 마지막 그것이라고 생각할 뿐이다. 그러나 이것은 창조의 고통이 아니라 기꺼이 피를 빨리는 피흡혈자의 가학성 고통일 뿐이다. OECD 국가 내에 이 정도로 인간의 영혼과 함께 그들의 가능성을 동시에 빨아 먹는 '창의성의 파괴자'는 일찍이 있어본 적이 없는 것 같다. 게다가 이 거리가 나쁜 것은, 이게 순수한 '소비의 도시'이며, 돈 없는 사람은 들어올 수 없는 황금의 거리라는 점이다. 영국의 귀족 학교인 퍼블릭 스쿨에서 프랑스의 그랑제콜까지 "가난한 것은 죄가 아니다"와 "가난해도 우리는 함께한다"라는 것을, 비록 표피적일지라도 맨 앞에 내세우고, 또 학생들끼리는 그렇게 차별 없이 지내도록 노력한다. 유럽의 대학과 비교하면 100배에 육박하는 등록금을 받는 하버드대나 시카고대 같은 대학들도 최소한 "가난해서 여기에는 올 수 없다"는 사회적 불만의 소리가 나오지 않도록 장학금 장치를 비롯해서 갖가지 담론 구조를 만든다. 그러나 한국의 대치동에는, 그리고 대치동으로 상징되는 한국의 사교육은 추정하기도 어려운 특수 이윤을 누리면서도 시늉으로라도 그런 장치들을 갖출 흐름이 전혀 존재하지 않는다. '정글 자본주의'이면서 동시에 견제 없는 자본의 권력이 과연 어느 정도의 수준까지 갈 수 있는지 알고자 한다면 한국의 대치동을 보면 된다. 초기 자본주의에서 영국과 프랑스가 보여주었던 야만적인 노동 강도를 바로 대치동에서 볼 수 있다. 차이점은, 초기 자본주의의 10대 노동자들은 성인의 1/3 수준의 임금을 받으며 과다 노동에 시달린 반면, 지금 한국의 10대들은 임금 없이, 그리고 공교육 외부에서 자신의 비용을 치르면서 장시간 노동을 하고 있다는 점이다.

'임노동'이라는 단어를 사용한다면, 한국의 많은 10대들의 노동은 자신이 비용을 오히려 지불하며 노동한다는 점에서 전통적인 임노동이 아니고, 아마도 '지불 노동'이라고 부르는 것이 타당할 것 같다. 물론 학생이 지불을 하고, 노동도 학생이 한다. 영어로는 공부와 노동, 모두 work로 같은 단어를 사용한다. 불어에서도 travailler라는 같은 동사가 두 개의 행위를 모두 지칭하며, 독일어에서 차용해온 '임시직'을 뜻하는 '알바' 역시 공부와 노동을 뜻하는 동사인 arbeiten에서 온 것이다. 이 시점에서 우리는 청소년의 학습이 전통적인 임노동 관계에 있기는 하지만, 일종의 '학습 노동'으로서, 왜 자본주의에서 지속적으로 노동의 시간을 줄여왔는지와 연결해서 생각해볼 필요가 있을 것이다.

사업주에게는 돈을 주고 일을 시킬 권리가 있고, 노동자에게도 자기가 할 수 있는 만큼 최대로 일을 해서 더 많은 임금을 가질 권리가 있다. 자본주의의 정신대로 하면, 사업주나 노동자 모두 자신의 권리를 가지고 있는 셈이다. 그러나 실제로 자본주의는 이러한 방식으로 진화하지는 않았다. 노동 시간을 줄이고 18~19세기, 초기 자본주의의 비인간적인 노동 강도를 약화시키는 방식이 실제 자본주의가 걸어온 길이다. 인간은 기계가 아니고, 영혼을 가지고 있으며, 휴식이 필요한 존재다. 만약 인공지능을 가지고 있는 로봇이 '자아'와 영혼이 있다고 말할 수 있다면, 그 로봇들의 노동에서도 결국은 '휴식의 권리'가 생겨날 것이다. 로봇도 오래 쓰기 위해서는 정비가 필요할 것이고, 알고리즘 등 운영체계에 대한 주기적 업데이트가 필요할 것이다. 그리고 인공지능이 정말로 제대로 돌아간다면 휴식과 놀이라는 개념에 대해서 로봇도 근본적인 고민을 시작할 것이다. 우리는 자본주의가 '이윤 법칙'이라고 불리는 철의 법칙에 의해서 마치 정글처럼 움직인다고 생각하는 경향이 있다. 그러나 실제 역사는 그렇게 단순하게 진화한 것만은 아니다. '인권'과 같은 '윤리'의 요소들이 복잡하게 개입을 하게 된다. 경제제도는 단순하게 경제적 효율성으로만 환원되지는 않는다. 인권을 지키는 편이 더 이득이 된다고 설명할 수도 있는데, 그 이득이라는 용어만으로는 실제 진화의 과정을 제대로 이해하기가 쉽지가 않다. 그러나 학습과 노동을 하나의 동일한 행위라고 생각한다면, 마치 지금까지 노동자의 근로 시간을 지속적으로 줄여온 것과 같이 한국의 학습 시간을 줄이는 것에 대해서 진지하게 생각해볼 수 있을 것이다. 지금까지 한국의 사교육 정책은 밤 10시 이후의 야간 교습 금지를 제외한다면 대부분이 청소년의 학습 시간을 늘리는 방식에 초점을 맞추고 있었다.

이 문제에 대해 청소년의 인권이라는 측면에서 접근하는 것도 한 가지 방식이기는 하다. 2008년 촛불 집회 때 고등학생들이 들고 나온 팻말에는 '수면권' 혹은 '생리권' 같은 구호가 적혀 있었다. 한마디로, "잠 좀 잘 수 있게 해주세요!"라고 그들이 외친 셈이다. 청소년기의 정상적인 발육을 위한 수면권을 비롯한 휴식의 권리 같은 것들은 UN 청소년 인권 선언 같은 인권의 개념으로 다룰 수 있을 것이다. 과도한 학습 시간으로 인한 여고생들의 척추 질환 역시 보건권이라는 이름으로 이해할 수 있을 것이다. 한국과 같은 상황에서는, 최소한 10대들에게 이 인권이라는 말이 하나의 제도로서 전혀 먹히지가 않는다. 몇 가지 설명할 수 있는 방식이 있는데, 지금과 같은 상황은 결국 부모가 못됐거나 바보인 경우, 혹은 두 개 모두인 경우라고 이해하는 것이 훨씬 빠를 것 같다. 현 상황은 지독할 정도의 인권 유린이고, 그 인권 유린의 주체는 바로 엄마, 가끔은 아빠, 합쳐서 부모인 사람이다. 이 질문은 두 가지로 전개된다. 과연 부모에게 자식 학대 혹은 인권 유린의 권리가 있느냐가 첫번째 질문이다. "내 돈 가지고 내 맘대로"와 "내 자식 내 맘대로", 이 두 가지는 사실상 현대적 경제 윤리의 관점에서는 맞지 않는 말이다. 아무리 사랑한다고 해도 학대가 정당화되지는 않고, 아무리 자식의 동의가 있었다고 해도 인권 침해가 문제가 되지 않는 것은 아니다. 자기 돈을 지불한다고 해서 모든 경제 행위가 전부 정당하고 합법적인 것은 아니다. 한국에서는 대마초 같은 것들을 소비하는 것은 불법이고, 성매매도 불법이고, 심지어는 자기 차에서 운전 중에 자신의 핸드폰을 사용해서 전화하는 것도 불법이다. 아무리 자기 차라도 술 마신 채로 운전하면 큰일 난다. 마찬가지로 하루에 8시간 이상 청소년이 공부하도록 과도하게 사교육으로 내모는 부모들은 일종의 청소년 학대범이며, 넓게 본다면 근로기준법 위반이다. 다만 앞의 죄목들과 달리 이런 부모들을 청소년 학대범으로 처벌하지 않는 것은, OECD 국가 중에서는 찾아보기가 어려울 정도로 한국이 '야만의 국가'이기 때문이다. 별다른 이유가 있어서 그런 것이 아니라 우리가 미개해서 그런 것이다. 그리고 한국은 10대에 대한 지독할 정도의 '통제 국가'다. 우리는 어떤 식으로 10대들에게 자유를 줄지, 동시에 그들이 가지고 있는 가능성을 사회적으로 끄집어낼지 진지하게 생각해보지 않은, 청소년 통제 국가라고 할 수 있다.

이렇게 생각해보자. 우리는 교육이 '부의 대물림 장치'가 되면 안 된다고 지난 수년 동안 외쳤다. 부정하고 싶겠지만, 교육은 원래 기존의 사회 질서를 재생산하는 장치다. 교육은 현 체제를 바꾸기보다는 오히려 강화시키는 기능이 더 강하다. 그래서 때때로 교육이 전복의 장치로 사용되기도 하지만, 기본적으로는 기존 질서를 강화시키는 경향이 더 강하다. 교육을 통해 신분을 상승시키는 '사회적 이동성(social mobility)'은 경제발전 초기에만 가능하고, 실제로 자본주의 사회는 상당히 폐쇄적인 상태에서 유지된다. 한때 우리도 '대학 안 가도 괜찮은 나라'를 외친 적이 있었는데, 교육을 통한 '사회적 지위' 획득의 경쟁 문제를 해소하지 못하면서 국민의 80퍼센트 이상이 대학에 가야 하는, 그리고 많은 청소년은 인권 침해와 학대에 시달리는 아주 이상한 사회가 되었다.

　이러한 종류의 질문이 정의, 인권, 정당성 혹은 윤리의 눈으로, 그리고 제도의 눈으로 본 10대 교육의 문제다. 그러나 이와는 전혀 다른 눈, 즉 '효율성'의 눈으로 현재의 사태를 바라보는 눈이 있을 수 있다. 이건 일종의 '상대 평가의 비극'이라고 부를 수 있는 것인데, 내가 공부를 더하나, 남이 공부를 덜하나, 상대 평가 내에서는 외형적 효과가 같다는 점에서 오는 문제라고 할 수 있다. 지금의 입시용 학원 교육으로는, 교육을 하면 할수록 개인의 창의력이 사라지고, 자발적 학습 능력이 사라지게 된다는 것은 우리 모두가 아는 일이다. 공부라는 것은 답을 알고, 암기하는 것이 아니라, 바로 그 답을 찾아가는 과정에 있기 때문이다. 그런데 어차피 자신의 경쟁자가 모두 같은 사교육 과정에 있다면, 그것이 창조적이든 아니든 아무런 상관이 없게 된다. 어차피 지금 한국의 중등 교육은 교육 그 자체에 목적이 있는 것이 아니라 정확하게 모든 수험생을 동시에 줄 세우는 것일 뿐이다. 개인의 상상력과 창의성이 죽거나 말거나, 입시 경쟁에서는 큰 문제가 없다. 그러나 국민경제 내에서, 이것은 큰 문제가 된다. 무엇보다도 이미 수년 전에 국제적으로 완전히 틀이 잡힌 탈포드주의의 국제적 생산 방식에서 한국의 사교육식 교육 방식은 문제를 일으키고, 그 문제는 앞으로 더욱 심각해질 것이다. 사교육에 대한 과도한 지출로 한국의 중산층이 붕괴하는 것은 또 다른 문제이지만, 보다 심각한 것은 그야말로 NIS라고 부르는 국가혁신체계에서 생겨나는 문제라고 할 수 있다. 한때 삼성의 이건희 회장이 "한 명의 천재가 만 명을 먹여 살리는 순간"에 대해서 얘기한 적이 있다. 물론 그런 메시아적인 천재 집단이 한국에 등장하고, 게다가 마음 씀씀이마저 효녀 심청처럼 넓으셔서 공양미 300석을 풀어 우리를 1명당 만 명씩이나 먹여 살리는 그런 일이 벌어지면 얼마나 좋겠는가? 나도 이 개명 천지에서 그렇게 가슴 훈훈하고 아름다운 감동이 물결처럼 밀려오는 일을 살아서 한 번이라도 보면 좋을 것 같다. 그러나 아마 어려울 것 같다. 그 10대 천재는 보나마나 지금쯤 대치동에 가 있을 텐데, 그가 만 명을 먹여 살릴 수 있을 천재로 어른이 되지는 않을 것 같다. 이게 대치동 교육의 결정적 약점이다. 핀란드 교육, 스웨덴 교육, 호주 교육, 모두 공교육의 토론식 교육이다. 그리고 프랑스의 시범 수업은 수요일을 노는 날로 정해 더 많은 자유 시간을 가질 수 있게 해주는 방향으로 가고 있다. 탈포드주의의 교육은 창조 능력을 맨 앞으로 끌고 오는 중이고, 국제적 경쟁은 확실히 '대량생산 대량소비'의 시대와는 다른 방식으로 가고 있다고 할 수 있다. 그리고 이건 대치동이 할 수 없는 일이다. 물론 대치동의 학원가와 영재 교육을 주장하는 사람들도 모두 '창의성'을 맨 앞에 걸고 있기는 하다. 그러나 입시용 교육, 특히 주입식 교육과 '5분 요약' 속에서 나올 수 있는 것은 아닐 것 같다.

'코드화되지 않는 지식의 영역'을 창의성으로 정의한다면, 대치동의 사교육은 모든 지식을 단순 반복을 통해서 이해할 수 있는 형태의 '코드'로 전환하는 것이라고 정의할 수 있을 것이다. 사교육에도 노하우가 있고, 그것도 일종의 산업으로 작동하게 된 지금, 공교육과는 다른 최소한의 생산 공정이 있다고 할 수 있다. 공교육은 교육의 오래된 전통에 따라 종합적이며, 전두환식 표현을 빌리자면 여전히 '전인 교육'을 하고 있다. 이에 비해 사교육은 분해와 탈맥락 그리고 이를 통한 '코드'로 전환된 지식의 암기가 그 특징이라고 할 수 있다. 코드의 암기라는 면에서는 사교육 방식이 유리하기는 하지만, 여기에는 맥락화를 특징으로 하는 창의성을 기르는 데 결정적 약점이 존재하게 된다. 좀 큰 눈으로 보면 대치동식 탈맥락의 코드 암기 교육은, 인간의 본성에 대한 죄악이기도 하다. 인간은 보다 복잡한 것을 생각하고 복합적인 맥락 속에서 판단을 하도록 진화한 존재인데, 대치동 교육은 이러한 인간의 의식을 퇴행시키는 것과 같다고 할 수 있다. 군사학을 가지고 예를 들어보자. 군인을 위한 교육은 크게 보면 장교용 군사학 교육과 사병들을 위한 단기 교육으로 나뉠 수 있을 것이다. 고급 전략 이론에 비할 바는 아니겠지만, 장교들을 위한 군사학 교육은 조금은 입체적으로 작전을 수립하고, 전체적인 프레임 속에서 자신이 할 수 있는 일들을 응용하기 위한 능력에 맞추어져 있다. 그래서 동기론의 대표적인 사회학자인 매슬로의 이론들도 장교들의 군사학 교과서에 포함되어 있다. 그 정도는 알아야 장교 역할을 수행할 수 있기 때문이다. 이에 비해 병사용 교육은 훨씬 단선적이고 밋밋하다. 사격 등 개인 기능을 기계적으로 수행하는 데에 맞추어져 있다. 그 대신 병사들에게는 정훈교육 등 정신 교육을 훨씬 더 강조하는데, 살상 무기를 든 병사의 개인 윤리가 대단히 중요하기 때문이다. 군사학이라는 분야에서도 장교 교육이 되면 '맥락'이라는 것에 대한 강조를 한다. 이에 비해 병사용 군사 교육은 맥락을 제거한 결론만이 암기용으로 남은 아주 앙상한 것이 된다. 이 앙상한 사병용 교육이, 바로 대치동 사교육 신화를 만든 '바보 만들기'가 성공한 이유이기도 하다.

대치동 교육은 병사용 군사학보다 '코드화'가 더 진행된 것이며, 세상에 존재하는 교육 중에서는 가장 '탈맥락화'가 강한 교육이라고 할 수 있다. 병사들에게는 자신들의 손에 있는 총알이 얼마나 무서운 것인지, 그리고 이 총알이 국민들의 세금으로부터 온 것이라는 것을 끊임없이 환기시킨다. 이 정도가 소총을 둘러싼 최소한의 맥락에 대한 교육이라고 할 수 있다. 대치동 교육의 탈맥락화는 이런 병사 교육보다 그 정도가 훨씬 심하다. 단순히 암기식이라서 문제가 되는 것만은 아니다. 암기도 공부의 중요한 요소 중의 하나이고, 어학은 물론 수학에서도 일종의 언어로서 기본적인 기호에 대한 암기는 필요하다. 진짜 문제는 코드화된 지식의 탈맥락화에서 벌어지는 것 아닐까? 그런 점에서 대치동 교육은 교육이라기보다는 세뇌에 가깝다. 그래서 교육보다는 종교에 가깝다. 그러나 종교 내에서 그 열성도가 상당히 강한 편에 속하는 여의도의 순복음교회나 강남의 대형 교회에서도 대치동 수준의 탈맥락화는 보지 못했다. 비교를 하자면 대치동 교육의 탈맥락화는 아마 한국에서는 사이비 종교와 같은 밀교 혹은 일단 발을 들이면 절대로 나올 수 없는 불법 다단계 정도와 비슷하다고 할 수 있을 것 같다. 어쨌든 끊임없이 "돈 가지고 오라"고 하는 것에서는 차이가 없고, 청춘이 가지고 있는 생동감 넘치는 발상을 힘으로 거세한다는 점에서도 같다. 밀교는 치유와 내세를 내세우고, 불법 다단계는 돈을 내세운다. 대치동은 일류대를 내세우는 밀교와 같은 구조를 가지고 있다. 다만 차이가 있다면, 밀교와 불법 다단계는 본인이 1차 피해자이지만, 대치동 교육의 경우는 부모로 인해서 '탈맥락화' 지식의 암기자로 변한 자식이 1차 피해자라는 것이다.

한국 교육의 지난 10년을 한 번 살펴보자. 이 흐름은 제도가 바뀌면, 대치동이 여기에 적응하고, 공교육이 이를 따라가면, 다시 제도가 바뀌는, 그런 과정이라고 할 수 있을 것이다. 이 일련의 과정에서 대치동은 늘 승리했다. 그리고 '리더'의 위상을 가지게 되었다. 그러나 과연 우리가 승리했을까? 대학수학능력시험은 고등학교 교육 정상화를 위해서 YS 정권이던 1994년에 도입된 제도다. 일부에서는 수능이 좌파 제도이고 본고사가 우파 제도라고 이해하는 사람도 있는데, 수능 도입이 민주화로 인한 결과 중의 하나인 측면이 있기는 하지만 엄연히 한나라당 집권 시절에 전격적으로 채택된 제도 중의 하나다. 제도로만 보면, 수능은 매우 우수한 제도다. 원래 수능은 공부하고 보라는 시험은 아니다. '수학능력'이라는 단어의 본래의 의미가 그렇다.

일본식으로 중고등학교 때 동아리 활동 열심히 하고, 기본 독서가 어느 정도 되어 있으면 충분히 좋은 점수를 받을 수 있도록 디자인되어 있는 상당히 고급의 제도였다. 암기할 게 별로 없고, 본고사나 학력고사와 달리 기초 능력 위주로 평가하는 그런 시험이다. 물론 한국에서는 현실적으로 수능이 이렇게 이해되지는 않았다. 어차피 시험을 석차를 내는 도구로 이해한 한국에서 수능의 요소는 철저하게 분해되었고, 이내 암기가 가능한 단위의 코드로 해체되었다. 부작용도 생겼다. 원래는 암기해서 푸는 문제가 아닌 유형의 시험을 암기로 대처하려다 보니 오히려 암기량이 더 늘어나게 되었고, 공부해야 할 분량도 더 늘어나게 되었다. 이는 IQ 테스트의 경우와 유사하다. IQ 테스트에 공부하고 임하는 사람이 있을까?

물론 IQ 테스트의 여러 문제들도 유형별로 분류하고 암기한다면 IQ 점수를 높일 수 있을 것이다. 물론 아주 지루하고 반복적인 훈련을 해야겠지만 말이다. 그러나 그렇게 한다고 해서 실제 IQ가 높아지지는 않는다. 어느 민족도 수능시험을 외워서 접근할 정도로 머리가 좋지는 않은데, 유달리 머리가 좋다는 한민족의 명석함이 이번에는 치명적 결함이 된 셈이다. 이 뛰어난 암기력이여! 어차피 상대적 서열을 매기는 것만이 목적이 된 이 구조에서는 평균 점수만 엄청나게 높아져서 그야말로 성적 인플레이션이 일어나게 된 셈인데, 만약 전 세계의 모든 청소년을 대상으로 수학능력에 대한 평가를 한다면 거의 비교가 불가능할 정도로 우리나라의 성적이 우수하게 나올 것이다. IQ 테스트를 외워서 하는 것처럼 바보 같은 일을 우리는 1994년 이후 계속해서 하고 있는 셈이다.

이런 상황이 아주 이상하다는 것은 교육 담당자들도 알고 있었다. 그래서 암기 코드로 해체된 수능을 보완하기 위해서 논술 시험을 도입했다. 원래의 기능대로라면 논술 시험은 더 많은 독서와 종합적 사유를 이끌어내서 암기 수단으로 전락해버린 수능의 문제점을 보완해줄 수 있다. 논술 시험의 도입과 함께 한국에서는 아무도 상상하지 못했던 초절정 사건이 벌어지게 되었는데, 논술도 패턴 암기로 대처하는 일이 벌어진 것이다. 독서를 패턴 암기로 대처한 민족의 '암기 사랑'과 '암기 능력' 만큼은 단연 고금 최고의 능력이기는 했다. 글도 외워서 쓸 수 있다는 이 놀라운 현실과 대치동 논술 학원의 놀라운 '요소 해체의 능력' 앞에 더 이상 상식과 원칙을 가지고 접근하는 교육학은 설 자리를 잃게 된다.

수능과 논술의 암기화, 이 두 가지가 한국의 부자들에게 생겨난 재앙이었다면, 내신 성적 강화는 한국의 가난한 사람에게 생겨난 재앙이라고 할 수 있을 것이다. 의도는 같은 학교 내에서 상대적 석차의 점수화를 통해 부자동네나 좋은 학교에 다니는 학생에게 일종의 점수 페널티를 물리겠다는 것이다. 이것이, 아마도 한국 교육은 물론 한국의 사회경제 체계에서 최악의 제도가 아니었을까 싶다. 이 내신 때문에 비싼 돈을 들여서 중학교 때 사교육을 받고 외고 등 특수목적고에 들어간 일부 학생들에게 불이익이 발생한 것은 사실이다. 내신 점수 때문에 특목고의 하위권 학생들이 자퇴를 하고, 이러한 자퇴는 연쇄 반응을 일으켜 20~30퍼센트의 잘사는 집 학생들이 고등학교를 그만두고 학원을 다니면서 검정고시를 보게 되었다. 이유 여하를 떠나서 이 일은 잔인한 짓이었다. '남의 불행은 나의 불행'이라고 생각하는 경향은, 정책을 다룰 때 가장 피해야 할 일이다. 누군가가 10대 때 생겨난 제도의 문제점 때문에 학교를 자퇴하는 수밖에 없고, 그 숫자가 오차 범위로 간주할 수 있는 수준이 아니라면, 그 제도는 절대로 장기적으로 지속될 수가 없다. 만약 이렇게 부자 학교에서 자퇴한 학생의 숫자만큼 '가난한 서민'들이 다니는 일반계 고등학교에서 더 많은 학생들이 대입에 성공하게 되었다고 생각한다면, 그것이야말로 근시안적이며 지독할 정도로 기계론적인 생각이다.

만약 특목고와 같은 부자 학교의 학생들에게 불이익을 주기 위해서 내신 성적을 대입에 반영하지 않았다면 어떻게 되었을까? 과연 특목고는 귀족 학교처럼 운영이 되고, 여기에서 사교육의 도움을 받은 학생들이 상위권 대학을 독점하는 그런 일이 벌어졌을까? 과거의 본고사 시절이라면 그랬을 가능성이 높다. 그러나 수능은, 본고사나 학력고사와는 시험의 취지는 물론 그 성격이 전혀 다르다. 만약 부잣집 학생들은 학교에 붙잡혀 있거나 사교육에 붙잡혀 있는 시간이 거의 대부분이고, 일반계 고등학교의 가난한 학생들은 학원에도 안 가고 노는 시간이 더 많았다면 누가 수능을 둘러싼 게임에서 이겼을까? 만약 학교에서 적절한 수준의 독서 지도와 문화 교육을 위한 지원이 이루어진다면, 수능은 가난한 학생들의 승리로 끝났을 가능성이 높다. 그 시험의 특성이 그렇다. 전자오락에 중독된 경우를 제외한다면 수능은 잘 놀았던 학생들에게 유리하다. 수능이라는 시험은 잘 놀아서 경험이 많고, 또 기본 독서량이 많은 학생에게 절대적으로 유리한 제도다. 그래서 창의성 시대에 잘 맞을 수 있는 우수한 제도라고 하는 것이다. 학교에서 도서관을 확충하고, 사서 선생님을 확보하고, 문화 프로그램을 운용하는 것은 그렇게 돈이 많이 드는 일이 아니다. 공교육이라는 틀 내에서 충분히 창의적이면서도 자유롭고 즐거운 교육 여건을 만들 수도 있었다. 그리고 그렇게 잘 놀면서 중등 교육을 완수한 일반계 고등학교의 학생들이 암기로 무장한 사교육의 전사들에 비해서 수능에서 훨씬 좋은 성과를 올릴 수 있었을 것이다. 공교육의 수준을 특목고 수준으로 높이기 위한 가장 간단한 조치는 더 많은 교사들을 배치해서 학생 한 명 한 명을 선생님들이 더 잘 돌볼 수 있는 여건을 만들어주는 것이었다. 그러나 이러한 꿈같은 일은 벌어지지 않았다. 이게 다 그동안 외고를 비롯한 특목고를 요구했던 '부자 정당 한나라당' 때문이라고 하고 싶겠지만, 현실적으로 지금의 상황을 만든 '1등 공신'은 바로 내신 강화일 것이다. 이 제도는 사교육의 '코드 해체'를 통한 암기와 경쟁하여 종합적 이해력과 창의력을 만들어낼 바로 그 공간을 닫아버렸다. 어차피 죽어라고 외워봐야 신나게 놀면서 충분한 독서를 했던 학생들보다 수능에서 더 좋은 성과를 올리기가 어렵다면 아마 대치동 권력이 지금과 같이 줄줄이 코스닥에 상장되는 이 참담한 형국은 벌어지지 않았을 것이다.

최근에는 더 부자 학생들을 뽑기 위해서 많은 대학들이 아예 내신을 입시에 반영하지 않거나 그 반영 비율을 계속해서 낮추는 중이다. 현실적으로는 일반계 고등학교에서도, 이제 그만 입시만을 위한 '내신 챙기기'에서 해방되어 좀 놀아도 되는 상황이다. 어차피 이제 곧 대부분의 대학에서 알아서 내신은 점수에 반영하지 않게 될 것이다. 그러나 일단 형성된 신화는 잘 바뀌지 않는다. 특목고 같은 귀족 학교 학생에 비해서 일반계 고등학생이 가진 유일한 무기가 높은 내신 등급이라고 생각하는 경향이 이미 나타났다. 그러나 암기에 맞서는 가장 큰 무기는 여전히 종합적 사고력과 많은 경험이다.

결국 현 시점에서 한국 고용의 문제점은 쇼비니즘 빼고는 '경쟁'이라는 단어만 남게 되는 우파식 교육도 아니고, '참교육'을 외쳤던 전교조의 이념 교육도 아닌 것 같다. 지금 우리가 풀어야 하는 교육 문제 1번은 대치동식 사교육을 어떻게 해체할 것인가 하는 문제라고 할 수 있다. 그래야 중산층이 몰락하는 문제를 풀 길이 열린다. 여기까지는 좌파든 우파든, 부자든 부자가 아니든, 대체적으로 동의할 것 같다. 그러나 우리는 10년 동안 대치동 앞에서 늘 졌다. 무슨 조치를 취하든, 대치동은 더욱 커져갔고, 사교육은 더욱 막강해졌다.

한 가지 원칙에 대해서 생각해본다면, 우리의 중고등학생에게 더 많은 자유를 주는 편이 창의성과 종합성을 기르는 데 도움이 되는지, 혹은 감시와 통제를 사용하는 편이 도움이 되는지, 여기에서 큰 흐름이 갈리게 될 것이다. 노무현 시절에 했던 '방과후교육'은 현실적으로 통제적 철학의 연장선 위에 있고, 결국은 사교육을 공교육으로 끌어들이는 결과를 가져왔다. 사교육의 폐해는 단순히 부모에게 너무 많은 돈을 지불하게 해서, 중산층을 무너뜨리고, 내수 경제의 기반을 약화시킨다는 데에만 있지 않다. 보다 심각한 문제는 21세기 지식 경제로의 전환을 가로막는다는 데에 있을 것이다. 교육비가 어디에서 오는가, 즉 정부나 지자체로부터 오는가 혹은 부모로부터 오는가는 문제의 핵심의 한 부분일 뿐이고, 교육 방식 혹은 교육 양식에 대한 질문은 아니다. 진짜 핵심은 탈맥락화된 단순 코드들을 암기 방식으로 주입할 것인가, 아니면 더 많은 자유를 학생에게 주고 많은 것을 스스로 결정하게 할 것인가, 여기에 문제의 진짜 핵심이 있다고 할 수 있을 것이다. 이것은 국민경제의 효율성에 관한 문제이기도 할 것이다. '방식'으로서 사교육이 공교육에 비해서 훨씬 더 유리하다면, 노무현 시절에 그렇게 했던 것처럼 방과후교육을 통해서 사교육을 공교육의 한 구성요소로 흡수하면 그만이다. 정말로 사교육이 교육으로서 그렇게 훌륭하다면 아예 정부에서 학원비가 없는 학생에게 보조금을 지급해서 학원을 정부 돈으로 갈 수 있게 해주거나 아니면 아예 교육 공기업을 만들면 그만이다. 사교육이 그렇게 좋다면 한전이나 가스공사 같은 교육 공단을 설립하면 그만 아닌가? 그렇게 하면 지금의 부모 주머니에서 나가는 돈이 아니라 정부의 지원금에 의해서 비용이 지급되므로, 최소한 정부의 교육 재정에 비해서 민간 교육 지출이 너무 높다는 얘기는 사라질 것이다. 당연히 교육 때문에 부모 등골이 휜다는 얘기도 사라질 것이다. 한국 경제와 한국 교육의 많은 의사결정권자들이 "사교육을 없애자"는 것에 대해서는 암묵적인 합의에 도달하지 못했지만 암기식 사교육이 학생을 망친다는 사실에 대해서는 어느 정도의 '정서적' 합의가 되어 있기 때문이다.

비용이라는 측면에서만 본다면 우리가 '대안 교육'이라고 부르는 교육 역시 사교육이고, 졸업장을 인정받지도 못하고, 부모가 돈을 낸다는 점에서 대치동 학원가와 다를 바가 없다. 그러나 누구도 대안 교육을 대치동 교육과 혼동하지는 않는다. 돈이 문제의 본질이 아니라 교육 방식에서 본질적 차이점이 있기 때문이다. 창의성 혹은 종합 능력 아니면 기획 능력 같은 것을 지수로 평가하기는 쉽지 않다. 지식이 가지고 있는 복합적 요소 때문에 단순한 암기 능력이나 경쟁도 평가하기가 쉽지 않다. 현재 한국의 대안 학교와 대안 교육에 대해서는 여러 가지 논란이 있을 수 있기는 하지만, 적지 않은 수의 부모들은 사교육보다는 공교육이 낫다고 생각하고, 공교육보다는 대안 교육가 낫다고 생각하는 것 같다.

부모들의 교육에 대한 평가: 대안 교육 〉 특목고 〉 공교육 〉 사교육
부모들의 교육에 대한 현실적 선택: 사교육 〉 특목고 〉 공교육 〉 대안 교육

　일부 대안 학교는 '귀족 학교'라는 비난을 들을 정도로 대치동 학원에 못
지않게 많은 돈이 드는 것도 사실이다. 부모들의 지불 양상만을 본다면, 공
교육을 위해서 자신의 돈을 추가적으로 지불하고 싶은 사람은 별로 없고, 내
용 면에서는 양 극단에 속한 대치동 학원 교육과 대안 교육에 부모들의 지불
의사가 있다고 할 수 있을 것이다. 현재로서는 중등 교육 단계에서 조기 유
학을 떠나는 학생들의 진짜 동기에 대한 체계적인 연구가 이루어지지 않아
서 정확히 그 비율을 이야기하기가 쉽지는 않지만, 어쨌든 공교육이라는 특
정 서비스의 보완재 구매라고 조기 유학을 정의한다면, 학원 교육 그리고 대
안 교육의 두 가지 측면에서 모두 조기 유학의 수요가 발생한다고 할 수 있
을 것이다. 이를 다른 말로 바꾸어보자. 조기 유학을 보내는 부모는 한국에
서의 공교육과 사교육을 너무나 싫어하는 사람이라고 할 수 있을 것이다. 공
교육에 문제가 있다는 지적과 담론은 좌파에도, 우파에도, 어디에서나 넘쳐
나고 넘쳐난다. 그중의 일부는 진실과 연결되어 있고, 또 일부는 지나치게
이념적이기는 하다. 공교육을 너무 싫어한 부모들은 학원 비용과 조기 유학
비용 사이에서 계산을 할 것이다. 사교육은 비용의 상한이 없기 때문에 어차
피 그 많은 비용을 들여야 한다면 차라리 그 돈으로 외국에서 교육시키는 편
을 선택하는 것은, 좁게 보면 일종의 합리적 의사결정에 해당한다. 물론 계
산을 똑바로 한다면 성장기에 가정이 갖는 기능 그리고 부모의 장기 별거에
따른 이혼 위협 같은 것까지, 조금은 복잡한 계산이 필요하다. 만약 남편과
이혼하기로 이미 마음을 먹었거나 혹은 그 가능성을 염두에 둔 엄마라면 학
원비 대신에 조기 유학을 보내는 것은 정말로 최적의 경제 행위가 아닐 수

없다. 환상적이다.

　그러나 모든 조기 유학이 학원비 때문에 발생하는 것은 아니다. 토론 교육이 활발한 대안 교육을 원하지만, 국내의 대안 교육 프로그램을 믿을 수 없어서 유학을 가는 경우도 없지는 않다. 입시 위주로 구성된 외국 교육의 경우는 확실히 한국에서 '대안 교육'이라고 불리는 그런 요소를 많이 가지고 있다. 또 일부는 장애인 교육의 경우다. 경증 장애인의 경우는 굳이 격리 교육을 할 필요가 없는데, 우리나라에서는 여전히 격리 교육이 대세다. 이걸 장애인에 대한 사회적 편견 때문이라고 설명하면 아주 간단하고 깔끔하지만 별로 과학적이지는 않다. 우리는 한 반의 학생 수가 너무 많아서 교사 대 학생 비율이 높은 편이고, 특히 장애인에 대해서는 너무 사회적 자본을 투입하지 않았다. 우리나라 장애인 학생들이 주로 조기 유학의 대상지로 떠나는 호주나 캐나다의 경우, 장애인 학생 한 명당 전문 교사가 2~3명이 담당을 하는 경우도 있다. 우리의 시스템상 장애인의 통합 교육이 어렵게 되어 있는 것이지, 한국의 담임 교사가 특별히 더 능력이 없다거나 아니면 장애인에 대한 편견을 가지고 있어서 그렇다고 보기는 어렵다. 사실 우리나라 장애인 학생의 부모들이 어쩔 수 없이 조기 유학을 선택한다는 것은, 우리 모두에게 창피한 일이다. 당연히 국민소득 만 불 정도를 지나면서 갖췄어야 했을 복지 장치를, 그야말로 10년 동안 토건놀이 하면서 못 갖추었기 때문에 생겨난 부작용인 셈이다. 다른 나라 국민들을 위해서 마련한 복지 장치에 우리나라 장애인 부모들이 그냥 얹혀 가게 되는 일이 생겨나는 것, 이것은 정책 담당자들로서는 정말 창피한 일이다. 만 불 때도 못했는데, 2만 불 때는 할 수 있을까? 현 구도에서는 우리는 절대로 이런 선택을 못하고, 이런 구조에서는 국민소득 3만 불이니 4만 불이니 하는 얘기가 모두 도깨비놀음에 불과한 것이다.

　대치동 교육, 대안 교육, 그리고 조기 유학과 같은 몇 가지 변수를 놓고 생각해보면 우리가 가야 할 길은 비교적 명확하다. 지금 한국의 공교육도 싫고 대치동 교육도 싫어서 준(準) 이민 혹은 유사 이민에 해당하는 조기 유학을 떠나는 학생들이 궁극적으로 도착하는 교육이 어떤 곳일까? 이들이 영국의 이튼스쿨이나 프랑스의 파스퇴르 학교처럼 엄청난 비용이 드는 귀족 학교로 가는 것도 아니고, 소수 영재들을 위한 그런 특수 전문 기관으로 가는 것도 아니다. 물론 이런 경우가 아주 없지는 않지만, 대부분은 아주 정상적이고도 평범한 공교육으로 들어가게 된다. 유일하게 경제성으로 환원되지 않는 변수는 외국어 습득이다. 그러나 영어 때문에 조기 유학이라는 아주 돈이 많이 들고, 가정 자체에도 많은 위험이 따르는 방식을 선택하는 것을 설명하기가 석연치는 않다. 일본의 경우가 그렇듯이, 외국 출신이 한국으로 복귀하기가 아주 어려워지는 시점이 올 가능성이 우리에게도 여전히 있다. 90년대 초중반 우파 정권이 복귀하면서 공석과 방송에서 불어를 사용하도록 한 적이 있었는데, 한국에도 정상적인 우파 정권으로 바뀌면서 외국어 점수보다 한국어 능력 시험이 더 중요해지는 상황이 올 수도 있다. 한국과 같이 변화가 빠른 나라에서 일반인들이 10~20년 후를 예측하는 것은, 언제나 어려운 일이다. 사회에는 반전이라는 것이 있고, 한국 사회의 전환 속도는 대단히 빠르다. 한마디로 조기 유학은 위험성이 아주 크지만, 그 위험에 따른 효과는 불확실한 선택이다. 이미 몇 개의 공기업은 국내에서 대민 봉사 업무를 담당할 직원들을 영어가 아니라 한국어 능력 시험으로 뽑기 시작했다. 당연한 흐름이다. 게다가 대기업의 인사 담당자들도 한국 사정에 밝은 직원들을 조금씩 선호하는 경향이 있다는 얘기를 하기 시작했다. 이렇듯 조기 유학은 위험이 많은 선택이지만, 이것은 단순히 비용과 위험의 문제가 아니라 거의 '혐오'에 가깝도록 수십만 명의 부모가 한국의 공교육을 증오한다는 것의 반증이기도 하다. 자 이제 우리가 이들 부모 혹은 우리 모두를 위해서 무엇을 제시할 수 있을까? 하나마나한 얘기지만, 바로 이것이 '공교육 정상화'라고 할 수 있을 것이다. 한국의 공교육을 떠나서 위국으로 가는 많은 학생들이 결국은 그 나라의 공교육으로 돌아온다는 데에서 우리의 해법의 실마리를 찾을 수 있을 것이다. '맞춤식 방과후교육'과 같은 노무현이 선택했던 대치동 교육을 공교육에 끌어들이는 방향이 아니라, 많은 외국의 괜찮은 학교들이 하는 것처럼 대안 교육의 요소를 더 많이 공교육 안으로 흡수하는 것이라고 할 수 있다.

남은 질문은 하나다. 교육을 통한 통제를 강화할 것인가, 아니면 학생들에게 더 많은 자유를 주는 편을 선택할 것인가? 나는 후자가 보다 창의 교육에 유리하다고 생각하는 편이다. 현재 우리의 법정 수업 일수는 220일로 되어 있지만, 이것은 형식적인 것이고, 실제로는 방학도 없고, 0교시, 보충 수업 등을 통해 '통제된 학습'만이 있지 휴식은 없다. 빈 시간을 늘려주는 게 창의적인지, 아니면 통제된 암기의 시간을 늘리는 편이 창의적인지, 여기에 대한 기술적 해답은 비교적 명확할 것이다. 우리는 몰라서 안 하는 게 아니라 중등 교육이 입시 기관이라는 인식의 덫에 갇혀 있는 것 아닌가?

내가 제시할 수 있는 방안은 입시용 사교육 금지로부터 시작한다. 현재는 헌법재판소의 2002년 4월의 과외 금지 위헌 판결에 우리 모두가 묶여 있다. 지금의 헌법 질서에서는 흔히 경제 민주화 조항에 해당하는 119조 조항이 '규제와 조정'에 대한 가능성을 열어놓고 있으므로 사교육 금지가 기술적으로는 가능하다. 한나라당 홍준표 의원의 '반값 아파트' 정책도 바로 이 조항 위에 세워져 있다. 물론 이렇게 하지 않고 사회 자체가 사교육이 필요가 없는 상태로 점진적으로 외국의 경우처럼 진화하는 것도 한 방법이기는 한데, '잠김 현상(lock-in)'이 발생한 경우에 잘못된 균형으로부터 헤어나오기 위해서는 제도적인 전환점이 있는 것이 유리할 수 있다.

기술적으로는 헌법 소원을 통해서 2000년 결정에 대해서 재심을 요구하는 경우와 국민투표를 통하는 방법이 있는데, 헌법에 준하는 효력을 갖는 국민투표가 정책 조정의 측면에서는 보다 유리할 것 같다. 스위스의 농업에 대한 재정적 지원이 국민투표 위에 세워져 있다. 여기에도 약간의 기술적 문제가 있기는 하다. 현재의 우리 헌법에서 국민투표 부의권은 대통령에게 독점적으로 부여되어 있는데, 그런 이유로 국민투표의 결과는 실제로 내용이 그렇지 않더라도 대통령에 대한 신임 투표 혹은 불신임 투표의 정치적 의미도 가지게 되므로, 우리나라에서는 국민투표제 도입 이후 한 번도 국민 투표가 실시된 적이 없다. 결국 유일하게 가능한 방법은 '입시용 사교육 금지'를 공약으로 내건 대통령이 당선되고, 그가 자신의 공약대로 국민투표에 부치는 방법밖에는 없다. 좀 멀기는 하지만, 현재로서는 제도적으로 이게 유일한 방법이다. 결국 대선까지 가는 수밖에는 없는 셈이다.

물론 반대가 있을 수 있다. 가장 기본적으로는 30만에서 35만 명 정도로 추산할 수 있는 사교육 종사자다. 이 중 예능계 사교육을 제외한다면 그 숫자는 조금 줄어들 것인데, 어쨌든 이 사람들은 사교육으로 먹고사는 사람들이니, 대치동 권력의 실질적 지지자인 셈이다. 이 안에서도 서비스 총조사와 같은 자료를 통해서 추정해보면, 대개 1퍼센트 정도만이 고소득을 누리고 있고, 또 그중의 절반 이상은 비정규직이며 임금 수준도 우리가 상상하는 것보다 아주 낮다. 산업으로 본 사교육 내에서도 다른 많은 산업에서 그런 것처럼 전형적인 '승자독식' 현상이 벌어지는 셈이다. 사교육계에서의 수억대 연봉자를 구원해줄 방식은 사실상 없지만, 이 게임의 패자들에게는 정책적 해법을 제시할 수 있다. 예를 들면, 20만 명 정도의 사교육 종사자들을 공교육으로 흡수한다고 할 때, 이게 양쪽이 모두 만족할 수 있는 균형점에 도달할 수 있을까? 이는 현재의 공교육의 교사 숫자를 거의 두 배로 높이는 것과 다름없는데, 사실 이건 언젠가 우리가 가야 할 공교육의 모습을 앞당기는 것과 같다. 못할 이유가 없다. 사교육 인력을 공교육으로 흡수할 때 교사의 자격과 자질에 대한 논란이 있을 수 있는데, 특수한 교육대학원을 3~4년 한시적으로 운용하면 문제를 풀 수 있을 것이다. 문제가 되는 것은 재원인데, 효과가 불투명한 4대강 사업 등 토건 예산들을 교육 쪽으로 전환하는 방식과 교육세를 신설하는 옵션이 있을 것이다. 양쪽 다 장단점이 있기는 한데, 나는 이 경우에는 전자 쪽을 선호한다. 개별 조치마다 모두 특수세를 만드는 것에 대해서는 기본적으로 그 효과가 분명한 경우를 제외하고는 반대한다.

　사교육을 금지하든 줄이든, 어쨌든 1차적으로 풀고 나면 한국의 청소년들은 더 많은 자유 시간을 가지게 될 것이다. 나는 기왕에 빈 시간을 줄 것이라면 더 많은 빈 시간을 주는 게 낫다고 생각하는 편이다. 정규 수업은 60~70년대, 경기고등학교 등 많은 좋은 학교가 그랬던 것처럼 3시 이전에 마칠 수 있게 하면 좋겠다고 생각한다. 그것도 많다. 최근 프랑스 등 유럽의 일부 국가에서는 시범적으로 수요일에 등교를 하지 않는 수요 휴무제를 실시한다. 많이 놀고 스스로 하는 활동이 많아질수록 창의성이 높아지게 된다는 가설 위에 서 있는 정책이다. 일주일에 4번 학교 가고 3번은 쉴 수 있게 해주는 것, 사실 그런 게 생태적인 의미에서의 교육관이다.

　이렇게 생각을 해보자. 영화를 아주 좋아하는 중학교 1학년에 입학한 아주 평범한 학생이 있다고 해보자. 그가 중학교 3년 안에 영화에 관한 기본적인 지식과 이해를 가지고 중학교를 졸업할 수 있고, 고등학교를 졸업하기 전에 두 편 정도의 실험용 독립 영화를 만들어볼 수 있도록 우리가 지원해줄 수 있을까? 영화 교육 프로그램을 만들어주고 관련된 장비를 대여해주는 것은 우리가 할 수 있는 범위 내에 있는 일이다. 물론 모두가 다 영화 감독이 될 수는 없지만, 현재의 수능 제도하에서 쓸데없는 내신만 없애준다면 이렇게 영화를 두 편 정도 만들어본 학생이 점수가 더 잘 나올 가능성이 높을 것이다. 물론, 대학을 갈지 말지는 본인의 선택이지만, 그게 정말로 본인의 선택이 되는 그런 사회를 우리가 만들어야 하는 것 아닌가? 중고등학교 때 더 많은 것을 경험하고 더 많은 것을 손수 만들어볼 수 있는 사회, 그것이 우리에게 좋은 것 아닌가?

　이 시리즈에서 몇 번 얘기한 적이 있지만 대학 진학률이 30퍼센트를 넘지 않는 스위스의 1인당 국민소득이 우리의 3배이고, 역시 비슷한 수준인 노르웨이는 우리의 4배가 넘는다. 대학을 졸업해야 무엇인가 할 수 있다는 것은 우리의 편견일 뿐이다. 학교에서 입시 교육으로 중등 교육 6년을 암기만 하는 방식으로 한국 경제가 더 나아갈 곳은 없고, 그러다 보니 더욱더 토건으로 나아가게 되는 것 아닌가?

사회가 우리의 10대에게 문화 교육과 지식 교육을 다양하고 풍부하게 제공한다면, 아마 그중에서 우리가 잊어버린 한학을 배우겠다는 학생도 나올 수 있고, 더 이상 명맥을 잇기가 어려워진 문사철에 인생을 걸겠다는 학생도 나올 수 있을 것이다. 지식과 창의성의 또 다른 속성은 바로 다양성인데, 우리는 너무 오랫동안 입시용 암기 교육만이 공부라고 생각하고 있다가 '다양성'이라는 속성을 망각한 것 같다. 우리는 다양성과 맥락이라는, 대치동 학원식 사교육에서 잊어버린 것들을 회복해야 한다.

이런 교육 시스템으로의 전환의 주체는 누가 되어야 할까? 정치적 결정은 국민의 몫이라고 하더라도 학생들에게 주어진 '자유'의 내용을 채울 다양한 프로그램의 운영 주체가 학교만이 되어서는 곤란할 것 같다. 학교는, 아무리 잘 포장한다고 하더라도 결국은 '억압'의 기관이고, 아무리 좋은 사회가 오고, 오묘하고도 고귀한 구호를 내걸더라도 고리타분하고 따분한 기관일 뿐이다. 그것은 학교가 나빠서가 아니라 학교라는 기관이 '옛 지식'을 다음 세대에게 내면화시키는 장치이기 때문에 그렇다. 학교라는 기관이 사회의 변화보다 앞에 가 있는 것은 구조적으로 불가능할뿐더러, 또 학교가 사회보다 앞서 나가는 것이 바람직한 것인지도 의문이다. 그런 점에서 학교는 기본적으로 보수적이고, 그것이 바로 학교인 것이다. 게다가 학교의 구성원은 조직론의 관점으로 보면 대단히 균질성이 높은 편이다. 그래서 학교는 보수적일뿐더러 획일적이라는 특징을 근본적으로 가지고 있다. 외국의 경우는 이러한 문제점들을 학풍 등 역사적이고 문화적인 요소로 보완을 하는 경우가 많지만, 근대 교육의 역사가 짧은 우리나라의 경우는 별로 그렇지 못하다. 이게 특별히 더 문제라고 생각하지는 않는다. 그러나 학교에 보수성과 획일성이라는 근본 속성이 있다는 것을 이해하는 것은 중요할 것 같다. 그런 점에서 나는 지자체, 예를 들면 시청이나 구청과 같이 정부의 일부이지만 중앙

정부와는 다른 예산과 다른 작동 방식을 가지고 있는 지방 정부들이 문화 교육과 지식 교육의 중심적인 주체로서 더욱 적극적으로 나서는 것이 많은 도움이 될 것이라고 생각한다. 이것은 지자체가 더 효율적이거나 유능한 주체라서 그런 것이 아니라 '지방 경제'의 주체로서, 지역의 학생에 대해서 학교와는 또 다른 이해와 기능을 가지고 있기 때문이다. 시나 구청이 가지고 있는 문화센터와 예산들을 지역 청소년의 교육을 위해서 쓴다고 하면, 그리고 그 목표와 규모를 지금과 전혀 다른 방식으로 생각한다면 우리의 미래가 전혀 다를 것이다. 지금의 한국의 정치 구조에서는 국회의원이 구청장보다 훨씬 높은 위상을 갖는 것으로 되어 있지만, 지역으로 오면 구청장이나 군수들이 할 수 있는 여지가, 최소한 교육 분야에서는 국회의원보다는 많다.

지금에 와서 돌이켜 본다면, 우리는 교육과 지방 자치를 비롯해 너무 많은 것들을 토건 기관으로 변질시켰고, 위에서부터 밑에까지, 공적인 것에서 사적인 것까지, 너무 많은 것들을 토건에 쏟아붓고 있었던 셈이다. 교육 분야에서는, 교육의 토건화의 가장 큰 중간 고리가 대치동식 사교육인 셈이다.

가만히 생각해보자. 20세기 초반에 등장한 수많은 능력 있는 여성들은 대부분 부유한 남자 친구들에게 에디트 피아프처럼 가수가 되게 해달라고 하거나 배우가 되게 해달라고 했었는데, 그들 중에서 처음으로 물건을 만들 수 있는 '숍'을 내게 해달라고 한 사람이 바로 가브리엘 샤넬이다. 우리가 '샤넬 백'이라고 하는 바로 그 럭셔리 브랜드의 샤넬 말이다. 많은 럭셔리 브랜드들이 다국적기업으로 바뀐 21세기에도 여전히 '메종(maison)'이라고 불리는 전문 기업으로 남아 있는 곳이 샤넬이기도 하다. 이런 샤넬은 가수와 재단사라는 두 개의 직업을 가지고 있었는데, 그가 최종적으로 선택한 자신의 길이 바로 재단사이자 디자이너, 즉 일종의 '문화 생산자'로서의 길이었다. 그런 그녀가 기본적인 기술과 테크닉을 배운 곳은 바로 수녀원에서 운영하는 평범한 학교였다. 고아였던 샤넬에게 20세기 초에도 기본 교육이 제공되고 있었는데, 그로부터 1세기 정도가 지난 지금, 아직도 우리는 그걸 못한다. 우리는 샤넬 백을 사고 샤넬 명품을 부러워하는 학생들만을 키우고 있고, 가난했고 고아였지만 호기심과 질문이 넘쳤던 샤넬을 더 이상 키워내지는 못한다. 샤넬이 지금 한국에 태어났어 봐라. 고아인 그녀가 지금의 공교육과 대치동 학원가 사이에서 할 수 있는 게 뭐가 있겠는가? 샤넬만이 아니다. 퀴리 부인, 아인슈타인, 슈바이처, 헬렌 켈러, 심지어 나폴레옹과 잔다르크까지 전부 조상들의 은공으로 지금 한국에서 태어났고, 여기에 김유신, 이순신, 세종대왕까지 모두 현재 한국의 중학생들이라고 생각해보자. 이들 중 제대로 대학에 가거나 자신의 재능을 발휘하여 이름 석 자라도 남길 수 있는 사람이 있겠는가? 유관순이 살아 돌아온다고 하더라도 과연 어른들을 이끌고 삼일절 만세 운동을 할 수 있는 상황인가?

우리는 해방되면서부터 교육에 많은 노력을 들인 나라다. 그러나 종교계, 시민사회 대부분이 입시 교육 앞에 눈만 껌뻑껌뻑거리면서 대치동 눈치 보는 형국이다. 모두가 암기의 획일성에 갇힌 지금, 지자체와 시민사회 그리고 더 많은 자발적 흐름들이 다양성을 향해서 모여야 한다. 지금의 10대의 입에서 사는 것이 "재밌어 죽겠다"는 말이 나와야 우리는 국민경제의 생태적 전환의 첫발을 떼었다고 할 수 있을 것이다.

05 | 등록금 100만원 시대

　한국의 학벌은 현재 지독하고도 끔찍할 지경이다. 여기에 대해서는 모두가 동의하는 얘기이므로 새삼 반복할 필요가 없을 것 같다. 교육 그것도 고등교육 즉 대학 이상의 교육에 대해서 최적의 제도라는 것이 존재할까? 아마 최적 방식이 존재하지는 않을 것 같다. 권력의 정점에 가까울수록 최적안은 찾기가 어려워지고 제도의 형태보다는 시스템의 '운용'에 더 많은 주안점이 갈 것이기 때문이다. 우리는 왜정 시기에 총독부에서 만든 경성 대학 그리고 민간에서 만든 몇 개의 대학으로 해방을 맞았고, 그 당시의 많은 대학들이 지난 10여 년간 '개교 100주년'을 맞으면서 그야말로 한국의 어떤 기관도 그렇게 하지 못한 '1세기'의 역사를 가지게 되었다. 한국 정부보다도 대학이 더 오랜 역사를 가지고 있고, 한국 근대 권력의 역사보다도 대학의 역사가 더 길다. 공화국은 유한하지만 대학은 영원하다. 이건 우리나라의 경우만 그런 것이 아니라 역사가 오래된 유럽의 경우도 그렇다. 그러나 그들 중 어떤 나라도 한국처럼 특정 대학 몇 개가 그야말로 위에서부터 밑에까지, 좌에서 우까지, 이렇게 '싹쓸이'하는 경우는 볼 수가 없다. 지방 대학의 영역, 전문 학교의 영역 그리고 전문 대학원에서 하는 고유 영역들을 대부분 남겨두는데, 몇 개 대학의 '싹쓸이'가 시간이 가면 갈수록 더해지지, 줄어드는 양상을 보여주지는 않는다. 아마 한국이 '하나의 민족'으로서 자신의 유전자를 유지하는 한, 이 지독할 정도의 학벌 문제를 완벽하게 해결하는 날은 오지 않을지도 모른다. 그러나 우리가 가진 문제를 다 없앨 수 없더라도 그 폐해를 계속해서 줄여나가는 것이 역사이듯이, 정답이 아니더라도 새로운 진화의 방법에 대해서 끊임없이 생각하고 시도하는 수밖에는 없을 것 같다.

대학을 크게 분류하면 영미식의 사립대학 체계와 유럽식의 국립대학 체계로 구분할 수 있을 것이다. 68혁명을 전후한 대학 국유화 과정에 대해서는 전체 시리즈 1권인 『88만원 세대』에서 자세하게 다룬 적이 있으므로 여기에서는 생략하도록 하자. 대체적으로 영미식 대학 체계에서 등록금은 연간 1000만원 이상이고, 유럽식 국립대학에서는 연간 30~50만원 정도 한다. 최근 독일 국립대학의 등록금이 많이 올랐는데, 80만원 정도 한다고 볼 수 있다. 한국은 유독 대학 체계만큼은 영미식을 따르고 있는데, '한국의 68'이라고 얘기되기도 하는 87년 민주화 운동에서 대학 개혁이 빠졌던 것이 그 주된 이유라고 할 수 있을 것이다. 80퍼센트 이상의 대학 진학률과 연간 1000만원 가깝게 올라버린 대학 등록금 그리고 상대적인 국민소득의 차이를 감안한다면 이제 한국에서 대학 등록금은 정상적인 시민의 재생산에 중대한 영향을 미칠 정도가 되었다고 할 수 있다. 이는 대학의 서열화와 학벌의 존재와는 약간은 차원을 달리하는 문제다.

한국은 70~80년대 공공 복지 혹은 사회 복지 대신에 기업 복지라는 방식으로 많은 문제를 해결했었다. 주요 대기업과 공기업은 기업 복지의 일환으로 '자녀 등록금 지원'이라는 제도를 운용했는데, IMF 경제위기 이후 일부는 대출로 전환이 되기는 했지만, 한전 등 여전히 많은 기업들은 직원들의 자녀에게 등록금을 지원해주고 있다. 전면적이지는 않지만, 나름대로는 한국은 등록금 문제를 어떻게든 해결하고 있던 셈이다. 대기업이나 공기업에 비해서 이런 식의 기업 복지의 혜택을 받지 못했던 농민과 같이 회사 바깥에 있는 부모들에게는 대단히 불평등한 일이 진행되고 있었다. 어쨌든 빠른 시간 동안 산업화를 이룬 한국은 산업화에 가담한 사람들에게 생각보다 많은 지원을 해주고 있었던 셈이다. "소 팔아서 등록금 마련한다"는 의미의 '우골탑'이라는 말이 괜히 나온 것이 아니다. 산업을 강조했지만 농업은 소외되었던 지난 시기의 경제 제도가 농민들에게 더욱 무거운 짐들을 얹어놓고 있었던 것이 사실이다. 일반적이고 보편적인 복지에 비해서 기업 복지의 방식으로 문제를 푸는 것은 개도국의 입장에서 빠르고 간편하기는 하지만, 누구나 대기업이나 공기업의 노동자가 되는 것은 아니므로 형평성에 문제가 생긴다. 그러나 어쨌든, 우리는 최소한 대학 등록금에 대해서는 이러한 기업 복지의 방식으로 진화했고, 누구나 등록금 내느라고 힘들었다고 하지만 힘들지 않은 사람들도 있었던 셈이다. 만약 누구나 공평하게 이 정도의 등록금을 지불해야 한다면, 최소한 지금보다는 훨씬 대규모로, 그리고 보다 전면적으로 이 문제에 대한 해법이 사회적으로 제시되었을 것이다. 그러나 아직도 기업 복지의 차원에서 회사의 등록금 지원이 상당수 존재하고 있으며, 사실 모든 대학생이 동일한 경제적 문제에 직면한 것은 아니다. 현실적으로는 아버지가 한전과 같은 회사에 근무하고 있다면, 등록금 문제는 아직은 남의 일일 뿐이다.

2010년 정부는 국채를 발행하면서 대학 등록금에 대해서 취직 후 상환을 할 수 있는 융자 제도를 도입했다. 일반적인 정책 금리에 비하면 그렇게 조건이 좋은 편이라고 하기는 어렵고, 학점과 연동이 되는 등 까다로운 것들이 따라붙지만, 어쨌든 방향은 융자로 잡혔다. 교육 기금을 통한 장학금의 대대적 확충이나 유럽식의 무상 교육 개념에 대한 도입에 비하면 많이 아쉽지만, 어쨌든 심지어 카드사와 연동되기도 했던 기존의 대학 융자금 제도에 비하면 나아지기는 한 셈이다. 어쨌든 아무것도 없는 것보다는 뭐라도 있는 것이 나은 게 지금의 한국 대학생 형편이기는 하다. 그러나 많은 사람이 기대했던, 대학 등록금에 대한 전격적인 인하는 이제 당분간 정책적으로 추진되지는 않을 것이다. '반값 등록금'이라는 대선 공약을 갈음하기에는 융자 제도 도입은 지독하게 "약하다!" 또 다른 문제는 정부에서 회사 복지의 형태로 대학 학자금 지원을 유지하고 있는 공기업에 대해서 형평성을 이유로 '학자금 융자'로 전환할 것을 요구하고 있다는 점이다. 융자와 지원은 내용이 전혀 다른데, 기업 복지에서도 철수하게 되면, 융자제의 도입과 함께, '보편적 복지'가 아니라 '보편적 빈곤'이 확대되는 셈이다. 복리를 제외하고도 원금만 기계적으로 계산한다고 하더라도 4000만원 이상의 부채를 한국의 시민들은 일단 껴안고 삶을 시작하는 셈이다. 이 정도면 아주 좋은 직장의 대졸 초임을 훨씬 상회하는 비용인데, 한국의 중산층의 경제적 후퇴와 더불어 한국 20대의 '부채화'가 이렇게 시작되는 셈이다. 연애, 결혼, 출산 등 우리의 삶을 하나의 생태계로 이해할 때, 재생산 혹은 생식과 관련된 일련의 생물학적 과정을 끊는 요소로 지금의 대학 교육이 결정적 역할을 하는 셈이다. 그렇다고 전면적으로 대학 교육을 거부하거나 포기한 사람들을 위한 대체 프로그램이 준비되어 있을까? 이미 수년 전부터 공기업을 중심으로 학력 차별이 금지되어 있지만, 현실적으로 사회 운용에 변화가 온 것 같아 보이지는 않는다. 자, 이 문제를 어떻게 풀어야 할까?

유럽식의 국유화가 아마 누구나 1차적으로 생각하는 해법일 것인데, 정부가 대학생의 학비만이 아니라 학생 식당의 식비까지 50퍼센트가량 지원하는 것이 유럽식이라고 할 수 있다. GDP 내의 교육 지출을 높이는 방향으로 나간다면 우리도 못할 이유는 없는데, 여기에는 경제성 등 경제적 요소보다는 '사회적 의사결정'에 관한 정치사회적인 문제가 더욱 강하게 개입한다고 할 수 있다. 비유를 들자면, 한국에서는 아마 남북통일에 대한 사회적 합의가 대학 개혁에 대한 합의보다 훨씬 쉽고 빠를 것이다. 60년대 유럽의 경우에는 대학생만이 아니라 중고등학생들이 거리를 메워 결국 대학 국유화가 이루어졌다. 우파들이 우파 손으로 자신들의 보루였던 대학을 국유화했던 사건, 이것은 기술적 해법이 아니라 사회적 여건이 얼마나 중요한지 보여준다. 단순히 투표의 과반을 얻어 대통령에 당선되거나 국회의 절반을 차지하는 정도로는 유럽식의 대학 국유화는 추진하기 어렵다. 68혁명 때의 유럽의 대학 개혁은 좌파 정부에서 진행된 일이 아니라 드골과 같은 우파 정부 때 벌어진 일인데, 정부의 근간이 흔들릴 정도로 대중의 저항이 강해서 사람들에게 납득할 만한 '전환'이 필요한 상황에서나 가능한 것이었다. 우리 식으로 표현하면 한나라당 스스로 자신의 정권 유지를 위해서 추진하는 경우에나 겨우 가능할 수 있는 일이라고 할 수 있다.

예를 들어 '수능 총 파업'이라는 이름으로 고3이 수능을 통한 대학 입시 과정을 집단적으로 보이코트하는 경우가 한 예가 될 수 있을 것이다. 나프타를 추진하던 멕시코에서 '상징적 1페소'를 받고 있는 멕시코 대학 등 국립대학의 등록금을 사립대학 수준으로 높이려고 한 적이 있었다. 이걸 막기 위해서 멕시코 전역에서 수개월에 걸친 동맹 휴학이 진행된 적이 있었다. 대학 교육을 '돈벌이'의 영역에서 공익의 영역, 그리고 땅을 사고 건물을 지어 토지 가치를 높이는 토건의 영역에서 공공성과 복지의 영역으로 전환시키는 것은, 한국에서는 '건국의 수고로움'에 버금가는 일이라고 할 수 있다. 유럽 국가들이 이러한 제도적 전환을 한 것은 1인당 국민소득이 1만 불이 되기 이전의 일이고, 우리는 이미 성공 사례에 대한 참고 자료를 많이 가지고 있기 때문에, 정책적으로 혹은 기술적으로 불가능한 것이 아니라, '사회적 의지' 혹은 '사회적 에너지'의 문제에 가깝다고 할 수 있다. 프랑스의 경우, 68혁명의 결과로 대학 개혁을 한 후, 실제로 좌파가 집권한 것은 1980년의 미테랑 때의 일이니 10년이나 지난 후의 일이다. 대학 개혁을 한다고 해서 바로 좌파가 집권을 하는 것도 아니고, 또 그렇게 생겨난 좌파 정권이 영원한 것도 아니다. 프랑스의 경우, 파리4대학은 세계 최초의 대학인 소르본인데, 여전히 데카르트의 기치를 내거는 가장 전형적이며 또한 보수적인 강단 철학을 대표한다. 파리1대학은 우파 경제학의 대표이고, 파리2대학 법대는 프랑스 학계에서 가장 완고하며 극우파에 가까운 학풍을 대표하며, 한때 나치 군사령부로 사용되기도 했던 건물에 자리하는 파리9대학 경영학과는 미국 학풍 도입에 가장 적극적이다. 이렇듯 국유화가 된다고 해서 각 대학의 모든 과가 획일적으로 좌파 학풍이나 진보적 학풍으로 변하는 것은 아니다. 오히려 자칫해서 몰락하기 쉬운 철학과 같은 순수학문이 소르본 대학의 사례에서 보듯이 보다 견고하게 자신의 경제적 기반을 가지게 되는 효과를 가질 수 있다. 이는 꼭 우파에게 유리하거나 좌파에게 유리하거나 그런 문제는 아니고, 그 사회의 학문과 지식의 기반을 확충할 수 있는 재원을 사회적으로 마련하는 것에 동의할 것인가 혹은 동의하지 않을 것인가의 문제에 가깝다고 할 수 있을 것이다.

전면적인 국립대학으로의 전환은 한국에서도 경제적으로 불가능하지는 않을 것이지만, 일종의 제도적 선택이라고 할 수 있는 이러한 전환이 의사결정이라는 관점에서는 사실상 불가능하다고 할 수 있다. 그야말로 하나의 제도에 '잠김 현상(lock-in)'이 일어나서 그 자체가 강화되는 균형 상태일 때, 이 균형을 깨고 어떻게 다른 균형으로 질적 전환을 할 수 있을 것인가의 문제다. 물론 과반수의 동의를 얻으면 되지 않는가? 대통령 선거가 이런 정도의 질문을 갈음하기는 하지만, 대학 국유화의 문제가 그렇게 단순하지는 않다. 노무현 정권에서 탄핵 정국과 함께 민주당이 국회의 과반수를 차지한 적이 있었지만, 사실상 아무 내용도 아닌 사학재단에 사외이사를 파견하는 정도도 '3대 개혁악법'이라는 이름으로 거센 저항을 받은 적이 있었다. 그냥 거센 정도가 아니라 정권 후반기의 종부세와 결합하면서 사실상 '민주화 정권' 정도로 부를 수 있는 노무현 정권이 결정적으로 붕괴하게 되었다. 사학이 그 자체로 악인가? 물론 더 이상 재단에서 학교로 돈이 오는 것이 아니라 재단 적립금이라는 방식으로 오히려 학교에서 재단으로 돈이 간다는 지적이 있지만, 이건 편법이라고 할 수는 있어도 불법이라고 하기는 쉽지 않다. 게다가 다소간의 불법이 있다고 하더라도 그걸 이유로 특정인의 재산 그것도 사회적 제도로 작동하는 그런 대학을 정부의 재산으로 전환하는 것 역시 논리적으로도 쉽지는 않다. 물론 국채를 발행하는 등의 방식으로 정부가 일정한 대가를 지불하고 구매하는 방법밖에는 없는데, 이런 제한된 수의 거래 방식에서는 수요와 공급이라는 가격 메커니즘이 잘 작동하지 않는다. 게다가 매수자가 매수를 거부하는 것에 대해서도 일방적으로 부당하다고 말하기는 어렵다. 헌법의 질서 내에서 불법적이거나 부당한 것에 대해서는 모두가 옳다고 해도 단 한 명이 반대할 때, 그리고 그 사람이 주인일 때, 주인의 동의를 구하지 않고 일방적으로 행정 처리를 하기는 곤란하다. 그렇다면 유럽은 어떻게 지금의 시스템을 가지게 되었는가? 우리가 68혁명이라고 불리는 거대한 사회적 변혁이 자국 내에서 그리고 세계적으로도 일었기 때문에 이런 게 가능하다고 할 수 있다. 방법은 있는데, 수단이 없는 경우라고 할 수 있다. 정부에 속한 것과 정부에 속하지 않은 것 사이에서 발생하는 딜레마의 경우인 셈이다.

우리나라에서 사립대학의 주인들을 설득해서 어떤 식으로든 다른 대학 운영 방식을 만들 수 있는 사회적 집단이 있을까? 이미 몇 개의 대학은 미국과 같은 전통 사학이 아니라 이미 재벌 집단이라고도 불리기도 하는 대기업이 주인이 된 상황에서 말이다. 게다가 우리나라 최고의 대학인 서울대는 부동산 투기를 보다 용이하게 하기 위해서 '법인화'를 추진하는 중이고, 그래서 스스로 국립대학인 지금의 위상을 벗어버리려고 하는 중이다. 옳고, 옳지 않은 것과는 상관없이, 한국의 대학은 점점 더 민영화 쪽으로, 점점 더 대형화 쪽으로, 그리고 점점 더 돈이 되지 않는 학과는 통폐합과 구조조정을 통해서 없애는, 그런 상업화 방향으로 가고 있다. 흐름은 해결과는 정반대의 길로 가고 있는 중인 셈이다. 이런 것을 염두에 둔다면 한나라당의 대통령 후보였던 이명박의 '반값 등록금' 공약은, 당시 상황에서는 파격적인 공약이었던 셈이고, 영원히 지켜지기 어려운 공약이었다. 기술적으로는, 정부가 대학에 대한 지원금을 늘리고, 그 대신 등록금의 수준을 정부가 일정 정도 조절하는 경우에만 반값 등록금이 가능할 수 있다. 물론 반값이 가능하다면 지원금의 수준과 정부의 개입 수준에 따라서 100만원대도 가능할 수 있다. 대학 재단이 더 이상 사립대학을 돈벌이 대상으로 생각하지 않고, 또한 정부가 공립이든 사립이든, 지금보다 더 적극적으로 운영에 개입한다는 얘기이니까, 이 경우에는 운영 주체가 민영이든 아니면 국립이든, 크게 차이가 있다고 하기는 어렵다. GDP의 1퍼센트 정도를 추가로 지출하는 수준에서 이러한 전환을 생각할 수 있기는 하다. 그러나 어쨌든 '반값 등록금'이라는 공약은 이행되지 않았다. 두 가지로 문제점을 생각할 수 있는데, 정권 내에서도 이 문제 해법에 대한 실제 의지가 없었던 경우 혹은 등록금을 인하해야 한다는 이해당사자들의 요구가 그렇게 높지 않았던 경우다.

자신들이 먼저 공약을 내건 것을 감안하면, 아마 두번째의 경우가 '반값 등록금' 공약이 이행되지 않은 실질적인 이유가 아닐까 싶다. 집회나 시위 혹은 서명 등 어떠한 방식으로든 외형을 갖추지 않은 형태의 정책 수요에 대해서는 한국에서는 정부가 먼저 포착해서 정책적 해법을 제시하는 경우가 거의 없다. 편하게 얘기하면 정부가 너무 게을러서 그렇다고 할 수도 있지만, 압축 성장을 추진했던 한국의 경우는 나름대로는 긴 세월 동안 조금씩 조정을 하면서 자신들의 시스템을 만든 선진국에 비해서 시급히 해결해야 할 제도적 보완이 너무 많았기 때문이라고 이해할 수도 있을 것이다. 사실, 우린 너무 바쁘게 살아왔고, 자연이든 사람이든, 아주 짧은 시간에 너무 많은 변화가 있었고, 여기에 따라서 채워 넣어야 할 것이 너무 많았다. 우린 이 생산 시스템을 돌리기 위해서 석유와 석탄을 채워 넣었어야 했고, 철광석을 채워 넣었어야 했고, 농촌에서 도시로 사람을 뽑아왔어야 했다. 그리고 정부의 재정이나 직접 개입을 통해서 문제점을 완화시키지 않을 수 없었다. 한국에서 가만히 있으면, 우선순위에서 밀리게 된다. 지금 등록금 문제가 딱 그런 상황인데, '정책 수요'만으로는 한국이라는 공화국보다 더 오랜 기원을 가지고 있는 대학 시스템이 자체적으로 조정해서 바뀌기가 어렵다. 이미 충분한 월급을 받고 있는 대학 교수들은 아주 일부를 제외하면 등록금이 줄어드는 것에 대한 반대의 이해관계를 가지고 있을 수밖에 없다.

2009년도, 한국의 사립대학의 총 수입은 15조 원이었다. 이중 11.7조 원 정도가 등록금 수입이고, 교원 보수로 지급된 돈은 5조 원, 직원 보수를 합치면 6조 5000억 원 정도가 된다. 계산은 간단하다. 15조 원에 해당하는 돈을 우리가 해결할 수 있는가 하는 질문과, 이 15조원을 어느 정도까지 구조조정을 통해서 줄일 수 있는가, 이게 한국의 대학 문제다. '반값 등록금'은 이 중에서 등록금 수입인 5조8000억 원 정도를 어떤 방식으로든 국가에서 책임을 지겠다는 얘기라고 할 수 있다. 한국의 경제 규모를 생각하면, 이 정도는 아주 불가능하지는 않을 것 같다. 토건 예산의 일부를 대학 쪽으로 전환하고, 장기적으로는 대학 진학률 80퍼센트라는 지금의 불균형이 40~50퍼센트 정도로 자연스럽게 조정이 된다면 유럽식의 연간 30만원 혹은 50만원 등록금이 기술적으로 전혀 불가능해 보이지는 않는다. 사실 한국 대학이 이 돈을 받고도 학생들에게 해주는 게 너무 없기는 하다. 가장 간단하게 생각하면, 유럽의 국립대학들은 학생 식당에서 40~45퍼센트의 식비 보조가 나온다. 등록금도 싸지만, 식사와 체육 시설 등을 비롯해 각종 문화생활에서 대학생에게 많은 보조금들이 따라붙는다. 우리는 우리보다 2~3배 국민소득이 높은 나라에 비해서 등록금도 20~30배가 높은데, 이에 비해 대학이 우리에게 주는 건 더 없다.

어려운 현실을 감안한다고 하더라도, 지금의 대학 시스템 그리고 지금부터 변하게 될 새로운 시스템은 분명히 한국의 재생산에 문제를 일으킬 것이다. 재생산으로 이해하든, 생식으로 이해하든…. 일반적으로 대학 진학률이 50퍼센트 정도가 넘으면 고등교육이 일반화되었다고 이해하는 것 같은데, 실제로 이 비율을 넘어선 국민경제는 한국이 유일하고, 그 비율은 현재 80퍼센트까지 올라가 있는 상황이다. 일본이 이제 50퍼센트 정도가 되는데, 한국은 최소한 고등교육의 양적 비율에서만큼은 전 세계 최고다. 이 상황에서 기업 복지 차원에서 공기업 혹은 대기업이 대학등록금을 지원해주는 일부와 등록금이 문제가 아니라 기부금이라도 내고 입학하겠다는 부유층을 제외한다면, 한국에서 '시민'으로 탄생하는 성년들은 출발할 때부터 4000만원 이상의 부채를 꺼안고 사회생활을 시작해야 하는 상황이 오게 될 것이다. 이게 다음번 단계에서 문제를 일으키게 될 것이라는 점은 너무 뻔한데, 예를 들면 대학 졸업생이 현재 최저생계비인 100만원 미만에 월급이 맞추어져 있는, 정부가 추진하는 사회적 기업 그리고 역시 누구나 중요하다고 얘기하는, 이보다 월급이 그리 높지 않은 중소기업 같은 곳에 가게 된다면 초기 단계에서의 이 정도 규모의 부채는 사실상 평생 청산이 불가능할 것이다. 현재 우리는 새로운 시민의 탄생에서 최소한 주거 비용의 일부를 '시드 머니'의 형태로 쥐어주어도 가능할까 말까 할 정도로 생식의 위기를 겪는 중인데, 거기에 대학 등록금의 대출금까지 얹어주는 이러한 시스템에서는 교육의 위기, 경제의 위기와 같은 좁은 의미의 '대학생 위기'가 아니라 한국 사회 자체의 위기가 되는 것이 당연해 보인다. 이 시점에서 우리는 자본주의 초기에 얘기되었던 형평성(equity), 즉 출발 단계에서의 평등이라는 논의를 다시 한 번 떠올리지 않을 수가 없다.

사회주의가 '결과의 평등'을 의미한다면, 자본주의는 최소한 출발할 때에는 평등할 수 있게 해주겠다는 것이고, 이게 바로 형평성에 대한 역사적 논의다. 공민교육과 근대화 그리고 자본주의가 이런 기회의 균등이라는 점에서 만났고 그렇게 현재의 시스템을 만들게 된 것인데, 지금 우리는 이 형평성에서 심각한 문제를 만나게 된 셈이다. 이건 대학의 사회적 기능과 지식 생산의 문제 그리고 그렇게 만들어진 지식의 다양성과는 조금은 다른 논의의 장이다. 새로 출발하는 경제적 시민에게 '시드 머니'에 해당하는 출발 자금을 손에 쥐어주는 것이 지금과 같은 세대간 형평성이 붕괴된 상황에서는 타당할 것 같지만, 우리는 그 대신 '학자금 대출'을 안겨줬다. '명품 정당'을 자처하는 한나라당의 부자 부모들은 이 상황을 "고소하다" 혹은 "당연하다"

고 생각하는 것 같지만, 사실 이 상황은 사회 전체로 볼 때 장기적으로 정의롭지도 않을뿐더러 효율적이지도 않다. 시스템의 재생산이라고 할 때, 자본주의에서 '시민'을 만들어낸 것은 대단한 사건이다. 비록 마르크스의 지적대로 팔 것은 '자기 노동' 밖에 없지만, 그래도 노동을 통해서 자신의 삶을 꾸려나갈 수 있는 현대적 의미의 자유인을 형성한 것에 성공한 셈이다. 도대체 노예가 역사 속에서 어떻게 탄생한 것인가? 헤겔은 '주인과 노예의 변증법'으로 유명해진 『정신현상학』에서 두려움으로 투쟁을 포기한 자가 노예가 되고, 두려움을 극복한 자가 주인이 된 것이라고 설명한 적이 있다. 그러나 실제로 노예는 꼭 두려움을 극복하지 못해서 되는 것이 아니라 경제적으로 독립할 수 없거나 전쟁 과정에서 패함으로써 노예가 되는 것 같다. 조선 시대에는 양인들이 빚을 지게 되거나 죄를 짓고 노예가 되는 게 일반적인 일이라고 할 수 있다. 지금 우리의 대학 재정 방식은 '건전한 시민'으로의 재탄생에 영향을 미칠 지경까지 온 셈이라고 할 수 있는데, 이 비용을 지금과 같이 개인들에게 부과하게 된다면 우리는 '시민의 탄생'이 아니라 '노예의 탄생'을 목격하게 될 것이다. 역사적으로 자본주의에서 이 정도로 처음부터 부채를 안고 출발하게 하는 법은 없었다. 과거의 노예에게는 자유가 없었지만, 아마 이제부터 탄생하게 될 한국판 노예들 즉 대졸 채무자들에게는 노예들에게도 있던 결혼이 없을 것이고 출산이 없을 것이다. 조선 시대의 양민들은 세경이라고 부르는 소작 제도의 문란과 대토지 소유의 강화로 인해 노비로 신분이 내려가는 경우가 많았다. 지금과 같은 상황이라면, 한국에서 시민은 대학으로 인하여 노비 수준으로 전락하게 될 가능성이 높다.

과거의 대학을 생각하면서 대학생들이 과도하게 지불하게 되는 돈이 등록금만이라고 생각하는 사람도 있을 수 있지만, 현실은 그것보다는 좀 복잡하게 얽혀 있다. 2008년 교육통계연보에 의하면 우리나라의 재적 대학생 수는 200만 명에 약간 못 미친다. 이 중 휴학생 비율은 31.5퍼센트 정도 되는데, 남학생들은 군입대를 위해서 휴학하는 경우가 있어서 이것만으로는 휴학생 비율을 제대로 알기가 어렵다. 여학생의 휴학생 비율은 전체적으로는 약 15퍼센트 정도 된다. 대체적으로 보다 상위권 대학이나 취직이 수월한 과로 편입학한 수치는 4만 명이 약간 안 되는데, 전체 대학생 비율로 비교를 해보면 2퍼센트 정도의 학생들이 편입이라는 방식으로 입학한 대학이 아닌 곳에서 졸업을 하게 된다. 휴학, 편입학 같은 것들이 기계적인 등록금 계산만으로는 포착되지 않는 추가 비용에 대한 요소들일 것이고, 여기에 어학 학원 및 각종 고시학원 등 통계로는 잡기 어려운 교육 비용들이 추가로 들어가게 된다. 90년대 대학생들이 해외여행 자유화와 함께 배낭여행이라는 길을 열었다면, 2010년대 대학생들은 취업용 학원 수강이라는 대학생 사교육의 새로운 길을 연 셈이다. 학습의 유효성 혹은 효율성에 대해서는 여전히 많은 의심이 있지만, 우리가 평범하게 생각하는 초급 공무원 아니면 기업의 월급쟁이 평사원 한 명을 만들어내기 위해서 아마 한국의 1인당 교육비 지출은 전 세계 1등이 아닐까 싶다. 이들이 모두 '건전한 시민' 혹은 '평범한 시민'으로 한국 경제 내에서 재생산되는 것일까? 진짜로 '평범한 시민' 한 명이 정상적인 경로로 탄생할 수 있는 바늘 하나 꽂을 만한 땅도 없는 셈이다. 월급쟁이 아니면 노예, 딱 두 가지의 선택 경로 외에 남아 있는 것이 우리에게 무엇이 있는가?

이 정도 상황이라면, 학벌의 문제는 차지하고라도 최소한 대학등록금 등 시민의 재생산에 대한 비용 문제에 대해서 이제는 진지하게 고민해야 할 것 같다. 왜 대학생들이 스스로 자신들의 등록금 문제의 해결을 적극적으로 주장하지 않는데 다른 사람들이 대신 나서야 하는가? 이 문제 역시 크게 보면 우리 모두의 문제이기 때문이다. 나는 대학생들 그리고 그들이 다음 단계에 겪게 될 시민으로서의 독립을 지지하고, 그들에게 물질적 풍요를 약속하고 싶지는 않지만 그들에게 빈곤을 물려주고 싶지는 않다. 그들이 정상적 시민이 될 때 우리 경제의 생태적 전환도 장기적으로 가능한 것 아닌가? 생태적 전환은, 사실 시민들에게 더 많은 비용을 요구하는 것에 대한 학문적 포장이라고 할 수 있다. 태양광 발전이나 풍력과 같은 것들 혹은 유기농업에 관한 것들은 시간이 더 흘러서 이런 것들이 보편 기술이 되고 획기적으로 저렴하게 될 때까지는 시민들에게 더 '비싼 에너지' 그리고 더 '비싼 음식'에 대한 값을 지불할 것을 요구하는 것이다. 물론 자전거와 같이 값싼 비용에도 불구하고 생태적 개선과 같은 방향으로 움직이는 것이 아주 없지는 않지만, 이런 것은 생각보다 드물다. 게다가 한국은 4대강 유역에 자동차 도로에 버금가는 자전거 전용도로를 건설하자는 나라이기 때문에 사회적으로 자전거가 반드시 저렴할 것이라는 보장도 별로 없다. 공정 무역에서 책임 관광에 이르기까지, 소위 '현명한 소비'라고 불리는 것도 기본적으로는 소비자들에게 엄청나게 큰돈은 아닐지라도 더 많은 돈을 생태를 위하여 지불할 것을 요구하는 것이다.

생태경제학의 주요 논의는 많은 경우 소비자의 '지불 의사(willingness-to-pay)'와 관련되어 있다. 생태계를 어떻게 보존할 것인가 그리고 어떻게 인간의 경제가 국토생태가 복원성을 잃지 않는 수준에서 같이 조화되도록 만들 것인가, 이러한 이야기 틀의 본질적 논의는 국민들에게 어떻게 하면 더 많은 돈을 자발적으로 자신의 선택에 의해서 지불할 수 있게 할 것인가에 관한 문제다. 분명 '더 싸게 그리고 더 많이'라는 케인스식의 포디즘의 경제 성과와는 조금은 궤를 달리한다. 효율성이라는 용어를 그냥 사용한다면, 경제적 효율성(economic efficiency)와 생태적 효율성(ecological efficiency)이 반드시 동일한 방향으로 간다는 보장은 별로 없다. 경제적으로 효율적인 행위는 많은 경우 더 적은 돈을 지불하는 방향으로 흘러간다. 물론 베블런이 지적한 '과시적 효과'가 강력한 한국에서는 종종 일부의 소비자들은 그 반대의 선택을 하기도 한다. 반면 생태적 효율성을 추구하기 위해서는 더 비싼 비용을 지불해야 하는 경우가 종종 생긴다. 물론 그 추가적인 비용이 도저히 감당할 수 없는 수준이거나, 왜 지불해야 하는지 설득하지 못하는 정책은 안정화되지 못하고 금방 사라지게 된다. 그러므로 일종의 개인 혹은 사회적 선호와 관련된 지불의사만으로는 충분치 않고, '지불 능력' 즉 순소득 혹은 순자산 아니면 가처분소득과 같은 또 다른 개념들을 고려할 필요가 있다. 10년 전에 한국에서 생태경제에 대한 논의의 주요 축이 어떻게 하면 소비자들의 취향 혹은 선택을 '친환경적'이라는 개념으로 포착할 수 있도록 변화시킬 것인가에 관한 것이었다면, 지금부터는 '친환경적' 혹은 '생태적'이라는 개념을 이미 포착한 사람들이 어떻게 그 행위를 할 수단을 가질 수 있게 해줄 것인가의 문제라고 할 수 있다. 전통적인 소비자 이론으로 본다면 소비자의 가처분소득이라는 형태로 논의를 할 수도 있고, '시민'이라는 표현을 쓴다면 자신의 개인적 선택을 실제 경제 행위로 옮길 수 있는 시민의 경제적 능력이라고 표현할 수도 있다.

조금 더 논의를 끌어나간다면, '지구적 시민(global citizen)'이라고 표현할 수도 있을 것이다. 지구적 시민은 분명 18세기 이후의 근대화와 함께 등장한 시민 논의와는 또 다른, 지구적 문제점들을 새로운 의미로 접합한 그런 개념이 될 것이다. 한나라당을 지지하는 우파 소비자들이라고 해서 반드시 비민주주의적이라고 얘기하기는 어렵지만, '개발주의' 혹은 '개발 독재' 그리고 이러한 흐름이 신자유주의와 결합해 만들어진 'MB의 공사주의'를 필승의 경제 코드로 생각하는 그들을 지구적 시민이라고 하기에는 어딘가 어색하고 뭔가 부족한 듯하다. 여기에 보통의 경제적 분석에서는 큰 의미를 두지는 않지만 정치사회적 분석에서는 상당한 의미를 차지하고 있는 '중산층'이라는 범주가 중요하게 등장한다. 전작인 『괴물의 탄생』에서 중산층의 탄생과 해체라는 테마를 매우 중요하게 다룬 적이 있기는 한데, 생태주의라는 하나의 철학적 흐름은 포디즘 경제에서의 중산층의 탄생과 또한 밀접한 관계가 있기도 하다. 노동계급 사이에서 중산층이 등장하게 된 것은 20세기의 생태 문제의 등장 그 자체이고, 당연히 해법도 이들 속에서 등장할 수밖에 없다. 빈민층이 보다 더 생태 문제에 민감한가, 중산층이 보다 더 민감한가 아니면 생태라는 주제는 그야말로 돈 많은 부자들의 돈놀이에 불과한 것인가는 '환경 정의(environmental justice)'를 둘러싼 꽤 민감한 문제이기도 하고, 생태사회주의(eco-socialism)라는 흐름 속에서 정치적으로 중요한 주제이기도 하다. 그것이 어떤 방식으로 표현되든, 다음 세대의 경제 주체가 더 가난해지는 것이 생태적으로 유리한 것인가, 아니면 더 부유해지는 것이 생태적으로 유리한 것인가, 이 질문은 철학적으로 생태주의의 한가운데를 가로지르는 질문이기는 하다.

'자발적 가난'을 선호하는 측에서는 현재의 대학생들이 빚을 지고 새롭게 사회에 출발하게 되는 것을 꼭 나쁜 것으로만 보지 않을 수도 있다. 물론 지금부터 등장하는 신빈곤 현상과의 차이점은 자발적이지는 않다는 것인데, 사람들은 더욱 가난해질 것이고 분명히 많은 대학생들은 졸업을 하고 나서도 평균적으로 10년 내에 자신의 등록금이라는 출발점의 부담스러운 짐을 털어내기가 쉽지 않을 것이다. 좋든 싫든, 그들에게는 생태적 삶 외에는 다른 삶의 방식이 잘 보이지 않는다. 현재의 흐름대로라면 '덜 먹고 덜 쓰고', 그야말로 철학으로서의 생태주의가 지향하는 생활이 지금 대학을 다니는 많은 국민들의 실질적인 삶이 될 가능성이 높다. 물론 가난하다고 해서 반드시 '덜 먹는' 그런 모노톤의 현상만 벌어지는 것이 아니다. 주로 미국 흑인들의 정크푸드 섭취와 보건상의 문제를 분석하면서 나오는 '빈곤형 비만' 같은 표현들은, 한국 내에서도 2등 국민 혹은 국가 내 식민지를 의미하는 내부 식민지의 시민으로 살아야 하는 비정규직 대졸자들의 몸의 특징을 대표하는 단어가 될 것이다. 가난해도 섭취하는 칼로리는 높아질 수밖에 없는 상황, 그것이 '풍요의 시대' 이후에 상대적 빈곤에 빠져들게 되는 선진국의 민중들이 몸으로 부딪히게 되는 현실이 아닌가!

그런 점에서 생태경제학이라는 틀에서 한국 대학생들의 등록금 문제에 대한 관점 하나가 나온다. 딱딱하게 얘기하면 지불 여력 혹은 가처분소득에 대한 얘기가 되는데, 결국 새롭게 재생산되는 시민이 시작점에서부터 등록금 대출금이라는 '역 자산' 즉 부채를 안고 출발한다는 것은 경제적 정의라는 관점에서도 문제이지만, 생태적으로도 문제가 된다는 지적을 할 수 있을 것이다. "어차피 가난한 사람은 그들 수준에 맞게 살게 하라"는 한국 우파의 등록금 문제에 대한 관점은, 자본주의라는 하나의 사회에서 우리가 진화시켜온 이 시스템의 역사를 비추어볼 때에도 옳은 얘기가 아니고, 경제적인 관점은 물론 생태적인 관점으로도 효율적인 얘기가 아니다. 그것이 시민사회를 구성하는 시민이든 혹은 편하게 그냥 국민이든, 아니면 조금 거창하게 '지구적 시민'이라고 하든, 어차피 많은 사람들이 현실적으로는 고등교육을 새로운 주체를 만드는 기본 요소라고 생각하고 또 실제로 그렇게 대규모로 대학에 진학하는 지금, 과연 이 비용을 개인들에게 맡겨두는 지금의 우리 시스템이 21세기에 적합할 것인가?

조금 근본적인 질문을 던진다면, 불과 1세기 전에 우리는 막 일본에게 우리의 나라를 빼앗기고 우리말과 우리글을 지키는 것 자체도 불투명했던 그런 시기를 맞게 된다. 그 상황에서 우리가 기댈 수 있는 것은 교육이라는 장치밖에 없었는데, 한국의 교육은 그런 어려움 속에서 만들어진 것이고, 그런 우리의 교육열이 경제발전에서 독특한 한국식 요소로 작용했다는 것은 이미 너무 유명해진 얘기다. 1945년을 즈음해서 독립한 수많은 저개발국가들 중에서 한국은 48년 헌법 제정 당시부터 초등교육 의무화를 헌법적 권리로 규정하고 있었다. 50년의 6·25전쟁으로 좀 묻히기는 했지만, 한국에서 의무교육이 시작된 것이 바로 1950년 6월 1일의 일이다. 지금은 초등학교 6년에 중등교육 3년을 더해서 9년간을 의무교육으로 규정하고 있고, 중등교육의 나머지 3년 즉 고등학교 교육을 무상교육으로 하는 것에 대한 논의가 진행 중이다. 6.25 전쟁이 벌어지기 즈음, 우리는 정말로 교육을 통해서 국가의 미래를 열어야 한다는 점에 대해서는 국가적으로 광범위한 합의가 있었던 것 같다. 이건 제도로 설명하기보다는 일종의 '열망' 혹은 '열정'과 같은 사회적 에너지로 설명하는 게 더 빠를 것 같다. 그리고 그때부터 정확히 60년이 흘렀고, 한국 경제는 저개발 경제에서 선진국 혹은 최소한 선진국 언저리라고 말해도 좋을 정도로 전혀 다른 형태의 경제가 되었고, 예전과 규모의 차이를 비교한다는 것은 불가능할 정도가 되었다. 그러나 그 60년 동안 우리는 겨우 중등교육 3년을 더 의무교육으로 집어넣는 정도의 제도적 변화밖에는 한 게 없었고, 고등교육은 이제 애물단지가 되어버린 상태다. 지금 한국의 공교육은 사교육과 비교해서도 불신을 당하고 있고, 대안교육과 비교해도 불신을 당하고 있는 것과 마찬가지로 한국의 대학 역시 일종의 사회 시스템의 재생산에서 불신과 매도 그리고 폄하의 대상이 되고 있는 것이 사실 아닌가? 그러나 중등교육 단계에서의 한국 공교육은, 최소한 "비싸다"는 소리를 듣지는 않는다. 비록 그 나이에 갖추어야 할 창의적 생각과 개성에 관한 것들을 찾아가는 길을 잘 못 만들어주기 때문에 욕은 먹지만, 고등학교의 학비 때문에 일생에 대단한 장애가 생겨나지는 않는다. 그러나 사실상 특정한 몇 개 대학의 '학벌'이라는 상징적 기능 외에는 공교육의 참상과 크게 다르지 않은 고등교육의 학비는, 이제 진짜 비싸다! 우리나라 GDP의 2~3배에 있는 유럽 국가들과 비교하면 60~100배 정도로 턱없이 비쌀뿐더러 개인의 평생 소득 가설과 취업 후 기대 소득과 비교해보아도 비싸다. 정말로 강남 TK의 귀족 계급과 노예 계급으로 전락하게 될 처지에 있는 국민을 별도로 구분하는 이중 국가(dual state)를 운용할 게 아니라면, 대학 개혁 논의와는 별개로 이제는 진지하게 '시민의 재생산'이라는 관점에서 대학 등록금의 문제에 대해 국가적인 차원의 논의를 해야 한다. 생태경제학 용어로 한다면, 이는 사적 비용의 영역에 있는 대학 등록금을 국민경제 시스템으로 '내부화(internalization)' 하는 것이라고 말할 수 있다.

물론 우리가 풀어야 할 문제는 대학 등록금만이 아니라 한국 대학에서 동일하고도 패턴화된 지식을 만들어내는 획일성 문제, 이공계에서는 의과대학으로의 쏠림, 인문계열에서는 상대와 법대로의 쏠림, 문학·사학·철학을 일컫는 문사철의 붕괴, 그리고 지독할 정도의 대학 서열화 등 동시에 다 풀기 어려울 정도로 중첩되어 있기는 하다. 게다가 부패한 사학 재단부터 대학까지 소유한 재벌들의 영리주의 대학 경영과 구조조정을 빙자한 기초학문 학살이라는 새로운 흐름까지, 대학 개혁은 한국 경제 개혁의 마지막이라고 할 정도로 풀어야 할 문제들도 많고, "누가 풀어야 할 것인가?"라는 주체 문제도 명확하지 않다. 대학생, 교수, 시간강사, 재단, 공무원, 고등학생, 학부형 등 이해관계자는 넓게 퍼져 있지만, 대학을 둘러싼 이해관계는 교직원과 교수를 제외한다면 4년이라는 시간적 제약을 가지고 있는 한정적인 것이라서 노동자 문제만큼 폭발적으로 제기되기가 쉽지도 않고, 지속적으로 이슈화되기가 어렵다. 4년을 위해서 일생을 걸 정도의 개선 노력을 하는 것은 많은 학생들이나 학부모들에게 어쩌면 '인생의 낭비'처럼 보일 가능성이 높지만, 집단적으로 본다면 이건 우리 모두의 문제이기도 하다. '대학 비용의 내부화'라는 과제는, 우리가 건국하면서 1950년 6월 1일에 처음 의무교육이라는 새로운 제도를 만들어낼 때 가졌던 교육에 대한 순수함을 회복할 수 있다면 아주 불가능해 보이지만은 않는다. '선진화'라는 표현을 그대로 받아들인다면, 미국형 모델이 아닌 유럽형 모델을 통한 고등교육의 내부화가 바로 한국에서 대학교육의 선진화라는 새로운 단계로 가는 임계점이며, 결정적인 변화일 것이다.

기술적 옵션으로는 두 가지가 있을 수 있다. 대학의 전면적 국유화, 그러나 이건 현실적으로 힘들다. 어쨌든 현재의 제도 내에서 헌법적 주체인 국민은 이 옵션을 선택할 수 있어도 정부가 먼저 선택하기는 쉽지 않다. 정부가 손을 댈 수 있는 것은, 결국 국립대와 공립대와 같은 공공 영역에 속한 대학들이다. '국공립대 네트워크화'라는 방식은 경상대학의 정진상 교수에 의해서 2000년대 초반부터 여러 번 공론의 영역에 나온 적이 있는 주장이다.(정진상, 『국립대 통합 네트워크』, 책세상, 2004) 물론 이 주장이 현실적으로 힘을 받지는 않았지만, 서열화 문제와 관련하여 오랫동안 중요한 정책 옵션으로 언급되었다. 등록금 문제보다는 서열화 해소에 조금 더 초점이 맞추어져 있는데, 실제로 이런 논의가 진행되자 서울대는 법인화를 통해서 국립대학으로서의 격을 포기하는 쪽으로 움직이고 있는 중이다.

국공립대만이라도 '무상 고등교육'을 실현하겠다고 우리가 결심을 하면, 어쨌든 사립대학으로 나가던 지원금들을 공교육으로 몰아서 100만원 이내의 연간 등록금으로 국공립대학들의 운영 방안을 만드는 것은 가능할 것이다. 이 경우에는 최소한 등록금이라는 눈으로 볼 때에는 국립과 사립으로 완전히 2원화되는 이중 시스템이 생겨난다. 장기적으로는 100만원 미만의 연간 등록금을 내는 공공 부문과 정부 지원금의 축소로 연간 1000만원을 훌쩍 넘어버리게 될 사립대학이라는 이중 시스템을 운용하는 것이 그렇게 바람직하지는 않다. 국공립 네트워크를 보다 광범위하게 해석해서 사립대학이라도 대학 네트워크에 참여할 수 있는 길을 열어놓고, 수업과 졸업증을 교류하는 광의의 국립대학 네트워크 방식으로 운영하는 것이 옳을 것 같다. 사립대학이라도 자신의 수업을 개방하고 네트워크로 들어온다고 하면 군이 막을 필요는 없을 것 같고, 역시 등록금 조정과 함께 운영비 지원을 국립대학과 같은 방식으로 할 수 있을 것이다.

물론 유럽처럼 동시에 국립대학 네트워크를 만드는 방식이 여러 가지로 편하고 이상적이기는 하지만, '자신의 대학'이라고 강력하게 소유권을 주장할 것이 뻔한 사학재단으로부터 대학을 '공공의 것'으로 만들어달라고 할 근거는 별로 없고, 또 그렇게 할 수 있는 정책적 수단도 별로 없다. 그래서 우리나라의 경우에는 국공립 대학을 조절 변수로 하면서 일단은 사실상 무상대학이라고 할 수 있는, '상징적 등록금'만을 내는 대학 블록을 먼저 만드는 것이 실현 가능성이 높을 것이다. 물론 국가가 대학 운영의 주체로 전면적으로 나서게 되면, KBS나 MBC의 소위 '방송 장악'과 같은 '대학 장악'과 같은 부작용이 전혀 없지는 않을 것이다. 그러나 공영방송의 독립이라는 것이 서류의 규정만으로 생겨나는 게 아니라 시간을 가지고 역사성을 통해서 진화해야 할 결과이기 때문에, 대학의 국가로부터의 학문적 독립 역시 앞으로 우리가 진화하면서 갖추어야 할 결과물 같은 것이라고 할 수 있다.

여기에 객관적인 흐름과 만들어야 할 흐름, 두 가지 요소가 있을 수 있다. 우선은 인구 구조와 경제적 구조로 인하여 대학 진학률이 80퍼센트 이상까지 올라왔지만, 이 수치는 점차적으로 내려갈 가능성이 더 높다. 우리의 인구 구조는 점차적으로 대학 진학 대상자가 줄어들게 될 것이고, 지금의 출생률 추이라면 늘어나기는커녕 없어져야 할 대학이 더 많아지게 된다. 게다가 '격차 사회'의 일반화와 함께 중산층이 급격히 줄어들 것이라서, 빚을 지고도 대학에 가는 지금의 추이가 앞으로도 계속해서 이어지게 될 것이라는 보장은 없다. 갈 청년이 그만큼 없고, 또 부모도 학생도, 그 돈을 감당하기 어려워지게 될 가능성이 더 높다. 대학에 갈 청년의 감소 그리고 대학에 '갈 수 있는' 청년의 감소, 이 두 가지가 진행되면 어떤 식으로든 대학 정원 자체에 대한 조정이 필요해질 것이다. 이 구조조정을 염두에 둔다면, 국립대 블록을 통해서 점차적으로 공공 고등교육 체계로 전환하는 것이 자연스럽고 또한 바람직하다고 할 수 있을 것이다. 물론 그와 함께 '대학 가지 않아도 되는 사회'라는 또 다른 프로그램이 필요하다. 고등교육과 전문성이 같은 방향으로 갈까? 6만 불 이상의 국민소득을 올리는 사회들은 대개 20~30퍼센트의 대학 진학률을 보여주고 있는데, 대학 진학을 의미하는 고등교육이 중등교육 단계에서 진행되는 실업 교육의 전문성과 기계적으로 일치하는 것은 아니다. 온 국민의 '대학생화'가 지금 한국 사회의 보편적 흐름인 것 같지만, 결국 한국 사회도 '고등교육의 일반화'라고 할 수 있는 50퍼센트 정도의 수준으로 대학 진학률이 조정될 가능성이 아주 높다.

국립대학 혹은 대학의 경상비를 정부에서 부담한다고 할 때, 역시 지금과 같은 예산 구조로 정부가 모두 부담하는 것은 힘에 벅찰 것이고, 어느 정도는 비용을 줄이려는 노력이 필요할 것이다. 인건비라는 측면에서 본다면, 교수 등 대학 인건비를 조정하는 일들이 필요할 것이고, 대학 확장이라는 관점에서 지금까지 대학들이 지속적으로 추구하던 외부 토지 매입과 대학 건물 건설 등과 같은 토건 비용들도 어느 정도는 축소가 되어야 할 것이다. 진화론적인 관점에서 본다면, 국립대학의 정교수라는 지위는 사회적으로도 상당한 위상을 갖는데, 우리나라의 경우에는 기계적으로 비교하기는 어렵지만 최소한 사회 내의 권위가 유럽의 경우보다도 더 높은 것 같아 보인다. 공공부문에서는 지위와 임금 사이에 어느 정도는 균형을 맞추어야 하는데, 한국의 경우에는 지난 수년간 '좋은 교수 모시기'라는 사회적 흐름 속에서 학교별로 차이는 있지만, 교수 평균 임금이 50~80퍼센트 정도 높아졌다. 명예와 소득, 이 두 가지를 동시에 만족시키는 최고의 직업이 된 셈인데, 두 가지를 모두 만족시키는 특수한 해법으로 결국 전문 인력 모두가 교수가 되려고 하는 기형적 현상이 생기게 되었다. 이런 상황에서는 당연히 전문직 인력의 재생산 구조에 왜곡이 생기게 마련이다. 유럽의 국립대학의 정교수 연봉은 대체적으로 민간 기업의 5~10년차와 비슷하다. 국가가 신분과 정년을 보장하지만, 그 대신 임금의 일부는 명예를 위해서 희생하는, 그 정도에서 사회적 균형이 달성된 셈이다. 우리나라는 최근 교수 임금에 대한 조정이 많아져서, 정교수 연봉이 민간 기업체 간부 연봉과 크게 차이가 나지 않는 상황이 되었다. 명예와 연봉을 동시에 달성할 수 있는 소위 '절대적 해법'이 존재하면, 진화 게임 내에서는 당연히 특정 지점으로 해법이 쏠리게 되고, 그 과정에서 '지대'라는 용어로 번역되는 렌트 차익이라는 게 생기게 되고, 부패도 생기게 된다. 대학생들의 등록금을 낮추기 위해서 토건 비용의 조정과 함께, 그 수혜자였던 교수들의 임금도 어느 정도는 조정하는 방향으로 나가는 것이 '아름다운 균형'을 위해서는 합리적일 것 같다. 물론 당장 임금을 좀 낮춘다고 하면, 대학 교수들이 펄펄 뛰겠지만, 등록금과 대학 인건비 사이에서 조정을 한다면, 할 수 있는 게 당연히 몇 가지 되지 않는다. 어느 정도 선에서 이성적인 대화를 통해서 사회적 양보가 가능할 것 같다. 대학 강사 문제 등 풀어야 할 문제들이 여전히 많은데, 대학 내에서도 승자독식이라는 방식을 강화하는 쪽으로는 문제가 풀리지 않는다. 대학등록금과 서열화, 이 두 가지에 대해 단계적으로 해법을 제시하는 과정에서 한국의 대학도 정상화되는 순간이 오게 될 것 같다. 지금 방식으로는, 아무 문제도 풀리지 않고, 오히려 문사철로 대변되는 '돈 되지 않는 학문' 혹은 기초학문은 대학에서 죽어가나 사적으로는 최고의 고비용을 지출해야 하는 현 상황이 계속될 것이다. 그리고 대학의 불균형 문제를 해소하지 못한다면 '닫힌 사회'의 문제는 물론, 10대들의 방황도 영원히 해결하기 어렵다.

　세상을 움직이는 것은 경제성이나 제도만은 아니다. 판타지도 엄연히 물질을 만들어내는 경제적 요소라고 할 수 있는데, 2010년 한국에서 대학은 전형적으로 판타지에 의해서 움직이는 사회제도가 되었다. 이것들은 마치 '아파트 신화'에 의해서 움직이는 토건 경제가 투기 구조를 가지고 있는 것처럼 대학의 환상 역시 고등교육에서 투기 구조를 가지게 된다. 그러나 영원한 투기 경제가 존재할 수 없고, 지대만으로 쌓아올린 경제는 언젠가 무너지는 것처럼, 지금과 같은 서열화 구조 역시 영원할 수는 없다. 대학의 이념은 자본주의와 일치하는 것도 아니고, 돈 되는 것 혹은 부자를 만들어주기 위한 단순한 경제적 이념 위에 인류가 대학이라는 제도를 가지게 된 것도 아니다. 우리가 잘 이해하지 못하는 것은, '돈을 벌기 위한 것'이라는 이념만으로 대학이 좋아지지 않는다는 것 그리고 '더 많은 돈을 들이는 대학'이 반드시 좋은 대학은 아니라는 사실이다.

　아마 현재 실질적으로 존재하는 대학 서열과 상관없이 연간 등록금 100만원 혹은 그 이하의 대학과 1000만원을 훌쩍 넘는 대학이 한 국가 내에서 이중적으로 운용이 된다면, 아마 좋은 대학과 나쁜 대학 논쟁이 오랫동안 지속될 것이다. 프랑스의 경우도 그랬다. 프랑스는 국립대학과 '그랑제콜'이라고 불리는 귀족들의 대학이 이중적으로 운용이 되었다. 물론 귀족학교라고 해서 사립학교인 것은 아니고, 입학 조건이 까다롭기는 했지만, 정부가 등록금을 부담해주는 것은 마찬가지였다. 사르트르나 알튀세르가 있었던 고등사범학교나 자크 시라크와 같은 대통령급의 유력 정치인들이 주로 배출되는 파리정치대학(시앙스 포) 혹은 국립미술대학의 전형인 보자르 아니면 섬유 날염이나 의상 디자인의 전문가를 배출하는 아르데코 같은 곳들이 모두 그랑제콜의 범주에 드는 학교들이다. 오랫동안 연간 등록금이 5~6만원 정도했던 국립대학은 프랑스 사회 내에서 열등한 학교라는 의식이 팽배하기는 했었는데, 좌파 대학으로 분류되던 파리 10대학의 법학과 학부 졸업생이었던 사르코지가 대통령이 되면서 이런 논쟁은 어느 정도 불식되었다. 그랑제콜 출신들이 고급 관료와 고급 정치인 역할을 하고, 국립대학 출신들은 초급 관료 정도를 할 것 같다는 사회적 편견이 있었지만, 결국 시간이 흘러 대통령을 배출하게 되었다. 세상이 그런 것이다. 좋은 대학과 좋은 학교에 대한 논쟁은 1~2년에 끝날 성격의 논쟁이 아니고, 한 사회가 어느 정도 그 유효성을 받아들이게 되는데 한 세대만큼의 시간이 걸리기는 할 것이다. 아마 우리나라의 경우도 마찬가지 정도의 시간이 필요할 것 같기는 하다. 그러나 그 전환을 위한 노력을 지금 시작하지 않는다면, 한국은 대단히 불합리하고 정의롭지 않은 사회로, 신분이 재생산되는 이상한 사회의 모습을 가지게 될뿐더러, 국민경제라는 시각에서도 효율적이지 않고, 무엇보다도 지금의 토건 구조로부터 나오게 될 단초를 전혀 마련하지 못하게 된다. 토건 시대의 토건 대학 구조, 이걸 가지고 우리가 미래로 갈 수는 없지 않은가?

서울대, 연고대로 이어지는 지금의 대학 서열 구조 속에서 희생을 하게 된 것들 중 가장 심각한 것은 지방 경제가 아닐까 싶다. 누가 뭐라고 해도 경성제국대학, 연희전문, 보성전문 등으로 이어지는 한국의 대학 서열 구조는 건국의 역사보다 오래되었다. 건국 과정에서 대학이 기여한 바가 분명히 존재하겠지만, 동시에 불평등을 재생산하는 기관으로 부정적 역할을 했던 것도 사실이다. 민주화 이후에도 우리는 이런 문제들을 해소하지 못했다. '더 공부하고 싶은 사람이 대학 가는 것'이라는 가장 기본적인 명제도 사회적으로 아직 실현하지 못했다. 90년대 중후반까지만 해도 지방 국립대학을 비롯해서 지역 명문대라는 것이 분명히 존재했었는데, 사교육의 강화되고 오히려 대학 서열화와 중앙화가 진전되자 지역 명문의 존재감은 희미해질 대로 희미해져서, 과연 그런 시절이 있었냐고 말할 정도가 되었다. 누가 뭐라고 해도 서울의 몇 개의 대학이 가지고 있는 흡수력은 상당히 취약해진 지역 경제 구조에서는 엄청난 부담이 된다. 서울로 대학을 가기 위해서 학생들이 직접 지불하는 학비와 체류비가, 서울의 입장에서는 큰 의미가 없을지라도 읍·면의 이름으로 불리는 작은 경제로 구성되는 농촌 지역에서는 부담이 될 것이 확실하다. 두 개의 공간이 직접 연결되면 큰 쪽이 작은 쪽을 오히려 흡수한다는 것을 일컬어 '블랙홀 효과'라고 부른다. 대구 경제의 몰락을 설명하는 몇 가지 방식이 있는데, 프랑스 같은 경우 파리-리옹의 최초의 TGV 구간 건설 이후 오히려 리옹 경제가 상당히 어려워졌다는 점과 비교해볼 때 고속철 효과라는 것은 상당히 일관된 설명을 제공한다. 지금의 대학 서열화 구조는 가장 직접적이며 대규모의 블랙홀 효과를 만들어내는데, 돈과 물자가 아니라 사람을 빨아들인다는 측면에서, 누적되면 치명적인 효과가 될 것이라는 점이 잘 분석하지 않는 듯하다. 사람 사이에 등수를 매기거나 평가 차이를 두는 것들이 인간적인 분석은 아니라서, "더 좋은 사람들이 더 좋은 대학에 간다"라는 명제를 지역 경제 분석에 활용하는 것은 잔인한 일이기는 하다. 그러나 2000년대 이후, 지역 경제에서 거점 역할을 하던 지방 명문대가 소위 '지잡대'라는 별칭으로 그냥 '지방 잡것'이라는 식으로 인식되는 일은 현실적으로 문제가 된다.

국공립대학 네트워크 방식으로 최소한 공공대학의 등록금을 50만원 수준으로 낮추고, 서열화의 폐해를 완화시켜 나간다면 지방 국립대나 공립대 혹은 이러한 네트워크에 들어온 사립대학들이 지방 거주민들에게 현실적인 대안으로 작동할 수 있을 것이다. 유럽의 국립대학 체계가 지역 경제와 병존의 길을 걸을 수 있었던 것은 박사 과정을 제외한 대부분의 학부와 대학 교육이 지역 대학에서 이루어지기 때문이다. 리옹 대학과 프랑스 남부의 휴양 도시로만 알려진 니스의 국립대학과 같은 곳은 파리의 명문 대학 못지않게 좋은 성과를 올리고 있고, 지역 경제에서도 중심적인 역할을 한다. 지방 대학이 서울의 대학들에 일방적으로 밀리지 않아야 한다는 데에서는 아마 누구나 공감을 할 것이다. 역시 돈이 하나의 방법이다. 굳이 서울로 원정길을 떠나지 않아도 지역에서 예를 들면, 시청이나 군청에서 제공하는 그 나름대로는 정비된 알바 같은 것을 통해 최소한 서류상으로 차별받지 않는 길을 여는 것은, 지방대학이 도매급으로 취급되는 각 지역에서 특성 있는 진화를 위한 새로운 출발점이 되어줄 수 있을 것이다. 고향을 잃어버린 한국인들, 대학 정도는 고향에서 다닐 수 있는 시대를 우리가 만들어야 한다.

06 | '집' 대신 '방'을 꿈꾸는 세대를 위한 주거권 논의

편의상 우리는 '토건'이라는 표현을 쓰지만, 도로와 댐과 같은 토목 부문과 일반 주택을 짓는 건설 부문이 조금 구분이 되기는 한다. 물론 어차피 주시행사가 건설 회사로 되어 있으니 그게 그거일 것 같지만, '더 많은 집'을 짓기 위한 경제적인 작동 메커니즘은, 정부가 국민의 세금으로 4대강 사업을 강행하는 것과 같은 방식의 토목과는 조금은 다르다. 두 가지 모두 토지 가격이라는 매우 특수한 생산요소가 개입하게 되는데, 어쨌든 바로 자기 동네에서 벌어지는 것이 아닌 토목공사는 인근의 대토지 소유자 등 소위 지방 토호들이 장악하는 분야이고, 아파트로 대표되는 아파트 경기는 이보다는 광역 때로는 전국적 속성들을 가지고 있다.

대체적으로 우리나라는 자신의 집을 가진 사람이 50퍼센트, 그 외에 월세나 전세로 사는 사람들이 50퍼센트 비율이다. 그중에서 집값이 상승할 때 그것을 주도하는 것은 아파트, 특히 대규모 단지의 재개발 아파트를 중심으로 움직이기 때문에, 나머지 50퍼센트의 국민들은 기계적으로 경제적 불이익을 받게 된다고 추론할 수 있다. 집값이 올라가면 집값을 기준으로 설정하는 전세와 월세가 올라가게 되니까, 세입자들의 경우에는 바로 당장은 아니더라도 1~2년 후의 전세 대란 등 어떻게든 자신에게 불이익이 돌아오게 되어 있다. 특히 뉴타운과 같은 형태로 지구단위 계획을 통해서 거대 개발이 진행되면 주택 소유자들도 재개발 기간 중에는 전세 시장으로 들어오게 되니까 수요와 공급의 법칙에 의해서 상당히 많은 전세 세입자들이 곤란하게 된다. 아파트 지가의 상승률과는 다른 방식으로 움직이는 일반 주택이나 다가구주택 혹은 빌라와 같이 재개발 아파트를 제외한 곳에 사는 사람들도 아파트값이 올라가면 상대적으로는 손해를 보게 된다. 전국적인 집값 상승은 모든 국민들에게 공통적으로 영향을 미치는 인플레이션이라는 현상을 나타나게 되는데, 자신의 집값 상승률이 그 평균 수준에 미치지 못했다면 그만큼 자신의 부가 감소하게 된다. 이를 경제학 교과서에는 '부의 효과(wealth effect)'라고 부른다. 굳이 영국의 노동당 혹은 프랑스의 사회당에서 발생하는 계급 투표 현상이 아니더라도 주거권과 관련해 순전히 자신의 이익에 따라서 사람들이 투표를 했다면, 2004년도 원내에 처음 진출했던 민주노동당이 오래전에 대통령도 배출했을 것이다. 물론 그런 일은 우리나라에서는 벌어지지 않았는데, 일반적으로는 경상도를 축으로 하는 레드 콤플렉스와 전라도를 축으로 하는 진보의 토건으로의 전환, 두 가지 요소 때문에 최소한의 경제적 상식도 투표와 같은 사회적 의사결정에 반영되지 않은 것이라고 본다. 구호로는 '진보'를 내거는 전라도가 80년대와 90년대에는 진보였을지 모르지만, 새만금과 함께 전북은 '새만금당'이 되었고, J-프로젝트와 함께 전남은 '골프관광당'이 된 것 아닌가? 실제로 서울에서 뉴타운법을 만들어서 지금과 같이 전국적인 뉴타운형 재개발 틀을 일반화시킨 것은 바로 이 뉴타운법을 주도했던 민주당이고, 그래서 민주당은 '도로 뉴타운당'으로 변했다고 볼 수 있다.

이러한 경제적 비상식이 뉴타운과 지역 경제 토호 구조로 전환되는 과정은 시리즈 4권인 『괴물의 탄생』에서 자세히 분석한 적이 있고, 이와 관련된 집단적 미학의 문제는 『직선들의 대한민국』에서 이미 다룬 적이 있으므로 여기에서 생략하도록 하자. 어쨌든 전체적으로 우리의 인구는 줄어드는 경향성을 보일 것이고, 인구의 외부 유입이 출산율 저하를 상쇄할 정도로 클 가능성은 별로 없을 것이므로, 이제 우리는 주택 과잉의 시대로 들어가는 셈이다. 지금까지 토건주의자들은 주택 보급률이 더 높아야 주택난이 끝난다고 했지만, 이는 기본적으로 팽창하는 인구성장률을 전제로 한 담론이기 때문에 현재로서는 별로 의미가 없는 주장이다. 다만 지역 경제의 몰락으로 지역에서 빠져나온 수치가 수도권으로 향하는 경향은 존재하는데, 서울은 집값이 너무 비싸기 때문에 서울 인구는 수년째 정체이고, 경기도의 인구만이 지속적으로 늘고 있는 상황이다. 간단하게 말하면, 전국의 지자체에서 줄어든 인구수와 경기도에 유입되는 인구수만을 비교해보면 이 상황을 간단히 요약할 수 있는데, 수년간 대체적으로 일치한다. 얘긴 간단한 거다. 지역 경제의 몰락을 완화시켜야, 최소한 주택 부문에서의 토건 현상을 완화시킬 수 있고, 이렇게 주택으로 떼돈 버는 일들을 줄여야 자연스럽게 토목으로 몰리는 예산들과 에너지들을 사람이든, 문화든, 복지든, 즉 '토건 아닌 것'으로 돌릴 수 있게 될 것이다.

왜 한국 경제가 도저히 OECD 국가에서는 상상할 수 없는 토건의 구조로 왔고 우리의 부동산 경제라는 것이 이 모양 이 꼴인지에 대한 분석은 신뢰할 만하고 실증적으로도 풍부한 분석들이 많이 있다. 너무 오래되고 종합적인 요소들이라서 이제 와서 무엇 때문이다 혹은 누구 때문이라고 얘기하기가 어려울 정도다. 자, 그렇다면 어떻게 할 것인가?

지금까지의 논의의 요소는 두 가지로 모여진다. 더 많이 짓자! 이게 일관된 방식 같아 보이지만, 임대주택을 짓는다고 하면, 이걸 어디에 지을 것인가의 문제는 생태주의자들과 도시빈민 운동 진영에서 DJ 후반기부터 지금까지 계속되는 논쟁이다. 외국의 경우도 마찬가지이지만, 초기의 빈민들 혹은 중산층을 위한 주택 논쟁은 "어디에 지을 것인가?"가 두드러지게 되는

데, 값싸고 공공용지를 제공할 수 있는 곳들이 주로 시 외곽지역인 그린벨트 등 생태 보호 지역이라서 생태적 담론과 도시빈민 담론 혹은 주거복지 담론이 상충하게 된다. 2000년대 중후반까지는 그린벨트에라도 많이 짓자는 도시빈민 운동에서 출발한 주거복지 진영과 그린벨트를 보호하자는 생태주의 진영이 종종 부딪혔다. 여기에서 매입형 임대주택이라고 부르는, 그린벨트를 파고 들어가는 방식 대신 도시에 있는 다세대 주택 등 비교적 저가의 3~4층에 있는 주택을 시가 직접 매입해서 전세로 활용하는 방식이 등장하게 된다. 방식은 나쁘지 않고, 실제 정부가 일방적으로 전셋값을 올리지는 않을 것이라서 상당히 긍정적인 평가를 받았고, 입주자들의 호응도 괜찮은 것으로 알려져 있다. 그러나 이렇게 정부가 직접 주택을 구매해서 임대해주는 방식은 뉴타운이나 임대주택처럼 대규모 건축 물량을 만들어주지는 못하고, 토건을 축으로 하는 한국에서는 업자들에게 그렇게 환영받는 방식이 되지는 못했다. "더 많이 짓자"라고 하는 토건형 공급론자들이 주도하던 논의 구조에서 주인을 찾지 못하는 다세대 주택을 매입하는 방식은 정말로 불온하기 짝이 없는 것일 뿐이었다. 그러나 이러한 매입형 임대주택은 중산층 이하의 도시 거주민들에게는 비싸지 않은 가격으로 직장에서 멀지 않은 도심에서 거주할 수 있는 최적의 대안이기는 했다.

"더 많이"라는 힘 외에 또 다른 요소는 결국 "어디에"라는 질문인데, 초기의 '사회적 주거권' 논의는 유럽에서도 대규모 임대주택의 형태로 진행되었는데, 대규모로 저가 주택을 단기간에 공급하려다 보니 그린벨트 지역으로 몰려감과 동시에 일종의 집단 격리 지역 같은 것이 형성되게 되었다. 60~70년대에 유럽에서 생겨난 임대주택이 이런 문제를 가지고 있는데, 가난한 사람들이 갑자기 집단 거주하다 보면 여러 가지 사회적 문제가 생겨나기 마련이다. 유럽의 경우에는 갑작스럽게 몰려온 외국인 2세들이 이런 특정 지역으로 몰리면서 삶의 총체성 같은 것들이 무너져 일종의 '게토(ghetto)' 혹은 슬럼 지역이 형성되게 되었다.(최근의 슬럼 현상과 관련해서는 마이크 데이비스의 『슬럼, 지구를 뒤덮다』라는 아주 좋은 참고 자료가 있다.) 가난한 사람들과 부자들을 같은 곳에서 살게 할 것인가에 대해서는 철학적이고 문화적인 질문들이 있을 수 있지만, 대체적으로는 그들이 한곳에서 살 수 있게 만드는 것이, 정상적인 국가가 최근에 지향하는 공간 정책의 기본 방향이기는 하다.(공간의 분리에 따른 '단절' 현상에 대해서는 전작인 『괴물의 탄생』에서 분석한 적이 있다.)

'얼마나' 그리고 '어디에'라는 두 가지 질문으로 요약할 수 있는, 주거를 규정하는 공간에 대한 흐름은 외국과 한국이 크게 다르지는 않은데, 이미 '사회적 임대주택'으로 인한 공간적 분리의 폐해를 경험한 유럽 국가와는 달리 아직 한국은 이 경험을 제대로 해본 적이 없어서 "일단 그린벨트에라도 많이만 지으면 된다"라는 담론으로 논의가 모이는 경향이 있다고 할 수 있다. 물론 당장은 문제가 해소되는 것 같지만, 사실 문제는 이런 식으로 풀리지는 않는다. 선진국이 이미 경험했던 문제를 다시 한 번 우리가 반복할 것인가, 그런 원론적인 질문을 하나 해볼 수 있다.

여기에 또 하나의 질문을 덧붙인다면, '무조건 많이'라고 하는 지금의 주택 공급 방식을 뒷받침해줄 수 있는 그런 수요자가 과연 한국에 존재하는가 하는 것이다. 지금까지 한국은 끝없는 주택 수요가 존재한다는 가설 위에서 시스템을 운영해왔는데, 수년 전부터 인구증가율은 둔화되기 시작했다. 그리고 여기에 더 이상 집을 사기 어려운 새로운 세대가 등장하게 된다. 지금까지 한국은 인구의 지속적인 증가와 국민소득의 평균적 증가라는 성장세를 하나의 축으로 하고, 부동산 구매를 위한 대출 장치를 또 다른 축으로 해서 지금까지의 건설 시스템을 작동시켜온 나라다. 그러나 지금부터 등장하는 다음 세대는, 앞선 세대에 비해서 인구수 자체가 줄어드는 추세를 가지고 있고, 동시에 구매력 자체가 주택을 구매할 수 있는 수준에 가 있지 못하다. 인구 성장과 소득 증가로 일종의 인플레이션 게임을 수십 년간 계속해온 상황인데, 다음 세대 플레이어의 지급 여력 혹은 지급 잠재력이 급격하게 하락함으로써 이 게임이 더 이상 작동하기 어려운 상황이 왔다.

지금의 20대는 앞선 40~50대와는 달리, '집'이라는 단어에 대해서 정서적이든 현실적이든, 전혀 반응하지 않는 경향이 있다. 기성세대가 "집값이 오른다"라는 의미를 자신이 주택 소유자든 주택 소유자가 아니든 "경제가 좋아진다"라는 긍정적인 의미로 받아들이는 경향이 강한 데 반해, 지금의 20대는 전혀 다른 반응을 보인 경우가 많다. 그들은 "집값이 오르면 어떤 생각이 드나요?" 혹은 "집값이 내리면 어떤 일이 벌어질 것 같은가요?"와 같은 질문에 대해서 거의 대부분 아무런 반응을 보이지 않는다. 도대체 이 질문이 의미하는 의도 자체에 대해서도 무관심하고 심드렁하다. 집, 아파트, 어떤 식으로 물어도 많은 20대들은 아무런 정서적 변화가 발생하지 않는 것 같다. 그렇다면 그들은 주거권에 대해서 아무런 관심이 없을까? 그렇지는 않아 보인다. '집'이라는 단어 대신에 '방'이라고 질문을 바꾸면 한국의 20대는 맹렬하게 반응하기 시작한다. 집값 동향에 관한 것 대신에 "가장 좋아하는 방은?"이라고 질문을 하면, '창문 달리고 빛 드는 방'이라고 매우 구체적으로 자신들이 선호하는 것을 이야기하기 시작한다. 그들은 지하 방에 살고 싶지 않아하고, 창문 없는 고시원 방이나 벽에 가로막힌 방에 살고 싶어하지 않는다. 성인들이 자가 집, 전세, 월세와 같이 집의 소유 및 임대 양식을 중심으로 생각한다면, 20대들은 전월세 방식의 방을 중심으로 주거라는 공간을 사유하고 상상하는 셈이다. 물론 한국에서 갑자기 전면적으로 보편적 복지가 도입되고, 종신고용제가 부활해서 지금과는 전혀 다른 경제적 흐름이 발생할 가능성이 제로라고 볼 수만은 없지만, 어쨌든 현 추세로 볼 때 '대출 끼고 집 사는' 지금의 방식 즉 무조건 사놓으면 결국은 아파트발(發) 인플레이션에 의해서 금융 비용을 제외하고도 순자산이 증가하는 지금까지의 개인적 축재 방식은 더 이상 작동하지 않게 될 확률이 높다. 한마디로, 한국에서 이제 부동산 투기의 시대는 좋든 싫든, 마감하게 되는 셈이다. 이것을 '조정'이라는 용어로 표현한다면, 그 조정이 시스템이 급속히 붕괴하는 공황의 형태가 될 것인지, 아니면 완만한 국면 조정을 통한 구조 전환의 형태가 될 것인지, 그 구체적 전개 양상만이 불투명할 뿐이지, 그 방향은 이미 결정된 상태라고 할 수 있다. 과연 '토건 정부'가 이 도도한 흐름을 역전시킬 수 있을 것인가? 물론 마치 IMF 때 공적자금을 투입하듯이 각종 재정정책으로 미분양 아파트를 구매하는 등 마지막 발악을 하기는 하겠지만, 이미 집이 아니라 방을 중심으로 사유하는 현실적 존재들의 등장을 언제까지나 세금으로 틀어막기는 어려울 것이라고 생각한다. 유효수요라는 관점에서, 선대 방식의 분양금으로 아파트를 만들고, 그 아파트를 대출에 의해서 구매하도록 하고, 집단적 인플레이션으로 돌려막는 방식의 지난 20년간의 아파트 퍼레이드는 더 이상 정부의 조치에도 불구하고 지탱되기가 어렵게 되었다. 이것을 '스케일의 문제'라고 부를 수 있을 것이다. 상위 5퍼센트를 제외하고 현재 도저히 주택을 구매할 수 없는 세대 현상은 정부가 약간의 융자 혜택과 재개발 규제 완화와 고도제한 해제 등으로 대처할 수 있는 규모가 아니다.

자, 그렇다면 탈토건이라는 흐름에서 한국의 주택 정책에서는 어떠한 변화가 오게 될 것인가? 방향을 잡는다면, 시장이 지금까지의 왜곡을 자연스럽게 시정하는 것과 복지 정책을 결합시키는 것으로써 자연스럽게 '소비에트식 아파트'라고 비판받았던 한국의 기묘한 아파트 정책을 해결할 수 있을 것이다.(발레리 줄레조라는 이름의 프랑스 지리학자는 '아파트 공화국'이라는 테제를 통해서 한국의 공간 문화가 가지고 있는 기이한 특징에 대해서 깊이 있게 연구한 바가 있다.) 한국의 건축 정책을 역사적으로 본다면, 외국과 전혀 다른 두 가지의 특징이 존재한다. 이를 중심으로 한 번 생각해보자. 지금의 한국 주택 시장에 존재하는 선분양제라고 불리는 아파트 추첨제와 전세라는 두 가지 요소에 관해서 생각해볼 필요가 있을 것이다. 두 가지 모두 매우 한국적인 제도이고, 또 일본보다도 높은 토건률을 가지고 있는 한국 경제의 역사적 특수성을 이해하는 지름길일 것이다. 먼저 추첨제 분양에 대해서 잠시 살펴보자.

주택과 아파트는 토지와 결합된 특수 상품이기는 하지만, 어쨌든 그 자체로는 일반적인 상품과 크게 다를 바가 없는 것이라고 할 수 있다. 세계의 모든 주택 공급자들은, 마치 제조업 업자들이 상품을 만들어 백화점이나 시장에서 전시하고 판매하는 것처럼 미리 주택이나 아파트를 만들고 그 후에 판매를 하는데, 한국에서는 선분양제라는 일종의 '일반화된 선대' 방식이 아파트의 전형적인 공급 방식이 되었다. 경제 개발과 함께 60년대 서울에 아파트가 처음 등장했을 때에는 10평형대의 소규모 주택이었고, 공공 부문에서 저소득층을 중심으로 거주권을 확보해주는 것이 주된 취지였다. 중산층 신화를 연 첫번째 아파트는 한국주택공사에서 1969년에 지었던 한강맨션이었다. 당시로서는 초호화인 51~56평 아파트를 70채 포함하고 있었다. 강남 개발과 함께 공공과 민간이 다 같이 아파트를 짓기 시작하다가, 공공 부문에서는 77년에, 민간 부문에서는 78년에 주택청약부금과 함께 추첨제가 도입된다. 1977년 2차 석유파동으로 한국 경제가 최초의 경제위기인 79년 공황을 겪기 이전에, 한국은 지금의 선분양제라는 매우 독특한 부동산 공급 방식의 프로토콜을 형성하게 된다. 역사적으로는 이때부터 아파트 건설을 할 때, 이에 필요한 땅 즉 택지만 매입하면 분양이라는 형태를 통해서 상품을 소비자에게 바로 팔 수 있는 아주 희한한 방식이 자리를 잡게 된다. 이 시스템은 원칙적으로는 아파트 건설에 따른 금융 비용을 선대하느냐, 아니면 자기 자본으로 건설하느냐의 차이만을 가지고 있기는 하다. 그러나 조금 세밀하게 살펴보면, 시공과 판매 중간에 발생하는 리스크라는 변수를 생산자가 부담하느냐 아니면 이미 대금을 치르고 물건을 구매한 사람이 지느냐 하는 미세한 차이점이 존재하기는 한다. 분양 후 건설사가 도산한다거나 모델하우스 혹은 카탈로그의 설명과 다른 아파트를 분양해 분쟁이 벌어지는 것과 같은 일들은 이러한 리스크로 인해서 당연히 발생하는 문제이기는 하다. 물론 공급자도 리스크를 안기는 한다. 일련의 분양 절차를 진행했는데, 전혀 분양이 되지 않는 문제가 발생하기도 한다. 따져보면, 그건 마르크스가 『자본론』 서문에서 얘기한 것처럼 미리 계획되지 않은 무정부적 생산이 소비자를 만나게 되는 '위험한 도약(saut périlleux)'의 전형적인 현상이다. 다른 상품과 마찬가지로, 싸고 적절한 품질을 가지고 있으면 판매가 되는 것이고, 너무 비싸거나 가격에 비해서 품질에 문제가 있다고 하면 소비자들에게 외면을 받는 것이다. 그리고 그런 상품의 생산자나 판매자는, 자연스럽게 시장에서 퇴출되고, 살아남은 생산자는 더욱 혁신에 열을 올린다는 것은 '일반 경쟁'이라고 불리는 시장에서 자연스러운 현상이다. 한국의 주택과 아파트 역시 70년대 후반까지 일정 정도는 이렇게 일반 상품과 같은 시장의 법칙에 의해서 움직였다고 할 수 있다.

한국에서 '단지' 개념을 최초로 도입한 아파트는 마포 아파트인데, 테이프 커팅을 할 때 박정희 대통령이 참석했을 정도로 한국 아파트사에 한 획을 그은 아파트다. 대한주택공사가 직접 나서서 건설을 한 이 아파트는 총 사업비인 3억5000만원 중 7800만원만을 입주자가 부담하도록 하고 있고, 나머지 돈은 정부 지원금과 주공 자금으로 충당한 공공형 아파트라고 할 수 있다. 요즘 식으로 표현한다고 하면, 정부가 직접 나서서 국책사업 형식으로 타워팰리스 같은 것을 직접 지어주고, "앞으로는 이게 대세야!"라고 찍어준 데다가 헐값 분양까지 해준 정도라고 비유할 수 있을 것이다. 실제로 타워팰리스도 초기에는 분양에 실패하여서 미분양 현상이 벌어졌었다. 10층에 엘리베이터까지 계획되었던 이 아파트는 그러나 지나치게 자원 낭비라는 시중의 여론이 팽배해져서, 최종적으로는 6층으로 낮아졌고, 엘리베이터 설치도 취소되었다. 1962년 1차가 완공되었는데, 초기 입주율은 10퍼센트가 채 안 되었다. 이 최초의 단지형 아파트는 정부기금으로 지어졌고, 선대 방식의 분양은 이 시기까지는 존재하지 않는 개념이었다.

1977년 공공 아파트에서 그리고 그 다음해인 1978년 민간 아파트에서 추첨을 통해서 자리를 잡은 이후 지금까지 선분양은 아파트라는 매우 특수한 주거 양식을 일반화시키는 방식이 되었다. 최초에 자본가가 가지고 있어야 하는 자금 확보의 부담을 줄여준다는 면에서, 전형적으로 공급론적 시각에서 이 제도가 정착된 셈이다. 만약 다른 상품과 마찬가지로 혹은 다른 모든 나라들의 경우와 마찬가지로, 사람들이 미리 만들어진 상품을 보고, 그 후에 대금을 지불하는 방식이 한국에서 아파트 공급 방식으로 작동했다면 어떠한 일이 벌어졌을까? 물론 주택이라는 내구 기간이 아주 긴 상품의 속성상, 보고 구매한다고 해도 불확실성이라는 것을 완전히 배제할 수 없다. 불량 자재를 사용해서 노후가 빨리 진행될 가능성이 높은 경우(예를 들면, 염분이 제대로 제거되지 않은 바다 모래를 시멘트 믹스로 사용하는 경우) 혹은 방사능 오염이 있을 가능성이 있는 철강재를 사용해서 현 세대 혹은 다음 세대에서 기형아를 출산하게 만드는 경우(구소련의 붕괴와 함께 방사능 유출의 위험이 지적되는 고철이 대량 수입된 경우) 아니면 환경성 질환의 위험이 있는 자재를 사용한 경우, 아파트를 입주 전에 세세히 관찰한다고 해서 제품의 '사용중 품질'에 대해서 미리 알기는 어렵다.(이런 위험들 일부는 현실적으로 제품 사용상의 중대 결함인데, 실제로 공론화해서 논의하기가 아주 어렵고, 그런 이유로 나는 새 아파트에서 살았던 적이 한 번도 없다. 적어도 한국 아파트에서만큼은 많은 경우 '첨단' 혹은 '신형'이라는 용어는 '검증되지 않은'이라는 것과 동의어다.)

기본적으로 선분양 방식은 상품과 관련된 많은 위험성들을 소비자에게 전가하는 방식이고, 동시에 자금도 선대해주는 매우 특별한 방식이다. 어떤 식으로든 공급자에게 유리함을 제공하는 제도의 특성을 가지고 있다. 이 시스템은 '확장 중인 경제' 특히 소득은 물론이고 인구 자체도 지속적으로 팽창하는 경제에서는 안정성을 가질 수 있다. 물론 여기에 보조 변수로 인구가 지속적으로 증가할 것이라거나, 아니면 국민경제 자체에서의 인구 증가는 둔화되더라도, 예를 들면 서울 혹은 수도권 지역의 과밀화가 지속될 것이라는 보조 변수들이 있는 경우, 아주 잘 돌아간다. 단기간에는 교란 변수들이 있을지라도 장기적으로 소득 수준도 증가하고 인구도 증가한다는 그런 전제가 있을 때에는 무난히 움직인다. 저개발국가에서 중진국으로, 그리고 다시 선진국으로 진입하게 되는 경제의 양적 팽창에서는 이 제도가 그런대로 안정적으로 움직일 수는 있었다. 그러나 그게 영원할 수 있는 시스템인가? 현시점에서, 우리가 어떻게 살아왔고, 어떤 방식으로 경제가 작동했는지, 한 번쯤 되짚어볼 시점이 온 것 같다.

계	21,502,386	100%
자가	17,444,699	81.1%
관사 또는 사택	379,023	1.8%
차가	1,031,566	4.8%
셋방	1,576,177	7.3%
기타	1,070,921	5%

위의 표는 1955년 한국의 인구총조사에 따른 주거지의 점유형태별 통계다. 참 많은 것을 생각하게 해주는 표다. 1955년, 그때는 일제의 강점과 건국의 어수선함 한가운데에서 6·25 전쟁이 끝나고 재건으로 온 국가가 떠들썩하던 시기다. 많은 것은 이미 부서졌고, 당시에 결혼을 앞둔 사람들에게는 그냥 시내 구석구석을 걸어 다니기만 하는 '재건 데이트'라는 것이 유행하던 시절이었다. 한국은 그냥 식민지 경험과 전 국토에 걸쳐져 있던 전쟁의 상흔으로, 사람들의 경제적이거나 문화적인 삶, 그런 것은 황폐해질 대로 황폐해진 상태라고 할 수 있다. 그러나 이 시기에 국민의 81.1퍼센트가 '자가'라고 분류되어 있는 집에서 살고 있었고, 요즘의 전세를 의미하는 차가는 4.8퍼센트 그리고 월세에 해당하는 셋방이 7.3퍼센트였다. 지금 베이비붐 세대 중의 한가운데에 해당하는 55세가 되는 한국인들이 이 해에 태어났다.

자, 한 번 생각해보자. 물론 1인당 주거 면적 등으로 따지면 열악하기 짝이 없던 주거 환경이었겠지만, 1955년 그 한가운데에서 우리는 국민의 80퍼센트 이상이 자기 집에 살고 있었다. 당시에는 서울만이 예외적으로 자가 거주율이 51퍼센트였다. 그리고 그 후에 새마을운동도 했고, 유신경제와 군사

독재 시기도 지났다. 잘사는 나라의 전설을 위해서 '아파트 공화국'도 만들고, 토건 경제도 열심히 했다. 그렇게 해서 우리에게 무엇이 남았는가? 여전히 자가 거주율은 55퍼센트에 불과하다. 그야말로 경제 주체의 존재론적인 질문을 하지 않을 수 없다. 주거 복지라는 개념을 연장시킨다면, 주거 복지 중에서 가장 기여도가 높게 나오는 것이 안정성이 아닐까? 그리고 그 안정성은 영구 주거가 가능한 상황에서 가장 높을 것이다. 자기 집인가, 자기 집이 아닌가, 그 차이점보다는 원치 않는 상황에서 이사 가야 하는 걱정이 없는 상황, 그 상황을 위해서 과연 우리는 지금까지 무엇을 했는지 질문을 해보지 않을 수 없다.

전세라는 제도가 일반화되는 것은 아파트 선분양이 시작된 다음의 일이다. 청약저축의 도입과 함께 추첨 방식에 의한 아파트 선분양 그리고 그 과정에서 분양가와 실거래가의 차이에서 생기는 시세 차익 즉 '프리미엄'을 노린 투기를 조장하게 만드는 금융 메커니즘이 아파트 구매자 측에서 본 전세라는 제도의 정의라고 할 수 있을 것이다. 소위 "전세 끼고 집 산다"는 진짜 한국적인 상황은 80년대 이후에 일반화된 것으로 보인다. 통계가 확보될 수 있는 1987년의 전세율은 23퍼센트였고, 이후 점차적으로 올라 1995년 29퍼센트, 2000년 28퍼센트 정도에서 정점을 찍었다고 할 수 있다. 그리고 이후 전세 비율이 급격히 줄어들기 시작해서, 가장 최근의 인구총조사 통계인 2005년 전세율은 23퍼센트로 급감했다. 이후의 정확한 전수 조사 통계는 아직 확보하기 어렵지만, 저금리가 유지되면서 전세는 월세로 전환되고 있으며, 신규 전세의 발생은 확연하게 줄어들고 있다고 할 수 있다.

오른쪽의 그림은 한국의 시장금리와 전세율 추세선을 보여준다. 1987년부터 자료가 확보되는 5년 만기 국민주택채권 1종을 기준으로 삼았다.(한국은행 통계) 전세의 경우는 2005년까지의 자료가 실제 자료이고, 그 이후는 과거 추이의 추세 분석에 따른 추정치다. 데이터가 연도별로 정확히 일치하지는 않기 때문에 상관계수를 별도로 구하지는 않았지만, 전세율과 이자율

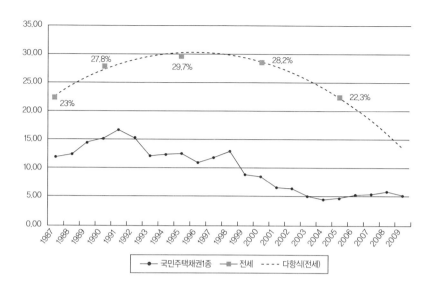

사이에는 상당한 상관관계가 존재하고 있다고 볼 수 있다. 추세적으로 이자율과 전세율 그리고 분양 관계 사이에는 아주 밀접한 내부 메커니즘이 존재하는 것 같다. 한국에서는 10퍼센트가 넘는 시장 이자율이 IMF 경제위기 이전까지 지속되다가, IMF 이후로는 대체적으로 채권이 5퍼센트 정도의 이자율을 유지하고 있다. 과거의 한국 경제는 상당한 고금리였고, 이러한 고금리로 인해서 이자를 지불하지 않고 전세를 끼고 아파트를 사고, 그 아파트값이 오르면서 차액을 챙기는 방식이 마치 영원할 것 같은 제도로 인식되었다. 그러나 기원을 따져보면, 지금과 같은 방식의 아파트 시장이 형성된 것은 불과 30년 정도밖에 안 됐다고 할 수 있다.

이 동안에 가장 큰 변화는 1994년에 도입된 주택임대사업자 제도라고 할 수 있는데, 금융실명제와 연결되면서 다주택 보유자를 제도권 내로 끌어들여서 관리 가능한 범위 내로 두자는 것이 일종의 입법 취지라고 할 수 있다. 그러나 부작용도 좀 있었다. 주택 인플레이션이 계속해서 진행되는 과정에서 임대 목적과 투기 목적을 기계적으로 구분하기가 쉽지 않고, 오히려 본격적으로 여러 채를 보유하는 투기자들은 보유세 등 재산세를 감면받고, 이들의 다주택 보유를 합법화시켜주는 측면이 있다. 게다가 전세의 경우는 임대소득으로 잡히지 않기 때문에 면세혜택마저 받고 있다. 노무현 정부에서 종합부동산세를 도입할 때, 1주택만 보유한 사람들이 다주택을 보유한 임대사업자들과의 과세 형평성을 주장해서 사회적 논란이 되기도 했다. 어쨌든 현행 제도에서는 사업자 등록을 하면, 전세를 활용해서 합법적으로 투기를 할 수 있게 되어 있고, 나중에 재개발이 시행될 때 상당한 규모의 이익을 기대하면서 조세까지 유리한 조건으로 감면받는 등 합법적으로 투기할 수 있는 길이 이렇게 열리게 되었다. 개별 사업자 차원에서는 투기와 투자가 잘 구분이 되지 않고, 특히 전세와 월세가 혼합되어 있는 방식에서 임대소득을 위한 임대사업자와 장기적인 투기 행위를 구분하기는 대단히 어렵다. 그러나 이런 방식으로 적절한 재산세를 지불하지 않는 다가구 소유가 법적으로 허용되면서, 주택공급률이 100퍼센트가 넘었지만 절반 가까운 국민들이 적절한 주거 안정권과 주거 복지를 제공받지 못하는 구조적 문제가 생겨나게 되었다.

아파트 공급론자들이 주장하는 대로라면 아파트 공급이 늘어나면 수요와 공급의 법칙에 의해서 자연스럽게 균형이 잡혀야 하지만, 이미 한국의 부동산 시장은 선분양과 전세금 그리고 임대사업자를 축으로 하는 특수 구조가 생겨나 전혀 시장 메커니즘대로 작동하기 어려운 상황에 놓여 있다. 이렇게 30년간 마치 보편적 장치인 것처럼 작동한 이 방식을 비유를 들어서 설명을 해보자.

이 기막힌 아파트라는 상품은 아직 만들기도 전에 그리고 그것을 만들기 위한 돈을 확보하기도 전에 벌써 팔아먹을 수 있게 되어 있는 셈이다. 이와 가장 유사한 것은 아직 채굴하지 않은 석유나 생산되지 않은 곡물의 소유권을 6개월쯤 전에 거래하는, 자원 시장 등에서 주로 사용하는 선물시장(futures market) 정도라고 할 수 있다. 그러나 자원의 경우는 제품의 질이 어느 정도는 균일하게 되어 있고, 또한 채굴에 필요한 자금도 이미 확보한 상황에서 미리 판매하는 것이기에 우리나라의 아파트 시장과 비교될 만한 정도는 아니다. 우리는 '압축 성장'이라는 매우 특별한 기간을 거치다보니, 인력을 서울을 비롯한 도시에 공급해야 했고, 그러다보니 주거 공간상 지역간 불균형이 생겨나게 되었다. 그리고 그 불균형을 일시적으로 줄이기 위해서 분양제와 전세라는 매우 특별한 시스템을 운용하면서 21세기까지 온 셈이다. 어떻게 보면 사상 유래가 없는 제도로 대단히 복잡해 보이지만, 또 어떻게 보면 매우 단순한 것이다. 공간의 불균형에 따른 토건 현상의 심화, 그렇게 생겨난 현상이 클라이맥스까지 간 셈이다.

외국에서 일정 기간을 거주한 적이 있는 한국인은 한국의 전세 제도를 찬미하는 경우가 많다. 당연하다. '렌트'를 받지 않고 원금을 주면, 나중에 그 원금만큼을 돌려주는 그런 제도를 가진 나라는 세계 어디에도 없다. 이것은 고금리와 압축 성장에 따른 토건 현상이 결합된 한국에서만 발생한 일이다. 그러니까 자가 소유의 집이 없는 사람들에게는 이만큼 환상적인 제도가 세상에 없다. 원금에 대한 이자 손실 외에는 아무 손해 없이 자기가 원래 가지고 있는 돈만큼을 거주 기간이 끝나면 다시 받아갈 수 있는 그런 환상적인 주거 제도가 존재하다니! 그렇다면 한국이 주거 복지가 최고인 나라일까? 이런 환상적인 제도가 있는데 말이다.

물론 그럴 리는 없다. 추첨에 따른 '프리미엄'이라는 특수 지대와 공공 부문이 뒷받침해주는 택지개발 그리고 여기에 "전세 끼고 집 산다"는 바로 그 시스템하에서, 1차 승자는 다가구 소유를 법적으로 승인해주는 부동산 임대 사업자다. 한국에서 지난 10년 동안 온갖 이윤을 다 챙겨간 두 축인 수출을 주도하는 일부 대기업과 이들이 한국 경제의 승자를 형성한다. 게다가 이들은 부동산 보유세에서도 특혜를 받고 있다. 2차 승자는 50대 이후의 아파트 투기자들이다. 그들은 이 시스템이 화려하던 80년대에 첫 아파트를 구입했고, '갈아타기'를 통해서 지대 수익을 통한 개별적 치부에 성공한 셈이다. 그러나 2차 승자는, 불안한 승자들이다. 주식과 마찬가지로 이미 팔고 나갔다면 승자가 되었을 것이지만, 자신의 재산이 아직 아파트에 물려 있다면, 환상 속에서만 있던 그 부가 실제로 구현되지 않을 가능성도 높다. 분명히 그들은 그들의 경제적 능력과 지불 능력을 뛰어넘는 자산을 가지게는 되었지만, 이러한 승리는 이 게임이 국민경제 내에서 지속되는 한에서만 의미 있는 것이라서 여전히 불안한 것이다. 최소한 부동산 부문의 '인플레이션 게임'이 지속되는 동안에만 이들의 승리가 승리로서의 의미가 있다. 정확히 얘기하면, '거품 빼기'의 의미를 갖는 디버블링(de-bubbling) 프로세스가 발동하기 전에 주택 시장에서 나왔을 경우에만 이 2차 승리자의 승리가 의미가 있는 셈이다.

주가와 지가, 이렇게 인플레이션으로 작동하는 두 가지 시장의 공통점 중의 하나가, 그것들을 '환매'하여 화폐와 같은 안정적 유가증권으로 전환되었을 때에만 그것들이 비로소 경제적 자산으로서 의미를 갖는다는 점이다. 이제 사실상 공사 진행이 어려워진 용산의 경우를 보자.

이 사업은 생각보다 복잡한데, 철도공사는 용산역 부지를 민간에 매각해서 고속철 등 사업 확장으로 발생한 공공 부채를 땅장사를 통해 일부라도 만회할 계획이었다. 그래서 100층 이상의 고층빌딩이 필요했고, 이 사업을 성사시키기 위해서 삼성이 포함된 거대 건설사들의 컨소시엄이 필요했다. 10조 이상의 돈이 보상금 등 기본 경비로만 들어갈 이 사업은 완공 후에 부동산 가격이 많이 올라간다는 전제하에서만 경제성이 나온다. 즉 상가와 사무실 운용 등 기본적인 단지의 경제적 활동으로는 수익을 낼 수가 없는 사업이고, 오로지 지가 상승에만 의존하는 기형적인 경제성을 노린 셈이다. 그 황당한 경험이 6명의 목숨을 앗아갔다. 그런데 경제적 여건의 변화로 사실상 사업 추진이 불가능해진 상황에서 실제로 돈을 번 진짜 수혜자는 누구일까?

원래 용산역 근처에는 80개동 1882평에 달하는 집창촌이 있었고, 포주들이 이 건물들을 소유하고 있었다. 물론 이들에게는 2000억 원 이상으로 추정되는 보상금이 지불되었고, 법적으로나 도덕적으로나 정당하지 못한 사업을 한 이들은 이 돈을 들고 어디론가 떠났다. 이들에게 지급된 보상금은 사업이 정지된다고 하더라도 다시 환불되는 것은 아니고, 이미 보상이 종료된 시점에서 행정적으로나 법적으로나 완료된 것이다. 무리한 사업을 벌였던 철도공사와 투자자인 삼성물산 등 건설사들 그리고 지가 상승을 위해서 이 지역에 들어온 개인들도 어떻게 보면 모두 피해자이고, 결국 이렇게 버려진 돈들은 국민경제 내에서 조세든, 인플레이션이든, 개개인의 부담으로 남기 때문에 우리 모두가 피해자인 셈이다. 정부나 행안부나 경찰이나, 용산 참사로 '살인자 정권'이라는 이미지를 가지게 되었기 때문에 어쨌든 피해자가 된 셈이다. 이 속에서 유일한 승자는 용산 집창촌의 포주처럼 특수한 조건의 건물주로서, 사실상 불로소득에 가까운 보상금을 받고 이 현장에서 떠난 사람들일 것이다. 물론 뉴타운 지역의 건물주 중에서 그 정도의 조건으로 또 그렇게 신속하게 현장을 떠난 사람들은 그렇게 많지 않다. 노무현 정권에서 시작되어 이명박 정권 중반부에서 터져 나온 용산 개발과 용산 참사는 한국 경제가 지난 시간 동안 어떻게 온 것인지, 가장 집약적으로 잘 보여주는 사건이다. 그리고 한국의 디버블링은 이 용산과 함께 이미 시작되었다고 할 수 있다.

한국에서의 디버블링이 일본의 경우처럼 10년에 걸쳐서 진행될 것인가, 아니면 "우리는 빨리빨리의 한국이니까!"라는 한국 경제 특유의 다이내믹에 의해서 2~3년만에 정리하고 다시 새 출발할 수 있을 것인가? 아니면 또 다른 가능성은 없는가? 예를 들면, 50년대에 세계 5대 강국에 속했던 아르헨티나 경제의 몰락으로 상징되는 중남미 경제의 길을 따라가는 방식? 이 질문이 한국 경제의 대안에 대해서 질문하던 시절에 내가 가졌던 최초의 질문이었다. 아직도 이 질문에 최종적으로 답하기에는 좀 이른 시점이기는 하다. 어쨌든 그때 가정했던 디버블링이 점점 눈앞으로 다가오는 현실 앞에서, 누가 승자고 누가 패자인가, 그런 게 중요한 것은 아니다. 우리는 어쨌든 지난 10년간의 직접적이든, 간접적이든, 공범 관계를 형성한다. 국민경제라는 말의 의미는 그런 것이다.

그러나 디버블링 속에서도 삶은 계속되어야 하는 것이고, 또 그 이후에도 국민경제라는 것은 지속될 것이며, 기왕에 지속되는 거라면 스위스나 스웨덴 혹은 노르웨이처럼, 한국이 지금의 자원과 교육 상황에서 해볼 수 있는 그런 경제의 모습에 더 가까운 것이 좋지 않겠는가? 그런 고민들을 하게 된다. 자, 디버블링 이후의 주택 정책은? 이 문제는 디버블링을 떼어놓고 상상할 수 없는 문제다. 어쨌든 거품이 붕괴하면서 많은 사람들이 상식이라고 생각했던 그 황당한 투기에 대한 정신적 사랑이 같이 붕괴할 것이니 말이다.

문제점은 두 가지로 요약된다. 선분양 제도와 전세 제도. 선분양 제도는 공공 부문이 토건 경제에서 했던 토건의 주도적 기획자 및 주체로서의 역할을 포기하고, 예전의 주택복권 그리고 지금의 주택청약 제도를 폐지하는 것에서부터 시작될 것이다. 물론 민간 부문이 알아서 자기 혼자 선분양 제도를 계속 고집한다고 하면, 그 기업은 자신의 책임으로 그렇게 하면 된다. 그러나 어차피 집을 사고 분양받을 가능성이 상위 몇 퍼센트의 선택받은 20대에게 국한된 현재의 시스템에서 이 문제가 더욱 증폭될 10대, 그들에게 주택청약이라는 현재의 분양 제도 자체가 무의미하다. '아파트'의 시대에서 '원룸'의 시대로 바뀌는 이 거대한 전환기에, 공급 부족을 전제로 한 주택청약과 이를 기반으로 한 선분양 제도는 더 이상 돌아가지 않는다. 지금 급증하는 미분양은 단순히 경기 침체의 문제만이 아니라 세대의 재생산 혹은 '중산층의 재생산'이라는 아주 장기적인 구조 변화와 관련된 것이다.

물론 주택청약제는 공적 제도이면서 동시에 개개인과의 '계약'이기도 하기 때문에, 김영삼 시절에 금융실명제를 도입하던 것처럼 전격적으로 그리고 하루 만에 폐지할 수 있는 제도는 아니다. 일반적이라면, 수많은 논의 끝에 사회적 공감대를 형성하면서 3년 혹은 5년 이상의 사전 공지를 하고, 개개인의 계약을 해지하는 과정을 통해서만 주택 청약제가 폐지될 수 있을 것이다. 나는 폐지 과정이 3년보다 더 빠르게 진행될 수 있는 과정은 법적으로나 제도적으로 불가능하고, 또 그렇게 하는 것이 바람직하지도 않다고 생각한다.

그러나 디버블링의 한가운데에서 자연스럽게 사태의 주범 중의 하나로 주택청약제가 지목되는 일이 벌어질 것이고, 또 그 와중에 일종의 '기업 혁신' 즉 슘페터가 얘기했던 기업가 정신이 실제로 등장할 것이라고 생각한다. 디버블링이라고 해서 모든 건설사가 다 망할 수는 없는 노릇이므로, 현재의 표현대로라면 후분양제, 보통의 표현이라면 아파트 건설 후 분양 과정을 통해서 주택을 공급하는 기업이 등장할 것이다. 이미 만들어진 아파트나 주택을 실제로 보고, 여러 가지를 고려해서 구매를 결정할 수 있다면 누가 주택청약에 가입해서 몇 년씩이나 기다린 뒤 분양을 받고, 다시 계약금과 중도금을 지불하고서 주택을 구매하는 일을 하겠는가? 지금까지는 이런 금융 비용과 시간적 격차를 구매자 즉 소비자 측에서 일방적으로 부담했는데, 공급 부족이 해소되고 거꾸로 수요 부족인 상태로 전환되면 다시 공급자가 일정한 부담과 위험을 자신의 것으로 전환하는 수밖에 없을 것이다.

그렇게 안 하면? 건설사는 정부의 신뢰 추락과 함께 공멸할 것이지만, 건설 자본이라고 하더라도 자본 내부의 공조만큼이나 중요한 것이 자신의 생존을 위한 경쟁이다. 기업의 목적이 기계적으로 이윤율을 높이는 것이 아니라 '영속성(going-concern)'을 확보하는 것이라면, 이러한 혁신을 만드는 건설사가 등장하는 것을 기대하는 것이 불가능한 일은 아니다. 다 같이 망할 수는 없지 않은가? 그 속에서도 차별화하고, 자신만이 가진 장점을 드러내어 생존의 길을 찾게 되는 기업은 등장하게 될 것이다. 사실 한국이라는 특수 상황이라서 이 후분양제라는 것이 매우 특별해 보이는 것이지, 전 세계 대부분의 건설사가 집을 짓고 나서 상품으로 시장에 내놓고 판매를 한다. 우리만 압축 성장이라는 특수한 경험을 하다보니, 정부가 추첨제를 유지하는 이상한 상황이 된 것이다.

선분양제와 후분양제가 동시에 시장에서 경쟁을 하는 순간이 되면, 시장에서는 무조건 후분양제가 이기게 된다. 일단 분양을 받았는데 시공사가 중간에 부도가 나거나 문제가 생겨서 어쩔 수 없이 분양 사기가 된다거나 혹은 미분양으로 중간에 사업 추진이 중단되는 그런 근본적인 리스크가 후분양제에는 없기 때문이다. 게다가 실제 거주를 위해서 수년씩 기다려야 하는 그런 불편도 없다. 두 가지 상품이 시장에서 경쟁하게 되는 순간이 되면, 수년씩 소비자들이 주택청약이라는 별로 매력적이지 않은 금융 상품에 묶여 있을 필요가 없어진다. 결국 수년 내에 주택청약이라는 제도가 소비자들의 외면으로 작동하지 않을 시기가 올 것인데, 이것을 정부에서 적극적으로 대처해 다음 단계의 주거 복지의 주체로서 계속 시장에 개입할 것인가, 아니면 시장과 경쟁하다가 외면당할 것인가, 그런 선택만이 남아 있는 것일지도 모른다.

물론 노무현 정부와 이명박 정부와 같은 토건 정부가 아닌 다른 성격의 정부가 한국에 등장한다면, 공공 부문이 적극적으로 부동산 시장을 정상적으로 만들어가고, 주거 복지 기관으로 다시 등장할 수는 있을 것이다. 그러나 아마 당분간은 정부에서 주택청약 제도를 스스로 철폐하고, 선분양제를 먼저 해소하는 그런 일이 일어나지는 않을 것 같다. 당국이 스스로 선택하든, 선택하지 않든, 전세 제도 그리고 투기 국면에서만 작동하는 주택청약과 선분양이라는 제도는 이제 더 이상 안정적이지 않아서 결국은 사라지게 될 것이다.

문제는 고금리와 투기를 위한 다주택 보유가 결합되면서 생겨난 전세라는 지금의 주거 방식의 한 패턴 역시 이러한 과정에서 궁극적으로 사라지게 될 것이라는 점이다. 그렇다면 이 전환 과정에서 과연 우리가 어떠한 정책적 프레임을 제시할 수 있을 것인가에 대한 고민이 매우 시급한 문제가 된다. 기본적으로는 집을 보유하지 않은 국민들인 45퍼센트에 해당하는 사람들에 대한 고민이라고 할 수 있다. 직접적으로는 전세 보증금 융자 형태로 지원을 받던 사람들에게 어떻게 최소한 지금의 주거 복지를 유지할 수 있게 해줄 것인가 하는 문제다. 이자율이 하락한 뒤에도 어느 정도는 버티던 전세는 아파트 가격 상승이 사라짐과 동시에 매우 빠른 속도로 줄어들면서 월세의 형태로 바뀌고 있다. 전세든, 월세든, 정책의 눈으로 본다면 금리의 함수로 설명할 수 있는데, 재정학 용어를 사용한다면 융자와 보조금의 차이와 마찬가지다. 정부가 지원하는 융자는 정책 금리와 시중 금리와의 차액만큼 보조 효과가 있는 것이고, 보조금은 그만큼을 직접 자금으로 지원하는 것이다. 전세라는 한국에만 존재하는 제도는 저금리에도 불구하고 여전히 존재하고 있는데, 그것은 지난 10년 동안 투기 행위가 줄어들지 않았기 때문이다. 그러나 디버블링과 함께 더 이상 그런 방식으로 주택을 구매하는 것이 이익이 되지 않는 시대가 오게 될 것이고, 제일 먼저 없어질 제도가 전세인 셈이다. 빠른 속도로 전세가 월세로 전환될 것이며, 통상 시장에서는 월세를 기준으로 하는 이자율이 전세의 경우보다는 높게 설정된다. 한국을 제외한 전 세계가 주택 임대에는 이 월세 방식을 사용하고 있다.

전세가 사라지는 것 자체는 토건 시절을 지탱하는 주요한 축 중의 하나가 '탈토건'을 맞아 사라지는 현상이므로 이상할 게 하나도 없지만, 문제는 지금의 주거 복지 장치가 전세 자금 지원을 중심으로 형성되어 있다는 것이다. 비록 이자만큼의 정책적 손실은 있겠지만, 정부는 전세 자금의 일정 부분을 전세 융자금으로 지원하고, 전세 계약이 종료하였을 때 이 자금을 회수하면 큰 무리 없이 주거 복지를 높일 수 있는 가능성이 있다. 그 자체로는 좋은 제도이기는 한데, 쉽게 국민 주거를 높이는 이 방법을 선택했다가 한국은 일본보다도 더 높은 규모의 '하이퍼 토건' 현상으로 더 큰 대가를 치르게 된 셈이 되었다.

전세가 사라지면 전세 자금을 동원하여 일단 아파트를 사고 나중에 시세차익을 노리게 되는 '돌려막기형' 투기는 상당수 줄게 될 것이다. 그러나 전세에서 월세로 바뀌게 되면, 이제 월세 보조라는 아주 복잡하고 다면적인 제도를 시행해야 하는 순간을 맞닥뜨리게 된다. 외국의 경우는 국가마다 조금 차이가 있지만 보통은 2달치에서 6개월치 정도의 보증금을 지불하고, 월세를 매달 내게 된다. 한국의 월세 제도는 여전히 전세와 일반적인 월세의 중간 형태 정도로 형성되어 있어, 일부분을 일시 자금으로 지불하고, 나머지만큼을 월세로 지불하게 하는 형태다. 그러나 점차적으로 월세의 몇 달치 정도를 보증금으로 받는 순수 월세 형태로 전환될 것이다. 다시 말하면, 지금도 워낙 집값 자체가 높아서 대단히 높은 수준에서 결정되기 일쑤인 월세가 더 높아진다는 말이다. 디버블링을 통해서 집값 자체가 어느 정도 안정화되기는 할 것이지만, 주택 구매를 위해서 일시 자금을 필요로 하는 현상이 사라지게 되면 월세는 보편화되고 또한 구조적으로 상승할 가능성이 높다.

결국 현재의 전세 자금 지원을 통한 주거 복지 장치가 월세 보조의 형태로 바꾸는 수밖에 없는데, 이제 여기에는 매우 복잡하고도 미묘한 지원 장치가 결합될 수밖에 없다. 누구에게 월세를 지원할 것인가, 얼마만큼을 지원할 것인가, 그리고 모든 형태의 주택에 다 지급할 것인가 아니면 국민주택 미만의 규모에 대해서만 지원할 것인가? 지금까지는 '35세 이상의 세대주'라는 간단한 지급 기준과 지원 비율 혹은 총액만을 정해서 제도를 시행하면 간단한 문제였는데, 이제 아주 복잡하고 철학적인 논의들이 결합되는 다중적 장치로 전환되게 된다.

가장 이상적인 것은 '사회적 주거(social housing)'의 비율을 늘려 정부가 관리하는 임대주택 등 사회화된 주거를 일정 수준 이상 확보하는 것이기는 하다. 그러나 말이 그렇지, 프랑스나 독일 같은 곳에서도 여전히 사회적 주거를 통한 주거 복지의 전면화가 스웨덴에 비하면 미비한 상황이다. 70년대 유럽에서도 임대주택 집중 보급을 통해서 이 문제를 풀려고 했었는데, 소득이 낮은 사람들이 집단 거주하게 되면서 슬럼화, 즉 '게토(ghetto)' 문제가 생겨나게 되었다. 부자들은 가난한 사람과 자신들을 분리시켜서 '분리 거주'를 선호하지만, 이 방식은 요새주택(fortress housing)과 슬럼의 전면화라는 부작용을 낳게 된다. 결국은 서로 경제적 수준이 다른 사람들이 어떻게 하나의 공간에서 공동체를 만들면서 살아갈 수 있게 할 것인가, 이 문제로 해법이 수렴된다.

'버블'이라는 이름으로 표현되는 부동산 투기의 시대가 끝날 때, 건설사에서는 보통 '연착륙'의 대책으로 부동산에 대한 세제 혜택이나 자금 지원 같은 것을 주장한다. 그러나 한국의 경우에는, 일단 국민들의 주거 복지 지원 방안이 실제적인 연착륙 방향일 것인데, 전세 제도의 종말 이후 월세에 대한 지원을 어떻게 정착시킬 것인가, 이게 더 중요하고도 시급한 연착륙 방향이 될 것이다.

아파트를 중심으로 분양과 프리미엄 그리고 전세 제도가 결합되면서 만들었던 한 시대가 이제 종료 중이다. 사실상 지금의 주거 제도는 세대주를 중심으로, 그리고 아파트와 같은 형태의 주택에 사는 것을 기준으로 형성되어 있다. 그러다보니, 혼자 사는 사람들 혹은 아직 결혼하지 않은 사람들은 주거 복지의 사각지대에 놓여 있었다.

자, 눈을 돌려 '탈토건 1세대'라고 내가 부르고 싶어 하는 지금의 20대 문제로 와보자. '원룸'이라고 하는 형태의 주거가 최근 급증하고 있는데, 20대 중에서 원룸에서 거주할 수 있는 사람은 그래도 가장 성공한 경우라고 할 수 있다. 워낙 20대에 대한 통계가 부족하기 때문에 전수를 제시하기는 어렵지만, 반지하, 쪽방, 고시원 같은 곳들이 독립한 20대들의 기본 거주 조건이다. 그들의 세계에서 '원룸(!)'은 지금의 40대가 생각하는 40평 아파트, 50대가 생각하는 50평 아파트보다 더 황홀한 것일 수도 있다. 지금까지 이들은 지난 수년 동안 전세에서 월세로 전환되는 임대차 방식에 주거 복지 지원 장치가 미처 적용되지 못한 상황에서 지독할 정도로 소외되어 있던 것이 사실이다.

철학적으로 이런 질문을 해보자. 편의점에서 알바를 하면서 고시원에 사는 사람에게 우리가 주거 복지 지원을 할 필요가 있는가? 원칙적으로는 이들의 경제적 삶을 생각하면 지원을 하는 게 맞는데, 고시원 비용의 일부를 정부가 부담한다면 고시원만 난립하는 결과를 만들고, 결국 더 많은 국민이 주거 조건이 열악해지는 상황이 오지 않을까? 그런 기술적인 문제는 있다. 그렇다면 만약 그 알바가 고시원에서 나올 수 있게 해주고 싶다면 어떤 지원을 해주어야 할까? 그가 평소에 모아놓은 돈이 충분히 많다면 전세를 구하면 되겠지만, 전세 자금의 경우에도 세대주들 주로 아버지들에게 지원되도록 되어 있고, 20대의 혼자 사는 사람이라면 그가 전세 자금 지원을 받을 가능성은 현 제도 내에서는 없다. 유럽의 경우는 어떻게 할까? 많은 경우, 총소득 입증을 통해서 그에게 월세 보조를 할 것이다. 보통은 지방정부가 창구가 되어서 월세 보조를 하는데, 지역마다 조금씩 차이가 있겠지만, 40~50퍼센트 정도의 보조금을 받을 수 있다. 프랑스의 경우는 외국인 대학생들에게도 이런 지원금을 주고, 외국인 노동자들 역시 수혜를 받을 수 있어서, 때때로 극우파들의 외국인에 대한 지원 철폐와 같은 문제가 논란이 되는 경우가 종종 있다.

만약 20대 알바라면? 내국인인 경우에 어떤 방식으로든 월세든 주거 복지 지원을 하는 것이 당연한 일이나 아무런 지원을 하지 않는 현재 한국의 제도는 우리가 계속 끌고 가야 하는 미풍양속은 아니다. 당연히 비정규직이고, 예를 들면 최저생계비의 200퍼센트를 넘어서는 소득이 없는 경우 등과 같이 일정한 기준을 정해서 월세 보조를 새롭게 도입하는 것이 우리가 가야 할 방향이다.

지금까지 한국은 집을 짓는 것에만 국가가 가지고 있는 모든 자금과 지원을 집중해왔다. 한국인이 특별히 더 투기적 정신이 강하거나 아니면 '국토가 좁아서' 지금과 같은 공사주의가 생겨난 것이 아니고, 당연히 우리가 세심하게 돌보아야 할 사람들에 대한 생각을 하지 않고 무조건 건설사에게 지원을 해주는 것이 옳다고 생각하면서 만들어낸 제도들이 이런 부작용을 만들어낸 것이다.

자, 생각해보자. 당신이 사회생활 1년차 박사이고, 아주 좋은 정부연구소에 연구원이라고 해보자. 몇 개의 연구소에서는 자신의 사택을 보유하고 있고, 화려하지는 않더라도 일정 수준은 되는 주거를 아주 손쉽게 확보할 수 있을 것이다. 그런 정부연구소가 아니더라도 대기업에 취업했다면 주택 자금을 회사에서도 지원받을 가능성이 있고, 운이 좋다면 회사의 사택에 거주할 수도 있을 것이다. 지금까지 우리는 정부의 보편적 복지 장치 대신에 회사 복지 시스템에 주로 의존했는데, 이제 그런 기존의 장치에 기댈 수 없는 비정규직 혹은 임시직들이 늘어나고 있다. 주거 복지의 논의도 이제는 그런 삶의 변화에 대한 적극적인 정책 대응의 방향으로 전환해야 할 시점이 온 것이다. 만약 같은 나이에 시간강사 1년차라고 해보자. 기댈 수 있는 회사를 통한 사회 복지라는 것은 아예 존재하지 않는다.

택지를 개발하고, 그걸 통해서 정부가 아파트 투기를 은근히 조장하면서 끌어온 지금의 주거 패턴, 이제 이게 더 이상 움직이지 않는 순간이 온다. 그렇다면 당연히 월세 보조에 대한 논의가 시작되어야 할 것이고, 대학생, 20대 그리고 또 다른 측면에서 사회적 관심이 되어야 할 은퇴자, 독거노인, 이런 토건 시대가 만들어낸 희생자들 그리고 우리가 방기한 사람들의 주거복지에 대해서 검토해야 할 순간이 온 것이다.

최소한 주거의 문제에 대해서, 지금 올라갈 대로 올라간 집값을 그대로 두고, 그 상태에서 시장 이자율을 약간 상회하는 수준에서 월세 제도가 시장 논리대로 움직인다면, 한국은 그야말로 지옥이 된다. 프랑스에서도 수년 전에 파리를 중심으로 집값 폭등이 있었고, 학생들이 교육부로 달려가 집회를 벌여서 '학생 아파트'라는 정책적 약속을 받아낸 적이 있다.

원칙적으로야, 20대들이나 사회적 약자들이 집회와 같은 주장을 통해서 자신들의 복지에 대한 약속을 정부로부터 받아내고, 정부가 직접 개입할 수 있는 공간을 만드는 것이 옳다. 그러나 지금 당장 한국의 20대가 정치적인 적극성을 가지고 움직일 수 없다는 것은 우리 모두가 알고 있지 않은가?

결국 주택 시장에서의 '탈토건'이라는 것은, 선분양 제도가 더 이상 투기를 지탱할 축으로 작동하기 어려워진다는 것 그리고 전세 제도가 급격하게 줄어든다는 것을 의미한다. 1차적으로는 자기 집을 가지고 있지 않은 절반 가까운 국민들이 이 과정에서 월세로 살게 되는 등 주거 형태가 지속적으로 전환되고, 그 월세마저도 보증금을 줄이는 과정을 통해서 더욱 높아지게 된다는 것을 의미한다. 물론 일부의 중산층들은 디버블링 과정이 거의 종료하는 시점에서 평균 시세의 절반 가까운 가격에 자신의 집을 가질 수 있는 기회를 가질 수도 있다. 그러나 지난 10년 동안, 결국 마이너스 저축률을 기록하게 된 한국의 가내 경제에서 그렇게 많은 현금 자산을 보유할 수 있는 중산층이 많아 보이지는 않는다. 융자로 집을 샀다가 집값 폭락과 이자율 상승이라는 두 가지 방향에 의해 '하우스 푸어'로 전락해서 하류층으로 몰락한 사람의 숫자를 감안해보면, 아마 여전히 국민의 절반 정도가 집이 없는 구조가 오랫동안 유지될 것이다.

이 절반의 국민들에게 어떤 방식으로 '월세 보조'를 할 것인가, 이게 디버블링 국면에서 우리가 시급하게 논의해야 할 주제다. 물론 국민의 절반에게 월세 보조금을 지급할 수 있는 나라는 없다. 그들 중에서 누구에게 먼저 그리고 얼마나, 이런 질문들이 지금 필요한 것이다. 그리고 이 질문은 한국 경제에만 던져진 새로운 질문은 아니다. 선진국들은 수십 년 전부터 이런 제도에 대해서 논의를 했었고, 선진국이 된다는 것은 자연스럽게 국민들의 주거 복지에 대해서 고민하게 된다는 것이다. 거칠게 구분하면, 유럽은 월세 보조로 갔고, 미국은 클린턴 정부 때 '모기지'라는 금융 장치를 통해서 "집을 사게 하는데 정책 자금을 쓰자"라고 의사결정을 한 셈인데, 이 후자가 결국에는 미국이라는 경제 대국은 물론 전 세계를 금융 위기로 몰아넣었던 바로 그 미국발 주택 위기의 출발점이 된다. 지금 우리가 다시 모기지로 간다? 노무현 정부 때 부분적으로 모기지 상품을 도입했지만, 그건 전혀 문제를 풀지 못했다는 것을 우리가 이미 본 바가 있다.

상상을 해보자. 원칙은 비교적 간단할 것이다. 20대 알바생이 고시원에 살고 있는데, 그가 정부의 지원으로 원룸에 살 수 있게 하려면 과연 뭐가 필요할까? 그에게 그냥 집을 주면 되겠지만, 아마 그건 사회주의 방식이라고 펄펄 뛸 사람들이 지금의 집권층일 것이다. 그가 원룸 정도에서 살 수 있게 해주는 것이, 아마도 다른 사람들의 문제를 동시에 풀 수 있는 기술적 해법이 될 것이다. 20대 알바생도 주거권이 보장되는 상황이라면 아마 다른 많은 사람들의 문제도 이미 해결되어 있을 가능성이 높다. 그는 어떻게 보면 한국 경제의 '최저 기준'에 해당할 것이기 때문이다. 중산층에게도 월세 보조가 필요할까? 물론 지금과 같이 전세 제도에서 월세 제도로 바뀌면 그들에게도 일정한 지원이 필요하다. 그런데 왜 중산층에게? 이 복잡한 문제와 관련해 사회적 정당성을 얻기 위해서 도입되는 제도가 '양육 보조' 같은 경우다. 철학적으로는, 그렇다면 결혼하지 않은 사람은 지원해줄 수가 없는가, 이런 문제에 부딪히게 되기는 한다. 그러나 여전히 어려운 사람이 많이 있는데, 중산층의 붕괴를 막기 위해서 중산층에게도 월세 보조금을 주는 정책에 대한 사회적 합의를 이끄는 가장 손쉬운 논리적 해법은, "그들의 부모가 아니라 자녀들을 지원하는 것이야!"라고 말하는 양육 보조의 경우다. 가끔은 많은 자녀를 낳은 외국인 2세에게도 이런 정도로 지원을 해야 하는가, 이런 논리적 문제나 사회적 반발에 부딪히기도 한다.

가만히 생각해보자. 지난 10년 동안, 한국의 거의 모든 정책은 아파트를 많이 짓는 데 보조금을 주고 지원하는 방식으로 진화했다. 그러다보니, 사회적 자원의 분배의 측면에서 '다음 세대' 즉 아직 태어나지 않은 아이들에게는 거의 간 것이 없고, '확장된 다음 세대(next generation extended)'라고 정의할 수 있는, 아직 경제적으로 자립하고 경제적 주체로 서지 못한 20대들에게도 간 것이 없다.

이런 사람들에게 세밀한 배려를 지금부터 준비하지 않는다면, 한국에서 지금부터 펼쳐지는 디버블링은 지옥이 될 것이다. 웰빙(well-being)을 '참살이'라고 번역하면서, 많은 사람들이 '중산층의 돈지랄'이라고 했었다. 참살이라는 단어는, 여러 가지 뉘앙스가 있지만, 한때 한국에서도 중산층이 늘어나던 시절이 있었다는 것을 증명하는 단어가 될 것 같다. 유사하게 보이는 단어지만, 전혀 맥락이 다른 '방살이'가 요즘 20대들한테 유행하는 단어다. 그들에게, '집'의 시대는 사실상 종료되었다. 불안하게 디버블링이라는 공황 국면을 맞을 그들에게 우리가 주거 복지라는 관점에서 과연 무엇을 제공할 수 있을 것인가?

이 논의에 대한 해법이 앞으로 전개될 리버블링 국면 이후에 한국 경제의 운명을 가름하게 될 것이다. 과연 L자형 위기라고 하는, 일본이 90년대에 겪었던 그런 10년짜리 위기로 갈 것인가, 아니면 일본만큼의 기술력과 사회적 기반을 갖추지 못한 우리는 수십 년간 끝없는 주기적인 몰락을 했던 아르헨티나와 멕시코로 대표되는 중남미형 국가로 갈 것인가? 아니면 60년대 이후, 많은 위기에도 불구하고 나름대로의 해법을 찾아오면서 지금까지 온 것처럼, '한국형 모델'이라는 새로운 유형을 찾아낼 것인가? 그 분기점이, 한국이 고시원에 사는 20대 알바생들에게 어떤 주거 복지를 제시하고, 제공할 수 있는가, 거기에 놓여 있다고 생각한다.

생식률의 위기, 섹스의 위기 아니면 출산율의 위기 아니면 중산층의 재생산? 그 어떤 단어로 표현되어도 좋다. 고시원이나 반지하에 사는 20대 알바생이 자신의 삶을 재구성하고, 그가 연애를 하든지, 결혼을 하든지, 혹은 동거를 하든지, 그렇게 그가 생식의 주체가 되고 경제의 주체가 되는 순간, 그때 위기가 끝날 것 아닌가? 1등 국민, 2등 국민, 그렇게 내국인들이 분리되고 귀족 계급이 나타나는 상황이 온다면 디버블링 이후의 '도약'은 존재할 수가 없다.

07 | 디폴트와 모라토리엄
그리고 공간의 위기

토건의 시대라는 것은 지방정부의 위기라는 것과 일맥상통하는 속성을 가지고 있다. 최소한 일본의 경우가 그랬고, 한국의 경우도 더하면 더했지, 전혀 다르지 않은 양상이다. 중앙정부의 재정 건전성과 지방정부의 재정 건전성은 움직이는 메커니즘이 약간은 다른데, 토건에 1차적으로 노출된 곳은 공간이라는 관점에서 무엇보다도 지방의 문제이기도 하다. 디폴트(dafault)라는 용어는 '채무불이행'이라는 의미를 가지고 있고, 이 디폴트 상태가 오면 "더 이상 빚을 갚을 수가 없다"는 모라토리엄(moratorium)을 선언하게 된다. 일본의 토건도 지방정부의 재정 악화와 연결되어 있다.

토건의 기원을 따지면 아주 오래전, 최소한 유신 경제로까지 올라가서 시원을 설명하는 견해들이 종종 있지만, 한국과 일본의 토건 현상은 그렇게 오래된 일은 아니다. 어느 나라나 건설업이 있고, 아파트와 같은 공동주택을 건설하기는 하지만, 지금 우리에게 보이는 토건은 90년대 초중반의 '탈지역화(de-localization)'의 전개에 따른 자연스러운 현상과 연결되어 있다. 일본의 경우는 이보다 약간 앞서 80년대의 국제 금융 체계의 재편에 따른 엔고 시대와 관련되어 있다. 세계화와 함께 공장 이전이 진행되면서, 열등지 순서대로 탈산업화라는 흐름이 생겨나니까, 이를 만회하기 위해서 각 지방정부에서 나름대로 경제적 대안을 찾는 과정이 '토건화'라는 용어로 불릴 수 있을 것이다. 그건 일본도 마찬가지이고, 한국도 마찬가지였다. 일본은 일명 '리조트법'이라고 불리는 지역의 관광 개발과 인프라 개발 같은 것을 통해서 지역 경제의 전기를 찾으려고 했었다. 이것은 한국도 마찬가지인데, 약간 시차를 두고 같은 현상이 벌어졌다. 노무현 시기에 수백 건에 달했던 각종 경제특구와 기업도시와 대규모 골프장 건설, 여기에 농지를 투기의 대상으로 하기 위한 농지법 개정 시도, 이것도 지역 경제가 붕괴하는 것을 막아보기 위한 토건식 해법인 셈이다. 부동산 정책과 지역 정책 그리고 산업 정책을 별도로 디자인하면 노무현 시대와 같은 토건적 결론 외에는 나올 것이 없다. 그러나 그 당시 그들은 스스로 토건 경제를 환하게 열어젖히고 있다는 사실을 대통령 당선의 감격에 겨워하며 미처 보지 못한 것 같다.

일본 토건과 비교할 때, 골프장, 리조트, 국제공항 그리고 케이블카 같은 단어들이 등장하는 것과 한국의 토건의 양상은 거의 비슷하다. 다만 약간의 차이가 있다면, 일본은 지방정부가 토건화를 끌고 나갔다면, 한국은 노무현 시절부터 아예 중앙정부가 나서서 '지역의 토건화'를 앞장서서 진두지휘했다는 점 정도일 것이다.

디버블링의 전개 과정은 1929년의 대공황과 90년대 일본의 '버블 공황'이 조금 차이가 있기는 하지만, 대체적으로 주가 시장과 주택 시장이 약간의 격차를 두고 순차적으로 폭락한다는 점에서는 유사하다고 할 수 있다. 대공황 당시에도 일본과 한국의 토건과 마찬가지로 부동산 투기가 특히 플로리다를 중심으로 한 별장 건설의 형태로 진행되고 있었다. 1926년과 1928년, 두 차례에 걸친 강력한 허리케인은 투기의 도화선이 되었던 바닷가의 별장 지역을 덮쳤고, 여기에 몰렸던 투기 자금들이 물거품이 되었다. 그리고 그다음 해인 1929년, 드디어 자본주의 등장 이후 가장 강력했던 대공황이 발발하게 되는 셈이다.

일본 '헤이세이 공황'은, 주식 시장 몰락이 직접적인 기폭제가 된 경우다. 1989년 최고점을 찍었던 일본 증시는 이듬해에 80퍼센트까지 자금이 빠져나가는 대폭락을 겪게 된다. 그러나 이 시점에도 일본 부동산은 계속해서 올라서 1991년 2월까지 상한선을 기록한다. 그리고 위기로 들어가게 되는데, 그렇게 위기가 더욱 심화되는 과정에서 지방정부들은 오히려 더 토건으로 달려가게 된다. 그야말로 빈곤의 악순환인 셈이다.

"토건이 아닌 대안이 있는가?" 이 질문은 지역 경제와 관련해 90년대 이후, 일본과 한국에서 동시에 제기된 질문인 것 같다. 여전히 일본도 그 대안을 잘 못 찾고 있고, 프리터의 일반화와 함께 워킹 푸어 현상이 심화되는 중이다. 한국도 지난 10년 동안, 토건이 아닌 지역 경제에 대한 대안은 제시된 적이 없다. 책임 관광 혹은 스마트 관광 같이 세계적으로 관광 패러다임이 변하고 있는 것과 달리, 한국은 산업 논리는 물론이고 스포츠와 엑스포 심지어는 '생태 관광'까지 총동원해서 지역 토건의 시대를 열었다. 잘못된 투기를 한 것에 대한 경제적 불이익이야 당연한 것이라고 하겠지만, 실제 지역 경제의 눈으로 들어가면 그게 그렇게 단순한 것은 아니다.

각종 스포츠 이벤트를 유치한 이후에 지역 경제는 어떻게 될까? 2002년 아시안 게임을 유치한 부산의 경우가 가장 상징적이라고 할 수 있을 것이다. 270명의 북한 응원단까지 유치한 부산 아시안 게임은 그 자체로는 성공적이었지만, 그 이후로 부산 경제가 활력을 찾았거나 새로운 길을 열었다는 아무런 흔적을 볼 수가 없다. 다만 무리해서 지었던 시설을 유지하는 부담만이 지자체에 고스란히 남은 셈이다. 지금은 부산경륜공단 스포원으로 이름을 바꾼, 부산경륜장을 관리하는 부산경륜공단이 보여주는 딜레마가 이런 사업의 현주소라고 할 수 있다. 아시안 게임으로 건설한 경륜장을 유지할 수가 없어서 이걸 사행성 높은 도박 장소로 바꾸었는데, 한때 수백억의 흑자를 기록하기도 했다. 그렇다면 그 돈은 어디에서 나왔는가? 그게 대부분 부산 시민들이 지출한 돈일 것이므로 경륜장의 사업 성공은 지역 경제의 몰락 장치이기도 하다. 한때 바다이야기가 홍행할 때, 소규모 지역 경제가 파탄 났던 상황과 같다. 그러다 부산 경제의 몰락이 본격화되면서 경륜장의 수입도 줄어들게 되었다. 이는 다시 부산시 재정에 대한 부담으로 가고, 결국 부산 시민 한 명 한 명이 부담하는 것이다. 만약 지표를 찾는다면, 토건 부산에 대한 지표를 어디에서 찾을까? 전국에서 가장 많은 유료 도로가 있는 곳이 부산이기도 하다. 기본적인 도시 인프라 건설에는 거의 돈을 쓰지 않아 부산 시민들은 유료 도로라는 부담을 안고 있다. 그런데 토건 경제라는 흐름을 타고 국제 대회를 유치하면서 경기장 건설과 운영에 돈을 쓰고 있었던 지자체, 그 결과는 어떤 방식으로 나타날까?

아시안 게임 이후 부산 역시 일본의 많은 지자체가 보여준 빈곤의 악순환 방식 그대로 달려간다. 만약 미국에 플로리다가 있다면, 한국에는 해운대가 있다고 말하면 딱 맞을 것 같다. 해운대에 물렸던 투기 붐의 미래는 어떻게 될 것이고, 부산 시민에게는 어떤 영향을 미칠 것인가? 이렇게 생각하면 간단하다. 원래 부산에 살았던 사람들이 해운대로 상징되는 투기 붐의 혜택을 받았을까? 해운대의 아파트가 아무리 커지더라도, 원래 부산 사람들에게 돌아가는 것은 거의 없을 것이다. 가난했던 부산 시민들은 상대적인 집값 폭등 과정에서 더욱더 가난해졌을 것이다. 그렇다면 부산 시청은 누구를 위해서 존재하는 기관인가 하는 근본적인 질문을 던져보지 않을 수 없다. 그리고 돈은? 과연 이 과정에서 돈을 번 사람이 있을까?

부산의 토건화 과정에서, 나는 투기가 종료되면 디버블링에 취약하다고 꽤 여러 번 지적을 했었는데, 부산의 공무원과 상공인들이 나에게 준 것은 "어차피 서울 사람들이 별장으로 사는 거라서"라는 '별장지'라는 답변이었다. 과연 그들의 말처럼 별장 목적으로 해운대 아파트를 서울 사람들이 사는 것인가, 아니면 그들 역시 단순 투기 목적인가? 이 차이는 앞으로 부산 경제의 미래를 예측하는 데에 결정적인 변수가 된다. 만약 순수 별장지라면 디버블링이 진행되어도 큰 문제는 없다. 별장이라는 고유한 수요가 있다면, 가격 하락에도 불구하고 그 수요 기능이 사라지지는 않기 때문이다. 그러나 만약 투기 목적이라면, 디버블링이 시작되면서 해운대의 주상복합들은 다이내믹한 폭락 사태를 맞을 것이고, 전국에서 가장 많이 가격이 하락한 아파트 중의 하나가 될 것이다. 진짜 이 경우라면, 해운대에는 토건 시대의 유물과 같은 작은 유령 도시만이 남게 되는 셈이다. 플로리다의 경우에는 허리케인이 모든 것을 깨끗이 쓸어가면서 아픈 기억마저도 사라지게 되었지만, 해운대의 경우에는 디버블링 이후에도 건물들은 괴물처럼 서 있을 것이다.

이게 별장지인지, 아니면 투기지인지, 그것을 구분하기 위해서 내가 제일 먼저 한 것은 대체재에 대한 조사였다. 해운대보다 더 유명하고, 더 많은 방문객이 오는 대체 효과를 가진 곳 중의 하나가 강릉 경포대라고 할 수 있을 것이다. 한국에서 별장지로 작동하기 위해서는, 현재로서는 기준이 승용차 접근성이라고 할 수 있다. 가족 단위의 여행에는 여전히 승용차가 주요 운송 수단이 되는데, 부산에서 애기하는 '돈 많은 서울 사람'을 기준으로 한다면 경포대가 해운대에 비해 몇 배 유리하다. 일단 거리가 가깝다. 부산은 서울에서 승용차로 가기에는 너무 멀고, 김해에 비행기로 간다 해도 한참 걸리게 된다. KTX를 이용한다고 해도 부산역에서 해운대까지 이동하는 것도 간단한 일은 아니다. 부산 시내의 교통 상황은 서울만큼이나 열악하다. 만약에 경포대가 별장지로서 '갑지'라면 해운대는 '을지' 혹은 '병지'에 해당한다. 상식적으로, 서울에서 별장 목적으로 사용하기에 해운대는 너무 멀고 불편하다. 여름철 동해안에 사람들이 몰리는 것은 그 접근성이라는 함수가 크다.

그렇게 기준을 정한 뒤 양쪽 아파트 가격을 비교해보았다. 90년대 지어진 것이기는 하지만, 경포대 바로 앞에 있는 경포대 현대라는 32평 정도 되는 아파트의 가격을 살펴보았다. 대체적으로 1억 미만의 가격에서 거래되고 있었다. 만약 서울에 광범위한 별장 수요가 있다면, 별장 목적으로 보다 우수한 경포대 현대가 해운대의 경우보다 높은 지가가 형성되어야 할 것이다. 그리고 유사한 기준으로 몇 군데의 가격을 더 살펴보았다.

　내가 내릴 수 있는 결론은, 2009년과 2010년, 한국에서 아파트에 대한 별장 수요라는 것은 사실상 존재하지 않는다는 것이다. 경포대와 경포호에 바로 인접해 있는 아파트를 현지 조사해본 결과, 이걸 별장 목적으로 구매하는 한국 사람은 사실상 없다는 것이다. 강릉에서 조사를 했는데, 강릉 시민들은 이 아파트들은 바다에 너무 가까워서 부식의 위험이 있고, 시장 등 주민 편의시설과 떨어져 있어서 강릉 신시가지에 새로 지어진 아파트들, 그들은 "도시가스가 들어오는 곳"이라고 표현했는데, 그런 곳을 더 선호한다는 것이다. 실제 그런 기준으로 강릉 내의 아파트 가격들이 형성되어 있었다. 강릉 경포대에서도 별장 수요라는 것이 작동한 흔적이 없는데, 부산의 해운대에 별장 수요가 있다는 말은 어떤 방식으로든 내 연구 결과로는 검증되지 않았다. 가격으로 비교한 결과는, 부산의 해운대 아파트는 부산 상류층의 일부가 실거주 목적으로 살고, 나머지는 100퍼센트 투기라는 것을 말해준다.

　그래서 거주 패턴에 대해서 다시 한 번 조사를 하기로 했다. 어떤 사람들이 살고, 어떤 방식으로 살고 있는가? 물론 공간의 연구에서, 도시민 전체나 아파트 거주민에 대한 데이터를 구하기는 쉽지 않다. 그럴 때 약식으로 쓰는 몇 가지 방식들이 있는데, 지역 상가 현황이나 쇼핑몰 분양 상황 같은 것을 살펴보는 방식이다. 해운대의 경우에는, 고소득 거주민들의 상주를 예상해서 들어선 고급 쇼핑몰 즉 명품들을 주로 판매하는 건물이 있다. 1층 외에는 거의 분양이 되어 있지 않고, 몇 번에 걸쳐 살펴본 바로는, 사실상 유령 타운이라는 게 내 잠정적 결론이다. 해운대에는 거대한 건물과 약간의 실거주자 그 외에는 아무것도 없고, 그냥 투기 도시로만 보였다. 비싸고 거대한 해운대 아파트를 유지하기 위해서 부산 시민들은 너무 가난했다. 그리고 투기로 이 모든 것을 끝까지 끌고 가기에, 한국 경제는 너무 취약했고, 부산의 입장에서 보면 디버블링은 너무 빨리 오게 되었다.

　투기 없이 부산 시민들이 부산 해운대 아파트촌을 유지할 수 있는가? 이건 지역 소득으로 비교해보는 또 다른 간단한 방식이 있다. 한국에서 지역 소득이 가장 높은 지역은 울산이다. 물론 울산의 공업 지역에서 발생하는 소득들이 그렇게 잡히기 때문에, 지역 소득으로 보면 울산과 여수 같은 곳들이 굉장히 높게 나오는 통계상의 경향이 있기는 하다. 서울을 제외하면 아파트 가격이 가장 높게 형성되고, 또 실제 지역 거주민들의 호주머니 경제가 그것을 뒷받침해줄 수 있는 지역은 울산이라고 보면 된다. 그렇다면 울산이 해운대 같은 메가 프로젝트를 지탱할 수 있느냐, 그것이 또 다른 기준이 될 것이다. 울산에도 그 정도 규모의 대형 주상복합촌은 형성되어 있지 않다. 울산 시민들도 감당을 할 수 없는데 부산 시민들이 지금의 지역 소득 규모를 가지고 해운대를 감당할 수 있을 것인가? 하기 어렵다고 생각한다.

이런 기준도 있다. 광역시와 기초단체 도시라는 차이가 있어서 기계적으로 비교하기는 좀 어렵지만, 판교라는 프로젝트와 비교해볼 수 있을 것이다. 해운대가 별장지를 명분으로 내걸었다면, 판교는 실제 부산에서 얘기하는 바로 그 서울 사람들의 실거주지에 해당하는 곳이다. 저밀도 등 최근에 지어진 아파트에 비해서 여러 가지로 조건이 좋은 편인데, 이 사업을 관장하는 성남시가 얼마 전에 '모라토리엄'을 선언했다. '천당 밑의 분당'이라는 표현을 가지고 있는, 누구나 인정하는 고급 주택지가 포함된 성남에서도 판교를 재정적으로 유지하기가 어려운 순간이 온 셈이다.

자, 그렇다면 성남도 버티기 어려운데 부산시는? 이런 질문과 마주하게 된다. 1차적 질문은 재정적으로 성남이 더 어려울 것인가, 부산이 더 어려울 것인가? 이건 쉽게 답하기 어려운 질문인데, 아마 장기적으로 본다면 이미 토건 감량에 들어간 성남이 부산에 비하면 최소한 '재정 안정성'은 더 높아질 것이라는 점이다. 지자체별로 재정 안정성에 대한 경고는 이미 내부에서 시작되었는데, 거기에 대해서 조치를 내리는 곳이 있고, "가는 대로 가는 수밖에 없지 않나?"라고 하는 파국의 그날을 맞는 곳, 그런 차이만이 있다는 것이 보다 현실적이지 않은가?

자, 최종 결론을 내려보자. 한국의 많은 지자체들은 지난 10년간 인프라를 전면에, 도시 경제를 측면에 내걸고 토건으로 내달렸다. 경상도만 그런 것이 아니다. 서울의 뉴타운 사업을 그대로 들여와 재개발을 추진하는 것은 전주와 같은 곳도 마찬가지다. 3번째로 동계올림픽에 도전하는 강원도의 경우는, 그들에게 할 수 있는 것은 현실적으로 토건밖에 없었기 때문이라고 볼 수 있다. 토건 특히 스포츠 토건의 끝은 비참할 것이다. 강원도 도민을 위해서는, 비록 자존심 상하는 일이 될지 몰라도, 그들의 실제적인 경제적 삶을 위해서는 동계올림픽 유치를 포기하거나 실패하는 편이 길게 보면 보다 도움이 될 것 같다.

공업 지역이라고 해서 예외는 아니다. 우리나라 공업 지역에서 토건에 예외적인 곳은 역설적으로 가장 먼저 오염이 되었고, 그래서 '생태 도시'라는 말을 시민들이 가장 절박하게 느낀 울산 외에는 없다. 전국이 4대강이라는 토건 프로젝트를 위해서 달려가고 있을 때, 울산 혼자서 태화강 생태 복원을 통해서 전국에서 가장 많은 일곱 종의 두루미가 돌아오게 되었다는 것은 어쩌면 자연스러운 일이다. 울산이 가는 방향, 그게 한국이 가는 방향이 되는 것이 옳지만, 불행하게도 공업 지역의 도시들 중에서도 울산과 같은 '탈토건'의 방향을 선택한 곳은 없어 보인다.

울산과 포항 같은 오래된 공단이 아닌, 대표적인 신흥 공업 도시로는 여수와 거제를 거론할 수 있을 것이다. 여수의 석유화학단지와 거제의 조선소는 최근의 공업 도시로 흥한 경우다. 두 군데 다 엄청난 공업 지역이다. 그렇다면 디버블링 과정에서 여수와 거제의 운명은 어떻게 될까? 거제도 부동산 가격이 폭등한 것은 마찬가지이지만, 여수가 엑스포로 했던 것만큼의 대규모 토건은 하지 않았다. 엑스포는 19세기 공업과 기술의 시대에 세계적 상징이 된 장치인데, 21세기에는 그만큼의 영광을 누리기 어려운 장치다. 여수 엑스포의 성공과는 상관없이, 디버블링 과정에서 여수시가 디폴트를 피할 길이 있을까? 지자체가 직접 나서서 토건을 진두지휘한 도시들은 거의 대동소이하게 비슷한 위기 앞에 직면하게 될 것이다.

여기에 비극적인 사실이 하나 개입한다. 전국적으로 토건을 진두지휘했던 곳은 강남구, 서울시, 성남시, 이런 곳들이라고 할 수 있다. "가장 먼저 오르고 가장 늦게 내린다"는 증시에서의 블루칩의 조건을 적용하면 이런 도시들의 아파트가 상품으로서는 블루칩에 해당한다. 이런 곳에서 먼저 시범 사업 격으로 우선 실시하고, 그게 성공하면 전국적으로 '카피앤페이스트' 하는 방식이 지난 10년 동안 한국에서의 지방 행정의 현실이다. 획일성이 높아지는 위험과 함께, 똑같은 위험을 공유하게 된다는 구조적 취약점을 가지게 된다. 그리고 불행의 시작이라고 할 수 있는, 서울 그리고 강남이 지난 10년 동안 한국의 토건화를 맨 앞에서 진두지휘하게 되었다. 그리고 드디어 서울의 집값이 떨어지기 시작했다. 그러나 역시 블루칩의 조건대로, 서울 특히 강남의 집값은 추세적으로 맨 마지막에 내려간다. 그렇다면?

토건에 대한 위험과 기여도만큼 책임을 져야 한다면, 서울 시민들이 디버블링 과정에서 더 많은 페널티를 물어야 하고, 그것의 진두지휘자였던 서울시청은 제일 먼저 디폴트에 빠지는 것이 '정의'일 것이다. 그러나 그러한 경제적 정의는 존재하지 않는다. 누구도 서울시가 디폴트에 빠지기를 바라지 않고, 가장 유능한 행정가들이 역시 서울시청에 집중되어 있기 때문에, 서울시에서는 이미 디폴트에 대한 조기 경보가 떴다. 2011년 예산을 수립하는 과정에서, 사업별로 20~30퍼센트씩 사업 규모의 축소가 시작되었다. 전체 예산으로는 15퍼센트 삭감이 가이드라인이 되었다. 서울시에서도 신규 토건 사업은 2011년에는 없고, 교육 사업에만 예외적으로 예산이 증액된다. 서울시 예산도 위태롭기는 하지만, 아마 디폴트까지 가게 되지는 않을 것 같다. 외환 위기 당시 한국 정부는 디폴트 위기까지 갔고, IMF에서 긴급 자금 지원을 받으면서 겨우겨우 그 위기를 넘어갔었다. 그때에도 여기저기서 위기라고 조기 경보가 작동하기는 했었는데, 당시 김영삼 정부에서는 "펀더멘털은 튼튼하다"고 말하면서 결국 동남아 지역까지 한바탕 휩쓸고 가는 세계적 금융 위기의 전조들을 무시했었다.

서울이나 성남 같은 곳에서는 이미 모라토리엄 선언을 했거나, 아니면 상당한 수준의 긴축 예산을 추진하는 등, 지급 능력에 대한 방어를 시작했다. 이런 방어전이 과연 성공할까? 서울의 경우는 SH공사 등 토건 기구들을 가지고 있는데, 이런 곳들과 실질적인 지급 보증 관계에 있는 서울시가 제대로 방어해 디폴트까지 가지 않는 것도 현재로서는 요원해보이기는 한다. 지방 토건의 시대가 열리면서 지자체들은 지역 개발공사 같은 것들을 앞다투어 만들었고, 이런 장치들을 통해서 토건 메커니즘을 작동시켰다. 아이러니한 것은, 토건 장치를 직접 내부화시키는 동안에 도서관이나 어린이집의 관리 같은, 복지나 문화와 관련된 시설들은 외주로 바꾸는 일이, 즉 외부화가 동시에 진행되었다는 것이다. 토건에 속한 것들은 지자체 내부에, 토건에 속하지 않은 도서관 같은 것들은 지자체 외부에, 이런 내부화와 외부화가 동시에 진행된 사건은 "토건이 아닌 대안은 없다"는 강력한 믿음이 있어서 가능했던 일이다. 합리적인 의사결정이나 최소한 비용편익분석 수준의 경제성 평가도 없던 이 시절의 많은 사업들은 믿음, 아니 어쩌면 '신화'의 영역에 속한 것이라고 해도 과언이 아닐 것 같다. 경제의 세계에서 영원한 신화라는 것은 존재하지 않는다. 게다가 그 신화가 투기 현상과 관련되어 있을 때, 그 영광이 생각보다 오래가지는 않는 것 같다.

자, 이제 한국에서도 토건의 신화가 끝나는 종료 시점이 다가오는데, 이 속에서 중앙정부와는 다른 작동 방식을 가지고 있는 지방정부들은 어떻게 이 위기를 극복할 것인가? 그리고 토건 일색으로 달려왔던 각 지방에서 발생하게 될 공간의 위기에 어떻게 대처할 것인가? 현재로서는 긴축재정 외에는 별다른 방법이 없을 것 같아 보인다. 중앙정부의 재정 위기는, 2011년이 되면 지금까지 큰 내부 조정 없이 토건 장치처럼 운영되던 많은 공기업의 적자 국면과 연결되면서 작은 지자체에까지 도움을 주기 어려울 정도로 심화될 것이다. 겉으로는 흑자 상태로 보이는 많은 공기업들도 사실은 운영 자금이 부족하기 때문에 지난 몇 년 동안 회사채를 발행하면서 긴급 자금을 조달했었다. 한전 자회사라고 불리는 발전회사들의 경우도 석유와 석탄 등 원자재 가격이 급상승하는 국면에서 전기 가격의 조정을 못한 실정이기 때문에 경영 상태가 상당히 악화된 상황이다. 지금은 회사채를 발행하는 방식으로 자금을 조달하지만, 본격적으로 시장 상황이 악화되면 대규모로 정부가 지급 보증하는 회사채를 더 이상 시장에서 소화하지 못하는 상황이 오게 될 수 있다. 일반적으로 '패닉'이라고 부르는, 시장이 전격적으로 마비되는 상황이 오면, 국채든 회사채든, 시장에서 정상적으로 발행해서는 자금을 조달하기 어려운 상황을 예상해야 한다. 적자 운영을 오래했던 지자체의 경우, 시장에서는 국채와 공기업의 회사채보다도 선호도가 뒤로 밀리게 되는데, 디버블링의 한복판으로 들어가면 금융 위기와 결합되면서 지자체에서는 지방 채권 같은 것으로 더 이상 자금을 조달하기 어려운 순간이 올 수 있다.

지난 10년 동안 프로젝트 파이낸싱(PF)이라는 방식으로 한국의 토건 사업들은 손쉽게 금융시장에서 자금을 조달할 수가 있었지만, 공기업의 부실화와 금융 위기가 결합되면, 이제 본격적으로 자금난을 겪게 될 것이다. 모든 투기는 언젠가는 그 끝이 오게 되어 있고, 비정상적인 형태로 발생한 버블은 디버블링을 만나게 되어 있다. 그러나 일반적인 회사와 달리, 지자체는 잘못된 투자와 자금 운용에 대한 시장의 처벌로 퇴출시키면 끝나는 그런 단순한 경제 주체가 아니다. 사람들이 살고 있는 공간 자체를 어떻게 퇴출시키는가? 재수 없이 망하는 지자체 지역에 살았던 시민들을 공간적으로 퇴출할 방법이 있는가? 온 국민은 서울이든, 부산이든 혹은 농촌 지역의 작은 읍면이든, 지자체에 속하게 되어 있고, 일종의 생활 공동체를 형성하게 되어 있다. 정상적이라면, '코뮌'이라고 부를 수 있는 작은 자치 단위가 형성이 되고, 그것들이 자연스럽게 지역으로 형성되는 것이 맞다. 그러나 우리는 도시와 인근 지역이 자연스럽게 연결되는 그런 과정을 밟지 못했고, 그래서 자치 혹은 '풀뿌리 민주주의'라는 것이 정상적으로 형성되지 못했다. 그리고 민주화와 함께 지역 자치라는 제도가 외부에서 외삽되는 방식으로 전개가 되면서, 우리의 지역은 그 자체로 토건의 주체이자 토건의 무대으로 편성되었다.

그것을 토호라는 눈으로 보면, 지방 토호들이 지자체의 단체장이나 기초의회 혹은 도의회 같은 것을 장악하는 과정으로 드러나게 된다. 땅 투기의 눈으로 본다면, 제주도의 골프장 개발의 경우와 같이 외지인들이 공유지는 물론이고 일반 토지까지 사들이고 지역 주민의 의사와는 관계없이 개발해서 개발 이익을 전유하는 문제로 드러나게 된다. 토건의 눈으로 본다면, 지방 건설사들이 지자체의 주요 의사결정에 참여하면서 '지역 경제'라는 명목으로 지난 10년 동안 추진했던 토건의 과정이 된다. 분석의 대상과 주안점에 따라서 서로 다르게 보이지만, 결국 이 과정은 지역 주민으로 돌아갔어야 할 복지와 문화적 지원과 같은 것들을 중앙 건설사와 지방 건설사들이 지자체와 결탁해 가져간 것과 다름없다. 이런 토건은 때때로 올림픽이나 아시안게임과 같은 쇼비니즘과 결합하기도 하고, 국제무역의 중심축과 같은 국제 경제의 모습을 띠기도 하고, 심지어는 4대강의 경우와 같은 '녹색성장' 혹은 태권도 공원이나 테마파크처럼 문화와 결합하기도 한다. 형태는 다르고 메커니즘은 조금씩 변종의 모습을 띠지만, 이런 것들은 한국 경제에 "토건이 아닌 대안은 없다"고 모두가 믿었던 시절에 발생한 일이다. 원칙대로 말하자면, 이렇게 결정을 했던 본인들이 책임을 져야 한다는 것이 자본주의가 작동하는 방식 아닌가? 그러나 이렇게 간단하지 않다는 데에 사태의 복잡함이 있고, 어떤 정부도 자신의 국민들을 그대로 방기할 수는 없다는 데에 사태의 어려움이 있다.

디버블링이 진행되면, 그 결정을 했던 시장과 도시사들이 다시 와서 책임을 질 수 있는 것은 아니다. 그리고 지자체끼리도 경쟁을 해서 더 살기 좋은 곳으로 이사 가면 그만이라고 그렇게 간단하게 치부하고 넘어갈 수 없다는 데에 이 문제의 복잡함이 있다. 사실 지난날에도 지역 경제가 끊임없이 몰락하면서 더 많은 사람들이 수도권으로 집중되는 과정이 진행되었는데, 국민 경제 전체를 생각한다면 '토건이 아닌 대안'을 통해서 더 살기 편한 곳을 만드는 방향으로 가야 하는 것은 당연하다. 그리고 이 경우에만 지역의 생태계도 오히려 사정이 나아질 수 있다.

이런 문제를 종합적으로 고려한다면, 토건의 위기는 결국 토건에 더 많이 집중했던 지자체 순의 디폴트 위기로 나타나는 게 뻔하지만, 그것이 공간의 위기가 되지 않기 위해서 다양하고 세심한 정책적 배려가 필요하게 될 것이다. 가장 간단하게 생각한다면, 지방에서 미분양으로 결국 누구도 손을 쓸수 없게 된 유령 아파트들을 이제 어떻게 할 것인가? 정부가 지금처럼 그냥 떠안거나 아니면 각종 세제 혜택으로 어떻게든 입주가 가능하게 할 것인가? 디버블링이 본격화되면, 정부도 자신과 자신에게 속한 토건 시대를 지탱했던 각종 공기업을 지켜야 하기 때문에 지금처럼 단순하게 돈을 푸는 방식으로 이 문제를 해소할 수 있는 여력이 없어지게 된다. 400개에 달하는 골프장 중 수도권에서 먼 곳부터 파산을 하게 되어서 절반 정도는 유지하기가 어려운 순간이 올 것이다. 그것을 다시 원래의 생태계로 복원할 것인가, 아니면 그대로 방치하거나 새로운 개발지로 사용하게 할 것인가? 토건의 시대가 끝나면 그렇게 지어진 시설물들은 그냥 방치되게 된다. IMF 외환 위기 이후 도산한 공장들의 산업폐기물을 누가 처리할 것인가가 한동안 논란이 되었다. 마찬가지 상황이 온다. 지금의 골프 수요의 변화 정도를 감안한다면, 아마도 절반 정도는 파산을 하게 될 것인데, 그 뒤를 누가 감당할 것인가? 혹은 쇼비니즘과 토건이 결합되어 만들어낼 수많은 경기장들, 그것을 그냥 헐어낼 것인가, 아니면 흉물이 되도록 방치할 것인가?

이런 크고 아직 우리가 던져보지 않은 질문들이 남는다. 내가 생각하는 기본적인 방식은, 업자들이 빠진 자리의 경제적 폐해를 결국은 우리가 감당하는 수밖에 없다는 것이다. 만약 일본이 90년대 내내 그랬던 것처럼, 토건을 다시 새로운 토건으로 메우려 한다면, 우리가 만나게 될 경제적 위기는 그보다 더 길거나 더욱 고달플 것이다. 우리에게는 신자유주의라는, 당시 일본은 아직 경험하지 않은 또 다른 종류의 위기가 결합되어 있기 때문이다. 그리고 한국의 자치의 역사와는 비교하기도 어려울 정도로 일본은 아시아에서는 보기 드문 아주 튼튼한 지역공동체라는 코뮌의 역사를 가지고 있다. 그뿐인가? 생태에 대한 인식에서도 90년대의 일본은 우리보다 깊은 이해를 가지고 있었다. 그런 일본도 토건으로 인한 공황에서 빠져나오는 데 10년이 걸렸다. 그렇다면 우리의 경우는?

앞으로 한국에서 전개될 디버블링 과정을 '탈토건'으로 이해하는 것이 사태 해결의 기본이 되어야 할 것이다. 만약 한국의 중앙정부와 채권단이 공간에 대한 이해 없이 디폴트와 모라토리엄 문제를 해결한다면, "토건을 토건으로 푼다"는 과거의 방식 그리고 일본 경제가 결정적으로 발목을 잡힌 그 방식 그대로 푼다면, 한국 경제의 미래는 대단히 어둡다고 할 수밖에 없을 것이다.

디폴트에 관한 이 절을 정리하면서 한 가지 말만 덧붙인다면, 한국에서는 아직 드문 현상인 '슬럼'에 대해서 우리가 본격적으로 고민해야 하는 시점이 지금 다가오고 있다는 점이다. 흔히 우리는 '달동네'라는 표현을 쓰지만, 사실 달동네는 슬럼이 아니다. 시설이 낙후되어 있다고는 하지만, 공동체가 엄연히 살아 있고, 지역 주민의 평균 소득이 낮을 뿐이지, 그 자체로 슬럼이라고 하기는 어렵다. 그러나 지금 대규모로 건설하는 신도시 그리고 시 외곽의 대규모 아파트 단지 같은 곳들은 방치되면 본격적으로 슬럼이 될 가능성이 높다. 이런 문제에 대해서 어떻게 대처할 것인가, 그런 고민들이 지금 시작되어야 한다. 수도권 거주 지역을 따라 폭넓게 형성된 신도시들, 그런 곳들을 어떻게 슬럼으로 전락하지 않게 할 것인가, 그런 공간에 대한 고민이 시급히 필요하다고 할 것이다.

08 | 교통 문제와 무료 버스 운행

　노무현 대통령의 불행한 사망 이후 김해라는 도시가 여러 관점에서 재조명을 받게 되었다. 김해는 다른 지역에 비해 토건에 집중을 했던 도시는 아니다. 그러나 디버블링과 함께 가장 고통받을 도시 중의 하나로 파악되고 있다. 인구 50만 정도의 이 도시에 경전철이 놓였고, 연간 400~500억가량의 운행 적자가 발생할 예정이다. 디버블링의 한가운데가 될 2011년 상반기다. 과연 토건 경제에는 아파트만이 문제를 일으키고, 4대강과 같은 댐 공사들만이 문제를 일으킬 것인가? 교통 역시 중요한 토건의 한 축이다.

　일반적으로 국가의 광역 교통망을 분석할 때, 도로 중심으로 움직여서 고속버스가 연결망이 된 나라와 철도망을 중심으로 광역 교통망을 형성한 나라, 그렇게 두 가지로 분류할 수 있다. 연구 편의를 위해서 간단히 본다면 고속버스가 중심인 나라, 예를 들면 영국, 그리고 철도가 중심인 나라, 예를 들면 프랑스나 독일, 이렇게 두 가지 유형이 있다. 한국의 교통이 이상한 것은, 고속버스도 중요하고, 철도도 중요하고, 여기에 미래형 교통수단인 모노레일과 심지어는 존재하지도 않는 운하마저도 기축 교통수단으로 설정된다는 점이다. 기본적으로 한국은 교통에 과잉 투자된 나라다. 여기에 배를 다시 도입하려고 했던 것이 이명박 대통령의 대운하 공약이라고 할 수 있다. 농촌 지역에서 매우 급격하게 도시로 인력이 재배치된 결과가 기본적으로는 왜곡된 교통 구조를 만들어낸 셈이다.

여기에 한국에는 또 한 가지가 물리적 조건으로 추가되는데, 이것은 바로 자동차 산업이다. 물론 자동차 산업을 가진 나라가 한국만이 있는 것이 아니지만, 단기간에 그런 산업을 만들어내려다 보니 자국 내에서 승용차를 보유하는 것 그리고 운행하는 것과 관련된 여러 가지 경제적·문화적 장치 같은 것을 결합시키게 되었다. 그 결과, 미국을 제외한 가장 큰 크기의 승용차 보유, 매우 높은 오토 기어의 보급률 등 흔히 보기 어려운 '미국형 문화'를 가지게 되었다. 한국은 국토의 특성상 '유럽형 문화'를 채택하는 것이 물질적인 속성으로서는 맞을 것 같았지만, 어쨌든 우리는 그렇게 하지 않았다.

이런 상황에서 지난 10년 동안의 토건 경제가 이를 더 조장했다. 당연히 모든 것을 빨아들일 듯이 도로가 늘어나게 되었고, 거의 형식적으로만 진행된 수요분석과 교통영향평가 같은 기술적 분석들은 전혀 제어 역할을 해주지 못했다. 여기에 민자도로라는 것까지 도입이 되었는데, 어차피 적자가 나면 정부에서 보전해주는 조항들이 삽입되어 있기 때문에, 상업적인 평가와는 상관없이 일단 도로부터 건설하는 일들이 계속해서 진행되었다. 이렇게 생겨난 도로들이 실제 그 기간 동안 지역 경제에 어떤 역할을 했는가와는 별도로, 도로가 지나가는 구간에 따라서 땅 투기가 진행되고, 그렇게 지역 토호와 외지인들이 국민경제의 한 부분에서 지대 소득을 챙기는 방식에 대해서는 이미 앞서 살펴본 바가 있다.

이 과정에서 생겨난 부작용으로는 지나치게 높아진 교통 부문 예산으로 인한 다른 부문의 발전 정체 같은 것들은 기본이고, 야생동물들의 교통사고를 지칭하는 '로드킬' 그리고 도로 통과 지역의 생태계 파괴는 더 말할 필요도 없을 것이다. 그리고 미세먼지와 오존 등 자동차로 인해서 발생하는, 특히 영유아와 어린이에게 결정적인 보건적 폐해는 따로 말할 필요도 없다. 일반적으로 얘기를 한다면, 유럽 지역에서 미세먼지의 오염도가 가장 높은 취리히보다 동경이 두 배 정도 높고, 서울 등 한국의 주요 도시는 동경보다 두 배가 높다. 이 정도의 수치는 미세먼지만이 아니라 거의 대부분의 자동차로 인한 오염물질 조사에서 유사하게 나온다.

약간 비인간적인 계산이기는 하지만, 자동차와 어린이를 일종의 포식자와 피식자 관계로 설정해서 생태 모델을 삼으면, 상당히 잘 들어맞는다. 자동차는 예산과 자원이라는 면에서, 유아와 먹이를 놓고 경쟁하는 관계에 있으며, 동시에 오염물질로 어린이의 보건을 위협해서 사망률을 높이는 속성을 가지고 있다. 실제 증가율을 넣고 계산해보면, 한국에서는 자동차의 증가율이 어린이 증가율 즉 사회적 출산율보다 훨씬 높다는 결과를 보여준다. 실제로 지난 수년간 우리는 자동차와 도로가 인간의 2세보다 더욱 빠른 속도로 증가하기는 했다. 연구자로서의 양심에 벗어나는 일인 것 같아서 이 모델링을 더 연구하지는 않았지만, 생태계의 피식자-포식자 모델링을 사용하면 자동차로 인한 한국인의 멸종 시기도 계산할 수 있다. 물론 한국이 앞으로도 지금의 토건 경제의 패턴을 전혀 바꾸지 않을 것이라는 가설이 추가되지만 말이다.

일종의 자기증식 시스템과 마찬가지로 한국의 도로는 그 자체로 더 많은 도로를 많이 만들어내는 장치가 되었다. 농촌 지역에 도로가 더 많이 생기는 것과 함께 대중교통이 아예 사라졌다. 시골에도 버스가 있으면 간단하게 해결될 일이지만, 그냥 시장에 맡겨놓는 바람에 많은 지역의 대중교통이 적자 노선을 폐지함으로써 농촌에서 거주하기 위해서는 차가 필수가 되었다. 집집마다 차를 갖는 것보다는 버스가 한 대 있는 편이 사회적으로 낫겠지만, 우리는 그런 사회적 해법을 너무 오랫동안 방기하고 있었다. 그러니 다시 더 많은 차가 늘어나게 되고, 차가 늘어날수록 해당 지역에는 다시 더 많은 도로가 필요하다는 여론이 형성된다. 화산지형이라서 배수가 워낙 좋은 제주도 지역에 홍수라는 현상이 생긴 것은 대체적으로 포장도로의 증가로 설명할 수 있다. 그러나 그동안에 제주도의 대중교통은 아주 형편없이 변해버렸고, 제주도를 내부에서 연결시키는 버스 교통망은 더 이상 증가하지 않고 오히려 줄어들어버렸다. 유사한 현상은 전국에서 벌어지고 있다.

어떻게 보면 한국 경제는 자동차와 도로에 대한 '중독' 현상을 보이고 있는 중이라고도 할 수 있다. 승용차가 본격 보급되기 시작한 이후로 지금까지 한국에서 자동차 보유의 패턴에 변화를 준 것은 기름값이 아니라 소득 효과였다. 걸프전 등 각종 고유가 국면에서도 자동차 보유 패턴이 바뀌지는 않았고, 다만 일시적으로 주행거리에 대한 조정이 있었다. 몇 번에 걸쳐서 유류세 인상 및 경유 가격 인상 등 운전자들이 자동차의 크기를 줄이지 않고는 버티기 어려울 것이라고 예상하던 순간들이 있었지만, 한국에서 유가 충격은 승용차 주행을 약간 줄이는 정도였고, 그 효과도 보통 6개월이 지나면 사라졌다. 즉, 한국에서는 아무리 기름값이 올라도 6개월이 지나면 아무런 일도 없는 것과 같아진다. 오히려 영업용으로 분류되어 세금이 저렴했던 과거의 7인승 '떡대들'과 경유차들이 고유가 대책으로 시민들이 꺼내들었던 자구책이다. 고유가 국면마다 오히려 국가 전체적으로는 교통 부문 에너지가 더 많이 들게 되었다. 이 문제는 자동차 운행을 줄여서 탄소 배출을 줄이자는 취지를 가지고 있는 탄소세를 교통 부문에 도입하기 어려운 조건과 직결된다. 유류에 탄소세를 부과하면 결국 연료가가 높아지게 되는데, 지금까지의 유류가 인상 효과들을 보면 6개월 이내에 사람들은 새로운 연료가를 수용하는 패턴의 소비를 하게 된다. 조세 용어로 한다면 '탄성치'가 대단히 낮은 자동차 소비 패턴을 가지고 있다고 할 수 있다. 기름값을 올리면 사람들이 승용차 출근을 포기하고 대중교통으로 전환할 것 같지만, 역사적으로 그런 일은 한국에서 거의 벌어지지 않았다. 그래서 탄소세를 새로이 도입해봐야 교통 부문의 생태적 부하가 줄어들지는 않고 그냥 국민들에게 세금만 더 내게 하는 효과가 발생할 것이다. 그런 이유로 김대중 정권에서 탄소세 도입이 검토 단계에서 취소된 적이 있다.

소비의 가격 효과는 거의 없는 데에 비해 '소득 효과'는 비교적 뚜렷한 편이다. 실질소득 혹은 가처분소득이 줄면, 우선적으로 발생하는 것이 경차 구매의 증가다. 한국에서 경차 판매가 의미 있는 수준으로 증가한 적은 딱 두 번인데, IMF 경제위기와 2010년의 경제위기가 그렇다. 두 번 모두 심각한 경제위기로 일반 국민들의 가처분소득 자체가 줄어드는 효과가 발생할 때다. 대체적인 문화 패턴으로 한국에서의 승용차 구매와 운행을 바라본다면, 사람들은 기름값이 아무리 올라가도 패턴 변화를 거의 보이지 않지만, 소득이 감소하면 경차로 전환하는 양상을 보인다고 할 수 있다. 이 정도면 소비 패턴에서 '중독' 현상이라고 불러도 좋을 정도의 집단적 현상을 가지고 있다고 할 수 있다.

개별적인 승용차와 도로가 지난 10년 동안의 토건 경제를 만나면서 보건적이며 생태적인 문제만이 아니라 경제 구조 특히 지역 경제의 왜곡을 만들어내게 되었다는 것을 굳이 지적할 필요는 없을 것이다. 그렇다면 자동차와 대체재 관계에 있는 대중교통은 어떨까? 불행히도 지금까지는 대중교통 역시 토건적 요소가 강했던 것이 사실이고, '미래 교통'이라고 불리는 교통 양식일수록 토건의 첨병이었다. 한국만 그런 것은 아니다. 국가적으로는 토건이 그렇게 강하지는 않지만 도시 내에서는 토건 도시 중의 표본이라고 할 수 있는 시드니 같은 경우도 모노레일을 비롯해서 각종 미래 교통 양식이 시드니의 토건화와 함께 도입되었다. 그리고 서울, 특히 강남구 교통의 모델이 바로 이 시드니다.

사회적으로 값비싼 투자를 하게 만드는 이런 새로운 교통 양식에 대한 투자비를 상쇄하는 것은 근본적으로 인접한 지가의 상승이다. '비싼 교통'을 지불하더라도 집값을 올릴 수만 있다면 지역 주민들은 지자체의 과도한 투자를 기꺼이 감내하게 되기 때문에, 실제 새로운 방식의 대중교통은 교통 수요나 효율성의 논리보다는 지가 상승의 논리에 따라 움직이게 된다. 지하철 그리고 역세권 같은 단어는 서울에서 한나라당 지역의 세포조직을 작동시키는 근본 동인 중의 하나였다. 반면에 모노레일 같은 방식이 각광받는 이유는, 고밀도인 도시에서 더욱 고밀도화를 가능하게 해주기 때문이다. 지하철, 경전철, 모노레일 등의 도로 외에 별도의 설비 투자가 필요한 양식의 대중교통을 지자체와 건설사가 선호하는 이유는 일반적인 토건의 작동 방식과 마찬가지다. 세금으로 투자비를 환수할 수 있고, 부가적으로 지가 상승을 노릴 수 있기 때문이다. '역세권 투자'라는 말이 대중교통을 움직이는 기본 메커니즘이 된 사실은 좀 슬프기는 하다.

자, 상황이 이미 이렇게 왔다는 것은 어렵지 않게 이해할 수 있지만, 이 문제를 어떻게 풀어야 할까? 결국 대중교통을 활성화시켜야 한다는 것은 모두가 동의할 수 있는데, 그렇다면 생태적으로도 건전하고 경제적으로도 바람직하며, 또한 정서적으로도 동의 가능한 그런 정책적 전환이 가능할까? 일반적으로는 에너지 가격과 주차장이라는 두 가지 문제로 이 문제에 접근한다. 가격을 올리면 보통은 대중교통으로 전환하게 되지만, 한국에서는 이런 일은 거의 발생하지 않는다. 기후변화협약이 교토의정서 발효로 세계적으로 한창 힘을 받을 때 클린턴 대통령이 "미국 국민에게 석유값은 단 1센트도 올릴 수 없다"고 말한 적이 있다. 미국은 전 세계에서 가장 자동차 집중도가 높은 나라인데, 한국 역시 이런 미국 문화권이기 때문에 국민들의 상당수가 대중교통으로 전환할 정도로 가격을 올리는 정책은 선택하기 어렵다. 이런 문제에 부딪힐 때 많은 도시들이 선택하는 차선책은 '주차장 규제' 방식이다. 도심에 주차장을 신설하는 것을 규제하거나 아니면 점차적으로 주차장을 줄여나가면 당연히 승용차 운행은 줄어들게 된다. 강제적으로 특정 지역의 운행 축소를 강제하는 효과를 가지게 된다. 그러나 이 방법 역시 매우 광범위하고 포괄적인 국민적 합의가 없다면, 국민들의 저항이 거세지게 된다. 실제로 스위스에는 과속 방지를 위한 카메라 도입 및 주차장 축소와 같은 정책들이 시행될 때, 승용차를 소유하고 있는 사람들이 이에 반대하기 위해 '자동차 운전자당(Parti des automobilists)'이라는 것을 만든 적이 있다. 나중에 엔지니어들이 중심이 되어 형성한 당과 일종의 농민당 등 3개의 당이 합당되면서 지금 스위스 메이저 정당 중의 하나인 극우파 정당이 되었다. 주차장을 없애는 것과 같은 기계적인 방식으로 교통 수요를 조절하는 방식은 효과는 확실하지만, 그만큼 국민적 저항도 확실하다. 독일 본의 경우와 같이 본 대학에서 베토벤 생가에 이르는, 문화적 사적지를 포함한 도심 지역에 아예 통행을 금지시키는 것이 주차장 축소와 같이 뻔히 속이 보이는 정책보다는 오히려 국민적 수용성이 높다. 매번 선거철마다 선거 캠프에서 공약으로 검토되지만, 여당이든 야당이든 혹은 진보 정당이든, 단 한 번도 실제로 꺼내들지 못한 카드가 승용차 4대문 진입 금지 법안이다. 효과는 확실할 테지만, 현재로서는 이에 대한 반발에 의해 선거 실패 역시 확실해 보이는 정책이라서 누구도 입 밖으로도 이 얘기를 꺼내지 못한다. 그러나 한때 독일의 수도였던 본에서는 이미 10여 년 전에 시행된 적이 있다.

교통 문제는 '에코 파시즘'이라는 비판에 노출될 위험이 특히 많다. 세금을 갑자기 많이 올리거나 사회적 합의와 심층적인 논의 없이 특정 방식의 규제를 도입하면 사람들은 그것을 파시즘이라는 형태로 이해하게 된다. 그리고 그렇게 반발하는 사람들은 반 생태적 정책들을 지지하는 동시에 정치적으로는 극우파 노선을 선택하게 된다. 스위스의 사례가 그런 것들을 잘 보여주고 있다. 21세기, 이제 계몽의 시대는 사실상 종료되었고, 국민경제 내에서 누구도 다른 사람에게 절대적인 권위나 도덕적 우월감을 가지고 명령하기 어렵다. 그것은 생태 정책에서도 마찬가지다. 힘만으로 문제는 해결되지 않는데, 교통은 개개인의 이동권이라는 근본적인 자유의 권리에 해당하기 때문에 연료비나 주차장 같은 것으로 간단하게 대중교통 문제가 해결되지는 않는다.

자, 어떻게 하면 더 많은 사람들이 승용차 대신에 대중교통으로 이용하게 할까? 그리고 그 선택이 강제적이거나 반발이 크지 않은 방식이고, 문화적으로도 정착될 수 있는 방식이 되게 하려면? 일반적으로는 이런 문제를 풀수 있는 정책적 해법은 없다고 말하는 것이 솔직하다. 그러나 이것을 한국이라는 공간으로, 그리고 2010년이라는 시점으로 가지고 오면 해법이 전혀 없지는 않다. 서울을 비롯한 많은 한국의 대도시들은 미세먼지 등 심각한 보건 비용이라는 것을 가지고 있다. 그리고 토건 경제를 운용하면서 지하도로와 같은 대규모 토건 지출을 예정하고 있다. 공사주의를 10년 동안 작동한 토건파들에게는 이제 국민들에게 즉각적인 열광을 이끌어내기 어려워진 댐과 신도시 사업 대신 교통 부문이 새로운 먹을거리인 셈이다. 지하도로, 광역도로, 해저터널, 이렇게 우리가 토건 다음 스테이지로 넘어가는 것이 과연 옳을 것인가?

브라질 쿠리치바의 사례는 그 논의의 출발점이 될 수 있을 것 같다. 서울시에서 버스중앙차선을 도입할 때 그 모델이 되었던 바로 그 도시이기는 한데, 알맹이의 논의는 쏙 빼놓은 채 껍데기만 기계적으로 차용된 적이 있다. 이 사례는 지하철에 대한 투자비와 도시 빈민에 대한 논의로부터 출발한다. 새로 지하철을 놓는다면 막대한 돈이 들어갈 것이고, 시도 부담을 느끼지만 시민들도 부담을 갖게 된다. 그렇다면 그 비용 대신에 버스가 지하철처럼 갈수 있게 해주면 어떨까? 이게 쿠리치바 논의의 시작이다. 지하철 신설보다는 노선 조정이 훨씬 값싸고, 이렇게 절약된 비용으로 시는 버스 요금을 획기적으로 낮추게 되어서, 교통 체계 개편의 수혜가 사실상 도시 빈민들에게로 돌아가게 된 것이 쿠리치바 사례가 우리에게 남겨준 바다. 물론 서울에서는 버스전용노선이 도입되면서 오히려 비용이 상승했다. 어쨌든 그 과정에서 버스 운영에 대한 권한이 버스회사에서 시로 넘어가는 준공영제라는 제도가 남겨지기는 했다.

자, 이렇게 생각해보자. 광주에서 지하철을 도입하는 것에 대해서 몇 년째 논란이 계속되는 중이다. 광주에 지하철을 도입하는 것 자체를 놓고 논의를 하면 경제성이 정확하게 평가되기는 어렵다. 사회적 수요라는 것이 사실은 불분명한 장기적 가설들을 너무 많이 사용하게 된다. 황해 경제권이니, 남해 시대니 하는 개념들은 그 자체로는 별 신빙성이 없는 가설이지만 사회적 수요를 부풀려서 추정치를 내놓기에는 좋은 개념들이다. 이런 추정 작업에서는 근거만 만들어내면 동그라미 몇 개를 바꿔 경제성 있는 숫자로 둔갑해내는 일이 아주 불가능한 일만은 아니다. 물론 그렇게 부풀린 수요로 추정을 했다고 해서 현실이 그렇게 돌아가지는 않는다.

만약 광주에서 새로 지하철을 도입할 비용 대신에 유료 버스를 무료 버스로 전환한다면 어떤 일이 벌어질까? 이건 무상급식 논의와 거의 같은데, 말할 것도 없이 광주에 사는 사람들 특히 가난한 사람들의 후생이 많이 높아지게 된다. 광주 시민 전체가 무료 버스 혜택을 받으면 확실히 광주는 살기 좋은 도시가 되고 특히 가난한 사람들에게는 더욱더 매력적인 도시가 될 것이다. 그리고 사회적 편익이라는 관점에서 보면, 자가용 대신 버스를 타는 사람들의 숫자만큼 대기질은 확실히 좋아지고, 그에 따른 보건적 편익도 높아질 것이다. 대중교통으로의 전환이 이루어지는 만큼, 도로 사정도 여유가 생길 것이고, 신규 도로 건설에 대한 압력도 상당히 줄어들 것이다. 사회적 편익은 대단히 높은 정책이다. 그렇다면 개별적으로 지출하는 교통 비용과 보건 비용 같은 것을 정부에서 공공의 편익으로 전환하는 방법을 찾으면 될 것이 아닌가? 만약 한국에서 무상급식이 성공적으로 도입될 수 있다면, 무료 버스도 마찬가지 방식으로 도입될 수 있을 것이다. 물론 추가 비용이 문제가 되는데, 이 경우에는 대기질의 개선에 따른 보건 편익 그리고 도로 정체의 감소에 의한 신규 도로 건설 취소와 같은 직간접적인 비용 절감이 생겨난다.

자, 서울에서 버스를 무료로 전환하는 것이 가능할까? 아직은 완전 공영제가 아니라 준공영제이므로, 일단은 버스 회사와의 충돌 문제를 해결해야 한다. 사주와 버스 운전사 등 종업원 사이에 이해가 갈릴 것이다. 완전 공영제가 된다는 것은 시내버스 운전사들이 초급 공무원의 위상을 갖게 된다는 것이므로, 그들로서는 반대할 이유가 없다. 그러나 여전히 사기업의 형태인 버스 회사의 운영권을 시 혹은 정부가 갖는다는 것은 사주와 해결해야 하는 복잡한 문제를 발생시키기는 한다. 그러나 이렇게 복잡한 이데올로기적인 논쟁에 들어가지 않는다고 하더라도, 현재로서는 시가 버스 회사에 지원하는 보조금의 금액을 늘리는 방식으로도 일단 무료 버스 운행이 제도적으로 가능하다.

남는 것은 재원의 문제다. 기술적으로는 두 가지가 가능할 수 있다. 한나라당이 염두에 두고 있는 지하도로와 같은 수십조 원의 대규모 투자가 무료 버스로 필요 없게 되므로, 신규 도로 공사에 사용될 예산이 기본 재원이 될 수 있을 것이다. 승용차에서 무료 버스라는 대중교통으로 전환하는 만큼 생태적 편익과 보건적 편익과 같은 직접 효과 그리고 도로 정체 해소와 같은 간접적 효과가 발생할 것이기 때문에, 경제성 역시 제대로만 평가된다면 긍정적으로 나올 것이다.

무료 버스가 존재함에도 불구하고 승용차를 운전하는 사람들에게도 사회적 편익은 발생한다. 그들에게도 도로 정체의 해소로 무료 버스 운행이 반가운 일이 될 수 있을 것이다. 자, 그러면 돈 좀 내시라… 전 세계에서 최고 수준의 교통 서비스를 '교통 복지' 차원에서 제공함으로써 이익을 보게 되는 자가용 운전자에게 납득할 만한 추가적인 세금은 어느 정도가 될 것인가? 이름이야 대기세가 될 수도 있고, 탄소세가 될 수도 있을 것이다. 이름이 중요한 것은 아니다. 무료 버스가 보급되면서 그 혜택을 누리는 사람 중의 일부인 승용차 운전자에게 주행거리에 따라서 세금을 추가적으로 부담시키는 가장 간편한 방법은 유류세에 추가 과세하는 방식이다. 지속적으로 무료 버스가 운행되기 위해서는 어쨌든 추가적인 재원이 일부분이라도 필요한데, 원칙적으로 따지면 도시에서의 공기질 저하의 주범인 교통 부문에서 그것을 부담하는 것이 맞을 것 같다.

기술적인 문제들은 좀 남는다. 전국적으로 동시에 실시한다면 별 문제가 없겠지만, 만약에 단계적으로 무료 버스가 도입된다면, 주유소와 상관없이 차량 등록지에 따라서 휘발유 값이 차등적으로 적용되는 복잡하고 기술적인 문제들이 발생할 것이다. 물론 추가적인 전산 장치에 의해서 해결하는 것이 어렵지는 않겠지만, 어쨌든 기름값이 올라가는 것을, 그것도 자신이 사는 동네에 따라서 차등적으로 적용되는 것이 달가울 리는 없다. 그리고 버스와 지하철 요금 사이의 문제들도 해결이 쉽지는 않다. 같은 대중교통인데 왜 버스는 무료이고, 지하철은 요금을 받는가? 설명을 하려면 할 수는 있지만, 어딘가 옹색한 것도 사실이다.

어쨌든 지금과 같이 계속해서 지상은 물론 지하로도 도로를 건설하려 하고, '미래 교통'이라는 미명하에 토건 경제의 새로운 양식을 도입하면서 그 부담을 우리 모두가 가지는 것보다는 기존의 교통망과 교통수단을 활용하는 방식의 편익이 전체적으로는 높을 것이다. 대기 환경이라는 것은, 부자와 가난한 사람을 구분하지 않는다. 피폭량에 따른 피해 계산을 할 때 보통은 중량을 기준으로 한다. 유아나 어린이일수록 더 피해가 크고, 성인이 되면 피해가 준다는 가설을 설정하게 된다. 부자와 부자가 아닌 사람이라는 차이보다는 나이와 체중에 따른 차이가 더 크기 때문에, 공기가 좋아질 때의 편익은 어느 가정에게나 공평하다. 부자라고 해서 대기오염에 덜 노출되는 것이 아니다. 공기청정기를 하루 종일 가동한다고 해서 그 피해가 많이 줄지는 않는다.

토건의 핵심 장치 중의 하나였던 도로와 미래형 교통 같은 것을 복지 즉 '교통 복지' 개념으로 전환시키는 것은, 어떤 면에서는 경제적 정책이고 동시에 문화 정책이기도 하다. 이 제도는 경제적 취약자들에게 특히 이익이 많이 돌아가게 된다. 알바나 비정규직들이 지불해야 할 교통비를 공공이 대신 지불해주는 셈인데, 이건 일종의 '사회적 임금'의 형태로서 간접적으로 임금을 높여주는 것과 같은 효과를 발생시킨다.

상상을 해보자. 돈이 없어도 일단 이동할 수 있는 제도적 장치가 마련된다면, 실업자나 가난한 사람들에게도 우선은 이동의 자유가 생기는 셈이다. 일본에서는 히끼꼬모리라고 부르는 은둔형 외톨이들이 한국에서도 20대를 중심으로 점점 증가하는 중이다. 이렇게 고립되어 있는 사람들이 이 정책의 우선 수혜자가 될 것이다. 이렇게 단기 이동이 증가하게 되면, 그 사람들을 수용하고 지원할 수 있는 문화시설들의 중요성이 더욱 커지게 될 가능성이 높다. 박물관이나 미술관 같은 문화시설에 대한 향유층 자체가 늘어나게 되는데, 이는 교통이나 생태 쪽에서는 잘 포착되지는 않지만 분명히 발생할 또 다른 문화적 편익인 셈이다. 우리는 오랫동안 토건이 인프라라고 주장했지만, 진짜 사회의 인프라는 복지에서 나오는 것이고, 교통 복지를 늘리게 되면 문화 부문이 그 수혜를 받게 된다. 문화 경제와 지식 경제에서는 건물이나 도로와 같은 시설물이 인프라 역할을 하는 것은 아니다.

이런 전환을 위해서 과연 한국의 승용차 운전자들이 자신의 지갑을 열까? 무료 버스가 제시되었음에도 자신의 이동의 자유를 위해서 승용차를 운전하는 사람, 인간적으로 그 정도 돈은 교통 복지를 위해서 지불하는 것이 옳다고 생각한다. 어차피 자신들도 교통 체증의 감소로 이득을 보게 될 것이 아닌가? 언젠가는 대체에너지를 사용해서 생태와 보건에 아무런 피해를 주지 않는 자동차가 등장하게 될 것이지만, 가까운 30년 내에는 이 같은 피해를 주지 않는 자동차가 등장할 가능성은 없다. 전기 자동차라고 하지만, 그 전기는 어디에서 오는가? 연료 전지로 바꾸면? 연료 전지는 보통은 LNG, 수소의 경우는 원자력 발전, 그렇게 어디에선가 생태적 피해를 발생시키고 있는 기술들이다. 탈토건의 시대, 교통 복지에 대한 새로운 생각이 필요할 것 같다.

09 | 탈토건의 정부체계 개편

  현재 우리는 토건 경제 체제를 10년간 운용해왔고, 그래서 지금의 정부는 토건 정부가 되었다. 물질적인 측면에서 지금의 정부가 기반을 두고 있는 시스템은 석유와 원자력이고, 주로 하는 경제적 일은 토건이다. 이 시스템은 생태적으로도 지속 가능하지 않을뿐더러, 경제적으로도 비탄력적이다. 위기를 맞으면 경제 내부에서 레질리언스라고 불리는 복원력이라는 것이 작동해야 하는데, 토건으로 '잠김 현상'이 벌어지기 때문에 점점 더 토건이 강화되는 길밖에는 없다. 보통은 환경부 장관이 되면, 자신의 생각은 그렇지 않더라도 입으로는 '환경'에 대한 얘기를 하는데, 지금 정부에서는 오히려 환경부 장차관이 토건의 '왕두목'이 되는 일이 벌어졌다. 제도의 문제가 아니라 운용이 문제인 셈이다. 그러나 언제까지 이렇게 갈 수는 없지 않은가? 지난 일은 지난 일이고, 앞으로 문제를 풀기를 원한다면 어떻게 정부 직제를 개편해야 할 것인가?

  그동안 사람들은, 한국은 대통령 중심제이기 때문에 대통령이 관장하는 위원회를 만드는 게 효율적이라고 생각했다. 김대중 대통령 시절에 '지속가능발전위원회'라는 것을 만든 적이 있는데, 유명무실했다. 이명박 정부에서는 이를 없애고 '녹색성장위원회'라는 것을 새롭게 만들었는데, 유명무실하기는 마찬가지다. 녹색을 얘기하면서 성장을 얘기하는 것이 말이 되는가와 같은 반론이 많이 있었다. 물론 나도 녹색성장위원회가 하는 말을 거의 믿지는 않지만, 지금에 와서 생각해보면 지금의 현실은 '녹색성장'이라는 개념 자체에 문제가 있는 게 아니라, 이 기구가 너무 힘이 없다는 데 문제가 있었던 것 같다. 녹색도 하고, 성장도 하고, 그렇게 할 수는 있다고 생각하지만, 현재의 이 기구는 그냥 기후변화협약 추진단 이상의 역할도 권한도 가지고 있지 않다. 정부의 토건 경제에 대해서 방향을 전환시킬 만한 위상을 가지고 있지 못하고, 그렇다고 위원회에 참여한 인사들이 환경이나 생태 분야에서 존경을 받아서 개인적 지도력을 가지고 있는 사람들도 아니었다. 그럴 수밖에 없는 것이, 초기에는 한반도 대운하 그리고 지금은 4대강 사업에 찬성하는 인사들이 이 자리를 맡을 수밖에 없었는데, 그런 사람들이 시민들에게 영향력을 가지거나 지도력을 가지기는 어렵다. 한국 토건이 클라이맥스로 치닫고 있을 때 잠깐 생겼던 기형적인 기관 정도로 역사는 기록할 것 같다. 대통령이 바뀌면 없어질 기관이고, 여기에 참여했던 사람들은 '토건 인사'로 역사가 기억할 것이다.

그러나 근본적으로, 아무리 대통령제라고 하더라도 대통령 산하 위원회가 정책을 추진하는 것에는 한계가 있다. 행정에는 행정의 논리가 있는데, 대통령이 직접 추진하면 모를까, 위원회에서 실제 사업을 입안하고 집행하는 행정부 전체의 변화를 도모하는 것은 쉽지도 않고, 바람직하지도 않다. 탈토건과 관련된 정부 직제 개편에서 우리가 참고할 몇 가지 사례들이 있다.

한국과 가장 비슷했던 일본의 경우는, 토건의 주무부서로 국민들에게 지목된 곳이 '일본의 곳간'이라는 이름으로 불렸던 대장성이었다. 전후 일본의 경제 복구를 담당한 기관으로 알려져 있고, 구성원들도 엘리트 중의 엘리트라고 자부심이 아주 강했던 기관이다. 2001년 1월, 접대 파문 등으로 국민들의 지탄을 받던 이 기관은 결국 없어졌다. 우리 식으로 얘기하면, 재정부가 없어진 것과 유사한 사건이다. 만약 나한테 한국의 토건 부처를 하나만 꼽으라고 한다면, 나 역시 서슴지 않고 국토해양부나 환경부 대신에 재정부를 꼽을 것이다. 토건을 집행하는 부처는 국토해양부이고, 여기에 견제의 역할을 해야 할 환경부는 실제로는 적극적 조력자 역할을 의외로 많이 했다. 그러나 그렇게 국민경제의 운용에 대한 기본 기조를 잡은 것은 사실은 재정부를 축으로 하는 경제관료들이다. 결국 골프장이 400여 개에 이르도록 '한국형 뉴딜'을 만들어내고 집행한 곳도 그곳이다. 물론 여기도 내부를 들여다보면, 아주 복잡하다. 경제기획원이 해체되면서 새롭게 온 사람들, 모피아라고도 불리는 금융 쪽 관료, 이 두 세력의 싸움 등 생각보다 복잡하다. 김대중 정부 시절, 한때 정부 일각에서 재경부를 '지속가능경제부'로 아예 이름을 바꾸어야 한다는 얘기가 흘러나왔던 적이 있었다. 물론 토건이 지금처럼 클라이맥스로 가기 10년 전에나 가능했던 얘기다. 재정부의 운용 목적 자체를 아예 바꾸는 큰 변화에 관한 이야기인데, 사람을 모두 바꾸기 전에 껍데기만 바꾼다고 무슨 엄청난 일이 생길 것 같지는 않다. 이명박 정부도 '녹색성장'을 간판으로 내걸고, 토건과 원자력에 역점에 두고 있지 않은가?

영국의 경우는 녹색화를 추진하는 곳은 데프라(Department of Food, Environment and Agriculture)라고 불리는 기관이다. 우리 식으로 이해하면, 환경부, 농림부 그리고 식약청이 하나로 합쳐져서 대형 기관으로 바뀐 것이다. 이것도 한 방법이기는 한데, 우리 사례에는 잘 맞을 것 같지는 않다. 영국이 이렇게 할 수 있는 배경에는 광우병 사건으로 영국 농업이 외국에는 물론 내국민들한테도 불신을 당하게 되면서, 유기농업 등 농업 정책과 환경 정책을 결합시키고, 이걸 식품 안전이라는 개념 위에 세우게 된 사건이 있었다. 식품 안전은 생태를 국민들에게 가장 쉽게 이해시킬 수 있는 방식이기는 하다. 상당한 장점이 있기는 한데, 한국은 여전히 식품 안전에 대한 개념이 국가전체를 끌고 갈 수 있는 상황에 와 있지는 않은 것 같다. 한때 광우병 파동으로 촛불집회가 전국적으로 발생한 적이 있지만, 그 정도 힘으로는 한국에 뿌리 깊은 토건 구조를 탈토건 경제로 전환하기에 충분치 않아 보인다.

프랑스의 생태부는 조금 더 파격적이다. 우리 식으로 표현한다면, 국토부와 환경부를 합치고, 각각 장관을 하나씩 두고 이걸 조정할 생태 부총리를 신설한 경우라고 할 수 있다. 환경부가 국토부를 총괄하게 되니까, 아무래도 토건에 대한 조정 과정이 조금 더 쉽다고 할 수 있을 것이다. 물론 이것도 하나의 방법이기는 하지만, 우리는 경제부총리와 교육부총리 등 부총리라는 자리를 점점 없애는 방식으로 진화하고 있기 때문에, 갑자기 부총리를 신설하는 것은 만만한 일이 아니다. 게다가 규모상으로는 국토부가 환경부보다 훨씬 크기 때문에, 더 작은 부처가 더 큰 부처를 통합하는 결정을 쉽게 내리기는 어렵다. 프랑스는 이원집정부제라는 특이한 정치 체계라서 정치인이 장관이 되며, 정부 부처가 개별 정치인과의 연정 협상을 통해서 매우 탄력적으로 움직인다. 최근에는 이 생태부에 에너지 관리 업무까지 통합을 시켜서, '생태 및 에너지부'라는 이름을 가지고 있다.

에너지와 환경 사이의 갈등과 알력은 우리나라만이 아니라 많은 나라들이 정부 부처 내에서 쉽게 해결하지 못하는 문제이기는 한다. 한국은 동력자원부를 상공부와 합병한 이래로, 지식경제부에서 에너지를 총괄해 관리하고 있다. 환경부와 지경부 사이에 누가 에너지 산업을 전체적으로 관리할 것인가 하는 해묵은 갈등이 10년째 계속되고 있고, 기후변화협약 대응 과정에서도 이 문제가 종종 튀어나온다. 이 문제도 해결이 어렵다. 미국은 환경을 부(Department)보다 한 단계 낮은 청(Agency)에서 관리한다. 그렇다고 해서 미국 환경청(Agency of Environment)이 힘이 없거나 정책 수준이 낮다고 하는 사람은 거의 없다. 반면에 미국은 독립적으로 에너지부(Department of Energy)를 설치하고 있다. 외형만 보면 미국이 에너지 정책을 엄청나게 잘하고, 수준도 높다고 할 것 같지만, 실상은 별로 그렇지도 않다. 내면을 들여다보면, 미국의 에너지부는 국방부에 더 가까운 부서다. 원자력 관리를 담당하면서 전술 핵무기도 동시에 담당하고 있는 부서라서, 그 덩치와 위상에 비해서는 실제 그렇게 유능한 부처는 아니다. '블랙아웃'이라고 부르는 대규모 정전 사태가 미국처럼 그렇게 주기적으로 발생하는 국가도 별로 없다. 에너지를 다루는 부처 중에서 국제적으로 '유능한 집단'이라는 전문가들의 평가를 받는 기구는 '엔알캔(Natural Resource Canada)'이라는 별칭으로 불리는 캐나다의 천연자원국이다.

자, 이런 몇 가지의 사례를 생각해본다면, 우리에게 가장 적합한 모습은 어떤 것일까? 나는 오랫동안 특정한 기구나 장치를 통해서 환경이나 생태 문제가 해결될 수 없고, 경제 모든 기관 혹은 각 요소 내부에 생태계에 대한 고려가 내재화되는 것이 궁극적인 해결책이라고 생각해왔다. 환경부가 힘을 더 많이 갖는다고 해서 문제가 해결될까? 그렇게 간단한 것이 아니라는 것을 우리는 지난 10년 동안 이미 본 상황이다. 장관이나 차관은 언제든지 토건 인사로 교체될 수 있고, 꼭 그렇게 하지 않는다고 하더라도 사람의 마음은 상황에 따라 바뀌기 마련이다. 해양수산부 장관 시절의 노무현 대통령을 아직도 기억한다. 그 시절의 해수부는 토건과 반대되는 입장을 가지고 있었고, 해양 보호가 자신들의 사명이라고 생각하고 있었다. 그리고 그 상황에서 해수부 장관이 되었던 노무현 대통령은 새만금이 갯벌로서 가지는 긍정적 요소에 대해서 연구를 하라고 지시를 했었다. 벌써 오래된 일이지만, 나는 아직 토건으로 넘어가기 이전의 그의 모습을 기억하고 있다. 나중에 그가 대통령이 되었을 때, 새만금에 대한 반대 의견을 무시하는 것을 보면서 그래도 정치인이라서 어쩔 수 없는 상황이 있을 수 있다고 생각했다. 그러나 그가 골프장으로 지역 토건으로 달려 나갈 때, 더 이상 그를 지지하거나 두둔할 수는 없다고 생각했다. 그가 결국 토건 대통령으로 역사에 남게 된 것은, 그에게도 그리고 우리 모두에게도 비극이 된 셈이다.

아마도 디버블링과 함께 지난 10년간의 한국 경제의 특징이 되었던 토건 장치들이 어떤 식으로든 변형되거나 해체되는 과정을 겪게 될 것인데, 나는 이 과정이 가능하면 무리 없이 부드럽게 그리고 국민적 논의 과정 속에서 진행되었으면 좋겠다는 소망을 가지고 있다. 토건 시대를 강화시키던 공적 장치들에 대한 논의가 우선은 필요하다. 토공, 주공, 농공 그리고 수자원공사와 같은 4대 토건 장치라고 불리는 것들이 있었다. 토공과 주공은 이미 통합이 되었지만, 예전보다 더욱 막강한 토건 장치가 되었다. 이걸 어떻게 할 것인가? 해체할 것인가, 아니면 주거 복지라는 정상적인 업무를 관장하는 장치로 전환시킬 것인가? 나는 일종의 '사회적 주택(social housing)' 기관으로 새롭게 임무를 바꾸고, 월세 지원 같은 실질적인 주거 복지의 담당 기관으로 전환하는 것이 좋다고 생각한다. 어물쩍거리고 있으면 결국 2001년에 국민은행과 합병된 주택은행과 같은 운명을 맞게 된다.

한국농어촌공사는 원래는 그렇게까지 심각한 토건 기관은 아니었는데, 농업이 아닌 '농촌'으로 대상이 바뀌면서 농촌 지역의 개발 공사와 같은 역할을 하게 되었다. 실제로 새만금과 같은 큰 토건 사업이 아니더라도 농촌 지역의 물관리라는 명목으로 과도한 저수지 사업 같은 것을 벌리면서 본업인 농업이 아닌 지역개발공사 같은 방식으로 운영되고 있는 것이 현실이다. 시대의 변화와 함께 화학농으로의 전환을 이끌던 농촌공사가 토건에 앞장서게 된 과정을 겪은 것인데, 본래의 임무인 농업으로 돌아가는 것이 맞을 것 같다. 한 세기 전에 전 세계적으로 농약과 제초제를 보급하면서 기계를 사용하는 것이 농업 발전이라고 생각했던 적이 있었다. 그리고 그것을 '녹색혁명'이라고 불렀는데, 새마을운동 때 우리가 했던 것들을 생각해보면 연상하기 쉬울 것이다. 이제는 그것을 '관행농'이라고 부르고, 농업의 생태적 전환이 21세기에 새로운 질문으로 제기됐다. 그런 변화를 추진하는 실무 기관으로서 농촌공사가 다시 자신의 본래의 임무로 돌아오는 것이 맞을 것 같다.

수자원공사의 경우는 조금 더 극적이다. 정부 기관을 일단 만들어놓으면 자신이 살길을 찾기 위해 새로운 일을 벌인다는, 그런 '지대추구 이론(rent-seeking theory)'에 딱 적합한 사례가 되었다. 다른 토건 기구들도 전문가나 교수들을 길들이고 장악하는 일을 지금까지 해왔는데, 정부의 여러 기관들 중에서 수자원공사는 그 정도가 좀 심하다. 한국도 더 이상 댐을 대규모로 지을 필요가 없는 시기가 곧 오고, 다른 선진국들처럼 꼭 필요한 용도가 없는 댐들을 철거하는 그런 단계가 올 것이다. 댐의 시대가 끝나면, 수자원공사의 시대도 끝이 난다. 발전을 겸하고 있는 댐 관리는 이미 한국수력원자력으로 관리 주체가 넘어갔다. 정부 기관 내에서 나는 부패한 기구도 많이 보았고, 무능한 관료들도 수없이 보았다. 그렇다고 해서 그런 기구가 필요 없다고 생각하거나 해체를 요구한 적은 거의 없다. 정부 기관이라는 것이, 때로는 아무 일을 하지 않는 것이 더 도움이 될 경우도 많다. 그러나 수자원공사의 경우에는, 관료와 전문가 그리고 기관의 유착 관계가 너무 깊숙할뿐더러 별도로 견제할 장치도 마땅치 않은 상황이라서, 해체하지 않고 개혁하는 방안이 있을 것 같지가 않다. 물론 국가 내부에는 물을 관리하고, 수질 대책을 세우는 곳이 필요하기는 하다. 그리고 누구나 인정하듯이 방치된 지천들도 관리가 필요하고, 또 대운하나 4대강과 같은 방식이 아닌 자연형 하천으로의 복원에 대해서도 한국에서 중요한 논의의 순간이 오기는 할 것이다. 서해의 수많은 하구언들도 한국이 정상적인 국가가 되면서 다시 복원하게 되기는 할 것이다. 이런 일을 해결하기 위해서는 수자원공사가 이름을 바꾸고, 새로운 미션을 맡아야 하는데, 아무래도 국토부 산하에서 이런 일을 수행하기는 어렵다. 수자원 공사는 그냥 내버려두면 4대강과 관련해 발행한 채권과 부채 등으로 결국 디폴트 상황으로 가게 될 것인데, 정부가 지급 보증을 하고 있어서 실제 지급 불능 상태로 들어가지는 않는다. 어쨌든 자연스럽게 조정을 할 수 있는 계기들이 존재한다고 할 수 있다.

에너지 분야와 관련해서는 역시 한전으로 대표되는 에너지 공기업들에 대해서 거론하지 않을 수 없다. 몇 가지 논점들이 있는데, 현재의 지식경제부가 에너지 분야의 생태적 전환을 하는 데 최적의 주체인지에 대해서는 여전히 논란거리다. 에너지를 산업의 눈으로 볼 것인가 아니면 생태적 전환을 위한 기본 단위로 볼 것인가에 따라서 논란이 될 수 있다. 먼저 원자력과 원자력 아닌 부분을 나누어서 생각해보아야 한다.

일반적으로 에너지 당국자들은 잘 애기를 하지 않지만, 미국의 경우에서 보듯이 원자력은 에너지라는 측면과 국방이라는 측면이 동시에 작용한다. 원자력의 경제성은 폐기까지를 놓고 생각하면 의외로 그렇게 높지는 않다. 일단 다른 발전원에 비해서 기동성이 떨어지기 때문에 기저부하용으로 분류되고 가장 낮은 가격을 지불한다. 부안에서 경주까지, 일련의 방폐장 사태에서 보듯이, 원자력 발전은 운용 단계에서의 위험과 폐기 단계에서의 비용이라는 두 가지 요소를 동시에 가지고 있다. 안전하게 운전한다고 하지만 체르노빌과 같이 때때로 벌어지는 원전 사고를 막기 위해 최선을 다하지 않은 곳은 사실상 한 곳도 없었다. 인간이 하는 일에 완벽이라는 것은 존재하지 않는다. 원전을 건설할 때에는 폐기 비용에 대해서는 잘 고려하지 않는다. 그러나 원전의 수명은 무한한 것은 아니고, 우리나라도 원자로들의 수명 연장시켜 운전하는 중이기 때문에 위험성은 증가한다. 무엇보다도 짧은 시간에 원자력 발전소들은 '셧다운'이라고 부르는 폐기 절차에 들어가야 하는데, 원자로와 관련 설비들은 그 자체가 원전 폐기물이 되어서 생각보다 훨씬 넓은 부지들이 폐기장으로 확보되어야 한다. 이때의 폐기 비용과 이에 대한 사회적 논란까지 전부 계산한다면, 민간에서는 쉽게 사업성이 확보되지 않는다. 영국에서 발전회사와 함께 원전도 민영화를 시켰는데, 폐기 비용에 대한 시장의 평가는 아주 냉혹했고, 주가는 바닥으로 떨어졌다. 나는 만약 원전이 민영화가 되었다면, 지금과 같이 무분별하게 원전을 증가시키는 방식으로 가지는 않았을 것이라고 생각한다. 그런 점에서 한수원이라는 기관을 통한 지식경제부의 원전 관리와 운용이 그렇게 훌륭했다고 보지 않는다.

전체적으로 보자면, 나는 한전 민영화에 대해서 반대하는 편이다. 그러나 한수원의 규모를 지금과 같이 늘리고, 기계적인 산업 논리로만 접근하는 것에는 좀 문제가 있다고 생각한다. 우리도 핵무장을 할 것인가? 직접적으로 언급하지는 않지만, 노무현 정부 때부터 지금까지 정부 고위관료들은 언젠가 한국이 핵 재처리 시설을 갖추게 되고, 플로토늄을 추출하는 것이 당연하다고 생각하는 것 같다. 물론 굉장히 민감한 얘기이고, 단순한 에너지 공급의 문제를 뛰어넘어 작게는 동북아의 균형 혹은 국제 정세에 영향을 미치는 사안이다. 그러나 과연 핵무장 국가로 가는 것이 장기적인 관점에서 좋을 것인가? 여기에 대해서는 좀 생각해볼 필요가 있을 것 같다. 핵무장이라는, 경제적으로 판단하기 어려운 간접적인 부수효과를 제외하고 원자력을 LCA(Life-Cycle Assessment) 같은 기법으로 최종적인 폐기 단계까지 고려해 경제성을 평가하면, 지금과 같이 원자력을 기반으로 국가에너지 기본계획을 작성하는 것은 위험한 일이다.

재생가능 에너지 혹은 대체에너지와 관련해 에너지 당국으로서의 지식경제부의 역할은, 솔직하게 실상을 말한다면 좀 실망스러운 수준이다. 사실 석유자원 등 에너지 자원이 없는 한국의 입장에서는 지금보다는 훨씬 더 공격적으로 투자 계획을 세우고, 진짜로 국가의 장기계획에 대한 관점을 가지고 있어야 하는데, 지식경제부는 산업의 논리가 너무 강하다. 그런 점에서 자원이 없는 한국의 실정을 감안해서 지금이라도 에너지부를 별도의 부로 독립시켜야 한다는 목소리나 에너지 분야의 관리를 아예 환경부에 넘겨야 한다는 일각의 주장이 아주 타당성이 없는 것은 아니다.

문제를 쉽게 보자면, 환경부를 중심으로 국토부와 통합시키고, 여기에 에너지 관리에 대한 업무까지 다 넘기면 가장 문제를 편하게 풀어갈 수 있는 길이라고 할 수 있다. 그러나 한 부처가 지나치게 커지고 공룡처럼 바뀌면 그 안에서는 다시 부패의 문제가 생길뿐더러 정부 내에서의 견제의 기능도 약해진다. 환경부가 환경청이 아니라서 지금 문제가 이렇게까지 꼬이고 토건 경제라는 특수 구조를 만들게 된 것인가? 국제통상을 강화시킨다고 통상부에 있던 통상 업무를 떼어내서 외교부 산하에 통상교섭본부를 만들었지만, 실제로 한국의 국제통상이 강해졌는지, 사실 잘 모르겠다. 안 해도 되는 일을 괜히 한 것이 아닌가 하는 지적이, 지금 와서 보면 아주 틀린 얘기도 아니지 않은가?

　정부 부처를 통합하거나 지금까지 토건 기관으로 작동해온 정부 기관을 탈토건의 기관으로 전환시키는 것은 행정적 조치로만 가능한 일은 아니다. 나는 한시적으로 총리실에 탈토건 위원회라고 부를 수 있는 그런 전환 기구를 설치하고, 총리 주재로 그런 전환 작업을 수행하는 것이 가장 부드러울 것 같다. 청와대에 설치하면 강력할 것 같지만, 정부가 바뀔 때마다 계속 생겼다 없어지는 부침을 겪게 된다. 무엇보다, 비선으로 움직이는 청와대 방식이 각 부처의 상부를 조금 움직일 수는 있을지 몰라도, 밑바닥부터 변화시키는 시스템의 전환을 일으키기가 어렵다. 재정부의 이름을 '지속가능경제부'라고 바꾸어주는 것만으로는 사실 아무 일도 벌어지지 않을 것 같다. 지난 정부에서 혁신이란 이름으로 뭔가 많이 바꾸기 위한 각종 위원회와 기구들을 각 기관 내에 설치했는데, 실제 벌어진 일은 거의 아무것도 없다.

　단기간에 너무 많은 제도적 장치들을 바꾸려고 하면, 실제 아무 일도 벌어지지 않고 저항만 생겨난다. 사실 한국은행과 같이 기본적으로는 통화정책을 통해 물가 관리를 하는 것이 주임무인 기관도 '경제 활성화'라는 이름으로 오랫동안 금리를 눌러놓음으로써 지금과 같은 토건 경제를 만드는 데 단단히 한 몫 한 것이 사실이다. 마치 지방정부에서 "토건이 아닌 대안은 없다"고 각종 자치를 위한 기구들이 토건 장치처럼 작동한 것처럼, 중앙정부 대부분의 기관들이 나름대로 자신이 선 자리에서 토건 역할을 한 것이 사실 아닌가? 도대체 지금 와서 누가 누구에게 책임을 물을 수 있는가?

　제도와 선언을 말하자면, 1992년 리우 환경회의 이후에 21세기로 넘어오면서 우리나라도 각 정부와 지자체에서 '의제 21'이라는 것을 설치한다고 한바탕 붐을 일으킨 적이 있었다. 그래서 바뀐 게 있는가? 사실 '의제 21'의 실천적 과제들에 대한 논의만 진지하게 있었어도 지난 10년 동안 지금과 같이 토건 경제가 펼쳐지지는 않았을 것이다.

만약 나에게 선택을 하라고 한다면, 환경부와 국토부를 통합시켜서 국토생태부로 이름을 바꾸는 그런 조치를 취할 것 같다. 그리고 에너지는 캐나다의 사례처럼 작더라도 충분히 독자적인 목표를 설정할 수 있는 그런 '에너지청' 정도의 위상으로 독립시키는 것이 좋을 것 같다. 한전같이 에너지 인프라에 해당하는 기능을 정부가 가지고 있는 것은 이런 것을 통해 더 많은 돈을 벌어오기 위해서가 아니라, 에너지 복지라고 할 수 있는 것들을 잘 수행하면서 국가 시스템의 근간을 안전하게 유지하기 위해서다. 현재는 너무 산업 논리에 가까워져 있다. 어쨌든 우리는 전기의 민간 가격과 산업용 가격을 다르게 책정하는 '교차 보조'로 산업 경쟁력을 키우던 시기는 이미 오래 전에 넘어섰기 때문에, 에너지 공기업들이 지나치게 산업 논리로만 운영되는 것은 그렇게 맞지 않을 것 같다.

　그러나 대체적으로 행정은 최적의 시스템을 구축한다고 해서 최적이 되는 것은 아니다. 어차피 인간이 하는 일인 행정에 최적이라는 것은 존재하지 않고, 시기에 따라 운용의 목적과 정책 기조를 재정립하면서 가는 것이다. 노무현과 이명박이라는 두 대통령을 거치면서, 한국의 행정은 명실상부하게 토건 행정이 되었다. 이제는 '탈토건'이라는 새로운 행정의 방향이 잡혀야 하는데, 역시 청와대와 같은 곳에서 한꺼번에 최적안이라는 것을 던져놓고 군사작전처럼 수행하는 것은 21세기에는 어울리지 않는다. 논의가 아주 많이 필요하고, 이해당사자들 사이에 사실상 만장일치에 가까운 결론이 도출될 때, 비로소 그 행정이 튼튼하고 오래 간다. 탈토건은 방향이지, 그 자체로 방안은 아니다. 이명박 정부에서 야심차게 녹색위원회를 띄웠지만, 실권도 없고, 국민들의 수용성도 그다지 높지 않다. 그런 기계적인, 그리고 위에서 떨어지는 외삽형 행정을 탈토건이라는 명목으로 또 할 필요는 없을 것 같다. 나는 여전히 토론에 의해서 방향을 합의할 수 있는 그런 관료들의 건전성을 믿는다. 다만 탈토건이라는 하나의 행정 목표에 대해서 내가 공무원들에게 부탁하고 싶은 것은 한 가지다.

지금까지의 정권이, 그리고 현 정권이 그랬던 것처럼 제발 행정 개편과 방향에 대한 논의를 골프장에서 골프 치면서 하지는 마시라고. 골프장에서 했던 논의들과 방안들이, 지금까지 국민들한테 박수를 받고 환영을 받았던 적이 단 한 번이라도 있었는지, 한번 생각해보시기 바란다. 이건 생태적 입장에 관한 문제가 아니라 부패에 관한 문제이고, 논의의 개방성에 관한 이야기다. 골프 치면서 정책을 논하는 시절, 그 시대가 한국에서도 종료하게 될 것이다.

10 | 생태적 세제개편

국민이 지불하는 조세 그리고 그 조세가 지출되는 재정에 대한 논의는 때때로 지나치게 휘발성이 높고 선정적으로 흐르는 경향이 있다. 증세와 감세 그리고 종부세라는 세 가지 단어의 프레임은 10년간의 민주당 정부의 정권을 한나라당으로 넘겼다. 현실과 사실 그리고 메커니즘과 같은 객관적 사유는 조세라는 단어 앞에서는 정지하는 경향이 있다. 이건 우리나라만 그런 것은 아니다. 실증적으로 입증된 적은 거의 없지만 '래퍼곡선'이라는 것이 존재한다는 래퍼(A. B. Laffer)의 이론은 레이건 시절의 공급경제학이라는 새로운 흐름을 만들었다. 그리고 즉각적으로 요즘 신자유주의라고 부르는 그런 일련의 흐름에서 '네오콘'이라고 지칭되는 미국의 극우파 흐름을 만들어냈다. 이렇게 간단한 이론이 세계사적으로 이렇게 커다란 흐름을 만든 적이 과연 있을까 싶지만, 현실은 '감세'라는 단어 한마디에 격렬하게 반응했고, 그 흐름 속에서 현실의 사회주의 국가들은 버티지 못하고 결국 무너졌다. 데이비드 리카도 시절의 곡물세 논쟁에서부터 지금의 감세 논쟁까지, 아마도 경제학에서 가장 민감하게 사람들이 반응하는 단어는 조세에 관한 논의가 아닐까 싶다. 그래서 더 내라는 말이야, 아니라는 말이야? 이 간단한 질문 앞에서, 재정학자들이 가지고 있는 화려한 메커니즘과 아키텍처 같은 것들은 설 자리가 별로 없기는 하다.

환경 분야에서도 '녹색 세제개편(green tax reform)'이라는 90년대 이후 OECD와 같은 기관에서 끌고 온 조세 논의가 있기는 하다. 탄소세 같은 논의들이 비교적 최근의 논의에 해당한다. 피구식 조세(Pigouvian tax)라고 불리는 환경세로 갈 것인가, 아니면 배출권 거래제와 같이 직접 세금을 부과하지 말고, 간접적으로 서로 간의 감축분을 거래하게 할 것인가, 이것은 이미 50년이 넘은 고전적인 환경세에 관한 논의다.

생태적인 얘기로 약간 논의의 틀을 바꿔보면, 농업 분야에 대한 기본의 보조금 문제가 상당히 중요한 비중을 차지하고 있다. 화학농 시절에는 농약이나 제초제 구입 혹은 트랙터 등 농기구를 구입하는 것에 보조금을 주는 것이 당연하다고 생각했다. 그리고 100년이 지나기도 전에, 상황이 바뀌기 시작하면서 국제적으로 이제는 농약 대신 유기농에 보조금을 주는 것이 당연하다는 듯이 정책의 흐름이 바뀌었는데, 그렇게 하면 농약을 생산하는 화학회사들의 영업 수익에 문제가 생긴다. 자, 이제 농업에 대한 세계적 흐름이 생태적으로 바뀌면서 농약 대신에 농약을 사지 않는 것에 조세 지원을 해야하는 상황이 왔는데 어떻게 해야 할까? 규모는 작지만, 일부의 생태주의자들이 농약과 제초제를 장악하고 있는 거대한 다국적기업을 상대하면서 결국엔 도달한 개념이 '직불제'라는 것이다. 유기농에 그냥 지원금을 주기가 어려우니까, 산간 지역의 전통적 농법을 유지한다거나, 소출 면에서는 불리한 재래종을 보존하는 경우 직불제라는 다른 방식의 세제를 고안하게 되었다. 화학농 시절에는 농약과 제초제에 직접 보조금을 얹어주는 방식을 쓸 수 있었는데, 유기농에는 그렇게 특정한 물질이 사용되지 않으니까, 농업에 대한 지원을 이런 방식으로밖에 할 수가 없었다. 게다가 WTO에서 도하개발어젠다로 이어지는 후속 논의까지, 주로 선진국에서는 자국의 농민들에게 직접 보조금을 주는 것을 엄격하게 금하는 분위기로 상황이 변했다. 결국 생활비를 지원하는 방식의 직불제라는 보조금 방식이라는 게 등장했다. 물론 이 제도는 한국으로 넘어오자마자 아주 이상하게 변질돼서 농사를 짓지 않고 그 농지를 투기용으로 전환하는 데에 사용되기도 했다. 결국 언젠가는 급등할 것이라고 농지를 투기한 사람들이 이 직불금을 수령하는 일이 벌어져서 이명박 정부 초기에 한바탕 스캔들이 벌어지기도 했다. 세제가 한 번 생겨나면, 조세 당국 등 행정부와 그 조세의 약점을 파고들려는 사람들 사이의 실랑이는 수천 년이 지나도 바뀌지 않는 고질적인 문제이기는 하다.

밤에도 가동을 멈출 수 없는 원자력의 약점을 보완하기 위해서 밤에 남아도는 원자력의 전기를 사용할 수 있게 해주자는 의미에서 '심야전력'이라는 약간은 특수한 보조금 방식이 도입된 적이 있다. 이 제도는 결론적으로 한국에너지 체계의 기본을 완전히 뒤틀어버리는 치명적인 문제점을 발생시키게 되었다. '인센티브' 효과가 너무 높다보니 결국은 심야전력을 위해서라도 원전 건설이 더 필요한 상황이 되어버렸다. 원유를 추출할 때 남아도는 벙커C유의 사용을 촉진하기 위해서 벙커C유의 가격을 너무 낮추다보니까, 나중에는 그보다는 우수한 경유를 분해해서 벙커C유를 공급하는 웃지 못할 일도 벌어졌다. 가솔린에 비해서 가격이 낮은 경유의 공급을 촉진하려고 경유차 보급에 인센티브를 주고 나니, 지나치게 경유차가 많아져서 한국의 차들이 SUV라는 이름으로 '떡대'가 되어버린 사연도, 인센티브와 가격 사이에서 소위 '파인 튜닝'에 실패한 대표적 사례라고 할 수 있다. 태양광의 보급을 촉진하기 위해서 입지에 대한 규제를 완화시켰더니, 결국 개발지가 되기 어려운 자연 녹지 같은 곳에 태양광을 명분으로 들어가서 대체에너지와는 아무 상관없는 택지 개발 목적으로 전환하는 등, 생태와 에너지 그리고 환경이 만나는 곳에서 지난 10년 동안 벌어진 수많은 시행착오는 무궁무진하다. 그러나 한국에서 정부가 하는 일에는 실패가 없는 법, 성공한 작은 일은 엄청나게 홍보를 하지만, 제도 디자인이나 아키텍처의 실패로 벌어진 웃지 못할 사건들은 그냥 묻혀간다. 그래서 극단적인 시장주의자들이 이렇게 할 거면 차라리 그냥 시장에 맡겨두자고 주장을 할 때에도 딱히 반론을 하기 어려운 것은, 너무 명확한 제도 실패들이 한국에는 꽤 존재하고 있었기 때문이다. 물론 국민경제 전체의 규모로 보면, 이런 실패들은 무시할 정도로 작기는 하지만, 그런 것들이 모이다보면 지금과 같은 무지막지한 반 생태적인 경제가 생겨날 수 있게 된다.

전체적으로 나는 배출권 거래제나 '카본펀드'와 같은 것만으로 문제를 풀 수 있다고 생각하는 편도 아니고, 국가가 단순 무식하게 탄소세나 대기세 아니면 수질세 같은 것을 엄청나게 부과한다고 해서 문제가 풀릴 것이라고 생각하는 편도 아니다. 기존의 한국 조세도 좀 왜곡이 있는 편이다. 직접세의 비중이 너무 낮고, 부가가치세와 같은 간접세의 비중이 너무 높다보니, 조세 자체는 좀 역진적인 경향이 강하다. 부자들이 살기에 좋은 나라라는 의미다. 그리고 전체적으로 조세 수준이 너무 낮다보니, 복지에 쓸 돈을 마련하기가 어렵고, 그래서 누구나 동의할 수 있는 복지 정책 같은 것을 도입할 때에도 "세원은 있느냐"라는, 약간은 동문서답 같은 질문이 전가의 보도처럼 힘을 발휘하기도 한다. 꼭 생태의 문제가 아니더라도, 우리의 조세 수준은 최소한 OECD의 평균 수준 정도로는 높여야 할 것이고, 그 과정이 부가가치세의 비중을 낮추면서 개인에게 부가되는 직접세의 비중을 높이는 쪽으로 가는 것이 장기적으로는 옳은 방향이라고 생각한다. 그러나 역시, 우리는 오랫동안 생필품에 해당하는 부가가치세를 낮추는 방식보다는 고가의 럭셔리 제품에 대한 특소세 등의 세금을 높이는 방식을, 간편하면서도 부자들에게 더 많은 혜택이 돌아가는 손쉬운 방법을 종종 채택했다. 가난한 사람들이 쓰지 않는 물건에 대해서는 세금이 더 붙든 덜 붙든, 아무래도 민감도가 약하다. 반면에 그런 물건을 많이 쓰는 부자들은 그런 조치를 열렬히 환영한다. 가장 최근에도, 우리는 골프장에 대한 소비세의 비중을 낮추어주는 그런 일을 했다.

생태적 조세 개편의 기본 방향은, 아무래도 '생태 복지'라는 포괄적 개념을 사용한다면, 복지 쪽으로 더 많은 돈을, 그리고 반 생태적인 행위에 들어가는 세제 지원을 줄이는 방향으로 가는 게 맞을 것 같다. 농약에 대해서 지원할 것인가, 유기농에 대해서 지원할 것인가, 그 사이에서 방향을 정하는 것과 거의 유사한 방식으로 가게 될 것 같다. 산업에 대한 지원도 마찬가지다. 과거의 산업용 전기에 지원되는 교차 보조와 같은 방식은 줄이고, 전력이든 에너지든, 덜 사용하는 방식으로 세제 지원이 이뤄지는 게 맞을 것 같다.

자, 이 정도의 기준을 가지고 지금 한국의 조세 제도에서 가장 시급하게 뭔가 바꾸어야 할 것을 하나만 꼽자면 뭐가 있을 것인가? 세입과 세출이라는 눈으로 보자면, 가장 이상한 것이 종부세의 경우였다. 종부세는 토건을 줄이기 위해서 거둔 세금인데, 말은 지역 복지로 돌린다고 했지만, 결국은 역시 지역에서 토건 사업에 들어가게 되었다. 세입과 같은 항목으로 세출을 조정한 것인데, 결국은 복지 시설이나 문화 시설이라는 명목으로 다시 시설 건립에 대한 지원금으로 나가게 되었다. 한 번 토건에 속한 것은 다시는 토건 바깥으로 나가지 않는다는 말이 종부세에 알맞은 표현일 것이다. "시멘트 대신 사람에게"라는 구호를 생각해보면, 종부세 역시 지독하게도 토건적 조세 제도였던 셈이다. 그리고 이런 것들의 클라이맥스라고 할 수 있는 게, 국책사업을 둘러싼 세출 구조다.

오랫동안 '국책사업'이라는 표현은, 지역의 세출에 중앙정부가 재정을 얹어주는 것의 대명사였다. 지방정부 입장에서 보면, 자신의 원래 재원에 중앙정부의 돈이 들어오니, 그만큼 경제적 효과가 발생하는 것이라고 생각할 수 있고, 어차피 동일한 재원을 둘러싸고 다른 지역과 경쟁하는 것이니 그만큼 지역간 유치 경쟁이 격렬해질 수밖에 없다. 노무현 시절에는 이 이상한 조세 구조를 '지역의 선택과 집중'이라고 불렀다. 이건 민간 기업에 적용되면 당연한 얘기일 수도 있다. 물론 산업 구조에 따라서 민간 경제에 기계적으로 적용하면 큰일 날 결과를 낼 수도 있지만, 어쨌든 지역에 적용될 때와는 파장이 좀 다를 것이다. 한정된 자원을 가지고 지역별 줄 세우기를 했는데, 이렇게 하면 정책 집행은 쉬워지지만, 그게 과연 지역에 사는 주민들에게 할 수 있는 예의를 갖춘 행정인지는 잘 모르겠다. 지역이라는 것은, 망했다고 포기하고, 잘한다고 해서 예쁘게 보이는, 그런 존재는 아니다. 물론 시범 사업 때에는 특정 지역에 더 많은 특혜를 줄 수는 있지만, 본 사업에서 그렇게 해서 과열 현상을 몰고 오는 것은 결코 정당한 일은 아닌 것 같다. 경제특구를 비롯해서 수많은 지역 개발 사업이 그런 논리 위에서 진행되었고, 그 결과는 지금 우리가 보고 있는 것과 같다. 중앙정부가 개입하는 정책들은 그 의도가 선하든 악하든, 대부분의 지자체들이 자신들의 예산으로는 그 정책을 추진할 수 없고 중앙정부의 지방 교부금에 의존하는 상황에서 언제나 필승의 구도를 가져올 수밖에 없다. 그 사업이 그 지역에 도움이 되든, 되지 않든, 혹은 장기적으로 타당성이 있든 없든, 어떻게 보면 중앙정부의 예산이 지역에 내려가는 방식에서 발생한 왜곡이 새만금에서 4대강에 이르기까지, 일련의 왜곡된 토건 구조를 만들어낸 셈이다. 자, 이 문제를 어떻게 풀어야 할까?

두 가지의 해법이 있을 수 있다. 한 가지는 사실상 무력화되어버린 환경영향평가와 사전환경성검토 그리고 가장 강력한 장치 중의 하나였던 예비타당성평가, 흔히 예타라고 불리는 것들을 다시 정상적으로 만드는 방식이 있을 수 있다. 대통령이 자기의 뜻대로 혹은 특정 장관이 자신의 생각대로, 아니면 거의 사조직처럼 변해버린 청와대 등의 비선 조직이 자기 마음대로 행정력을 발휘해서 경제적이지도 않고 합리적이지도 않은 사업을 수행하는 것을 막을 수 있는 제도들이 우리나라에도 존재한다. 그러나 예타는 국회가 감시하지 않으면 아예 안 해도 되는 제도로 바뀌어버렸고, 환경영향평가와 사전환경성검토는 환경부 장관을 바꿔버리면 '협의자'로 되어 있는 사람이 그냥 협의를 해줄 수 있는 것이므로, 절차를 안 밟겠다고 맘먹은 정부를 어떻게 할 도리가 없다. 행정부 내에도 감사원이라는 게 존재하고, 또 서로를 견제하도록 만들어낸 삼권분립의 사법부가 있기는 하지만, 역시 줄 서리라고 마음먹은 경우라면 있으나 마나한 상황이 된다. 후진국이라는 게 제도가 있어도 대통령 맘대로 움직이는 나라를 일컫는 건데, 생태라는 눈으로 보면 한국은 전형적인 후진국이다. 게다가 생태적 문제에는 과학적 불확실성이라는 게 존재하고, 시간 격차(time lag)라는 게 존재한다. 무엇 때문에 피해를 받는지도 정확히 알기 어렵고, 또 누가 누구에게 피해를 주는지도 알기 어렵다는 2중의 불확실성이 존재한다. 그리고 설령 그것을 우리가 알아챈다고 하더라도 그게 입증되기 위해서는 수십 년의 시간이 필요한 경우도 많다. 생태계 내의 간접적 피해들, 예를 들면 정자수의 감소에 의한 출산율 감소라거나 기형아 출산율 증가와 같은, 누구도 원하지 않지만 그 피해 상황을 입증하는 데는 한 세대 즉 30년 이상이 필요한 경우에는 어떻게 해볼 도리가 없다. 물론 언젠가 생태계와 보건에 대한 자료들이 잘 정리되어 있고, 지금보다 훨씬 더 기술적인 시뮬레이션 능력이 높아지면 이런 위험들을 좀 줄일 수는 있을 것이다. 그러나 한국 내에서의 관련 지식이나 기법의 발전 속도를 보면, 당분간 그렇게 될 것 같아 보이지는 않는다.

또 다른 해법은 행정적으로 실현 가능성이 높지는 않지만, 중앙정부가 가진 예산들의 대부분을 아예 지자체 단위로 나누어버리는 방식이다. 누군가에게 별도로 돈을 더 받는 게 아니라 원래 자기가 쓸 수 있는 돈이라면 과연 국책사업과 같은 방식으로 토건에 모든 돈을 써버리는 지난 10년 동안의 일이 계속해서 반복될 수 있을 것인가? 이런 메커니즘을 구현하는 방식은 보통 '연방제'라는 이름으로 진행되는데, 각 지역이 사실상 독립적으로 예산을 운용하게 함으로써 잘된 일이든 못된 일이든, 스스로 책임지게 하는 것이다. 한국에서 연방제에 대한 제안은 선진당의 '강소국연합론'에서 제시된 적이 있기는 하다. 물론 연방제라고 그 자체로 탈토건에 서게 될 것이라는 원칙적인 보장은 없다. 메커니즘상으로 자신의 예산이라면 조금 더 생산적인 곳에 쓰게 될 확률이 많기는 하겠지만, '지방 거버넌스'를 지금처럼 토호들과 지방 건설사가 장악하고 있는 형편에서는 오히려 더 위험할 수도 있다.

　제주도가 특별자치도로 전환될 때 가장 큰 논의의 축은, 예를 들면 녹지 면적 대비 골프장 비율에 대한 규제와 같이 우리나라에서 일반적으로 사용하는 기본 법령을 지키지 않고 개발을 하겠다는 것이었다. 그러나 현실적으로 그렇게까지 가지는 않았고, 환경영향평가의 협의 주체를 환경부 장관에서 제주도 도지사로 바꾸는 정도의 변화가 생겨났다. 아직까지 제주 특별자치도의 실험은 긍정적인지, 부정적인지, 평가하기에는 좀 이른 단계다. 골프장 개발, 관광지 개발 등 토건형 개발은 자치도 이후로도 꾸준하고, 제주 해군기지 건설 사건과 같은 것을 봐도 중앙부처에 반해 제주시가 특별히 기존의 국책사업과는 다른 입장을 취했다는 증거도 별로 없다. 크루즈항을 끼워 넣어주는 걸로 해서 제주시가 해군기지를 받겠다는 결정을 내릴 때, 기존의 자치단체와 아주 다른 행정적 행위를 한 것 같지는 않다. 그러나 또 한편으로는, 제주도민의 자치 수준 자체는 이전보다는 높아진 것 같고, 기존의 관광 개발과는 아주 다른 패턴의 '제주 올레'가 나름대로는 성공적으로 정착하면서 전국적인 붐을 불러일으키기도 했다.

　다른 경제학자들에 비해서 나는 자치와 직접 민주주의라는 요소에 대해서 더 많은 강조점을 두는 편이다. 자본주의라는 매우 길들이기 어려운 예측 불능의 시스템을 가지고 복지국가에 가까운 모습을 만든 나라들이 1인당 국민소득 6만불을 넘어선 나라들인데, 이런 나라들은 또한 동시에 매우 튼튼한 자치라는 장치를 가지고 있다. 그래서 나는 한국이 궁극적으로는 연방제로 전환해야 한다는 생각을 가지고 있지만, 처음부터 연방으로 출발하지 않은 나라에서 연방제로 전환하는 순간에 일어날 극심한 혼돈에 대비해서 특별한 대책을 가지고 있는 것도 아니므로, 점차적으로 해야 한다는 정도의 생각을 가지고 있다. 당장 연방제를 실시한다고 하면, 울산이나 여수와 같이 국가 공단을 가지고 있는 지역들이 너무 유리하게 된다. 국가 공단의 영업이익과 관련된 조세들이 중앙으로 가서 재분배되는 방식이 아니라 바로 인근

지자체로 가게 되면, 지금까지 국가 공단을 유치하는 데 성공했던 지역들에 너무 많은 혜택이 돌아가게 된다. 연방제가 성공하기 위해서는 지역별로 너무 격차가 나지 않거나, 아니면 스위스처럼 연방정부가, 예를 들면 농업 지역인 이탈리아 쪽의 티시네티 같은 곳에 대해 지원하거나, 이 두 가지 조건이 만족되어야 한다. 그러나 그런 장치 없이 바로 연방제를 도입하면, 아마 엄청나게 많은 국민들이 이번에는 울산에서 거주하겠다고 그곳으로 몰려드는 현상이 벌어질 것이다. 그것은 하나의 문제를 풀기 위해서 더 큰 또 다른 문제를 만드는 셈이다.

그래서 방향으로는 연방제가 맞지만, 지역별로 너무 가난한 지역이 발생하거나 혹은 주민 복지가 지나치게 미비한 곳이 등장하지 않도록, 많은 것들을 조정하면서 순차적으로 연방제의 방향으로 가는 것이 맞다고 생각한다. 당장 경제성 평가 같은 것들이 제대로 이루어지게 만들기도 어렵고, 그렇다고 연방제로 갈 수 있는 것도 아니라면, 어떤 중간 단계의 대안이 있을 수 있을까? 역시 기술적으로는 간단한 얘기는 아니지만, '생태 스톡 보조금' 같은 것들을 생각해볼 수 있을 것이다. 보통은 유기농업 보조금 같은 방식으로, 유기농업을 권장하는 지역이 그렇지 않은 곳에 비해서 유기농 직불제와 같은 방식으로 더 많은 세제 지원을 받을 수 있게 하는 형태인데, 한국에서는 아직까지는 유기농이나 친환경 농산물이 워낙 제한적이라서 국민경제 혹은 지역경제 수준에서 유의미한 재분배 구조가 나오지 않는다. 그렇다면 농업 대신 '생태'를 직접 변수로 쓰면 어떨까? 발상은 이와 같다.

90년대 이후 계속해서 논의가 지속된 것 중의 하나로 '그린 GNP'라는 개념이 있다. 경제적으로 증가한 국부에 환경적 자산이나 생태계 변수 같은 것들을 추가해서 총체적으로 국민경제의 계정을 관리하자는 데에서 나온 개념이다. 중국의 경우는, 그린 GNP로 계산을 해보니 경제성장이 사실상 마이너스라는 루머들이 국제협상장에 흘러 다니고는 하는데, 중국 정부에서 명확하게 수치를 발표한 적이 없어서 확인할 수는 없다. 한국도 21세기에 들어오면서 그린 GNP 연구 작업을 하기는 했는데, 기본 작업은 어느 정도 된 것으로 알고 있지만, 대대적으로 발표된 적은 없다. 아마 노무현 정부 이후로, 이명박 정부 들어서는 더욱, 그린 GNP 같은 개념을 사용한다면 우리는 지속적으로 마이너스 성장을 했을 것 같다. 생태계나 생명에 얼마의 경제적 가치를 부여할 것인가와 같은 좀 복잡한 철학적 문제와 기술적 문제가 개입을 하겠지만, 대체적으로 우리가 어느 정도의 상황에 있는지 이해하기 위해서 대체적인 추정치라도 발표를 하면 좋을 것 같은데, 아직까지는 그런 단계에 와 있지는 못하다. 어쨌든 이런 그린 GNP라는 개념을 연장시키면, 생태와 관련된 몇 가지 자산 항목을 만들어낼 수 있을 것이다.

녹지율, 원시림 비율, 보호되는 산의 면적, 생물종의 수, 법적 보호종과 같은 기본 변수와 농지 면적 특히 유기농업 농지의 면적과 같은 것들을 '생태 인벤토리(eco-inventory)'라고 부를 수 있을 것이다. 이런 인벤토리 작업들을 통해서 '생태 자산량' 즉 생태 스톡 정도의 개념들을 도출할 수 있게 된다. 이렇게 양적으로 파악이 되면, 연간 변동률 계산도 간단하게 할 수 있다. 이 생태 스톡의 연간 변동률을 해마다 파악할 수 있다면, 중앙정부에서 지방정부에 지원하는 교부금의 일부 혹은 불규칙적으로 중앙정부가 지방에서 시행하는 국책사업의 조세 메커니즘에 변화를 줄 수 있을 것이다.

기본 생각은 다음과 같다. 지금까지 우리는 아파트 택지를 개발하거나 골프장을 짓는 일, 혹은 농지를 개발지로 전환하는 일에는 경제적 가치를 부여했고, 보존하는 일에는 아무런 경제적 가치를 부여하지 않았다. 그러니까 거기에서 최소한의 경제성이라도 만들기 위해서 '생태 관광'과 같은 관광 개념이라도 부여하게 되는데, 이건 차선책이지만 그렇게 만족스러운 차선책은 아니다. 철새를 지킬 방법이 없으니 궁여지책으로 철새 관광과 조망대 같은 것을 만드는데, 사실 그 철새도 시민들이 접한 적이 있어야 보호하겠다는 생각들이 생겨나기는 한다. 그러나 어떤 식으로 하더라도 그것이 생물종 혹은 생태계에 스트레스가 되는 것은 사실이다. 천일염을 만드는 서해안의 갯벌들에서 천일염의 가치가 제대로 평가되고, 최소한 일본이나 프랑스 수준으로 천일염의 시장 가치가 높아지게 되면 골프장을 짓는 것보다는 생태적으로도 유리하면서도 경제적으로도 우수한 경제 현상이 벌어지게 된다. 그러나 한국에서는 이러한 일이 벌어지지 않았다. 노무현 초기에 '친환경 골프장'이라는 이름으로 산 대신 바닷가에 골프장을 짓자는 일련의 주장들이 바로 이 광대한 천일염전을 놓고 한 말이다. 시장 메커니즘만 정상적으로 작동했어도 사실 서해안의 수많은 하구언들과 갯벌들을 지킬 수 있었을 것이다. 맨손 어업과 천일염 등 앞으로 점점 비싸질 재화들이 보존 지역 쪽으로 흘러갈 것이기 때문이다. 그러나 토건 장치를 앞세우고 정부가 재정정책을 국책사업이라는 이름으로 추진할 때에는, 사실 시장도 제대로 장치하지 않는다. 한국에서 타당성이 있고, 장기적으로도 경제적인 편익이 발생한다는 국책사업은 그렇게 많지 않다. "내 돈이라면 이렇게 하겠냐?"라는 일부의 지적이 아주 틀린 얘기는 아니다. 우리의 경우 개발하는 쪽은 돈을 벌고 세제상의 혜택을 받지만, 가만히 있는 쪽에는 아무런 일도 벌어지지 않는다. 그러나 지역이 하나로 엮여 있는 국민경제 내에서 "아무 일도 벌어지지 않는다"는 상황은, 바로 지가가 하락하거나 아니면 지역 주민들이 보다 경제적 활동이 활발한 곳으로 빠져나가게 된다는 문제를 등장시키는 것이다. 미시경제학에서 '부의 효과(wealth effect)'라고 설명하는 것과 같은 현상이 국민경제 내에서 발생하는 셈이다. 생물학에서는 진화의 역동성을 설명할 때 '레드 퀸 가설' 즉『이상한 나라의 앨리스』에 등장한 바로 그 가설을 사용한다. 여기에서는 열심히 뛰고 있어야 제자리에라도 서 있을 수 있는데, 따라서 생명체가 끊임없이 진화를 계속하는 것은 그렇게 해야 급작스런 멸종의 위기에서 탈출할 수 있기 때문이다. 지금까지 지난 10년 동안 한국이 만들어놓은 토건 경제의 구조 역시 지역적으로 살펴보면, 이러한 '레드 퀸 가설'과 마찬가지 상황이다. 뭐라도 해야지, 하지 않으면, 다른 지역으로 자원과 인력을 빼앗기게 된다…. 물론 현실은 이렇지만, 원칙적으로는 여기에 약간의 속임수가 있다. 도시 중의 도시인 서울은, 사실 아무것도 하지 않아도 자원이 몰려오게 되어 있다. 자, 이 토건의 레드 퀸 가설을 없애거나 아니면 조금이라도 완화시켜서, '아무것도 하지 않는 자' 즉 보존에 기여하는 사람이, 작다 하더라도 경제적 효과를 발생시킬 수 있는 방식은 없을까?

우리가 아무것도 알 수 없다면 해법은 전혀 없을 것이다. 생태에 대한 사회적 수요와 공급의 정확한 양 혹은 가격과 같은 것을 알 수 없다고 하더라도 스톡을 알고 있다면, 뭔가 해보는 것이 그렇게 어렵지는 않을 것이다. 중앙정부에서 각 지자체에 주는 교부금에 생태 스톡의 연간 변동률을 적용하는 것은 기법적으로 그렇게 어려운 일도 아니고, 탈토건의 시대에 사회적 합의를 만들기가 어렵지도 않을 것이다. 예를 들면, 새로운 골프장을 만들게 된 지자체는 그것이 산이든, 아니면 자연녹지이든, 원래의 생태 스톡에서 변동치가 생겨났을 것이다. 그렇게 되면 지자체의 생태 스톡이 줄었으므로 그만큼 교부금을 덜 받아가게 되고, 아무것도 하지 않은 다른 지자체에 그만큼의 보존에 대한 인센티브를 주게 될 것이다. 그러면 지자체에서는 골프장이 새롭게 생기면서 증가하게 될 법인세와 줄어들 교부금 사이에서 지금보다는 훨씬 더 복잡한 계산을 하게 되고, 조금은 더 신중한 행위를 하게 될 것이다. 전체적으로, 지자체 수준에서 수백억 원 정도의 교부금 차이라도 만들어내게 되면, 지금의 토건 구조에는 상당한 변화가 올 것이다.

효과를 더 높이기 위해서는, 생태 스톡의 감소를 가져오게 될 사업 시공자에게는 비록 적은 돈이지만, 그가 발생시키게 될 자연적인 폐해에 대해서 생태세 형태로 돈을 받으면 될 것이다. 같은 세출 내에서 지자체 사이에서 일종의 제로섬 게임을 하게 하는 것이 1단계라면, 생태세로 재원을 마련해서 추가적인 보존 인센티브를 주는 것이 2단계라고 할 수 있을 것이다.

평창 동계올림픽의 경우를 예로 들어보자. 생태 교부금이라고 할 수 있는 제도와 생태세가 도입된다면, 강원도는 동계올림픽 경기장을 추가로 건설하는 것보다는 백두대간을 잘 보존하고 그곳 생태계의 우수성과 복원성을 높이는 것이 경제적 도움이 될 것이다. 반면에 이런 제도의 조세 프레임하에서는 경기장과 도로를 건설하면서 1차적으로 교부금의 삭감이라는 페널티를 받게 되고, 2차적으로는 그곳의 시공자들이 생태 스톡의 감소에 따라서 일정한 생태세를 내게 되니까, 추가적인 경제성에 대한 패널티를 받게 된다. 이 틀 내에서는 지자체에서 골프장이나 경기장을 유치하거나 아니면 새로운 공사를 벌일 때, 생태 스톡에 대한 감소분과 증감분 그리고 그에 따른 교부금 수입의 차이에 대한 계산을 한 번은 하게 될 것이다.

생태 교부금과 생태세라는 틀에 비하면, 탄소세나 열량세 혹은 지역 환경세 같은 생태적 조세 개편에 대한 논의는 소소한 것처럼 보인다. 물론 탄소세 도입이 중요하지 않다고 생각하는 것은 아니다. 대기세와 관련하여 어떤 식으로든 추진되는 것이 맞다고 생각하지만, 지금 우리가 직면한 문제의 1차적 요소는 토건이라는 한국 경제가 맞닥뜨린 특수 현상에 있고, 그러한 목적에 적합하게 우리 내부의 문제에 대한 조세 개편 논의가 있어야 할 것 같다.

전통적으로 경제학은 배출권 거래제와 같이 가격을 조정하거나 세제를 조정하면 환경과 생태와 관련된 거의 대부분의 문제를 해결할 수 있다고 주장했다. 그러나 최소한 지난 10년간 한국의 현실은, 어느 정도 사회적으로 문제에 대해 폭넓게 논의되고, 전문가들이 부패하지 않았거나 중립적으로 장기적인 문제에 대한 해법을 논의할 수 있는 경우에나 가능하다는 것을 보여주는 것이 아닌가? 최소한 토건 문제에 대해서, 많은 한국의 전문가들은 부패했거나 무기력했던 셈이다. 전체적으로 보면, 일종의 '미필적 고의'인 셈이다.

국민경제가 정상적으로 다음 단계로 나아가기 위해서는 수많은 논의들이 필요한데, 최소한 지난 10년간 한국의 재정학 분야 혹은 조세 체계 분야에서 우리는 토건 경제라는 문제를 해소하거나 아니면 완화시킬 수 있는 거의 아무런 제도적 노력을 하지 않았던 것 같다. 대체에너지의 보급을 더욱 늘릴 수 있는 세제 개편, 전기 자동차의 보급 혹은 '시티카'라고 불리는 500cc짜리 소형차의 보급에 관한 인센티브 마련 같은 것들은 소소해 보이지만, 작지 않은 변화를 불러올 계기들을 제공할 것이다. 그러나 우리가 이런 곳에 쓸 수 있던 많은 합리적인 세원들을, 지역에서, 중앙에서, 기업에서 그리고 심지어 지식인 사회에서 토건으로 보내는 것에 기꺼이 동의했던 시간을 보낸 것 같다. 어떻게 보면, 우리는 '국가'라는 이름으로 중앙정부가 국민들의 세원을 마음대로 사용하는 데 너무 쉽게 동의한 것 같고, '공적자금'이라는 이름으로 이미 퇴출되었어야 할 회사 몇 개 혹은 건설사 몇 개 살리는 데 수조 원의 자금을 그냥 빼가는 밀실 행정을 너무 오래 허용한 것 같다.

그런 점에서, 한국의 토건은 너무 광범위하게 그리고 너무 오랫동안 다른 분야의 정상적인 발전을 저해하는 요소로 작용했던 것 같다. 물론 내가 정상적인 '도시 정비' 혹은 '정주권'을 위한 각종 리노베이션 작업까지 반대하는 것은 아니다. 그러나 복지, 문화는 물론 정상적인 자치 활동을 위해 들어갔어야 할 돈들이 기본적으로 토건에 복무하는 방식으로 동원된 지금의 조세 체계에 대해서는 탈토건이라는 방향으로 변화가 필요할 것 같다. 도시의 승용차 운행을 줄이기 위해 대안으로 제시된 자전거 이용에 대한 장치들마저 자전거 도로라는 대운하 혹은 4대강의 정당성을 부여하기 위한 홍보거리로 변질된 과정에 대해서 곰곰이 생각해볼 필요가 있을 것 같다. 토건의 한 축을 의미하는 토목공학의 원래 용어는 civil engineering, 즉 시민에 복무하고 시민의 것이라는 뜻이었다. 그것이 다시 시민들에게 돌아가기 위해서는 토건 경제가 작동하던 시절의 조세 체계에 대한 개편이 필요할 것이다.

11 | 주상복합의 비극
그리고 공간의 재구성

우리나라는 석유가 나지 않는다. 그렇다면 석유가 나지 않는 나라답게 산업까지는 아니더라도 개인들 차원에서는 석유를 덜 쓰는 문화 패턴으로 가는 게 맞을 것 같아 보이지만, 한국은 그런 길을 걷지 않았다. 1인당 에너지 사용량 혹은 1인당 탄소배출량, 그 어떤 지수로 보더라도 한국은 노르웨이보다 훨씬 많은 에너지를 사용한다. 노르웨이는 지난 수년간 달러의 약세와 더불어 석유값이 폭등하고, 북해산 석유의 판매까지 증가해 최고의 전성기를 보이고 있는 나라다. 그 바람에 유사한 규모를 보이던 스웨덴이나 스위스가 1인당 6만 불 조금 넘는 국민소득을 기록하는 동안 노르웨이는 1인당 9만5000불로 상승함으로써 격차가 확 벌어져버렸다. 물론 석유가 나는 나라는 많이 있지만, 원래도 높았던 국민소득에 석유 판매대금까지 합쳐져 현재 전 세계에서 가장 높은 경제적 번영을 누리는 나라는 단연 노르웨이라고 할 수 있다. 한때 스웨덴 경제가 누리던 1인당 국민소득 최고의 위치를 이제는 노르웨이가 가지고 있다. 동일한 경제 활동을 한다고 가정할 때, 노르웨이에서 기대할 수 있는 평균적 소득은 우리나라와 4배 이상 차이가 난다고 얘기할 수 있다. 그러나 우리는 이러한 노르웨이보다 더 많은 에너지를 사용하고, 건물들, 특히 대표적인 주거 양식 같은 것을 놓고서 비교해보면 훨씬 더 많은 에너지를 사용하고 있다. 이 현상을 설명할 방법이 있을까?

예전에는 이걸 문화적 패턴이라고 설명을 했었다. 한국은 물질적으로는 유럽이나 일본식 문화 패턴을 따라야 하지만, 문화적으로는 미국 문화의 영향권 아래에 있는 나라이기 때문에, 가장 많은 에너지를 사용하는 미국식 문화 패턴을 따라간다고 설명을 했었다. 과시적 소비나 동일화(identification) 같은 개념을 차용하는 방식도 일정한 해석을 제공하기는 하지만, 유독 한국에서만 에너지 소비량이 높은 이유를 설명하기에는 어쩐지 개운치 않다. "한국 사람은 원래 그래…"라고 말해야 하는, 그다지 과학적으로 납득하기 어려운 가설을 설정해야 하기 때문이다. 어쨌든 큰 승용차, 높은 자동기어 보급률, 이런 것들은, 확실히 석유가 나지 않는 대부분의 유럽 국가들과도, 그리고 심지어는 북해산 석유로 더 큰 경제적 혜택을 받는 것이 확실한 노르웨이 같은 나라들과 비교해도 상당히 이상하다. '에너지 낭비형' 혹은 '자원 낭비형', 이런 식의 수식어를 '미국형'이라는 이름과 유사한 개념으로 이해를 한다면, 한국은 대체적으로 미국형 문화에 미국형 자원 소비 패턴을 가지고 있었다. 이런 설명들은 대체적으로 교통과 주거 등 개인적 소비와 관련된 한국의 특이성에 대한 기본 분석에는 어느 정도 유효했었다. 그러나 21세기에 들어오면서 공간 그리고 주거의 방식에서 잘 설명하지 못하는 현상들이 등장하기 시작했다. 대표적인 것이 '랜드마크'라는, 아주 추상적인 이름으로 자신을 설명하는 초고층 주상복합의 등장이다. 일종의 고급 주택이기는 한데, 이것은 유럽식 패턴과도 다르고 미국식 패턴과도 다르다.

IMF 경제위기를 즈음하여, 부동산 가격이 폭락했던 적이 있었다. 급하게 추락한 만큼 급하게 반등했던 이 국면에서 현금을 가지고 있던 사람들은 부동산으로 상당히 이익을 보았고, 그 시절에 강남 TK들이 "이대로!" 축배로 외쳤다고 한다. 바로 그 시절에, 한국의 주거 패턴이 어떻게 될 것인가에 대해서 전문가들도 여러 가지 방식으로 논의를 했었는데, 대체적으로 아파트는 중저가용 주거 양식이 되고 외국처럼 고급 단독주택이 등장하게 되리라는 게 일반적인 예상이었다. 그 시절에는 주택 공급론자들도 그렇게 생각을 했었다. 그리고 그런 논의를 바탕으로 판교에서 택지 조성을 할 때에도 단독주택지가 같이 만들어졌었다. 경제 재건의 초기 단계가 지나면 아파트의 인기가 떨어지고 사람들은 다시 단독주택으로 돌아가게 된다. 수영장을 갖춘 고급 주택이 즐비한 베벌리힐스 같은 곳을 상상하면 될 것 같다. 프랑스 같은 경우에는 석유파동 시절, 오일 달러의 힘으로 파리 센강 근처에 고층 아파트들이 일부 올라간 적이 있었는데, 사회적 반발과 아파트의 인기 하락으로 초기 프로젝트를 제외하고 더 이상 그런 양식으로 아파트를 짓지 않게 되었다. 한국식의 '한강 조망권'을 내세우는 방식으로 아파트를 올렸다면 아마 문화의 도시라고 불리는 파리의 센강 주변은 아파트 숲이 되어버렸을 테지만, 역사는 그렇게 전개되지 않았다. 센강 주변이 부유층 거주지임에도 불구하고 그 시절에 지어진 고층 아파트들은 그렇게 인기 있는 주거 공간은 아니다.

IMF 경제위기 이후에 주상복합 아파트는 새로 지어지는 주택의 전형적 유형이 되었는데, 재개발 이후 용적률을 높이려는 고밀도화의 흐름과 중산층의 분화 즉 부자와 가난한 사람의 경제적 운명이 엇갈리는 흐름 두 가지가 만나서 주상복합은 시대의 대세가 되었다. 해석을 하자면, 일정 수준의 부가 축적된 이후, 아파트 같은 공동주택의 양식에서 고급 단독주택으로 전환되는 시점이 오는데, 한국에서는 이 흐름이 또 다른 공동주택인 주상복합으로 갔다고 할 수 있을 것이다. 재개발 붐과 투기 경제 그리고 토건이 이렇게 한 점에서 서로 이해관계가 맞아떨어짐으로써 환상의 균형을 이루게 된 것처럼 보였다. 여기에 아주 일부이지만 '과시적 소비' 등의 판타지 현상 같은 문화적 요소와 도시 미학이라는 미학적 요소들이 결합되었다고 할 수 있다.

그러나 이러한 주상복합은, 한 시대를 지배하는 헤게모니 양식으로 삼기에는 두 가지의 치명적 약점을 가지고 있다. 첫번째는 보건적인 의미에서 거주자에게 피해를 준다는 점이다.(이 얘기는 생태 시리즈 앞의 책들에서 자세하게 다루었으므로 여기에서는 좀 줄이자.) 두번째 문제는, 에너지 낭비형인 건물 양식 때문에 발생하는 주거 비용의 상승이다. 보통은 공조장치라고 부르는 냉난방 그리고 공기정화 시스템은 고층 빌딩의 특성상, 좀 비용이 높다. 그리고 전기 절약을 위한 누진세까지 적용되기 때문에, 관리비를 제외한 전기 요금만 60만원이 넘는 경우가 허다하고, 조금 크다 싶은 곳에서는 한 달 전기료가 100만원을 넘어가는 경우도 특별한 게 아니다. 물론 어차피 주상복합 아파트는 '좀 사는 사람들'이 거주하는 곳이라는 이유로 사회적으로 논란이 되지는 않았지만, 안에서는 이 문제를 해결하려고 개별적 노력들을 좀 한 것으로 알고 있다.

거주자 중에서 사회적 특권층들은 한전이나 정부에 누진세율을 낮추라고 압력을 넣기도 했었는데, 한전 입장에서는 지난 수년간 석유와 석탄 등 연료값의 상승으로 인해 전기료 인상이 필요한 시점이라서 전기를 많이 사용하는 집의 전기세를 낮추어주는 누진율 인하를 추진하기가 곤란했다. 흐름상 누진세율을 더 높여서 전기를 많이 쓰는 사람들의 부담을 높이고, 에너지 복지를 위해서 저소득층의 전기세를 줄여주는 방향으로 가야 하는 상황에서 주상복합 아파트에서 전기료가 많이 나온다고 해서 그들만을 위해 전기세를 낮춰주는 것은 불가능했다. 아마 당분간도 그럴 것이다. 그래서 가장 최근에 지어진 고급 주상복합은 전기세를 줄이기 위해서 일부 전기 설비를 도시가스로 대체하고 있다. 가스로 냉방을 하는 것은, 기술적으로는 아무런 문제가 없다. 그래서 전기료를 수십만원대로 낮춘 주상복합이 등장을 하기는 했다. 물론 칼로리나 탄소배출 등 열량지표 같은 것으로 따져보면 전기나 도시가스나 크게 차이는 없지만, 주상복합에서의 전기료는 사실 살인적 수준이기는 했다. 부잣집 부모가 결혼한 자식들에게 가끔 주상복합 아파트를 사주는 경우가 있기는 한데, 생활비 자체가 너무 높아서 견디지 못하는 경우를 종종 보게 된다.(주상복합의 전기세와 관련해서는 전수 통계는 여전히 구하지 못해서, 여기에서는 소개할 수가 없다. 관련된 논문과 분석들이 학계 일부에서 준비되고 있는 것으로 알고 있다.)

자, 디버블링이라는 거대한 흐름을 만나면 이제 주상복합은 어떻게 될까? 언론에서는 거의 다루지 않았던 점이지만, 다른 아파트와는 달리, 주상복합은 거주비가 아주 높다는 특징이 있다. 물론 일반 아파트나 주택에서는 매우 더운데 생활비가 부족하다면 어쩔 수 없지만 창문을 열어놓고서 더위를 참으면 된다. 그러나 주상복합의 경우는, 창문을 통한 자연 환기가 사실상 불가능하기 때문에, 공조 장치를 가동하지 않고 그냥 참으면 실내 공기질이 급격히 악화되어 폐렴 등 거주민들의 대기성 질환이 증가하게 된다. 그냥 참고 버틸 수 있는 양식이 아니다. 한국의 모든 주거 공간은 '자연 환기'가 가능한데, 유일하게 그게 불가능한 곳이 '강제 환기'라는 방식을 사용하는 주상복합이다. 그리고 이런 이유로, 주상복합에 거주하는 것 자체가 생활비의 상승을 만들어내게 된다. 약식으로 계산하면, 10평당 월 20만원 정도라고 생각하면 될 것 같다. 작을수록 전기료가 줄어들고, 클수록 더 늘어나는 경향이 있다. 어떻게 보면, 초고층 주상복합이 보급되면 보급될수록 국민경제의 자원 의존도 혹은 생태적 건전성이 계속해서 악화되고 있었다고 할 수 있다. 그러나 그보다 더 심각한 것은, 이런 주거 양식이 고액의 전기료 등 지나치게 생활비를 상승시켜서 한국의 중산층을 붕괴시키는 데 현실적으로 작용했다는 점일 것이다. 초고층 주상복합 아파트 특히 랜드마크급의 아파트들에 사는 것만으로도 부유층에 진입했음을 상징하는 것처럼 여겨지던 시절이 분명히 있었다. 그러나 상징은 상징이고, 환상은 환상일 뿐이다. 공유 공간이 더 넓기 때문에, 같은 평수의 아파트에 비해서 주상복합은 관리비도 높게 나오고, 전기 요금은 비교할 수 없이 높다. 그것을 중산층이 감당할 수 있었을까?

주상복합 거주자 중에서 유일하게 본전을 챙길 수 있는 경우는, 자신이 그것을 소유하고, 생활비 합계를 초과한 만큼의 주택 가격이 상승하면 된다. 한국 주상복합의 경우 많은 사람들은 생활비가 다소 높게 나오더라도 '투가 자치'는 충분히 있다고 생각해서 이러한 투기 행위를 했던 것 같다. 그러나 불행히도, 디버블링과 함께 그런 일은 벌어지지 않게 되었다. 아파트 자체만 비싼 게 아니라, 생활비도 많이 들 때, 상품으로서의 문법을 그대로 적용한다면 유지 관리비가 비싼 상품이 된다. 당연히 같은 면적이라면, 그만큼 상품성이 떨어지는 제품이 되는 셈이다. 투기적 관점에서 이런 생활비는 사소한 부담이라고 무시하는 경향이 있었지만, 가처분소득의 비율로 보자면, 그렇게 무시할 비용은 아니다. 우리나라 도시민 평균 소득은 연간 4000만원 수준일 뿐이다.

디버블링과 함께 발생할 1차 충격 정도는, 실수요자 중 주상복합의 생활비를 감당할 사람들이 어느 정도나 되는가에 따라 다를 것이다. 이제 투기적 가수요로 인해 생활비를 떠안고 살던 사람들 중에서 주거지를 바꾸고자 하는 사람들이 등장할 텐데, 아마 거래 자체가 어려울 것이므로 좋든 싫든, 그냥 버티는 수밖에 없을 것이다.

국제적인 사례들과 비교한다면, 대체적으로 파리 13구의 톨비악 근처에 집중적으로 지어졌던 주상복합에서 일어난 것과 비슷한 일이 벌어질 것이라고 볼 수 있을 것이다. 사실상 한국 주상복합의 원형이 되기도 했던 톨비악의 아파트들은 일부는 슬럼으로 바뀌었고, 일부는 아주 저렴한 월세로 사는 외국인 특히 중국, 베트남 등 아시아 계열 이민자들의 집단 거주촌처럼 되었다. 우리나라의 경우에도 이와 유사한 일이 진행될 것이라고 생각된다. 주상복합의 재산적 가치가 크게 중요하지 않은 부유층은 자신들의 이웃들이 원래 생각했던 그런 사람들이 아니라는 것을 알게 되는 순간, 아파트가 팔리든 팔리지 않든, 이사를 떠나게 될 것이다. 유일하게 경제적 걱정이 없는 사람들은, 참 혜택받은 사람들이다. 몇 개의 섬처럼 떠 있을 수 있는, 부유층들이 사는 주상복합을 제외하면, 많은 주상복합들은 공동화됨으로써 월세가 일반 아파트보다 오히려 더 싼 가격에서 형성될 것이다. 왜냐하면 유지 비용 자체가 높게 나오기 때문에, 그만큼 월세를 낮추지 않으면 입주할 사람을 구하기 어려워질 것이기 때문이다.

그런 일련의 과정을 거치면서, 주상복합이라는 주거 양식은 한때 유행했던 재개발 시대의 양식으로, 역사 속에서 사라지게 될 것 같다. 일본의 개화기를 열었던 시대에 페리 제독이 최초로 도착했던 곳이 요코하마다. 그런데도 불구하고 도쿄의 위성도시에 가까운 요코하마의 신도시들은 가까스로 공동화를 피했다. 그러나 그것도 도쿄와 요코하마항의 후광 효과에 힘입어 겨우겨우 버틴 것이고, 버블 공황을 거치면서는 나머지 지역의 주상복합 형태의 아파트들은 제대로 입주민들을 채우지 못한 곳이 많다.

종로처럼 고도제한이 많이 걸려 있던 지역들 혹은 여러 가지 규제 장치로 초고층 주상복합을 짓지 못한 곳들이 이번에는 오히려 혜택을 입은 셈이다. 슬럼과 공동화 혹은 저소득층 아파트, 그런 형태로 지금의 주상복합은 설계했던 사람 혹은 시공사의 의도와는 다르게 변할 것이다. 지나치게 도심에서 먼 곳에 있던 주상복합들은 결국 역사 속의 흔적으로 저 혼자 서 있게 될 가능성이 높다. 물론 이 정도가 되면, 헐고 용도 전환하는 것이 맞을 텐데, 그것도 국민경제가 힘이 있을 때나 그렇게 하는 것이고, 이미 재건축된 건물을 또다시 다른 용도로 전환할 만한 주체나 여력이 디버블링 과정에서는 없을 것이기 때문에 주상복합 아파트들은, 빠른 속도로 노후화되면서 제대로 관리되지 못한 유럽의 많은 대형 아파트들의 역사와 비슷한 길을 걸어갈 것 같다.

디버블링이 진행되고 나면, 건물의 가치는 급격하게 감소하고, '평당 2000'이라는 말로 불렸던 입주 때의 재산적 가치는 급속하게 사라지게 된다. 남는 것은 입주자들에게 얼마씩의 지분을 만들어준 최초의 면적과 그 만큼의 경제적 가치일 것이다. 분양자들에게는 억울하겠지만, 투기를 붕괴시키는 시장의 균형이라는 것은 그만큼 잔혹하고 무시무시하다.

일본은 이 과정이 10년에 걸쳐서 진행되었는데, 사실 10년이 지났다고 해서 경제가 완전히 회복된 것은 아니고, '빈곤화'라고 하는 또 다른 문제점을 겪고 있다. 한국은 일본의 10년보다 빠를까? 한국은 정치라는 매우 특수한 분야에서 발생하는 다이내믹함이라는 것이 있어서 그보다 빠를 수 있다고 주장할 수는 있겠지만, 국제경제의 장기적 조정과 맞물리기 때문에 일본보다 아주 짧다고 보기는 어려울 것 같다.

문제는 주상복합이 사라지고 난 다음에 국민들이 살게 될 주거 양식으로 어떤 것이 다음 양식이 될 것이냐는 점이다. 주상복합 양식으로 재개발을 한다고 우리는 미처 수명이 다하지 않은 아파트들을 집단적으로 부수고 새로 짓는 일들을 했다. 디버블링 이후에도 아파트가 여전히 국민의 절반 정도가 거주하는 형식이 될 것이기는 하지만, 아마 재건축 형식보다는 건물 수명이 다한 아파트들의 철골을 강화하는 방식의 리노베이션 형식이 될 가능성이 높다. 그리고 6층 내외의 소규모 아파트들이 아마도 후분양 방식으로 새로운 시장에서 형성이 될 것이다. 그렇다면 개인 주택은?

이것은 서울로 모든 것이 향하는 지금의 중앙형 경제가 디버블링 이후에도 계속될 것인가, 아니면 지역 경제가 어떤 방식으로든 새로운 대안을 찾아서 우리 경제가 일종의 분산형으로 갈 것인가, 거기에 달려 있을 것 같다. 문화가 분산되고, 직장이 분산되는 방식으로 진행이 된다면, 소규모 공동주택과 개인주택들이 적절하게 조화를 찾으면서 '코뮌(commune)'이라고 부를 수 있는 지역 공동체들이 만들어지는 방식으로 분산화될 것이다. 그리고 그 속에서 '정주권'이라는 개념과 함께 지역 생태계와의 조화, 이런 것들이 새로운 목표로 제시될 수 있다. 이런 경우, 도시의 특정 지역에 재개발을 함으로써 집중 현상이 강화되는 기존의 흐름 대신, 사람들이 거주하고, 그 거주 권역에 따라 미비한 시설들이 재정비되고, 그런 과정에서 주민 자치가 활성화되는 흐름으로 갈 것이다. 그야말로 '공간의 재구성'이라고 해도 좋을 만한 변화가 생겨날 수 있다.

그러나 디버블링 이후에도 중앙형 시스템이 계속해서 작동한다면, 우리는 지난 10년 동안 한국의 '메이저 주거 양식'으로 생각했던 주상복합 아파트를 중심으로 소규모 슬럼들이 지속적으로 증가하는 매우 기이하면서도 슬픈 미래를 보게 될 것 같다. 우리의 가처분소득이, 이제는 더 이상 그런 주거 방식을 지탱해줄 수가 없다.

이 두 가지의 갈림길에서, 중앙정부가 직접 뭘 해줄 수 있는 여지가 그렇게 많지 않다. 토건 정부가 해체되는 과정에서, 중앙정부와 공기업은 물론 지자체들도 자신들을 디폴트로부터 방어해야 하기 때문에, 주상복합 문제에까지 일일이 신경을 쓸 겨를이 없는 것은 물론, 경제적 여력도 없을 것이다. 지자체 수준에서 시민이라고 부르든, 주민이라고 부르든, 어쨌든 지역의 미래를 위해서 뭔가 대안을 찾아내고 준비를 할 수 있는 지역과 그렇지 못한 지역 사이의 편차가 더욱 커질 것은 분명하다.

12 | 생태적 삶과 국민들의 경제생활, '마케팅 사회'의 해체

자, 이제 길고 길었던 여정을 정리해야 할 순간이 왔다. 한국의 토건이 지금처럼 기형적으로 되고, 또 그게 국가의 토건 장치들은 물론 토건과는 상관없을 것 같은 문화와 복지마저도 토건식으로 운영하게 만들어서, 국가 운용의 제1원칙으로 등극하는 과정 그리고 그것이 디버블링이라는 시장의 조정을 만나게 되는 과정까지를 자세히 살펴보았다.

'비즈니스 사이클' 정도의 이름으로 불리는 경제 주기설을 사용하든, 아니면 거품이라는 표현을 사용하는 투기 경제로 분석하든, 규모와 기간의 차이는 있더라도 많은 사람들이 한 번쯤은 전격적인 디버블링이 벌어질 것이라고 생각했던 것 같다. 그 원인을 정부처럼 구조적 측면에서 찾기도 하고, 어떤 경우에는 개인들의 탐욕 혹은 국민성 같은 측면에서 찾기도 하는 것 같다. 나는 문화도 일종의 구조적 결과물이라서 지나치게 개인의 속성으로 환원하는 접근법에 대해서는 반대하는 편이다. 그러나 우리가 지나쳐온 토건 경제의 역사 그리고 그것이 공사주의로 한 단계 높아지는 과정 속에서, 개인의 삶도 어떤 식으로든 변화하게 되었고, 그렇게 변한 개인들의 경제적 삶이

다시 경제 구조에 영향을 미치게 되는 일종의 '자기 강화 시스템'이 작동한 것은 사실인 것 같다.

보통은 고객주의(clientilism)라는 식으로 표현되는 새로운 흐름이 생긴 것은 역시 90년대 이후의 세계화와 관련이 있다. '소품종 대량생산' 시절에는 품질의 차이가 워낙 명확해서 마케팅이 차지하는 비중이 절대적인 것은 아니었다. 그러나 포드주의의 해체와 함께 '다품종 소량생산'의 체제로 전환되면서, 유사한 제품 사이에서 작은 차이를 극대화시키는 마케팅의 중요성이 커지게 되었다. 고객 만족주의에서 감성 마케팅에 이르기까지, 일련의 마케팅 기법들이 21세기로 넘어오면서 전성기를 맞게 되었다. 등장한 지 채 50년이 되지 않아서 마케팅이라는 학문이 최고의 영광을 누리게 된 셈이다.

여기에 전 세계적으로 지난 10년 동안 생산자본과 유통자본 사이의 힘겨루기에서 유통 쪽이 유리한 기반을 형성되게 되었다. 유통자본에 대한 관심은 로자 룩셈부르크의 『자본축적론』의 분석까지 거슬러 올라갈 수도 있겠지만, 여기에서는 농업과 산업 활동 전반에서 대형 할인 매장 등 유통 쪽으로 힘의 축이 많이 이동하게 되었다는 정도로도 그것에 대한 관심이 증가한 이유를 설명하는 데는 충분할 것이다. 만드는 사람보다 파는 사람들이 더 많은 돈을 벌게 되는 상황, 그런 변화들이 벌어지게 되었다. 자연히 제품에서 원가가 차지하는 비중이 줄어들게 되고, 유통과 마케팅에 들어가는, 일종의 '판매 비용'이 더 많은 비중을 차지하게 된다. 만드는 것보다 파는 것이 더 어려워지는 시기, 혹은 만드는 기술보다 파는 것이 더욱 큰 기술이 되는 시기, 그런 시기가 지난 10년 동안의 흐름이라고 할 수 있다. 당연히 소비자와 만나는 쪽으로 경제 권력이 이동하게 되고, 근본적 기술에 해당하는 과학과 기술 부문이 오히려 배가 고프고, 그래서 국가가 과학기술 분야에 개입해야 한다는 주장이 공공연하게 나오게 되는 시기가 되었다. 이걸 유통 혁명이라고 부르기도 하고, 유통 혁신이라고 부르기도 하는데, 어쨌든 10년이라는 크기의 눈으로 보면 확실히 대형 할인 매장과 마케팅을 축으로 하는 큰 흐름이 우리들의 일상에 더 많이 침투하게 되었다.

　이런 일련의 변화를 '신자유주의'라고 분석하는 것은 너무 무딘 칼이라는 생각을 종종 한다. 여기에는 개인들의 일상에서의 변화 그리고 소비문화의 패턴 변화와 같은 큰 흐름도 있지만, 우리가 생활협동조합이나 지역경제와 같이 사회적 경제, 시민 경제, '연대의 경제(economy of solidarity)' 혹은 '제3부문' 등의 이름으로 불렸던, 국가도 아니고 자본도 아닌 또 다른 경제 영역을 전혀 형성하지 못한 한국의 특수 상황들도 개입을 하게 될 것 같다. 조합원이나 회원의 자격으로 생산자와 직접 연결되는 방식의 구매를 하지 않는 개인들은, 결국 가격이라는 경제 시스템 맨 아래에 위치하는 정보 아니면 '동일화' 등 문화적 감성을 자극하는 마케팅, 딱 두 가지의 영향을 받게 될 것이다.

　이런 일련의 흐름 속에서 한국에서는 쇼비니즘 마케팅이 하나 더 추가된다. 수출 중심의 대기업들이나 네트워크 장사를 하는 정보통신 분야 기업들이 종종 이런 쇼비니즘에 기대어 장사를 하게 된다. 광고에는 때때로 이순신 장군도 나오고, 광개토대왕도 나오고, 스포츠 스타들도 나와 파시즘 홍보 영상을 방불케 하는 쇼비니즘 담론을 만든다. 에너지 회사들도 이런 쇼비니즘 마케팅에 살짝 자신의 이름을 얹는다. 정치적 메시지는 극우파 담론이지만, 개인들에게 마케팅 기법을 동원해 던지는 유혹은 단순하다. "네 돈을 내놔!" 한국의 소비자는 사회적 경제의 영역을 미처 만들어내지 못한 상황에서 마케팅 사회라는 강렬한 흐름을 경험하게 되었다. 마케팅의 개척자라면 단연 미국을 꼽을 수밖에 없는데, 미국에서도 할리우드 스타들은 걸어 다니는 광고 게시판이 될지언정, 공중파 광고에 직접 출연하는 일은 거의 없다.

　토건에서 마케팅 사회까지, 지난 10년 동안 우리가 걸어온 일련의 경제적 흐름의 결과가 중산층의 실종이다. 개인들의 경제적 삶의 객관적인 지수로는 실제적으로 가처분소득과 저축액, 딱 두 가지가 직접적인 영향을 미친다고 할 수 있다. 물가를 감안한 가처분소득이 90년대에 비해서 줄어든 것은 선진국 대부분에서 벌어진 일인데, 한국도 가처분소득이 감소했다. 그리고 저축액은 OECD 1위 수준에서 꼴지 수준으로, 많이 변했다. 한국의 중산층이라고 한다면, 그들의 소득이 줄었고, 저축은 그보다 더 많이 줄었다는 것으로 요약할 수 있을 것이다. 이 과정에서 중산층이 붕괴하지 않고 기본적인 삶을 어느 정도로 유지하는 유일한 해법은 일반 복지, 즉 그 수혜자가 누구이든 상관하지 않고 지급하는 방식의 복지다. 최빈민 계층에 대한 기초 복지에서는 이 기간 동안 괄목할 만한 변화가 생긴 것이 사실이지만, 한국 경제의 기본 단위라고 할 수 있는 중산층에 대한 복지에서는 '생산적 복지' 패러다임이 복지의 기본 이념이 되었던 지난 10년 동안 별로 나아진 게 없는 거 같다. 복지는 금액의 문제이기도 하지만 사회적 신뢰성의 함수이기도 하다.

정부가 일반 복지에 대해서 특별한 투자를 하지 않을 것이라고 많은 사람들이 인지한 순간, 개인들의 삶은 '불안 마케팅'의 범주에 포착되었다. 정부에서는 복지를 얘기하지만, 그것들은 아주 천천히 추진될 것이라는 점 그리고 무엇보다도 주거와 교육 혹은 의료와 같은 분야에서 정부의 일반 복지 체계가, 중산층들이 기대하는 서비스로까지 확장되지 않을 것이라는 점은 은퇴를 앞둔 개인이나 퇴사의 위험에 시달리는 개인 등에게 다양한 형태로 확산되어 있다. 정부를 믿을 수 없을 정도로 지혜로운 개인 그리고 경제적으로 공유할 수 있는 '코뮌' 같은 것은 다시 등장하지 않을 것이라는 신봉하는 합리적 경제 주체, 그런 사람들이 "내 일은 내가 알아서 한다"라고 기댄 것이 보험 서비스다. 한국의 경제 주체들은 집단적으로 지난 10년 동안 복지보다는 보험을 더 자신들의 구세주로 선택한 셈이다.

글로벌 금융 위기가 경제적 위기감으로 전 세계를 뒤덮던 2008년 한국 국민들이 생명보험에 지불한 돈이 88조 원이었다. 민간 보험과 일반 복지 사이의 길고 긴 논쟁과는 달리, 이 정도의 돈 규모가 가처분소득에서 지급되었을 때, 과연 개인들의 현실적 삶은 어떻게 되었을까? 이 질문은 오히려 공포스럽기까지 하다. 원칙적으로 본인이 죽어야만 보험금을 받을 수 있는 생명보험에 88조원이나 지불하고 있다는 데서는 자신이 죽었을 때 자녀들의 경제적 삶을 걱정하는 중산층 부모의 마음 씀씀이가 느껴져서 착잡한 심경이다. 이렇게 기존의 주거비에 사교육비를 지출하는 것도 모자라 불안 마케팅과 결합된 생명보험까지 내고 있으니, 과연 한국 중산층의 일상적 삶은 어땠을까?

자, 이렇게 실질소득과 가처분소득은 줄고, 개인 예금은 축소된 상황에서 장기간의 경제 침체라는 결과를 가지고 올 디버블링의 긴 터널을 어떻게 개인들이 겪을 수 있을까? 탐욕스런 개인의 문제라고 하거나, 아니면 정반대의 시각으로 모든 것은 구조의 문제라고 하는 것이 이 같은 현실 앞에서는 조금 무기력할 수밖에 없다. 케인스의 시대에는 개인들이 더 많은 소비를 하는 것이 불황을 빨리 탈출하는 길이라고 했다. 구조적으로 타당한 얘기이기는 한데, 한편으로 마케팅 사회라는 유통주의에 따른 특수한 소비문화가 이미 형성되어 있고, 또 다른 한편으로 1960~1970년대와 같이 무조건 많이 생산하고 또 최대한 많이 소비하면 된다는 식의 생산주의를 다시 강화하기에는 '지구 생태' 혹은 '지역 생태'라는 물질적이고 현실적인 제약 조건이 걸려 있다. 문화 혹은 지식과 관련된 경제 활동의 규모는 얼마든지 늘릴 수 있겠지만, 물질과 에너지는 어떤 식으로든 물량적인 '다운사이징'이 필요한 새로운 세기를 우리는 만나고 점점 더 그 추세로 가고 있는 중이다. 그러니 대공황 시절처럼 전쟁을 해서라도 대규모 소비를 이끌어내자는 과거의 방식이, 이 새로운 세기에는 경제적으로도 타당하지 않고, 물질적으로도 타당하지 않은 셈이다. GDP를 높이면서도 생태적 건전성 즉 자원과 물질의 소비는 줄이는 형태의 국민경제는 이미 스웨덴이나 스위스 아니면 노르웨이 같은 나라들에서 목격한 바가 있다. 그런 나라들은 이미 1인당 국민소득 6만 불을 넘어섰는데, 이런 나라들은 토건 경제를 하지도 않았고, 한국이나 일본처럼 노동 강도가 높지도 않다. 게다가 전통적인 경제 강국들도 아니고, 조상들에게 전수받은 엄청난 기술력을 가지고 있지도 않았다.

급격한 경제위기 속에서, 그런 대로 자신의 삶의 '존엄성'을 유지할 수 있는 조건은 두 가지 정도라고 할 수 있을 것이다. 융자가 있느냐, 그리고 저축액을 가지고 있느냐? 적더라도 저축을 하는 사람들은 순자산이라는 면에서 자신을 지킬 수 있는 경제적 힘을 가지고 있는 셈이다. 이 일이 가능하기 위해서는, 지난 10년 동안 집값 상승을 예견하며 "빚내서라도 집 사라"는, 한국 마케팅의 꽃이었던 토건 마케팅에 귀를 기울이지 않았어야 할 것 같다. 그리고 "자기에게 쓰는 돈은 투자"라고 말하던, 패션 등의 판타지 마케팅으로부터 스스로의 경제생활을 지켰던 사람들이라고 할 수 있다. 여기에 사교육 마케팅으로부터도 어느 정도는 삶의 건전성을 지킨 사람들일 것이다. 전통적으로는 이런 경제활동을 하는 이들을 '짠돌이, 짠순이'라고 부르기도 한다. 최소한 부동산 투기는 하지 않는다는 건전한 보수의 가치관 정도를 가진 사람들이 이번 위기에서 자기 존엄성을 지킬 수 있게 될 것이다.

현실적으로 '부동산 푸어'라는 범주에 들어가는 사람들에 대해서 이 국면에서 어떤 지원을 해야 할 것인가가 결국 논란의 핵심에 될 것이다. 2억 원 이상의 대출을 했는데, 부동산 가치는 구매 시점보다 오히려 하락해서, 순자산을 계산하면 마이너스인 상황, 그런 사람이 생활 자금이 부족하다고 할 때 긴급 생활비 지원을 해야 할 것인가?

근본적인 토건 경기의 해체가 디버블링이라는 시장 상황에서 이뤄야 할 목표라고 한다면, 문제가 되는 부동산은 시장 원칙대로 처분하게 하는 게 맞기는 맞을 것이다. 투기와 관련해서 자신이 잘못된 투기를 했다면 시장의 작동 방식에 의해서 그에 따른 불편은 감소해야 한다는 것이 '모럴 해저드' 등을 통해 보수주의자들이 주장했던 방식이다. 시장 근본주의를 이끌어왔던 보수주의자들은 '하우스 푸어'에게 생활 자금을 긴급 지원하는 것을 반대하는 것이 일관된 입장일 것이다. 국민경제의 생태적 전환을 주장하는 사람들의 입장에서도, 생활비 지원으로 시장의 조정 국면을 늦추고, "다시 집값이 오를 때까지 버티기"를 하는 것이 탐탁하게 느껴지지는 않을 것이다.

그러나 나는 하우스 푸어에 대해서도 비록 한시적인 형태로라도 생활비 지원을 하는 것이 맞다고 생각한다. 그러나 모두에게 지원을 하는 것은, 우파들의 표현대로 모럴 해저드의 문제가 생기고, 지난 10년간 투기 경제에 참여하지 않았던 사람들과의 형평성 문제가 제기될 것이기에 어렵다고 생각한다. 선택적으로 지원을 해야 한다면, 과연 어떤 범주의 하우스 푸어에게 지원을 하는 것이 타당할까?

특정 정책에서 사회적 협의에 의한 보편적 합의가 중요하다고 할 때, 하우스 푸어의 경우에 자녀의 생활비 지원 정도는 한국인이라면 정치적 입장의 차이에도 불구하고 누구나 합의할 수 있는 최소한의 기준이 될 것이다. 일본의 경우는 버블 공황을 버티면서 유효수요를 늘리기 위해서 상품권 같은 쿠폰도 발행해보고, 직접적인 생활비 지원도 하고, 전통적인 케인스의 방식을 나름대로는 사용했는데, 결국 정부 재정적자만 늘리고, 단발성 지원에 그쳤지 유효한 지원이 되지는 않았던 것 같다. 나는 하우스 푸어에 대한 단기성 지원에 대해서는 반대하지만, 예를 들면 스스로 경제생활을 할 수 없는 중학교 이하의 자녀에 대해 생활 보조 등의 형태로 제한적인 생활비 긴급 지원을 하는 것은 필요하다고 생각한다. 토건과 신자유주의, 여기에 마케팅 사회의 특수 조건이 지난 10년 동안 결합됨으로써 하우스 푸어라는 범주를 만들어낸 것인데, 이 속에서 책임이 없을 것이 분명한 유아와 청소년들의 경제적 삶은 보호되는 것이 타당하다고 생각한다. 그리고 특수한 상황에 놓인 청소년들을 위한 경제적 지원은, 이 기회를 맞아서 더 많이 늘려야 하고, 이게 보편적인 일반 복지의 형태가 되는 것이 장기적으로 옳을 것 같다. 그런 점에서는 하우스 푸어 대책을 교육과 보육이라는 관점에서 '생산적 복지'가 아닌 '보편적 복지'로 한국이 전환하는 데 계기로 삼는 게 좋을 것 같다는 생각이다.

단기적으로, 경제 공황 혹은 경제적 위기를 맞아서 고통 분담을 하는 것은 당연하다고 생각한다. 그러나 그 고통 분담이 저소득층과 중산층들에게는 일반적인 고통 참기가 되고, 지난 IMF 경제위기처럼 대기업들과 지방 토호들에게는 새로운 역전의 계기가 되어서는 곤란할 것이다. 하우스 푸어의 생활 지원은 이런 관점에서 검토되면, 나름대로 사회적 해법을 찾을 수 있을 것 같다. 이들에 대한 단기적 지원에 대해서, 나는 동의할 것이고, 몇 가지 단서 조항 내에서 지지도 할 것이다.

그러나 장기적인 관점으로 본다면, 중산층을 지탱하는 경제는 결국 자기 가처분소득 수준을 넘지 않는 소비와 차입 관리, 기본적 삶을 지탱해주는 복지 정책, 그리고 결국은 자신의 주변에서 지역 경제를 만들어낼 수 있는 '코뮌'을 중심으로 하는 사회적 경제의 복원, 이런 것들을 통해서만 가능할 수 있을 것이다. 재테크와 투기와 같은 고속 성장 시대에만 한시적으로 가능했던 것들은 중산층의 구원이 될 수도 없고, 그것들로는 국민경제의 건전한 선순환을 기대하기도 어렵다.

생태주의 내에서는 '자발적 가난'이라는 아주 오래된 테제가 있다. 내용이 복잡한 것은 아니다. 승용차를 덜 타기 위해서 대중교통을 이용하고, 마케팅이 권하는 상품이 아닌, 지역 경제나 생협을 통해 물건들의 소비를 늘리고, 투기 행위에 가담하지 않는…. 이러한 삶의 패턴은, 정신적이고 철학적인 지평에 대한 강조임과 동시에 베풂과 나눔 같은 전통적인 방식을 강조하는 것이다. 물론 한국에서는 이런 삶들을 한때 '찌질한 것'으로 간주했다. 그렇게 과시적 소비와 더불어 메갈로매니아적인 남근주의와 크기를 숭상하는 토건 문화 혹은 토건 미학이 한창인 한때를 우리는 지나게 되었다.

그러나 그 결과가 그렇게 아름답지는 않은 것 같다. 국민 평균 소득과 세금을 감안하면, 대체적으로 4인 가족 기준으로 연소득 1억 원 정도가 돼야 한국의 마케팅 세력이 모델로 삼는 표준적이고 평균적인 국민인 것 같다. 물론 그 정도 소득을 가지고도 융자로 주택을 구매했다면, 그대로 부동산 푸어의 범주에 들어간다. 그만큼 주택 가격이 많이 상승했고, 지불능력을 상회하는 과도한 융자가 사회문화적으로도, 국가적으로도 권장됐기 때문이다.

이제 디버블링과 함께, 한국 중산층은 '강요된 가난'의 긴 터널을 통과하게 될 것이다. 그것이 자발적이든, 강요된 것이든, 어쨌든 정신세계의 문화적 지향점은 어떨지 몰라도, 최소한 경제적이거나 물질적인 관점에서 한국의 중산층은 생태적 삶에 아주 유사한 방향으로 개인적 경제생활을 전환하게 될 것이다. 20대에는 20평, 30대에는 30평, 그리고 40대에는 40평이라는, 1980년대 중후반 이후 한국에서 중산층을 규정을 위해서 민간요법처럼 사용되던 공식은 자연스럽게 폐기될 것이다. 사실 이미 가처분소득과 저축 등 금융 자산이라는 관점에서는 중산층으로 분류될 수 없던 사람들이 다만 언젠가 오를지도 모르는 일정 규모의 아파트를 소유하고 있다는 것만으로 사회적으로 중산층으로 여겨졌고, 또 자신들도 그렇게 생각했던 것 같다. 디버블링과 함께 거품만이 꺼지는 것이 아니라, 왜곡된 인식과 이미지 자체도 꺼지는 것이고, 그렇게 현실이 본 모습을 보이는 것에 불과하다고 생각하는 게 옳을 것 같다. 그들에게는 일정하게 '근검 절약'이라는 '강요된 가난'의 한 패턴을 요구하게 된다. 물론 그 요구를 거부할 수도 있지만, 이전과 같은 삶으로는 최소한의 자기 존엄성을 지키기가 대단히 곤란할 것이다. 제2금융권이나 대부업체의 고금리를 감당해야 생활비를 마련할 수 있다거나, 지하경제에 고스란히 노출되어야 살 수 있는 상황에서는 자기 존엄성을 가지고 있다고 말하기는 어렵다.

생태적 삶과 '강요된 가난'은 사실 종이 한 장 차이다. 물론 생태적 삶이, 엘렌 러펠 셸이 『완벽한 가격』에서 보여주듯이 그냥 '싼 가격' 혹은 '최저가'만을 쫓아다니는 그런 비루한 삶은 아니다. 때때로 유기농업을 지지하기 위해서 생활협동조합이나 시민지원농업(CSA: Community-Supported Agriculture)을 통해 더 불편하게, 그리고 더 비싼 물건을 부분적이나마 구매해야 하는 경우도 발생하게 된다. 패스트 패션이 아닌, 생태계에 부하를 적게 주는 새로운 형식의 패션은 소비자에게 새로운 부담을 줄 수도 있다. 제3세계의 유기농업에 조금이라도 더 많은 이득이 돌아가게 하기 위해 품질 차이가 거의 나지 않음에도 커피 원두를 비롯한 국제 농산물을 더 비싼 돈을 주고 사면서, 정말로 이게 효과가 있을까, 이런 찜찜한 마음을 지울 수 없는 것도 생태적 삶에 포함된다. 게다가 본 적도 없고, 앞으로도 볼 가능성이 없는 고래를 지키기 위해서 환경단체에 회비를 납부해야 하기도 하고, 지역 생태계를 위한 봉사 활동에 자신의 여가 시간을 할애해야 하기도 한다. 물론 이런 비용을 다 합해봐야 정장 한 벌 값도 안 되기는 하지만, '자발적 가난'의 경우에는 정말로 돈이 없어서, 그렇지 않은 사람들은 '마음이 가난해서', 쉽지는 않은 일이다.

한국의 20대 대부분이 그리고 이제는 하우스 푸어까지 포함하는 광범위한 의미에서의 중산층들이 생태적 삶에 가까운 삶을 살게 될 것이다. 기왕 그렇게 살 수밖에 없다면, '생태적 삶'이라는 간판을 내걸고, 소비의 억제를 강요당한 것이 아니라 스스로 선택한 것이라는 명분이라도 내걸 때 조금이라도 정신이 풍요해질 것 같다. 큰 차이는 없지만, 그래도 스스로 선택한 요소를 내면화시킨다면 자신의 삶을 지나치게 비관하게 되지는 않을 것 같다. 오랫동안 생태경제학 내에서는 '자기절제(auto-limitation)'라는 물음을 던져 왔지만, 마케팅 사회에서는 거의 무의미한 '변방의 북소리' 같은 것에 불과했다. 그러나 앞으로 전개될 한국 경제의 국면에서, 실제로는 보다 많은 사람들이 생태적으로 자각함으로써 생태적 삶을 표방하게 될 것 같다. 엄청나게 큰 깨달음을 얻거나 생태적 자각이 생겨나서 그런 것이 아니고, 변화된 삶의 패턴에 명분이 필요하기 때문에 그렇게 될 것이다. 경제적 이유로 승용차를 포기하는 사람이 "지구를 생각해서"라고 한마디 한다면 그 근본 이유나 현실적 사정을 따지기보다는 예전부터 그런 '대안적 삶'이라는 것이 존재했다고 말하는 게 좋을 것이다.

1970~1980년대, 우리는 저축을 강조하고, 그것을 하나의 사회적 덕목으로 생각하던 사회를 살았다. 21세기 첫 10년을 보내면서, 우리는 소비를 강조했고, 마케팅을 또 다른 미덕으로 생각했고, 자신을 위해서 소비하는 것이

투자라고 말했었다. 다시 우리는 근검 절약이 미덕이 될 수밖에 없는 시기로 가는 것인데, 우연히 그리고 공교롭게도 이 변화에서는 생태적인 것들이 사회문화적 현실과 잘 맞게 되었다.

　물질적인 의미에서 더 이상 경제적 축적이 불가능해지는 시점, 그것을 『국부론』의 아담 스미스도 생각했고, 『정치경제학 원리』의 존 스튜어트 밀도 생각했다. 어쩌면 한국 경제는 물질적 팽창이 불가능해진 바로 그 시점을 만나게 된 것일지도 모른다. 물론 우리보다 더 큰 국민소득을 가진 나라들은 많지만, 에너지나 자원과 같은 물질로 따져보면 우리는 거의 대부분의 지표에서 미국인들 다음으로 많은 자원을 투입하면서 살아왔다. 석유, 석탄, 철강 같은 것들이 그렇고, 한국은 1인당 시멘트 사용량이 가장 많은 나라일 것이다. 미국은 자국 유전을 미래를 위해서 아직 제대로 개발도 하지 않고 있으며, 전 세계의 자원을 자국의 경제적·정치적 힘으로 전유하면서 경제성장의 길을 열어가고 있다. 그러나 한국은 그런 미국이 아니고, 그럴만한 외부적 힘을 갖추고 있지 못하다. 현 상황에서 우리는 자원 투입량을 마음대로 증가시킬 수 없으니까, 수천 년 동안 조상들이 물려주었던 '생태적 자산', 산과 강 그리고 바다를 훼손하면서 지난 몇 년간을 버텨온 셈 아닌가? 불행히도 생태적 자산이라는 것은 무한한 자원이 아니다. 자원은 물론 생태적 자산까지 총동원하면서 끌고 온 외연적 발전, 한국 경제는 그 한계를 만난 셈이다.

　더 이상 외부적 요소 그리고 물리적 요소로 우리가 무엇을 끌어낼 수 있을까? 그 상황은 고전학파 경제학자들이 말한 경제 시스템의 궁극의 도달점, '정체 상태(stationary state)'와 같다. 현대적으로 해석하면, 허먼 데일리(H. Daly)와 같은 학자들이 '항상 상태(steady state)'를 주장하면서, 자원 투입 속도와 폐기물 발생 속도 같은 것을 조절함으로써 더 오래갈 수 있는 방법을 찾아보자고 했지만, 솔직히 지난 10년 동안 한국은 그렇게 하지 않았다. 경제발전 도약기에는 저축률을 높여 자본을 일부 확보함으로써 외자 의

존율을 낮추자는 담론이라도 있었다. 그러나 금융 세계화라는 국면에서, 그렇게 저축하자고 주장할 만한 외부의 저명한 학자도 없고, 내부에는 그럴 힘도 없다. 이러한 상황에서, 존 스튜어트 밀이 얘기했던 문화와 정신이 풍요로워지는 상황, 그게 지금 우리에게 닥친 모습과 비슷하다.

마케팅으로 돈을 더 이상 쥐어짤 여력이 곧 한국에서는 소진될 것이다. 물론 1318 마케팅으로 10대들의 마지막 돈까지 쥐어짜던 그 능력이 단번에 사라지지는 않을 것이라서 개인들에게 신기루를 보여주거나 그들의 열등감을 자극함으로써 유통 자본의 마지막 능력을 보여주기는 할 것 같다. 그러나 마른 수건 쥐어짜듯이 더 쥐어짜도 한국 중산층들에게서는 아무것도 나오기 어려운 순간이 오게 된다. 그 과정에서 생태주의를 표방하는 시민들이 더욱 많이 등장할 것이고, 마케팅의 힘 대신 생태의 힘이 더욱 강해지기는 할 것이다. 물론 위선적인 속성도 있고, 문화적인 속성도 있을 것이다. 그러나 상품을 사고는 싶지만 돈이 없어서 살 수 없다고 하는 것보다는, 지구를 생각하기 때문에 과도한 소비는 줄이려고 한다는 편이 훨씬 더 우아하다. 사람들은 예전에 비하면 훨씬 가난해졌지만, 문화적 우화함을 지키는 편을 선택할 것이다. 토건과 마케팅의 힘이 한국 경제와 한국 문화의 생태적 전환을 10년 동안 가로막고 있었지만, 경제는 결국 과학이라, 자기 스스로 일정한 균형을 찾아가는 힘을 보여주는 것 같다.

토건 사회가 디버블링과 함께 해체 국면에 들어갈 것이고, 동시에 마케팅의 힘도 약화될 것이다. 그런 면에서 생태는 이데올로기나 이념의 속성보다는 한국에서는 실용적인 속성이 더욱 강한 것 같다. 어차피 짊어져야 할 가난이라면, 일단은 생태적 삶을 스스로 선택한 것이라고 설명하는 편이 자신의 존엄성을 지키고, 정서적 만족감도 줄 것이다.

자, 마지막 딜레마가 남는다. 신문, 잡지는 물론이고 방송과 같이, 우리가 가지고 있는 공적인 정보통신의 영역의 상당 부분은 마케팅이라는 힘 위에 얹혀 있었다. 이미 전통적인 매체에서 아무리 광고비 지출을 늘려도 국민들의 소비가 더 이상 늘어나지 않는 현상들이 벌써 몇 년 전부터 생겨났고, 그로 인해서 하버마스(J. Habermas)식 표현을 빌리자면 '공론장'이라고 할 수 있는 것들이 전통적인 광고 방식으로는 잘 작동하기 어려운 현상이 벌어지고 있었다. 마케팅 비용 즉 일종의 신흥 권력이 내는 광고비에 의존해서 공론장이 돌아가고, 이걸 시장의 원리라고 생각했었다. 해도 적당히 했어야 하는데, 한국의 언론들은 중산층이라는 경제의 기본 단위가 해체될 때까지 토건과 마케팅을 밀었으니, 사실 해도 좀 너무한 것이기는 하다.

토건이 끝나고, 마케팅이 끝나면, 제일 먼저 생존의 기로에 설 것들이 바로 공론장이다. 이제 우리는 새로운 다음 단계의 질문에 부딪히는 셈이다. 존 스튜어트 밀이 생각한 것처럼, 아마도 다음 단계의 한국 경제는 좋든 싫든, 창의성과 지식 그리고 문화에 더욱 많이 의존하고 이런 것들에 지출을 늘리는 탈 포드주의의 국민경제 모델로 가는 수밖에는 없을 것이다. 자원을 줄여야 하고, 물량적 투입을 줄여야 하는 경제가 갈 수 있는 거의 유일한 방향이다. 그렇다고 우리가 군사력을 보강해서 18~19세기의 유럽 국가들이 했던 것과 같이 외부 자원과 외부 시장을 수탈하는 제국주의로 갈 수 있는 것은 아니지 않은가?

5년이 걸릴지 10년이 걸릴지 모르지만, 국민경제는 토건과 마케팅 대신에 다시 저축률을 높이고, 문화와 지식 투입률을 높이는 쪽으로 전환하며 새 출발을 하게 될 가능성이 높다. 그러나 그 기간 동안 우리는 공론장을 어떻게 높은 수준에서 유지할 수 있을 것인가? 이것은 새로운 종류의 질문이다.

지난 10년 동안, 한국의 대표적 신문들과 심지어는 공영방송도 시장이 시키는 대로 하면 되고, 그러면 선진국이 되는 것이라고 주장을 했었다. 그들 누구도 시민의 영역 혹은 가난한 사람들인 민중의 영역에 대해서는 재정적으로나 제도적으로 거의 주장한 바가 없다. 그러나 높은 수준의 문화 경제 혹은 지식 경제를 만들기 위해서 스스로 공론장에 대한 비용을 지불해야겠다는 사회적 합의가 없다면, 신문이나 방송도 버티기 힘든 순간이 우리에게 온다. 토건주의 시대에 한국의 생태가 '시민적 자각'에 호소했다면, 힘 좋은 신문이나 방송도 결국은 시민들의 작은 지출에 호소해야 하는 순간이 올 것 같다. 한때 마케팅 사회의 첨병으로 힘이 좋았던 시절이 있었다고 회고할 순간이 비참하기는 하겠지만, 쥐어짜도 더 나올 것이 없고 시민들의 높은 수준의 공론장에 대한 관심 외에는 버틸 수 있는 여력이 없는 순간이 올 것 아닌가?

앞으로 1~2년 후면 지금보다 더 힘든 경제 상황에서 생태적 전환과 파시즘적 전환, 두 가지 중에서 우리가 선택해야 하는 순간이 올 것 같다. 이것은 단순히 어떤 정권을 선택하느냐 혹은 어떤 속성의 정부를 선택하느냐보다 더 근본적인 문제다. 이 과정에서 내가 믿는 것은 역설적으로 딱 한 가지다. 지난 10년 동안 만들어놓은 경제적 구조는, 10대든 20대든 그들을 너무 바쁘게 만들어서 파시즘으로 동원하기가 힘들 것이라는 점이다. 그들은 취업 준비와 입시 준비 등 기존의 틀 내에서 너무 바쁘다. 이 사실은 우리 사회를 파시즘으로 전환시키고 싶어 하는 사람들에게도 마찬가지 제약 조건일 것이다. 한나라당 정치 집회에 10대들을 동원하거나 20대들을 불러내서 히틀러나 무솔리니처럼 대규모 전당대회를 하는 일, 이런 일은 2010년 한국에서는 불가능하다. 대기업의 취업 설명회나 유명 대학의 입시 설명회 외에, 한국의 10대와 20대를 집단적으로 움직이게 할 수 있는 것은 이제는 없다. 우드스탁 모델이 한국에서 잘 움직이기 어려운 것과 마찬가지다. 쇼비니즘은 그때에도 크게 줄어들지는 않을 것 같지만, 단순한 쇼비니즘만으로 파시즘으로 전환되기에는 아무래도 한국의 대학생들은 너무 바쁜 것 같다.

한국의 역사를 따져보면 군부독재 30년, 시장 근본주의 30년, 그리고 마지막 10년은 강력한 토건주의를 한 셈이다. 그리고 지금은 공사주의의 클라이맥스를 지나고, 디버블링을 앞두고 있다. 이다음의 경제 패러다임에서는, 방향은 생태, 수단은 문화와 지식, 그렇게 될 것이다. 저축율의 복귀 그리고 한 번도 우리가 제대로 못해본 지역 경제의 형성, 그렇게 움직일 것이다. 대체적으로 우리는 그렇게 갈 것 같다. 논리적으로 그 외에는 지금 한국 경제는 길이 없고, 그렇게 가지 않았으면 하는 세력들이 여전히 강력하지만, 너무 한국의 빈민층과 20대 심지어는 중산층마저 쥐어짜다 보니, 스스로의 재생산 구조마저 무너지게 된 셈이다. 그래서 당분간 힘으로 막으려고 하겠지만, 결국 시장의 조정 메커니즘과 지구 생태라는 세계적 변화, 두 가지 힘에 의해서 우리도 길을 찾아가기는 할 것 같다.

자, 이 어두운 디버블링이라는 터널을 통과하고 난 후, 정상적인 선진국이 된 한국에서 여러분 모두와 웃으면서 다시 만나고 싶다.

에필로그

푸어맨스 무디 블루스

하지만 우리는 함께 걸을 수 없네요

당신 친구들이 나에게 무슨 말을 건네와도

아무리 당신이 믿고 의지하는 친구들일지라도

그들은 이미 내 마음을 당신한테서 훌쩍 떠나버리게 했거든요

우리 사이는 이제 끝나버린 거예요

내게는 당신이 필요한데요

그래요, 당신을 원하는데요

맞아요, 당신을 사랑하는데요

(바클리 제임스 하비스트, 〈푸어맨스 무디 블루스(Poor Man's Moody Blues)〉

중)

바클리 제임스 하비스트라는 이름을 가진 영국의 프로그레시브 록 밴드
가 부른 노래 중에 〈푸어맨스 무디 블루스〉라는 것이 있다. 활동한 기간에
비하면 그렇게 많은 히트곡을 남긴 밴드는 아닌데, 어쨌든 한 시대를 대표할

만한 그런 곡이었다. 1977년에 발표된 이 노래는 80년대를 대표하는 노래 중의 하나가 되었다. '푸어맨', 이 단어는 과거에 속한 단어다. 한국에서 21세기는 IMF 경제위기의 한가운데에서 시작하였는데, 그 후 10년, 이제 기다리고 있으면 모든 것이 좋아질 것이라고 대부분의 사람들이 생각했던 시절도 분명히 있었던 것 같다. '절차적 민주주의'는 이제 어느 정도 완성되었고, 기다리고 있으면 민주당의 동진 정책에 의해서 지역감정 문제도 해소되고, 조국에는 보람찬 미래만이 앞길에 놓여 있는 것 같다고 생각했던 것 같다. 새만금, 뉴타운, 기업도시 그리고 골프장과 같이 그 당시 집권당인 열린우리당과 야당이었던 한나라당 국회위원들이 거의 한 목소리로 동의했던 일들이 있었다.

탄핵의 열풍 속에서 열린우리당 국회의원들이 과반수를 넘어섰던 그 시기에 처음으로 여야 국회의원들이 한 목소리로 한 테이블을 형성한 적이 있었는데, 그게 바로 기업도시법이다. 뉴타운법은 서울시의 은평 뉴타운으로 한나라당에 토건 헤게모니를 뺏길 것 같아 조바심이 났던 민주당의 바로 그 초선 의원들이 중심이 되어서 생겨났던 것이다. 새만금 방조제가 바다를 완전히 막던 날, 경제학자로서 나는 한국의 다른 측면은 모르겠지만, 경제적 면에서는 망했다는 생각을 했다. 이것은 단순히 생태계를 중심으로 경제를 사유하기 때문에 그런 것만은 아니다. 지방 토호들이 중앙의 토건 자본과 만났고, 그 상황에서 신자유주의라는 또 다른 흐름이 강화된다면 당연히 생겨날 현상이다. 나는 국민경제의 몰락 그리고 중산층 파괴, 그런 개념들을 살펴보기 시작했다. 민주당 후보로 노무현 대통령이 당선될 때, 그 순간만큼은 우리나라에 희망이 보인다고 생각했었다. 그러나 그 세력이 토건과 손을 잡을 때, 이미 내부에서 붕괴는 시작되었고, 다시는 되돌리기 어려울 것이라는 생각을 했다.

미래를 예측하는 것은 쉽지는 않고, 나도 즐겨하는 일은 아니지만 대체적으로 2011~2012년에 장파동이라는 형태의 위기가 올 것이고, 이때의 위기는 아주 심각할 것이라는 정도로 구체적인 공황 시나리오를 설정한 것은 2006년 상반기의 일이다. 한미 FTA 협상이 긴박하게 돌아갈 때, 전체 시나리오를 공개하지는 못했지만 '스위스 모델'을 제시하면서 경제 공황에 관한 얘기를 처음 꺼냈던 책이 『한미 FTA 폭주를 멈춰라』(2006)였다. 그 직후 일련의 공황 시나리오를 완성하면서 『88만원 세대』를 1권으로 하는 12권으로 구성되는 '경제 대장정 시리즈'를 구상하게 되었다. 처음에는 4권으로 기획했으나 『88만원 세대』의 초고를 출판사로 넘기고 전체 시나리오를 재구상하면서 12권으로 확대했다. 원래는 올해까지 12권을 완간하는 게 목표였는데, 7권에 해당하는 이 책 작업이 길어지면서 완간이 올해를 넘어가게 되었다.

그동안 민주당에서 한나라당으로 정권이 넘어가게 되었고, 민주당은 야당이 되었지만, 자신이 야당인지, 아니면 아직도 집권당인지, 도대체 정신을 차리지 못하는 시간들이 흘러가게 되었다. 2009년 예산심의 과정에서 4대강 사업은 예산 삭감을 하면 간단한 일이지만, 민주당은 아무 일도 하지 않았다. 나는 아직도 민주당이 토건당이 아니라는 확신이 없다. 한쪽에서는 새만금 사업을 정권 사업 혹은 지역 사업으로 추진하면서 '4대강 반대'를 주장하는 것이, 진짜로 주장하는지도 모르겠고, 또 정책 방향에서 중요한 변화가 있는 건지도 아직 잘 모르겠다.

하여간 이게 어쩌면 우리들의 딜레마인 것 같다. 얼떨결에 정권을 길 가다 줍듯이 접수한 이명박 대통령과 그의 친구들에게 집권 능력이 있는 것 같아 보이지는 않는다. 그렇다고 제1야당인 민주당이라고 해서 딱히 달라 보이지도 않고, 그렇다고 유능해 보이지도 않는다. 그렇다면 진보 정당이라고 하는 민주노동당이나 여기서 갈라져 나온 진보신당은? 이들에게 수권능력이 없어 보이는 것은 드물게도 온 국민이 합의할 수 있는 일 아닌가?

당분간 한국에서 토건은 폭발의 그날까지 계속될 것이고, 또 한나라당 내에서 정권이나 집권 그룹의 성격이 본질적으로 바뀌는 일도 없을 것이고, 어디선가 대안 세력이 갑자기 등장하는 일도 없을 것 같다. 조선이 절체절명의 위기에 빠졌을 때에는 이순신 장군이 등장했듯이 한나라당 대통령을 모시고 사는 지금의 한국에서 '경제 이순신'이 어디선가 나타나서 "소신에게는 아직 12척의 배가 있사옵니다", 뭐 그럴 것 같지는 않다. 하긴, 언제 이순신이나 나타난다고 얘기하고 나오는 것은 아니니까, 아직 우리에게는 실낱같은 희망의 끈이 있긴 한 건가? 어쨌든 한국 경제를 끌고 나가는 주요 세력들과 경제 당국에, 이순신은 없고 원균급 인사들은 아주 많은 것 같아 보인다. 그래도 원균은 일본 수군과 내통한 것 같지는 않은데, 조국을 미국이라고 생각하는 원균만도 못한 경제 관료는 특히 고위급으로 갈수록 아주 많다. 이러고도 경제가 망하지 않으면, 아주 신기할 일이다.

나는 생태학을 기본 모델로 경제에 접근하려고 하는 편이지만, 그렇다고 에너지나 생태 문제로 모든 것을 환원하는 근본주의자는 아니다. 물론 환경과 빈곤이라는 것이, 한국에서는 별로 인기 있는 주제는 아니지만, 1992년 리우선언을 기념해 2012년에 열린 '리우+10'의 메인 주제였다. 생태계 파괴나 생태 복원성(resilience) 약화와 같은 문제와는 달리, 빈곤은 지금 한국 경제에 당면한 주제이기는 하다.

맨 처음 자료 분석에서 포착된 빈곤은 청년 빈곤의 문제였고, 그래서 이 주제가 1번에 배치되었다. 보통 좌파 정권에서 신자유주의 성격을 띤 경제 기조를 한 10년 정도 유지하면, 핵심 지지층이 등을 돌리면서 우파로 정권 교체가 이루어지거나 정권 기반이 아주 약해진다. 프랑스, 독일은 물론 영국도 대체적으로 그런 과정을 겪었다. 한국의 민주당 정권이 10년으로 막을 내린 것은, 그런 일반적인 흐름과 거의 유사하다. 그리고 토건 경제를 10년 정도 유지하면, 지방 토호나 정치권이 토건 자본과 결탁하는 일이 생겨나면서 부패 현상이 고착화되고, 동시에 청년 실업 현상이 극심해진다. 이건 일본에서 우리가 본 현상이다. 한국에서는 전 세계적으로도 드물게 그 두 가지가 동시에 진행됐다. 청년들에게서 특징적으로 나타난 빈곤 현상이, 이제 스스로 중산층이라고 생각했던 사람들에게까지 확대된다. 1970년대 이전의 경제 발전 초기―유럽의 경우는 전후 경제 재건 초기―에 나타난 빈곤과 달리, 산업화 이후의 새롭게 등장한 이 빈곤 현상을 '신빈곤 이론' 정도로 부를 수 있을 것이다. 미국 역시 빈곤 문제가 심각한데, 주로 유색인종과 젠더 문제로 접근을 했다. 한국과 일본에서의 신빈곤 현상은 청년들에게서 먼저 터져 나왔는데, 30대, 여성 등으로 급속하게 확대되어 전개되는 중이다.

대체적으로 순서를 보자면, 맨 처음 등장하는 것이 '워킹 푸어'의 문제다. 2010년, 뒤돌아보면 아무리 일을 해도 가난의 굴레를 벗어날 수 없고, 이런 경제적 압박이 결혼은 물론이고 출산율 저하 혹은 '연애 실종' 현상들로 나타난다. 경제적 주체이지만 지급을 할 여력이 없으므로, 정상적인 생리와 생식에 해당하는 것들까지 줄여야 하는 상황이다.

토건을 강화한 나라들에서는 '하우스 푸어'가 등장하게 된다. 이 현상은 금리와 지가의 함수 관계에 의해서 설명되는데, 노동 지표들로 포착하기 어렵고, 디버블링 국면에서 등장한다. 여기까지가 이미 우리들이 현실 세계에서 목격한 현상이다.

다음 단계에서는 미흡한 복지로 인해서 발생하는 현상들이 따라오게 된다. 대체적으로, 이 상황이 되면 '크레딧 푸어' 형태로 은행 거래를 제대로 하기 어렵거나 생활 자금을 대출받을 수 없게 된다. 빈곤이 드디어 바깥으로 나와서 몰락의 길을 걷게 된다. 일본과 한국은 거의 동시에 사채 시장이 생겨나게 되었다. 사채 시장까지 가게 된 사람들의 삶이 어떤 것일지, 굳이 상상하지 않아도 우리는 충분히 잘 알고 있다. 마이크로 크레딧이라고 부르는, 지역 영세민에 대한 소액 대출 제도는 원래 인도와 같은 저개발 국가에서 시작된 것이다. 선진국이 되면, 정상적인 금융기관들이 이런 사람들에게 문을 열어줄 정도가 되어야 하는데, 한국이나 일본이나, 지하경제와 정상 경제가 이제는 제도적으로 구분을 하기 어려운 상황이 되어버렸다.

푸어맨스 무디 블루스는 여기에서 끝나지 않는다. 거의 최종 단계로, 이제는 의료보험료를 낼 수 없게 되거나 가격을 낮추어준다고 해도 병원에 갈 수 없는 '헬스 푸어'들이 등장하게 된다. '무상의료' 같은 얘기들이 한국에서도 전혀 제기되지 않은 것은 아니지만, 우리는 그런 공공의료보다는 '의료민영화' 목소리가 훨씬 강했다. 아직까지는 헬스 푸어 현상이 본격화되지는 않았지만, 본격적으로 디버블링이 시작되면 한국에서도 헬스 푸어들이 등장하게 될 것이다. 이 상황이 되면, 과연 우리가 세금을 내서 정부를 가질 필요가 있을 것인가, 그런 질문을 하게 된다.

1단계 워킹 푸어
2단계 하우스 푸어
3단계 크레딧 푸어
4단계 헬스 푸어

현재의 한국의 상황으로 본다면 2단계를 넘어서 3단계의 크레딧 푸어로 진입하는 정도라고 할 수 있다. 4단계까지 가는데 얼마나 시간이 걸릴까? 짧게 보면 1년, 길게 보면 2년 정도일 것 같다. 어쨌든 2012년 12월로 예정되어 있는 대선 전까지는 한국에서도 헬스 푸어 현상이 본격적으로 나타나게 될 것 같다.

이렇게 일본 경제와 비슷하게 되는데, 사실 한국에만 있는 특수한 푸어 현상들이 더 있기는 하다. 양승훈이 작업하고 있는 『군대 푸어』는 군대 내에서 벌어지는 독특한 푸어 현상이다. 한국에서 학력과 학벌이 '아버지의 재력'―심지어는 '할아버지의 재력'으로 설명하기도 한다―과 함수 관계가 된 지 좀 된 것 같다. 현역 군인 중 전투병은 최근 저학력, 빈곤층이 담당하게 되었고, 재력이나 학벌이 있는 군인들은 보직 자체가 일반병과는 좀 다르게 재편되는 중이다.

거의 사회 전 부문이 푸어 현상들로 가득 차기 시작할 것인데, 이러한 격차는 당분간 해소되지 않고 더욱 강화될 것이다. 진짜로 푸어맨스 무디 블루스의 한가운데를 우리가 통과하는 셈이다. 반전의 계기는 없을 것인가? 유일한 길은 탈토건을 통한 문화 경제 그리고 지식 경제로 전환하는 길인데, 이게 좀 시간이 걸린다. 그리고 토건을 토건으로 풀려는 세력과 그렇지 않은 세력의 거대한 한판 싸움이 필요한데, 현실에서 방송과 신문 그리고 정치권까지, 거의 모든 힘을 한국에서 토건 세력들이 장악하고 있는 상황이다.

일본은 '잃어버린 10년'이라는 표현으로 10년간 디버블링을 겪었다. 물론 그 과정에서 문제가 제대로 풀리지 않았기 때문에, '잃어버린 20년'이라는 더 무서운 표현을 쓰기도 한다. 우리가 해볼 수 있는 최대한의 목표치는 그 디버블링 기간을 5년 정도로 단축하는 것이 아닐까 싶다. 그것도 모든 것이 잘 풀리고, 한국 경제가 토건으로부터 탈출하는 과정이 진짜로 부드럽게 진행된다는 가정하에서다.

우리가 그 터널을 통과하였는가, 그것을 볼 수 있는 지표들이 몇 가지가 있을 수 있다. GDP 내에서 토목 산업과 건축 산업이 차지하는 비중이, 현실적으로 지금의 절반 정도로 줄어든다면, 우리가 탈토건을 했다고 할 수 있다. 좀 더 쉬운 지표들은 출산율이다. 토건과 신자유주의 즉 공사주의로 인해 생긴 신빈곤 현상으로 1을 간신히 넘기고 있는 출산율이 2에 가깝게 된다면, 역시 탈토건이 이루어졌고, 신빈곤을 사회적으로 극복한 상태라고 할 수 있다. 프랑스의 경제가 '실업 가족'이라는 유행어를 만들어내며 경제위기에 휘청거리던 1990년대, 출산율이 1.5 정도로 떨어졌다가, 최근에 2 정도로 회복되었다.

정부에서 "우리는 가난하지 않다" 혹은 "우리는 복지를 정말 잘하고 있다"고 말하는 것은 별 의미가 없다. 진짜로 한국에 사는 사람들이 "과연 그래"라고 생각하면서, 다시 연애를 시작하고, 결혼을 계획하고, 그런 활동이 자연스럽게 출산으로까지 이어지는 순간, 그때 우리는 이 어두웠던 순간들을 빠져나왔다고 할 수 있을 것이다.

사랑한다, 그 말을 잃어버린 경제, 그건 경제도 아니고 아무것도 아니다.

존 롤스의 『정의론』의 표현을 빌리자면, 아직 태어나지 않은 태아들의 영혼이 어떤 세상을 만들 것인지 합의한 내용, 그것이 정의다. 한국의 경우는, "우리 저기에서 태어나지 말자"라고 태아의 영혼들이 합의하는 땅이 된 것이 아닌가? 경제를 어렵게 생각할 것 없다. 생식이 사라지고, 섹스가 사라진 경제, 그건 태아들에게도 바람직하지 않은 경제이지만, 동시에 어른들에게도 바람직하지 않은 경제다. 아파트를 사기 위해서 섹스를 잃어버리고, 재생산이 정지된 사회, 그건 경제의 기본 얼개 자체가 잘못되었다는 것이다.

'경제 대장정'이라고 부르는 이 작업은 아직 좀 남아 있는 것들이 있다. 당분간은 나도 고단한 작업을 멈추기 어려울 것 같다. 이 길에서 명랑을 잃지 않고, 낙관을 잃지 않으려고 한다. 가난한 것이 자신의 죄 때문이라고 생각하는 것이 우리의 21세기가 되어서는 곤란하지 않은가?

어쨌든 우리는 아주 이상한 형태의 '평등'을 만나게 될 것이다. 너무 오랫동안 우리는 평등이라는 단어를 사용하는 것을 금기시했던 것 같지만, 중산층의 대부분이 생활을 꾸리기 어려운 수준으로 내려앉으면서 우리는 이상한 형태의 경제적 평등을 만나게 된다. 푸어맨스 무디 블루스…. 그리고 마찬가지로 '민중(people)'이라는 단어를 사용하는 것을 혐오스럽게 생각한 것 같다. 신빈곤이 새롭게 만들어내는 구조, 그것을 민중이라고 부르든, 신민중이라고 부르든, 어쨌든 민중이 역사 속으로 다시 복귀하는 것이다. 빈곤 이론과 함께… 푸어맨스 무디 블루스. 평등한 민중, 우리는 그것을 오랫동안 바라기는 했는데, 이런 방식은 좀 아니었던 것 같다. 최상류층 등 일부를 빼면 공평하게 가난해지는 사회, 한국이 디버블링과 함께 터널을 통과하면서 만나게 될 모습이다.

그 속에서 연대(solidarity)가 회복될 것인지, 그리고 사람과 사람 사이에서 서로 등을 대고 지낼 수 있는 코뮌이 회복될 것인지, 그것은 아직 모르겠다. 경제 근본주의라는 10년간의 세월을 보내면서, 우리는 사람을 보듬고, 달래고, 응원하는 법을 잊어버린 것 같다.

"다 너 하기에 달렸다"는 주술이 사실 우리를 이렇게 만든 것 같다. 그러나 "네가 있으니 내가 행복하다"는 아주 오랫동안 인간이라는 종족이 썼던 이 아름다운 말이 회복될 수 있는지는, 아직은 잘 모르겠다. '영광과 번영', 그런 것은 더 이상 존재하지 않는다. 다만 사랑과 신뢰 그리고 상호 의존과 같은 인간이 잊어버려서는 안 되는 가치를 우리가 회복할 것인가, 아니면 이대로 경제 동물을 능가하는 아파트 괴물로 살아갈 것인가, 그 사이에 우리 미래의 갈림길이 놓여 있다고 할 수 있다.

나는 우리 모두가 명랑이라는 가치를 잊지 않고, 동물처럼 살아왔던 지난 10년을 뛰어넘어 인간미를 회복할 수 있기를 바란다. 그러면 문화와 창의성과 같은 것들이 회복될 것이고, 어느 순간 한국 경제가 생태적 전환을 이뤘다는 것을 알게 될 수 있을 것 같다. 토건과 생태, 이 싸움에서만큼은 지고 싶지 않다.

별첨 1 | 생태경제학의 짧은 역사

1. 선구자의 시대 1

경제학의 어원은 집이라는 의미의 eco와 관리라는 의미의 nomos가 결합된 것이다. 생태학은 같은 eco라는 단어에 논리 혹은 학이라는 의미의 logos가 결합된 것이다. '집' 즉 우리가 살고 있는 세상을 관리하는 것이 경제학이고, 그 집 자체에 대한 학문이 생태학이라고 할 수 있는데, 이 두 가지 학문의 결합은 생각보다는 쉽지 않다. 어쨌든 긴 역사에서 이런 시도 혹은 자연에 대한 고찰이 전혀 없었던 것은 아니다.

어떤 이론이든지 최초의 등장을 상당히 올려 잡으려는 경향이 강하고, 또 원래부터 존재하던 것이라고 포장하려는 경향이 있기는 하다. 생태경제학이라는 흐름을 위로 잡으려면, 『국부론』의 아담 스미스와 당대에 활동하기는 했지만, 그보다 먼저 등장했던 중농학파를 만들었던 프랑수아 케네(F. Quesnay)까지 위로 올라갈 수는 있다. 그는 여러 가지 경제활동 중에서 농업만이 '순생산'이라고 생각했는데, 이걸 에너지라는 관점에서 분석하면 이게 바로 생태경제학이라고 주장할 수는 있다. 그러나 이건 좀 너무한 얘기이기는 하다. 케네의 경제표는 물질순환으로 본 생태적 경제로 해석할 수도 있지만, 보통은 『자본론』에 나오는 재생산정식의 선구자로 해석하는 것이 일반적이다. 산업 활동에 비해서 농업을 낮추어보던 19세기 이후의 흐름에서 케네는, 과소평가되는 경향이 있기는 하지만, 어쨌든 마르크스는 케네에게서 새로운 착안점을 떠올렸다고 할 정도로 중요한 사람이다.(혹시 독자 여러분 중에서 케네의 중농주의에 진짜로 관심이 있으신 분은 그의 『경제표』보다는 『맥심(Maximes)』을 찾아서 읽어보시길 권해드린다. 정말로 재미있다.)

생태경제학의 선구자로서 조금 더 내려온다면 산술적 증가와 기하적 증가 사이의 관계로 '인구론'을 만들었던 맬서스를 거론할 수 있을 것이다. 실제로 경제학 내에서는 인구론의 전기 맬서스보다는 제임스 밀과 평생을 논쟁했던 후기 맬서스가 더 중요하게 평가된다. 후기 맬서스는, 소비를 늘려야한다는 생각이 그의 주된 테마였기 때문에 케인스의 선구자로 이해된다. 맬서스의 인구론이 정말로 영향을 준 분야는 경제학보다는 생태학이었다고 할 수 있다. 수리 생물학과 수리 생태학의 주요 모델이 된 인구 모델의 진정한 선구자는 맬서스라고 할 수 있다.

우리가 상상해볼 수 있는 미래 경제에 대한 대안으로 한 번쯤 읽어보라고 권하고 싶은 책은 제임스 밀의 아들이었던 존 스튜어트 밀의 『정치경제학원리(Principles of Political Economy)』라는 책이다. 현대 경제학과는 상당히 다른 결정 방식에 대한 애기들, 가령 소녀 노동에 대한 젠더 경제학적 접근, 중층 결정의 시각과 같은 애기들을 찾아볼 수 있는데, 생태경제학의 입장에서 보면 '조화 상태(harmonized state)'라는 표현이 바로 이 책에서 나온다. 아담 스미스에서 존 스튜어트 밀에 이르는 경제학자들을 '고전학파'라고 부르는데, 이들에게 공통적으로 존재하는 것이 경제성장의 마지막에는 생산성의 제약 때문에 자연히 '정체 상태(stationary state)'라는 것이 등장한다는 것이다. 즉 아무리 더 일을 열심히 해도, 토지와 자연이 제약되어 있기 때문에 더 이상은 성장을 할 수 없는 순간이 온다는 것인데, 이 순간이 되면 사람들은 문학과 예술 그리고 역사 탐구 같은 것을 하게 될 것이라는 게 밀의 생각이다. 음악과 달리 경제학에는 '낭만파'가 없지만, 만약 낭만파 경제학이라는 것이 존재한다면 존 스튜어트 밀이야말로 진정한 선구자라고 할 수 있다.

생물학에서는 지금 우리가 사용하는 종분류법을 처음으로 체계화시킨 스웨덴의 생물학자인 린네가 18세기 후반에 자신이 하는 학문을 '자연의 경제학(economy of nature)'이라고 부른 적이 있었다. 그리고 이 표현을 다윈도 즐겨서 종종 사용한다. 어떤 측면에서 19세기 후반 제본스, 멩거, 왈라스 등 '한계효용학파'가 등장함으로써 경제학을 고전 물리학으로 재구성하기 이

전까지, 생물학과 경제학은 방법론적으로는 그렇게 경계가 명확하지 않은 인접 학문들이라고 생각할 수 있을 것 같다. 어쨌든 최초로 경제학자들에게 시스템으로 분석하는 법을 가르쳐주었던 프랑수아 케네는 루이 15세의 주치의를 역임한 바 있는 외과의사 출신이었다. 경제학과 생태학의 공통의 선조인 맬서스의 경우도 요즘 식으로 말하면 학제적 접근의 선구자라고 할 수 있다.

만약 우리 역사에서 생태경제학의 단초를 찾아본다면, 지금과 같은 공사주의로 넘어가지 않도록 토지 사용의 공공성을 주장했다고 해석할 수 있는 정약용의 『전론』이 가장 유사한 모습이라고 할 수 있다. 물론 정약용만이 아니라 우리가 실학자로 부르는 정조 시대에 활동했던—아니 유배 갔던?—많은 학자들은 유행처럼 자연에 대한 연구를 했는데, 지금 식으로 해석하면 생태학을 통해 자연의 원칙들을 찾아냈던 것이 실학자들의 기본 소양이라고 할 수 있을 것 같다. 실사구시라는 말이 '경제 근본주의'를 의미하고, 신자유주의를 강하게 추진하는 것을 '실용주의'라고 부른다는 것을 안다면 정약용과 같은 실학자들은 무슨 생각을 할까?

2. 선구자의 시대 2

환경경제학에서는 1920년대 외부성 이론을 제시했던 피구와 그를 비판하고 다른 길을 찾으려고 했던 코즈(W. Coase)라는 두 명이 중요하게 다루어진다. 물론 중요한 사람들이나 표준 경제학에서는 정부가 개입해서 조세를 통해서 문제를 해결하는 방식 그리고 정부가 개입하게 하지 않고 시장이 직접 이 문제를 해결하는 방식, 이 두 가지가 일반적으로 환경 문제에 대해서 제시하는 해법인데, 이렇게 시행되는 조세를 '피구세(pigouvian tax)'라고 부른다. 그리고 아무래도 국가가 직접 뭔가 한다는 것을 꺼림직하게 생각했던 진영에서는 코즈의 방식을 훨씬 더 선호했는데, 이론적으로는 배출권 거래제 같은 것들이 코즈 쪽 진영에서 나온 해법이다(케인스가 자신의 저서에서 노골적으로 비판했던 논쟁 상대편이 바로 이 피구였다.)

그러나 생태경제학에서는 피구나 코즈와 같이 일반인에게도 아주 생소하지 않은 경제학자들 대신에 다른 몇 명을 그런 선구자의 자리에 올린다. 아마 가장 중요한 저자 한 명을 꼽으라면 일반인들이 한 번도 들어보지 못했을 이름을 가진 니콜라스 조지스큐-로이젠(Nicholas Georgescu-Roegen)이라는 경제학자를 꼽아야 할 것 같다. 아마 생태경제학이라고 부른다면, 최초로 이 학문의 이론적 원형을 만든 사람의 자리에 이 사람이 들어가는 것이 맞을 것이다.

조지스큐-로이젠은 루마니아 출신의 통계학과 교수였는데, 1948년 사회주의 국가를 탈출해서 미국 밴더빌트 대학 교수가 된다. 1971년까지 그는 우수하기는 했지만, 수학을 잘하는 수리경제학의 테크니션에 가까웠고, 경제사상사 교과서에 이름을 올릴 만한 족적을 남긴 것은 아니었다. 케인스의 시대가 한창 무르익고, 세상이 '대량생산 대량소비'라는 방식에 아주 익숙해질 즈음, 그는 아마 경제학 역대 최고의 스캔들이라고 해도 과언이 아닐 책 한 권을 세상에 내놓게 된다. 그 책이 바로 경제학 내에서 최초로 열역학 제2법칙을 분석의 한가운데 놓은 바 있는 『엔트로피 법칙과 경제적 과정(Entropy Law and Economic Process)』이다. 그는 이 책에서 『국부론』과 『자본론』을 비롯한 주요 경제학자들의 저술을 분석한 후, 경제학에서 얘기하는 생산은 에너지의 생산이 아니라 소비만 있다고 비판한다. 물론 비슷한 얘기를 했던 사람으로 『자본론』을 비판했던 우크라이나 경제학자인 로만 로스돌스키 같은 사람이 있지만, 이렇게 체계적으로 그것도 주류 경제학 내에서 에너지의 문제를 정면으로 들고 나온 사람은 조지스큐-로이젠이 처음이었다. 이 사건은 스캔들이 되었고, 그는 한마디로 경제학계의 '왕따'가 되었다. 그러나 그가 남긴 충격은 작은 것이 아니었다. 요즘 우리가 쉽게 말하는 재활용(recyle)이나 재사용(reuse) 같은 용어들이 그가 제시했던 열역학 제2법칙에서 영향을 받아 나온 개념들이다. 그리고 조금 멀게는 진화경제학에서 사용하는 시스템 분석의 상당 부분도 그의 사상으로부터 시작된 것들이 많다.

나는 대학원에서는 국제경제학을 전공했었고, 박사 코스웍 때에는 경제사상사를 전공했었다. 그러다가 내가 생태경제학으로 세부 전공을 바꾸게 된 계기는 몇 가지 사정이 있기는 했었는데, 직접적으로는 조지스큐-로이젠의 책을 읽고 박사학위 논문 주제를 결정하게 되면서다. 그의 책을 처음 읽던 날, 내가 받았던 정신적 충격은 지금도 잘 잊혀지지 않는다. 생태경제학의 몇 가지 다른 흐름 중에서 특히 에너지에 대해 많이 썼던 나의 초창기 분석들은 내가 그에게 받았던 영향이 그만큼 깊이 남아 있다는 반증일지도 모른다. 20대 후반은 현대그룹에서, 그리고 30대의 절반을 에너지관리공단에서 보냈는데, 대체적으로 10년 정도의 시간을 그와 함께 보낸 것 같다. 그러나 그에게는 '에너지 환원주의'라는 꼬리표가 따라다니기는 한다.

조지스큐-로이젠만큼 이론적으로 강렬한 인상을 남기지는 못했지만, 생태경제학의 초기 선구자로서 대중들에게 민감한 단어를 만들어낸 사람이 케네스 볼딩(K. Boulding)이다. 경제학자이자 시스템 이론의 선구자 중의 한 명인 볼딩은 1966년 「지구 우주선의 경제학(The economics of coming spaceship earth)」이라는 짧은 논문을 하나 발표하게 된다. 그는 에너지 순환계로서 지구가 가지고 있는 특징을 언급한 후, 지금까지 우리가 했던 경제학은 어디론가 떠나서 정복하면 되는 '카우보이 경제학'이라고 불렀지만, 사실 우리는 지구라는 우주선을 타고 여행하는 것과 마찬가지이므로 지금부터는 다른 방식의 경제학을 해야 한다고 주장했다. 카우보이 경제학이라는 말이나 우주선의 경제학이라는 말은 대중들의 감성을 건드렸고, 1974년 석유파동을 계기로 지구의 생태적 조건을 얘기할 때 가장 빈번하게 인용되는 말이 되었다. 물론 볼딩의 업적은 시스템 이론에서 더욱 두드러져야 하는 것이 맞지만, 어쨌든 많은 경제학자들에게 볼딩의 이러한 조어는 상당한 영향을 남기게 되었다. 일반인들은 볼딩의 이름은 몰라도 '우주선 경제학'이라는 말은 기억하는 경우가 많을 것이다. 경제학 외부에서는 제임스 러브록의 '가이아'라는 말이 더욱 많이 사용되었지만, 아무래도 경제학자들은 같은 경제학자를 인용하는 것을 더욱 편하게 생각해서 그런지, 거의 유사한 얘기를 할 때에 볼딩을 인용하는 경우가 많다.

이러한 선구자의 시대에 마지막으로 이름을 올릴 사람은 경제학자는 아니고, 생화학자이며 시스템 다이내믹스의 전문가였던 도넬라 메도우(D. Meadows)를 거론하지 않을 수 없다. 그녀가 2001년 지병으로 갑자기 사망했을 때, 『생태경제학 저널(Journal of Ecological Economics)』이 그녀의 애도 특집호를 발간했을 정도로 그녀가 생태경제학에 남긴 족적은 크다. 흔히 로마클럽 보고서로 알려진 『성장의 한계(Limits to Growth)』는 1972년 발간되었는데, 석유 및 천연자원의 고갈로 인한 경제적 한계 문제를 다뤘다. 이는 MIT의 슈퍼컴퓨터를 이용한 '월드 3'라는 프로그램의 시뮬레이션 결과였다. 마침 1974년에 석유파동이 실제로 터지면서 정말로 많은 사람들은 인류의 종말이 올지도 모른다고 공포에 떨었고, "이런 식으로는 안 된다"라는 말을 사람들의 입에서 나오게 만든 사람이 바로 도넬라 메도우였다. 우리말로는 '제로성장론'이라고 번역되는 'ZEG(Zero Economic Growth)'와 이를 뒷받침할 수 있는 '제로인구성장론(ZPG: Zero Population Growth)'과 같은 새로운 흐름들이 로마클럽 보고서와 두 차례에 걸친 석유파동이 겹쳐지면서 생겨난 일이다.

이런 석유파동과 함께 인류는 처음으로 생태와 자원의 문제를 생존의 문제라는 관점에서 관찰하기 시작했는데, 지금 우리가 대안 에너지로 생각하는 풍력, 태양광, 지열 등 대부분의 기술적 대안들이 이 70년대의 분위기 속에서 생겨난 것이다. 물론 균형성장론의 경제학자인 로버트 솔로우는 결국 자원이 희소해짐에 따라 그 자원을 다른 것으로 대체하기 위한 가격 장치가 작동해서 새로운 대체 기술이 등장하고, 그렇게 문제가 해결될 것이라고 주장하기도 했다.

어쨌든 70년대의 석유파동과 함께 전 세계적으로 에너지와 관련된 연구 기금이나 연구기관들이 국가의 주도하에서 생겨나게 되고, 한 번은 인류가 집단적으로 생태적 전환을 이뤄야 한다는 흐름이 나타나기는 했었다. 역설적이지만, 한국에서는 에너지의 체계적 수요 관리라는 개념을 실제 정책으로 처음 시행한 사람이 전두환이었고, 그가 아직 장군 시절인 1980년 7월 에너지관리공단이 출범하게 된다.

전체적으로 보면, 냉전이 한창이던 시절 전쟁에 반대하는 분위기와 에너지와 자원에 대한 생태적 인식에 대한 흐름이 70년대 중후반에 만남으로써 지금 우리가 '녹색'이라고 부르는 상징이 최초로 자리를 잡게 된다고 할 수 있다. 물론 이 선구자의 시대에 바로 생태경제학이 등장하는 것은 아니다. 실제 생태경제학이라고 부를 수 있는 이론 혹은 이론가들은 이로부터 10년 정도 지나서 어느 정도 골격을 갖추게 된다. 70년대 석유파동의 분위기에서 시작된 새로운 연구개발이나 연구소들은 2차 석유파동을 끝으로 다시 추락하게 된 80년대의 분위기 속에서 된서리를 맞게 된다. 80년대 후반부터 운영난에 봉착하게 된 에너지 계열의 연구소들은 대거 '환경'이나 '생태'로 이름을 바꾸어 달게 되고, 1992년 브라질 리우에서 벌어진 환경 정상회담을 계기로 새로운 붐을 맞게 된다. 이 두번째 붐을 계기로 생태경제학이 어느 정도 골격을 갖추었다고 보는 것이 타당할 것 같다. 이렇게 시작된 생태경제학이 90년대 후반, 세계 경제가 신자유주의로 급속하게 전환되면서 다시 한 번 된서리를 맞게 된다. 이렇듯 세계적으로는 생태경제학이 두 번 정도 위기가 있었다고 할 수 있는데, 수년 전부터 신자유주의의 클라이맥스가 한풀 꺾이면서 새롭게 생태경제에 대한 논의들이 수면 위로 떠오르는 중이라고 할 수 있다.

이 시기에 한국에서는 조림사업이 한창이었고, 개발도상국가로서는 드물게 그린벨트를 설정하는 일을 하고 있었다. 1차 석유파동은 한국에서는 그럭저럭 버텼지만, 2차 석유파동은 한국 경제에 최초로 불황을 만들었고, 이것의 여파로 78~79년에 한국에서 처음으로 고용 문제가 생겨났다. 이 경제 위기의 한가운데에서 박정희의 유신체계가 붕괴하게 된다. 농촌에 화학농업을 전격적으로 도입하는 새마을 운동의 한가운데에서 카톨릭 농민회를 중심으로 유기농업이 일종의 사회 운동으로 자리를 잡기 시작한다.

3. 런던학파와 자연적 자본 이론

좋은 싫든, 생태경제학의 틀을 얘기하면서 런던학파 얘기를 하지 않을 도리는 없다. 데이비드 피어스(D. Pearce)를 축으로 하는 일련의 경제학자들이 런던과 런던 근처의 연구소 등에서 등장하게 되는데, 이들을 묶어서 생태경제학에서는 런던학파라고 부른다. 생태경제학 내에서는 가장 주류경제학과 비슷했는데, 주류 경제학의 틀을 사용해 약간의 수정을 가한 것만으로도 현실 경제에서는 상당히 효과적인 설명력을 가지고 있었다. 비선형 이론이나 복잡계 같은 복잡한 방법론적인 전환을 런던학파가 만든 것은 아니었지만, 어쨌든 표준 경제학의 모델을 그대로 사용하면서 약간의 수정만 해도 생태에 관한 얘기가 얼마나 달라질 수 있는지를 알게 해준 사람들이 런던학파라고 할 수 있을 것이다.

일반적으로 경제학에서 생산함수를 구성할 때, 노동(L)과 자본(K)이라는 두 가지 변수를 사용한다. 신고전학파라고 불리는 주류 경제학자들의 기본 모델이 그렇고, 『자본론』에서 묘사된 노동 착취를 기본으로 하는 경제적 모델 역시 마찬가지다. 케인스의 경우에는 저축률이 상당히 중요한 변수로 사용되기는 하지만, 어쨌든 기본적인 생산함수가 크게 다르지 않는다. 이걸 다음과 같이 표현해보자.

$$Y = F(L, K)$$

이 함수가 의미하는 바는 노동과 자본을 결합시키는 F라는 함수를 통해서 Y라는 산출 즉 국민소득을 올린다는 것이다. 물론 이것은 수식적인 의미이고, 실제로 추정을 할 때에는 다음과 같은 추정식으로 바꾼다.

$$Y = AL^{\alpha}K^{\beta}$$

이게 가장 표준적이고 쉬운 생산함수의 추정방식인데, $\alpha + \beta = 1$일 때, 이를 콥-더글라스 생산함수라고 부른다. 자본과 노동이 생산에 투입되는 계수라는 의미인데, 경제학과 1학년 1학기 때 배울 정도로 아주 기초적인 수식이다.

런던학파에서 수정을 가한 것은 이 자본이라는 변수를 우리가 흔히 생각하는 바로 그 자본, 즉 산업적 자본(Ki)와 자연적 자본(Kn)으로 나눈 것이다. 이렇게 구분을 하면 원래의 생산함수에 Kn 즉 자연적 자본이라는 변수 하나가 더 들어가서 약간 복잡해진다.

$$Y = AL^{\alpha}Ki^{\beta}n^{\gamma}$$

역시 이 추정식을 콥-더글라스 방식으로 하고 싶다면, $\alpha+\beta+\gamma=1$이라는 조건을 넣어주면 된다. 이 식이 뜻하는 바는 생산을 위해서는 노동이 필요하고, 산업적 자본이 필요하고, 또한 자연적 자본이 필요하다는 의미다. 물론 생태를 '자연적 자본'이라는 용어로 표현하는 데에 많은 사람들이 반감을 가지기도 했고, 자본이라는 작동 방식으로 자연계가 가지는 복합성을 전부 담아낼 수 있냐고 비판했던 사람들도 많다. 그러나 이 식은 다음과 같은 짧은 제약식과 함께 마술을 부려냈다.

$$Kn \geq \overline{Kn}$$

이것을 '최소 자연(stock minimum)의 조건'이라고 부르는데, 자연적 자본은 일정한 분량 이하가 되면 아예 생산을 할 수 없다는 의미로 해석할 수 있다. 즉 정상적인 생산 활동이라는 것이 가능하기 위해서는 생태계가 최소한 일정 수준 이상은 유지가 되어야 한다는 것이 부등식의 의미라고 할 수 있다. 해괴한 말처럼 보일 수도 있지만, 경제학의 일반적인 생산함수는 공기가 하나도 없거나, 물이 하나도 없거나 혹은 천연자원이 전혀 없어도 생산 활동이 가능하다는 철학적 함의를 가지고 있다. 이것은 '대체성'이라는 가설이 들어가 있기 때문이다. 극단적으로는 노동자가 한 명도 없는 상태에서도 생산은 가능하다. 노동은 언제든지 기계로 대체될 수 있기 때문이다. 다만 현실에서 그렇게 하지 않는 것은 이렇게 노동을 전부 기계로 대체하면 비용이 너무 높아지기 때문이다. 생태계라고 부르는 자연적 자본이 전혀 없다고 하더라도 이것들을 노동이나 기계나 공업용 원료와 같은 산업적 자본으로 대체하는 것이 이론적으로 가능하다. 여기에 부등식 하나를 넣어주면서, "자연의 경우에는 그럴 수 없다"고 말하는 것이 이 식의 의미다. 우리가 꼭 지켜야 할 최소한의 생태계나 자연이 있다는 의미를 경제학에서는 이렇게 표현한다. 이 작은 부등식이 추가되면서 생겨난 변화는 즉각적이다.

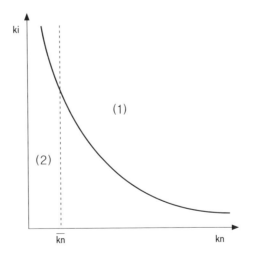

위의 그림은 노동(L)은 배제하고 산업적 자본과 자연적 자본이라는 두 가지 변수만으로 일종의 등량곡선을 그린 것이다. 산업적 자본과 자연적 자본의 대체적 관계를 보여준다. 그리고 $\overline{Kn}$는 점선으로 표시되어 있는데, 이 선이 자연의 최소 기준을 나타낸다. 이 선의 오른쪽 즉 (1)번 구간은 아무런 불편 없이 기존 경제학에서 사용하는 모든 법칙과 수단을 사용해도 좋다. 그러나 자연의 최소 기준 이하인 (2)번 구간에서는 경제가 도달할 수 없다. 이 정도로 자연적 자본이 줄어들면 아예 생산이라는 것이 불가능하다.

이런 아주 간단한 장치는 표준 경제학에서 대대적인 환영을 받았는데, 자연적 자본을 도입하는 것만으로도 생태계라는 새로운 제약 조건을 집어넣을 수 있고, 또 기존 모델에서 큰 변화가 없이도 생태계의 조건들을 반영할 수 있다는 것은 방법론적으로 대단한 장점이다. 게다가 이런 모델은 직관적으로도 우수한 데다가 최소 기준은 소위 수용 능력(carrying-capacity), 복원성(resilience), 지속 가능성(sustainability)과 같은 다양한 기술적 변수로 응용될 수 있으며, 또 다른 한편으로는 법률적 규제와 같은 법제도 혹은 한 사회의 도덕적 판단과 같은 내부적 규범과 같은 것으로도 해석될 수 있다.

물론 현실이 이렇게 간단하다면 기존의 경제학 이론에 생태적 제약 조건을 외삽해서 집어넣는 방식으로 생태경제학 이론은 전부 정리되고, 이미 다양한 추정방식과 같은 것들이 엄청나게 발전했을 것이다. 그러나 생태계가 이렇게 간단하지는 않고, 우리는 생태계에서 필요한 정보들을 이렇게 간단하게 모을 수가 없다. 너무 간단해서 마법의 열쇠처럼 보였던 런던학파의 이론은 경제학자들이 조금씩 생태계의 비선형적 속성과 시스템의 복잡성을 이해하자 점차적으로 시들해지게 되었다.

그렇지만 런던학파가 생태경제학에서 남긴 의미는 결코 작지 않다고 할 수 있다. 그전까지 전통적인 환경경제학은 개별 경제 행위들에 집중하는 미시경제학의 영역이었는데, 런던학파가 등장함으로써 거시경제의 영역에서 생태적 문제를 해결하는 것이 훨씬 타당하다는 것을 우리는 배우게 되었다.

4. 파리의 열역학 접근과 하워드 오덤의 에머지

런던에서 데이비드 피어스와 그의 제자들이 런던학파를 형성하는 동안 도버해협 건너편에서는 조금 다른 흐름들이 만들어지고 있었다. 프랑스에서 생태학과 경제학을 처음 결합시킨 사람은 발전경제학자로 더욱 유명한 르네 파세(René Passet)다. 1979년 출간된 『경제적인 것과 살아 있는 것(L'Eco-nomique et le vivant)』이라는 그의 저작이 이 길을 처음 열었던 책이라고 할 수 있다. 생물학과 생태학의 패러다임을 경제학에 훨씬 더 적극적으로 도입해야 한다는 내용의 책으로 그는 프랑스의 독특한 접근 방식에 길을 열었다. 그러나 그때에 이미 그는 은퇴를 앞두고 있던 노학자였고, 실제로 프랑스풍의 접근이라고 할 수 있는 길을 열었던 사람들은 그의 영향권 아래 있던 젊은 학자들이었다.

런던학파가 경제학에서의 기준으로 따진다면 중도우파 정도의 위치에서 생태경제학에 접근했다면, 파리의 생태경제학자들은 마르크스주의에서 출발했던 학자들이 많고, 대체적으로 중도좌파 정도의 입장들을 가지고 있다고 할 수 있다. 어떤 면에서는 동구의 붕괴와 함께 좌파 계열 경제학자들이 조금 더 적극적으로 생태계 문제에 접근한 것이 프랑스의 특징이라고 할 수 있다. 파리 1대학 경제학과에 설치된 C3ED 연구소가 이들의 구심점 역할을 했는데, 3E는 경제(économie), 생태(écologie), 윤리(éthique)의 머리글자를 딴 것이고, D는 발전(développement)을 의미한다. 이 흐름에서 초기에는 장-프랑수와 노엘이 그리고 점차적으로 실비 포슈라는 여성 경제학자가 좌장의 역할을 하게 된다. 전체적인 흐름에서 본다면, 열역학을 중심으로 하는 에너지 쪽의 접근이 강세를 띠었고, 지속 가능성을 에너지의 흐름에서 보려고 하는 경향이 강했다. 프랑스 환경부의 전폭적인 지원을 받아 나중에 파리 1대학에서 베르사유 대학으로 이 팀이 옮겨갔고, 신설된 베르사유 대학은 프랑스 내에서는 생태경제학의 메카와 비슷한 역할을 하게 되었다. 실제로 실비 포슈는 이 대학의 총장을 연임하는 중이다.

이런 흐름이 시작될 때에는 미테랑 정권이었는데, 나중에 시라크 정권 그리고 다시 사르코지 정권으로 넘어가서도 베르사유 대학의 영향력은 별로 줄어들지 않은 것 같다. 이들의 이론적 배경을 제공하면서 프랑스의 환경부는 엄청나게 커졌는데, 한국식으로 표현하면 환경부가 국토건설부와 통합해서 부총리급으로 격상이 되어 있고, 그 안에는 부총리 한 명, 장관이 두 명이 있는 거대한 부처가 되었다. 그리고 생태부로 이름을 바꾸었다. 물론 이런 변화는 단순히 생태경제학의 유력한 학자 몇 명이 만든 것은 아니고, 이원집 정부제라는 독특한 정치 제도하에 사회당과의 연정으로 정권에 참여하는 녹색당의 영향력 그리고 파리5대학인 퀴리 부인 대학 등 과학기술계에서 생태적 문제의 해결에 적극 나섰던 사회적 배경 같은 것들이 있기는 하다. 어쨌든 전체적으로 보면, 열역학과 에너지 문제를 전면에 내세웠던 프랑스의 경우는 조금은 더 시스템 이론을 많이 받아들였다.

열역학과 에너지 문제를 전면에 내세운 접근으로는 프랑스 베르사유 대학을 중심으로 한 일련의 학자들 외에도 시스템 생태학을 정리한 사람인 하워드 오덤(H. Odum)을 빠트릴 수 없을 것 같다. 새만금 논쟁이 한창이던 시절, 갯벌의 경제적 가치 문제는 법원에서도 중요한 논쟁거리가 되었는데, 이와 관련된 논문을 두고 농림부에서 별로 유명하지도 않은 외국학자의 근거 없는 논문이라고 얘기를 했을 때 사실 경악을 금하기 어려웠다. 그 논문은 현대 생태학을 얘기할 때 절대 빼놓을 수 없는 유진 오덤(E. Odum)의 논문이었기 때문이다. 유진 오덤과 하워드 오덤은 형제간인데, 현대 생태학은 오덤 형제의 시스템 생태학과, 너무나 아타깝게도 42살이라는 나이에 세상을 떠난 로버트 맥아더(R. MacArther)의 진화 생태학을 두 축으로 해서 이루어진다고 할 수 있다. 이 전설의 시대에 등장하는 사람 중 하나가 바로 하워드 오덤인데, 그는 생태계를 일종의 에너지의 흐름으로 파악해서, 내재적 에너지라고 할 수 있는 에머지(emergy)로 생태계의 시스템을 해석하려고 했다.

물론 그는 노동자의 활동을 에너지로 재해석하려는 다소 무리한 시도를 하기도 했지만, 어쨌든 에너지 시스템을 이론적으로 정리하는 데 가장 많은 기여를 한 사람이 하워드 오덤이라는 말은 맞을 것 같다. 한때는 화폐를 에너지 단위로 표시하자는 '에너지 화폐론'이 이런 흐름 속에서 제시된 적이 있기도 한데, 생각처럼 잘되지는 않았다. 화폐는 그 자체로 또한 복잡한 경제적 문제들을 가지고 있기 때문이다. 어쨌든 줄(joule)이나 칼로리 같은 단위로 가격을 표시한다면, 사람들의 효용만을 표시하는 가격보다 조금은 생태적인 경제가 가능하기는 할 것이라고 많은 사람들이 그 시절에 상상하기는 했었다. 물론 논의에 그치기는 했지만, 나중에 LCA(Life-Cycle Assessment)라고 부르는 생태적 정보를 표시하는 방식들에 대한 기술적 논의들이 이러한 흐름 위에서 조금씩 발전하기 시작한 것이 사실이다.

요즘은 이러한 열역학적 접근이 생태계가 가지고 있는 많은 속성들을 지나치게 단순화시켜서 새로운 환원주의를 만들어낸다고 해서 사람들은 이런 식의 접근을 즐겨 사용하지 않는다. 대체적으로 세상에는 유행이라는 것이 있는데, 21세기로 넘어오면서 한때 생태경제학의 맨 앞길을 열었던 조지스큐-로이젠 이후의 열역학적 접근들이 이제는 유행에서 뒤로 밀리는 경향이 있는 것 같다.

5. 노가드의 공진화

생태경제학에서 세번째 다른 접근은 물리학의 한 분과인 열역학보다는 생물학에 가깝다고 할 수 있다. 표준경제학은 레옹 왈라스(L. Walras)의 일반균형이론을 핵심으로 하고 있는데, 이 일반균형이론은 고전 물리학 위에서 있다. 이런 물리학의 영향으로 경제학은 시장을 대단히 보편주의적이며 탈 역사적 장치로 만들었지만, 그 대신 구조의 변화에 대해서 취약한 이론이 되었다. 이런 문제점들을 고민하면서 1980년대 이후에 왈라스의 일반균형 모델을 벗어날 수 있는 방법의 하나로 진화에 대해 고민하기 시작했고, 이러한 고민은 진화경제학이라는 새로운 흐름을 만들었다.

버클리대의 경제학자인 리처드 노가드(R. Norgaard)는 생태경제학 내의 여러 가지 시도들 중에서 가장 전격적으로 진화의 개념을 가지고 온 사람이라고 할 수 있는데, 그가 가지고 온 개념은, 우리가 흔히 '이기적 유전자'로 알고 있는 그런 개체 진화의 개념과는 약간 차이가 있는 공진화(coevolution)라는 것이다. 다윈이 처음 진화를 애기할 때 돌연변이가 등장하는 최초의 충격은 외부의 변화로부터 온다. 그러나 생태계와 그 안에 있는 개체들을 일종의 시스템으로 고찰할 때, 이러한 변화들의 선후를 따지기가 쉽지는 않다. 개체들의 변화가 전체에 영향을 미치고 이러한 변화가 다시 개체들에 영향을 미치고, 이러한 과정을 공진화라고 부른다.

인간은 경제 행위를 통해서 생산력을 높이지만, 이 과정에서 생기는 문제점들이 생태적 변화를 일으키고, 이런 생태적 변화가 다시 인간들의 학문은 물론 생산 방식 자체에도 변화를 일으키게 된다. 생태적 문제가 생기기 때문에 새로운 학문이 생겨나고, 이러한 변화로 인해서 인간의 가치는 물론 실제 경제 행위 자체에도 변화가 일어나게 된다. 시스템 이론과 인류학 그리고 생태학을 경제학과 연결시키려고 했던 노가드의 시도를 집약시킨 도표를 보통은 '노가드의 오각형'이라고 부르는데, 이 간단하면서도 직관적인 생각은 경제학자들에게는 상당한 고민거리를 안겨주었다.(Richard Norgaard, *Development Betrayed: The end of progress and a coevolutionary revising of the future*, Routledge, Londong, 1995)

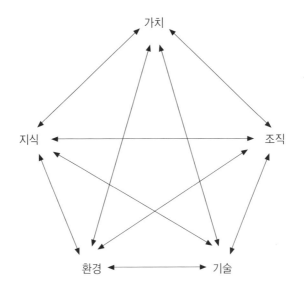

이 그림은 단순하지만, 환경, 기술, 지식, 가치 그리고 조직이 상호 영향을 미치면서 하나의 경제 시스템을 움직여 나간다는 것을 보여주고 있다. 이는 기존에 경제학자들이 생각했던 시장의 세계 혹은 노동과 자본의 갈등 관계의 세상과는 전혀 다른 표상의 세계를 보여주었다. 이 그림이 보여주는 바는 우리가 가지고 있는 가치를 비롯해서 교육, 기술 그리고 사회의 조직 등이 환경 문제를 심각하게 만들고 있다는 것이고, 반대로 이를 반전시키기 위해서는 단순한 계산이나 주장이 아니라 상당히 총체적인 변화가 필요하다는 것을 의미하고 있다.

형태는 단순하지만, 이 그림은 일종의 스캔들이기도 하고, 도저히 경제학이 할 수 없다고 생각하는 것들을 해야 한다는 것을 요구하는 선언이기도 하다. 왜냐하면 20세기 내내 경제학은 보다 더 자연과학에 가까워지고자 노력했는데 생태적 문제에 직면하면서, 노가드는 경제학이 가치와 교육 혹은 사회의 조직과 같은 것들과도 공진화 관계에 있다는 것을 주장한 셈이고, 경제학이 잊고 있던 것들을 다시 찾아봐야 한다고 말하고 있었기 때문이다. 그렇다고 해서 경제학이 "모든 것은 사람들이 생각하기에 달렸다"라고 또 다른 극단으로 도망가도록 내버려두지도 않았다. 환경과 기술과 같은 객관적인 물질 관계에 대한 질문은 인간의 가치나 조직과는 또 전혀 다른 지평에 있는 것이기 때문이다.

공진화라는 단어는 경제학자들이 아주 애용하는 '분석적'이고 '예측적'인 수단을 제공하지는 않는다. 진화 자체가 그렇게 쉽게 미래 예측적 방법론을 제공하는 목적론(teleology)이 아니기 때문이다. 그러므로 경제의 주체 혹은 구조 그리고 다양한 영역들이 서로 영향을 미치면서 변해간다는 의미를 가지고 있는 공진화라는 틀을 가지고 예측에 관한 모델을 만들기는 쉽지 않다. 그러나 이러한 단점만큼 장점도 명확하다. 공진화는 생태적 문제에 대처하기 위해서 결국은 시장이 모든 문제를 가격 메커니즘에 의해서 해결해 줄 것이라거나 아니면 환경 문제는 시장 실패를 조세로 해결하면 해소된다는 좁은 프레임에서 나올 수 있게 해준다. 공진화는 법률을 비롯한 다양한 제도적 문제, 교육과 관련된 현상 그리고 총체성이라고 부를 수 있는 사회의 문제들에 좁게 정의된 경제적 문제와 더불어 다른 방식의 접근이 필요하다는 내용을 제시해주고 있다. 그런 점에서는 오랫동안 경제학자들이 갇혀 있는 시장 환원주의라는 좁은 프레임을 벗어나게 해주는 아주 확실한 장점을 가지고 있는 셈이다.

6. 수박의 세계 : 적녹연정 그리고 생태사회주의

앞에서 살펴보았던 세 가지 흐름들은 대체적으로 주류 경제학의 틀이나 표준 경제학의 방법론을 상당 부분 활용하면서 생태경제학을 만들려고 했던 것들이다. 이와는 약간 독립적으로 마르크스 진영과 전통적인 좌파 속에서도 생태 문제에 접근하려고 했던 흐름들이 있다. 물론 마르크스가 이론적으로 틀릴 리가 없다고 믿는 사람들 중에서는 그의 글 가운데서 자연철학과 관련된 구절들을 찾아내 그가 생태 문제를 모르지 않았다고 입증하려고 하는 시도가 있었다. 그러나 현실에 존재했던 동구 국가들이 보여준, 중화학공업 중심의 경제개발 과정에서 나타난 생태적 문제점들이 결코 자본주의에서 발생한 문제점에 비해서 적다고 하기는 어렵고, 이런 논쟁은 곧잘 사회주의의 본질에 관한 논의로 이어지기도 한다.

초기 사회주의 이념에 생태 문제가 빠졌던 것들을 지적하고 진정한 사회주의는 생태적 인식 위에 세워져야 한다고 주장하는 흐름을 '생태사회주의(eco-socialism)'라고 부른다. 이런 논의는 동구가 붕괴한 다음에도 이론 분야보다는 오히려 현실 정치에서 더 큰 영향력을 가지고 있었는데, 실제로 적이라고 표현되는 사회당이나 사민주의 정당과 녹이라고 표현되는 녹색당 계열의 정당이 연정으로 집권하는 경우가 많았기 때문이다. 독일에서의 이런 정치 형태를 '적녹연정'이라는 이름으로 주로 부르는데, 의원내각제 국가에서 이런 적녹연정은 호사가들의 입방아에만 오르내리는 개념이 아니라 집권당의 실제 연정 전략 중의 하나이기 때문에 현실적인 영향력은 강하다고 할 수 있다. 이런 일련의 흐름에 대한 상징적 개념이 수박(watermelon)인데, 수박 겉은 녹색이고 속은 붉은색이라 좌파이면서 동시에 생태적 지향성을 가지고 있는 사람들의 고민을 잘 표현하는 과일이 되었다. 가장 최근에 있었던 유럽 의회 투표에서 현재 집권당인 대중운동연합은 28퍼센트, 사회당은 16.8퍼센트 그리고 녹색당은 16.2퍼센트를 차지했다. 이런 상황에서 사회당과 녹색당의 연정을 타진해보거나 문화적으로 용이하게 만드는 일들이 이론가에게 중요한 질문으로 남아 있는 셈이다. 생태 문제가 자본주의에 고유한 것이냐, 아니면 생태적 전환이 없다면 사회주의에서도 여전히 중요한 문제로 남을 것이냐, 이런 것들이 이 과정에서 제시되는 질문들의 핵심이라고 할 수 있다.

에코 마르크스주의라고 하는 조금 더 자본론의 정식에 충실한 접근도 있다. 제임스 오코너(J. O'connor)의 '자본주의 2차 모순'이라는 개념이 대표적이다. 전통적으로 『자본론』에서 가장 핵심에 있으면서도 논란거리가 되었던 것이 '이윤율 저하의 경향적 법칙'이라는 것이다. 가장 간단하게 표현하면, 가치를 만드는 '살아 있는 노동(V)'에 비해서 가치를 만들지 않은 '죽은 노동(K)' 즉 생산설비 등의 일반적인 자본의 비중이 너무 커져서 이윤율이 저하한다는 것이다. 시간이 지나면 지날수록 자본주의 내에서는 이 모순이 확대되어 결국 이윤율이 저하하게 되고 시스템이 붕괴하게 된다는 것이 『자본론』에서의 설명이다. 도코너는 이를 '자본주의 1차 모순'이라고 불렀고, 여기에 생태적 모순을 추가했다. 내용은 간단하다. 마치 K/L이 점점 커져서 시스템에 문제가 오는 것처럼 자본주의에서는 필연적으로 환경 비용이나 생태 비용이 커지므로 K에 생태 비용 E를 더해주면, 이윤율이 더욱 가속적으로 떨어지게 된다는 것이다. (K+E)/L이라고 할 때, 이 환경 비용의 증가를 자본주의의 2차 모순이라고 부르게 된다. 이런 2차 모순은 개별 자본가에게도 나타나지만, 기후변화협약이나 오존층 파괴물질에 관한 몬트리올 의정서 같은 것들이야말로 전체 시스템에 대한 비용으로 작용하게 된다. 도코너는 2차 모순을 삽입하는 방식으로 아주 간단하게 『자본론』의 열렬한 지지자들도 반 생태주의자의 입장에 서지 않도록 만든 구원자와 같았지만, 그의 이론은 그렇다면 지금 생태적 문제를 해소하기 위한 활동이 자본주의를 구제하기 위한 활동인가 하는 즉각적인 반론 앞에 부딪히게 된다.

어쨌든 지금까지 좌파 계열에서 생태적 문제에 접근한 많은 흐름들은 지구화의 폐해에 상당한 주목을 했고, 제3세계에서 벌어지는 빈곤의 문제와 생태적 권리의 침해 혹은 오래된 생태계의 파괴와 같은 문제들에 대해서 상당한 목소리를 높여왔다고 할 수 있다. 우파들이 시간이 지나면 기술이 모든 것을 해결해줄 것이라는 기술 중심주의(techno-centrism)와 결국 시장이 모든 것을 균형으로 유도해줄 것이라는 시장 근본주의라는 시각으로 이 문제에 접근하는 경향성이 강하다면, 좌파들은 생태적인 문제를 자본주의의 주요한 모순으로 이해하고 이에 대해 자본의 횡포에 맞선다는 관점에서 접근했다고 할 수 있다.

7. 홀링의 '파나키'와 생태학자들의 접근

1995년 『생태경제학 저널』 11월호에 본문이 4페이지가 채 되지 않는 짧은 논문이 하나 실린다. 같은 해 『사이언스지』에 실린 논문을 다시 실은 것인데, "경제 성장, 수용 능력 그리고 환경"이라는 제목을 가지고 있었다. 아마 단일 논문으로는 지금까지 생태경제학과 관련된 논문들 중에서는 가장 중요한 논문이라고 할 수 있을 것인데, 이 논문은 사실상 생태경제학이라는 이름을 공유하는 학자들의 기본 입장에 대한 일종의 포지션 페이퍼라고 할 수 있다. 이 논문이 중요하게 취급되는 이유는 그때까지 전통적인 환경경제학에서 하던 대부분의 얘기를 "그렇게 보면 안 된다"고 뒤집은 급진성에서도 찾을 수 있지만, 무엇보다도 이 논문 공저자들의 이름 때문이었다. 이 논문을 계기로 생태학에 관심이 있는 비주류 학자들이 뒤에서나 하는 것처럼 간주되던 생태경제학이 경제학에서 주요한 새로운 접근법의 하나로 인식되게 되었다. 이 논문의 맨 앞의 저자는 '불가능성 정리'로 1972년 노벨경제학상을 받은 케네스 애로(K. Arrow)였다. 흔히 우리나라에서는 복잡계 경제학으로 불리는 흐름과 이것이 산타페 연구소로 이어지는 일련의 흐름이 애로에 의해서 만들어진 것이다. 애로가 생태경제학에 연구자로서 참여하고 있다는 사실은 주류 경제학계에도 충격적인 일이었다. 그러나 이 논문에서 정말 중요한 저자는 애로가 아니라 당시 플로리다대 동물학과에 있었던 홀링(C. S. Holling)이었다. 생태경제학의 초기부터 홀링이라는 생태학자가 이 흐름에 참여하고 있었다는 것을 주목한 사람은 그렇게 많지 않았던 것 같다. 「경제학자들은 『사이언스지』를 읽지 않는단 말이야」(같은 호에 수록)라는 논문이 있었던 것처럼 사실 초기의 생태경제학자들은 생태적 접근을 왈라스의 일반균형 체계에서 나오는 방법 중의 하나 정도로 인식했고, 매우 특수한 연구 분야의 하나로 받아들였지, 생태학이나 생태학사와 같이 생태학 자체에 대해서 그렇게 깊이 연구하려는 경향이 있었던 것은 아닌 것 같다. 동물학을 전공하는 사람처럼 보이는 한 연구자에게 경제학자들이 깊은 인상을 받지 못한 것도 무리는 아니다.

70년대에는 고립된 섬의 생태계를 주로 연구하던 맥아더의 진화 생태학과 유진 오덤과 하워드 오덤 형제의 시스템 생태학이 두 개의 서로 다른 접근들처럼 학계를 양분하고 있었다. 여기에 홀링이 등장해서 일종의 통합이론들이 제시되었고, 80년대 이후에는 수리생태학이 별도의 분과라고 이해해도 좋을 정도로 비약적으로 발전하게 된다. 그러나 정말로 홀링과 그의 동료들이 세계적인 명성을 얻도록 해준 것은 아카데미의 장이 아니라, 생태학이 현장의 학문이라는 말이 있듯이, 플로리다의 에버글레이즈라는 현장이었다.

환경 문제로 유명해진 현장은 여러 군데가 있지만 에버글레이즈의 경우는 생태학자들이 먼저 문제를 제기하고 시민과 정치권이 설득되어 대규모 복원을 성공시킨 거의 최초의 사례다. 에버글레이즈의 70년대 상황은 앞으로 5년 혹은 10년 후 한국이 4대강 사업을 통해서 만나게 될 우리의 미래 모습이라고 생각하면 이해가 좀 되실 것이다. 전통적인 습지를 가지고 있던 에버글레이즈는 수차례에 걸친 운하 공사와 하천 직강하로 인해서 만신창이가 되었다. 제방과 직강하로 인해서 물은 썩어가고 있었고, 운하는 아무런 경제성을 보이고 있지 않았다. 홀링과 그의 동료들은 에버글레이즈의 '하천 관리'의 가능성에 관한 연구 결과를 시민들에게 제시했고, 결국 직강하 공사를 하고 운하를 만들었던 구간들을 원래의 굴곡 구간으로 전환하는 생태 복원을 시도하게 된다. 1993년 유네스코에 의해서 '위험에 처한 세계유산 목록'에 등재되기도 한 에버글레이즈는 이후 단계적인 생태 복원을 통해서 생태 하천으로 다시 거듭나는 중이다.

이런 홀링과 그의 동료들의 경험은 자연을 인간과 독립되어 있는 별도의 생태계로 이해하던 전통적인 관점에서 벗어나, 인간들이 어떻게 생태계를 지키고 생태계와 공존할 수 있는지 혹은 문제가 되는 지역을 복원할 수 있는

지 고민하는, 즉 인간의 활동을 생태계 연구의 한 부분으로 이해하기 시작하는 계기가 되었다. 고립된 섬과 같은 오지나 깊은 밀림에 있던 생태학자들이 다시 사람들이 사는 땅으로 오고, 양복을 입은 채 공무원들을 만나기도 하는 그런 변화가 생겨났다. 이렇게 생겨난 연구들은 '적응 관리(adaptive management)' 혹은 '적응 거버넌스(adaptive governance)라는 분류 항목을 달게 되었다. 지역 시민사회와 정치적 의사결정자들이 이 적응(adaptation)이라는 개념 속에서 어떠한 역할을 할 수 있을 것인가 그리고 이들이 어떻게 움직이도록 주변 여건을 형성할 것인가와 같은 문제는 에버글레이즈 사례 이후로 UN대학을 비롯한 국제기구들의 주요한 연구 및 활동 영역이 되었다.

홀링과 그의 동료들은 2001년에 발간된 그들의 연구 모음집인『파나키: 인간과 자연 시스템에서의 전환의 이해(Panarchy: Undestanding Transformations in Human and Natural Systems)』라는 책을 계기로 생태학자들이 경제학자의 도움을 받아서 자신들이 하고 싶은 말을 표현하던 이전과 달리 생태적 관점에서 지속 가능한 경제를 위해 사태 해결의 전면에 나서게 되었다고 할 수 있다. 파나키는 이후 생태학자들과 자연과학자들이 신자유주의로 대표되는 시장 근본주의적 해결책이 아닌 다른 방식에서 시도하는 것을 뜻하는 키워드 같은 것이 되었다.

홀링의 또 다른 활동은 그의 주요 연구 개념 중 하나인 '복원성(resilience)'이라는 것을 중심으로 전개된다. 이미 정치적 타협물의 결과로 전락해버린 '지속 가능한 개발'과는 조금은 다른 방식으로 지속 가능성을 접근하려고 하는 사람들이 최근에 어떤 논의를 하고 있는지 일반인들이 접근하기에 가장 좋은 방법은 이들의 웹사이트인 '레질리어스 얼라이언스(www.resalliance.org)'에 방문해보는 것이다.

생태학자들이 직접 움직인 또 다른 경우로는 종 다양성 협약이나 관련된 여러 가지 논의가 있을 것이다. 종 다양성에서 문화 다양성에 이르기까지, 우리나라에서는 그렇지 않지만 어쨌든 국제적으로는 2000년대라는 시공간을, 많은 경제학자와 사회과학자들이 시장 근본주의에 경도된 주장들을 하고 있는 동안에 이들보다 훨씬 더 정부를 불신하는 성향이 강한 생태학자들이 맹활약했던 순간으로 역사가 기억할지도 모른다.

8. 환경경제학과 생태경제학은 어떻게 다른가?

경제학이라는 학문을 세부적으로 구분하는 일은 어떨 때에는 유용하고 어떨 때에는 또 전혀 유용하지 않다. 경제학 내부에는 신고전학파라는 주류 학파가 있는데, 이 표현은 좀 허무한 말이다. 현재 전 세계 경제학자의 90퍼센트 이상은 신고전학파의 틀 내에서 교육을 받고, 또 그러한 틀을 공부해서 학위를 받는다. 경제사나 기업사 혹은 사상사를 전공하는 경우에도 마찬가지다. 수리경제학과 계량경제학 과목들에서 일정 수준 이상의 점수를 받지 못하면, 학부도 졸업하기 어렵다. 한때는 케인스의 제자와 밀턴 프리드먼의 제자들이 국가와 시장을 놓고 일전을 벌였던 적도 있었고, 또 한때는 시카고 학파를 지지하느냐 그렇지 않느냐로 주류와 비주류를 나누었던 적이 있었다. 좌파 경제학 내에서는 모스크바의 표준적인 『자본론』 해석을 지지하는 정통파(orthodoxie)와 이를 따르지 않는 이단학파(heterodoxie)로 나누던 시절도 있었다. 물론 그 어느 편의 분류를 사용하더라도 나는 늘 이단학파이고 소수파였다.

환경경제학과 생태경제학을 구분하는 방식으로 "좋은 편"과 "나쁜 편"을 사용하는 사람들을 종종 본 적이 있었는데, 그건 좀 아닌 듯싶다. 어떤 이론, 어떤 틀을 사용하느냐와 정말로 중요한 얘기를 하느냐는 조금 구분이 되어야 할 것 같다. 그냥 쉽게 표현하면, 좋은 사람은 나쁜 이론을 가지고도 좋은 결론을 내리고, 나쁜 사람은 아무리 좋고 멋진 이론을 사용하더라도 결국 나쁜 결론을 내리게 된다고 말하는 것이 조금 더 현실에 가깝다고나 할까?

원칙적으로 구분을 하자면, 환경경제학은 주류 경제학 즉 신고전학파에서 환경 분야를 다루는 응용 경제학이라고 할 수 있다. 생태경제학은 '경제와 생태의 통합'이라는 기치 아래 신고전학파와는 다른 경제학을 제시하고자 하는 순수 경제학 혹은 이론 경제학이라고 할 수 있다. 즉 생태경제학은 생태 문제를 주로 다루는 응용 경제학이 아니라 생태적 시각에서 지금의 교과서와는 다른 종류의 경제학 혹은 일종의 대안 경제학이라고 할 수 있다. 그러나 앞의 다섯 가지 정도의 접근에서 보았듯이, 이러한 시도는 여전히 진행 중이고 서로 다른 접근들이 통합될 수 있는 종합적 이론틀은 아직 갖춰지지 않은 상태다. 아직 정형화되지 않은 신생 접근이라고 보는 것이 가장 타당할 것 같다.

약간 현실적으로 얘기를 한다면, 환경경제학은 환경 문제를 시장 실패에서 생기는 것으로 파악하고, 그렇게 시장 실패가 발생한 특정한 시장을 가격 장치 혹은 조세 장치를 통해서 해결할 수 있다고 생각하는 경향이 있다. 그러나 생태경제학에서는 세상을 시장으로 파악하지는 않는다. 인간의 경제계 내의 특수한 제도 중 하나로서 시장이 존재하는 것이고, 그 바깥에는 아직 우리가 잘 이해하지 못하는 생태계라는 거대한 시스템이 하나 있다고 생각하는 것이다. 즉 환경경제학에서 자연이나 에너지 혹은 자원과 같은 것은 특수한 시장으로서 n개라고 설정되는 전체 시장의 일부분이라고 생각되는 반면, 생태경제학에서는 인간들의 경제계가 지구생태계라는 더 큰 시스템의 일부라고 생각된다. 자연이 경제의 하부 시스템이고, 아직은 균형에 도달하지 못한 시장의 일부라고 생각하는지, 아니면 그 반대라고 생각하는지가 환경경제학과 생태경제학을 구분하는 가장 결정적인 분기점이다.

생태경제학이든 환경경제학이든, 자연을 대상으로 하는 경제학 분과는 지난 20년 동안 끊임없이 영향력을 키워온 것이 사실이다. 또 우리는 이를 통해 예전에는 전혀 이해하기 어렵다고 생각한 것들에 대해서 조금씩 이해의 폭을 넓혀왔다. 그러나 80년대 후반, 사람들이 생태경제학이라는 매우 특수한 경제학 분과를 만들면서 상상했던 것만큼 그렇게 거대한 일이 빠른 속도로 벌어지지는 않았다. 인류의 미래가 밝은가 하고 질문하면, 여전히 많은 생태경제학자들이나 환경 관련 연구자들은 그렇지 않을 것이라고 대답할 것 같다. 이 질문을 한국에서 한다면, 생태 관련 연구자나 환경 관련 연구자나, 지금 MB의 공사주의를 보면서 쥐구멍이라도 찾고 싶은 심정일 것이다. 내가 그렇다. 해결된 일은 거의 없고, 문제는 더 심각해져 가기만 한다.

별첨 2 | 독습자를 위한 짧은 참고문헌록

도널드 워스터, 강헌 · 문순홍 옮김, 『생태학: 그 열림과 닫힘의 역사』, 2002, 아카넷.

알랭 리피에츠, 박지현 · 허남혁 옮김, 『녹색 희망』, 2002, 이후.

유진 오덤, 이도원 · 박은진 · 김은숙 · 장현정 옮김, 『생태학』, 2001, 사이언스북스.

이와사 요, 김윤진 외 역, 『수리생물학입문: 생물사회의 다이나믹스를 탐구한다』, 2005, 부산대학교출판부.

크리스토퍼 윌스, 김숙희 · 권오옥 옮김, 『유전자의 지혜: 진화 속의 새로운 통로』, 1989, 범양사출판부.

Berkes, F., J. Colding and C. Folke(edt), *Navigating Social-Ecological Systems: Building Resilience for Complexity and Change,* 2003, Cambridge University Press.

Collins, W. W., C. O. Qualset, *Biodiversity in Agroecosystems,* 1999, CRC Press, U. S.

DeAngelis, D. L., *Dynamics of Nutrient Cycling and Food Webs,* 1992, Chapman&Hall, Great Britain.

Deléage, J., *Une histoire de l'Écologie,* 1991, La Decouverte, Paris.

Diamond, J., *Collapse,* 2005, Viking, U. S.

Donovan, T. M., *Spreadsheet Exercises in Ecology and Evolution,* 2002, Sinauer Associates, Inc., U.S.

Ehrlich, P. R. and Roughgarden, J., *The Science of Ecology,* 1987, Macmillan Publishing Company, U.S.

Golley, F. B., *A History of The Ecosystme Concept in Ecology: More Than the Sum of the Parts,* 1993, Yale University Press, New Haven and London.

Haefner, J. W., *Modeling Biological Systems: Princeples and Applications,* 1996, Chapman&Hall, U.S.

Hallam, T. G. and S. A. Levin(edt), *Mathematical Ecology: an Introduction,* 1980, Springer-Verlag, Germany.

Ingegnoli, V., *Landscape Ecology: A Widening Founation,* 2002, Springer.

Levins, R. and R. Lewontin, *The Dialectical Biologist,* 1985, Harvard University Press, U.S.

MacArthur, R. H. and E. O. Wilson, *The Theory of Island Biogeography,* 2001, Princeton University Press, U. S.

Matagne, P., *Comprendre l'Écologie et son Histoire,* 2002, Delachauz et niestlé, Switzerland.

May, R.(edt), *Theoretical Ecology:Princeples and Applications,* 1976, Blackwell Scientific Publications, Great Britain.

May. R., *Stability and Complexity in Model Ecosystems,* 1973, Princeton University Press, U. S.

Maynard Smith, J., *Models in Ecology,* 1974, Cambridge University Press, Great Britain.

Maynard Smith, J., *Evolutions and the Theory of Games,* 2000, Cambridge University Press, Great Britain.

Maynard Smith, J., *Evolutionary Genetics,* 1989, Oxford University Press, U.S.

Murray, J. D., *Mathematical Biology,* 2003, Springer, U. S.

McIntoch, R. P., *The Background of Ecology Concept and Theory,* 1987, Cambridge University Press.

Odling-Smee, F. J., K. N. Laland and M. W. Feldman, *Niche Construction*, 2003, Princeton University Press, U. S.

Odum, E. P. and G. W. Barrett, *Fundamentals of Ecology*, 2005, 5th edition, Thomson Brooks/Cole, U.S.

Odum, H. T. and E. C. Odum, *Energy Basis for Man and Nature*, 1981, McGraw-Hill Book Company.

O'neill R. V. et al., *Hierarchical Concept of Ecosystems*, 1986, Princeton University Press, New Jersey.

Roughgarden, J., *Theory of Population Genetics and Evolutionary Ecology*, 2nd edition, 1996, Prentice Hall, U.S.

Roughgarden, J., *Evolution's Rainbow: Diversity, Genderm and Sexuality in Nature and People*, 2004, University of California Press, U. S.

Spicer, J., *Biodiversity*, 2006, Oneworld Publications, India.

Solé, R. V. and J. Bascompte, *Self-Organizarion in Complex Ecosystems*, 2006, Princeton University Press.

Wilson, E. O.(edt), *Ecology, Evolution, and Population Biology*, 1974, Freeman, U.S

Wilson, W., *Simulating Ecological and Evolutionary Systems in C*, 2000, Cambridge University Press, U. K.